国家级一流本科专业建设·公共管理教学用书

普通高等教育“十一五”国家级规划教材

资产评估学教程 第7版

朱 萍 刘 伟◎主编 朱 良◎副主编

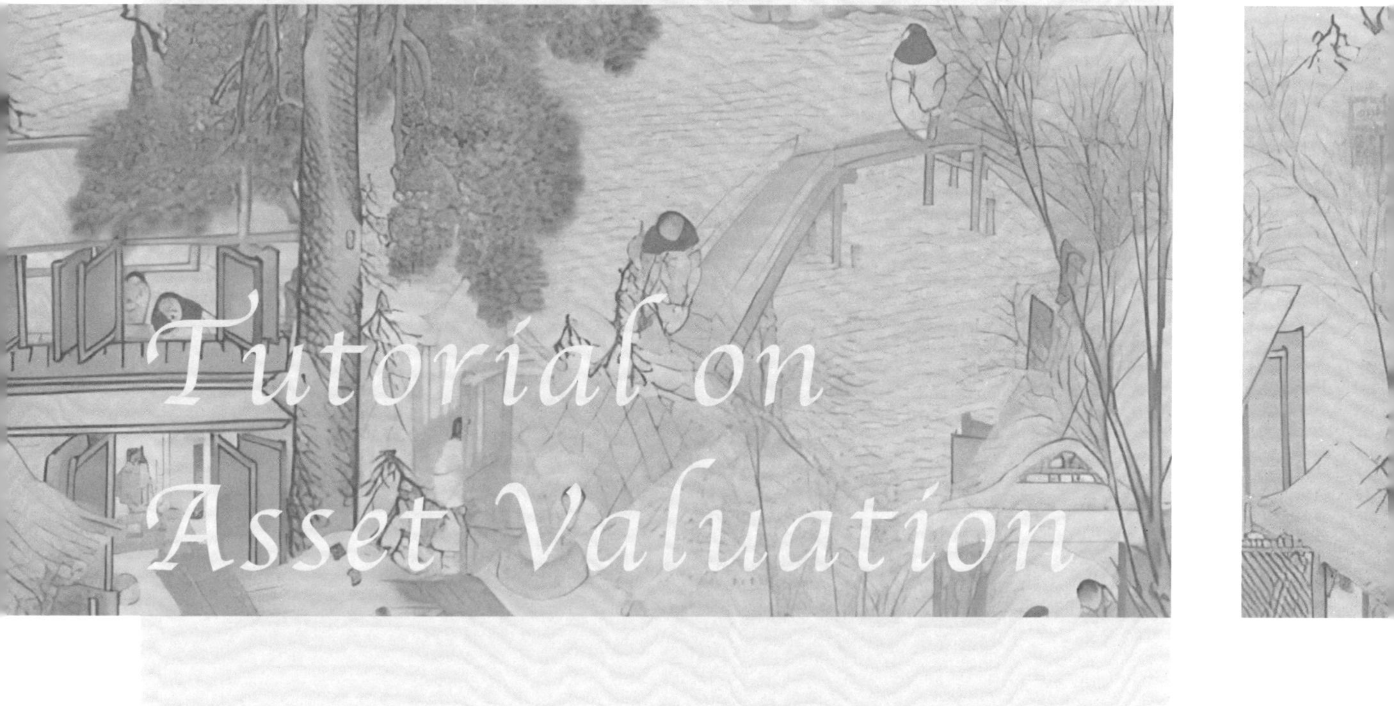

Tutorial on Asset Valuation

上海财经大学出版社
SHANGHAI UNIVERSITY OF FINANCE & ECONOMICS PRESS
上海学术·经济学出版中心

图书在版编目(CIP)数据

资产评估学教程 / 朱萍, 刘伟主编. -- 7版.
上海 : 上海财经大学出版社, 2025. 8. -- (国家级一流本科专业建设). -- ISBN 978-7-5642-4699-0

Ⅰ. F20

中国国家版本馆 CIP 数据核字第 2025H2W621 号

□ 责任编辑　李嘉毅
□ 封面设计　张克瑶

资产评估学教程

（第 7 版）

朱　萍　刘　伟　主　编
朱　良　副主编

上海财经大学出版社出版发行
（上海市中山北一路 369 号　邮编 200083）
网　　址：http://www.sufep.com
电子邮箱：webmaster @ sufep.com
全国新华书店经销
上海华教印务有限公司印刷装订
2025 年 8 月第 7 版　2025 年 8 月第 1 次印刷

787mm×1092mm　1/16　28.5 印张（插页：2）　640 千字
印数：311 001—321 000　　定价：59.00 元

前言

FOREWORD

《资产评估学教程》第6版自2020年6月出版以来至今已有五年了。为了使我们的教材能够全面反映目前最新的资产评估理论和实务发展情况，我们对《资产评估学教程》第6版进行了修订。

第7版的主要修订如下：一是每章增设了学习目标、思维导图和本章小结三个部分的内容。学习目标涵盖了知识目标和思政目标两个维度；思维导图展示了本章的主要知识点及其关联，让读者能窥一斑而见全豹；本章小结方便读者回顾本章的基础知识点、重点和难点。二是不同程度地更新了各章的教学示例、教学案例和思考题，并增设了二维码以便读者查阅参考答案。三是对第一、二、三、五、十章的内容进行了较大篇幅的更新。具体来说：第一章主要对资产评估概念和要素做了更新，完善和丰富了资产评估概念和要素的表述；第二章对第二节和第三节做了较大调整，关于价值类型和评估假设的表述更符合目前的主流说法；第三章对成本法的表述进行了更正；第五章根据市场和行业的变化更新了关于房地产特性、房地产价格及其影响因素的论述，精简了假设开发法的细节论述并补充了对实物期权价值的论述，删减了第6版中关于路线价格法的相关内容；第十章在保持原有框架的基础上，对内容做了较大修改，按照不同企业价值评估方法的技术思路、基本步骤和核心参数处理对原有内容进行了调整和补充，并增加了一节以介绍期权法在企业价值评估中的应用。

除了以上重要修订之外，各章均结合最新发展更新了相关表述和前沿发展内容，如第八章和第十章分别增加了数据资产和自2020年以来中国资产评估协会制定的相关资产评估准则内容的介绍。

《资产评估学教程》第7版由朱萍、刘伟任主编，朱良任副主编。各章编写修订的分工如下：第一、二、三、四、八章由朱萍编写与修订；第六、九、十一、十二、十三章由朱良编写与修订；第五章由邓旷旷编写与修订；第七章由宗庆庆编写与修订；第十章由刘伟、郑睿编写与修订。本教材在编写过程中参考了有关资产评估的各类书籍与文章，在此谨向作者表示感谢！同时，真诚地希望广大读者对本教材提出批评和建议，以便日后进一步修订。

编　者

2025年7月

目录
CONTENTS

第一编　资产评估基本理论与基本方法

第二编 各类资产评估实务

第一编

资产评估基本理论与基本方法

1

第一章 资产评估的基本概念

全章提要

学习目标

思维导图

- 第一节　资产评估与市场经济
- 第二节　资产评估的特点
- 第三节　资产评估的目的
- 第四节　资产评估的主体与客体
- 第五节　资产评估与会计、审计的关系

本章小结

复习思考题

学习目标

知识目标:理解资产评估的概念、涉及的基本要素及在市场经济中的作用,熟悉评估目的涉及的各种经济行为,掌握资产评估对象的含义和分类,了解资产评估与会计、审计的关系。

思政目标:培养学生的诚信和职业道德观念、法治观念、市场观念,以及经济意识。

思维导图

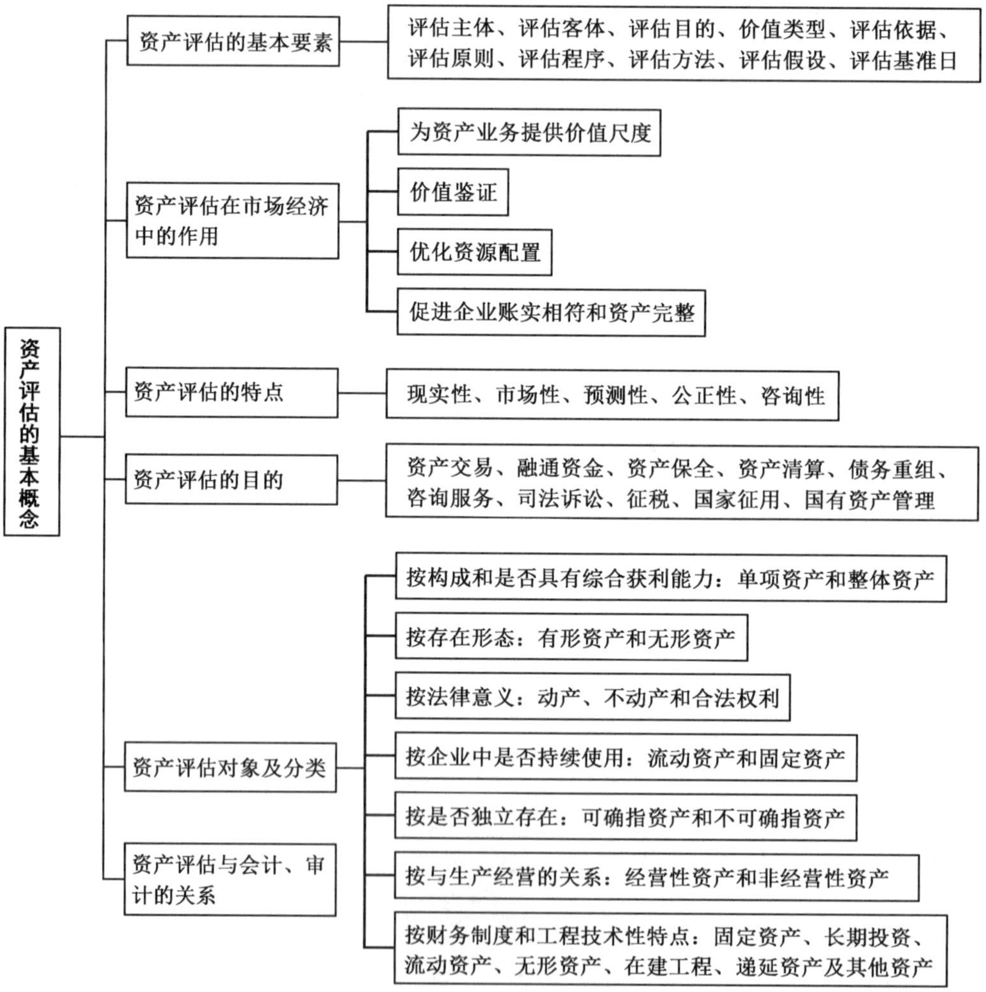

第一节　资产评估与市场经济

一、资产评估的概念和要素

资产评估也称估价或估值，简单地说就是对资产价值的一种估计和判断。由于现代意义上的资产评估已经实现专业化、机构化及规范化的运作，在经济生活中发挥重要作用，得到政府和社会的广泛关注，因此形成了比较规范的定义：资产评估是指专业评估机构和人员，按照国家法律、法规和资产评估准则，根据特定目的，遵循评估原则，依照相关程序，选择适当的价值类型，运用科学方法，对资产价值进行评定、估算并发表专业意见的行为和过程。

资产评估作为一种价值评定、估算行为和过程，所涉及的基本要素主要有：

(1)评估主体，即从事资产评估的专业机构和人员，表明由谁来评估，他们是资产评估工作的主导者，通常被限定为得到社会公众或政府(法律)认可的专业机构和人员。

(2)评估客体(又称评估对象)，即需要评估的标的资产，表明对什么进行评估，是对评估内容的界定。资产评估对象总是指在一定条件约束下的资产。

(3)评估目的，即资产业务引发的经济行为对资产评估结果的具体要求，或者说是资产评估结果的具体用途，在很大程度上决定了资产评估的整个过程，直接或间接地决定和制约资产评估的条件以及价值类型的选择，有时可能制约评估方法的选择。

(4)价值类型，即对资产评估价值的质的规定，对评估参数的选择具有约束性。

(5)评估依据，即资产评估中做出专业判断所遵循的法律法规依据、准则依据、取价依据及行为依据等。资产评估要求依据充分。

(6)评估原则，即资产评估的行为规范，是处理评估业务或者做出专业判断的行为准则，有的因社会公认而约定俗成，有的则由国家法律法规加以规范。违背评估原则的评估结果或者无效，或者缺乏公正性。

(7)评估程序，即资产评估行为过程的顺序和环节。

(8)评估方法，即资产评估所运用的特定技术，是确定资产价值的具体手段和途径。

(9)评估假设，即评估条件的某种抽象，是表现资产评估约束条件的重要形式。

(10)评估基准日，即资产评估的时间基准，可以是过去、现在或者未来的时点。

以上要素构成了资产评估活动的有机整体，我们将在第一编的各章中具体阐述。

二、资产评估是商品经济发展到一定阶段的产物

当人们的劳动成果从物物交换转变为以货币为媒介的交换时，便产生了商品经济。早期的商品经济是以交换劳动成果为主的。随着社会分工的不断细化、生产资料私有制的形成和社会化大生产的发展，土地、资本、设备、技术(无形资产)等生产的必要条件也需要通过市场机制进行配置，这时就产生了对进入市场的生产要素进行定价的客观需求。资产评估成为社会分工中的一个专业性行业则是现代市场经济的产物，与产权理论的发展有着密切

联系。

首先,随着现代商品经济的发展,生产要素流动、组合的市场化程度日益提高,大大发展了资产业务。从资产所有权的组合、变动来看,不同所有者的合资、合作和联营,企业兼并、合并和分设,企业租赁、出售以及实行股份制等,使资产流动日趋社会化;从资金流动的角度看,融资租赁、抵押贷款、发行债券等的普遍发展,使资产业务与信用紧密结合;从生产要素的再生产角度看,我们不仅需要考虑生产要素的购置和按历史成本收回的过程,而且需要考虑由物价变动与无形损耗所导致的重置成本的变化,同时需考虑财产保险的问题。此外,不动产的买卖、租赁,以及企业的破产、清算等也进一步拓宽了资产业务。资产业务的社会化、多样化、普遍化对资产评估的技术与规程提出了较高的要求,从而使资产评估得到了相对独立的发展,成为一个不同于财务会计的专门行业。

其次,随着现代产权理论的发展,生产要素与产权在市场上的流动、组合不再局限于所有者之间,或所有者与使用者之间,而且存在于不同占有者与使用者之间。例如,我国土地使用权的买卖,国有企业之间的并购、联营等。这就大大扩大了对资产评估业务的需求。

最后,为维护公平竞争、促进科学技术的发展、保护知识产权,不仅有形资产的流动需要市场配置,从而需要评估作价,而且无形资产的流动需要由市场进行配置,从而对无形资产的评估日益成为资产评估中的一项重要业务。

三、资产评估在市场经济中的基本作用

(一)为资产业务提供价值尺度

资产评估通过对资产的现时价值进行评定和估算,为各项资产业务提供公正的价值尺度。这是资产评估最基本的作用。就像任何商品都不能没有价值尺度一样,在生产要素、产权等生产条件由市场配置的情况下,各项资产业务都需要有与之相适应的、符合该资产业务性质的价值尺度,这样才能在维护当事人合法权益的基础上,保证资产业务的顺利进行。

(二)价值鉴证

资产评估通过对被评估资产进行价值判断,可以起到价值鉴证的作用,往往为交易双方或多方或社会公众服务,因此有必要从社会的角度对这种具有价值鉴证作用的资产评估活动进行规范。虽然资产评估的这种鉴证活动一般不具有法律效力,但仍然是资产业务当事人各方进行决策的重要依据。

(三)优化资源配置

资产评估优化资源配置的作用具有两方面的含义:

一方面,资产评估是生产要素、产权进入市场的必要条件。在市场经济中,资源配置的主角是市场,要优化资源配置,就要充分发挥市场对生产条件,即资金、资产、产权的配置作用。可以说,市场经济的深层内核是资金、资产、产权的商品化。资金市场、资产市场、产权市场的产生和形成,是资源配置以市场为主的重要标志,其中,资产市场与产权市场顺利运转离不开资产评估。科学、规范的资产评估不仅能维护交易各方的合法权益,保证资产市场、产权市场的有序运行,而且可以为资产和产权的配置提供正确信号,从而起到优化资源

配置的作用。

另一方面，由于一项资产往往具有多种用途，因此在资产评估中，按最优使用原则对资产的价值进行估算，有利于资产的优化配置和流动。例如，评估城市中心的一宗土地，这宗土地如按有关规定，可以用于建造商住楼，也可以用于建造一般居民住宅，那么显然按前一种用途估价的价值要高于按后一种用途估价的价值。这说明好的资产评估可以在不影响其他人权益的前提下，运用最优使用原则为委托人提供符合职业标准的咨询，从而使优化资源配置具有可能性。

（四）促进企业账实相符和资产完整

由于市场供求关系发生变化、通货膨胀等，企业固定资产的重置成本与历史成本存在较大差异，因此投资性资产的价值会变动。这一现象一方面将导致按固定资产账面原值提取的折旧缺乏合理性，另一方面会造成投资者无法从企业的财务报告中全面、真实地知晓企业资产的价值。

为此，《国际会计准则》及许多国家的会计制度提倡或允许同时使用历史成本和现行公允价值对有关资产进行记账和披露。例如，《国际会计准则第 16 号——不动产、厂房和设备》中关于后续计量指出，企业可以选择重估价值模式作为其会计政策，“不动产、厂房和设备被初始确认为一项资产后，其公允价值能可靠衡量的应以重估金额列报……重估应经常定期进行，以确保不动产、厂房和设备的账面金额与资产负债表日的公允价值所决定的金额无重大差异……”然而，不论是企业的固定资产的公允价值还是投资性资产的公允价值，通常都需由专业的评估师以市场为依据进行评估来确定。

第二节　资产评估的特点

资产评估是对资产的确认，对资产价值的评定、估算和报告。与财务会计等资产计价业务相比，资产评估具有现实性、市场性、预测性、公正性和咨询性的特点。充分理解和把握资产评估的特点，有利于进一步理解资产评估的实质，并且对提高资产评估质量与正确发挥资产评估的作用具有重要意义。

一、现实性

现实性是指以评估基准期为时间参照，按这一时点的资产实际状况对资产进行评定和估算。

资产评估基准期是指确定资产评估价值的基准时间。由于各种资产都是处在不断运动和变化中，资产的数量、结构、状态和价格也就不可能固定不变，因此，资产评估只能评估某一时点的资产，而不能反映评估基准期以外时期的资产状况。为了科学地进行资产评估，使评估结果具有可解释性，也为了便于客户和公众对其合理利用，评估时必须确定评估基准期。评估基准期一般以“日”为基准时点，选择与资产业务或评估作业时间较接近的时期。

资产评估的现实性具体表现在以下三个方面：

(一)反映现状完全以现实存在为依据

资产评估直接以现实存在为资产确认、估价和报告的依据,不与过去的业务及其记录进行衔接、均衡或达成一致,因而不受连续会计程序的滞后影响。例如,一台机器已使用5年,年折旧率为5%,根据财务会计连续性程序,该机器的成新率为75%;资产评估不以会计表现的已计提折旧为评估依据,而是以资产的实际状况为依据,如果经工程技术检测,这台机器还可以使用10年,那么该机器的成新率就约为67%[10÷(5+10)×100%]。

(二)以现实为基础反映未来

资产评估涉及对未来的预测。预测需根据过去和现实状况来考虑未来的发展变化,以及引起变化的因素等。但资产评估中的预测更强调现实,它是把未来状况抽象成现实状况在时间维度下的逻辑延伸。例如,对某待售企业进行评估,预测其未来几年的收益有两种思路:一种是从该企业的现实出发,即考虑其有无筹资潜力、有无市场和产品开发能力以及现实经营状态和未来改善的可能等,预测该企业的收益;另一种也考虑该企业的现实,但较多地考虑转让后新产权主体的筹资开发能力、经营管理能力的改善等有利因素,预测该企业的收益。显然,后一种预测思路不符合资产评估的现实性要求,因为资产评估中的预测只是通过现实在未来的逻辑延伸来捕捉现实资产的价值。

(三)强调客观存在

会计账簿中存在而实际上已经消失的资产或会计账簿中存在而事实上存在的资产,都要以客观存在为依据来校正。例如,呆滞的债权、现实中已无对应资产的待摊费用等,在评估时就应将它们从资产目录上除名,账外资产则应通过资产评估予以反映。

二、市场性

资产评估的实质就是以资产市场作为参照系,对资产的价值属性进行重新描述。资产评估不可能离开市场而得出合理的结论。

市场性是资产评估区别于财务会计活动的显著特征。财务会计既反映市场交易,又反映企业内部的资源变换。企业内部资源变换在时空上是与市场相分离的。资产评估则是在模拟市场条件下,对资产进行确认、估价和报告,并且通常受市场直接检验。

一方面,市场性表现在评估资产的市场价值时,一切评估要素均须源于市场;即使是非市场交易类业务,其评估也要采用由市场所决定的参数。例如,评估一台通用设备,企业在购置时采用了商业策略,使购置价低于市价的10%,但是现在评估该设备时需采用现实市场的正常价格,而不能根据其原有发票来评估其重置价。

另一方面,评估结果的有效性要接受市场标准检验。市场交易类资产业务评估结论的有效性直接受市场检验,若评估值与成交价大相径庭,则在没有特殊原因的情况下,即可判为低质量的评估。非市场交易类资产业务虽没有市场成交价来进行检验,但检验评估结果的有效性尺度仍以市场为基础。例如,以计算税基为目的的评估、以保险理赔为目的的评估等。

三、预测性

资产评估的预测性是指用资产在未来时空的潜能来说明现实。这是由资产自身的性质决定的，因为资产是指能够在未来为其控制主体带来经济利益的、具有稀缺性的经济资源。这说明资产的确认与计价都需要预测。例如，评估某项无形资产（如专利）的价值，就需预测其经济寿命，以及在经济寿命期内每年给其控制者带来多少超额收益，因为在经济寿命结束后，该专利就不再具有无形资产的性质了。再如，通过预期房屋、设备的尚可使用年限来评估其重置净值。

四、公正性

公正性是指资产评估行为对于评估当事人具有独立性，它服务于资产业务的需要，而不是服务于相互矛盾的资产业务当事人中任何一方的需要。公正性表现在两个方面：一方面，资产评估是按公允、法定的准则和规程进行的，具有公允的行为规范和业务规范，这是公正性的技术保证；另一方面，评估机构及其评估人员通常是与资产业务没有利害关系的第三者，这是公正性的组织保证。公正性使资产评估结论常被用于企业上市、财产诉讼和政府对财产的征用等方面，从而使资产评估具有鉴证作用。

五、咨询性

咨询性是指资产评估是为资产业务提供的专业化估价意见，该意见本身并无强制执行的效力，评估者只对结论本身是否合乎职业规范要求负责，而不对资产业务定价决策负责，因为资产评估为资产交易提供的估价往往只是当事人要价和出价的参考，最终成交价取决于交易双方谈判的结果。此外，由于资产评估是社会分工的一个专业，是由一定知识结构的专家组成的专业评估机构进行的，因此在资产评估过程中积累了大量资产信息，能够为社会各方面优化资产业务提供咨询，从而使资产评估具有咨询作用。

第三节　资产评估的目的

资产评估的目的是说明为什么要进行资产评估、评估结果是为何种资产业务服务。资产评估的目的是资产评估业务的基础，在较大程度上决定了资产评估结果的价值类型，并在一定程度上制约着评估途径和方法的选择。

资产评估的目的有广义与狭义之分。狭义的资产评估目的仅指产权变动、资产流动时的评估，广义的资产评估目的则包含各种目的。本节所阐述的是广义的资产评估目的。

随着现代商品经济的发展，资产业务的种类日益增多，使得资产评估目的也呈现多样性。为了较系统地探讨资产评估目的，需要对资产评估目的进行分类。首先依据资产评估业务是否出于国家法令的需要，将资产评估分为非法令评估（non-statutory valuation）和法令评估（statutory valuation），再依据具体资产业务类型进行分类。非法令评估是出于市场需要的评估,法令评估则是出于政府需要的评估。分类情况大体如图 1—1 所示。

- 资产评估
  - 非法令评估
    - 资产交易
      - 单项资产交易
      - 企业产权变动
        - 合资经营、合作经营和企业联营
        - 企业合并、分设和兼并
        - 企业发行股票
        - 企业出售
        - 企业租赁
      - 房地产交易
        - 土地成片出租
        - 土地开发经营
        - 房地产买卖
        - 房地产出租
    - 融通资金
      - 抵押贷款、质押贷款
      - 发行债券
      - 融资租赁
    - 资产保全
      - 企业资产保全会计处理
      - 财产保险
    - 资产清算
    - 债务重组
    - 咨询服务
      - 资产开发
      - 考核经营业绩
      - 财务报告
    - 司法诉讼
  - 法令评估
    - 征税
    - 国家征用不动产(补偿评估)
    - 国有资产产权变动

图 1—1　资产评估目的的分类

一、资产交易

以资产交易为目的的评估是指为资产(包括单项与整体)的所有权或控制权在市场上交易时所需进行的资产评估,具体包括以下几种:

(一)单项资产交易

单项资产交易主要包括机器设备的交易、房地产的交易,以及专利技术、商标等可确指的无形资产的交易。产生单项资产交易的原因,既是为了优化资产存量配置,又是为了满足投资需要。

在现代市场经济中,企业为了适应市场需求的变化和跟上技术的进步,就需要及时调整其产品结构和更新技术、设备,为此,就要对其资产存量进行调节。例如,出售不适用或多余的机器设备,购买所需的设备或专利技术等资产。此外,为了满足投资需求,拥有非货币资产的人可将其拥有的不动产或专利技术等作为资本进行投资;而对于拥有资金的人来说,购买房地产或专利技术进行生产经营也是投资行为。在单项资产交易中,为了维护交易双方的权益,确定合理的价格,需对交易对象进行评估。

（二）企业产权交易

企业产权交易是在现代企业制度下由市场进行生产条件配置的一种重要形式。企业产权，不局限于所有权，还包括经营权、使用权、占有权等。由于企业产权变动将涉及不同经济主体的权益，因此需要进行资产评估。企业产权变动的形式多种多样，主要有以下几种：

1. 合资经营、合作经营和企业联营

在合资经营、合作经营和企业联营过程中，有关各方的权益，无论是按投资比例确定，还是在投资的基础上通过协商确定，只要投资各方投入的是非现金资产，如房地产、设备、技术、商标等，就都需要通过资产评估来确定投入资产的价格。

2. 企业合并、分设和兼并

企业合并是指两个以上企业法人均取消法人资格，合并成一个新的独立法人。在合并前需要对拟合并企业的价值进行评估，以确定老企业股东在新企业中的权益。企业分设是指一个法人分设为两个法人，或者在原来一个一级法人的基础上增加一个或多个二级法人。在分设前需对分设企业的资产与分设后对原企业（原一级企业）的影响进行评估。企业兼并是指占有优势地位的企业兼并另一家或多家企业，组成一家实力更强的企业或集团。兼并后，被兼并企业的法人资格消失或不消失。无论采用何种形式（货币购买、调换股票、承担债务）进行兼并，都需对被兼并企业的价值进行评估，有时还需对兼并企业的价值进行评估，以便了解其承担债务的能力或计算兼并后股票的价值。

3. 企业发行股票

企业发行股票是将企业资产所有权采用分割式交易方式出售。无论是创设招股还是增资招股，只要不是由发起人或原股东按比例认购，就都需要对股份公司的股权价值进行评估以确定原始股的价格，也可以使投资者根据评估报告和招股说明书对该公司股票的获利能力和投资风险做出判断。

4. 企业出售

企业出售是企业产权整体一次性出售，要求对企业全部股权价值进行评估，以合理确定股权转让价格。

5. 企业租赁

企业租赁是指企业的所有者或占有者在一定期限内，以收取租金的形式，将企业全部或部分资产的经营使用权转让给其他经营使用者的行为。企业租赁从某种意义上讲是一种企业产权分期交易的方式，其分期付款的价格要考虑利息因素。租赁费的确定从理论上讲应在整体资产价值的基础上，考虑利息率、租赁时间长短来确定，在具体操作中，往往根据资产的补偿费用（如折旧、大修理）、预期税后利润和扣除再投资因素综合确定。但无论怎样确定租赁费，都需要对企业租赁的资产进行评估。

（三）房地产交易

如果按单项资产与整体资产的标准划分，房地产就应属于单项资产，但由于其交易量特别大，对资产评估的需求量也较大，因此本书将其作为单独一项评估目的进行阐述。房地产交易包括房地产买卖与出租，故对房地产的评估既包括对房地产售价的评估，也包括对其租金的评估。具体需要评估的房地产业务如下：

1. 土地成片出租

将成片土地的使用权在一定时期内出让或转让给承租人，就需对土地的使用权价格或年使用费进行评估。

2. 土地开发经营

拥有土地使用权者对土地按特定目的进行开发改良后，再将其使用权转让时，就需对开发后的土地使用权进行评估。

3. 房地产买卖

在很多情况下，房与地是不可分的，而在我国，城镇土地属于国家所有。基于此，在房地产买卖中，对房屋而言，是所有权的转让；对土地而言，是使用权的转让。为合理确定转让价格，就需对转让对象进行评估。

4. 房地产出租

房地产出租是指房屋所有者和土地使用权拥有者将房地产租借给承租人，或承租人将承租的房地产转租给另一承租人。为了维护出租人与承租人双方的权益，就需通过对拟出租房地产的评估来确定合理的租金，以便顺利签订租赁合同。

二、融通资金

企业在经营过程中，因资金短缺而需要借入资金，在融资过程中，作为资金拥有者的债权方为了减少风险，在某些情况下就要求资产评估机构对债务人的资产或抵押物、质押物进行评估，以判断其还本付息的能力。这类评估大多发生在银行发放抵押贷款和企业发行抵押债券的情况下。

(一)抵押贷款和质押贷款

银行为确保贷款安全，要求企业以一定的财产(主要是不动产)作为贷款的抵押物、质押物，从而给予企业与抵押物、质押物价格相适应的贷款，因而需对抵押物、质押物进行评估。在这种情况下，银行贷款的安全性在很大程度上取决于评估的准确性。

(二)发行债券

发行债券是企业融资的另一种方式。债券认购者作为债权人，就需要了解企业的偿债能力。在我国，企业发行债券需由有关部门批准，为此，有关部门也需要了解发行债券企业的资产现状和预期收益，以便对企业的偿债能力做出正确判断。这一切除了依靠资信评估外，还需对企业资产进行评估。此外，资信稍低的企业为了能顺利筹资，往往发行抵押债券，这就需要对抵押物进行评估。

(三)融资租赁

租赁是指出租人以收取租金为条件，在一定期限内将某项资产租给承租人使用。融资租赁又称财务租赁，通常是一种长期租赁，可解决企业对资产的长期需求，故也称为资本租赁。融资租赁是现代租赁的主要形式，也是企业的一种筹资方式。在租赁过程中，租金的确定既要考虑资产重置成本的保全，又要考虑合理的利润(利息)，为此，需要对出租资产的价值进行评估。但若资产价值量不大，计价也很简单，一般就不需要专业性评估服务了。

三、资产保全

在社会再生产中，资产保全有企业内部和社会两个系统。企业在商品和劳务收入中通过计提固定资产折旧和计算其他资产损耗来实现资产保全；社会保险系统在核收保险费用的前提下，对投保资产的损失通过理赔给予补偿。这两大系统的资产保全在实施过程中均需进行资产评估。

（一）企业资产保全的会计处理

企业固定资产的补偿是通过计提折旧来实现的。由于会计上采用历史成本对固定资产进行计价，因此在存在通货膨胀的情况下，按历史成本计提的折旧总额会发生贬值的问题，使计提的折旧总额与更新重置成本需要量之间存在缺口，从而不能实现资产保全的目的。但如果此时废除会计核算上的历史成本基础，又会失去会计核算的客观性与可控性。解决这一矛盾的办法是采用“阶段历史成本”作为会计基础，即仍以历史成本作为会计基础，当遇到历史成本严重背离资产保全需要时，通过资产评估来重建会计基础，以重建的会计基础作为下一阶段的历史成本，从而使所提折旧满足资产保全的需要。

（二）财产保险

财产保险是指以被保险人的物质财产及其有关权益、所产生的赔偿责任作为保险标的，以集中保险费建立保险基金，用于补偿因自然灾害或意外事故造成的经济损失的资产业务。在财产保险中，被保财产的价值，即保险价值，既是确定投保人所应支付保费的依据，又是在保险危险实际发生后取得赔偿的依据。保险价值按法律规定一般应与市价一致。倘若保险价值确定得不合理，就可能导致被保险人或者支付过多的保费，或者当保险危险发生时得不到足额的补偿。因此，在保险合同签署前，保险人与被保险人都应对保险标的进行查勘，评估资产价格，据以承保和支付保费。当发生保险危险后，要对财产损失的原因、程度进行分析评估，以确定理赔价值。这些评估工作，从规范的角度讲，应由专门的评估机构进行。

四、资产清算

当企业进行歇业清算或破产清算时，有关权益人有权要求以货币形式得到补偿，从而需要对资产进行变现或拍卖。这时就要求评估企业资产的变现价格，以作为资产变现的依据。

五、债务重组

债务重组是指债权人按照其与债务人达成的协议或法院裁决同意债务人修改债务条件的事项。在债务重组过程中，如果采用非现金资产清偿债务，或将债务转为资本，就会产生对非现金资产和股权的公允价值的评估要求。

六、咨询服务

咨询服务是指对已发生或拟发生的资产业务涉及的资产进行评估，主要有以下几种情况：

(一)资产开发

以资产开发为评估目的的资产评估,主要是评估不动产的开发前途。具有潜在开发前途的不动产往往需要考虑其开发后的价值是否高于其目前用途的价值。这是一项非常专业的评估,需做多方面的调查,包括法律、市政规划、建筑成本以及市场供求因素等。例如,对旧城区的改造、房地产的置换等。

(二)考核经营业绩

在资产所有权与经营权相分离的情况下,通过资产评估来反映企业资产的保值、增值状态,可为落实有关责任合同和奖惩经营者、承包者提供依据。

(三)财务报告

为了克服会计制度以历史成本为原则难以准确反映某些资产价值的缺陷,我国2006年发布的企业会计准则引入了公允价值的概念和计量,由此,我国评估服务领域中新增了以财务报告为目的的评估业务。以财务报告为目的的评估是为会计的计量、核算及报告披露提供专业意见。评估对象是财务报告中的各类资产和负债,如资产减值、投资性房地产、交易性金融资产等涉及会计核算事项的资产,以及非同一控制下的企业合并中取得的被购买方的可辨认资产、负债及或有负债等。

目前尚无相关法律法规规定以财务报告为目的的评估是法定评估,是否需要聘请评估机构提供评估服务由企业自主决定。但是,企业决定委托评估机构承担以财务报告为目的的评估时,评估机构就需要按照会计准则和评估准则的规定进行相关评估操作,还必须遵循在两个准则发生冲突时,会计准则优先的原则。

七、司法诉讼

以司法诉讼为目的的评估有两类:一类是司法评估,另一类是诉讼协助评估。

司法评估主要是评估机构接受法院的直接委托,对涉及诉讼或执行的资产进行价值评估,其属于法院司法判决或执行程序的组成部分。

诉讼协助评估是指评估机构接受诉讼当事人或律师的委托,对涉诉的资产进行评估的事项,其属于当事人根据自己的意愿决定的评估事项。

八、征税

据西方历史记载,第一次资产评估是由古埃及的教士为征税而进行的资产评估。由此可见,以征税为目的的资产评估具有悠久的历史。以征税为目的的评估通常是为税务部门计量相关税金提供计税基础,但也包括提供财产转移定价公允性的鉴证评估。

我国目前开征的税种中与资产评估有关的有房产税、城镇土地使用税、土地增值税、企业所得税等。

现行房产税的征收对象已不仅是生产经营性用房,居民持有的住宅也被列为征收对象(目前仅在上海和重庆试点),计税依据主要是房产的价值。作为计税依据的房产评估值,由省、自治区、直辖市人民政府认定的专门评估机构进行评估。房产评估价值可以由评估机构每三至五年评估一次，具体时间由省、自治区、直辖市人民政府确定。

城镇土地使用税按单位面积规定税额定额计征，单位面积的税额由国家通过对不同地区、地段土地使用权价格的评估来确定。

土地增值税的课税对象是增值额，增值额是指转让房地产所取得的收入减除法定扣除项目金额后的余额。在税法允许扣除的项目中，有一项是售出土地上的旧房及建筑物的评估值，即指已使用的房屋与建筑物在土地出售时由政府指定的评估机构评定的重置全价乘以成新率的价值。

企业重组业务所得税，应按公允价值确定计税基础。非关联交易的价格通常被视作公允价值，但关联交易的价格就需要评估确定其公允价值。

遗产税是市场经济国家普遍开征的财产税，以被继承人去世后所遗留的财产为征税对象，可能需要评估财产价值，我国目前尚未开征。

九、国家征用土地和房产

当国家出于经济建设或军事等需要时，可以依法征用土地和房地产，同时应对原受益人的损失进行补偿。有关国家补偿的具体范围，各国规定不完全相同，一般需考虑：被占用的土地或房地产的价值；部分占用后，对原使用者或所有者造成的有害影响；搬迁到其他地方后，给搬迁者造成的成本上升和商业损失等问题。

补偿问题是一个需要考虑多种因素的复杂问题，在市场经济中应根据保护私人财产的法律原则操作，以财产的市场价值作为补偿的基础。在这方面我国过去做得不够，尤其是在征用农村土地的过程中，农民的利益没有受到应有的保护。随着我国经济中各种产权关系的逐渐明晰，补偿问题将变得更为复杂，需要通过完善法规来保证搬迁者的利益，同时需要有经验的、熟知有关法律的专业人员对受损一方的损失进行评估，以确定合理的补偿费。

十、我国政府对国有企业资产评估业务的要求

我国政府对国有企业发生何种资产业务需要评估做了明确规定。

根据国务院国有资产监督管理委员会 2005 年 8 月 25 日公布的《企业国有资产评估管理暂行办法》，企业有下列行为之一的，应当对相关资产进行评估：(1)整体或部分改建为有限责任公司或者股份有限公司；(2)以非货币资产对外投资；(3)合并、分立、破产、解散；(4)非上市公司国有股东股权比例变动；(5)产权转让；(6)资产转让、置换；(7)整体资产或者部分资产租赁给非国有单位；(8)以非货币资产偿还债务；(9)资产涉讼；(10)收购非国有单位的资产；(11)接受非国有单位以非货币资产出资；(12)接受非国有单位以非货币资产抵债；(13)法律、行政法规规定的其他需要进行资产评估的事项。

企业有下列行为之一的，可以不对相关国有资产进行评估：(1)经各级人民政府及其授权部门批准，对整体企业或者部分资产实施无偿划转；(2)国有独资企业与其下属的独资企业(事业单位)之间或其下属独资企业(事业单位)之间的合并、资产(产权)置换和无偿转让。

第四节 资产评估的主体与客体

一、资产评估主体

资产评估主体是指资产评估业务的承担者，即从事资产评估的机构及其专业评估人员。由于资产评估直接影响资产业务当事人各方的权益，是一项政策性、专业性很强的工作，因此无论是对评估机构还是对评估人员都有较高的要求。

按照国际惯例和规范的做法，资产评估机构必须具有资产评估资格。根据我国政府1991年11月颁布的《国有资产评估管理办法》第九条，资产评估公司、会计师事务所、审计事务所、财务咨询公司必须获取省级以上国有资产管理部门颁发的国有资产评估资格证书，才能从事国有资产评估业务，对其他所有制的资产评估要比照《国有资产评估管理办法》的规定执行。2016年《中华人民共和国资产评估法》施行后，资产评估机构资格由审批制改为备案制。

在国外，资产评估机构可以分为两类：一类是专业化的资产评估公司，另一类是兼营资产评估业务的财务咨询公司、会计师事务所、审计事务所。在究竟应对资产评估机构实行专业化管理，还是允许各类中介机构提供包括审计、资产评估、财务咨询等综合服务的问题上，各国的做法并不一致。美国自“安然事件”后，为了确保审计的独立性，在《萨班斯-奥克斯利法案》中明确禁止审计机构向其审计客户提供资产评估等咨询业务。我国目前对资产评估机构实行专业化管理，以强调资产评估的客观性、独立性。

资产评估机构是由专业资产评估人员构成的。资产评估人员必须拥有广博的知识，如工程技术（房屋建筑与机器设备）、经济预测、财务会计、财政学、金融学、法学等多方面的专业知识，与资产评估相关的丰富的实践经验，良好的职业道德，并需经过严格的考试或考核，取得资产评估管理机构确认的资产评估资格。

二、资产评估客体

资产评估客体是指资产评估的对象。它是确立评估业务边界的范畴，表明对什么进行评估。为此，需要了解资产的含义与被评估资产的分类。

（一）资产的含义

1. 资产的概念

资产一般是指国家、企业、事业或其他单位以及个人所拥有或控制的，能以货币计量的经济资源，包括各种财产、债权和其他权利。在资产评估中，对资产概念的进一步理解应把握以下几点：

（1）资产是经济资源，它具有能够为其拥有者或控制者带来经济利益的潜能。

（2）这里所定义的经济资源必须能够以货币计量，否则尽管经济资源能给其拥有者或控制者带来利益，或者说具有某种效用，但还是不能进入市场交易。这也说明经济资源必须具有排他性和稀缺性，否则就不存在通过市场交易获得控制权的必要性。试想人人都唾手可得的经济资源有必要成为资产评估的对象吗？例如，政府发布的经济信息就不能成为资产评估的对象。

(3)有权从经济资源中获利的人(包括法人和自然人)不能仅限于经济资源的拥有者，应强调定义中的控制者。这对于确定资产评估对象的边界，特别是对企业的资产评估具有重要意义。首先，对企业而言，资产的实质是一组权益，其与所有权和控制权相联系。一切财产物资、债权和其他权利只要归企业所控制，就可成为企业资产，无论企业对它们是否拥有所有权。虽然企业资产权利因所有权和控制权的区别而具有不同性质，前者是企业“自有资产”，后者是企业“借入资产”，但不应以所有权为界限来划定企业资产。其次，企业作为法人，从组织生产经营的角度看，资产是企业所控制的一切经济资源。它们在生产技术联系上是一个整体，不会因资产所有权与控制权的区别而改变企业资产的边界。最后，即使评估目的是评估所有者权益，也不可能在实物资产中划分出哪些资产是具有所有权的资产从而加以评估，只能先评估出企业全部控制资产的总价值，然后减去全部负债，再计算出所有者资产的价值，即所有者权益的价值。因此，所有权概念不是资产评估中资产确认的起点，它仅是对评估结果的一种科学解释。

综上所述，作为资产评估对象的资产，是指能够在未来为其控制主体带来经济利益、能以货币计量、排他性占有的经济资源，包括各种财产、债权和其他权利。

2.确认资产的标准

根据以上对资产概念的理解，可以归纳出资产评估中确认资产的标准：

(1)现实性。现实性表明经济资源是已经发生的经济活动的结果，并且在评估时点仍然存在。例如，某项专利是企业购买的结果，并且在评估时点仍处于有效保护期内。

(2)控制性。这是指以企事业单位或个人对经济资源的控制权来定义被评估资产的边界，而不论资产是其用自有资金投资购建，还是负债购建，或是租入。

(3)有效性。一是表明已无实际资产对应的待摊费用等的，不能被列为资产；二是表明无论是否为劳动产品，只要有效用即可作为资产。例如，土地使用权、专营权都不是劳动产品，却可为其控制者带来经济利益。

(4)稀缺性。稀缺性表明要获得具有稀缺性经济资源的控制权，就必须付出代价。正因为如此，经济资源才成为资产。

(5)合法性。这是指企事业单位或个人控制的经济资源具有合法性，受到法律保护，即非法经济资源不能被确认为资产。

3.资产评估中的资产与会计中的资产的区别

资产评估中的资产与会计中的资产并不完全相同，两者主要存在以下区别：

(1)会计将资产作为负债和所有者权益的总称，用会计恒等式表示：资产＝负债＋所有者权益。在会计中，资产被认为是以各种形态被占用或运用的资金的存在形态，强调的是实际资产投入与运用后形成的资产。一些在现实中确实存在但未被耗费或占用的资产被排除在资产的范围之外，如划拨土地的价值、企业的商誉等。而资产评估中的资产却要考虑这些重要的方面，不能遗漏。

(2)会计是通过对单项资产的记录累加得出整体资产,而资产评估是把企业资产看作整体盈利能力的价值。

(3)会计对资产的计价主要采用历史成本,不能准确反映具体资产的现实价值;而资产评估反映的是资产的现实价值。

(二)资产评估对象的分类

为了科学地进行资产评估,有必要对作为评估对象的资产按照不同的标准进行分类。资产的总体分类如图1—2所示。

- 资产
  - 有形资产
    - 流动资产:货币资金、短期投资、应收账款、存货等
    - 长期投资:长期债券、股票等
    - 固定资产:机器设备、房屋建筑物等
    - 自然资源性资产:矿产、森林、草原、水等
  - 无形资产
    - 可确指无形资产:专利权、商标权、土地使用权等
    - 不可确指无形资产:商誉

图1—2 资产的分类

1.按资产的构成和是否具有综合获利能力分为单项资产和整体资产

单项资产是指单台、单件资产。单台(件)是就资产的理化状态的完整性而言,如一台车床、一个备件、一种原材料等。就企业而言,形成完整的生产能力所使用的资产是一个有机的系统,理化状态具有完整性的单台(件)资产是这个系统的基本构成要素。因此,单项资产评估是评估单个生产要素的价值。

整体资产是指由一组单项资产组成的具有整体获利能力的资产综合体。以整体资产作为评估对象就不是评估其构成要素——单件资产的价值量,而是根据整体资产的预期获利能力来评估。典型的整体资产一般是指一家企业,但也可以是企业中的某个业务单元,其确定标准在于是否由多个单项资产组成,是否能单独计算其获利能力。这里需要强调的是单项可确指资产价值的加总并不一定等于整体资产的价值。因为整体资产评估所评估的是整体资产的获利能力,其价值除了包括各单项资产的价值外,还包括不可确指的资产——商誉。商誉是在整体资产预期收益率高于社会平均收益率情况下产生的。

2.根据资产的存在形态分为有形资产和无形资产

有形资产是指那些具有实体形态的资产,包括固定资产、流动资产、对外投资、其他资产和自然资源等。

无形资产是指那些没有物质实体而以某种特殊权利和技术知识等经济资源状态存在并发挥作用的资产,包括专利权、商标权、非专利技术、土地使用权、商誉等。

3.根据资产的法律意义分为不动产、动产和合法权利

不动产是指不能离开原有的固定位置而存在的资产,如自然资源、土地、房屋以及附着于土地、房屋上不可分离的部分等。

动产是指能脱离原有位置而存在的资产,如各种流动资产、各项长期资产、除不动产以外的各项固定资产。

合法权利是指受国家法律保护并能取得预期收益的特权,如专利权。

4.根据资产在企业经营活动中是否持续使用分为固定资产和流动资产

流动资产是指企业在经营活动中不打算持续使用的资产，如存货、应收账款、短期投资、银行活期存款及现金。在某些情况下，通常被视为固定资产的不动产可以被作为流动资产，如待出售的土地或改良过的不动产。

固定资产一般是指使用年限在1年以上，单位价值在规定限额以上的劳动手段。固定资产包括有形和无形两类：有形固定资产是指在企业经营活动中打算持续使用的土地和建筑物、厂房和设备等；无形固定资产是指在企业经营活动中不以持续使用为基础，但具有长期所有权的资产，如长期投资、长期应收账款、结转的费用、商誉、专利、商标及类似资产。

5.根据资产能否独立存在分为可确指资产和不可确指资产

可确指资产是指能独立存在的资产，所有的有形资产和除商誉以外的无形资产都是可确指的资产。

不可确指资产是指不能独立于企业有形资产而单独存在的资产，如商誉。商誉是基于企业地理位置优越、信誉卓著、经营有特色、历史悠久、技术先进等原因，能获得高于一般正常投资收益率的超额收益。从形成的原因看，商誉不能脱离企业的有形资产而单独存在。

6.根据资产与生产经营过程的关系分为经营性资产和非经营性资产

经营性资产是指处于生产经营过程中，对企业盈利做出贡献的资产，如企业中的机器设备、厂房、交通工具等。

非经营性资产是指处于生产经营过程以外，不对企业盈利做出贡献的资产。

7.根据财务会计制度规定与资产的工程技术特点分为固定资产、长期投资、流动资产、无形资产、在建工程、递延资产及其他资产

上述分类对于评估中专业技术分工和搜集整理信息资料是基本适用的，但是在实际评估操作中仍存在不足：一是上述分类中，房地产分别属于固定资产和无形资产（土地使用权），但房地产本身是一个有机体，拥有独立的市场，评估的专业技术性很强，故在评估中通常作为一类资产进行评估；二是评估中专业分工过细，不利于评估操作，需要将特点相似的被评估资产归并。鉴于此，在评估实践中，通常将被评估资产分为以下几类：房地产评估（包括在建工程）、机器设备评估、流动资产评估、无形资产评估、整体资产评估（包括商誉）、长期投资评估（包括递延资产）、资源资产评估等。

第五节　资产评估与会计、审计的关系

资产评估与会计、审计均为市场提供中介服务，但是由于专业分工不同，它们之间既有联系又有区别。

一、资产评估与会计的关系

（一）资产评估与会计的联系

资产评估与会计的联系一方面表现为，在特定条件下，资产的会计计价和财务报告会利

用资产评估结论;在企业兼并、重组等产权变动过程中,资产评估结论可能是产权变动后企业重新建账、调账的重要依据。例如,我国2006年颁布的企业会计准则允许在投资性房地产、长期股权投资、交易性金融资产、债务重组、非货币性资产交换、非同一控制下企业合并、资产减值等具体准则中采用公允价值计量。

根据我国现阶段市场的发育程度,企业会计准则对采用公允价值计量规定了一些条件:(1)资产存在活跃市场的,应当以市场中的交易价格作为公允价值;(2)资产本身不存在活跃市场,但类似资产存在活跃市场的,应当以类似资产的交易价格为基础确定公允价值;(3)对于不存在同类或类似资产可比市场交易的资产,应当采用估值技术确定其公允价值。企业会计准则的这一规定强化了会计资产计价与资产评估的联系,进而使以财务报告为目的的资产评估逐步成为资产评估业务中的一项重要内容。

资产评估与会计的联系还表现为,资产评估需要参考会计数据资料,尤其是在企业价值评估中,需要广泛地利用企业财务报表、有关财务指标及财务预测数据等。

(二)资产评估与会计的区别

第一,基本职能不同。会计是以记账、算账和报账为基本手段,连续地、系统地反映和监督企业生产经营、财务收支及其成果的一种社会活动。反映和监督是会计的基本职能。资产评估是一种价值判断活动,评估价值是资产评估的基本职能。

第二,资产确认和计价依据不同。会计记账和算账中的资产确认和计价有相当部分可以可靠计量的历史成本为依据。资产评估中的资产确认和评价主要以资产所具有的效用和现时市场价值为依据。

第三,目的不同。会计的目的是为投资者、债权人和经营管理者提供有效的会计信息。资产评估的主要目的是为资产交易提供公平的价值尺度。

二、资产评估与审计的关系

(一)资产评估与审计的联系

第一,在企业价值评估中,经审计后的企业财务报表及相关数据可以作为企业价值评估的基础数据。例如,对企业未来收益进行预测时需要参考被评估企业评估基准日前三至五年经审计后的财务报告披露的数据。此外,审计在审核会计资产计价时还要大量运用资产评估技术和方法。

第二,根据我国现行资产评估规范,流动资产及企业负债也被纳入企业价值评估范围,而流动资产和负债的评估有相当部分可以借鉴审计的方法进行。

第三,资产评估中的资产清查阶段,就其工作方法而言,包括对委托方申报的评估对象进行核实和界定,有相当部分工作采用了审计的方法。

(二)资产评估与审计的区别

第一,审计是在现代企业所有权与经营权相分离的背景下产生的,旨在对企业财务报告所反映的企业财务状况和经营成果的真实性和公允性做出事实判断,具有明显的公证性特征。资产评估主要是基于资产交易与产权变动的需要,旨在为委托人与有关当事人的被评估资产做出价值判断，具有明显的咨询性特征。

第二，审计所依据的原则是真实、合法、有效，关注的重点是企业财务处理是否符合财务制度规定，其所提供的财务报告是否真实、合法。资产评估依据的原则包括工作原则和经济原则两部分，关注的重点是企业资产的现实状况。

第三，审计主要是对财务报告的审计，因此审计对业务的处理标准与会计是一致的，如较注重历史成本原则。资产评估则注重根据资产的预期收益来确定资产现在的价值。

本章小结

资产评估不是对资产定价，也不是确定资产的价值，只是评估人员凭借专业知识和实践经验对资产价值的一种判断和估计，其不同于会计中对资产的计价。资产评估是市场经济发展到一定阶段的产物，是应市场经济需要而产生的，其在市场经济中为各种经济行为提供专业服务，包括资产重组、产权交易、资产管理、征税等，特别是在我国的国有资产管理和资本市场发展中发挥着重要作用。

资产评估涉及评估主体、评估客体、评估目的、价值类型、评估依据、评估原则、评估程序、评估方法、评估假设、评估基准日等基本要素，这些要素构成了资产评估完整的行为系统，缺乏任何一个要素，资产评估都难以进行。在这些要素中，评估目的非常重要，它直接或间接地决定和制约着资产评估的条件以及价值类型的选择，有时可能制约着评估方法的选择。

复习思考题

1. 资产评估涉及哪些基本要素？
2. 资产评估在市场经济中发挥哪些作用？
3. 简述资产评估的特点。
4. 依据资产业务类型，资产评估目的可分为哪几类？分别说明评估的具体原因。
5. 按照国有资产管理的规定，企业发生哪些经济行为应当对相关资产进行评估？
6. 什么是资产？资产评估中确认资产的标准有哪些？
7. 资产评估对象可依据哪些标准进行分类？
8. 如何理解资产评估与会计、审计的关系？

2 第二章 资产评估的基本原理

全章提要

学习目标

知识目标：了解资产价值形成理论，理解资产评估价值类型理论及其在评估中的运用，掌握资产评估假设、资产评估原则及其在评估中的运用。

思政目标：培养学生追求真理、勇于探索的科学精神和专业精神。

思维导图

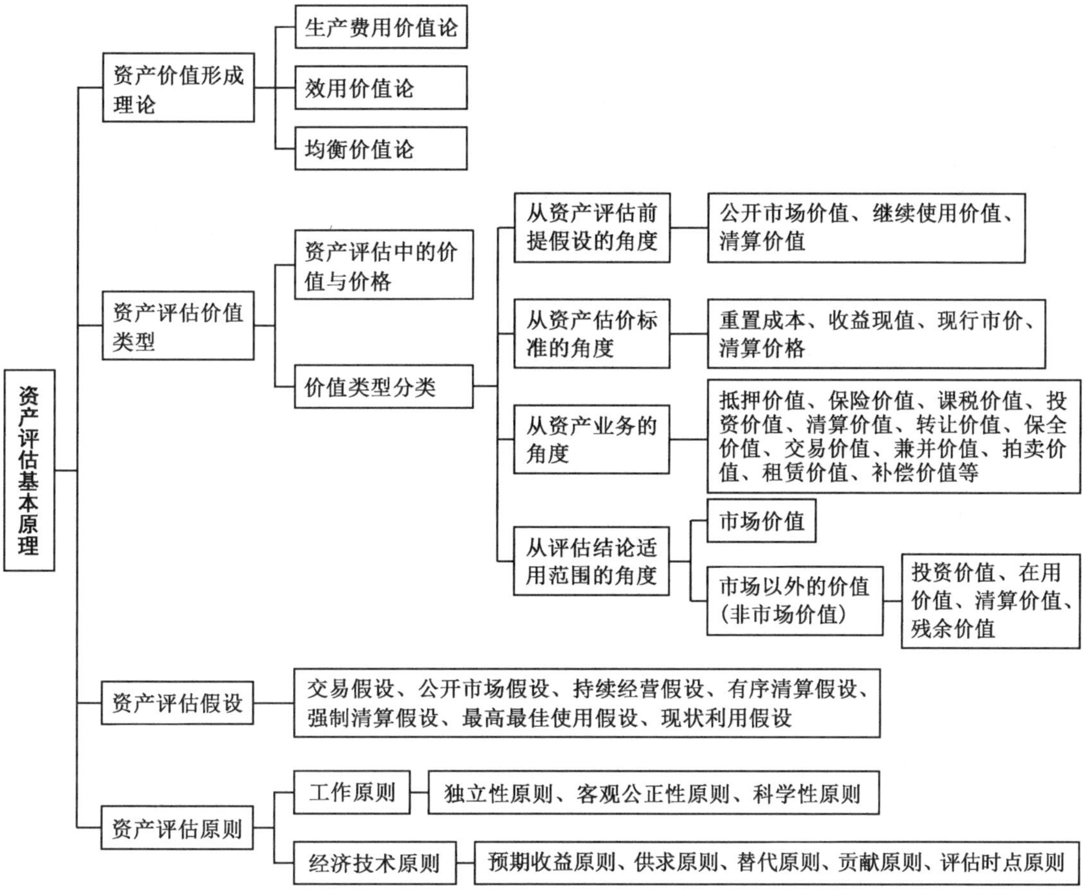

第一节　资产价值形成理论

在市场经济中，生产商品的资产本身也是商品，因此，资产价值构成与商品价值构成在本质上是一样的，从而经济学有关商品价值的探讨同样适用于有关资产价值的探讨。关于什么是资产（商品）的价值、人们应从哪条路径来判断其价值的讨论，自经济学创始之时就已开始。从早期的重商主义者和重农学派[①]到近现代经济学都对商品价值的形成进行了探讨,从以下介绍的三种主要价值观可以看出,各种价值观的形成都是以当时的经济环境为背景的,并形成了不同的经济学流派。这些经济学流派的观点从不同侧面探讨了价值形成的路径,对于如何评定资产的价值有着重要影响。这也是为什么我们要在这里探讨价值形成理论的原因。

一、卖方市场时期的价值观:生产费用价值论

在资本主义初期,由于生产力尚不发达,因此经济学研究的重点是如何增加生产、增强供给能力。既然在那个时代生产是最重要的,人们就自然着重从生产过程中寻求价值的来源。以李嘉图为代表的古典学派认为价值来自生产过程,是由生产创造的。由于生产即商品的供给,因此生产决定价值的观点又称供给决定论。

供给学派的创始人萨伊从资本生产力理论出发,认为是三要素(资本、劳动、土地)共同协作生产出了具有使用价值的物品,三要素的报酬则形成了生产费用,从而形成了生产费用价值论。他认为物品的价值来自物品的效用,即使用价值,而价值量决定于生产费用。

生产费用价值论认为资产的价值是由其生产成本决定的。因此,生产费用价值论是从成本的角度(采用成本法)评估资产价值的理论基础。

二、买方市场时期的价值观:效用价值论

19世纪70年代,经济学发生了边际革命,出现了边际效用价值论,进而形成了边际效用学派。该学派认为商品的价值不是来自生产过程,而是来自消费者对商品的主观评价。若消费者认为商品对自己的主观效用大,则商品的价值就大;反之则小。由于消费者即需求者,且对商品的评价决定商品的价值,因此效用价值论也称需求决定论。

当资本主义市场经济日益出现供过于求的经济危机时,人们将注意力逐渐从价值是如何被生产出来的问题转向价值是如何实现的问题。以奥地利学派为代表的心理学派认为资产具有价值必须满足两个条件——有用性(基础)和稀缺性(必要条件),而决定商品价值量的是人们对商品价值的主观评价尺度即边际效用;资本、劳动和土地等生产要素的价值间接地来自其所生产的消费品的价值,每一生产要素根据其在生产过程中的边际贡献获得生产总效益中归属于自己的那部分价值。

根据边际效用学派的理论,资产的价值是由其效用决定的,资产的效用则是指资产为其占有者带来的收益,因为占有资产的根本目的就是获取收益。一项资产的未来收益越高,其价值就越大;反之则越小。资产的价值并不取决于其生产成本的高低。效用价值论是从效用的角度(采用收益法)评估资产价值的理论基础。

三、供求决定价值观:均衡价值论

19世纪末20世纪初,以马歇尔为代表的新古典主义学派成功地将古典经济学派的供给-成

---

① 重商主义者认为,商品在买卖过程中增加了价值,因而价值是在流通过程中产生的。重农学派从实物增量出发,认为只有农业才是价值增量的来源。

本观点与边际学派的需求-价格观点结合起来，认为市场力量将趋向于形成供求平衡，供给与需求共同决定了价值，形成了均衡价值论。

马歇尔直接将交换价值视为价值。他认为商品的价格（价值）[①]是由供给与需求双方的力量所形成的均衡价格决定的。在任何社会中，具有稀缺性的商品或劳务的客观效用或满足欲望的程度，必须用一个共同的标准来衡量，以便人们面对它们时能做出主观但合理的选择，这个共同标准就是价格。在均衡价格中有需求价格，它取决于消费者对商品效用的主观评价，因此需求价格是买方愿意支付的最高价格；在均衡价格中也有供给价格，它取决于生产费用，是生产者愿意接受的最低价格。由此可见，均衡价格是供求双方的意愿达成一致时的价格。在均衡价格中，效用与生产费用是影响价格的两个因素。但是在不同的均衡价格（暂时均衡决定的价格、短期均衡决定的价格、长期均衡决定的价格）中，需求与供给的作用又有所不同。

供求决定价值观说明，在资产评估中，既需要考虑资产的购建成本，也需要考虑资产的效用，即资产为其占有者带来的收益。在完全竞争市场中，从理论上讲，似乎资产的生产费用与效用在价值上应呈现正相关关系，即一项资产在购建时所需的费用（必要的）越高，其效用就越大，否则就无人愿意花如此高的费用去购建它。但是这一结论在资产评估中的运用需视具体资产而定。某些资产由于其自身的特点，不符合生产费用与效用正相关的关系。此类资产主要有资源性资产和无形资产（包括企业的商誉）。资源性资产原本就不是劳动创造的，属于不可复制的资产，不存在生产费用，其价值从本质上讲就是由效用（租金的资本化）决定的。无形资产由于难以复制，生产成本具有不完整性和弱对应性等特点，其生产费用与效用往往是不对称的，因此无形资产的价值也主要由效用决定。

均衡价值论是从公开市场的角度（采用市场法）评估资产价值的理论基础。

第二节　资产评估的价值类型

一、资产评估中的价值与价格

资产价值的内涵极为广泛，在不同的领域、不同的学科都有各自的资产价值内涵。资产价值可以从不同的角度来定义，如资产价值包括内在价值、账面价值、市场价值等。

资产的内在价值也称经济价值，相当于资产未来预计现金流的折现值。

资产的账面价值是一个以历史成本为基础进行计量的会计概念，是资产在企业资产负债表中反映出来的价值。

资产的市场价值是一个价格范畴，是资产内在价值或经济价值在市场上的货币表现。

资产评估中的资产价值是一个经济概念，属于交换价值范畴。价值不是事实，只是评估人员根据特定的价值定义在特定时间内对资产进行交易时最可能形成的价格的估计数额。

---

① 在西方经济学中，商品的价格与价值没有被区分，价格就是价值。

价值的经济概念反映了在价值的有效时间内(基准日),市场(而不是特定买方或卖方)对资产价值的评判。

资产的价格是资产进行实际交易的货币金额(支付或收到的货币数额),是一个历史数据,是事实,反映了在特定条件下特定的买方和卖方对资产价值的认可。由于特定买方、卖方的财务实力、动机或特殊兴趣不同,因此他们为资产所付出的价格与其他人对资产价值的认可可能有关系,也可能没有关系。

资产评估中的价值属于价格范畴,因为资产评估中的价值:(1)是一种用货币表示的价值量;(2)受供求关系影响;(3)评估人员可以评估的只能是资产的价格。

资产评估中的价值虽然属于价格范畴,但不是由市场实际形成的,所以不是市场价格本身,即资产评估结果并不是资产的实际市场价格:(1)资产评估是在资产进入市场之前进行的,资产的市场价格只能在流通中产生而不能在市场及流通领域以外的地方产生;(2)资产评估结果并不能替代或取代资产交易当事人的讨价还价及定价行为。资产评估结果仅仅是评估人员对资产交换价值的估计值。

资产评估通常是因资产交易的需要而产生,是为资产交易服务的,评估的是资产在交易时(各种交易条件下)可能的交换价值的货币表现。但是由于资产评估目的的多样性,在有些情况下资产并不交易或者说评估并非为交易服务,但评估时仍然假定交易,评估的还是交换价值,如财务报告目的下的资产价值、抵押目的下的资产价值、企业持续经营目的下各要素资产的价值等。

综上所述,资产评估中的价值是资产的交换价值,也就是价格,只是没有实现,资产评估是对资产在交易中可能形成的交换价值的估计或判断。

二、资产评估中价值类型的含义与分类

(一)价值类型的含义

资产评估中的价值类型是指人们按照某种标准对资产评估结果及其表现出的价值属性的抽象和归类。其实质是为不同的资产业务提供适用的价格标准。

不同的价值属性从不同的角度反映资产评估价值的属性和特征,不同属性的评估价值不仅在性质上是不同的,而且在数量上存在较大差异。资产评估的价值类型就是资产评估结果的价值属性(价值定义)的归类。

资产评估之所以要讲求价值类型,是因为同一资产相对于不同的评估目的、不同的所有(持有)人和不同的市场条件而言,可能具有不同的价值,每一种价值均有不同的内涵与适用范围。如果评估人员在评估执业过程中不讲求价值类型,如不区分评估的是市场价值还是非市场价值,就无法提示评估结论的内涵与适用范围,这样不仅增大了评估人员的风险,而且不利于引导客户正确理解和使用评估结论。

(二)价值类型的分类

从不同的角度可以对资产评估中的价值类型进行不同的分类表述。长期以来,我国评估界对价值类型的分类表述主要有以下几种:

1.从资产评估前提假设的角度分为公开市场价值、继续使用价值和清算价值

这种划分有利于人们了解资产评估结果的前提假设和使用条件，同时强化了评估人员对评估假设条件的运用。但由于资产的评估价值与资产评估假设并不是一一对应的关系，或者说资产的评估价值并不是某一种评估假设（条件）下的结果，因此这样划分价值类型，在某些情况下，其合理性和指向不够清晰，并没有分清楚价值类型。例如，继续使用价值是公开市场价值吗？

评估人员选择价值类型应当考虑所属价值类型与评估假设的相关性，这也是评估准则的要求，因为评估假设就是评估条件的限定。

2.从资产估价标准的角度分为重置成本、收益现值、现行市价和清算价格

我国原来的评估理论把估价标准分为四种——重置成本标准、收益现值标准、现行市价标准和清算价格标准，同时把评估方法表述为重置成本法、收益现值法、现行市价法和清算价格法，并强调估价标准与评估方法的一致性。现在看来，这样的表述不仅没有讲清楚价值类型，而且机械地强调一致性，混淆了价值类型和方法。

这种划分是受会计理论中关于资产计量属性的划分方法和标准的影响。虽然依据这样的标准定义评估价值有助于将资产评估与会计的资产计价紧密地联系在一起，但其价值合理性的依据及指向不清晰，不利于评估结论使用者理解和使用评估结论，尤其不利于产权变动下的评估报告使用者理解评估结论，因为重置成本、收益现值及现行市价的合理性指向不够明确。但这种划分可能比较适用于采用资产基础法评估企业价值时（持续经营前提下）对各项资产评估价值的类型表述。

3.从资产业务的角度分为抵押价值、保险价值、课税价值、投资价值、清算价值、转让价值、保全价值、交易价值、兼并价值、拍卖价值、租赁价值、补偿价值等

这种划分强调资产业务的差异，认为有什么样的资产业务就应有什么样的价值类型，强调资产业务与价值类型的一一对应，评估结论使用的指向性非常明确。但引起资产评估的资产业务种类繁多，评估人员很难给出与每一种资产业务相对应且具有独立价值内涵的价值定义。这样划分并没有讲清楚价值类型，没有表述清楚所划分的价值类型之间的本质性差异。

4.从资产评估时所依据的市场条件、被评估资产的特征状态条件以及评估结论的适用范围的角度分为市场价值和市场以外的价值（也称非市场价值）

这种分类方法注重资产评估结果的适用范围与评估所依据的市场条件及资产使用状态的匹配，为评估人员科学合理地进行评估提供指引，同时使评估报告的使用者能正确理解和恰当使用资产评估结果。从这个意义上讲，将资产评估的价值类型划分为市场价值和非市场价值更有利于实现划分资产评估价值类型的目的，目前资产评估理论中采用这种分类。

但这样的分类，依据比较抽象，与评估目的、评估的前提假设等直观因素并不一一对应，评估人员在实际运用过程中可能会存在一定的难度。

在资产评估实践中，市场价值和非市场价值的划分标准有以下几个：(1)资产评估所依据的市场条件，是公开市场条件还是非公开市场条件；(2)资产评估所依据的被评估资产的使用状态，是正常使用（最佳使用、最有效使用）还是非正常使用；(3)资产评估所使用的信息

资料及其相关参数的来源,是公开市场的信息数据还是非公开市场的信息数据。

三、资产评估中的市场价值与市场价值以外的价值

(一)市场价值

我国的资产评估准则和《国际评估准则》中将资产评估价值类型分为两大类,一类叫市场价值(market value),另一类叫市场价值以外的价值(the valve other than market valve),并进行了定义。

《国际评估准则》将市场价值定义为,自愿买方与自愿卖方在评估基准日进行正常市场营销后达成的公平交易中,某项资产或负债应有的交换价值的估计数额,当事方各自充分知情、理性行事且未受强迫。

通俗地讲,市场价值就是指自愿买方和自愿卖方在各自理性行事且未受任何强迫的情况下,评估对象在评估基准日进行正常公平交易的价值估计数额。

《国际评估准则》认为市场价值的定义必须根据下述概念框架来应用(明确了市场价值具有以下要件):

(1)估计数额。这是指资产在公平市场交易,以应付货币表示的价格。市场价值是评估基准日市场上能够合理取得的符合市场价值定义的最可能价格。该价格既是卖方能够合理获取的最好售价,也是买方能够合理取得的最有利价格。该估计特别扣除了被特殊条款或情形抬高或降低的估计价格,如非典型融资、售后回租安排、相关销售人员给予的特殊考虑或优惠,或仅对特殊拥有者或买方可行的价值因素。

(2)某项资产或负债应该交换。这是指资产或负债的价值是估计金额而不是事先确定的金额或实际销售的价格。它是满足评估基准日市场价值定义的所有要素的交易价格。

(3)在评估基准日。这要求该估值仅限于一个规定的具体时间。由于市场和市场条件可能会发生变化,因此评估值在另一个时点可能会变成错误的或不适当的。估值金额反映的是有效评估基准日市场的状态和情况,而不是其他时点的。

(4)自愿买方。这是指具有动机而非被迫的买方。该买方既不是过度渴望购买,也不是任何价位都买。该买方要根据当前市场现实和当前市场预期去购买,而不是根据不可描绘的或不能预期退出的想象中的或虚拟的市场购买。假设的买方不会以高于市场要求的价格支付。当前资产拥有者包含在构成“市场”的参与者中。

(5)自愿卖方。这是指既不过度渴望,也未被强迫以任何价格出售,且不准备坚持当前市场认为不合理价格的卖方。自愿卖方有动机在适当市场营销后,以市场条款按可得到的最佳价格出售资产。实际资产拥有者的真实情况不是这里要考虑的,因为该自愿卖方是假设的拥有者。

(6)公平交易。这是指交易方之间没有特定的或特殊的关系,如母公司与子公司或出租方与承租方,这些特殊关系可能使价格水平反映非典型的市场特征或者因特殊价值因素而被抬高。

(7)正常的市场营销。这是指根据市场价值的定义,该项资产以最适当的方式在市场上展示且能合理取得最佳价格。其销售方法被认为是卖方在市场上得到最佳价格的最适当的

方法。在市场上展示的时间长度不是一个固定期间，其会因资产类型和市场条件的不同而发生变化。唯一的标准是，必须有充分的时间去吸引足够多的市场参与者关注该资产。展示期间在评估基准日之前。

(8)当事方充分知情、理性行事。这是指假设自愿买方与自愿卖方于评估基准日能够合理地知晓该资产的性质和特征、真实的和潜在的使用状况，以及市场状况。此外，进一步假设各方会使用掌握的知识，理性地寻求对自身交易地位最有利的价格。理性行事是根据评估基准日的市场状况衡量的，而不是根据其后某一时点的利益评定。例如，在一个价格下跌的市场，卖方以低于之前市场价格水平的价格出售资产未必是不理性的。在这种情形下，像市场中改变价格的其他交易方一样，理性的买方或卖方将根据当时可得到的最佳市场信息行事。

(9)未受任何强迫。这是指各方都有动机从事该项交易，任何一方都不是被迫地或被过分强制地完成该项交易。①

作为资产评估价值类型的市场价值是有严格定义的，应同时满足上述9个要件。

市场价值概念假定在公开的竞争性市场经协商达成价格，市场参与者都是行为自由的。一项资产的交易市场可以是国际市场或本地市场。市场可能包括大量的买方和卖方，也可能只包括特征化的、有限数量的市场参与者。展示所出售资产的市场是理论上该资产通常被交换的市场。

资产的市场价值反映了市场作为一个整体对资产效用的认可，某项资产对于特定市场主体所具有的价值可能不同于市场或特定行业对该资产价值的认同。市场价值反映了各市场主体组成的市场整体对被评估资产效用和价值的综合判断，不同于特定市场主体的判断。

资产的市场价值将反映资产的最高最佳用途。最高最佳用途是指资产潜力的最大化使用，该使用在技术上可能、在法律上被许可、在财务上可行。最高最佳用途可能是资产的现有用途的延续或某些其他用途，它是由市场参与者在确定意向价格时可能考虑的资产用途决定的。

市场价值通常适用于正常的产权变动类资产业务。市场价值要求将被评估资产视为可以在公开市场出售的资产，即适宜采用市场价值标准评估的资产一般应具有独立功能(而不是持续经营企业的部分资产)，可独立交易转让，且资产功能具有一定的通用性或用途多样性。

(二)市场价值以外的价值

市场价值以外的价值也称非市场价值或其他价值，我国的评估准则中并没有直接定义市场价值以外的价值，而是指出凡不符合市场价值定义条件的资产价值类型都属于市场价值以外的价值。

根据市场价值的定义，可以倒推出非市场价值的含义。非市场价值是指不满足公开市场价值成立条件的资产在非公开市场条件下实现的价值，以及虽然满足公开市场价值成立条件但只能在非公开市场交易的资产实现的价值(如可独立交易的具有通用性的资产的清

① 国际评估准则理事会. 国际评估准则(2022年1月31日生效)[M]. 中国资产评估协会，译. 北京：中国财政经济出版社，2021.

算价值)。总之,非市场价值是特殊经济行为或资产业务以及特别评估对象在受限制的市场条件下实现的价值。

属于非市场价值类型的评估结果既适用于产权变动类资产业务,也适用于非产权变动类资产业务。具体而言,适用于以非市场价值为基础的评估业务可以分为两大类:一类属于特定评估目的,另一类属于特殊评估对象。

属于特定评估目的的资产业务主要有以破产清算为目的的评估、以特殊投资为目的的评估(买方是具有特殊兴趣的购买者)、以赔偿为目的的评估、以财产纳税为目的的评估等。这些资产业务不论是否为产权变动服务,终因不完全符合公开市场价值标准所要求的条件,其评估结果只能属于非市场价值。

属于特殊评估对象的资产是指不完全具备在公开市场上出售条件的资产。这些资产主要有:非经营性资产,如公共设施、宗教财产等;非竞争性资产,如稀有矿产资源、水资源、邮电、铁路等;处于特定地理位置、不存在替代品的资产,如深水码头、航道、交通枢纽等;不能独立存在、独立转让的不可确指的无形资产,即商誉;用途单一且专业特征明显的专用资产,如自制专用设备、专用生产线等特殊生产设施。

上述资产中,非经营性资产、非竞争性资产和处于特定地理位置的资产属于有限市场资产(limited market property)。有限市场资产的显著特征不是它们不能在公开市场上出售,而是基于资产的独特性能或其他因素,它们在特定时间内不会吸引较多的潜在购买者,因而相对于较具市场价值的资产,它们的销售一般需要更长的时间。专用资产(specially designed property)如果不是作为经营中的企业的组成部分出售,则几乎不可能在公开市场上出售,只能评估它们的残值。商誉(goodwill)作为整体持续经营资产价值的组成部分,可以被视为对整体资产价值的贡献,但不能脱离企业整体进行单独交易。

(三)资产评估中常见的市场价值以外的价值类型

1. 投资价值

投资价值(investment value)是企业并购、资产转让等资产经营活动中所涉及的频率最高的价值类型。它是某项特定资产相对于某个或某类特定购买者(或所有者)的价值,表现为该资产给其所有者(或未来所有者)带来的未来收益的价值。

基于种种原因,对不同的潜在购买者而言,某项资产的投资价值可能明显不同。影响某个特定购买者对资产投资价值估计的因素包括:

(1)可以预计到的协同作用和价值创造机会。例如,一家拥有雄厚资金和强大销售网络的企业欲并购一家拥有市场潜力的商品生产企业。

(2)购买者进入一个新市场的愿望。例如,一家企业拟采取多元化经营战略,若想进入一个新的行业或市场,该行业的现有企业相对于它来说就具有较高的投资价值。

(3)对风险的识别和对盈利能力变化规律的把握。

(4)购买者的纳税地位。

(5)购买者的信心。

所有这些因素都会影响特定购买者对资产未来收益的预期,从而影响其对资产价值的估计。

2. 在用价值

在用价值(value in use)是指作为企业组成部分的特定资产对其所属企业能够产生的价值，而不考虑该资产的最佳用途或资产变现所能实现的货币数量。在用价值是从特定使用者角度衡量的非市场价值，可称为对特定使用者或所有者的价值。

3. 清算价值

清算价值(liquidation value)是企业停止经营，变卖企业所有资产减去所有负债后以货币形式存在的余额。

按照允许寻找购买者的时间长短，清算可以分为强制清算和有序清算两种。

强制清算是指在公开市场上限时公开出售的情况下，一项资产所带来的净值。买卖双方都了解该资产现有的或可能的用途，但卖者是被迫出售，而买者是自愿购买。

有序清算是指在公开市场上允许在一定合理时间内寻找购买者，公开出售一项资产所带来的净值。买卖双方都了解该资产现有的或可能的用途，但卖者是被迫出售，而买者是自愿购买。

从上述有关清算价值的定义可知，其与市场价值的区别主要表现在两个方面：一是买卖双方地位不平等，卖方是被迫出售；二是没有充足的时间询价，有序清算与强制清算的区别只是两者在时间限定上的差异。此外，值得注意的是，定义中的"净值"是指在扣除与清算相关的全部手续费和管理费后的价值。

清算价值属于非市场价值，或者更确切地说是非正常市场价值，因而通常低于资产在正常交易条件下的市场价值。在资产评估时，清算价值一般在市场价值的基础上进行调整获得。然而具体的调整因素较多且不易确定，往往由评估人员根据经验对这些因素进行推测和判断来确定资产的清算价值。

4. 残余价值

残余价值(salvage value)是指机器设备、房屋建筑物或其他有形资产等的拆零变现价值的估计数额。

资产的残余价值不是资产自身作为一个完整的资产所具有的价值，而是由于机器设备、房屋建筑物或其他有形资产自身已不能再继续使用，或已不再具有经济价值，因此只能将其拆成零部件，这些零部件的变现价值即残余价值。

第三节　资产评估的假设

资产评估是在特定资产业务发生前对资产在某一时点的价值进行估算。由于资产在不同用途、状态及经营环境下的效用会有所不同，从而价值也会不同，因此在评估前，评估人员需对资产的未来用途、状态及经营环境做出合理的推断，或者说假设。资产评估假设就是对评估条件的合乎逻辑的假定性说明。例如，一家企业，若推断其将持续经营下去，在该企业产权变动时，就需评估其持续经营条件下的市场价值；若推断其破产清算不再持续经营，就需评估其清算价值。这就在一定程度上说明特定的资产业务是以某种假设为前提的，也说明资产评估假设是与资产评估的价值类型有着密切联系的概念,因为资产评估价值类型的确定在较大程度上是由特定资产业务决定的。

资产评估所使用的假设涉及不同的方面,一般分为评估前提性假设、评估外部环境假设、评估具体假设等几个层次。

评估前提性假设是资产评估活动最基本的假设,包括评估基本情景和市场条件等方面的假设、评估对象存续或使用状态方面的假设。基本情景方面的假设主要是交易假设,市场条件假设主要有公开市场假设等。评估对象存续或使用状态方面的假设,针对企业等经营主体的主要有持续经营假设、清算假设等,针对单项资产的主要有原地使用假设、移地使用假设、最高最佳使用假设和现状利用假设等。

评估外部环境假设主要包括评估所依托的国家宏观环境、行业及地区环境条件假设。

评估具体假设是按照评估目的及评估操作要求针对评估对象的特点所具体使用的评估假设。对于企业等经营主体,可能涉及经营范围及方式、经营管理水平、会计政策、企业守法合规、管理团队的稳定性及尽责履职、关联交易定价等方面的假设。对于单项资产,则可能涉及评估对象的物理、法律、经济状况、未来管理及营运等方面的假设。

主要的资产评估假设大致有以下几个:

一、交易假设

交易假设是将被评估资产置于“市场交易”中,从而使评估人员可以模拟市场进行评估。众所周知,资产评估是在资产实施交易前进行的一项专业服务活动,是评估人员根据待评估资产的交易条件等模拟市场交易进行的评估,因此,交易假设是进行资产评估最基本的前提假设,其他假设都是资产处于市场交易过程中,根据具体的交易情况所做出的条件限定。

二、公开市场假设

公开市场假设是指被评估资产可以在完全竞争的资产市场上,按市场原则进行交易,其价格的高低取决于该资产在公开市场上的行情。

公开市场,是指在该市场上,买卖双方地位平等,均为自愿交易,买卖双方均为追求自身利益最大化的经济人,双方均有充足的时间收集信息、询价。

从公开市场假设的含义出发,适宜做公开市场假设的资产业务要求被评估资产具有一定的通用性。那些专用性较强的资产,如专用机器设备、处于特殊空间位置的不动产等,由于交易稀少,不能形成市场行情,因此无法适用公开市场假设。

一般来讲,用途越广泛、通用性越强的资产,越容易通过市场交易实现其最佳效用。这里的“最佳效用”,是指资产在法律许可的范围内,被用于最有效的用途,可取得最佳经济效果。在资产评估时,对于具备在公开市场上交易的条件的资产,做公开市场假设,并根据资产所在的位置、特点、市场供求等因素确定其最佳用途,按其最佳用途进行评估,有助于通过资产市场实现资产的最佳配置。

三、持续经营假设

持续经营假设是一项针对经营主体(企业或业务资产组)的假设,一般不适用于单项资产。

持续经营假设是假设一个经营主体的经营活动可以持续下去，在未来可预测的时间内该主体的经营活动不会中止或终止。一个经营主体一般是由部分资产和负债按照特定目的组成，并且需要完成某种功能。持续经营假设就是假设该经营主体在未来可预测的时间内继续按照这个特定目的，完成该特定功能。

在对一个经营主体进行评估时，需要对其未来可否持续经营做出假设。因为经营主体是否可持续经营，其价值表现是完全不同的。一家持续经营假设下的企业，其评估值是以其未来经营收益的多少来确定的。

四、有序清算假设和强制清算假设

如果一个经营主体不能持续经营，就需要使用清算假设。清算假设可分为有序清算假设和强制清算假设。

有序清算假设是指经营主体在其所有者的自主控制下，有计划、有秩序进行的清算。

强制清算假设是指经营主体不在其所有者控制下，而是在外部势力的控制下按照法定的或者由控制人自主设定的程序进行的清算，经营主体的所有者无法干预。

五、最高最佳使用假设

最高最佳使用，是指一项资产在法律上允许、技术上可能、经济上可行的前提下，经过充分合理的论证，实现其最高价值的使用。

如果被评估资产存在多种用途或利用方式，评估人员就应该选择其最佳用途或利用方式来进行评估。会计准则明确规定，公允价值是资产在最高最佳用途下的价值。

六、现状利用假设

现状利用假设是指对一项资产进行评估时，按照其目前的利用状态及利用方式评估其价值，尽管现状利用方式有可能不是最佳使用方式。

第四节　资产评估的原则

资产评估原则是规范资产评估行为和业务的准则，包括工作原则和经济技术原则两个层面。

一、资产评估的工作原则

资产评估的工作原则是指评估机构及其评估人员在执业过程中应遵循的基本原则，主要包括独立性原则、客观公正性原则和科学性原则。

（一）独立性原则

独立性原则是指评估机构应始终坚持第三者立场，不受资产业务当事人利益的影响。评估机构应是独立的社会公正性机构，不能被资产业务中的任何一方拥有，也不能隶属于任何一方。遵循这一原则可以从组织上保证评估工作不受有关利益方的干扰和委托者意图的影响。

(二)客观公正性原则

客观公正性原则要求评估以充分的事实为依据。这就要求评估人员在评估过程中以公正、客观的态度收集有关数据和资料,并要求评估过程中的预测、推算等主观判断建立在市场和现实的基础上。此外,为了保证评估的公正、客观,按照国际惯例,资产评估机构收取的评估费用应该只与工作量相关,不与被评估资产的评估结果挂钩。

(三)科学性原则

科学性原则是指在资产评估过程中,必须根据特定目的,选择适用的价值类型和科学的方法,制定科学的评估方案,使资产评估结果准确、合理。在整个评估工作中必须把主观评价与客观测算、静态分析与动态分析、定性分析与定量分析相结合,使评估工作做到科学合理、真实可信。

二、资产评估的经济技术原则

虽然在资产评估的工作原则中一再强调评估人员在对资产未来收益的预测和对市场信息资料的筛选过程中应采取客观、公正的态度,但是由于资产评估本身既有精确计算的科学性,也有鉴定的艺术性,而鉴定的艺术又是评估人员通过主观而又不失逻辑性的方案来体现的,因此资产评估结果或多或少存在一定的个人色彩。曾有国外资产评估教科书指出,即使是两个资质相同的评估师对同一项资产进行评估,其评估值也不可能完全相等。这就要求评估人员在具体操作过程中遵循资产评估的经济技术原则,以保证评估结果相对公正、合理。

资产评估的经济技术原则是指在资产评估过程中进行具体技术处理的原则。它是在总结资产评估经验、国际惯例和市场能够接受的评估准则的基础上形成的,主要包括预期收益原则、供求原则、替代原则、贡献原则和评估时点原则。

(一)预期收益原则

预期收益原则是指在资产评估中,资产的价值可以不考虑其过去形成的成本或购买价格,但是必须充分考虑其在未来可能为其控制者带来的经济效益。资产的市场价格主要取决于其未来的有用性或获利能力,未来效用越大,评估值越大;反之,一项资产尽管在取得时花了很大的成本,但目前无多大效用,则评估值不会高。预期收益原则要求在进行评估时,必须合理预测资产未来的获利能力和取得获利能力的有效期限。

(二)供求原则

供求原则在经济学中是指在其他条件不变的前提下,供求关系对商品价格影响的规律。供求规律同样适用于资产的估价,要求评估人员在给资产估价时充分考虑评估时市场上被评估资产的供求状况。

(三)替代原则

替代原则是商品交换的普遍规律,即价格最低的同质商品对其他同质商品具有替代性。

据此原理，资产评估的替代原则是指在评估中面对几种相同或相似资产的不同价格时，应取较低者为评估值，或者说评估值不应高于替代物的价格。这一原则要求评估人员从购买者的角度进行资产评估，因为资产评估值应是资产潜在购买者愿意支付的价格。

（四）贡献原则

贡献原则是指单项资产或资产的某一构成部分的价值取决于它对其他相关的资产或资产整体价值的贡献，而不是孤立地根据其自身的价值来确定评估值；也可以根据缺少它对相关资产或资产整体价值下降的影响程度来确定其评估值。

（五）评估时点原则

市场是变化的，资产的价值会随着市场条件的变化而不断变化。为了使资产评估得以操作，同时保证资产评估结果可以被市场检验，在资产评估时，必须假定市场条件固定在某一时点，即评估基准日。资产评估必须有基准日。

本章小结

价值类型、资产评估假设和资产评估原则是资产评估的三个基本要素。

资产评估中的价值类型是指资产评估结果的价值属性及其表现形式。不同的价值属性从不同的角度反映资产评估价值的属性和特征，不同属性的评估价值不仅在性质上是不同的，而且在数量上存在较大差异。资产评估价值类型的不同标志着资产评估质的不同。资产评估的价值类型取决于资产业务的性质、评估对象的特征状态、时空条件、评估时的市场条件以及资产业务当事人的状况、法律法规、委托人的要求等。

资产评估的假设是评估条件的限定。资产的价值取决于未来，未来如何是不确定的，所以资产评估必须有假设，只有把不确定的条件确定下来，才能进行评估。

资产评估的原则是规范评估行为和业务的准则。评估原则不是劝诫，不是抽象的期望，而是具有实实在在衡量标准的准则。原则不仅是必须遵守的，而且是可以对遵守情况进行评价的。

复习思考题

1. 如何理解生产费用价值论、效用价值论和均衡价值论？
2. 什么是资产评估中的市场价值？其有哪些要件？
3. 如何理解资产评估实务中常见的四种市场价值以外的价值类型？
4. 什么是资产评估假设？如何理解资产评估的几个主要假设？
5. 如何理解资产评估的工作原则和经济技术原则？

3 第三章 资产评估的基本方法

全章提要

学习目标

知识目标：了解机器设备的分类、评估特点，熟悉机器设备评估的前提和价值构成，了解机器设备评估的基本程序，熟悉各种评估方法在机器设备评估中的适用前提和适用范围以及各种评估方法涉及的经济技术参数，掌握成本法在机器设备评估中的运用。

思政目标：培养学生诚信为本的职业操守、高度负责和严谨的工作态度。

思维导图

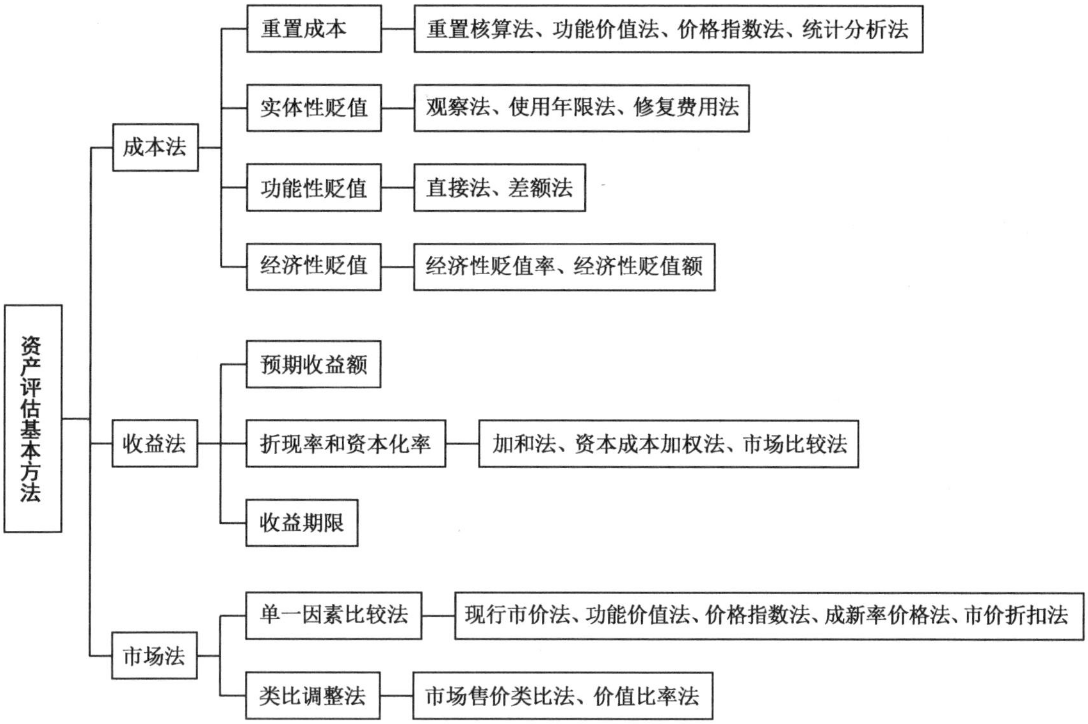

第一节　成本法

一、成本法的基本原理

（一）成本法的理论基础

成本法的理论基础是生产费用价值论。该理论认为资产的价值取决于其购建时的成本耗费。一项资产的原始成本越高，其原始价值越大。

(二)成本法的技术思路

成本法也称重置成本法,是指按照重置(重新购买、制造或建造)评估对象的思路,将重置成本作为确定评估对象价值的基础,扣除相关贬值,以确定评估对象价值的评估方法的总称。成本法是建立在这样一个假设基础上:作为购买特定资产的替代选择,人们可以去重置一个与该资产相同或具有相同功能的资产,除非有额外的时间支出、风险或其他不方便之处,人们为该资产所愿意支付的价格不会超过获取相同或具有相似功能的替代性资产的成本。由于旧资产的重置成本超过了市场愿意为其支付的价格,因此在运用成本法时需要估计贬值。

由于成本法运用了重置的技术思路或途径,因此叫重置法可能更确切。

(三)成本法运用的前提

因成本法运用重置资产的思路估算资产价值,故成本法运用的前提应该是被评估资产(功能)能够被现实地重置,即被评估资产能够再生或复制,而且这种重置被现实社会认为是必要的,即评估对象的重置成本及其相关贬值能够合理估算。

如果被评估资产不能被现实地重置,就不能采用成本法。如果重置被现实社会认为是不必要的,评估结果的合理性就难以判断。

二、成本法的基本计算公式及其各项指标的计算

根据成本法的技术思路及贬值的可计量性,成本法的基本计算公式可以表述如下:

被评估资产评估价值=重置成本-实体性贬值-功能性贬值-经济性贬值 (3.1)

(一)重置成本及其计量

资产的重置成本简单地说就是全新资产的现行再取得成本,因此是重置完全成本或重置完全价值,可简称重置全价。重置成本又可以分为复原重置成本和更新重置成本。

复原重置成本是指采用与被评估资产相同的材料、建造或制造标准、设计、规格和技术等,以现行价格水平和费用标准购建与被评估资产相同的全新资产所发生的费用。

更新重置成本是指采用新型材料、新的建造或制造标准、新型设计、新的规格和技术等,以现行价格水平和费用标准购建与被评估资产具有相同功能的全新资产所发生的费用。

更新重置成本与复原重置成本的相同点在于均采用资产的现行价格水平和费用标准,而且不管是复原重置还是更新重置,均为资产功能的重置,即资产的功能是不变的。两者的不同点在于采用的材料、标准、设计等方面存在差异。

更新重置成本通常适用于使用当前条件所重置的资产可以提供与评估对象相同或相似的功能,并且更新重置成本低于其复原重置成本。复原重置成本适用于评估对象的效用只能通过按原条件重新复制评估对象的方式提供。

重置成本的计量方法有多种,需根据具体评估对象和可以获得的资料进行选择。这里介绍评估实务中应用比较广泛的几种方法。

1. 重置核算法

重置核算法是利用成本核算的原理,根据重新取得资产所需的费用项目,逐项计算然后

累加得到资产的重置成本。重新取得资产包括哪些费用项目取决于评估目的所决定的资产特征状态，即以什么特征状态下的资产进行交易。在实际测算过程中，该方法又具体分为购买型和自建型。

购买型是以购买方式作为资产的重置过程，资产重置成本的具体构成取决于资产的特征状态，一般由资产的现行购买价格、运杂费、安装调试费以及其他必要的费用构成，具体构成取决于评估目的和资产本身的特点。

自建型是把自建（自制）资产作为资产的重置过程，它根据重新建造（制造）资产所需要的料、工、费及必要的其他费用（如资金成本）和开发者合理收益等分析计算资产的重置成本。

评估实务中到底是采用购买型还是自建型，应根据社会一般的重置方式和重置的现实条件确定。

【例3—1】 某企业5年前购置的一台设备，原购买价为200 000元，运杂费为1 500元，直接安装费为1 200元（其中，原材料700元、人员工资500元），据统计分析，这台设备的间接成本为人工成本的0.85倍。评估时，经市场调查，该设备的现行买价为230 000元，运杂费为2 400元，直接安装费为1 800元（其中，原材料1 000元、人员工资800元），间接成本平均为直接成本的0.9%。请计算这台设备的重置成本。

重置成本=230 000+2 400+1 800+(230 000+2 400+1 800)×0.9%=236 307.8(元)

重置核算法既适用于计量复原重置成本，也适用于计量更新重置成本。

2. 功能价值法

功能价值法是选择同类功能的资产作为参照物，根据资产功能与价值（价格）的内在关系，按被评估资产功能与类比物（参照物）功能的差异，由类比物价格推算被评估资产的价值（重置成本）的方法。

由于资产的功能与价值之间的函数关系有三种表现，因此功能价值法有三种具体的计量方法。

（1）资产的功能与价值呈线性关系，即功能增大，价值按一定系数增大，但并不一定呈比例，其计算公式如下：

$$P=A+BF \tag{3.2}$$

式中，F 为资产的功能，P 为资产的价值，A 和 B 为常数。

（2）资产功能与价值呈正比例关系，即功能比等于价格比，它是线性关系的特例，即常数 A 为0。这种关系的运用常被称为生产能力比例法，其计算公式如下：

$$\text{被评估资产重置成本}=\text{参照物重置成本}\times\frac{\text{被评估资产生产能力}}{\text{参照物生产能力}} \tag{3.3}$$

（3）资产的功能与价值呈指数关系，即虽然功能与价值呈正相关关系，但不是同比例增大，随着功能的增大，价值的上升幅度会趋缓，表现出规模经济效应。显然，正比例关系是指数为1的特例。这种关系的运用常被称为规模经济效益指数法，其计算公式如下：

$$\text{被评估资产重置成本}=\text{参照物重置成本}\times\left(\frac{\text{被评估资产年产量}}{\text{参照物年产量}}\right)^{x} \tag{3.4}$$

式中,x 为规模经济效益指数①,通常按行业设定,如美国加工工业的该指数一般在0.6～0.7,房地产行业为0.9。x 指数的设定需在同类资产中选择有代表性的样本进行分析。其计算公式推导如下:

$$P_i=\left(\frac{F_i}{F_j}\right)^x\times P_j$$

对上式两边取对数,则:

$$\ln\left(\frac{P_i}{P_j}\right)=x\times\ln\left(\frac{F_i}{F_j}\right)$$

$$x=\frac{\ln(P_i/P_j)}{\ln(F_i/F_j)} \tag{3.5}$$

式中,P 为资产的价格,F 为资产的功能,i 和 j 是功能相同、生产能力不同的资产的下标。

选择同类功能资产的若干组功能与价格的数据,代入上式进行反复测算,按均方差最小的原则分析确定 x 的值。

【例3—2】 被评估资产生产能力为600 000件/年,参照物重置成本为5 000元,生产能力为300 000件/年,设 x 取值0.7,求被评估资产的重置成本。

被评估资产重置成本=5 000×(600 000÷300 000)$^{0.7}$=8 122(元)

3.价格指数法

价格指数法是利用与资产有关的价格指数,将资产的历史成本(价格)调整为重置成本(现行价格)的一种方法。

如果既无法获得处于全新状态的被评估资产的现行市价,也无法获得与被评估资产相类似的参照物的现行市价,就只能根据资产的历史成本按价格指数进行调整来获取被评估资产的重置成本。其计算公式如下:

$$\text{被评估资产重置成本}=\text{资产的历史成本}\times\frac{\text{资产评估时的价格指数}}{\text{资产购建时的价格指数}} \tag{3.6}$$

$$\text{被评估资产重置成本}=\text{资产的历史成本}\times(1+a_1\%)\times(1+a_2\%)\times\cdots\times(1+a_n\%) \tag{3.7}$$

式(3.6)采取了定基价格指数;式(3.7)采取了环比价格指数,式中 $a_i\%$ 表示后期与前期相比价格上升的幅度,n 表示期数。

公式中,资产的历史成本要求真实、准确并符合社会平均的合理成本,所采用的价格指数应是资产的类别或个别物价指数。

【例3—3】 某项资产购建于2013年,账面原值为10万元,2023年进行评估,已知2013年和2023年该类资产的定基物价指数分别为100%和160%。求该项资产的重置成本。

被评估资产重置成本=100 000×160%÷100%=160 000(元)

【例3—4】 某项资产购建于2013年,账面原值为20万元,2023年进行评估,已知2013—2023年该项资产价格每年上涨10%,求该项资产的重置成本。

被评估资产重置成本=200 000×(1+10%)^{10}=520 000(元)

---

① 规模经济效益指数一般由专门的统计机构分行业计算,而不是由评估机构自行设定。我国目前尚无此类数据的统计。

由于价格指数法仅考虑了价格变动对资产重置成本的影响，因此采用此方法计算的重置成本为复原重置成本，在计算评估价值时，一般还需要考虑技术进步对被评估资产价值的影响。

上述三种方法均可用于重置成本的测算(计算资产重置成本的具体方法可能不限于上述几种)，具体选择哪种方法应根据具体的评估对象和可以收集到的资料来确定。

4.统计分析法

当被评估资产单位价值较低、数量较多时，为了降低成本、节约时间，可以采用统计分析法评估某类资产的重置成本。该方法是运用统计学中的点面推算法来计量某类资产的重置成本。其计算步骤如下：

(1)将被评估资产按一定的标准分类。

(2)在各类资产中抽样选择代表性资产，在上述三种方法中选择适合的方法计算其重置成本。需注意权衡样本量与评估成本。一般而言，样本量越大，评估值越准确，但工作量也会相应增大。

(3)依据代表性资产的重置成本与其账面历史成本计算出分类资产的调整系数 K。

$$K=\frac{\sum 某类抽样资产的重置成本}{\sum 某类抽样资产的历史成本} \tag{3.8}$$

(4)根据调整系数 K 计算被评估资产的重置成本。其计算公式如下：

$$某类资产的重置成本=某类资产的原始成本\times K \tag{3.9}$$

统计分析法并非一种独立的计量资产重置成本的方法。

【例 3—5】 在对某企业进行整体评估时，将其所拥有的机器设备分类为专用设备、通用设备、运输设备、仪器仪表。其中，通用设备的评估过程如下：经抽样，选择具有代表性的通用设备 5 台，估算其重置成本之和为 30 万元，这 5 台具有代表性的通用设备的历史成本之和为 20 万元，通用设备账面历史成本之和为 500 万元。

通用设备重置成本＝500×30÷20＝750(万元)

(二)实体性贬值及其计量

实体性贬值是指资产因自然力作用和使用导致的资产物理性能的损耗或下降而引起的资产价值损失，即因自然损耗和使用损耗使得资产的剩余寿命和功能下降而发生的贬值，也可称为有形损耗。比如，轮船在航行中不断受海水的侵蚀，就会产生有形损耗，计量时主要是根据已使用年限进行分摊。但是，从评估角度看，仅仅知道有形损耗的定义是不够的，还必须进行量化，只有这样才能评估资产的价值。这里的量化从某种程度上讲也是一种市场判断，而不是对某种既定制度的反映。

由于资产评估所定义的有形损耗特指实际状况，因此在评估中评估人员如何判断有形损耗，对资产的评估值影响极大。这里我们侧重介绍三种方法。

1.观察法

观察法也称技术鉴定法、成新率法，是指由具有专业知识和丰富经验的评估人员，通过对资产实体各主要部位的观察以及采用仪器测量等方式进行技术鉴定，并综合分析资产的设计、制造、使用、磨损、维护、修理、大修理、改造情况和物理寿命等因素，将评估对象与其全新状态相比较，考察因使用磨损和自然磨损对资产的功能、使用效率造成的影响，判断被评

估资产的成新率,从而估算实体性贬值。其计算公式如下:

$$\text{被评估资产的实体性贬值}=\text{重置成本}\times(1-\text{实体性成新率}) \tag{3.10}$$

在具体操作中,一般采用专家打分法来确定成新率,即对资产每个部位的磨损程度进行打分,再根据每个部位在整体中的比重加权平均估算成新率。

2.使用年限法

使用年限法是利用被评估资产的实际已使用年限与总使用年限的比值来判断其实体性贬值率,进而估算资产的实体性贬值。其计算公式如下:

$$\text{被评估资产的实体性贬值}=\frac{\text{重置成本}-\text{预计残值}}{\text{总使用年限}}\times\text{实际已使用年限} \tag{3.11}$$

对于上式中的各个因素,从评估角度看,理论上和实务工作中都存在市场判断的余地。

(1)残值是从评估角度所认识的资产清理报废时净回收的金额。所以在评估中,通常只考虑数额较大的残值,如果残值较小就可以忽略不计。

(2)实际已使用年限是一项资产在评估时确认的已使用的年数,与资产在使用中的负荷程度和日常保养有关,其计算公式如下:

$$\text{实际已使用年限}=\text{名义已使用年限}\times\text{资产利用率} \tag{3.12}$$

式中,名义已使用年限一般是指会计记录记载的资产已提取折旧的年限,资产利用率是指截至评估基准日资产累计实际利用时间与累计额定利用时间的比率。

需要注意的是,资产的实际已使用年限对于不同类型的资产来说可能具有不同的含义:对于实体性贬值主要是由使用损耗造成的资产来说,实际已使用年限可以采用资产利用率修正得到;但对于那些实体性贬值主要是由年限原因造成的资产来说,实际已使用年限就不能采用资产利用率修正得到,如房屋,其实际已使用年限就是名义已使用年限。也就是说,采用资产利用率修正名义已使用年限以得到实际已使用年限的方法一般仅适用于实体性贬值主要是由使用损耗造成的资产。

【例3-6】 某资产2013年1月购建,2023年1月进行评估。根据该资产的技术指标,正常使用情况下,每天应工作8小时,但实际每天工作7.6小时。计算该资产的实际已使用年限。

资产利用率=10×360×7.6÷(10×360×8)×100%=95%

实际已使用年限=10×95%=9.5(年)

在实际评估中,由于数据资料不完整,因此资产利用率指标往往不易明确。评估时应综合分析资产的开工情况、大修间隔期、原材料供应情况、电力供应情况、是否属于季节性生产等因素来确定资产利用率。

(3)总使用年限是已使用年限与尚可使用年限之和,其中,尚可使用年限是根据资产的有形损耗因素预计的资产可以继续使用的年限。

使用年限法的原理在评估实践中可以得到进一步的运用。例如,可以根据被评估资产的设计总工作量和已完成的工作量、被评估对象的设计行驶里程和已行驶里程等指标,利用使用年限法的原理测算资产的实体性贬值。

使用年限法有一个假定,即资产贬值与寿命缩短和功能下降的变化成正比,这对有形损耗来说基本符合价值运动规律。因此,可采用资产累计功能损耗与全部寿命期的累计功能之比来反映资产的实体性贬值率。

3. 修复费用法

修复费用法是通过估算将被评估资产恢复到原有全新功能所需投入的修复费用来直接确定资产的实体性贬值的一种方法。这里的修复费用包括资产主要零部件的更换、修复、改造、停工损失等费用支出。如果资产可以通过修复恢复到全新状态，就可以认为资产的实体性损耗等于其修复费用。该方法可用于尚可使用年限无法确定，或者使用年限无法确定的情况，也可用于资产的局部需要更换或修复的情况。修复费用也可能包括功能改进的费用，因为资产的修复往往与功能改进一并进行，所以要避免重复计算修复费用和功能性贬值的问题。

资产的有形损耗可分为可修复损耗（可补偿性损耗）和不可修复损耗（不可补偿性损耗），这两部分的根本区别在于：可修复的有形损耗不仅在技术上具有可修复性，而且在经济上是划算的；不可修复的有形损耗则无法以经济上划算的办法来修复。于是，对不可修复的损耗可用其他方法来评估，对可修复的损耗则按修复费用法来评估。通常，因寿命造成的实体性损耗是不可修复的。

由此可见，修复费用法只能用于估算资产的一部分实体性贬值，而不是全部。使用过的资产是不可能修复到全新状态的。

（三）功能性贬值及其计量

资产的功能性贬值是指因技术进步引起的资产功能相对落后而造成的资产价值损失。它包括两种形态，即超额投资成本和超额运营成本。

1. 超额投资成本

超额投资成本是因新工艺、新材料、新设计和新技术的采用而使资产的复原建造成本超过现行更新建造成本的超支额，这部分成本因得不到社会的承认而使资产贬值。超额投资成本这种形态的功能性贬值是否需要计算并扣除，要看估算的重置成本是复原重置成本还是更新重置成本。如果估算的是更新重置成本，就无须计算超额投资成本这种形态的功能性贬值；如果估算的是复原重置成本，是否需要计算并扣除超额投资成本这种形态的功能性贬值，就要看被评估资产的更新是否发生，没有发生就无须考虑，发生了就需要计算并扣除。

但实务中，通常并不需要单独计算超额投资成本这种形态的功能性贬值，因为在评估实务中，在复原重置成本和更新重置成本均能估算的情况下，通常优先估算更新重置成本，也就不存在需要单独计算超额投资成本这种形态的功能性贬值问题。如果更新重置成本是无法估算的，只能估算复原重置成本，那么也就无须计算超额投资成本这种形态的功能性贬值了，因为更新并没有发生，所以无法估算更新重置成本。

2. 超额运营成本

超额运营成本是原资产超过体现技术进步的同类（同功能）资产的运营成本的超支额，实际上是被评估资产与性能更好的相同功能资产相比而产生的运营成本超支额。超额运营成本这种形态的功能性贬值是否需要计算，要看重置成本估算的标准。如果重置成本以性能更好的参照物资产为标准，即以参照物的重置成本作为被评估资产的重置成本，由于被评估资产存在运营成本超支，因此这种情况下就需要计算并扣除超额运营成本这种形态的功能性贬值;如果重置成本仍然以被评估资产的这种性能为标准,就无须计算并扣除超额运营成本这种形态的功能性贬值。

总之,功能性贬值是相对的,是相对于体现技术进步的同类(同功能)资产重置成本来说的,评估中是否需单独计算并扣除取决于被评估资产重置成本计算的标准,并不是任何情况下都需要计算扣除的。

资产的超额运营成本主要体现在材料消耗、能源消耗、工时消耗的增加,废品率上升及等级下降等方面。其具体计算步骤如下:

(1)将被评估资产的年运营成本与同类已普遍使用的技术先进的资产的年运营成本相比,计算两者的差额,得到被评估资产的年超额运营成本。

(2)从年超额运营成本中扣除或不扣除所得税因素,计算年净超额运营成本。

(3)根据被评估资产的剩余寿命期或整个寿命期和适当折现率(一般取行业平均收益率)将年净超额运营成本折现,得到被评估资产的功能性贬值额。

上述计算步骤可用公式表示如下:

被评估资产功能性贬值额=年净超额运营成本×(1－所得税税率)×$(P/A,r,n)$ (3.13)

式中:$(P/A,r,n)$为年金现值系数。

评估中是采用剩余寿命期还是整个寿命期,取决于从重置成本中是先扣除实体性贬值再扣除功能性贬值,还是先扣除功能性贬值再扣除实体性贬值。如果重置成本是先扣除实体性贬值(实体性贬值的扣除通常采用相对数——实体性贬值率来实现扣除),那么计算功能性贬值时就应该采用剩余寿命期年净超额运营成本折现值;如果重置成本是先扣除功能性贬值,即先将类比物(参照物)资产的重置成本调整为被评估资产这种性能下的重置成本,那么功能性贬值的计算就应该采用整个寿命期年净超额运营成本折现值。

计算净超额运营成本时是否需要扣除所得税取决于评估目的(评估结果的价值类型)。如果评估的是资产的市场价值,所得税不是针对资产的,就不需要扣除所得税;如果评估的是资产的在用价值,即资产对所属企业的价值,就应该扣除所得税,所得税的税率就采用所属企业的。

【例 3—7】 某被评估资产与目前普遍使用的技术先进的资产相比,在完成同样生产任务的情况下,能耗超支 3 万元,工耗超支 1 万元。经评估人员鉴定,该资产尚可使用 3 年,同行业的资产平均收益率为 10%,企业所得税税率为 25%。

资产的功能性贬值=(30 000+10 000)×(1－25%)×$(P/A,10\%,3)$=74 607(元)

(四)经济性贬值及其计量

资产的经济性贬值是指因外部条件的变化引起的资产闲置、收益下降等而造成的资产价值损失。外部条件变化造成的资产贬值主要有下列情形:产品需求减少、竞争加剧、原材料供应变化和价格上升、劳动力和公用事业费用上涨、通货膨胀、高利率、经济危机以及环境或政府政策法规方面的限制等。

经济性贬值一般表现为两种形式:一是资产利用率下降,如设备利用率下降、房屋出租率下降;二是资产年收益额损失。基于此,经济性贬值的计量也存在两种方法。

1. 因资产利用率下降而导致的经济性贬值的计量

先计算经济性贬值率，再计算经济性贬值额。具体计算公式如下：

$$\text{经济性贬值率}=\left[1-\left(\frac{\text{设备预计可被利用的生产能力}}{\text{设备原设计生产能力}}\right)^x\right]\times 100\% \tag{3.14}$$

$$\text{经济性贬值额}=\text{重置成本}\times\text{经济性贬值率}$$

式(3.14)中，x 为规模经济效益指数。

2. 因收益额减少而导致的经济性贬值的计量

具体计算公式如下：

$$\text{经济性贬值额}=\text{年收益损失额}\times(1-\text{所得税税率})\times(P/A,r,n) \tag{3.15}$$

需要注意的是，并非每项被评估资产都需要计算经济性贬值。一般来讲，只有能够单独计算收益的资产，如一家企业、一个车间、一条生产线等，才需要考虑在评估基准日后、资产的寿命期内是否存在利用率降低或收益额减少的问题。之所以仅考虑评估基准日后是否存在经济性贬值问题，是基于两点：一是资产评估的特点——预期性，二是评估基准日前资产利用率问题是通过计算实际已使用年限来体现的。

经济性贬值和功能性贬值在很多情况下可能是同一事物的两面，即从这个角度看是功能性贬值，换个角度看就可能表现为经济性贬值。评估人员要注意不要将同一价值损失既当作功能性贬值又当作经济性贬值，以避免重复计算价值损失。

三、成本法的适用范围

成本法比较适用于评估新的或完工不久的资产，乃至评估计划将要建设的项目。成本的估计通常设定了市场参与者为该资产所愿支付金额的上限。

成本法也常用于评估那些很少进行交易的特殊资产或特殊用途的资产。

成本法如果用于评估较旧的资产，则可能会因对成本和损耗(贬值)的估计缺乏市场资料的支持而使评估结果所反映的不是市场价值。

四、对成本法的评价

成本法是从资产购建成本耗费角度评估资产价值的方法。该方法的运用一般来讲并没有严格的前提条件，无法计算收益的资产以及找不到参照物的专用资产的评估均可使用该方法。因此，成本法既可用于评估资产的市场价值，也可用于评估资产的非市场价值，包括对有限市场资产的评估、对专用资产的评估以及以非产权变动为目的的评估。在发达市场经济国家，成本法主要用于后者；而在我国，由于市场机制尚不够成熟，成本法长期以来被作为主要评估方法而广泛使用。

这里需要注意的是，并非所有评估对象都适合采用成本法评估，因为成本法注重从成本耗费的角度评估资产价值，而某些资产的价值主要是由效用决定的，如企业价值、无形资产和资源性资产等。

运用成本法的难点主要在于贬值的评估。通常情况下，旧资产的交易并不活跃，评估贬值缺乏市场数据的支持，在评估特别旧的资产时更是如此，甚至重置成本也很难得到市场数据支持。

资产损耗会引起资产贬值这是采用成本法评估资产的一个基本假设,但是损耗与贬值是什么关系需要长期的评估实践和数据的统计分析才能搞清楚。因此,贬值的评估是成本法运用中一个困难的环节。

尽管理论上我们把所有贬值分为实体性、功能性和经济性三类,但在评估计算中,这三种贬值的完全分离是非常困难的。例如,实体性贬值的常用评估方法是使用年限法,而使用年限法中运用了经济寿命(也可能会考虑到外部因素变化对资产寿命的影响)这个参数,因此计算的结果很难说一定只是实体性贬值。

尽管成本法是目前实务中运用比较广泛的方法,但其评估结果的合理性、准确性有时较难判断。

第二节 收益法

一、收益法的基本原理

(一)收益法的理论基础

收益法的理论基础是效用价值论。该理论认为资产的价值是由其效用决定的,而资产的效用则体现在资产为其拥有者或控制者带来的收益上。在风险报酬率既定的情况下,一项资产的未来收益越高,该资产的价值就越大。

(二)收益法的评估思路

收益法也称收益现值法,它是通过估测被评估资产的预期收益,并将其按一定的折现率或资本化率折算成现值来判断资产价值的各种方法的总称。换言之,一项资产目前的价值就是人们为拥有该项资产预期收益的权利,依据目前的市场利率以及该收益的风险状况,目前应支付的价格。这是一种现值货币与将来不断取得货币收入的权利之间的交换。

(三)收益法运用的前提条件

1. 被评估资产的预期收益可以预测并可用货币计量

收益法是从产生收益能力的角度来评估一项资产,因此它只适用于能直接产生收益或者说有现金流的资产。对于那些虽然有持续效用但不能产生现金流的资产,如公益性资产,以及不能单独计算收益的资产,如单台(件)设备,就不能用此方法得到正确评估。未来收益可以预测要求被评估资产与收益之间存在较稳定的关系,而且影响资产预期收益的因素比较明确。

2. 被评估资产拥有者所承担的风险可以预测并能用货币计量

这是说被评估资产的风险报酬率能够计算,评估对象所具有的行业风险、地区风险及其他风险是可以比较和测算的。资产的价值不仅取决于预期收益,而且取决于其风险报酬率的高低。如果一项资产的预期收益很高,但其风险也很大,投资者就会要求较高的风险补偿,那么该资产的现值就不一定高;反之,如果一项资产的预期收益并不高,但其收益稳定、风险极小，投资者对风险补偿的要求就不会高，那么该资产的现值也就不一定低。

3. 被评估资产的预期获利年限可以预测

被评估资产预期获利期限的长短直接影响该资产的现值。

二、收益法的计算公式

收益法的基本计算公式可以根据资产未来收益是有限期还是无限期进行分类，也可以根据每期收益是等额还是不等额进行分类。

（一）资产未来收益有限期情况下的基本计算公式

1. 每期收益不等额

在资产预期收益具有特定时期的情况下，通过预测有限期内各期的收益额，以适当的折现率折现，各年预期收益折现值之和就是评估值。其计算公式如下：

$$\boldsymbol{P}=\sum_{i=1}^{n}\frac{\boldsymbol{R}_i}{(1+\boldsymbol{r})^i} \tag{3.16}$$

式中，P 为评估价值，R_i 为未来第 i 个收益期的预期收益，n 为收益期数（一般以年为单位），r 为折现率。

【例 3—8】 某企业尚能继续经营 3 年，营业终止后资产全部用于抵充负债，现拟转让。经评估人员预测，未来 3 年各期的预期收益分别为 300 万元、400 万元、200 万元。评估人员认为适用于该企业的折现率为 6%，则该企业的评估值如下：

$$P=\frac{300}{1+6\%}+\frac{400}{(1+6\%)^2}+\frac{200}{(1+6\%)^3}=806.9(\text{万元})$$

2. 每期收益等额

如果在未来有限期内，每年收益等额，资本化率固定且大于 0，则计算公式如下：

$$\boldsymbol{P}=\sum_{i=1}^{n}\frac{\boldsymbol{A}}{(1+\boldsymbol{r})^i}=\boldsymbol{A}\cdot\sum_{i=1}^{n}\frac{1}{(1+\boldsymbol{r})^i} \tag{3.17}$$

式中，$\sum_{i=1}^{n}\frac{1}{(1+r)^i}$ 为年金现值系数计算公式，其又可用两种方式表示：

①$\sum_{i=1}^{n}\frac{1}{(1+r)^i}=\frac{1-\frac{1}{(1+r)^n}}{r}$

②$\sum_{i=1}^{n}\frac{1}{(1+r)^i}=(P/A,r,n)$

①式为手工计算公式，②式为查年金现值系数表的表示方式。

如果在未来有限期内，每年收益等额，资本化率等于 0，则计算公式如下：

$$\boldsymbol{P}=\boldsymbol{A}\times\boldsymbol{n} \tag{3.18}$$

（二）资产未来收益无限期情况下的计算公式

在未来收益期无限的情况下，可以根据未来收益是否稳定分为以下几种计算方法。

1. 稳定化收益法

稳定化收益法又称年金法，该方法的计算公式可由式（3.17）推导获得：

$$P=A\cdot\frac{1-\frac{1}{(1+r)^n}}{r}$$

当 $n\to\infty$ 时，$\frac{1}{(1+r)^n}\to 0$，则：

$$P=\frac{A}{r} \tag{3.19}$$

式中，A 为等额年金(稳定化收益)，r 为资本化率。

稳定化收益并非资产预期收益完全相等，而是指资产未来收益波动较小。因此，采用稳定化收益法首先就需要估算稳定化收益 A。通常可采用两种方法估算 A。

(1)通过预测资产未来若干年的收益倒求 A。其计算公式如下：

$$A=\sum_{i=1}^{n}\frac{R_i}{(1+r)^i}\div(P/A,r,n) \tag{3.20}$$

【例3—9】 某企业需评估，根据该企业目前的经营状况和未来市场预测，未来5年的收益分别是1 300万元、1 400万元、1 100万元、1 200万元、1 500万元，折现率与资本化率均为10%，则用年金法评估该企业价值的计算过程如下：

$$A=\left[\frac{1\ 300}{1+10\%}+\frac{1\ 400}{(1+10\%)^2}+\frac{1\ 100}{(1+10\%)^3}+\frac{1\ 200}{(1+10\%)^4}+\frac{1\ 500}{(1+10\%)^5}\right]\div(P/A,10\%,5)$$
$$=1\ 296.9(万元)$$

$$P=\frac{A}{r}$$
$$=1\ 296.9\div 10\%=12\ 969(万元)$$

(2)计算过去5年收益的加权平均数，越接近评估基准日的年份的收益被赋予越大的权数，因其对预期收益的影响相对较大。

【例3—10】 某资产在评估前五年的收益与加权平均计算结果如表3—1所示。

表3—1 **历史收入的加权平均计算**

年 份	历史收入(万元)	权 重	加权收入(万元)
2019	500	1	500
2020	580	2	1 160
2021	620	3	1 860
2022	620	4	2 480
2023	692	5	3 460
总 计		15	9 460
加权平均数	9 460÷15		631

假设该资产恰当的资本化率为11%。

该资产的评估价值＝稳定化收益÷资本化率

＝631÷11%＝5 736(万元)

采用历史收入加权平均计算稳定化收益比预测未来收益倒求年金的计算方法更具客观性。但是，历史收入并不一定能说明被评估资产的未来收益状况，因此，该方法仅适用于未来收益变化不大的资产。

2. 分段法

当预期收益不稳定时，就需将预期收益逐年折现加总。但资产收益是持续的，不可能预测资产未来无限期的收益并逐一折现。这时只能将资产未来收益分为前期和后期两段，首先预测前期（未来若干年）的各年预期收益额，并逐一折现；再假设后期各年预期收益为等额年金，将其进行资本化处理；最后将前期与后期收益现值相加。其计算公式如下：

$$P=\sum_{i=1}^{n}\frac{R_i}{(1+r)^i}+\frac{A}{r'}\cdot\frac{1}{(1+r)^n} \tag{3.21}$$

式中，R_i 为前期各年的预期收益额，n 为前期年限，r 为折现率，r'为资本化率，A 为后期固定的预期收益额。

上述计算事实上就是分段计算，是多次折现的过程，如图 3—1 所示。

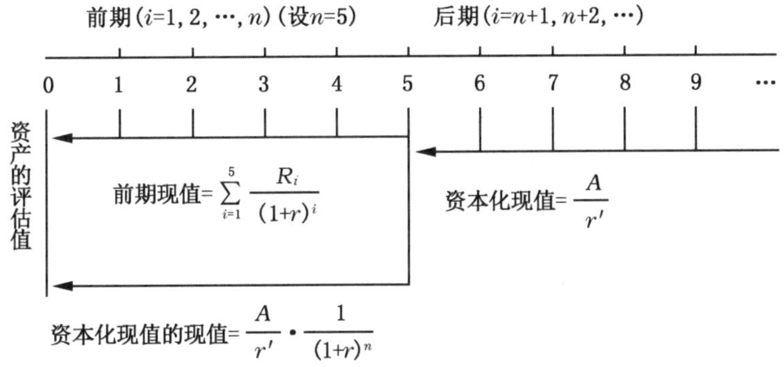

图 3—1　分段法图解

从图 3—1 我们可以理解为什么对后期收益进行资本化处理后仍需再次折现。

在分段法中，由于后期计算被简化，存在一定程度的不精确性，因此需慎重选择前期的期限。一般来讲，应遵循两个原则：一是前期期限应延至企业生产经营进入稳定状态；二是尽可能延长前期期限，以减少采用简化方法所引起的误差。但是，由于未来收益的预测不可避免地存在误差，因此，前期预测期不可能太长，一般为 3～5 年，最长不应超过 10 年。

3. 纯收益按等比级数变化

(1)纯收益按等比级数递增，设预期收益增长率为 g、基期收益为 R_0，那么下一年的预期收益 $R_1=R_0(1+g)$，再下一年的预期收益 $R_2=R_1(1+g)=R_0(1+g)^2$，以此类推，可获得一般表达式如下：

$$R_t=R_{t-1}(1+g)=R_0(1+g)^t$$

根据折现原理，如果收益可以预计，那么对这些预期收益进行折现，现值的计算公式如下：

$$\text{现值}=\sum_{i=1}^{\infty}\frac{R_0(1+g)^i}{(1+r)^i}=R_0\sum_{i=1}^{\infty}\left(\frac{1+g}{1+r}\right)^i$$

根据极限原理，$\sum_{i=1}^{\infty}\left(\frac{1+g}{1+r}\right)^{i}=\frac{1+g}{r-g}$,因此：

$$被评估资产评估价值=R_0\cdot\frac{1+g}{r-g}\quad(r>g)\tag{3.22}$$

进一步考虑收益不稳定情况,资产在永续条件下前期的预期收益不可能以固定比例增长,存在波动情况,只是在后期才有可能以固定比例增长,那么我们同样必须分段,对前期预期收益按逐年折现方式处理,对后期预期收益先以上述方式处理,再进行折现。

$$被评估资产评估价值=\sum_{i=1}^{n}\frac{R_i}{(1+r)^i}+R_n\cdot\frac{1+g}{r-g}\cdot\frac{1}{(1+r)^n}\tag{3.23}$$

对上述公式的解释同前文中所进行的图解分析。

(2)纯收益按等比级数递减,在收益期无限条件下,计算公式如下：

$$P=R_0\cdot\frac{1-g}{r+g}\quad(r>g)\tag{3.24}$$

4. 纯收益按等差级数变化

(1)纯收益按等差级数递增,在收益期无限条件下,计算公式如下：

$$P=\frac{R_0}{r}+\frac{B}{r^2}\tag{3.25}$$

式中,R_0 为基期收益,B 为纯收益逐年递增额,r 大于 0。

(2)纯收益按等差级数递减,在收益期无限条件下,计算公式如下：

$$P=\frac{R_0}{r}-\frac{B}{r^2}\tag{3.26}$$

式中,R_0 为基期收益,B 为纯收益逐年递减额,r 大于 0。

(三)资产未来收益有限期情况下的特殊计算公式

1. 分段法

在前期收益不等额,后期收益固定,且收益期有限条件下,分段法的计算公式如下：

$$P=\sum_{i=1}^{t}\frac{R_i}{(1+r)^i}+\frac{A}{r(1+r)^t}\left[1-\frac{1}{(1+r)^{n-t}}\right]\tag{3.27}$$

式中,纯收益在 t 年(含 t 年)以前不等额,纯收益在 t 年(不含 t 年)以后保持不变,收益期有限(n),r 大于 0。

2. 纯收益按等比级数变化

(1)纯收益按等比级数递增,在收益期有限条件下,计算公式如下：

$$P=\frac{R_0}{r-g}\left[1-\left(\frac{1+g}{1+r}\right)^n\right]\quad(r>g>0)\tag{3.28}$$

式中,R_0 为基期收益,g 为纯收益逐年递增比率,n 为收益期。

(2)纯收益按等比级数递减,在收益期有限条件下,计算公式如下：

$$P=\frac{R_0}{r+g}\left[1-\left(\frac{1-g}{1+r}\right)^n\right]\quad(r>0,0<g\leqslant 1)\tag{3.29}$$

式中,g 为纯收益逐年递减比率,其余同上。

3. 纯收益按等差级数变化

(1)纯收益按等差级数递增,在收益期有限条件下,计算公式如下：

$$P=\left(\frac{R_0}{r}+\frac{B}{r^2}\right)\left[1-\frac{1}{(1+r)^n}\right]-\frac{B}{r}\times\frac{n}{(1+r)^n} \tag{3.30}$$

式中，R_0 为基期收益，B 为纯收益逐年递增额，n 为收益年期，r 大于 0。

(2)纯收益按等差级数递减，在收益期有限条件下，计算公式如下：

$$P=\left(\frac{R_0}{r}-\frac{B}{r^2}\right)\left[1-\frac{1}{(1+r)^n}\right]+\frac{B}{r}\times\frac{n}{(1+r)^n} \tag{3.31}$$

式中，B 为纯收益逐年递减额，其余同上。

三、收益法中各项指标的确定

尽管收益法的计算公式十分完美，但是要使评估结果准确、易于为交易双方接受，关键是公式中各项指标要具有客观性、准确性。收益法中主要有三个指标：预期收益额、折现率或资本化率，以及收益期限。

（一）预期收益额

1. 预期收益的类型

一般来讲，资产预期收益有三种可选择的类型：税后利润、净现金流量、利润总额。

税后利润与净现金流量都属于税后净收益，都是资产持有者的收益，在收益法中被普遍采用。两者的差异在于确定的原则不同。前者是按权责发生制确定的，后者是根据收付实现制确定的。如果不考虑应收应付款，两者之间的关系可以简单表述如下：

净现金流量＝净利润＋折旧－追加投资

从资产评估的角度出发，净现金流量更适宜作为预期收益，其与净利润相比有两个优势：一是净现金流量能够更准确地反映资产的预期收益。将折旧视为预期收益的一部分有其合理性。折旧是损耗，但这种损耗是为取得收益而发生的贬值，是资产价值的时间表现形式。由于资产特别是固定资产在限定时间内并不能消耗完，它对企业生产经营的贡献因其年复一年的存在而存在，这种贡献从价值角度讲就是折旧，因此，折旧的存在事实上是资产价值的一种表现形式。从另一个角度看，折旧在整个资产使用期限内并未真正发生支出，也没有一家企业因折旧的存在而准备大量资金用于支付，但是折旧所形成的价值却被企业以收入形式获得。这一点在会计上已被人们认可。二是净现金流量体现了资金的时间价值。净现金流量是动态指标，它不仅是对数量的描述，而且与发生的时间形成密不可分的整体。但利润没有考虑现金流入、流出的时间差异，它并不一定表明在未来某个时点资产持有者可支配的现金流量，而收益法正是通过将资产未来某个时点的收益折算为现值来估算资产的价值。因此，用净现金流量表示收益更准确，更能体现资金的时间价值。

利润总额由于包含了不属于资产持有者的税收，因此一般不适宜作为预期收益。但是，当税收优惠政策过多，资产的净收益难以公平、准确地反映资产的收益水平时，为了使各项投资收益之间具有可比性，也可以采用利润总额作为预期收益。

2. 预期收益的测算

现实经济中，不管是投资者还是理论分析人员都无法准确知道预期收益是多少，除非是无风险资产。从统计角度看，预期收益是随机变量，随机变量能够被统计学中的矩所描述，其中，一矩是期望值，另一矩是标准差。期望值也称平均数，设随机变量 ξ 取可数值 x_i，其相

应的概率为 P_i,则称$\sum x_i P_i$(无穷多项时要求级数绝对收敛)为 ξ 的数学期望,记作 $E\xi$。

$$E\xi=\sum x_i P_i$$

标准差则是用来衡量所平均的各数值的差异程度,同时反映了算术平均数具有多大的代表性,记作 σ。

$$\sigma=\sqrt{\frac{\sum(x_i-\overline{x})^2}{n}} \text{或} \sigma=\sqrt{\sum(x_i-E\xi)^2\cdot P_i}$$

式中,$\overline{x}$ 为算术平均数。

依照资产管理系统,只有根据期望值和标准差,投资者才能做出决策。同样,评估人员也只有根据期望值和标准差才能选择评估所用的预期收益值。换言之,评估人员应首先估计资产的期望值和标准差,然后根据这两个参数来进行最合理的选择。从这一点上讲,期望值可被看作对潜在收益的测定,标准差可被看作对风险的测定。

依据上述分析,我们可以认为对预期收益的计量事实上是基于对过去历史数据的分析,同时考虑资产在未来可能发生的有利和不利因素来确定预期收益。但是当一项资产被允许有多种用途时,如一宗房地产,就应按最佳用途确定其未来收益。

预测收益的方法有很多,但主要有两种:时间序列法和因素分析法。

时间序列法是建立以往收益的时间序列方程,然后假定该时间序列会持续。图 3－2 显示了时间序列的计算以及由其得出的用于预测未来收益的方程。该方程是根据历史数据,用回归分析的统计方法获得的。如果在评估前,资产的收益随着时间的推移呈现平稳增长趋势,同时预计在评估后仍将保持这一增长趋势,就适合采用时间序列法来预测未来收益,参见表 3－2、表 3－3。

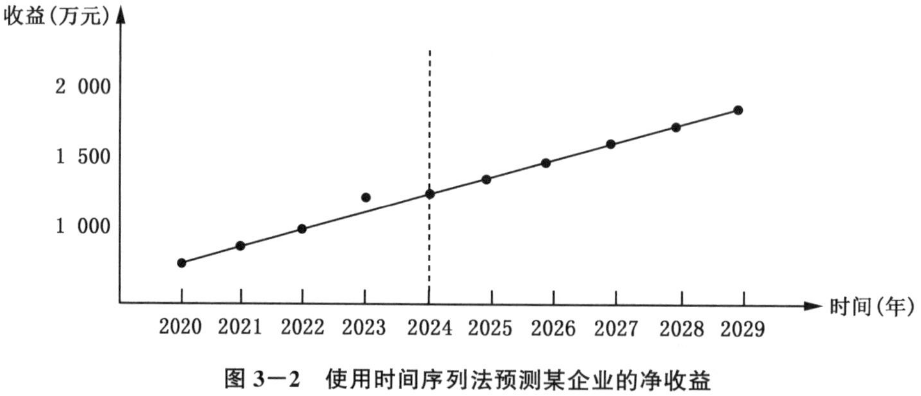

图 3－2　使用时间序列法预测某企业的净收益

表 3－2　评估前每年收益

年　份	净收益(万元)
2020	1 000
2021	1 150
2022	1 210
2023	1 300
2024	1 340

表 3—3　　预测年收益

年　份	净收益(万元)
2025	1 449
2026	1 532
2027	1 615
2028	1 698
2029	1 781

按时间序列计算的回归方程如下：

预测年收益＝(年份数×82.752)－164 717

因素分析法是一种间接预测收益的方法，它首先确定影响一项资产的收入和支出的具体因素；然后建立收益与这些因素的数量关系，如销售收入增长1%对收益水平的影响，同时对这些因素未来可能的变动进行预测；最后估算出基于这些因素的未来收益水平。这种间接预测收益的方法比较难操作，因为它要求对收入和支出背后的原因做深入分析，但它的适用面比较广，预测结果也具有一定的客观性，因而在收益预测中被广泛采用。

(二)折现率和资本化率

在收益法的运用中，影响评估值的第二个关键因素是折现率和资本化率，它们的微小变动会对评估值产生巨大影响。

折现率与资本化率在本质上并无多大区别，都是将预期收益折算成现值的比率，只是适用场合不同。折现率是将有限期的预期收益(收入流)折算成现值的比率，资本化率是将永续性预期收益(年金)转化为现值(本金)的比率。

但折现率与资本化率的内涵是略有区别的。折现率可被视为投资中对收益流要求的回报率，需考虑投资的机会成本和收益的不确定性或者说风险。因此，折现率一般由无风险报酬率和风险报酬率组成。前者通常由政府债券的利率决定，后者取决于特定资产的风险状况。资本化率在反映无风险报酬率和风险报酬率的同时还反映资产收益的长期增长前景。

折现率和资本化率的联系与区别以数学方式可表示如下：

折现率＝无风险报酬率＋风险报酬率　　(3.32)

资本化率＝折现率－未来年收益的增长率　　(3.33)

当其他条件相同时，收益增长越快的资产的价值越高，因此需要将增长率从折现率中扣除。只有当资产的年收益增长率为0时，折现率才与资本化率相等。

那么，增长率有没有可能超过折现率呢？在实务中，出于两方面的原因，并不会出现这一现象：一是任何企业都不可能永远保持高速增长；二是高增长意味着高风险，即需要提高风险报酬率。

在收益法的运用中，关键是折现率的确定，资本化率是以折现率为基础的。确定恰当折现率的基本方法有加和法、资本成本加权法和市场比较法。

1. 加和法

加和法的原理是认为折现率包含无风险报酬率和风险报酬率两个部分,每一个部分可分别求取,然后相加得到折现率。

无风险报酬率的确定比较容易。政府债券收益率常被用作测量无风险报酬率的替代值。政府短期债券(如3个月期限的国库券)常被认为是最没有风险的投资对象,但是对资产评估而言,最好用较长期的政府债券利率(1年或1年以上)作为基本收益率。尽管长期债券在平价变现方面有一定风险,但由于评估通常涉及基于长期收益趋势的资产,因此,选择长期债券利率作为无风险报酬率更具可比性和相关性。

折现率的风险报酬部分必须反映两种风险:一是与特定的被评估资产或企业相联系的风险,二是市场风险。表3—4以企业为例,列出了风险报酬率确定过程中需考虑的因素。

表3—4　　　　影响风险报酬率的因素

与被评估资产相联系的风险	与市场相关的风险
产品或服务的类型	行业的总体状况
企业规模	宏观经济情况
财务状况	借款能力及成本
管理水平	地区经济状况
收益数量及质量	企业客户的总体情况
市场排位	法律或法规约束
经营投资的流动性	国家产业政策
区位	

考虑上述因素后就会发现,风险报酬率的确定实际上是一个相当困难的过程,对于每一个潜在的投资者而言都会有所不同。在评估实践中,风险报酬率的确定方法有多种,需根据被评估资产的具体状况选择。以下简要介绍风险累加法和β系数法的基本概念,并深入探讨其在具体评估业务中的应用。

(1)风险累加法

用风险累加法估算企业风险报酬率的思路是,将企业在其生产经营中可能面临的经营风险、财务风险和行业风险对投资报酬率的要求加以量化并予以累加,即可得到企业的风险报酬率。其计算公式如下:

$$\text{被评估企业的风险报酬率}=\text{经营风险报酬率}+\text{财务风险报酬率}+\text{行业风险报酬率} \tag{3.34}$$

(2)β系数法

β系数法可用于估算企业所在行业的风险报酬率,也可估算企业自身的风险报酬率,基本思路:行业风险报酬率(或企业自身风险报酬率)是市场平均风险报酬率与被评估企业所在行业平均风险(或被评估企业自身风险)和市场平均风险的比率系数β的乘积。其计算公式如下:

$$R_i=(R_m-R_f)\beta_i \tag{3.35}$$

式中，R_i 为被评估企业所在行业（或被评估企业自身）的风险报酬率，R_m 为市场平均收益率，R_f 为无风险报酬率，β_i 为证券 i 的风险报酬率与证券市场上平均风险报酬率的比值。

式(3.35)中，市场平均收益率 R_m 和无风险报酬率 R_f 比较容易获得。β 系数的计算过程则较复杂，目前有专门的机构（资讯平台）根据上市公司的经营状况和市场表现编制上市公司的 β 系数。由此可见，β 系数法适用于股权被频繁交易的上市公司的评估。对于非上市公司来说，可以参照上市公司中与自己情况相似的公司的 β 系数来确定自己的 β 系数。

通过 β 系数法来量化折现率中的风险报酬部分的技术又被称为资本资产定价模型(capital asset pricing model)，其计算公式如下：

$$\boldsymbol{r = R_f + (R_m - R_f)\beta} \tag{3.36}$$

式中，$(R_m - R_f)$ 表示市场平均风险报酬率，又称系统性市场风险；β 反映与其他企业相比，被评估企业的风险程度；r 为投资者要求的收益率，它与 β 正相关，即由 β 系数法所测算的被评估企业的风险越大，投资者所要求的收益率越高。

2. 资本成本加权法

如果我们把资产视作投入资金总额，即构成一家持续经营企业的所有有形资产和无形资产减流动负债的净额，那么企业资产就可以理解为长期负债与所有者权益之和。

当我们从长期负债和所有者权益两方面来认识资产时，长期负债和所有者权益所表现出的利息率和投资收益率必然影响折现率的计算。对于这样的问题，我们采用加权平均法来处理，其计算公式如下：

折现率＝长期负债占资产总额的比重×长期负债的利息率×(1－所得税税率)
＋所有者权益占资产总额的比重×投资报酬率 (3.37)

式中，投资报酬率＝无风险收益率＋风险报酬率。

表 3－5 举例表明了如何计算负债与所要求的权益收益加权平均成本。

表 3－5 **资本加权成本的计算**

资本的构成部分	占资本的比率	税前成本	税后成本
第一顺序偿还债务	30%	11%	8.25%
第二顺序偿还债务	20%	13%	9.75%
所有者权益	50%	20%	15.00%
资本的加权平均成本			11.93%

注：税后成本＝税前成本×(1－所得税税率)，此例中的所得税税率为 25%。

3. 市场比较法

市场比较法是通过寻找与被评估资产相类似的资产的市场价格以及该资产的收益来倒求折现率，而不像在加和法中那样由折现率的各组成部分相加得出。其基本思路用公式表示如下：

$$\text{被评估资产的折现率} = \frac{\sum_{i=1}^{n} \text{样本资产的收益} / \text{样本资产价格}}{n} \tag{3.38}$$

式中的样本资产，是指与被评估资产在行业、销售类型、收益水平、风险程度和流动性等方面相类似的资产。

市场比较法需要尽可能多的样本,否则不能准确反映市场对某项投资回报的普遍要求。市场比较法的具体运用需视具体评估对象而定。例如,对房地产评估可采用租价比法、对企业评估可采用市盈率法或收购市盈率法。具体操作方法将在相关章节中阐述。

(三)收益期限

资产的收益期限是资产获得收益的持续时间,通常以年为单位。它由评估人员根据被评估资产的特征、市场条件、法律法规、历史收益情况和未来变化趋势等因素来估算确定。

四、对收益法的评价

收益法是从资产获利能力的角度来确定资产的价值,它适用于那些形成资产的成本费用与其获利能力不对称,成本费用无法或难以准确计算的资产。例如,企业整体、无形资产、资源性资产的价值评估。

该方法具有局限性。一方面,对于没有收益或收益无法用货币计量以及风险报酬率无法计算的资产,该方法无法使用。另一方面,该方法的操作含有较强的主观性,如对未来收益的预测、对风险报酬率的确定,从而较难把握评估结果。

虽然从理论上讲收益法的计算公式十分完美,但是如果所使用的假设条件和基于假设条件选取的数据存在问题,那么就是“垃圾进去,垃圾出来”,即预测不准确,计算结果也就毫无意义。因此,在收益法的运用中坚持资产评估的客观、公正原则十分重要,它需要评估人员既具有科学的态度,又掌握预测收益和确定风险报酬率的方法。此外,该方法的运用也须具备一定的市场条件,否则一些数据的选取就会存在困难。例如,在证券市场不完善的情况下,β 系数的准确性、适用性就会存在问题;在市场机制不健全的市场中,对收益的预测由于不确定性因素太多,因此也较困难。

第三节 市场法

一、市场法的基本原理

(一)市场法的理论基础

市场法也称市场比较法或比较法,是以马歇尔的均衡价值论为理论基础,认为资产的价值是由在公开市场上买卖双方力量达成一致时的均衡价格所决定的。但是,由于资产评估是一个模拟市场过程的结果而非实际交易的结果,因此,在资产评估中运用均衡价值论就是承认市场交易结果的相对合理性,以与被评估资产相类似的交易案例为参照来确定被评估资产的评估价值。这也说明该方法是基于资产评估的替代原则,即一项资产的价值等于为获得同等满足的替代品所花费的成本。

(二)市场法的评估思路

首先在资产市场上寻找与被评估资产相类似的已经发生交易的资产作为参照物(又称

交易案例);然后对被评估资产与参照物之间的差异进行调整,将参照物的成交价调整成被评估资产的评估价值。市场法是通过被评估资产(或者说与被评估资产相类似的资产)的市场行情来确定被评估资产的评估价值,只有多个交易案例才能反映市场行情。市场法的评估思路可用公式表示如下:

$$\text{被评估资产的评估价值}=\frac{\sum_{i=1}^{n}(\text{参照物成交价}\times\text{各项差异因素调整系数})}{n} \tag{3.39}$$

式中,n 为交易案例数量。

(三)市场法运用的前提条件

1.有一个活跃公开的资产市场

运用市场法对市场状况有较高的要求。市场活跃就意味着有许多买卖回合,排除了个别交易的偶然性,形成不受个别交易所左右的市场趋势,形成市场行情,从而就有充分的理由按市场行情来评估被评估资产的价值。如果资产的交易是零星发生的,就很难说这种交易反映了一种规律,也很难说被评估资产投入市场还会按这种轨迹进行交易。此外,要求市场公开,即资产的实际成交价格是可确知的。在资产交易中含有各种融资条件、价格折让、附带条款等,如果评估人员对其知者甚少,就弄不清楚真实的市场价格,从而使市场法无法运用。

2.参照物及其与被评估资产可比较的指标、技术参数等资料能够搜集到

运用市场法,重要的是能够在资产市场上找到与被评估资产相同或相类似的参照物。一般来讲,与被评估资产完全相同的资产很难找到,因此,往往需要对相类似的参照物进行调整。这时,有关调整的指标、技术参数能否取得,就是决定市场法能否运用的关键。

以上两个前提条件说明,在资产市场不活跃和评估对象为有限市场资产或专用资产的情况下,不太适合采用市场法。

二、市场法的基本程序及有关指标

(一)寻找参照物

寻找参照物是市场法的基础。虽然不同的资产业务对参照物的具体要求有所不同,但也存在共同的基本要求。

1.参照物的成交价必须真实

参照物的成交价必须是实际成交价。报价、拍卖底价等均不能视为成交价,它们不是实际交易的结果。

2.参照物的基本数量要求

市场法是通过同类资产的市场行情来确定被评估资产的评估价值,如果只能找到一两个交易案例,就不能反映市场行情,而应尽可能收集和选择多个参照物。但从实务操作的角度来看,参照物也不能太多,太多会影响评估效率,且并不一定能够增加评估结果的准确性。所以,一般可以选择 4～5 个参照物,不超过 10 个,但不少于 3 个。

3.参照物与被评估资产大体可替代

参照物与被评估资产要尽可能类似且具有可比性。例如,在房地产评估中要求参照物与被评估房地产属于同一供需圈内,处于相邻地区或同一区域等;在机器设备评估中要求参照物与被评估设备功能相同或相似,最好是规格、型号相同,出厂日期相同或相近等;在企业价值评估中,对选择参照物的要求则更多,要求参照物与被评估企业在行业、生产规模、收益水平、市场定位、增长速度、组织形式、资信程度等方面相同或相类似。

4.参照物的成交价应是正常交易的结果

参照物的成交价应是正常交易的结果,不能反映市场行情的关联交易、特别交易不能被选作参照物;如果能将非正常交易修正为正常交易,或能够获得关联交易成交价高于或低于市价多少的信息,则可选用。此外,还要求参照物的成交时间尽可能接近评估基准日,以提高参照物成交价的可参照程度。

(二)调整差异

参照物与被评估资产具体存在哪些差异,需视具体资产业务而定。一般来讲,需要调整的差异主要有以下几个方面:

1.时间因素

时间因素是指参照物成交日与被评估资产的评估基准日不在同一时点,在这段间隔期参照物价格变动对评估值的影响。调整的方法一般可以采取价格指数法。一般来讲,当资产价格处于上升期时,调整系数大于1;反之则小于1。

2.区域因素

区域因素是指参照物所在区域与被评估资产所在区域条件的差异对评估值的影响。如果参照物所在区域的条件比被评估资产所在区域的条件好,就需将参照物的成交价向下调,即调整系数小于1;反之,则向上调,即调整系数大于1。具体方法主要采取打分法。区域因素对不动产价格的影响尤为突出。

3.功能因素

功能因素是指参照物与被评估资产在功能上的差异对评估值的影响。可以通过功能系数法计算功能差异对评估值的影响。具体可以采用绝对数计算,如设备产出能力相差1个单位,价格相差多少;也可以采用相对数计算,如产出能力每相差1个百分点对价格的影响程度。

4.成新率因素

成新率因素是指参照物与被评估资产在有形损耗方面的差异对评估值的影响。除了土地资产外,一般有形资产会存在有形损耗问题。有形损耗率越高(成新率越低),资产的价值就越低。如果参照物的成新率比被评估资产低,就需要将参照物的成交价向上调,即调整系数大于1;反之,则需将参照物的成交价向下调,即调整系数小于1。例如,参照物的成交价为10万元,成新率为50%,被评估资产的成新率为75%,则调整系数为1.5(75%÷50%),调整值为5万元(10×1.5−10)。

5.交易情况调整

交易情况调整是指:(1)因参照物的成交价高于或低于市场正常交易价格而需进行的调

整;(2)因融资条件差异而需进行的调整,即一次性付款和分期付款对成交价的影响;(3)因销售情况不同而需进行的调整,即单件购买与批量购买对交易价格的影响。

(三)综合分析确定评估值

在分别完成对各参照物成交价的修正后,即可获得若干初步结果。对这些初步结果要进行分析后才能最终确定评估结果。通常做两方面的分析:一是分析参照物与被评估资产之间的可比性。可比性好,评估结果就可靠。通常抓住最主要的因素作为基本因素,选择参照物尽可能在基本因素方面与被评估资产一致或接近,另外一些影响价格的因素列作参考因素,主要通过调整来达到可比性要求。二是分析对差异因素影响价格的把握程度。如果资产交易的可比性好,且对因素差异导致的价格差异把握的准确性高,多个初步评估结果就应该是一致的,就可以采用算术平均的办法得出评估结论;否则,就应该以最可靠的初步结果来确定评估结论。

三、市场法的具体操作方法

市场法的具体操作方法可以分为单一因素比较法和类比调整法两类。

(一)单一因素比较法

单一因素比较法是指利用参照物的交易价格及参照物的某一基本因素直接与评估对象的同一基本因素进行比较,从而判断评估对象评估价值的方法。其计算公式表示如下:

$$\text{评估对象评估价值}=\text{参照物成交价格}\times\frac{\text{评估对象 A 因素}}{\text{参照物 A 因素}} \tag{3.40}$$

单一因素比较法通常对参照物与评估对象的可比性要求较高。参照物与评估对象要达到相同或者基本相同,仅仅在某一因素上存在差异,如新旧程度、交易时间、功能、交易条件等。单一因素比较法又分为以下具体方法(但不限于以下方法):

1. 现行市价法

当评估对象本身具有现行市场价格或与评估对象基本相同的参照物具有现行市场价格时,可以直接将评估对象或参照物在评估基准日的现行市场价格作为评估对象的评估价值。但通常现行市价法并不直接用于评估被评估资产价值,因具有现行市场价格的资产的交易并无进行评估的必要,往往用于某些参数的评估。例如,企业价值评估中各项资产负债的评估,如企业拥有的上市流通股票和债券,可以以其在评估基准日的收盘价作为评估价值。

2. 功能价值法

功能价值法是以参照物的成交价为基础,考虑到参照物与评估对象仅存在功能在量上的差异,进而通过调整两者的功能差异估算评估对象价值的方法。功能与价值的关系通常包括线性关系、正比例关系和指数关系,可参见本章第一节中的功能价值法。如果资产价值与功能(生产能力)呈正比例关系,则其计算公式如下:

$$\text{资产评估价值}=\text{参照物成交价格}\times\frac{\text{评估对象生产能力}}{\text{参照物生产能力}} \tag{3.41}$$

如果资产价值与功能呈指数关系,则其计算公式如下:

$$\text{资产评估价值}=\text{参照物成交价格}\times\left(\frac{\text{评估对象生产能力}}{\text{参照物生产能力}}\right)^{x} \tag{3.42}$$

式中,X 为规模经济指数。

当然,功能差异不仅表现在资产的生产能力这一指标上,而且可能表现在其他指标上。

3. 价格指数法

价格指数法是以参照物成交价为基础,考虑参照物的成交时间与评估对象的评估基准日之间的时间间隔对资产价值的影响,利用价格指数调整参照物成交价进而估算评估值的方法。其计算公式如下:

$$资产评估价值=参照物成交价格\times(1+价格变动指数) \tag{3.43}$$

或

$$资产评估值=参照物成交价格\times价格指数$$

该方法只适用于评估对象与参照物之间仅在时间因素方面存在差异的情况。

4. 成新率价格法

成新率价格法是以参照物的成交价格为基础,考虑参照物与评估对象仅存在新旧程度上的差异,通过成新率调整估算出评估对象的价值。其计算公式如下:

$$资产评估价值=参照物成交价格\times\frac{评估对象成新率}{参照物成新率} \tag{3.44}$$

5. 市价折扣法

市价折扣法是以参照物成交价格为基础,考虑评估对象在销售条件、销售时限等方面的不利因素,凭借评估人员的经验或有关部门的规定,设定一个价格折扣率来估算评估对象价格的方法。其计算公式如下:

$$资产评估价值=参照物成交价格\times(1-价格折扣率) \tag{3.45}$$

该方法只适用于评估对象与参照物之间仅存在交易条件方面差异的情况。

(二)类比调整法

类比调整法是市场法中最基本的评估方法。该方法不同于单一因素比较法,只要能够找到与评估对象大体相似的参照物,通过对比分析调整参照物与评估对象的差异,就能够在参照物成交价的基础上调整估算评估对象的价值。其又可分为市场售价类比法和价值比率法等具体方法。

1. 市场售价类比法

市场售价类比法是以参照物的成交价格为基础,考虑参照物与评估对象在功能、市场条件和销售时间等方面的差异,通过对比分析和量化差异,估算出评估对象价值的一种方法。其计算公式如下:

$$\begin{aligned}资产评估价值=&参照物成交价\times功能差异修正系数\times交易时间差已修正系数\times\cdots\\&\times交易情况差异修正系数\end{aligned} \tag{3.46}$$

或

$$\begin{aligned}资产评估价值=&参照物成交价\pm功能差异调整值\pm交易时间差异调整值\pm\cdots\\&\pm交易情况差异调整值\end{aligned} \tag{3.47}$$

市场售价类比法具有适用性强、应用广泛的特点。以下举例说明其操作方法。

【例3-11】 评估某商业用房,建筑面积为500平方米。评估基准日为2022年10月

31 日。评估人员在房地产交易市场上寻找到三个与评估基准日接近的商业用房的交易案例，具体情况如表 3—6 所示。

表 3—6　　参照商业用房交易案例

参照物	A	B	C
成交价格(元/平方米)	25 200	29 800	29 590
成交日期	2022 年 6 月	2022 年 9 月	2022 年 10 月
区域条件	比被评估资产好	比被评估资产好	比被评估资产好
交易情况	正常	高于市价 5%	正常

该商业用房与三个参照物新旧程度相近，结构也相似，故无须对功能因素和成新率因素进行调整。该商业用房所在区域的综合评分为 100，三个参照物所在区域条件均比被评估资产所在区域好条件，综合评分为 107。当时房产价格月上涨率为 4%，故参照物 A 的时间因素修正系数为 117%$[(1+4\%)^4]$，参照物 B 的时间因素修正系数为 104%(1+4%)，参照物 C 因在评估基准日当月交易，故无须修正。三个参照物成交价的修正过程如表 3—7 所示。

表 3—7　　参照物成交价的调整过程

参照物	A	B	C
交易单价(元/平方米)	25 200	29 800	29 590
时间因素修正	$\frac{117}{100}$	$\frac{104}{100}$	$\frac{100}{100}$
区域因素修正	$\frac{100}{107}$	$\frac{100}{107}$	$\frac{100}{107}$
交易情况修正	$\frac{100}{100}$	$\frac{100}{105}$	$\frac{100}{100}$
修正后的价格(元/平方米)	27 555.14	27 585.22	27 654.21

被评估房产的单价=(27 555.14+27 585.22+27 654.21)÷3≈27 598(元/平方米)

被评估房产总价=27 598×500=13 799 000(元)

2. 价值比率法

价值比率法是利用参照物的市场交易价格与其某一经济参数或经济指标相比较形成的价值比率作为乘数或倍数，乘以评估对象的同一经济参数或经济指标，从而得到评估对象价值的一种评估方法。价值比率法中的价值比率种类有很多，以下介绍两种简单的价值比率法。

(1)成本市价法

成本市价法是以被评估资产的现行合理成本为基础，利用参照物的成本市价比率来估算评估对象评估值的方法。其计算公式如下：

$$\text{被评估资产评估值}=\text{参照物成交价格}\times\frac{\text{被评估资产现行合理成本}}{\text{参照物现行合理成本}} \tag{3.48}$$

(2)市盈率乘数法

市盈率乘数法主要适用于企业价值的评估。该方法是以参照物的市盈率作为乘数(倍数),与被评估企业相同口径的收益额相乘,估算被评估企业价值的方法。其计算公式如下:

$$企业评估价值=被评估企业相同口径收益额\times参照物(企业)市盈率 \tag{3.49}$$

四、对市场法的评价

市场法是较具客观性的评估方法,其评估值比较容易为交易双方理解和接受,因此在发达市场经济国家是运用最广泛的评估方法。但是,该方法的运用需要有一定的前提条件:一是对产权交易市场成熟度的要求;二是对评估对象本身的要求,即评估对象应是具有一定通用性的资产,如核武器生产设备就无法用市场法评估。该方法最适用于对在市场上交易活跃的资产的评估,如通用设备、房地产等。在发达国家,资本市场较成熟,产权交易十分活跃,企业价值评估也可采用市场法。

市场法运用的难点主要在于:一是对收集到的交易实例价格是否反映市场价格的判断,二是对因素差异导致的价格差异修正的把握。

市场法是通过对交易实例实际交易价格的修正来估算被评估资产的市场价值。要保证修正的结果是市场价值,交易实例的价格就应该是市场价格或者可以被修正为市场价格。交易实例的成交价格是特定的交易双方在特定的条件下达成的交易价格,其受到很多因素的影响,如交易地位、交易动机等。在评估中,交易实例的成交价格如果偏离市场价格,就要通过交易情况修正系数来修正。现实问题是,判断交易实例的成交价格是反映了市场价格还是偏离了市场价格是一个难点,因为需要评估的资产及交易实例都具有个别性(存在个体差异)。所以,要判断一个交易实例的成交价格是不是市场价格或者是否可以被修正为市场价格,应该做细致的分析。

交易实例与被评估资产之间的因素差异造成的价格差异需要量化,量化的关键是找到因素与价格的关系或规律,这需要基于数据的统计和分析,但很多因素与价格缺乏统计数据,因素与价格的关系或规律不易把握,这给修正带来了困难。

第四节 资产评估方法的选择

以上三节介绍了三种资产评估的基本方法,它们各自从不同途径评估资产的价值。成本法是从资产购建或者说成本耗费的途径评估资产的价值,收益法是从资产产出能力(或者说效用)的途径评估资产的价值,市场法是从被评估资产替代物品的市场成交价的角度评估资产的价值。

一、资产评估方法的多样性和可选择性

资产评估方法存在多样性和可选择性,三种基本方法下又有若干具体方法,每种具体方法又涉及各种不同的参数。就评估方法选择本身,实际上包含了不同层面的资产评估方法

的选择过程:(1)关于资产评估基本技术思路层面的选择,即分析三种资产评估基本方法(三种技术思路)的适用性;(2)在资产评估基本技术思路已经确定的基础上,选择实现评估技术思路的具体评估技术方法;(3)在确定了资产评估具体技术方法的前提下,对运用各种具体评估技术方法所涉及的经济技术参数的选择。当然,目前比较关注的主要是基本技术思路的选择,也就是基本方法的选择。

从理论上讲,在相对完善的市场经济体系中,如果不存在资产的购建成本与效用严重不对称的情况,则运用三种方法评估同一资产的公允市价,其评估结果不应存在太大差异。因此,评估机构在对一些价值较高的资产,如企业价值进行评估时,往往会采用两种或三种评估方法从不同途径评估资产价值,根据不同途径的评估结果结合资产估价原则确定评估值。相关法律和准则也要求尽量采用多种方法进行评估,以便相互验证,得出合理的评估结论。

二、资产评估方法的最适选择

尽管从理论上讲,不同的评估方法不应对评估值产生太大的影响,并且在必要时需同时采用几种方法评估一项资产,但是,由于在现实经济中,市场总是存在一定的缺陷,不同的评估对象自身又具有不同的特点,因此为了使评估价值更具合理性,不同的资产业务存在最适评估方法的选择问题。一般来讲,评估方法的选择应主要考虑以下两个方面的因素:

(一)与评估对象相适应

由于不同的评估方法是从不同的途径评估资产的价值,因此评估时应根据被评估资产自身的特点,分析从哪个途径评估最合适。在评估时,首先应区别被评估资产是单项资产还是整体资产,是有形资产还是无形资产,是通用性资产还是专用性资产,是可以复制的劳动创造的资产还是不可复制的资源性资产。

单项资产评估,评估的是单个生产要素的价格,单个生产要素往往难以单独计算收益,因而收益法的使用受到限制;整体资产评估,评估的是资产综合体的获利能力,因而最适合采用收益法。

无形资产虽然也是劳动创造的,但是一般难以复制,并且存在较严重的成本耗费与效用的非对称性,因此最适合的评估途径是根据效用采用收益法评估。

通用性资产可以在公开市场上出售,较适宜采用市场法;而专用性资产由于缺乏在公开市场上出售的条件,因此无法采用市场法。

可以复制的劳动创造的资产可以从成本耗费的途径进行评估,而自然形成的资源性资产则适宜从效用的角度进行评估。

综上所述,成本法适合评估劳动创造的可复制的资产、专用性资产、单项资产,收益法适合评估资源性资产、无形资产、整体资产,市场法适合评估具有一定的通用性、能够在公开市场上出售的资产。当然,评估方法与评估对象相适应也存在交叉的情况,如具有通用性的资产也适合采用成本法和收益法进行评估。

(二)受可搜集到的数据和信息资料的制约

每一种评估方法都需要有相应的数据和资料,但是由于市场缺陷的存在和资产本身的问题,某些数据和资料往往无法获得,从而限制了相关评估方法的运用。例如,市场法既要求产权市场活跃,又要求被评估资产具有一定的通用性,还要求市场公开,否则就无法获得参照物及与被评估资产可比较的指标、技术参数等资料;收益法要求被评估资产拥有可以预期用货币表示的收益,同时资产的风险报酬率能够计算,于是,公益性资产(无货币收益)、微利亏损企业、收益难以预测以及风险报酬率无法确定的资产均无法运用收益法评估。相对而言,成本法在运用中对市场和评估对象没有严格的要求,因此,在市场经济发育不成熟、微利或亏损企业较多的情况下,成本法就成为主要评估方法了。

本章小结

资产评估方法是对资产进行估价的技术思路和法则,是实现评定估算资产价值的技术手段。按分析原理和技术路线的不同,资产评估方法可归结为三种基本类型,即成本法、收益法和市场法,更确切地讲是三种基本的技术路线(评估途径)。资产评估的三种基本方法有各自的运用前提和适用范围,无所谓优劣,关键是适用,所以在评估实务中要注重资产评估方法的适用性选择。

复习思考题

1. 简述成本法的理论依据与评估思路。

2. 简述收益法的理论依据及其运用的前提条件。

3. 简述市场法的理论依据、评估思路及其运用的前提条件。

4. 什么是复原重置成本? 什么是更新重置成本? 两者之间有何异同?

5. 分析成本法、收益法和市场法三种基本评估方法的优势与局限,并指出如何选择最合适的评估方法。

计算题

1. 某台机器设备,3年前购置,据了解,该设备尚无替代产品。该设备的账面原值为10万元,其中,买价为8万元,运杂费为0.4万元,安装费(包括材料)为1万元,调试费为0.6万元。经调查,该设备的现行价格为9.5万元,运杂费、安装费、调试费分别比3年前上涨了40%、30%、20%。

要求:试评估该设备的重置成本(以万元为单位保留两位小数)。

2. 2023年12月评估设备一台,该设备于2019年12月购建,账面原值为40万元,2021年12月进行过一次技术改造,改造费用为4万元。假设定基物价指数2019年为1.05,2021年为1.18,2023年为1.3。

要求:试评估该设备的重置成本。

3. 被评估资产为一台年产量为8万件甲产品的生产线。经调查,市场上现有的类似生产线的重置成本为 24 万元，年产量为 12 万件。假设该类生产线的规模经济效益指数为 0.8。

要求：试评估该资产的重置成本。

4. 某种专有技术预计可使用 5 年，预测未来 5 年的收益额分别为 40 万元、42 万元、44 万元、45 万元、46 万元，年折现率为 12%。

要求：试评估该技术的价值（以万元为单位保留两位小数）。

5. 某资产可以持续使用，年收益额稳定在 50 万元左右，适用资本化率为 20%。

要求：试求该资产的价值。

6. 被评估机组购建于 2014 年 3 月，主要由主机、辅助装置和工艺管道组成，账面原值为 60 万元，其中，主机占 60%，辅助装置占 28%，工艺管道占 12%。到评估基准日，机组主机价格下降 4%，辅助装置价格上升 2%，工艺管道价格上升 6%。

要求：求该机组评估基准日的重置成本。

7. 某评估机构采用统计分析法对某企业的 100 台某类设备进行评估，账面原值共计 1 200 万元。评估人员经抽样选择了 10 台具有代表性的设备进行评估，账面原值共计 160 万元，经估算其重置成本之和为 190 万元。

要求：该企业被评估的 100 台设备的重置成本是多少？

8. 假定某企业的长期负债占全部投入资本的 30%，自有资金的比重为 70%，长期负债的平均利息率为 8%，社会无风险报酬率为 4%，该企业风险报酬率为 9%，该企业适用的所得税税率为 25%。

要求：试采用加权平均资本成本模型计算折现率。

9. 现有一台与 A 设备生产能力相同的新设备 B，采用 B 设备比采用 A 设备每年可节约材料、能源消耗和人工等费用支出约 50 万元。A 设备尚可使用 5 年。假定年折现率为 8%，该企业的所得税税率为 25%。

要求：求 A 设备相对于 B 设备的功能性贬值。

10. 被评估资产为某专用生产线，设备日生产能力为 2 000 只。因市场出现可替代产品，现在及今后的趋势是每日只能生产 1 200 只。假定规模经济效益指数为 0.6。

要求：求该生产线的经济性贬值率。

11. 评估对象为某老字号企业，未来前四年预测净收益分别为 40 万元、50 万元、52 万元、55 万元；从第五年起，预测每年的净收益为 52 万元。假设折现率为 12%，资本化率为

10%。

要求:试计算该企业的评估价值。

12. 评估一项无形资产,其收益期为10年,收益是等额的,每年为5万元,折现率为10%。

要求:若采用收益法评估这项无形资产,则它的评估价值为多少?

13. 某企业将某项资产与国外企业合资,要求对该项资产进行评估。具体资料如下:该资产的账面原值为270万元,净值为108万元,按照财务制度的规定,该资产折旧年限为30年,已计折旧年限22年。经调查分析确定,按照现在的市场材料价格与工资费用水平,重新制造相同功能资产的全部费用支出为480万元。经查询原始资料和企业记录,该资产截至评估基准日的法定利用时间为57 600小时,实际累计利用时间为46 080小时。经专业人员勘察估算,该资产还能使用10年。又知,该资产因设计不合理造成耗电量大、维修费用高,与现在同类标准资产比较,每年多支出运营成本3万元(该企业的所得税税率为25%,假定折现率为10%)。

要求:根据上述资料,采用成本法对该资产进行评估。

14. 根据某企业过去的经营情况和未来的市场形势,预测其未来5年的收益额分别为13万元、14万元、11万元、12万元和15万元。根据银行利率及经营风险情况,确定其折现率和资本化率分别为12%和10%。

要求:试采用年金法评估该企业的价值。

计算题
参考答案

第二编

各类资产评估实务

4 第四章 机器设备评估

全章提要

学习目标

思维导图

- 第一节　机器设备评估概述
- 第二节　成本法在机器设备评估中的应用
- 第三节　市场法和收益法在机器设备评估中的应用

本章小结

复习思考题

计算题

学习目标

知识目标:了解机器设备的分类、评估特点,熟悉机器设备评估的前提和价值构成,了解机器设备评估的基本程序,熟悉各种评估方法在机器设备评估中运用的适用前提和适用范围以及各种评估方法涉及的经济技术参数,掌握成本法在机器设备评估中的运用。

思政目标:培养学生诚信为本的职业操守、高度负责和严谨的工作态度。

思维导图

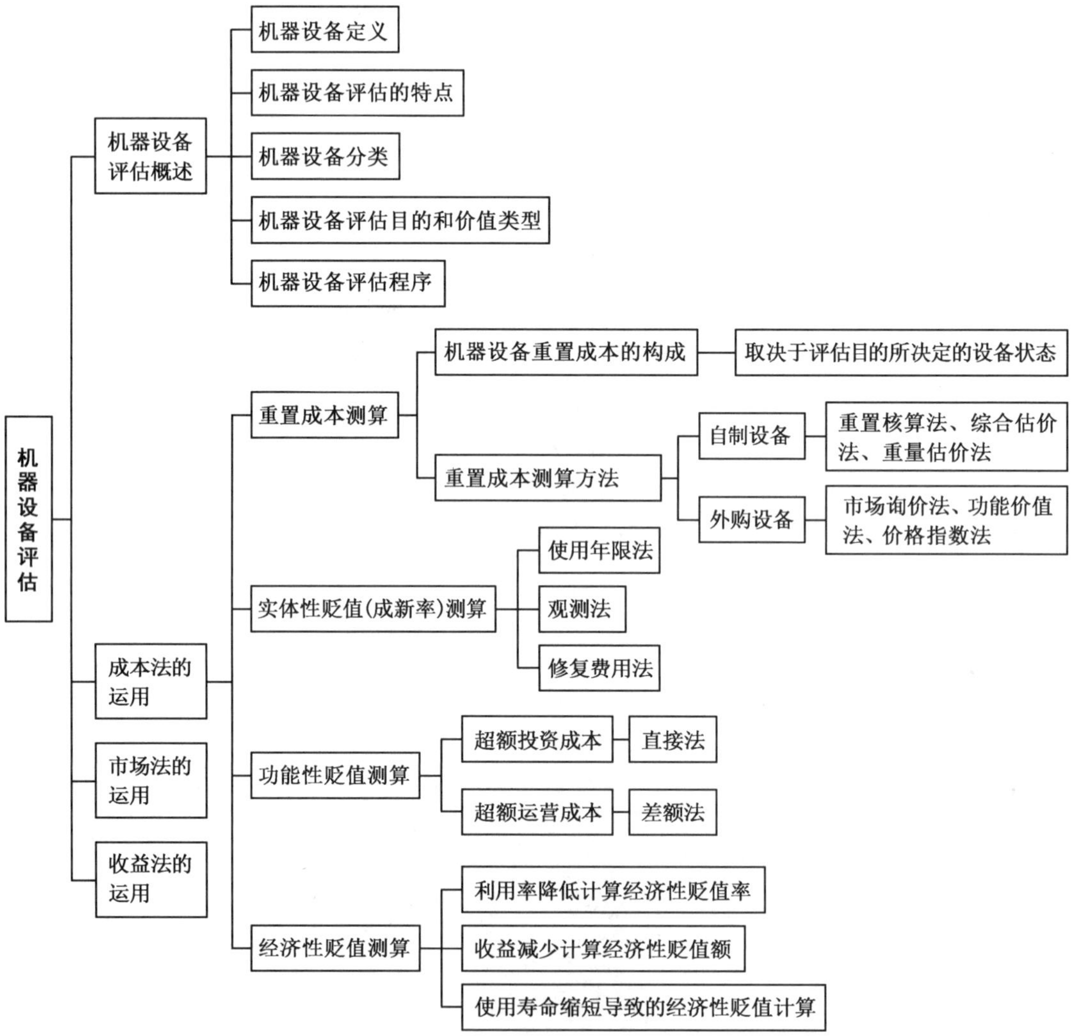

第一节　机器设备评估概述

一、机器设备的定义

在自然科学领域，机器设备是指利用机械原理制造的，将机械能或非机械能转换成便于人们利用的机械能，以及将机械能转换为某种非机械能，或利用机械能来做一定工作的装备或器具。

机械为机器和机构的泛称，各种机械的共同特征包括：(1)由零件和部件组成；(2)零件、部件之间有确定的相对运动和力的传递；(3)有机械能的转换或机械能的利用。

按照中国资产评估协会制定并发布的《资产评估执业准则——机器设备》中的定义，机器设备是指人类利用机械原理及其他科学原理制造的、特定主体拥有或控制的有形资产，包括机器、仪器、器械、装置，以及附属的特殊建筑物等。

评估准则对机器设备的定义包括自然属性和资产属性两个方面。自然属性是指人类利用机械原理及其他科学原理制造的装置；资产属性是指被特定个体拥有或控制的，用于生产、经营或用于管理等目的的不动产以外的有形资产。

资产评估中所指的机器设备是广义的。简单的机械装置或器械，其零部件之间没有相对运动，也没有机械能的转换和利用，如压力容器、反应塔等，但由于它们是通过机械加工而制成的产品，因此也被认为属于机械范畴；此外，还有根据声、光、电技术制造的电器设备、电子设备、仪器仪表等。

资产评估中所指的机器设备除单台设备外，还包括为了实现特定功能由若干独立设备组成的设备组合(如机组、成套设备)。

二、机器设备及其评估的特点

(一)机器设备的特点

机器设备在企业中一般是作为固定资产进行核算和管理的，是固定资产的重要组成部分，其主要特点有：

第一，单位价值大，使用寿命长；资金投入量大，回收期长。

第二，价值补偿和实物更新不同时进行。机器设备的价值补偿是通过折旧形式逐渐实现的，而实物更新一般是一次完成的。

第三，价值和使用价值并非一成不变，贬值和增值具有同发性。机器设备在运动中产生有形磨损和无形磨损，这会使机器设备的价值量发生变化。有形磨损一般可通过折旧来实现价值的完全补偿，无形磨损所导致的价值贬值在数量上则难以测算。此外，通过技术改造可以提升设备功能，实现内涵式扩大再生产，同时使资产增值。在通货膨胀情况下，机器设备的现价会呈现增值趋势。

第四，机器设备属有形的固定资产，具有动产的性质，并且数量大、品种多、分布广、技术性强、情况复杂。

机器设备的特点决定了机器设备评估的特点。

(二)机器设备评估的特点

第一,通常以单台(件)为评估对象。由于机器设备数量多、单价大、规格复杂、情况各异,因此机器设备评估通常以单台、单件为对象,以保证评估的真实性和准确性。当然,对于数量多、单位价值相对低的同类型机器设备,可选择合理的分类标准,按类别进行评估。

第二,以技术检测、鉴定为基础。由于机器设备分布在各行各业,情况千差万别,技术性强,因此机器设备评估一般需通过技术检测、鉴定等手段来确定机器设备的损耗程度及状态。

第三,必须把握机器设备的价值特点,包括对机器设备的价值构成要素及其变化规律的认识和了解。在机器设备价值构成中,有设备本身的制造成本或变现价值,还需包括设备运杂费、安装调试费,以及进口设备的关税、增值税等,有时还需考虑技术性无形资产的价值因素。另外,由于机器设备更新周期长,受价值量变化的影响机会较多(物价变动、无形损耗、技术改造等),因此价值补偿问题尤为突出。

第四,机器设备通常不具有独立的获利能力。机器设备一般是企业整体资产的一个组成部分,难以单独计量其获利能力,故收益法的使用受到限制,通常采用成本法和市场法来评估。

三、机器设备的分类

机器设备种类繁多,分类方法复杂,出于设计、制造、使用、管理等不同需要,有不同的分类标准和方法。从机器设备评估的需要考虑,应了解以下分类:

(一)按固定资产管理使用中的国家分类标准分类

国家市场监督管理总局和国家标准化管理委员会2022年12月30日发布了修订后的《固定资产等资产基础分类与代码》(GB/T14885-2022),规定了我国现行固定资产分类的国家标准。按照这个标准将固定资产等资产分为七大门类:房屋和构筑物、设备、文物和陈列品、图书和档案、家具和用具、特种动植物、物资。门类下再分3个层次:大类、中类、小类。

设备是固定资产等资产中的一个门类。设备门类下分47个大类,其中,信息化设备大类下分计算机、网络设备、信息安全设备、终端设备、存储设备、机房辅助设备、信息化设备零部件、其他信息化设备8个中类,计算机中类下再分10个小类。

(二)按现行会计制度规定分类

我国现行财务会计制度按固定资产的使用特性,将机器设备分为以下六大类:(1)生产经营用机器设备;(2)非生产经营用机器设备;(3)租出机器设备;(4)未使用机器设备;(5)不需用机器设备;(6)租入机器设备。

(三)按机器设备的组合形式分类

按机器设备的组合形式将机器设备分为单台机器设备和机器设备组合。单台机器设备是指以独立形态存在,可以单独发挥作用或以单台的形式进行销售的机器设备。机器设备组合是指为了实现特定功能，由若干机器设备组成的有机整体，如生产线等。

（四）按机器设备的来源分类

企业中机器设备按来源通常可分为自制设备和外购设备两类，外购设备又有国内购置和国外引进设备之分。

（五）按机器设备用途的适用性分类

机器设备按用途的适用性可以分为通用设备和专用设备。通用设备是指国民经济各个部门普遍使用的机器设备，如空调、金属切削机床和锻压设备等。专用设备是指国民经济某些部门或某些生产环节使用的机器设备，即各种具有专门性能和专门用途的设备，如纺织设备、化工设备等。

机器设备还有许多分类方式，在此不一一列举。值得注意的是，上述分类并不是独立的，分类之间可以有不同程度的关联。例如，外购设备中，可能部分是生产经营用，部分是非生产经营用；机器设备组合中，可能部分是外购的，部分是自制的。

资产评估中可以根据被评估单位的生产技术特点、评估目的、采用的评估方法、评估人员的专业特长等，按不同分类进行操作，最后按评估结果汇总要求进行统计。在评估时，既可按生产车间进行清查评估，也可按通用设备、专用设备等分类清查评估，还可按自制设备、外购设备、国内设备和进口设备分类清查评估。完成这些工作后再进行分类汇总。在企业改制评估中，可能还需要划分出生产经营用机器设备及非生产经营用机器设备等。

四、机器设备评估目的和价值类型

了解机器设备评估目的就是要考虑资产业务的性质，考虑不同性质的资产业务对评估的特殊要求。涉及机器设备评估的情形一般有以下三种：

第一，因机器设备本身交易（包括机器设备与其他资产一起）而需对设备进行评估（单项资产评估），如机器设备的转让（出售）、出资、抵押等，一般情况下需评估设备的市场价值。当然，在这种情况下要搞清楚是怎样状态的设备进行交易，这关系到机器设备价值的构成。

第二，企业价值评估采用资产基础法时，需分别评估企业各项资产和负债的价值，包括机器设备（一般为固定资产）。在这种情况下，机器设备往往是处于在用状态，需要评估机器设备的哪种价值类型，目前并无定论，但原则是应按其贡献评估价值。

第三，财务报告目的，具体包括固定资产减值测试和购并对价分摊涉及的机器设备评估，应按会计准则确定评估结果的价值类型。

五、机器设备评估的基本程序

（一）接受委托阶段

评估机构（评估人员）在收到客户对某项机器设备进行评估的委托时，应向客户了解被评估设备的来源、现状、评估目的（交易的性质）及交易背景、报告用途以及该项评估涉及的其他因素，如客户有什么特殊要求等，以决定是否接受委托；如接受了委托，则考虑如何控制风险。这些事项会影响整个评估过程甚至评估结果。

(二)评估准备阶段

评估机构及其评估人员在与委托人签订了资产评估委托合同,明确了评估目的、评估对象和评估范围等事项后,就应着手做好评估的准备工作,具体包括:

第一,指导委托方或产权持有人做好机器设备评估的基础工作,包括待评估机器设备清册及分类明细表的填写,被评估机器设备的自查和盘点,对机器设备权属资料及有关经济技术资料的准备等。

第二,分析研究委托方或产权持有人提供的被评估设备清册及相关表格,明确评估重点和清查重点,制订评估计划和方案(包括现场勘察方案、时间进度安排、主要设备评估技术路线、人员配备等),落实评估人员安排(包括是否需外聘专业技术人员),准备现场调查勘察所需要的工具等。

第三,收集有关数据资料,包括待评估设备现行市场价格、同类型设备的性能和价格等。

(三)现场工作阶段

现场调查是机器设备评估的一个非常重要的工作步骤。在机器设备评估的现场调查中要了解工艺过程,核实设备数量,明确设备权属,观察并询问设备状况。

1.逐台(件)核实评估对象,以确保评估对象真实可靠

机器设备清查核实一般分微观调查、宏观调查和法律权属资料核实三个方面,以确保评估对象真实可靠。

(1)微观调查是以单台设备为对象,具体内容一般包括设备的基础信息和安装使用情况。

基础信息:设备名称、数量、制造厂家、品牌(商标)、规格型号、序列号、主要技术参数、出厂日期、购置日期、附件及软件、账面原值、账面净值等。

安装使用情况:安装状态、使用情况(负荷情况)、维护保养情况等。

(2)宏观调查是以机器设备服务的主体为调查对象,调查内容一般包括企业名称及地址、企业的产品及生产工艺、企业生产能力、企业的设备管理制度、企业的生产经营情况、企业的安全环保情况等。

(3)法律权属资料核实,包括设备所有权情况、抵押情况、融资租赁情况等。

2.对设备进行观察鉴定

对设备进行鉴定是现场工作的重点。对设备进行鉴定包括对设备的技术鉴定、使用情况鉴定、质量鉴定和磨损鉴定等,以全面了解设备的状态。设备的生产厂家、出厂日期、负荷和维修情况等是进行鉴定的基本素材。

(1)对设备技术状况进行鉴定,主要应对设备满足生产工艺的程度、生产精度和生产废品率以及各种消耗和污染情况的鉴定,以判断设备是否有技术性过时和功能落后情况。

(2)对设备使用情况进行鉴定,主要应了解设备是处于在用状态还是闲置状态,使用中设备的运行参数、故障率、零配件保证率,设备闲置的原因和维护情况等。

(3)对设备质量进行鉴定,主要应了解设备的制造质量,设备所处环境、条件对设备质量的影响,设备现时的完整性、外观和内部结构情况等。

(4)对设备的磨损程度进行鉴定,主要应了解设备的物质性损耗,如锈蚀、损伤、精度下

降、材料老化等。

3. 与机器设备的操作人员、技术管理人员和财务人员进行座谈交流

现场工作要有完整的工作记录，特别是设备的鉴定工作要有详细的鉴定记录，一般可以采用表格式记录方法，以免漏项。这些记录既是评估机器设备价值的重要数据，也是工作底稿的重要组成内容。

（四）评定估算阶段

第一，根据评估目的、价值类型的要求以及评估时的各种条件，选择适宜的评估方法。如果可能，应选择多种方法，互相对照。

第二，阅读有关的可行性分析报告、设计报告、概预算报告、竣工报告、技术改造报告、重大设备运行和检验记录等，以扩大和深化对被评估设备的了解。估算中遇到问题和困难，应与委托方有关人员沟通。收集资料和调查分析要贯穿整个评估过程。

第三，查阅有关法律法规，如税法、环境保护法、车辆报废标准等，以便在评估涉及这些规定的设备时考虑法律法规的影响。

第四，对产权受到某种限制的设备，包括已抵押或作为担保品的设备、租入租出的设备等要单独处理。要分析这些限制可能对评估价值的影响，并应在评估报告中披露。

第五，如果与房屋建筑物、无形资产的界限难以分清，就应及时与其他专业评估师交流，防止重评或漏评。

第六，选择合适方法估算评估值。

第七，调整评估结果。评估结果应与评估目的和用途相适应。

（五）撰写评估报告，整理评估底稿阶段

按照评估准则或规范的要求撰写资产评估报告。资产评估报告及评估底稿的撰写要求见本书的专门章节。

（六）评估报告的审核和报出阶段

评估报告初步完成后，评估机构在出具正式报告前要有必要的审核。经审核确认评估报告无纰漏后，盖章签字向委托方送达正式的资产评估报告。

六、机器设备评估方法的选择

评估方法的选择主要看评估对象是否满足各种方法运用的前提条件，如条件满足，就可以使用。

由于机器设备一般难以单独计量收益，因此收益法的运用受到了限制。

对一个经济发展较正常的社会来说，二手设备市场是不活跃的，因为一家生产经营正常的企业不会经常性地让使用中的设备退出使用而进入二手设备市场；对于因技术进步而应淘汰的设备，所有企业都应淘汰之，其也不可能进入市场（没有市场）。当然，有少数特殊设备，如二手轿车的交易可能较活跃，这为采用市场法评估二手轿车提供了条件。

由于收益法和市场法的运用受到限制，因此成本法成为评估机器设备的无奈选择。

目前评估实务中对机器设备的评估主要采用成本法。但成本法存在缺陷，这令成本法

在实务中的应用有较大难度,评估结果的合理性也较难判断。

第二节 成本法在机器设备评估中的应用

成本法是机器设备评估中最常用的方法。该方法的基本原理与操作要点已在第三章中介绍,这里主要阐述成本法在机器设备评估中的具体应用。其基本计算公式可以表示为以下两种形式:

$$\text{机器设备评估值}=\text{重置成本}-\text{实体性贬值}-\text{功能性贬值}-\text{经济性贬值} \tag{4.1}$$

$$\text{机器设备评估值}=\text{重置成本}\times\text{成新率}-\text{功能性贬值}-\text{经济性贬值} \tag{4.2}$$

式(4.2)中的成新率也称实体性成新率。

一、重置成本的测算

(一)机器设备重置成本测算中应注意的问题

1.选择复原重置成本还是更新重置成本

资产的重置成本有两种——复原重置成本和更新重置成本,机器设备也是如此。一般而言,在技术进步快,技术进步因素对设备价格的影响较大,或者说被评估设备已被淘汰(原企业不再生产)的情况下,应选择计算更新重置成本。一般而言,复原重置成本仅在两种情况下适用:一种是技术进步慢或刚购建的设备,另一种是自制非标设备。前者是因无形损耗小而对设备的价格影响不大,后者是因缺乏可以参照的技术先进的设备。当然,如果能取得自制非标设备的更新制造成本资料,则其更新重置成本也能测算。

2.机器设备的重置成本构成

要估测机器设备重置成本,首先需明确其重置成本的构成。机器设备重置成本的构成取决于评估目的所决定的机器设备的特征状态,也就是要明确资产业务需要评估机器设备在什么状态的价值。

如果资产业务需要评估的是机器设备在用状态下的价值,则机器设备的重置成本除了全新设备本体的重置成本(市场购价或制造价格)外,还应包括使设备处于在用状态所发生的全部费用。在用状态下机器设备的重置成本一般包括购置或制造设备所发生的必要的、合理的直接成本、间接成本和因资金占用所发生的资金成本(可能还要考虑合理利润和相关税费等)。

直接成本一般包括设备本体价格(重置成本)、运杂费、安装调试费、基础费及其他合理成本。间接成本一般包括管理费、设计费、工程监理费、保险费等。直接成本与每台设备直接对应,间接成本和资金成本有时不能对应每台设备,它们是为整个项目发生的,在计算每台设备的重置成本时一般按比例分摊。对于进口设备,还包括关税、增值税、外贸手续费、银行手续费等。

使机器设备处于在用状态具体需要哪些费用,取决于设备本身的特点。由于设备取得的方式和渠道不同,并且设备自身的构成不同,在评估时需根据具体被评估设备是外购的还是自制的，是国产的还是进口的，是单台(件)的还是成套的，以及安装方式等来确定其重置成本构成。

如果资产业务需要评估设备非在用状态下的价值，那么设备的重置成本就可能只包括设备本体在全新状态下的市场购价或重新制造价格。

3. 重置成本测算方法的选择

在机器设备评估中应选择何种方法来计算重置成本，需要根据被评估设备的具体情况而定。一般应遵循以下规律：

(1)对于自制设备而言，一般可采用重置核算法、综合估价法、重量估价法等来测算重置成本。

(2)对于外购设备而言，若该设备目前仍在生产和销售，则应以市场价为基础，加上运杂费和安装调试费等，即采用直接法计算其重置成本。市场价格资料的取得，可以采取直接向制造商或销售商询价，也可以从商家的价格表、正式出版的价格资料、广告、计算机网络上公开的价格信息等渠道获取。但是通过各种渠道获得的市场价格信息可能与设备的真实价格有一定的差异，需要经分析调整后方可使用。

评估人员需要考虑的问题主要有：根据替代原则，同等条件下选择可获得的最低售价；了解近期成交价，剔除报价水分；注意折扣因素对成交价的影响；市场价格是否反映了评估基准日的价格水平；等等。

(3)对于无法直接取得现行购置价或制造费用的设备，如果能够寻找到现有同类设备的市价、制造费用，或市价、制造费用加运杂费和安装调试费，就可以采用功能价值法计算设备的更新重置成本。

(4)对于既无法直接取得设备现行购置价或制造成本，也无法获得同类设备的购置价或制造成本的，可以采取价格指数调整法计算其复原重置成本。但是对于技术进步速度较快，且技术进步对设备价格影响较大的设备，不宜采用价格指数法计算其重置成本。在使用价格指数法时，评估人员应注意的问题有：应使用设备的分类价格指数，避免使用综合价格指数；对设备重置成本的各个构成部分，如购置价、运杂费、安装费、基础费等，应采用各自的价格指数分别计算；对于进口设备，应使用设备生产国的分类价格指数；对于在不同时期投入资金进行技术改造的设备，一般根据分类价格指数将不同时期投入的资金分别折算成现行价格后加总确定重置成本。

采用价格指数调整法评估机器设备重置成本，比重置核算法简便，但准确性不如重置核算法高，属于粗略的复原重置成本。

按机器设备的来源，机器设备可分为自制设备和外购设备，外购设备又有国内购置和进口之分，以下按照此顺序介绍机器设备重置成本的测算。

(二)自制设备重置成本测算

1. 自制设备重置成本的构成

自制设备的重置成本主要包括：制造成本和相配比的期间费用(如应分摊的管理费用和财务费用)；大型设备的合理制造利润；其他必要的合理费用(如设计、论证等前期费用)；安装调试费用；等等。

2. 自制设备重置成本测算举例

(1)重置核算法

自制设备可分为标准设备与非标准设备。对于标准设备的重置成本,可参考专业生产企业的标准设备价格。非标准自制设备的市场价格资料一般难以获得,故经常采用核算法来计算其重置成本。如果以原来的材料、工艺重新制造相同的设备,则计算得到的是设备的复原重置成本;如果按新材料、新工艺重新制造同类设备,则计算得到的是设备的更新重置成本。以下两例分别计算的是复原重置成本和更新重置成本。

【例4—1】 某企业一台自制设备的账面原值为11万元,市场无可替代产品,试评估其重置成本。

该设备在市场上没有可替代产品,且是自制性质,符合前面所说的情况(服役时间不长,自制的设备适合按复原重置成本评估),可按复原重置成本评估该设备。

经评估人员核查企业提供的账表,得知自制设备账面原值11万元的构成如下:

①制造费用10万元,其中:

钢材消耗24吨	1 250元/吨	计3万元
铸铁消耗25吨	400元/吨	计1万元
外协件15吨	2 000元/吨	计3万元
工时消耗5 000定额工时	4元/工时	计2万元
管理费用	每定额工时分摊2元	计1万元

②安装调试费1万元,其中:

水泥消耗8吨	250元/吨	计0.2万元
钢材消耗4吨	1 250元/吨	计0.5万元
工时消耗500定额工时	4元/工时	计0.2万元
管理费用	每定额工时分摊2元	计0.1万元

经市场调查和测算,现行使用单价,钢材为1 600元,铸铁为500元,外协件为2 400元,水泥为250元;每定额工时成本为5元,每定额工时分摊管理费用2元。根据现价和费用标准以及该设备原自制和安装调试的量耗资料,重估价格如下:

①制造费用重置成本12.19万元,其中:

钢材消耗24吨	1 600元/吨	计3.84万元
铸铁消耗25吨	500元/吨	计1.25万元
外协件15吨	2 400元/吨	计3.6万元
工时消耗5 000定额工时	5元/工时	计2.5万元
管理费用	每定额工时分摊2元	计1万元

②安装调试费用重置成本1.19万元,其中:

水泥消耗8吨	250元/吨	计0.2万元
钢材消耗4吨	1 600元/吨	计0.64万元

工时消耗 500 定额工时	5 元/工时	计 0.25 万元
管理费用	每定额工时分摊 2 元	计 0.1 万元

综合上述重估结果，该自制设备原地续用的重置成本为 13.38 万元(12.19＋1.19)。

需要说明的是，本例中的材料现行价是使用方价格，它包括购价、采购费用、运杂费、挑选整理费、途耗、库耗、自然损耗等费用，而不能直接使用现行市价。

【例 4—2】 某企业一台自制机器设备需评估其重置成本，有关资料如下：自制设备成本为 30 万元(其中，钢材占 40%，铸铁占 20%，人工费占 30%，管理费占 10%)。按现行技术条件更新自制设备，钢材和铸铁均可节约 20%，人工节省 10%。通过市场调查得知，自制设备自制造以来，钢材价格上升 80%，铸铁价格上升 50%，工时成本上涨 100%，管理费按工时分摊的额度上升 40%。

按现行技术条件，该自制设备的结构有改进的必要，改进以后能节约用料，而其功能保持不变。根据这种情况，可按更新重置的要求，采用成本途径来评估。评估人员对费用和价格上涨的情况进行试算，表明企业提供的该项资料合乎职业标准，材料、人工节约概算是符合现实的。

评估人员在确定该项设备的评估方法后，可依据上述资料进行计算：

材料成本＝17.28＋7.2＝24.48(万元)

其中：钢材成本＝30×40%×(1－20%)×(1＋80%)＝17.28(万元)

　　　铸铁成本＝30×20%×(1－20%)×(1＋50%)＝7.2(万元)

人工成本＝30×30%×(1－10%)×(1＋100%)＝16.2(万元)

管理费用＝30×10%×(1－10%)×(1＋40%)＝3.78(万元)

合计＝24.48＋16.2＋3.78＝44.46(万元)

因此，该自制设备的更新重置成本为 44.46 万元。

(2)综合估价法

该方法是根据设备的主材费和主要外购件费与设备成本费用之间一定的比例关系，通过确定设备的主材费用和主要外购件费用，计算出设备的完全制造成本，并考虑企业利润、税金和设计费用，确定设备的重置成本。其计算公式如下：

$$RC=(C_{m1}\div K_m+C_{m2})\times(1+K_p)\times(1+K_d/n)\times(1+K_t) \tag{4.3}$$

式中，RC 为设备价格，C_{m1} 为主材费，K_m 为成本主材费率，C_{m2} 为主要外购件费，K_p 为成本利润率，K_t 为销售税金率，K_d 为非标设备设计费率，n 为非标设备的生产数量。

综合估价法只需依据设备的总设计图，计算出主要材料耗量，并根据成本主材费率就可估算设备的售价，是机械工业概算中估算通用非标准设备时常用的方法。计算中所需的参数可以查阅通用非标准设备估价参数表。

【例 4—3】 某悬链式水幕喷漆室为非标自制设备，购建日期为 2014 年 12 月，评估基准日为 2022 年 9 月 30 日。计算该悬链式水幕喷漆室的重置成本。

根据设计图纸，该设备的主材为钢材，主材的净消耗量为 25.5 吨，评估基准日钢材不含税市场价为 3 500 元/吨，另外，所需主要外购件(电机、泵、阀、风机等)不含税费用为 55 680 元。

主材利用率为 90%，成本主材费率为 55%，成本利润率为 15%，设计费率为 16%，产量为1台。

该设备的主材利用率为90%,则主材费如下:

$C_{m1}=25.5\div 90\%\times 3\ 500=99\ 167$(元)

成本主材费率=55%

主要外购件费(C_{m2})=55 680(元)

$K_p=15\%$

如增值税税率为13%,城市维护建设税税率为7%,教育费附加税率为3%,则销售税金率如下:

$K_t=13\%\times(1+7\%+3\%)=14.3\%$

非标设备设计费率(K_d)=16%

非标设备的数量(n)=1(台)

$$\text{设备的重置成本}(RC)=(99\ 167\div 55\%+55\ 680)\times(1+15\%)\times(1+14.3\%)\times(1+16\%\div 1)=359\ 819(\text{元})$$

上述计算结果是设备的含增值税价;如评估结果为不含增值税价,则不应包含增值税。

(3)重量估价法

该方法用设备的重量乘以综合费率,并考虑利润和税金来确定设备的重置成本;此外,还需根据设备的复杂系数进行适当调整。综合费率根据相似设备的统计资料确定。其计算公式如下:

$$RC=W\times R_w\times K+P+T \tag{4.4}$$

或

$$RC=W\times R_w\times K\times(1+r_P)\times(1+r_t) \tag{4.5}$$

式中,RC为设备的重置成本,W为设备的净重量,R_w为综合费率,K为调整系数,P为合理利润,T为税金,r_p为利润率,r_t为综合税率。

该方法估价简单,速度快,适用于材料单一、制造简单、技术含量低的设备重置成本估算,如结构件和比较简单的大型冲压模具等。

(三)国产外购设备重置成本测算

1.国产外购设备重置成本的构成

外购设备的重置成本中除购买价外,一般还需考虑运杂费、基础费和安装调试费等。

设备的运杂费一般可以根据设备的重量、体积、运输距离、运输方式等确定。计费标准可以向有关运输企业查询得到。对于设备的基础费、安装费,评估人员可以通过逐项估算基础和安装工程的人工费、材料费、机械费等来确定。在设备数量较多的情况下,评估人员也可以按设备购置价的一定比例来计算设备的运杂费、基础费、安装费。具体运杂费率、基础费率、安装费率需参照国内机械行业运杂费率、基础费率以及安装费率表。

单台(件)设备与成套机组的重置成本构成不尽相同。单台(件)设备有时无须安装,即便需要安装,安装周期也较短,在这种情况下,设备购置与安装费等所占用资金的成本可以忽略不计。但是成套设备的安装调试周期一般较长,因此需要考虑设备购置、安装调试所占用资金的成本。

2. 国产外购单台(件)设备重置成本测算举例

【例 4—4】 某台机床需评估。企业提供的购建成本资料如下:该设备采购价 5 万元,运输费 0.1 万元,安装费 0.3 万元,调试费 0.1 万元,已服役 2 年。试评估该机床原地续用的重置成本。

经市场调查得知,该机床价格比购置时上升了 20%,铁路运价近两年提高了 1 倍,安装的材料和工费上涨幅度加权计算为 40%,调试费用上涨了 15%。

该机床服役期限仅 2 年,且在市场上仍很流行,一般来说技术条件变化不大,故用复原重置成本评估较现实。

机床采购价=5×(1+20%)=6(万元)

运杂费=0.1×2=0.2(万元)

安装费=0.3×(1+40%)=0.42(万元)

调试费=0.1×(1+15%)=0.115(万元)

该机床原地续用的重置成本=6+0.2+0.42+0.115=6.735(万元)

3. 国产机组(成套)设备重置成本测算

机组(成套)设备是指由多台(件)机器设备组成,具有相对独立生产能力和一定收益能力的生产装置。对于机组(成套)设备重置成本的测算可以通过两种途径:一是先评估其各组成部分的重置成本,再相加;二是将其作为一个完整的生产系统,以整体方式用恰当的方法测算。具体评估方法的选择需视具体情况而定。如果被评估的机组(成套)设备仍在生产销售,就可以通过询价法直接确定其重置成本;如果只能寻找到与被评估机组相类似的参照机组,就需通过调整被评估机组与参照物之间在生产能力、技术层次、使用地点、生产时间等方面的差异,得到被评估机组的重置成本。

在计算过程中需注意的是对于大型机组、生产线等的生产能力差异的调整需采用规模经济效益指数法。由于机组设备的交易频率比单台(件)设备低,寻找在评估基准日购建的参照物相对困难,因此往往需要对时间因素进行调整。地点差异主要考虑参照物与被评估资产之间是否存在运输费或其他相关费用方面的差异。

【例 4—5】 某企业 2014 年购建的一套年产 50 万吨某产品的生产线,账面原值 1 000 万元,2022 年进行评估。评估时选择了一套与被评估生产线相似的生产线,该生产线 2021 年建成,年产同类产品 75 万吨,造价为 3 000 万元。经查询,该类生产线的规模效益指数为 0.7,根据被评估生产线与参照物生产能力方面的差异,采用规模经济效益指数法计算被评估生产线 2021 年的重置成本如下:

$3\,000\times(50\div75)^{0.7}=2\,259$(万元)

由于无法获取评估基准日该生产线的价格指数,不能直接将 2021 年的重置成本调整为 2022 年评估基准日的重置成本,因此采用了将该生产线适当划分为主要装置、辅助生产装置、工艺管道、仪器仪表、建筑安装费和管理费六大项,并按被评估生产线原始成本中上述六项各占比重作权数,以及 2021—2022 年上述六项的价格变动系数加权求取生产线价格调整系数。上述六项在生产线原始成本中的比重:主要装置 70%,辅助装置 5%,工艺管道 5%,仪器仪表 5%,建筑安装费 10%,管理费 5%。2021—2022 年上述六项价格及费用变动率:

主要装置5%,辅助装置3%,工艺管道10%,仪器仪表2%,建筑安装费15%,管理费10%。

重置成本=2 259×(1+70%×5%+5%×3%+5%×10%+5%×2%+10%×15%+5%×10%)=2 400(万元)

由于地区因素对参照物的建造重置成本影响不大,因此地点因素可以忽略不计。

(四)进口设备重置成本测算

1.进口设备重置成本构成

进口设备重置成本的基本构成如下:现行国际市场离岸价(FOB)+国外运输保险费+国外运杂费+进口关税+增值税+银行及其他费用+国内运杂费+安装调试费。

其中,FOB是装运港船上交货价,不含保险费和运费。若把前三项成本加总(FOB+保险费+运费),则称为到岸价,用CIF表示。

进口车辆重置成本的构成如下:车辆价格(CIF)+进口关税+消费税+增值税+车辆购置税+银行及其他费用+国内运杂费。

当然,上述具体构成还要根据评估目的确定,是否含增值税需根据评估结果是否需含增值税确定。

进口设备从属费用的具体计算如下:

(1)海运费=FOB×海运费率

费率:远洋一般取5%~8%,近洋一般取3%~4%。

(2)国外运输保险费=(FOB+海运费)×保险费率

费率可根据保险公司费率表确定,一般在0.4%左右。

(3)进口关税=到岸价×关税税率

关税税率按国家发布的进口关税税率表计算。

(4)消费税$=\dfrac{(\text{关税完税价}+\text{关税})\times\text{消费税税率}}{1-\text{消费税税率}}$

消费税税率按国家发布的消费税税率表计算。

(5)增值税=(关税完税价+关税+消费税)×增值税税率

根据相关法规减免关税,同时减免增值税。

(6)银行财务费=设备到岸价人民币数×费率

我国现行银行财务费率一般为4‰~5‰。

(7)外贸手续费=到岸价人民币数×外贸手续费率

目前,我国进出口公司的进出口费率一般为1%~1.5%。

(8)车辆购置税=(到岸价人民币数+关税+消费税)×税率

(9)国内运杂费与安装费可以根据实际发生额测算,也可以根据国内机械行业相关规定,以设备到岸价为基数,按一定的费率计算。

2.进口设备重置成本测算方法的选择

(1)可查询进口设备现行离岸价(FOB)或到岸价(CIF),按以下公式计算:

重置成本=(FOB价格+国外运输保险费+国外运杂费)×现行外汇汇率+进口关税+增值税+银行及其他费用+国内运杂费+安装调试费 **(4.6)**

或

重置成本＝CIF价格×现行外汇汇率＋进口关税＋增值税＋银行及其他费用
＋国内运杂费＋安装调试费　　　　(4.7)

(2)无法找到进口设备的现行FOB价格或CIF价格的，若可以取得国外替代产品的现行FOB价格或CIF价格，就可以采用功能价值法或类比调整法来估测被评估机器设备的重置成本；若没有国外替代产品的现行FOB价格或CIF价格，也可以利用国内替代设备的现行市价或重置成本推算被评估进口设备的重置成本。

(3)若以上几种渠道都行不通，则可利用价格指数调整法估测进口设备的重置成本。但是，用价格指数调整法评估进口设备的重置成本有其限制范围：①对于那些技术已经更新的进口设备不宜采用价格指数调整法，因为一旦技术更新，旧型号设备就会被淘汰，其价格会大幅度下降。只有那些技术更新周期较长、仍在国外大量使用、在技术上未被淘汰的设备才适宜采用价格指数调整法。②运用价格指数调整法调整计算进口设备重置成本时，原来用外币支付的部分(原来的CIF价格)应使用设备生产国的价格变动指数来调整，而不是用国内价格变动指数来调整，但对原来的国内费用(进口关税、增值税、银行手续费、运杂费、安装调试费等)则都应按国内的价格变动指数来调整。用价格指数调整法估测进口设备重置成本的公式如下：

重置成本＝账面原值中的到岸价值÷进口时的外汇汇率×(1＋进口设备生产国同类资产价格变动指数)
×评估基准日外汇汇率×(1＋现行进口关税税率)×(1＋其他税费率)＋账面原值中支付
人民币部分价格×(1＋国内同类资产价格变动指数)　　　　(4.8)

该数学表达式是假定进口设备的到岸价格全部以外汇支付，其余均以人民币支付。如实际情况与此假设不符，就应自行调整。式(4.8)中，被评估进口设备的账面原值中的到岸价值除以进口时的外汇汇率，相当于按进口时的汇率将以人民币计价的进口设备到岸价值调整为以外币计价的设备到岸价值。进口设备生产国同类资产价格变动指数可根据设备生产国设备出口时的同类资产价格指数与被评估时点同类资产价格指数的比值求取。而实际操作中，不但设备生产国设备出口时的同类资产价格指数不易获取，即使是评估时点的同类资产价格指数也不易取得。所以，实际运用上述公式时，往往以进口设备生产国在设备出口时的价格水平为基期价格水平，再根据设备生产国从基期到评估时点每年的价格变化率，将生产国出口设备价值从原值调整为现值。数学表达修改如下：

$$\text{设备生产国出口设备现价(到岸价)}=\frac{\text{设备原值中支付外汇部分}}{\text{设备进口时的外汇汇率}}\times\left(1+\frac{\text{设备生产国从设备出口}}{\text{到评估时点的价格变化率}}\right)$$

评估基准日外汇汇率比较容易获得，其他税费中的关税、增值税和消费税的税率视进口设备的性质、种类的不同，按海关的税收手册所规定的税率确定；外贸手续费与银行手续费按规定费率计算；其他杂费包括口岸管理费、海关监管费、商检费等，费率较低，视进口设备CIF价值的高低而定，有时可忽略不计。由于关税税率可能变动，因此评估时应以评估基准日的税率为准。

设备原值中支付人民币部分主要是指国内运杂费和安装调试费等项目。对这部分费用可利用国内价格变动指数直接将其原值调整为现值。

在运用价格指数调整法对进口设备重置成本进行估测时，应将支付外汇部分与支付人民币部分，或者说将受设备生产国价格变动影响部分与受国内价格变动影响部分分开，分别运用设备生产国的价格变动指数和国内价格变动指数进行调整,不应综合采用国内或设备生产国的价格变动指数一揽子调整。

3.进口设备重置成本测算举例

(1)进口单台(件)设备

【例4—6】 被评估设备为2009年10月从英国进口,进口合同中的FOB价格是20万英镑。2014年10月进行评估时,评估人员了解到英国生产厂家已不再生产该种型号的设备,其替代品的FOB报价为35万英镑。

评估人员经与有关专家共同分析,认为通常情况下,实际成交价为报价的70%～90%,故按英国厂商FOB报价的80%作为FOB的成交价。由于替代设备在技术性能上优于被评估设备,因此估测被评估设备的FOB价格为替代设备价格的70%,30%的折扣主要是功能落后造成的。评估基准日人民币对英镑的汇率为11.93∶1。境外运杂费按FOB价格的5%计算,保险费按FOB加海运费的0.4%计算。关税与增值税符合合资企业优惠条件,予以免征。银行手续费按FOB价格的0.5%计算。外贸手续费按CIF价格的1%计算,国内运杂费按CIF价格的1%计算。安装调试费按CIF价格的0.5%计算。该设备安装时间较短,故不考虑资金成本。

根据上述分析及数据资料,被评估设备的重置成本计算过程如下:

FOB价格=35×80%×70%×11.93=233.83(万元)

境外运杂费=233.83×5%=11.69(万元)

保险费=(233.83+11.69)×0.4%=0.98(万元)

CIF=233.83+11.69+0.98=246.5(万元)

银行手续费=246.5×0.5%=1.232 5(万元)

外贸手续费=246.5×1%=2.465(万元)

国内运杂费=246.5×1%=2.465(万元)

安装调试费=246.5×0.5%=1.232 5(万元)

该设备的重置成本=246.5+1.232 5+2.465+2.465+1.232 5=253.895(万元)

【例4—7】 某企业2013年从美国进口了一台设备,账面原值839万元,其中,设备价款600万元,境外运费15万元,境外保险费3万元,关税61.8万元,增值税115.6万元,其他费用12万元,国内运费10万元,安装调试费21.6万元。进口时美元与人民币的比价为1∶7.5。

2016年评估时,经评估人员调查获得以下资料:2016年与2013年购置时相比,该类设备在美国市场的销售价格上涨了10%,境外运输费提高了3%,保险费按FOB加海运费的0.4%计算,国内运费上涨了4%,安装调试费提高了5%,2016年美元与人民币的比价为1∶6.7,该类设备的关税税率为10%,增值税税率为17%,其他费用率综合为2.5%,则该设备的重置成本计算过程如下:

FOB价格=600÷7.5×(1+10%)×6.7=589.6(万元)

境外运费=15÷7.5×(1+3%)×6.7=13.8(万元)

境外保险费=(589.6+13.8)×0.4%=2.4(万元)

关税=(589.6+13.8+2.4)×10%=60.58(万元)

增值税＝(589.6＋13.8＋2.4＋60.58)×17％＝113.28(万元)

其他费用＝(589.6＋13.8＋2.4)×2.5％＝15.15(万元)

境内运费＝10×(1＋4％)＝10.4(万元)

安装调试费＝21.6×(1＋5％)＝22.68(万元)

重置成本＝589.6＋13.8＋2.4＋60.58＋113.28＋15.15＋10.4＋22.68

　　　　＝827.89(万元)

(2)进口机组(成套)设备

由于机组通常是根据客户要求单独设计制造的，批量生产的并不多，因此给直接询价造成了一定困难。如果采用价格指数调整法估测机组重置成本，就应注意合理分解机组的各个构成部分，明确哪些是需要利用设备生产国价格变动指数调整的，哪些是需要利用国内价格变动指数调整的。当然，当进口机组的技术已经过时时，就不宜采用价格指数调整法估测其重置成本。

【例4—8】 某企业2012年从美国引进一条生产线，该生产线当年安装成功正式投入生产。设备进口总金额为90万美元，2015年进行评估。经评估人员对该生产线进行现场勘察和技术鉴定，以及向有关部门进行调查了解，认为该生产线的技术水平在国内仍居先进行列，在国际上也属普遍使用的设备，故决定采用物价指数调整法对该机组重置成本进行估测。按照国内及国外价格变动对生产线的不同影响，评估人员先将生产线分成进口设备主机、进口备件、国内配套设施、其他费用四大部分，分别考虑国外、国内不同部分的价格变化率予以调整。经调查询价了解到，从设备进口到评估基准日，进口设备主机在其生产国的价格上升了50％，进口备件的价格上升了30％，国内配套设施价格上升了60％，其他费用上升了50％。按评估基准日的国家有关政策规定，该进口设备的进口关税等税收额为30万元。评估时点美元与人民币的比价为1∶5.8。从被评估机组进口合同中得知，进口设备主机原始价值为75万美元，进口备件15万美元。另外，从其他会计凭证中查得国内配套设施原始价值为45万元，其他费用原值为18万元。根据上述数据，估算被评估机组的重置成本如下：

重置成本＝(75×1.5＋15×1.3)×5.8＋45×1.6＋18×1.5＋30＝894.6(万元)

从上述两个例题可以得知，在测算进口设备重置成本时应注意的问题主要有：有关报价的处理是否适宜采用价格指数调整法以及价格指数的选择，汇率应选择评估基准日的汇率，关税等税收也应以评估基准日为准。

二、实体性贬值与成新率的测算

机器设备的实体性贬值也就是有形损耗，是使用磨损和自然损耗造成的。

实体性贬值和成新率是同一事物的两面。实体性贬值用相对数来表示，它的余数就是成新率。

成新率＝1－实体性贬值率

或

实体性贬值率＝1－成新率　　(4.9)

估测机器设备的成新率(或实体性贬值率)通常采用三种方法：使用年限法、观测分析法和修复费用法。

(一)运用使用年限法估算机器设备成新率

该方法假设:机器设备在整个使用寿命期间,实体性损耗与时间呈线性递增关系,设备价值的降低与其损耗大小成正比。使用年限法的计算公式表示如下:

$$\text{成新率}=\frac{\text{设备的尚可使用年限}}{\text{设备的已使用年限}+\text{设备的尚可使用年限}}\times 100\% \tag{4.10}$$

从上述公式可知,运用使用年限法估算设备成新率涉及两个基本参数:设备的已使用年限和尚可使用年限。设备的已使用年限与尚可使用年限之和为设备的总使用年限(周期寿命)。

1. 机器设备的总使用年限

机器设备的总使用年限是指设备的使用寿命。机器设备的使用寿命通常又可分为物理寿命、技术寿命和经济寿命。设备的物理寿命是指机器设备从开始使用到因有形磨损无法正常使用而报废所经历的时间期限,其长短主要取决于机器设备本身的质量、使用保养和正常维修情况;设备的技术寿命是指设备从开始使用到因技术进步导致其功能落后被淘汰所经历的时间期限,其长短在很大程度上取决于社会技术进步、更新的速度和周期;机器设备的经济寿命是指从开始使用到因经济上不划算而被淘汰所经历的时间期限,其与机器设备本身的物理性能以及物理寿命、技术进步速度、设备使用的外部环境的变化等均有直接的联系。

当采用机器设备总使用年限估算设备的成新率或实体性贬值率时,通常首选机器设备的经济寿命作为其总使用年限,这是国际上资产评估业常用的做法,但这并不排除把机器设备的物理寿命和技术寿命作为机器设备总使用年限的可能性。我们应根据设备评估的总体思路和总体要求,在保证确定机器设备评估值的各经济技术参数前后一致、协调的前提下,使用机器设备的物理寿命或技术寿命作为机器设备的总使用寿命。

2. 机器设备的已使用年限

机器设备的已使用年限是指机器设备从开始使用到评估基准日所经历的时间。当采用已使用年限来确定机器设备的成新率或实体性贬值率时,须注意以下两点:

第一,机器设备的实体性贬值主要是使用磨损造成的,运用使用年限法估算机器设备成新率或实体性贬值率,使用年限是对机器设备运行量或工作量的一种计量,这种计量的前提条件是机器设备的正常使用时间和正常使用强度。例如,各种加工设备一般是以两班制生产为前提的,在实际评估中,当运用已使用年限指标时,应特别注意设备的实际已使用时间(而不是简单的日历天数)以及实际使用强度。

第二,已使用年限与会计中的已提折旧年限不完全相同,机器设备的已折旧年限并不一定能全面反映机器设备的磨损程度。因此,使用已提折旧年限作为已使用年限来估算机器设备成新率时,务必注意已提折旧年限与机器设备的实际磨损程度,以及与机器设备评估的总体构思是否吻合,并注明使用前提和使用条件。

一般而言,机器设备的已使用年限应根据机器设备运行的记录资料,结合考虑机器设备维修、保养水平,据实估测实际已使用年限。

3. 机器设备的尚可使用年限

机器设备的尚可使用年限也可称作机器设备的剩余使用寿命，应通过技术检测和专业技术鉴定来确定。但在实际评估中难以对每一台机器设备进行技术检测和专业技术鉴定，往往采用一种替代的方法：

$$\text{尚可使用年限(剩余使用寿命)}=\text{总使用年限}-\text{实际已使用年限}$$

这种替代方法特别适合较新设备的评估，它具有简便易行、前后易于统一的优点。但这种替代方法有一定的局限性，对已使用较长时间的老设备不适用，因为有些老设备已达到甚至超过了预计的设备总使用年限。在这种情况下，评估人员须根据设备的实际状态和长年积累的专业经验直接估算其尚可使用年限。另外，对国家明文规定，限期淘汰、禁止超期使用的设备，其尚可使用年限不能超过规定的禁止使用日期(不论设备现时状态如何)。

至此，我们已对用使用年限法估算机器设备成新率的计算公式及其两个基本参数做了详细的阐述，这一计算方法假定：机器设备的投资是一次完成的，没有更新改造和追加投资等情况发生。所以，该方法也可称作简单年限法。与此相对应，在机器设备投资分次完成，或经过大修理、技术更新改造和追加投资等情况下，所运用的方法可称作综合年限法。简单年限法和综合年限法同属于使用年限法，只是考虑机器设备的投入状况不同而已。

利用综合年限法估算机器设备成新率可以参考下列公式进行近似估算：

$$\text{成新率}=\frac{\text{尚可使用年限}}{\text{加权投资年限}+\text{尚可使用年限}}\times 100\% \tag{4.11}$$

其中：

$$\text{加权投资年限}=\frac{\sum \text{加权投资成本}}{\sum \text{投资成本}}$$

$$\text{加权投资成本}=\text{已使用年限}\times\text{投资成本}$$

下面举例说明如何运用综合年限法估算机器设备的成新率。

【例 4—9】 某企业 2010 年购入一台设备，账面原值为 30 万元，2015 年和 2017 年进行了两次更新改造，当年投资分别为 3 万元和 2 万元，2020 年对该设备进行评估，假定 2010—2020 年的每年通货膨胀率均为 10%，该设备的尚可使用年限经检测和鉴定为 7 年，试估算该设备的成新率。

第一步，调整计算现行成本，见表 4—1。

表 4—1　调整计算现行成本

投资日期(年)	原始投资额(元)	价格变动系数	现行成本(元)
2010	300 000	2.60	780 000
2015	30 000	1.61	48 300
2017	20 000	1.33	26 600
合　计	350 000		854 900

第二步，计算加权投资成本，见表 4—2。

表4—2　加权投资成本

投资日期(年)	现行成本(元)	投资年限	加权投资成本(元)
2010	780 000	10	7 800 000
2015	48 300	5	241 500
2017	26 600	3	79 800
合　计	854 900		8 121 300

第三步,计算加权投资年限:

加权投资年限=8 121 300÷854 900≈9.5(年)

第四步,计算成新率:

成新率=7÷(9.5+7)×100%=42%

设备的成新率或实体性贬值率也可以用设备的设计总工作量和已完成的工作量估算。例如,模具可以用使用次数来估算,汽车可以用行驶里程来估算。

【例4—10】 某汽车按行驶里程设计的总使用寿命为60万公里,已运行9万公里,计算实体性贬值率和成新率。

实体性贬值率=9÷60×100%=15%

成新率=1-15%=85%

对于复杂的设备,由于各个组成部分的使用寿命是不同的,因此实体性贬值率的计算需考虑各个部分的情况。如果每个部分可以独立更换,就可以通过加权平均来计算整个设备的贬值率。其计算公式如下:

$$\text{设备整体的实体性贬值率} = \sum_{i=1}^{n} \text{第 } i \text{ 个部件的贬值率} \times \text{第 } i \text{ 个部分所占的成本权重} \quad (4.12)$$

(二)应用观测分析法估算机器设备成新率

观测分析法是评估人员依据对被评估机器设备的现场观察和技术检测,再结合机器设备的使用时间、使用强度、制造质量、实际技术状况等经济技术参数,经综合分析来估算成新率的一种方法。

1. 主要指标

应用观测分析法估算机器设备成新率的主要观测分析指标包括:(1)机器设备的现时技术状态;(2)机器设备的实际已使用时间;(3)机器设备的常用负荷率及原始制造质量;(4)机器设备的维修保养水平及大修、技改情况;(5)机器设备的重大故障(事故)经历;(6)机器设备的工作环境和条件;(7)机器设备的外观和完整性;等等。

2. 机器设备成新率评估参考表(见表4—3)

表4—3　机器设备成新率评估参考表

类别	新旧情况	实体性贬值率(%)	技术参数标准参考说明	成新率(%)
1	新设备及使用不久的设备	0~10	全新或刚使用不久的设备,在用状态良好,能按设计要求正常使用,无异常现象	100~90

续表

类别	新旧情况	实体性贬值率(%)	技术参数标准参考说明	成新率(%)
2	较新的设备	11～35	已使用1年以上或经过一次大修恢复原设计性能使用不久,在用状态良好,能满足设计要求,未出现过较大故障	89～65
3	半新设备	36～60	已使用2年以上或大修后已使用一段时间,在用状态较好,基本上能达到设计要求,满足工艺要求,需经常维修以保证正常使用	64～40
4	旧设备	61～85	已使用较长时间或几经大修,目前仍能维持使用,在用状态一般,性能明显下降,使用中故障较多,经维护仍能满足工艺要求,可以安全使用	39～15
5	报废待处理的设备	86～100	已超过规定使用年限或性能严重劣化,目前已不能正常使用或停用,即将报废待更新	15以下

应用观测分析法估算机器设备的成新率,应先确定和划分不同档次成新率的标准,并规定不同档次的经济技术参数标准。该参考表是就一般机器设备实体性贬值率或成新率判定的经验数据,只能供评估人员参考,不可作为唯一的标准。在实际判断机器设备成新率时,还须广泛听取设备实际操作人员、维修人员和管理人员的介绍和评判,切不可简单地“对号入座”。特别是对精密设备、成套设备和生产线等,可组织专家来共同判断成新率。运用观测分析法估测机器设备成新率,必须选派具有一定专业水准和相当评估经验的评估人员来估测,这是正确判断机器设备成新率的基本前提。

(三)应用修复费用法估算机器设备实体性贬值

机器设备的损耗可分为可修复和不可修复两种。因此,在估算设备成新率或实体性贬值率时,应区分这两种损耗。对可修复的实体性损耗以修复费用直接作为实体性贬值,对不可修复的实体性损耗采用年限法或观察法确定实体性贬值,这两部分之和就是被评估设备的全部实体性贬值。其计算公式如下:

$$\text{实体性贬值率}=\frac{\text{可修复部分实体贬值}+\text{不可修复部分实体贬值}}{\text{设备重置成本}} \tag{4.13}$$

式(4.13)只是演示,实务中一般不会采用修复费用法来估算实体性贬值率或成新率。对于可修复损耗造成的实体性贬值往往直接采用修复费用法估算并从重置成本中扣除,对于不可修复损耗造成的实体性贬值则采用其他方法估算再从重置成本中扣除。

【例4—11】 被评估设备为一储油罐,该储油罐已经使用了10年,预计还能使用20年。评估人员了解到,该储油罐目前正在维修,原因是原储油罐因受到腐蚀,底部已出现裂纹,发生渗漏,必须更换才能使用。整个维修计划大约需要花费350 000元,其中包括储油罐停止使用造成的经济损失、清理、布置安全工作环境、拆卸并更换被腐蚀底部的全部费用。评估人员已经估算出该储油罐的重置成本为2 000 000元,现用修复费用法估测储油罐的实体性贬值率。

可修复部分实体性贬值=350 000(元)

不可修复部分实体性贬值率=10÷(10+20)×100%=33.3%

不可修复部分复原重置成本=2 000 000-350 000=1 650 000(元)

不可修复部分实体性贬值=1 650 000×33.3%=549 450(元)

储油罐实体性贬值率=(350 000+549 450)÷2 000 000×100%=45%

(四)测算机器设备实体性贬值(或成新率)时应注意的问题

第一,估算实体性贬值具体方法的选择,可以根据信息资料的获得情况、被评估设备具体特点以及评估人员的专业知识和经验来决定。值得推荐的操作方法是,在信息资料充分的情况下,同时运用几种方法估算实体性贬值,并且互相核对,在核对的基础上,根据孰低原则确定成新率;也可以在有充分依据的前提下,采用加权平均法确定成新率。

第二,在分析估算实体性贬值时,要注意其中是否有功能性贬值或其他贬值因素,以避免发生重复扣减的问题。采用观测分析法确定设备的实体性贬值(或成新率)时,往往可能考虑了功能性贬值;采用使用年限法确定实体性贬值时,对已经过大修或技改的设备,也可能涉及功能性贬值;采用修复费用法时,修复费用中更有可能会有功能性贬值。因为新替换的部件如果是采用新技术生产的,那么它不仅可以恢复设备的原有功能,而且可能改善设备的原有功能。因此,当可修复性损耗在设备总损耗额中占有较大比重时,就应考虑采用修复费用法计算的成新率是不是一个包含功能性损耗等的综合成新率。

三、功能性贬值及其测算

(一)功能性贬值的表现形式

机器设备的功能性贬值主要是技术进步的结果。技术进步不仅使购建新设备的支出比复原重置成本节省,而且新设备的效率更高,营运费用更低,因此,机器设备的功能性贬值具体有两种表现形态。

1. 超额投资成本

技术的进步和劳动生产率的提高使得在现行条件下制造与原功能相同设备的社会必要劳动时间减少,材料消耗减少,从而使设备的制造成本下降,造成原设备自身价值贬值,发生在设备本体上的无形损耗使复原重置成本的相应部分(超额投资成本)得不到社会的承认。

2. 超额运营成本

新技术的发展不仅使得购建新设备的支出比复原重置成本节省,而且新设备性能更好、营运费用更低。原有设备出现功能性贬值,具体表现为原有设备在完成相同生产任务的前提下,在能耗、人力、原材料等方面比新设备消耗大,形成了一部分超额运营成本。

这两种贬值都是技术进步引起的,但前者体现在设备的投入方面,后者则体现在营运费用方面。

(二)功能性贬值的测算

1. 由超额投资成本所致的功能性贬值的测算

从理论上讲,设备的超额投资成本是该设备的复原重置成本与其更新重置成本的差额。

$$\text{设备超额投资成本}=\text{设备复原重置成本}-\text{设备更新重置成本} \tag{4.14}$$

在实际评估中，对于大多数通用设备，重置成本一般根据现行市价确定，该价格已反映因超额投资成本导致的功能性贬值，因而不必刻意计算。

在评估实务中，经常遇到的情况是，被评估设备可能已经停止生产，评估时只能参照其替代设备，而这些替代设备的性能通常优于被评估设备，价格也会高于被评估设备的复原重置成本。在这种情形下，不应机械地照搬上述公式来测算设备的超额投资成本，而应采用功能价值法测算被评估设备的更新重置成本，即更新重置成本中已同时扣减了设备的超额投资成本和超额运营成本。

在评估实务中，单独估算超额投资成本这种形态的功能性贬值意义不大，因为如果已经知道了更新重置成本，那么就不需要再计算复原重置成本了，也就是说，在已知被评估资产的更新重置成本的条件下，计算超额投资成本这种形态的功能性贬值没有实务意义。在无法估算资产的更新重置成本的情况下，只能估算复原重置成本，在这种情况下也无法估算超额投资成本，因为没有比较的对象。

2. 由超额运营成本所致的功能性贬值的测算

超额运营成本引起的功能性贬值通常采用“差额法”估算，步骤如下：

(1)对被评估设备的运营情况进行分析，将被评估设备的年运营成本与功能相同但性能更好的设备的运营成本进行比较，逐项核定被评估设备与类比设备在运营成本方面的差异。

(2)逐年计算剩余寿命期或整个寿命期间被评估设备在运营成本方面的超支额，扣除或不扣除所得税后得到年净运营成本超支额。

(3)采用适当的折现率将被评估设备在剩余寿命期或整个寿命期中每年的净超额运营成本折现，其现值之和就是被评估资产的功能性贬值，计算公式如下：

$$\text{被评估设备的功能性贬值}=\sum_{i=1}^{n}\frac{\text{被评估设备年运营成本净超支额}}{(1+r)^{i}} \tag{4.15}$$

式中，n 为设备的剩余寿命期或整个寿命期，r 为折现率。

评估中是采用剩余寿命期还是整个寿命期取决于重置成本是先扣除实体性贬值再扣除功能性贬值，还是先扣除功能性贬值再扣除实体性贬值。如果重置成本先扣除了实体性贬值(实体性贬值通常采用实体性贬值率来实现扣除)，那么功能性贬值计算时就应该采用剩余寿命期；如果重置成本先扣除功能性贬值，即先将类比设备的重置成本调整为被评估设备这种性能下的重置成本，那么功能性贬值计算就应该采用整个寿命期。

计算净超额运营成本时是否需要扣除所得税，这要分析评估目的(评估结果的价值类型)。如果评估的是设备的市场价值，所得税不针对设备资产，就不需要扣除所得税；如果评估的是设备的在用价值，即设备对所属企业的价值，就可以扣除所得税，所得税税率就采用所属企业的。

是否需要考虑功能性贬值取决于重置成本是以参照设备为标准，还是以评估对象为标准。如果重置成本采用了性能更好的参照物设备的重置成本，就需要考虑超额运营成本这种功能性贬值的扣除；如果重置成本采用的是评估对象本身这种性能下的重置成本，就不需要考虑超额运营成本这种功能性贬值。

【例 4—12】 某一生产控制装置拟作为评估对象，其正常运行需 6 名操作人员。目前，同类新式控制装置所需的操作人员定额为 4 名。假设该被评估控制装置与参照物在运营成本的其他支出项目方面大致相同,操作人员人均月工资成本为 9 000 元,被评估控制装置尚可使用 3 年,企业所得税税率为 25%,适用的折现率为 10%。试测算被评估控制装置的功能性贬值额。

被评估控制装置的年超额运营成本=(6−4)×9 000×12=216 000(元)

被评估控制装置的年超额运营成本净额=216 000×(1−25%)=162 000(元)

将被评估控制装置在剩余使用年限内的年超额运营成本净额折现累加。

功能性贬值额=162 000×(P/A,10%,3)≈402 732(元)

该例题只是列举了功能性贬值的计算过程,具体评估中是否这样计算要考虑重置成本如何计算、实体性贬值如何扣除以及评估结果的价值类型等因素。

(三)测算机器设备功能性贬值时应注意的问题

一是对比参照物的选择,其直接影响功能性贬值的大小。一般应选择评估涉及的地区范围内已普遍使用的先进设备,而非尚未普遍使用的最先进的设备,因为后者的技术在评估所涉及的行业或地区范围内尚未成熟,其功能价值尚未被普遍接受。

二是在计算评估值时功能性贬值是否需单独计算。解决此问题的一般规律:如果所测算的机器设备的重置成本是复原重置成本,就可能需单独计算功能性贬值,除非被评估设备刚购建,尚不存在功能性贬值的问题;如果所测算的机器设备的重置成本是更新重置成本,就进一步考虑所测算的更新重置成本是将两类功能性贬值均剔除了还是仅剔除了超额投资成本,若是后者,则仍可能需单独计算超额运营成本。

四、经济性贬值及其测算

如前所述,机器设备的经济性贬值是因外部因素变化引起的设备价值贬值。这些因素包括:市场竞争加剧,产品需求减少,导致设备开工不足,生产能力相对过剩;原材料、能源等提价,造成成本提高,而生产的产品售价没有相应提高;国家有关能源、环境保护等限制或削弱产权的法律法规使产品生产成本提高或者使设备被强制报废,缩短了设备的正常使用寿命;等等。这些情况可以归纳为三个方面,即设备利用率下降、收益减少、使用寿命缩短,因此,可以从这三个途径测算经济性贬值。

(一)设备利用率降低导致的经济性贬值的测算

当机器设备因外部因素(如经济衰退、产业结构调整、国家环保政策限制等)影响而出现开工不足,致使设备的实际生产能力显著低于其额定或设计能力时,其价值就低于能充分利用时的价值。这种差别可以用经济性贬值率来表示:

$$\text{经济性贬值率}=\left[1-\left(\frac{\text{设备预计可被利用的生产能力}}{\text{设备原设计生产能力}}\right)^{x}\right]\times 100\% \tag{4.16}$$

式中,x 为规模经济效益指数,一般为 0.6~0.7。

【例 4−13】 某生产线的设计生产能力为 10 000 吨,由于市场疲软,企业竞争力下降,因此预计现实生产能力为 8 000 吨。经评估,生产线的重置成本为 1 500 万元,求该生产线的经济性损耗。

$$经济性贬值率=\left[1-\left(\frac{8\ 000}{10\ 000}\right)^{x}\right]\times 100\%$$

当 $x=0.7$ 时：

$$经济性贬值率=\left[1-\left(\frac{8\ 000}{10\ 000}\right)^{0.7}\right]\times 100\%=15\%$$

经济性贬值额＝1 500×15%＝225(万元)

(二)收益减少导致的经济性贬值的测算

虽然设备生产负荷并未因企业外部因素而降低，但出现如原材料涨价、劳动力费用上升等情况导致生产成本提高、市场疲软等迫使产品降价出售，国家实施环保政策对高污染设备收取排污费、对高能耗设备按超限额的能源量加价收费等情况，均可能使设备创造的收益减少、使用价值降低，进而导致经济性贬值。

由于外界因素变化造成设备收益额减少(收益减少额能直接测算)，可直接按设备继续使用期间每年收益损失额折现累加求得设备的经济性贬值额，用公式表达如下：

$$经济性贬值额=设备年收益损失额\times(1-所得税税率)\times(P/A,r,n) \tag{4.17}$$

式中，$(P/A,r,n)$为年金现值系数。

计算设备经济性贬值是否需要扣除所得税视评估结果的价值类型而定。如果评估的是设备的市场价值，就不应该考虑所得税；如果评估的是设备的在用价值，就可能需要扣除所得税。

【例 4－14】 某家电生产厂家面临市场疲软状况，如果不减少彩电生产量，就必须降价销售家电产品。假定原产品售价为 2 000 元/台，要使 10 万台产品都能卖掉，产品售价就需降至 1 900 元/台，每台产品损失毛利 100 元。经估测，该家电厂的生产线尚可续用 3 年，企业所在行业的投资报酬率为 10%，试估算该生产线的经济性贬值额。

经济性贬值额＝(100×100 000)×(1－25%)×$(P/A,10\%,3)$＝18 672 000(元)

【例 4－15】 某机组设备，政府规定的可比单耗指标为 600 千瓦小时/吨，该设备的实际可比单耗为 720 千瓦小时/吨。该设备的年产量为 2 000 吨，限额内电价为 1.2 元/千瓦小时，如果超限额 10%～20%，就得根据政府规定加价 200%。该设备还可使用 5 年，企业所在行业的投资收益率为 10%，所得税税率为 25%。试计算因政府对超限额耗能加价收费而增加的运营成本。

超限额的百分比＝(实测单耗－限额单耗)÷限额单耗×100%

＝(720－600)÷600×100%＝20%

年加价收费额＝1.2×(720－600)×1 500×200%＝432 000(元)

经济性贬值额＝43.2×(1－25%)×$(P/A,10\%,5)$＝1 228 000(元)

(三)设备使用寿命缩短导致的经济性贬值的测算

引起机器设备使用寿命缩短的外部因素主要是国家有关节能、环保等方面的法律法规。出于环保和节能的需要，国家对高污染、高耗能的机电产品施行强制淘汰制度，从而缩短了这些设备的正常使用寿命，形成了经济性贬值。

【例 4－16】 某种型号的汽车已使用 10 年，按该车的技术状态还可以正常使用 10 年。

按年限法计算,该汽车的贬值率如下:

10÷(10+10)×100%=50%

由于环保、节能的要求,国家新出台的汽车报废政策规定该类汽车的最长使用年限为15年,因此该汽车5年后必须被强制报废。为此,该汽车的贬值率如下:

10÷(10+5)×100%=66.7%

由环保政策引起的经济性贬值率为16.7%。若该汽车的重置成本为20万元,则经济性贬值额如下:

20×16.7%=3.34(万元)

(四)测算机器设备经济性贬值时应注意的问题

一是注意被评估设备是不是能够单独计算获利能力的生产线、成套设备。一般而言,不能单独计算获利能力的设备不需要计算经济性贬值。通常,外部因素发生变化后会反映到设备的市场价格上,导致设备的市场价格下跌或不变,从而反映到设备重置成本上,或者说评估的设备重置成本已经考虑了这些因素的影响。因此,对设备评估来说一般不需单独估算经济性贬值。

二是需对评估基准日后,即未来影响设备利用率或收益额的因素进行预测,进而判断是否存在经济性贬值的问题。

五、应用成本法测算机器设备评估值举例

【例4—17】 被评估设备购建于2012年,账面原值为100 000元,2017年进行了技术改造,追加技改投资50 000元。2022年对该设备进行了评估,根据评估人员的调查、检查、对比分析,得到以下数据:(1)2012—2022年每年的设备价格上升率为10%;(2)该设备的月人工成本比其替代设备高1 000元;(3)被评估设备所在企业的正常投资报酬率为10%,规模效益指数为0.7,所得税税率为25%;(4)该设备在评估前使用期间的实际利用率仅为正常利用率的50%,经技术检测,尚可使用5年,在未来5年内,设备利用率能够达到设计要求。根据上述条件,估测该设备的有关参数和评估值。

第一步,计算该设备的重置成本:

$100\ 000\times(1+10\%)^{10}+50\ 000\times(1+10\%)^{5}=339\ 899.75$(元)

$100\ 000\times(1+10\%)^{10}\times10+50\ 000\times(1+10\%)^{5}\times5=2\ 996\ 369.96$(元)

第二步,计算加权投资名义年限:

2 996 369.96÷339 899.75=8.82(年)

第三步,计算加权投资实际年限:

8.82×50%=4.41(年)

第四步,计算成新率:

5÷(4.41+5)×100%=53.13%

第五步,计算功能性贬值:

$1\ 000\times12\times(1-25\%)\times(P/A,10\%,5)=34\ 117.2$(元)

第六步,该设备在评估后的设计利用率可以达到设计要求,故经济性贬值率为0。

第七步，计算评估值：

339 899.75×53.13%－34 117.2＝146 471.54(元)

第三节 市场法和收益法在机器设备评估中的应用

一、市场法在机器设备评估中的应用

应用市场法评估机器设备是根据市场上类似二手机器设备的交易价格资料，通过对评估对象和市场参照物之间的差异调整，确定被评估设备价值的方法。

应用市场法评估机器设备须具备一定的前提条件：交易活跃公开的设备市场，尤其是二手设备市场；被评估设备本身具有一定的通用性，即较容易找到参照物。

(一)应用市场法评估机器设备的基本步骤

1.明确鉴定评估对象，获取基本资料

评估人员通过鉴定被评估设备，了解其基本资料，具体包括类别、名称、规格型号、生产厂家、生产日期、性能、现实技术状况及有效役龄。

2.进行市场调查，选择参照物

在二手设备交易市场选择多个参照物，最重要的是参照物与被评估对象具有可比性，同时参照物的成交价格应具有代表性。

对于机器设备而言，可比性因素具体包括：(1)设备的规格型号；(2)设备的生产厂家；(3)设备的制造质量；(4)设备的零部件、配件情况；(5)设备的有效役龄；(6)设备的技术状况；(7)设备的成新率情况(设备的实体状况，如使用强度、大修理情况等)；(8)设备的出售目的和出售方式；(9)设备的成交数量；(10)设备交易时的市场状况；(11)设备的交易时间；(12)设备的存放和使用地点。

上述可比因素中，(1)～(7)属于个别因素，(8)～(10)属于交易因素，(11)属于时间因素，(12)属于地域因素。因为不同地区的市场供求条件等因素不同，所以设备的交易价格也会受到影响。

3.调整差异

尽管在选择参照物时应尽可能接近被评估设备，但是两者之间在实体状态、交易时间、交易地点、交易背景等方面总会存在一定的差异，需要评估人员在对比分析的基础上确定调整系数或调整值。

4.确定评估值

由于需选择多个交易案例，因此需将多个参照设备调整后的价格通过算术平均或加权平均来确定最终的评估值。此外，由于采用市场法评估的仅仅是设备的购买价格，一般不包括运杂费、安装调试费等，因此如果需评估设备的在用、续用价值，就要在购买价的基础上加上必要的相关费用。

(二)应用市场法评估机器设备的具体方法

1. 单一因素比较法

单一因素比较法是指利用二手设备市场上已经成交的相同设备的交易资料,通过与被评估设备的直接比较调整得到被评估设备价值的方法。此方法运用的前提是,市场上有与被评估设备相同且已成交的设备交易数据和资料。这里的"相同"可以理解为基本可比因素相同,仅个别因素存在差异。例如,参照物与被评估设备在生产厂家、型号、役龄、附属装置等方面均相同,只是成新率方面因使用强度不同而存在差异。这种情况可采用成新率价格法计算评估值。

2. 类比调整法

类比调整法是指利用与被评估设备相似且已经在市场上成交的二手设备的交易数据和资料,通过评估对象与参照物之间可比因素的对比分析计算调整系数或调整值来确定评估值。

【例 4—18】 应用市场法对某车床进行评估。

(1)评估人员首先对被评估对象进行鉴定,基本情况如下:

设备名称:普通车床。

规格型号:CA6140×1500。

制造厂家:A 机床厂。

出厂日期:2011 年 2 月。

投入使用时间:2012 年 2 月。

安装方式:未安装。

附件:齐全(包括仿形车削装置、后刀架、快速换刀架、快速移动机构)。

实体状态:评估人员通过对车床的传动系统、导轨、进给箱、溜板箱、刀架、尾座等部位进行检查、打分,确定其综合分值为 61 分。

(2)评估人员对二手设备市场进行调研,确定三个与被评估对象较接近的市场参照物。

(3)对评估对象和参照物进行因素比较。

①个别因素比较(见表 4—4)。

表 4—4　个别因素比较

项　目	评估对象	参照物 A	参照物 B	参照物 C
规格型号	CA6140×1500	CA6140×1500	CA6140×1500	CA6140×1500
	1	1	1	1
制造厂家	A 机床厂	A 机床厂	B 机床厂	B 机床厂
	1	1	1.1	1.1
役龄	7	7.5	7	6.5
	1	1.05	1	0.95

续表

项　目	评估对象	参照物 A	参照物 B	参照物 C
安装方式	未安装	未安装	未安装	未安装
	1	1	1	1
附件	齐全	齐全	齐全	齐全
	1	1	1	1
实体状态	61	57	60	66
	1	1.07	1.02	0.92
比较系数	1	1.12	1.13	0.97

在表 4—4 中，三个参照物与评估对象的规格型号、安装方式、附件情况均相同，调整系数为 1；参照物 B 和参照物 C 为 B 机床厂生产，已知相同型号的新机床，A 机床厂产品比 B 机床厂产品贵 10%，以此作为调整系数；役龄因数调整，评估人员根据市场调查，发现设备的役龄相关 0.5 年，其售价约相关 5%；根据评估对象和参照物的实体状态分值确定实体状态调整系数，其计算公式如下：

调整系数=(评估对象得分－参照物得分)÷参照物得分×100%+1

②市场因素比较。

评估对象和参照物的市场交易状况、交易动机及背景、交易数量等因素均相同，调整系数为 1。

③时间因素。

三个参照物的交易时间如表 4—5 所示，根据不同交易时间的物价水平确定时间因素调整系数。

表 4—5　　参照物的交易时间

项　目	评估对象	参照物 A	参照物 B	参照物 C
交易时间	当前	半年前	半年前	一年前
时间调整因素	1	1.02	1.02	1.05

④地域因素。

参照物 A 与评估对象属同一地区，参照物 B 和参照物 C 的交易地点在另一地区。已知参照物 B 和参照物 C 所在地区的交易价格比评估对象所在地区的交易价格高 2%，见表 4—6。

表 4—6　　参照物所在地域

项　目	评估对象	参照物 A	参照物 B	参照物 C
交易地区	X 地区	X 地区	Y 地区	Y 地区
区域因素调整	1	1	0.98	0.98

(4)计算评估值(见表 4—7)。

表4—7　参照物价格评估值

项　目	参照物A	参照物B	参照物C
交易价格	27 590	27 070	32 350
比较因素调整系数	1.142 4	1.129 5	0.998 1
调整后价格	31 520	30 580	32 290

三个参照物修正调整后价格比较接近,故采用算术平均值作为评估值。

被评估设备的评估值=(31 520+30 580+32 290)÷3=31 463(元)

二、收益法在机器设备评估中的应用

应用收益法评估机器设备是通过预测机器设备的未来收益,对机器设备未来的净利润或净现金流量按适当的折现率折为现值,作为机器设备的评估值。

应用收益法评估机器设备的前提条件有两个:一是能够预测被评估机器设备的未来收益,如净利润或净现金流量;二是能够确定被评估机器设备的合理折现率和获利时间。由于单台(件)设备一般不具有独立的获利能力,因此无法运用收益法评估。生产线、成套设备等具有独立获利能力的机器设备则可运用收益法评估。

对于可以预计未来收益的机器设备,可视其预期收益的变化情况,采用收益法中不同的计算公式进行评估。

对于租赁设备,其租金收入就是预期收益,而且租金收入相对稳定,可以运用有限期年金法评估机器设备的评估值。其计算公式如下:

$$P=\frac{A\times\left[1-\frac{1}{(1+r)^n}\right]}{r} \tag{4.18}$$

式中,P为评估值,A为每年的固定收入,r为折现率,n为收益年限。

如果被评估机器设备每年的收益是不等额的,且设备报废时的残值收益较大,则计算公式如下:

$$P=\sum_{i=1}^{n}\frac{R_i}{(1+r)^i}+\frac{L}{(1+r)^n} \tag{4.19}$$

式中,R_i为每年的预期收益,n为收益年限,r为折现率,L为残值。

运用收益法评估租赁设备价值分为以下几个步骤:

第一,对设备租赁市场类似机器设备的租金水平进行调查,分析市场参照物的租金收入,经过比较调整后确定被评估机器设备的预期收益。调整的因素主要包括时间、地点、规格和役龄等。

第二,根据被评估机器设备的状况,估计其剩余使用寿命,作为确定收益年限的依据。

第三,根据类似机器设备的租金和市场售价确定折现率。一般情况下,至少要选择三个参照物,先计算各自的投资回报率,然后确定被评估机器设备的折现率。

第四,根据式(4.18)计算评估值。

【例4—19】 被评估设备为设备租赁公司的一台起重设备,评估基准日以前年租金净收入均为 19 500 元。根据市场调查,与被评估设备规格相同、成新率相同、地点相同的设备的年租金净收入为 20 000 元。评估人员根据被评估设备的现状,确定其剩余使用年限为 10 年。假设收益期满后该设备的残值忽略不计。

评估人员通过对类似设备交易市场和租赁市场的调查,得到的市场数据见表 4—8。

表 4—8　　市场数据

市场参照物	设备使用寿命(年)	市场售价(元)	年租赁净收益(元)	投资回报率(%)
A	10	84 610	21 000	24.82
B	10	83 700	20 000	23.89
C	8	76 500	19 000	24.84

根据三个市场参照物的投资回报率以及对三个参照物的分析,折现率在 23.89%～24.84%,平均值为 24.5%。

根据上述资料,运用有限期年金法计算该租赁设备的评估值如下:

$$P=20\ 000\div 24.5\%\times\left[1-\frac{1}{(1+24.5\%)^{10}}\right]\approx 72\ 500(元)$$

本章小结

机器设备是一类重要的资产,在企业中通常作为固定资产来管理。机器设备具有种类繁多、分类方法复杂、工程技术性强等特点,对评估工作有显著影响。要进行机器设备评估,首先应该明确评估目的,也就是评估的前提,即在什么情形下涉及的机器设备评估,这决定了待评估机器设备的状态和价值构成。由于条件的限制,因此在实务中成本法成为评估机器设备的主要方法,这并非说成本法适用于机器设备评估,而只是一种无奈的选择。机器设备的重置成本、各种贬值的测算成为机器设备评估的主要和重要内容。

复习思考题

1. 简述机器设备评估的特点。
2. 机器设备可以按哪几种标准分类?各种分类具体有哪些内容?
3. 简述机器设备评估程序中设备鉴定的基本内容。
4. 简述机器设备重置成本的构成。
5. 如何考虑机器设备的功能性贬值和经济性贬值?
6. 运用成本法评估机器设备应注意哪些问题?
7. 运用市场法评估机器设备,在选择参照物时需考虑哪些可比性因素?

计算题

1. 被评估设备购建于2018年6月,账面原值为100万元。2021年6月对该设备进行技术改造,以使用某种专利技术,改造费用为10万元。2022年6月对该设备进行评估,并得到以下数据:

(1)2018—2022年该类设备价格变动指数(定基)分别为108%、110%、110%、115%、128%。

(2)被评估设备的月人工成本比同类型设备节约1 000元。

(3)被评估设备所在企业的正常投资报酬率为10%,规模经济效益指数为0.7,该企业所得税税率为25%。

(4)经了解,被评估设备在评估前使用期间因技术改造等,其实际利用率仅为正常利用率的60%。经评估人员鉴定分析,被评估设备尚可使用8年,评估基准日后,其利用率可以达到设计要求的80%。

要求:根据以上条件,估算该设备的有关经济技术参数和评估值(评估基准日为2022年6月30日,以万元为单位,小数点后保留两位)。

2. 某企业进行评估时涉及一条国产Ⅰ型机组的评估,该机组于2015年3月20日购置并投入使用,其设计生产能力为年产A产品10万件,账面原值为150万元,评估人员于2020年3月20日(评估基准日)对该机组进行评估,并取得以下相关经济技术数据:

(1)从2015年3月至2020年3月,设备类价格指数情况如下:2016年3月比2015年3月上升了2%,2017年3月比2016年3月上升了1%,2018年3月比2017年3月下降了1%,2019年3月与2018年3月价格水平持平,2020年3月比2019年3月上升了2%。

(2)经评估人员在Ⅰ型机组生产厂家询价,Ⅰ型机组的现行出厂价格为100万元,运杂费、安装调试费大约占购置价的25%。据厂家介绍,更为新型的Ⅱ型机组已经面世,售价较Ⅰ型机组有较大提高。

(3)被评估机组从投产到评估基准日,由于市场竞争,利用率仅为设计能力的60%,估计基准日后的企业产权变动会使被评估机组的利用率达到设计要求。

(4)被评估Ⅰ型机组经检测尚可使用7年。

(5)被评估Ⅰ型机组与相同生产能力的Ⅱ型机组相比,年运营成本超支额大约为4万元。

(6)假定折现率为10%,所得税税率为25%。

要求:

(1)根据上述背景材料,运用两种具体方法评估Ⅰ型机组于2020年3月20日的续用价值,并满足下列具体要求:采用文字或算式写出应运用的评估方法,针对给出的条件写出每种评估方法的数学表达式,说明数学表达式中各经济技术参数的取舍理由。

(2)列出每种评估方法的具体评估步骤及评估结果,计算结果保留小数点后两位(含百分比中的数字)。

(3)用文字表达你对Ⅰ型机组最终评估结果的处理意见，并说明理由。

3.被评估设备系A企业拟对外转让的一台于2018年4月10日从国外进口的大型设备。评估人员通过查询设备进口合同及有关账簿了解到，该设备进口时的CIF(到岸价)为22万美元，当年A企业为关税及进口环节税免税企业。银行手续费及代理费等约占设备CIF的1%，国内运杂费约占设备CIF的5%，安装调试费约占设备CIF的20%，当时的人民币与美元的比价为6.3∶1。评估人员经进一步调查得知以下资料：

(1)被评估设备的现时FOB(离岸价)为18万美元，境外运杂费及保险费为设备FOB的6%，现行关税税率为20%，增值税税率为13%，银行手续费及代理费占设备CIF的1%，国内运杂费约占设备CIF的5%，安装调试费约占设备CIF的20%，现行人民币与美元的比价为6.9∶1。

(2)被评估设备从2018年4月开始投入使用，在不停产的情况下，于2020年4月对该设备做了一定的技术改造，投资15万元给设备增添了一个深加工配套装置。该设备使用到2022年4月时，由于操作上的问题，传动齿轮严重受损，导致设备停产至评估基准日。经有关技术人员检测认定该设备更换传动齿轮后仍能继续使用10年，损坏的传动齿轮的价值约占设备重置成本的2%，传动齿轮的现行购买价格为5万元，调换费用约2万元。

(3)从2018年4月到2023年4月国内该类设备价格没有明显变化，设备生产国该类设备价格指数有所下降但具体情况无法查询。

(4)评估基准日A企业为关税及进口环节税正常纳税企业。

要求：

(1)试评估该设备本体于2023年4月10日(评估基准日)的价值(计算结果以万元为单位，计算过程中的数据小数点后保留三位，计算结果保留小数点后两位)。

(2)说明评估结论是否有约束条件，评估报告阅读及使用人在理解和使用评估结论时应注意的问题。

4.被评估对象为甲企业于2019年12月31日购入的一台设备，该设备生产能力为年产100万件，设计使用年限为10年，当时的设备价格为120万元，甲企业在购入该设备后一直未安装使用，并使设备保持在全新状态，评估基准日为2022年12月31日。

评估人员经调查获知，目前该种设备已经改型，改型后的设备市价为135万元(生产能力不变)，与改型后的设备相比，被评估设备在设计生产能力相同的条件下，需要增加操作工人1人，在达到设计生产能力的条件下每年增加设备运转能耗费2万元。经调查，根据有关规定，该种设备自投入使用之日起10年必须报废，行业内操作工人的平均人工费用为每人每月7 200元(含工资、保险费、福利费)，行业适用折现率为10%，企业所得税税率为25%。

要求：评估该设备在评估基准日的市场价值。

5.某评估机构以2013年6月30日为评估基准日，采用资产基础法对某企业价值进行评估。该企业有一大型进口设备，该设备于2009年6月30日进口，账面原值为2 397.51万元,其中以美元支付的设备购置款(离岸价)及境外运输、保险费折合人民币 1 522.5 万元,已知境外运输及保险费占离岸价的 1.5%,设备进口时的关税税率为 27%,增值税税率为 17%,银行手续费为到岸价的 1%,国内运杂费为 20 万元,安装及配套费用共计 100 万元,进口时美元与人民币的比价为 1∶6.83,设备调试和人员培训费包含在设备价格中。

评估人员在评估中未获得该设备的最新报价,但已知设备生产国同类设备在 4 年中价格上升了 5%,境外运输及保险费合计费率仍为离岸价的 1.5%,评估基准日该设备的进口关税税率下降至 20%,增值税税率仍为 17%,银行手续费费率也未发生变化。对国内调查得知,4 年中各种费用物价指数均发生了较大变化,其中,安装配套费用 2009 年 6 月 30 日的定基物价指数为 108%,2013 年 6 月 30 日的定基物价指数为 116%,运杂费用指数自 2009 年起均在上一年的基础上递增 1%。

经过设备情况调查、鉴定得知,该设备于 2010 年 7 月初才正式投入使用,3 年的平均利用率为 90%,之后该设备若保持 100%的利用率,则尚可使用 12 年。评估基准日美元与人民币的比价为 1∶6.18,折现率为 10%,适用的所得税税率为 25%。假设该设备的价格与其生产能力呈线性关系。

要求:根据上述条件,计算该设备的评估价值(分步计算并列出算式,计算结果以万元为单位,小数点后保留两位)。

6. 某进口设备的 FOB 价为 1 000 万美元,海外运费费率为 5%,国外运输保险费费率为 0.4%,关税税率为 16%,增值税税率为 13%,银行财务费费率为 0.4%,公司代理费费率为 1%,国内运杂费费率为 1%,安装调试费费率为 5%。设备从订货到安装完毕投入使用需要 2 年,第一年投入的资金比例为 40%,第二年投入的资金比例为 60%。假设每年的资金投入是均匀的,银行贷款利率为 6%,美元与人民币的比价为 1∶6.85。

要求:试计算该设备在用状态下的重置成本。

7. 某企业一台数控机床购置于 2017 年 12 月,账面原值为 35 万元,其中,机床的采购价格为 32 万元,安装调试费等为 3 万元。2022 年 12 月对该机床的数控装置进行更新改造,拆除原数控部分(原值约为 5 万元),采用新的数控装置,投资额约为 10 万元。2023 年 12 月该企业拟将该机床对外转让,要求评估该机床本体的价值,为对外转让提供价值参考。

评估人员掌握了如下条件:

(1)2017—2023 年该类数控机床的价格指数(定基):125、120、118、120、125、127、130。

(2)由于对该机床进行了改造,因此与同类数控机床相比,该机床不存在性能上的落后。

(3)该机床自购入以来实际利用率为 90%左右。

(4)根据该机床目前的状态,预计尚可使用 8 年。

要求:评估该机床本体的价值(写出计算步骤,以万元为单位,小数点后保留两位)。

8. 甲企业拟以一套已使用 4 年的国产 IA 型机组作为出资与其他企业组建新企业,机组移地使用,需评估该机组的市场价值。经评估人员向原生产 IA 型机组的生产厂家了解,目前IA型机组已改型，旧型号已停产，市场上也没有旧型号的机组销售。据厂家介绍，目前生产的是IB型机组，市场售价在200万元左右，经济寿命约为10年，其比IA型机组的运营成本低，每年可以节约运营成本约8万元。被评估机组从投产到评估基准日，因市场竞争，利用率仅为设计能力的70%，估计组建新企业后会使被评估机组的利用率达到设计要求。经检测后估算，被评估IA型机组剩余经济寿命约为7年。假定折现率为10%，甲企业的所得税税率为25%，新企业的所得税税率为15%。无须考虑设备移地使用发生的拆卸、运杂及安装调试费用。

要求：

(1)计算被评估机组的市场价值(计算结果以万元为单位，小数点后保留两位)。

(2)计算功能性贬值时是否应该考虑所得税？为什么？

9. 甲企业3年前购建了某生产装置并投入运行，账面原值为120万元，其中，100万元为该生产装置的购价，20万元为运杂、安装调试等费用。1年前国家的环境保护政策有所调整，造成该生产装置的运行需每年缴纳排污费7万元。现甲企业决定以该生产装置对外投资组建新企业，但生产装置原地续用。已知该生产装置自购建以来运行正常，但基于市场竞争加剧，评估基准日后的实际利用率只能达到90%左右，在这种情况下预计尚可使用8年左右。目前市场上同型号全新生产装置的售价在110万元左右，运杂、安装调试等费用为购价的20%左右，能够达到国家排污标准、无须缴纳排污费的同类型生产装置尚未出现。甲企业的所得税税率为15%，该类型生产装置的规模经济指数为0.7，假定市场利率为8%。

要求：试评估该生产装置目前的市场价值(计算结果以万元为单位，保留小数点后两位)。

计算题
参考答案

第五章 房地产评估

全章提要

学习目标

思维导图

- 第一节　房地产评估概述
- 第二节　房地产价格及其影响因素
- 第三节　成本法在房地产评估中的应用
- 第四节　收益法在房地产评估中的应用
- 第五节　市场法在房地产评估中的应用
- 第六节　假设开发法在房地产评估中的应用
- 第七节　基准地价修正法在房地产评估中的应用
- 第八节　在建工程评估

本章小结

复习思考题

计算题

学习目标

知识目标：了解房地产资产的特点及其对房地产价值评估的影响，理解房地产价格的构成及其影响因素，掌握不同情形下房地产价值评估的主要方法。

思政目标：理解房地产市场的基本特点以及影响房地产价值的宏观经济因素，思考房地产资产价值波动与我国宏观经济的互相作用。

思维导图

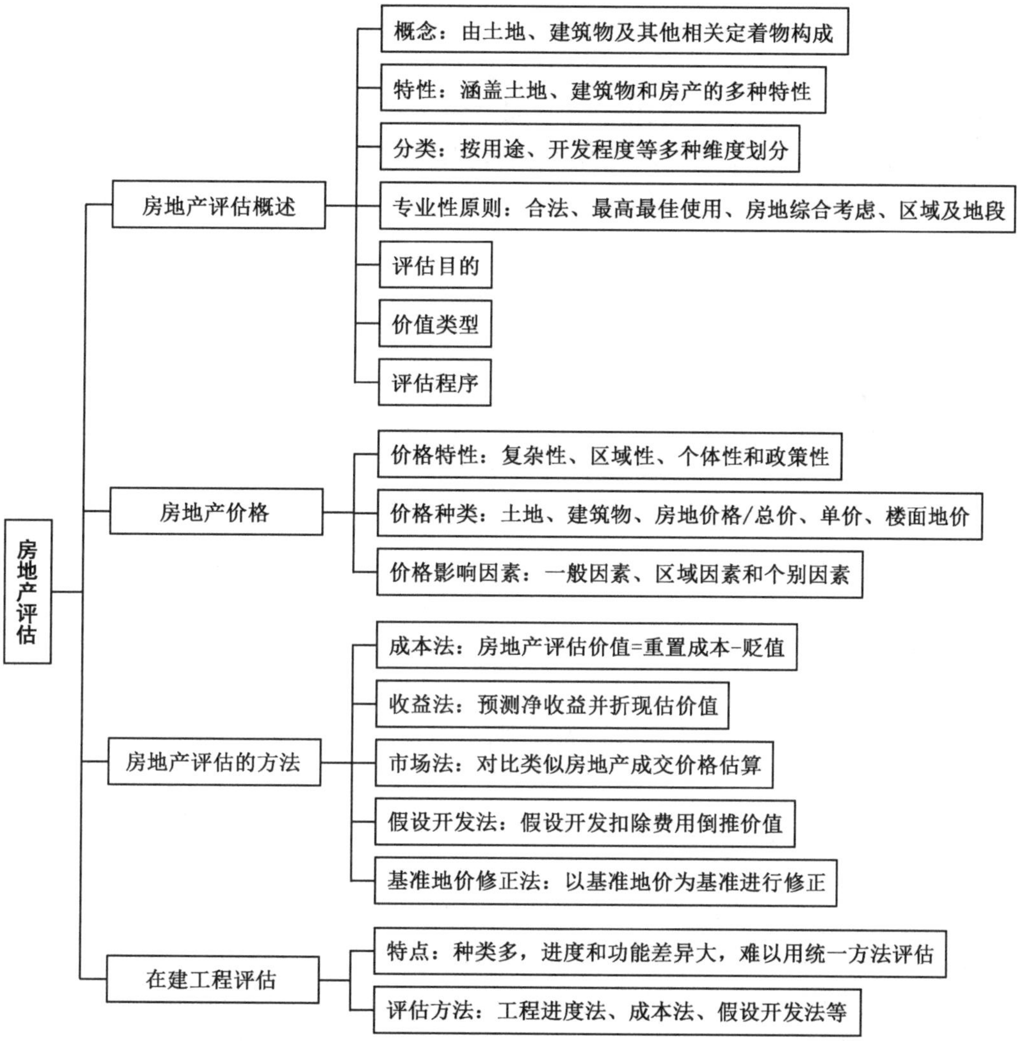

第一节 房地产评估概述

一、房地产的概念

房地产是指土地、建筑物及其他相关定着物。土地是指地球的陆地表面及其上下一定范围内的空间。建筑物是指人工建筑而成的空间和实体,由建筑材料、建筑配件和设备(如给排水、卫生、照明、空调、电梯、通信等设备)等组成的整合体。一般广义的建筑物包括房屋和构筑物两大类,狭义的建筑物仅指房屋。其他相关定着物是指附着于土地、建筑物上,与土地、建筑物不可分离,或者虽然可以分离,但分离不经济,或者分离后会破坏房地产功能完整性,使得房地产的价值明显受到损害的部分,如种植在地上的树木、花草,埋设在地下的管线、设施,建造于地上的道路、围墙,安装在房屋内的水暖设备、卫生洁具、电梯等。现实中,其他相关定着物通常被视为土地和建筑物的组成或附属部分。

在房地产评估中,评估对象一般有三种基本存在形态,即土地(也称地产)、建筑物和房地合一(也称房产)。由于地上建筑物一般无法脱离土地而存在,因此,在实务中,仅以建筑物作为交易对象的情形比较少见。地产和房产均属于不动产。

房地产的价值由物理特征、区位特征和权益类型三者决定。物理特征取决于房地产的物质实体形态,是房地产看得见、摸得着的部分,如土地的面积、形状、地势、地质、平整程度及开发程度等,建筑物的外形、结构、设备、装饰装修、新旧程度等,它是房地产权益的载体。区位是房地产所处的地理位置为其使用者带来的效用,如周边配套设施、邻里环境、交通可达性等。房地产的区位价值来源于房地产位置的不可移动性,它是影响房地产价格的主要因素。权益是指一切与房地产有关的基于房地产物质实体的权利,如所有权、使用权、租赁权、抵押权等。

房地产评估中的评估对象是基于房地产实体的某种特定权益。房地产评估的实质是对房地产特定权益的评估。对于特定的房地产而言,不同权益类型的价值有所不同。例如,承租人拥有的使用权中只包含利用房地产所提供的空间所带来的效用,所有权中则还包含房地产预期的价格波动可能带来的资本收益价值。

二、房地产的特性

房地产的特性决定着房地产的价格特征、市场特征以及房地产价值评估的特殊规律性。

房地产的特性是指房地产有别于其他类型资产的特殊性质,它既源于土地的特性,又与建于其上的建筑物有关。由于土地是大自然的产物,是永久性的,建筑物为人工所建造,它定着于土地之上,因此,房地产的特性主要取决于土地,是以土地特性为基础的。

土地特性可分为自然特性和人文特性两个方面:土地的自然特性是指土地作为一种自然资源本身所固有的特殊性质;土地的人文特性是指土地作为社会资源,作为人类社会赖以生存的基础,与人类活动发生联系所表现出来的性质,即社会性质。

（一）**土地的自然特性**

1. 数量的有限性（不可再生性）

土地是自然的产物，是一种非再生性自然资源，地球表面积基本固定不变，就其整体而言既不会增加，也不会再生，因而土地具有独占性和有限性。

2. 位置的不可移动性

土地是不能移动的，特定的土地都有其特定的自然地理位置，不能搬迁或转移。这一特性使土地的利用状态严格受到其位置的限制。

3. 效用的持久性

与其他类型的资产相比，土地的使用价值或使用效用具有持久性的特点，只要加以合理利用，土地就会持续发挥效用，其生产力或利用价值永远不会消失，故又称不可灭性、恒久性或永续性。而其他类型的资产在经过长久或一定年限的使用后，不管如何维护或管理，最终均会因不可避免的损耗而丧失使用价值。

4. 效用的差异性

自然原因造成了不同位置的土地之间存在或大或小的自然差异，如地质、地貌、日照、气候、温度、海拔高度等方面的差异，这种自然差异又造成了不同位置的土地之间在使用价值或效用方面存在或大或小的差异。

（二）**土地的人文特性**

1. 用途的广泛性

土地是人类社会赖以存在的基础，人们的衣、食、住、行等基本社会活动都离不开土地。土地具有极其广泛的用途，如一宗土地可作为农业用地、林业用地、工业用地、住宅用地、商业用地、道路用地、水利设施用地等。不同用途的土地可选择不同的利用方式，如对于住宅用地，既可建造多层住宅，也可建造高层住宅，还可建造别墅等。正是土地用途的这种广泛性，使得对土地的利用具有选择性、计划性，从而产生了如何高效地利用土地的问题。

2. 供给的稀缺性

由于人口的增长、经济的发展和城市化等因素，人类对土地的需求越来越大，而土地数量的有限性、自然地理位置的不可移动性、效用的差异性等自然特性限制了土地的供给，使土地特别是城市土地成为一种稀缺性资源，并且这种稀缺性越来越明显。土地供给的稀缺性客观上要求人们集约使用土地。

3. 社会经济地理位置的可变性

土地的自然地理位置虽然固定不变，但人类的活动会改变土地的社会经济地理位置。交通、通信等的发展变化不断影响着土地的社会经济地理位置。对于城市土地来说，其区位会随着城市的发展和基础设施的建设，特别是交通的发展而变化，因此，合理的市政规划和交通建设能促进房地产业的发展，从而创造更多、更优的区位。

4. 可垄断性

一宗土地一旦为某权益主体所占有、使用，其他权益主体就不能使用；也就是说，通过一定的社会关系和法律关系可以把土地作为社会或个人的财富，或作为谋取财富的手段而加以垄断。因此，在让渡土地所有权或使用权时，必然要求实现其垄断利益。为了协调人与土地的关系,消除土地垄断带来的副作用,有必要从社会的角度对土地的利用进行规划和限制。

(三)建筑物的特点

与土地不同,建造于土地上的建筑物是劳动产品,是一种社会资源,具有不同于土地的特点。

1. 建筑物不能脱离土地而独立存在

土地是可以独立存在的一种自然资源和社会资源,而建筑物必须建设在土地之上,与土地不可分割。

2. 建筑物的使用寿命是有限的

尽管建筑物的使用寿命很长,一般达数十年乃至更长,但相对于土地来说,建筑物的使用寿命是有限的,也就是说,建筑物的使用价值是有时间限制的。随着时间的推移,不管是否使用,建筑物的实体和功能都会不断地发生损耗,一定年限后,建筑物会失去其使用价值。

3. 建筑物属可再生性社会资源

建筑物的使用寿命尽管是有限的,但可以通过重建恢复其使用价值、扩展其功能,或通过局部翻修、改造等手段延长其使用寿命。

(四)房产的特性

房产的特性是土地和建筑物各自特性的综合。

1. 位置的固定性

土地的位置具有不可移动性,建筑物是建造于土地之上的,故一般不能移动,这就使房地产的位置具有固定性。房地产位置的固定性派生出了房地产的区域性和个别性,即没有两宗房地产是完全相同的,即使两处房屋建筑物一模一样,也会因其坐落的区域和位置不同、周围环境不同等而形成两宗实质上不同的房地产。房地产位置的固定性还使得房地产具有区位,并内在化为房地产的组成部分。

房地产位置的固定性和个别性使得房地产之间不能实现完全的替代,同种房地产的大量供给无可能,从而房地产市场不可能实现完全竞争,只能是有限竞争,房地产价格是千差万别的。

房地产位置的固定性决定了任何一宗房地产都只能就地开发、利用或消费,而且要受制于其所在的空间环境(邻里、区域规划及经济发展等)。因此,房地产市场只能是一个区域性的市场(一般是以一个城市为一个市场),而不存在全国性市场。房地产的供求状况、价格水平和价格走势等都是当地的,存在着区域之间的差异性。

2. 耐久性

土地效用具有持久性,建筑物的寿命一般可达数十年甚至上百年,因此,房地产一般具有较长的使用寿命。值得注意的是,在中国的土地制度下,房地产耐久的自然特性要受到有限期的土地使用权的制约。根据现行制度,中国的城市建设用地所有权均为国家所有,公司、企业、其他经济组织和个人通过政府出让方式取得建设用地的有期限的使用权,土地使用权在规定年限内可以转让、出租、抵押或用于其他经济活动;土地使用权期满,需重新办理土地使用权出让手续方能继续使用或由国家无偿收回。目前,我国对城市建设用地土地使用权出让最高年限有如下规定：居住用地 70 年，工业用地 50 年，教育、科技、文化、卫生、体育用地 50 年，商业、旅游、娱乐用地 40 年，综合或者其他用地 50 年。以出让方式取得建设用地使用权的，转让房地产后，受让人的使用期限不得超过原出让合同的剩余使用权期限。土地使用权期限的长短是房地产价值的关键影响因素。

3. 影响因素的多样性和复杂性

房地产效用的发挥及其价值的实现，要受许多因素的制约和影响。除了房地产自身自然的、物理的、化学的因素外，周边环境、人口、经济发展状况、社会治安状况、房地产投机、城市化、国家的房地产制度、房地产价格政策、城市规划、税收政策等行政因素等都会对房地产效用的发挥及其价值的实现造成很大的影响。这些因素交叉作用、相互影响，形成一个复杂的影响因素体系。

4. 价值巨大

房地产一般价值巨大，开发或购置一宗房地产的交易价格常常高达上百万元乃至百亿元，每平方米建筑面积的开发或购置成本少则数百元，多则数万元。因此，房地产的市场交易价格往往远大于其他资产或消费品的市场交易价格，从而使得房地产的置业投资所需资金量较大，房地产资产的流动性较弱。

5. 消费与投资双重属性

房地产能够为生产和生活提供空间，具有消费属性。由于房地产具有耐用性，且房地产的价值在其数十年甚至数百年的生命周期中随市场供求变化而波动，因此房地产不同于其他商品或资产，其不仅具有消费价值，而且具有投资价值。房地产的价值波动一般低于股票类证券资产而高于国债等低风险资产。在宏观经济较为平稳的周期中，房地产具有抵御通货膨胀、保值增值的特性。

6. 异质性

每一宗房地产都具有丰富的区位上或物质形态上的特性。由于房地产的位置固定不可移动，因此这个世界上没有任何两宗房地产的区位特征是完全一致的。例如，同一栋住宅楼上下相邻的两套住宅，即使其平面空间位置相同、户型相同、开发质量相同，也因楼层的不同而具备不同的价值。所以，在对房地产价值进行评估时，充分考虑其质量特征的独特性十分关键。

三、房地产的分类

房地产有许多种类，按照不同的标准可以进行不同的分类。从评估的角度，需要关注的分类如下：

（一）按房地产的用途分类

按用途，房地产可以分为住宅房地产、零售商业房地产、办公房地产、工业房地产和其他房地产。

住宅房地产是指供家庭或个人居住使用的房地产。零售商业房地产是指供出售商品使用的房地产，如商铺、购物中心等。办公房地产是指供处理各种事务性工作使用的房地产，如办公用地、办公楼等。工业房地产是指供工业生产使用或者为工业生产服务的房地产，如厂房、物流仓储物业等。其他房地产是指没有包括在上述分类中的房地产,如体育和娱乐房地产、农业房地产、特殊用途房地产及综合用途房地产等。

(二)按房地产的开发程度分类

按开发程度,房地产可以分为生地、毛地、熟地、在建房地产和现房。

生地是指已完成土地征用、未经开发、不具有城市基础设施的土地,如农地、荒地等。毛地是指城市建成区中尚未进行拆迁安置补偿等的土地。熟地是指具有较完善的城市基础设施且场地平整,直接可以在其上进行房屋建设的土地。在建房地产也称在建工程,是指尚未完成竣工验收、处于某建设阶段的房地产。现房是指已经建成,可以直接使用的房地产。

(三)按房地产的经营使用方式分类

按经营使用方式,房地产可以分为出售房地产、出租房地产、自营房地产和自用房地产。

(四)按房地产是否产生收益分类

按是否产生收益,房地产可以分为收益性房地产和非收益性房地产。

收益性房地产是指能直接产生经济收益的房地产,如商品住宅、写字楼、商店、宾馆、餐馆等。非收益性房地产是指不能直接产生经济收益的房地产,如政府办公楼、学校、医院、图书馆等以公用、公益为目的的使用的房地产。

(五)按房地产的存在形态分类

按存在形态,房地产可以分为土地、建筑物和土地与建筑物的结合体。

(六)按房地产权益状况分类

按权益状况,房地产可以分为完全产权房地产、受限产权房地产、共有产权房地产和设定他项权利房地产。

四、房地产评估的专业性原则

房地产评估当然要遵循资产评估的一般原则,但由于房地产本身的特殊性,房地产评估还应遵循一些专业性原则。有些资产评估的一般原则,由于房地产评估须刻意去遵循,因此我们把其归结为房地产评估的专业性原则。房地产评估的主要专业性原则归纳如下:

(一)合法原则

合法原则要求房地产评估以房地产的合法取得、合法使用、合法交易、合法处分等为前提,评估结果是被评估房地产在依法判定的权益下的价值,即被评估房地产在现行法律、行政法规、规章、政策及合同等约束下的权益价值。房地产的合法取得通常以房地产的合法产权证明文件为依据,合法使用一般以城市规划为准绳,合法交易和合法处分主要以房地产有关法规以及文件、合同、协议为依据。在房地产评估中,合法使用是评估人员需要着重关注的,包括房地产用途、容积率、覆盖率、建筑高度和建筑风格等的合法性问题,即房地产的使用必须符合城市规划的要求及其他有关的政府规定。

合法原则并非房地产评估所特有的,只是因为房地产的取得、使用、交易、处分等受法律、行政法规、政策等的限制较多,房地产的权益状况较复杂,才使得贯彻合法原则在房地产评估中尤显重要，需要刻意去遵循。

（二）最高最佳使用原则

最高最佳使用原则要求房地产评估以被评估房地产的最高最佳使用为前提，评估结果是被评估房地产在最高最佳使用状况下的价值。房地产的最高最佳使用，是指法律上允许，技术上、经济上可行，能给被评估房地产带来最大价值的使用。

房地产的最高最佳使用在评估实践中，通常是指能使评估对象获利最多的用途。当评估对象在评估基准日的在用用途（实际用途）是最高最佳用途时，评估就可以按此用途进行。如果评估对象的在用用途不是最高最佳用途，这时就应当根据最高最佳使用原则，对评估对象的最高最佳用途进行判断和选择，并以此为基础进行评估，但使评估对象从在用用途变为最高最佳用途所需的支出应作为贬值扣除。

不过，最高最佳使用原则并不是在任何情况下都需要遵循，通常只有在评估房地产的市场价值（评估结论的价值类型是市场价值）时才需要贯彻遵循，因为市场价值类型本身要求资产最高最佳使用。当然，最高最佳使用原则也不是房地产评估所特有的，评估资产的市场价值时都应该遵循最高最佳使用原则，只是一般资产的设计和制造用途通常就是最佳用途，在用用途一般也是最佳的，无须刻意去遵循。而对于房地产来说，随着时间的推移、环境的变化等，原先设计和建造的用途可能不是最佳的了，所以需要刻意去遵循。

（三）房地综合考虑原则

尽管建筑物和土地是可以区分的评估对象，但由于两者在使用价值上的相互依存和价格形成中的内在联系，因此我们应把两者作为相互联系的对象进行综合评估。

建筑物和土地在价格形成中的内在联系主要表现在：(1)建筑物不能脱离土地独立存在，而建筑物又是土地的主导产品。(2)土地的使用价值需要通过建筑物来反映，土地的价格除了受其自身性能、地理位置等因素影响外，主要取决于土地用途的选择，而土地用途的选择是否恰当直接反映在地上建筑物这一实体上。如果一宗土地上建造了不恰当的建筑物，该宗土地的价值就会受损。(3)建筑物的价格除了受建造时所付出的劳动或费用制约外，还取决于它所处的地理位置及其与所在地域是否协调。土地的用途及与建筑物的协调直接影响房地产的整体价值。

正是由于建筑物与土地存在这样一种房依地建、房荫地价的关系，因此房产价格评估中要考虑土地的价格，即房地合一。单独评估土地的价格，也要考虑土地上开发何种类型的建筑物，才能据以估算土地的价值。

（四）区域及地段原则

区域及地段原则是指房地产价格的评估必须体现房地产所处的经济地理位置的差别，应考虑区域及地段差异对房地产价格的影响，也就是区位对房地产价格的重大影响。

房地产具有不可移动性，其所处位置是固定的，因经济地理位置的差异，房地产价格呈现显著的差别，可以说，区域和地段是影响房地产价格的重要和主要因素（区域及地段反映了房地产的区位，由于房地产的不可移动性，因此区位已内在化为房地产的组成部分）。在城市中，交通状况、基础设施、产业分布、自然景观、人文景观、社区服务、文化娱乐设施等各种因素都有很强的区域性,这些因素对房地产的环境质量产生重大影响,它们共同作用形成了房地产的社会经济地理位置和地段,从而决定着房地产的价格。此外,一个城市经济的发达程度也会对房地产价格产生影响。经济发展程度高,房地产的利用程度、收益也会高,有支付能力的需求也会扩大,这两方面都将促使城市地价的上升。

房地产因经济地理位置差异及繁荣与发展程度的不同,会出现级差收入,其在同一城市,以地段级差形式或区域级差形式反映;在不同的城市之间,一般以区域级差形式反映。

按照区域及地段原则来评估房地产价格,在总体上应做到沿海地区高于内地,大中城市高于中小城镇,城市中心、繁华地段高于其他地段和郊区。按区域及地段原则评估房地产价格的重点是同一城市房地产价格应形成合理级差,房地产价格应反映其所处地段的级差程度。

五、房地产评估的目的和价值类型

房地产评估的基本目的是为涉及房地产的业务或交易提供价值参考,其特定目的是考虑涉及房地产的交易的特殊性质,考虑不同性质的涉及房地产的交易对房地产评估的特殊要求或制约。

涉及房地产评估的情形一般有三种:

一是单独的房地产交易(包括房地产与其他资产一起交易),需对房地产进行评估,如房地产的转让、出资、征用、租赁、抵押及纳税等,评估目的是服务于房地产交易的需要。一般情况下,评估房地产的市场价值就能满足房地产交易的需要,实现评估目的,但有些特定评估目的会涉及非市场价值的评估。例如,房地产抵押需要评估房地产的抵押价值;又如,目前为缴纳土地增值税而进行的房地产价格评估。

二是在企业价值评估中涉及的房地产评估,特别是在采用成本法(在企业价值评估中,称为资产基础法)评估企业价值时,需分别评估企业各项资产的价值,包括对企业中的房地产(在企业会计报表中可能反映的是投资性房地产、存货中的房地产、固定资产中的房屋建筑物及无形资产中的土地使用权)价值进行评估。在这种情形下,房地产本身并不交易,评估不是为了房地产的交易而是为了企业的股权交易,只是由于采用了资产基础法,才涉及对企业中的房地产进行评估。需要说明的是,在这种情形下,需要评估房地产的哪种价值类型,目前评估理论尚无定论。

采用资产基础法评估企业价值,评估结果的价值类型通常是市场价值,企业中作为要素资产的房地产的价值类型应该按照房地产对企业的贡献来确定。例如,作为固定资产的房地产是通过使用来对企业做出贡献,应该评估房地产在现行市场价格条件下的重置价值,重置价值与市场价值在价值构成上存在差异,其包含了重置房地产的税费,如契税等;作为存货的房地产应该评估其可变现净值,因为存货是通过销售(变现)来对企业做出贡献的;投资性房地产应该评估其市场价值或收益现值,这取决于企业持有投资性房地产的目的。

企业价值评估除了采用资产基础法会涉及对企业所拥有的房地产进行评估,采用收益法和市场法评估企业价值时,如果将房地产所在资产科目作为非经营性资产和溢余资产处理,则也会涉及对房地产的评估。

三是基于财务报告目的涉及的房地产评估。在这种情形下，房地产本身并不交易，只是为了财务报告，评估房地产的哪种价值类型应根据会计准则的要求确定。

不同情形下涉及的房地产评估的评估结论的价值类型、价值构成可能不同，因此，评估时需根据不同情形采取合适的方法。

六、房地产评估的程序

房地产评估的程序是指评估人员执行房地产评估业务所履行的系统性工作步骤和环节。房地产评估涉及法律、工程、经济等方方面面的知识和技术，依赖于评估人员的个人专业知识、经验和主观判断，相对比较复杂。通常，房地产评估有以下重要环节和步骤：

（一）接受委托，明确评估的基本事项

接受委托是进行房地产评估的前提。在接受委托时，除与委托方签订评估委托协议或合同，约定委托与受托双方的责任、义务、权利等事项外，评估人员还必须与委托方明确以下基本事项：

1.明确评估目的

评估人员需要委托方明确指出此次评估是为何种目的而进行的，如买卖、出资、抵押、租赁、征用、纳税或者其他目的，并将评估目的明确地写入评估委托协议或合同中。此外，评估人员还要明确是单独的房地产交易涉及的房地产评估，还是在企业价值评估中涉及的房地产评估。评估目的很重要，其会影响具体评估对象的确定乃至整个评估过程。

2.明确评估对象和范围

评估人员应明确评估对象是土地还是房产。如果是单纯的土地，就应明确土地的开发程度，是生地、毛地还是熟地；如果是房产，就应明确是哪种类型的房产，然后需取得有关评估对象的位置、用途、面积、产权状况等资料。

3.明确评估基准日

只有明确评估基准日，评估人员才可以收集相对精准的有关数据资料。

4.明确评估结果的价值类型

价值类型的不同会影响评估参数的选择和确定，影响评估结论的适用性，所以，评估人员必须在评估前根据评估目的明确评估结果的价值类型。

5.明确评估报告提交的日期

评估人员必须明确评估报告应提交的日期，以便制订合理的评估作业时间计划，合理安排评估人员，按时完成评估业务，向客户提交评估报告，为客户提供优质服务。

对于以上应明确的基本事项，都应写入评估委托协议或合同中，以明确双方的责任，这样有利于评估机构对评估项目进行管理和风险控制。

（二）制订评估作业计划及评估技术方案

在明确了评估的基本事项后，应根据评估对象的特点，着手制订评估作业计划及评估技术方案。

制订评估作业计划主要是对评估各项工作的日程做出合理安排和人员配备，以便控制评估进度和质量，按时完成评估业务；同时，安排和配备评估人员，组织评估项目团队。

制订评估技术方案主要是选择和确定评估的基本技术思路和方法,使评估人员在现场调查、勘查及收集有关评估数据资料时有的放矢,避免重复劳动,提高评估工作效率。

(三)现场调查、勘查及收集数据资料

现场调查、勘查是指评估人员对评估对象进行实地调查和勘查,以充分了解被评估房地产的实际情况。现场调查、勘查应了解的主要内容包括土地的形状、地质、地貌、面积,地上物和地下物的布设情况,房屋建筑物及构筑物的建筑面积、结构形式、装修情况、设备状况、目前的使用情况,以及被评估房地产的环境质量情况等,与委托方提供的资料进行核对,最终对被评估房地产的现状做出详尽、准确的书面描述,并做好影像资料的整理和互补。

在进行现场调查、勘查的同时,还应收集相关数据资料,包括评估对象周围房地产的交易情况、当地房地产市场行情、评估对象当地的政府颁布的法规及建设定额指标等。收集评估所需的数据资料与所选用的评估方法密切相关,如果采用收益法,就需要收集房地产收益、租金、预期收益率等数据资料;如果采用市场法,就应收集已成交的同类型房地产的交易价格及相关的交易情况资料。

现场调查、勘查是房地产评估的一个重要工作步骤,直接影响评估结论的可靠性和合理性。

(四)评定估算,得出评估结论并撰写评估报告

根据选定的评估方法和收集到的有关数据资料,评估人员进行评定估算,得出被评估房地产符合评估目的的评估结论。在条件允许的前提下,评估人员应尽可能采用多种方法进行评定估算,通过相互比较验证,经综合分析后得出尽可能公平、合理、可靠的评估结论。

第二节 房地产价格及其影响因素

一、房地产价格的特性

(一)土地价格的特殊性

土地价格与一般商品价格相比,其特殊性主要表现在以下几个方面:

1. 价格构成的特殊性

土地价格的构成与一般商品价格的构成不同。一般商品是劳动产品,其价格是“劳动价值”的货币表现,商品的“劳动价值”则是由生产该商品所消耗的社会必要劳动时间决定的。土地不是人类劳动的产物,没有“劳动价值”,但有使用价值,因此其不是一般商品,而是一种特殊商品。土地价格是土地所有权或使用权转让时获得这种所有权或使用权的人所支付的代价,其实质是地租的资本化价格,土地价格是指能带来同地租等量利息的货币额。现实经济生活中,土地价格还包括另外一部分,即人类在开发利用土地过程中投入的劳动所创造的价值,这部分价值和价格的构成与一般商品的“劳动价值”和价格的构成是一样的。

2. 价格决定机制的特殊性

土地价格主要由地租或收益,即土地的使用价值决定。影响土地使用价值的因素很多,从城市土地价格的形成看，一是地理位置即区位是否优越，包括周围社会和经济环境状况、交通状况以及城市基础设施完善状况，二是城市规划中所规定的土地用途和土地的开发强度。此外，在我国，由于土地的主要供给方为地方政府，因此土地的供给总量、供给区位、供给用途比例均具有较强的政策属性。

3. 市场供求关系的特殊性

一般商品价格和土地价格都受供求关系变化的影响，但是，土地市场的供求关系与一般商品不同，因为土地的供给弹性较小，所以土地价格主要受需求方的影响。从全社会角度看，土地数量是固定的，人们不能增加土地的供给，土地供给几乎没有弹性。相反，土地的需求因人口的增加、城市的扩展和经济的增长而处于不断扩张的过程中。所以，在市场供求关系中，土地价格基本上是由人们对土地的需求状况决定的，这是一种特殊的市场供求关系。但是，对于某种特定用途的土地来说，情况又有所不同。土地往往可以有多种用途，对于某一个产业部门来说，土地的供给是有弹性的，也就是说，就局部而言，土地的价格受到供求两方面的影响，但这并不否定从总体上讲土地供求关系的特殊性。

（二）房地产价格的特征

房地产价格除了具有土地价格的特殊性质外，还具有以下特征：

1. 复杂性

房地产价格与一般商品价格相比，其价格构成特别复杂，包含地价和房价两部分，两者的形成机制是不同的。地价在中国是土地使用权的价格，包括土地作为自然资源的价格和对土地开发所投入的资金。房价是所有权价格，建筑物是劳动产品，房价的形成机制与一般商品价格相类似。此外，影响房地产价格形成的因素特别复杂，从而影响房地产的价格构成。

2. 区域性

由于房地产不能移动，属于不动产，人们无法把甲地生产的房地产运往乙地销售，通过竞争来形成一个全国性的交易市场，因此，房地产价格基本上是由房地产所在区域的需求状况决定的，其他区域的需求一般不会对其产生大的影响，从而使房地产价格具有明显的区域性。

3. 个体性

房地产具有个体性，不具有完善的市场，其现实价格一般随交易的需要而个别形成，尤其是在房地产价格决定中，交易主体之间的个体因素容易起作用，从而使房地产价格带有明显的个体性。

4. 政策性

房地产在国民经济和人民生活中的特殊作用决定了政府必须对土地的合理开发和利用、房地产的生产和交易给予比较多的直接或间接干预，由此产生了政府关于房地产的一系列政策、法规以及对土地的利用规划等，这些政策、法规、规划必然对房地产的价格产生重要影响，有时甚至是决定性的影响。

二、房地产价格和价值的种类

房地产的特殊性使得房地产与其他资产相比，其价格或价值的表达术语或种类比较多。

作为评估人员,应熟悉房地产价格或价值的种类和每一种价格或价值的确切含义。当然,这里讲的价格或价值的种类只是表现形式的不同,并不表明它们一定存在本质上的差异,这与前文中讲的价值类型不同,价值类型是表明评估结果的价值属性,不同的价值类型存在着本质上的差异。下面介绍一些比较常见的价格或价值种类。

(一)土地价格、建筑物价格和房地价格

这是一组按房地产三种基本存在形态划分的房地产价格或价值种类。

1.土地价格

在中国,由于土地所有权不能进入市场流转,而土地使用权可以进入市场流转,因此,土地价格是土地使用权价格,简称地价,通常是指空地的价格,如果土地上有建筑物,则仅指其中土地部分的价格,不包含该土地上建筑物的价格。地价根据其形成和作用的不同,又可具体分为若干种类。

(1)基准地价

根据《城镇土地估价规程》的规定,基准地价是在土地利用总体规划确定的城镇可建设用地范围内,对平均开发利用条件下,不同级别或不同均质地域的建设用地,按照商业服务、住宅、工业等用途分别评估,并由政府确定的,某一估价期日法定最高使用年期土地权利的区域平均价格。它包括以下含义:一是基准地价是某一时点的价格,二是基准地价是一定区域内的级别平均价格,三是基准地价是按不同用途分别测定的平均价格,四是基准地价是由政府确定的。基准地价反映某区域土地利用的基本经济效益以及由此决定的土地总体价格水平,它是市场地价变动的基准线。基准地价是由政府部门组织的专门委员会以土地定级为基础、土地收益为依据、市场交易资料为参考评估确定的,并由政府定期修订公布。

(2)标定地价

根据《城镇土地估价规程》的规定,标定地价是政府为管理需要确定的,标准宗地在现状开发利用、正常市场条件下,某一估价期日法定最高使用年期下的土地权利价格。根据城市房地产管理法规,标定地价应定期确定并公布,以适应不同时期市场行情变化的需要。

(3)出让底价

出让底价是政府出让土地使用权(招标或拍卖)时确定的最低价格,若低于这个价格则不出让。出让底价是政府根据土地出让的年限、用途、地产市场行情等因素确定的待出让宗地或成片土地在某个时点的价格。

(4)转让价格

转让价格是指土地使用者在使用期内,将已取得的土地使用权再转让的价格。土地经改良、开发,使用权价格会增加。转让价格具体包括买卖价格和租赁价格。买卖价格是以买卖方式让渡土地使用权的价格。租赁价格是以租赁方式让渡土地使用权的价格,一般以租金的形式表现。

(5)其他价格

其他价格主要有抵押价格、课税价格和征用价格。抵押价格是以抵押方式将房地产作为债权担保时的价值,是当抵押人不履行债务,抵押权人依法以提供担保的房地产折价或拍卖、变卖时,该房地产所能实现的合理价格。课税价格是按照税法规定,构成房地产课税基础的价格。征用价格是政府征用土地对被征用土地的权益主体进行补偿而评定的价格。

中国的土地市场可分为一级市场和二级市场。一级市场是由政府垄断的土地出让市场，是土地市场的基础。基准地价、标定地价和出让底价都属于一级市场的价格范畴，其价格由政府决定。二级市场是土地使用权转让市场，具有竞争性。

有时根据土地的开发程度（“生熟”程度），粗略地将土地分为生地、毛地和熟地三类，因此，土地价格相应地也有生地价格、毛地价格和熟地价格之说。

2. 建筑物价格

建筑物价格是指纯建筑物部分的价格，不包含该建筑物占用范围内土地的价格。在现实生活中，单纯的建筑物价格并不多见，因为很少有单纯的建筑物买卖实例。现实中讲的房价，通常是含地价的。

3. 房地价格

房地价格是特指土地与建筑物合成体的价格，也就是常称的房产价格或房价，是建筑物连同其占用范围内的土地的价格。

（二）总价格、单位价格和楼面地价

这是一组按房地产的价格表示单位划分的房地产价格或价值种类。

1. 总价格

总价格是指房地产的整体价格，简称总价，它可以是一宗土地的总价格，也可以是一套房屋的总价格或一幢楼的总价格。房地产的总价格一般并不能反映房地产的价格水平。

2. 单位价格

单位价格是指房地产的单位面积价格，简称单价，它可以是土地的单位面积价格，也可以是建筑物的单位建筑面积价格，还可以是“房地合一”状态下（房产）的单位面积价格（一般指单位建筑面积价格）。房地产的单位价格一般可以反映房地产价格水平的高低。

3. 楼面地价

楼面地价是一种特殊的土地单价，又称单位建筑面积地价，俗称楼板价，是按照地块上的建筑物建筑面积均摊的土地价格。楼面地价与土地总价的关系如下：

$$\text{楼面地价}=\frac{\text{土地总价}}{\text{总建筑面积}} \tag{5.1}$$

或

$$\text{楼面地价}=\frac{\text{土地单价}}{\text{容积率}} \tag{5.2}$$

在现实中，楼面地价比土地单价更能说明土地价格的高低。

（三）所有权价格、使用权价格和其他权利价格

这是一组按照房地产的权利来划分的房地产价格或价值种类。

1. 所有权价格

房地产所有权价格是指房屋所有权价格和土地所有权价格。目前，中国只有房屋所有权价格，没有土地所有权价格，因为在中国，土地所有权归国家所有或归农民集体所有，土地的国家所有权和农民集体所有权不允许流转，仅存在以征收方式将农民集体所有权变为国家所有权。但国家的土地使用权可以出让、转让，农村集体土地使用权可以流转。

2.使用权价格

房地产使用权价格主要是指土地使用权价格,目前中国有偿出让和转让土地的价格均为土地使用权价格。对房屋来说,其使用权价格就是租金价格。

3.其他权利价格

其他权利价格是指所有权价格、使用权价格以外的各种房地产权利价格,如租赁权价格、抵押权价格等。

(四)市场交易价格和评估价值

这是一组按价格形成方式划分的房地产价格或价值种类。

1.市场交易价格

市场交易价格是房地产在市场上实际成交的价格。因交易的具体环境条件不同,实际交易价格具有个别性,且市场交易价格经常波动。市场交易价格一般具有的作用是作为交易双方收支价款、缴纳契税和交易手续费的依据等。

2.评估价值

评估价值是评估人员根据评估目的、被评估房地产的状况、评估时的市场条件等评定估算的价值,是评估人员根据自己在房地产方面的专业知识和经验对房地产价值的估计和判断。房地产评估价值根据其目的和作用,可分为基准地价、标定地价、房屋重置价值、交易底价、课税价值等。房地产的评估价值通常用于为涉及房地产的交易提供价值参考。当然,评估价值根据评估目的、被评估房地产的状况及评估时的市场条件等的不同,可能是市场价值,也可能是非市场价值。

三、房地产价格的构成

房地产价格的实际构成极其复杂,不同地区、不同时期、不同类型的房地产的价格构成可能不同。房地产的价格构成还取决于对其构成项目的划分,划分的标准或角度不同,其价格构成内容也不同。区分房地产价格构成对于运用各种方法评估房地产价值非常重要,尤其是成本法的运用。

从房地产作为商品的角度,其价格构成与一般商品一样,由生产成本、税金、利润和销售费用等项目构成,所不同的是各构成项目的具体内容。根据房地产这种商品的特殊性,从房地产商品的生产过程来看,其价格构成通常划分为七大项:土地取得成本、开发成本、管理费用、资金成本、销售费用、销售税费和开发利润。

(一)土地取得成本

土地取得成本是取得开发用地所支出的费用和税金等。在市场经济条件下,土地的取得成本一般由购置土地支付的价款和应缴纳的税费构成。

土地取得成本根据房地产开发取得土地的途径,一般分为以下几种:

1. 通过征收农村集体土地取得土地

通过征收农村集体土地取得的土地,土地取得成本包括征地补偿安置费用、相关税费、地上物拆除费、渣土清运费、场地平整费和土地使用权出让金等。

征地补偿安置费用是国家建设单位为了使用土地并取得土地使用权而向被征地的农村

集体经济组织支付的各种费用的总和，一般包括土地补偿费、安置补助费、地上附着物和青苗补偿费等。目前，在中国城市建设征用土地的过程中，征地补偿安置费用的具体金额是按照国家有关法规和各省市相应的实施细则计算的。

相关税费一般包括征地管理费、耕地占用税、耕地开垦费、新菜地开发建设基金等。

农村集体土地被国家征收后，土地归国家所有，国家再把土地使用权让渡给房地产开发企业时，除上述费用外，还要收取一定的土地有偿使用费，这笔费用就是土地使用权出让金。

2. 通过征收国有土地上的房屋取得土地

通过征收国有土地上的房屋取得的土地，土地取得成本包括房屋征收补偿费、相关费用、地上物拆除费、渣土清运费、场地平整费和土地使用权出让金等。

房屋征收补偿费一般包括被征收房屋价值的补偿费，因征收房屋造成的搬迁、临时安置的补偿费，因征收房屋造成的停产、停业损失的补偿费等，具体金额和组成按国家有关法规和各省市相应的实施细则计算。

相关费用包括房屋征收服务费、房屋征收评估费等。

3. 通过市场上“购买”取得土地

通过市场上“购买”取得的土地，即购买政府出让或其他开发商转让的土地，土地取得成本包括购买土地支付的价款和应缴纳的税费（如交易手续费、契税、印花税等）。

（二）开发成本

开发成本是在取得房地产开发用地后进行基础设施建设和房屋建设所需的费用和税费等。

一般来说，开发成本主要包括下列几项：

(1) 建筑安装工程费，包括建造房屋及附属工程所发生的建筑工程费、安装工程费、装饰装修工程费等。

(2)工程建设其他费，包括前期工程费（市场调查、可行性研究、环评、规划等）、勘察设计费、招标代理费、工程监理费、相关专项评估费、保险费等工程前期所发生的费用支出。

(3)基础设施建设费，包括项目红线范围内所需的道路、给水、排水（雨水、污水）、电力、通信、燃气、供热、绿化、环卫及有线电视等设施的建设费用。

(4)公共配套设施建设费，包括城市规划要求的由建设项目承担的非营业性的公共配套设施的建设费用，如居委会、派出所、托儿所、幼儿园等的建设费用。

(5)开发期间税费，即房地产开发过程中由建设项目承担的税费，如绿化建设费、人防工程费等。

（三）管理费用

管理费用是指房地产开发企业为组织和管理房地产开发经营活动所发生的费用支出，包括房地产开发过程中支付的管理人员工资及福利费、办公费、差旅费、固定资产使用费等。

（四）资金成本

资金成本是指房地产开发过程中由于借贷资金所发生的利息和融资的费用。

（五）销售费用

销售费用是指预售未来开发完成的房地产或销售开发完成后的房地产所需的费用，一般包括广告费、销售资料制作费、样板房建设费、售楼处建设费、销售人员费用或者销售代理费,以及其他在销售过程中发生的费用。

(六)销售税费

销售税费是指预售未来开发完成的房地产或销售开发完成后的房地产应由开发商缴纳的税费,一般包括:

(1)销售税金及附加,包括应缴纳的增值税、城市维护建设税和教育费附加等。

(2)其他销售税费,包括应由开发商负担的印花税、交易手续费等。

(七)开发利润

房地产开发企业与其他商品生产企业一样,其经营目标也是追求利润,商品生产经营企业的利润是商品价格的组成部分,房地产开发企业的利润也应是房地产价格的构成部分。

四、影响房地产价格的因素

影响房地产价格的因素有很多,各种因素对房地产价格的影响方向是不同的,有的有利于提高房地产的价格,有的则起相反的作用。不同的因素对房地产价格的影响程度不尽相同,即使是同一因素也会因房地产的用途、类型等的不同而产生不同的影响。此外,随着时间的变化、地区的不同,影响房地产价格的因素会发生变化。正因为这样,在评估房地产价值时,应充分调查和分析过去的变化、现在的状态及未来的趋势,研究分析各种因素之间的相互关系。

对房地产价格的影响因素需进行分类,常见的分类有:(1)房地产自身因素和房地产外部因素;(2)房地产状况因素、房地产市场因素和房地产交易因素;(3)一般因素、区域因素和个别因素。

下面根据上述第三种分类来详细介绍影响房地产价格的因素。

(一)一般因素

一般因素是指会对整个房地产市场产生全面影响,从而影响房地产价格的基本因素,通常包括:

1.社会因素

社会因素包括人口数量、家庭规模、政治安定状况、社会治安状况、城市化程度及公共设施的建设状况等。人口因素与房地产价格呈正相关关系,人口增多,对房地产的需求就增加,在供给相对匮乏的情况下,房价水平趋高。家庭规模是指社会或某一地区家庭平均人口数。即使人口总数不变,家庭规模的变化也会影响家户数量以及对住宅套数的需求,从而导致房地产需求的变化,进而影响房地产价格。政治安定状况是指现有政权的稳定程度、不同政治观点的党派和团体的冲突情况、民族的团结情况等。一般来说,政局稳定、民族团结、人民安居乐业,房地产市场面临的风险较小,房地产价格就会呈上升趋势。社会治安状况对房地产价格的影响主要指不同区域的治安状况对该区域房价的影响。城市化意味着人口向城市集中,造成城市房地产需求不断扩大,带动城市房地产价格上涨。公共设施的建设状况从成本方面推动房地产价格,从而导致房地产价格上扬。

2.经济因素

经济因素包括经济发展状况、储蓄及投资水平、财政收支及金融状况、工资及就业水平、利率水平等。经济发展状况对房地产价格的影响巨大。经济发展速度快，各行业对房地产的需求就相应增大，房地产价格上涨；在经济发展速度放慢甚至萧条时，房地产价格就会出现徘徊甚至回落的情况。因此，房地产价格的变化可以反映经济发展的状况。储蓄及投资水平对房地产价格的影响较为复杂。房地产是消费资料和生产资料的综合体。一般来说，随着储蓄水平和投资水平的提高，对房地产的需求就会增加。但作为投资对象，储蓄与房地产的投资功能存在互补关系，因而也可能存在此消彼长的趋势。财政收支和金融状况对房地产价格的影响表现为：财政、金融状况的恶化会导致银根紧缩，从而造成一方面对房地产的需求减退，另一方面因开发资金不足而使房地产的供给量急剧下降。在工资及就业水平较高时期，人们的货币购买力较强，可能推动房地产价格上扬；反之，失业率上升，对房地产的需求就会减少。利率水平对房地产价格的影响也较为复杂，但一般来讲，利率提高一方面会增加房地产的开发成本，另一方面会减少对房地产的投资需求；反之则相反。

3.行政因素

行政因素是指影响房地产价格的制度、政策、法规、行政措施等方面的因素，主要有土地制度、住房制度、城市规划、土地利用规划、房地产价格政策、房地产税收政策等。土地制度对土地价格的影响非常关键。我国城市建设用地为国有土地，土地的供给量主要取决于地方政府的土地供给计划。住房制度与土地制度一样，对房地产价格的影响也是很大的，实行福利型的住房制度必然造成住宅房地产价格的低水平，无法促进供给的有效增加，难以形成真正的房地产市场。城市规划、土地利用规划中所确定的用途、容积率、覆盖率、建筑高度等指标决定了每一宗房地产所能发挥的效用和价值，对房地产价格有很大的影响。例如，一般来说，区位条件相同、规划建设指标相同的两块土地，住宅用途的价值高于商业用途且远高于工业用途。房地产宏观调控政策对房地产价格的波动有决定性的影响，如住房市场中的限购、限贷、限售、现价等政策对房地产供求的影响十分重要。

影响房地产价格的一般因素除了上述三个方面外，还有一些自然因素，如日照、气候、温度、湿度、降雨量等。一般因素影响所有房地产，在所有房地产的价格上体现出来，因而对具体的评估对象而言，一般因素并不是房地产评估中重点考虑的因素。

（二）区域因素

区域因素是房地产所在特定区域的自然、社会、经济、政策等因素相结合所产生的区域性特性对房地产价格的影响因素，通常可细分为商业繁华度、道路通达度、交通便捷度、设施完备度、环境质量状况和规划限制等因素。当然，不同性质的区域，如住宅区、商业区、工业区等，其影响房地产价格的区域因素是不同的，即使是同一种因素，对不同性质区域的影响程度也是不同的。

(1)商业繁华度，是指所在区域的商业、服务业繁华状况及各级商业、服务中心的位置关系。一般来说，商业繁华程度高，该地区的房地产价格也高。

(2)道路通达度，是指所在区域道路系统的通畅程度。道路的级别(一般分为主干道、次干道、支路)越高，该区域的房地产价格也越高。

(3)交通便捷度,是指区域交通的便捷程度,包括公共交通系统的完善程度和便利程度。交通越是便捷,房地产价格就越高。

(4)设施完备度,是指城市的基础设施、生活设施、文化娱乐设施等的完备程度。设施越完备,房地产价格越高。基础设施主要包括供水、排水、供电、供气、供热、通信等设施;生活设施主要包括学校、医院、农贸市场、银行、邮电局等设施;文化娱乐设施主要包括电影院、图书馆、博物馆、俱乐部、文化馆、公园、体育场馆等设施。

(5)环境质量状况,是指区域景观环境、人文环境、社区环境等状况,包括景观、绿化、空气质量、区域居民素质、社区文化、污染等状况。一般来说,环境优美、空气清新、没有污染的区域,房地产价格水平较高。

(6)规划限制,是指城市规划对土地的用途,建筑物的高度、式样、密度、容积率,消防间距,道路宽度以及土地利用前景等提出的具体规划和限制要求。

当然,在进行房地产评估时,应注意评估对象的用途,因为不同用途的房地产重点考虑的区域因素不尽相同,同一种因素对不同用途的房地产来说影响的方向、程度也会有所不同。例如,对于临街的住宅,车水马龙、人来人往是一个不利因素,但对于商铺来说却是一个有利因素。

商业区的影响因素主要为商业繁华程度、交通便捷度、道路通达度、环境优劣度等。反映商业区环境质量的主要指标有两个:一是人文环境,即商业区周围的人口密度、收入水平等;二是自然环境。

住宅区主要考虑位置(距离商业服务中心和城市中心的距离)、交通便捷度、设施完备度、环境质量状况等。

工业区主要考虑交通便捷度(道路的类型、等级、密度以及距火车站、港口和其他交通枢纽的距离)、基础设施完备度(为工业服务的基础设施和运输能力,基础设施包括动力和能源、供水能力和保证率、排水设施及能力)、产业集聚规模(指区域内工业企业的数目多寡以及企业规模大小。工业区要达到一定规模、具备一定的生产技术体系,才能使企业产生规模效益和集聚效益,减少生产成本和费用)。

(三)个别因素

个别因素是指房地产的个别性对房地产个别价格的影响因素,它是决定相同区域的房地产出现价格差异的因素,一般包括土地的个别因素、建筑物的个别因素和房地产权益因素三个方面。

1. 土地的个别因素

不同用途的土地的个别因素并不完全一致,对土地价格影响较大的个别因素主要有以下几个方面:

(1)位置、面积、地势、地质

位置的差异可带来收益的差异、生活环境的差异。要获得位置好的地段的土地,就要支付较大的代价。土地面积大小对于土地的利用有一定的制约作用,土地面积对土地价格的影响主要是通过它与土地利用性质是否匹配发挥作用。如果土地面积过小,其可利用的范围就会缩小,从而影响地价。地势即与相邻地块的高低关系,一般来说,地势高的土地的价格要高于地势低的土地的价格。地质条件与地价的关系是正相关的，即地质条件越好，地价越高；地质条件低劣，地价则低。

(2)形状、宽度、深度

地块的形状可能是矩形、三角形或不规则形，对建筑物的特性和规模会产生不同的影响。通常，地块形状使用的效用大，价格就高。临街宽度与深度对商业用地块的价格影响很大。在宽度一定的条件下，深度过深，超过需要，超过部分的土地效用就难以发挥；在深度一定的条件下，一般来说，宽度增大，土地的价格就增加；如果宽度与深度适当，就可使地块充分发挥其面积的效用。

(3)临街状况

地块的临街状况对地价的影响很大。街角地处两条街道交叉或拐角处，具有两面正面长度，对商用房地产最能发挥效用，从而使地价提高。但对于居住用房地产来说，街角地对地价的影响则相反。一面临街地，其商用价值低于街角地。袋地深入街区的腹地，由巷道与街道相连，造成了不利的位置条件，其商用价值较低；但袋地用于住宅建设时，地价可能高于商用，这要看袋地的采光、通风、视野、防火等情况。盲地一般指未接公共道路的宅地，其价格一般较低。

(4)规划用途、容积率、使用年期

土地的用途对地价的影响很大，同样一宗土地，规划用途不同，地价就不同。一般来说，对于同一宗土地，商业用途、住宅用途、工业用途的地价是递减的。容积率是影响地价的一个重要因素，容积率越大，地价就越高。使用年限对地价的影响也较大，土地使用年限越长，地价越高。

(5)开发程度

土地的开发程度俗称生熟程度。土地的开发程度越高，地价越高。通常，熟地的价格要高于生地和毛地的价格，“七通一平”土地的价格要高于“五通一平”土地的价格，“五通一平”土地的价格要高于“三通一平”土地的价格。

2.建筑物的个别因素

从建筑物个别性来看，影响房地产价格的个别因素主要有：

(1)面积、结构(构造)、材料

建筑物的高度、建筑面积不同，建造成本就有差异。若总高高、层高高、建筑面积大，则建筑物的建造成本就高。结构（构造)及使用材料的品质也影响建造成本。

(2)设计、设备

建筑物设计的合理性、设备档次、质量对建筑物价格有重大影响。一般来说，房屋的布局、造型及使用功能合理，房价就高。设备的性能、质量好，房价也高。

(3)施工质量

施工质量是指建筑物在抗震、防渗漏、隔音、抗变形、抗磨损及安全性等方面的质量。在其他条件相同的情况下，建筑物的施工质量将直接影响房地产的价格。

(4)楼层、朝向

楼层的高低影响房屋的使用功能和使用的方便性、舒适性，进而影响房价。房屋的朝向影响房屋的通风、采光和视野等。楼层、朝向一般共同影响房屋使用的舒适性。例如,处于楼房底层的房间尽管朝南,但有前面高楼的阻挡,影响采光和通风,舒适性较差。

(5)新旧程度

这是一个较综合性的因素,包括建筑物已使用年限、维护状况、完好状况等。一般新房的价格要高于旧房的价格。

3.房地产权益因素

房地产评估实质是对房地产物质实体所载权益的评估,房地产权益的性质和状况对房地产价格有重要影响。

权益的性质不同,房地产的价格也不同。例如,所有权的价格大于使用权的价格。因此,评估房地产时首先需要明确评估的是房地产的哪种性质的权益,是所有权、使用权、抵押权还是租赁权等。

权益的状况不同,房地产的价格也不同。权益的完整性、清晰性、受限程度等都会影响房地产的价格。通常完整的权益比不完整的权益价值大,清晰的权益比不清晰的权益价值大;权益的受限程度越大,价值就越小。

第三节 成本法在房地产评估中的应用

一、基本思路及计算公式

成本法是先测算被评估房地产在评估基准日的重置成本和贬值,然后将重置成本减去贬值来估算其价值的方法。

重置成本是指假设在评估基准日重新购置全新状态被评估房地产的必要合理支出,或者重新开发建造全新状态被评估房地产的必要合理支出及应得利润。贬值是指各种原因造成的房地产价值损失。

在房地产评估中,重置成本通常采用重新开发建造的重置思路来估算,而很少采用重新购置(购买)的重置思路来估算,也就是说,基于房地产的个别性,一般采用自建的重置方式,因此,成本法可以说是以房地产价格的各个组成部分之和为基础来估算房地产价值的方法。

成本法的基本计算公式如下:

$$\text{房地产评估价值} = \text{重置成本} - \text{贬值} \tag{5.3}$$

上述公式可针对两类评估对象具体化:一是新开发的房地产(包括新开发的土地、新建成的建筑物和新开发的房产),二是旧的房地产(包括旧的房产和旧的建筑物)。

运用成本法的基本步骤如下:(1)收集有关房地产开发的成本、税费、利润等资料;(2)估算被评估房地产的重置成本;(3)估算被评估房地产的贬值;(4)估算被评估房地产的评估价值。

采用成本法评估的主要内容:(1)搞清评估对象房地产的价格构成,收集相关资料;(2)估算各构成部分的价值,测算重置成本;(3)测算贬值;(4)计算评估价值。

二、适用的评估对象和条件

成本法适用于新开发建造、可以假设重新开发建造、正在开发建造乃至计划建造的房地产的价值评估，而对于建筑物过于老旧的房地产则不适用，因为老旧房地产的重置成本和贬值的估算较困难，可能因得不到市场数据的支持而很难判断评估结论的合理性和准确性。

成本法也被广泛用于那些既无收益又很少发生交易的房地产的评估，如政府的办公楼、学校、图书馆、医院、军队营房、公园等公用、公益性房地产，以及化工厂、钢铁厂、发电厂、码头、机场等有独特设计或只针对个别用户的特殊需要而开发建造的房地产。单纯的建筑物评估通常也采用成本法。

采用成本法评估的房地产最好是可独立开发建造的整体房地产。当采用成本法评估房地产局部的价值时，如评估某栋办公楼的某一层或者某一层中的某个单元时，通常需要先评估该办公楼的平均单价，然后在此基础上进行楼层、朝向、单元位置、平面布局、室内装饰装修等因素调整才得到该层或单元的单价，而这些修正因素有时量化困难，导致评估结论的准确性难以判断。

当运用成本法评估既没有交易又没有收益的房地产时，要特别注意评估目的和重置成本的构成。例如，评估学校的教学楼，首先要搞清楚为什么要评估(学校教学楼需要评估的情形不多见)，其次要分析学校教学楼重置成本的构成中是否包括销售费用、销售税费、利润等内容。

三、新开发土地评估的操作步骤

新开发土地包括填海造地、开山造地、征用集体土地并进行“三通一平”或“五通一平”等基础设施建设和场地平整后的土地及征收国有土地上房屋并进行基础设施改造和场地平整后的土地等。在这些情况下，成本法的计算公式如下：

新开发土地评估价值＝待开发土地取得成本＋土地开发成本＋管理费用＋销售费用＋销售税费＋资金成本＋开发利润　　(5.4)

(一)估算待开发土地取得成本

待开发土地取得成本的估算取决于土地是如何取得的。如果土地是向农村集体经济组织征收取得的，土地取得成本就包括耕地或其他用地补偿费、安置补助费、地上附着物补偿费、青苗补偿费、新菜地开发建设基金(征收城市近郊菜地)及土地出让金等；如果土地是通过国家城镇土地使用权出让取得的，因政府出让的通常是毛地，所以土地取得成本就应包括土地使用权出让金及拆迁费用(通常出让金是不含拆迁费用的)。这些费用的收取标准全国各地不尽相同，项目也有差异，估算时应因地而异，按国家有关法律法规及当地政府的规定和标准测算。

(二)估算土地开发成本

土地开发成本主要包括基础设施建设费和公共配套设施建设费等。

基础设施建设费，包括工程所需的道路、给水、排水、电力、通信、燃气、供热等的建设费用,也称“七通一平”费用,可根据预决算资料和政府有关规定测算。

公共配套设施建设费,主要指非营业性的公共配套设施的建设费用,包括邮电、学校、公园、绿地、小区外的市政基础设施等建设的费用。该项费用一般由开发商交给政府,各地情况不一,应按当地政府和有关部门的规定测算。

当然,土地的开发成本构成和高低主要取决于土地开发的内容和程度。

(三)估算管理费用

管理费用包括房地产开发企业在开发过程中支付的管理人员的工资及福利费、办公费、差旅费、固定资产使用费等,可按社会平均水平(统计得到),以土地取得成本和开发成本之和的一定比例测算。

(四)估算销售费用和销售税费

销售费用是销售新开发土地所发生的费用,销售税费是销售新开发土地发生的销售税费。销售费用可以用数据统计得到的销售费用占销售价格的比例估算,销售税费可以根据国家有关税收政策和法规计算确定。

(五)估算资金成本

资产评估中的资金成本并不是开发过程中因借贷资金而发生的实际利息,而是在假定土地的开发资金均为借贷资金的前提下应支付的利息。因为借贷资金要支付利息,自有资金要放弃可得的存款利息,从评估的角度看,开发土地的自有资金应得的利息也要与其应得的利润分开,不能算作利润,所以,无论土地的开发资金是借贷资金还是自有资金,都应计算利息。一般应计算利息的开发资金包括待开发土地取得成本、土地开发成本和管理费用。对土地开发来说,一般不考虑销售费用的利息,因为土地开发通常不存在预售的情况,即使存在预售,一般也假定在开发完成后才销售。

具体测算时,可根据一般资金投入的情况分段计算;也可以假设待开发土地取得成本一次性投入,土地开发成本和管理费用均匀投入,则待开发土地取得成本的计息期为整个开发周期,土地开发成本和管理费用的计息期为开发期的一半。开发周期按照类似开发项目的正常开发周期统计调整确定。

(六)估算开发利润

估算开发利润的关键是确定利润率或投资回报率,这可根据土地开发的平均利润水平结合评估对象的具体情况来确定。利润率计算的基数可以是待开发土地取得成本、土地开发成本和管理费用之和,也可以是开发后土地的价值。不管采用何种计算基数,在估算时都要注意利润率与所计算利润率的基数的一致性。

四、新开发房地和新建建筑物评估的操作步骤

新开发房地采用成本法的计算公式如下:

$$\text{新开发房地评估价值}=\text{土地取得成本}+\text{开发成本}+\text{管理费用}+\text{资金成本}+\text{销售费用}+\text{销售税费}+\text{开发利润} \tag{5.5}$$

在新建建筑物的情况下,上述公式不含土地取得成本、土地开发成本及应归属于土地的

管理费用、资金成本、销售费用、销售税费和开发利润：

$$新建建筑物评估价值=建筑物建造成本+管理费用+资金成本+销售费用+销售税费+开发利润 \tag{5.6}$$

(一)估算土地取得成本

土地取得成本包括土地出让金或地价款、征地补偿费或拆迁安置补偿费、有关取得土地的手续费和税金等。土地取得成本的具体估算取决于土地如何取得和取得的土地的开发程度(俗称“生熟程度”),一般可按政府有关规定及市场行情测算。

(二)估算开发成本

开发成本主要由六个方面构成(详见第二节中有关房地产价格构成的内容)。这部分成本的大小与土地取得成本有关,即取决于所取得土地的开发程度。土地按开发程度通常可分为生地、毛地和熟地。如果取得的土地是熟地,则不包括土地的开发成本,也就不需要再估算土地的开发成本。不包括土地开发成本的开发成本的估算一般是先测算建安工程费,其他费用一般是按建安工程费的一定比例测算。

房地的开发成本可以划分为土地开发成本和建筑物建造成本,评估中要注意土地开发成本和建筑物建造成本的划分,还要注意开发成本与土地取得成本的衔接,做到不重不漏。

(三)估算管理费用

管理费用包括房地产开发过程中由房地产开发企业(开发项目)所承担的管理人员工资及福利费、办公费、差旅费、固定资产使用费等,可按照土地取得成本和开发成本之和的一定比例测算,也可按照开发成本的一定比例测算。

(四)估算资金成本

这里的资金成本的估算与新开发土地评估中的资金成本的估算相同。一般应计算利息的开发资金包括土地取得成本、开发成本和管理费用。销售费用不计息,因为在房地产实际开发过程中,尽管开发完成前就发生了销售费用(可以细分为销售之前发生的销售费用和销售时发生的销售费用),但开发完成前的预售取得了销售收入,该部分销售收入会产生利息收入(甚至有些项目开发完成前就完成了销售),所以,评估中通常假设房产开发完成后才一次性完成销售并发生销售费用,不考虑预售或延迟销售。

(五)估算销售费用

销售费用是指预售未来开发完成的房地产或销售开发完成后的房地产所需的费用,一般包括广告费、销售资料制作费、样板房建设费、售楼处建设费、销售人员工资、办公费用或销售代理费,以及其他在销售过程中发生的费用,可根据数据统计,按售价的一定比例估算。

(六)估算销售税费

销售税费是指预售未来开发完成的房地产或销售开发完成后的房地产应由开发商缴纳的税费,一般包括:(1)销售税金及附加,包括应缴纳的增值税、城市维护建设税和教育费附加等;(2)其他销售税费,包括应由开发商负担的印花税、交易手续费等。

销售税费可根据税法和政府的有关收费标准来测算,通常按售价的一定比例来估算,测算时要注意房地产的售价是含增值税还是不含增值税。

(七)估算开发利润

房地产开发企业与其他商品生产企业一样,其经营目标也是追求利润,商品生产经营企业的利润是商品价格的组成部分,房地产开发企业的利润也应是房地产价格的构成部分。

估算开发利润需注意以下几点:

第一,开发利润是未扣除土地增值税和企业所得税前的,这样与销售税费不包括土地增值税和企业所得税的口径一致:

开发利润=开发完成后的房地产价值-土地取得成本-开发成本-管理费用-资金成本-销售费用-销售税费 (5.7)

第二,通常情况下,开发利润是在正常条件下开发商开发房地产项目所能获得的平均利润,而不是个别开发商最终获得的实际利润,也不是个别开发商所期望的利润,在这种情况下,评估结论的价值类型为市场价值。如果开发利润是个别开发商所期望的利润,评估结论的价值类型就可能是投资价值。

第三,开发利润通常是按照一定的基数乘以同一市场上类似房地产开发项目相应的平均利润率估算的。利润率计算的基数可以是土地取得成本、开发成本和管理费用之和,或者是土地取得成本、开发成本、管理费用、资金成本和销售费用之和,也可以是开发完成后的房地产价值。不管采用何种计算基数,在估算时都要注意利润率与所计算利润率的基数的一致性。

五、既有房地产评估的操作步骤

既有房地产可以分为既有房地和既有建筑物两种。在既有房地情况下,其成本法计算公式如下:

既有房地评估价值=土地重置成本+建筑物重置成本-建筑物贬值 (5.8)

在式(5.8)中,土地重置成本即土地重新取得的价值已经考虑了因土地使用权期限缩短而造成的土地价值减损,即土地的重置成本不是土地在最高出让年限下的价值,而是土地在剩余使用权期限下的价值,故只单独减去建筑物贬值。建筑物的重置成本则是取得全新状态建筑物必要合理的支出。

在既有建筑物的情况下,成本法计算公式如下:

既有建筑物评估价值=建筑物重置成本-建筑物贬值 (5.9)

(一)估算重置成本

1.重置成本估算的思路

重置成本是假设在评估基准日重新取得或重新开发、重新建造全新状态的评估对象所需的一切合理的、必要的费用、税金和应得的利润之和。

(1)估算房地的重置成本,可先估算土地的重置成本,再估算建筑物的重置成本,然后相加(称为房地分估模式)。在实际评估中,也可以采用类似于评估新开发房地价值的成本法来估算(称为房地合一模式)。

(2)估算土地的重置成本,通常假设土地上的建筑物不存在,除此之外的状况均维持不变,然后采用市场法、收益法、基准地价修正法等测算,要考虑在评估基准日状态下的土地使用权期限缩短的影响。

(3)估算建筑物的重置成本,是假设旧建筑物所在的土地已取得,且为空地,但除了旧建筑物不存在之外,其他状况均维持不变,然后在此空地上重新建造与旧建筑物完全相同或具有相同效用的新建筑物所需的一切合理、必要的费用、税金和正常利润,就是建筑物的重置成本。

建筑物的重置成本有复原重置成本和更新重置成本之分。复原重置成本是采用与评估对象建筑物相同的建筑材料、建筑构配件、建筑设备、建筑技术和工艺等,按评估基准日的价格水平和费用标准,重新建造与评估对象建筑物完全相同的新建筑物的正常合理价格。更新重置成本是采用评估基准日的建筑材料、建筑构配件、建筑设备、建筑技术和工艺等,按评估基准日的价格水平和费用标准,重新建造与评估对象建筑物具有相同效用的新建筑物的正常合理价格。

由于上述两种建造方式不同,因此得出的重置成本在量上往往存在差异。一般来说,复原重置成本适用于具有特殊保护价值的建筑物的评估,更新重置成本则适用于一般建筑物和因年代久远、已缺乏与旧建筑物相同的建筑材料、建筑构配件和建筑设备,或因建筑技术、工艺和标准已改变等,使旧建筑物复原建造有困难的建筑物的评估。技术进步使原来的许多设计、工艺、材料、结构等显得过时或成本过高,采用新材料、新技术、新工艺等不仅功能更加完善,而且建造成本更低,因此,一般情况下更新重置成本比复原重置成本低。

2.建筑物重置成本的估算

建筑物重置成本一般可采用成本法、市场法来估算,也可先估算出房地合一的价值,再扣除其中包含的土地价值后得到。建筑物重置成本通常采用成本法估算,其计算公式如下:

建筑物重置成本=建筑安装工程费+专业费+管理费用+资金成本+销售费用
+销售税费+开发利润　　(5.10)

式(5.10)将建筑物建造成本细分成了建筑安装工程费和专业费,因此,式(5.10)与式(5.6)是相同的。

估算建筑物重置成本时,通常先估算其中的建筑安装工程费,其他费用和利润均可以建筑安装工程费为基础,按一定比例来估算。当然,其他费用和利润也可以按建筑物重置成本的一定比例来估算。

在建筑物重置成本的构成中,建筑安装工程费是主要构成内容。建筑安装工程费的估算通常有下列几种方法:

(1)单位比较法

单位比较法是以建筑物为整体,选取与建筑物的建筑安装工程费密切相关的某种计量单位(如单位建筑面积、单位体积、延长米等)作为比较单位,通过调查了解近期类似建筑物的这种单位建筑安装工程费,并对其做适当的修正来估算建筑物建筑安装工程费的方法,主要有单位面积法和单位体积法。停车场的比较单位通常为每个车位,旅馆的比较单位通常为每个房间或床位,保龄球馆的比较单位通常为每个球道。

评估中常用的是单位面积比较法。单位面积比较法是根据当地近期建成的类似建筑物的单位建筑面积建筑安装工程费,对其进行适当的调整和修正,得到被评估建筑物的单位建筑面积建筑安装工程费,然后乘以被评估建筑物的建筑面积来估算建筑物建筑安装工程费的方法。这里的调整和修正,是指被评估建筑物与参照的类似建筑物在结构、材料、设计标准、附属设备、层高、装饰装修等方面存在差异时所做的调整和修正,如果类似建筑物建筑安装工程费形成的时间与评估基准日有差异,则也应该做修正。

单位比较法较为简便、实用,因此比较常用,但可能比较粗略。

(2)分部分项法

分部分项法是以建筑物各个分部工程或分项工程的单位价格或成本为基础来估算建筑物建筑安装工程费的方法:先估算各个分部工程或分项工程的数量,然后乘以相应的单位价格或成本,再加总。在运用分部分项法时,应注意结合各分部分项工程的特点使用计量单位,有的用面积,有的用体积,有的用长度,有的用容量,如基础工程的单位通常用体积,装修工程的单位通常用面积。

典型的建筑分部包括基础、墙体、楼地面、屋面、给排水、供暖和电气等工程部分。

分部分项法是对前面单位比较法的评估结果进行修正或调整常用的方法。

作为计算成本的基本方法,分部分项法尤其适合对工业建筑的成本进行估算,因为这些建筑的大小、形状和高度常常差异较大,使用单位比较法很难对其成本做出准确的估算。

(3)工料测量法(工料估算法)

工料测量法也称工料估算法,是先估算建筑物所需的各种材料、配件、设备等的数量和人工时数,然后逐一乘以评估时点相应的单价和人工费标准,再将其相加并考虑相应的税费后估算建筑物建筑安装费的方法(料、工、费逐项计算,是重置核算法)。这种方法与编制建筑物预算的方法是一样的,即先根据定额标准测算工程量,再以评估基准日价格来测算。故工料测量法也可称为重编预算法。

尽管工料测量法是估算建筑成本的最精确的方法,但费时费力,是一种非常专业的方法,要具备建筑技术知识和工程造价知识,且这种方法所要求的时间和细节往往难以得到保证,因此较少被评估人员采用。这种方法主要被建筑承包商用于项目的投标。

(4)指数调整法

指数调整法是运用建筑成本(造价)指数或变动率,将建筑物的原始建筑安装工程费调整为评估基准日的建筑安装工程费来估算建筑物建筑安装工程费的方法。采用这种方法,要注意原始建筑安装工程费的合理性。

(二)估算建筑物的贬值

1. 建筑物贬值的概念和原因

建筑物的贬值是被评估建筑物在评估时点的价值与其重置成本的差额。建筑物的损耗可分为有形损耗和无形损耗两种,前者是由于年限、使用和物理、化学变化引起的建筑物价值损失,后者是由于技术进步、规划设计更新、消费观念变化等引起的价值损失。因此,建筑物的贬值同样可以分为实体性贬值、功能性贬值和经济性贬值三种。

(1)实体性贬值

实体性贬值是建筑物在实体方面的损耗所造成的价值损失,是使用、年限、天气、无人看管、失修甚至故意破坏等造成的。

实体性贬值可以分为可修复贬值和不可修复贬值。可修复贬值是指在经济上可以修复的贬值,即通过对建筑物缺陷的修补而使其价值的增加至少相当于修补的成本。不可修复贬值是修复建筑物的成本很可能大于修补后建筑物所增加的价值,这种修复在经济上是不可行的。例如,对建筑物地基或建筑框架的轻微破坏常常被认为是不可修复的贬值,因为其修复成本非常大而增加的价值却相对较小。

其他类型的损坏被认为是不可修复的贬值,其中包括那些在若干年后需更新但目前还很“不错”、无须更新的某个特别的建筑部分,如一个在五六年内需要更新但还有很长的使用寿命而无须现在更换的半旧空调系统。这种情况下的价值损失属于短期不可修复贬值(也称延迟可修复贬值)。在五年后,当空调剩余的经济寿命已经结束时,我们就可以认为价值损失是可以修复的,因为作为建筑组成部分的空调在这个时候更换在经济上是可行的。

如果引起建筑物主要部分价值损失的主要原因是年限,这时的损失就被称为长期不可修复贬值。在这种情况下,修补或更新的费用几乎总是大于修补带来的价值增加。因年限而逐渐减少价值的地基、框架管道、设施或电线就是长期不可修复贬值的例子。

(2)功能性贬值

功能性贬值是一种由于建筑效用相对损失而引起的贬值。效用损失是指有些建筑特征不如其成本所显示的那么有用,即功能性贬值是相对的,是相对于重置成本而言的,因此,是否存在功能性贬值取决于建筑物的重置成本是如何估算的。

建筑物功能性贬值可能是由于建筑设计不完善、设备过时或建筑物内其他方面的设计瑕疵所引起的,如拙劣的楼层平面布置和住宅没有独立卫生间等。

建筑设计特征与位置不符,如建筑的类型或用途与位置不符,属于某种程度的功能损失,被称为建筑错位。建筑对于邻区来说过大或过于豪华,也会有功能损失,被称为建筑过度。建筑对于邻区来说过小或质量太差,由此引起的功能损失被称为建筑不足。

功能性贬值可以是可修复的,也可以是不可修复的,这主要取决于修复成本是小于还是大于在价值方面所得到的好处。但建筑错位或建筑过度所引起的价值损失,通常被认为是不可修复的。

(3)经济性贬值

经济性贬值是指被评估房地产外部的原因引起的价值损失。造成经济性价值损失的原因有环境污染、房产区划的变化、附近土地用途的不适合、灰尘、高速公路或机场噪声等。一般来说,经济性贬值是由一些自房地产兴建以后在邻区发生或已确认的事件引起的。

与实体性贬值和功能性贬值一样,经济性贬值也可以分为可修复贬值和不可修复贬值。造成经济性贬值的原因是房产业主所不能控制的,补救的成本非常大。例如,为减少高速公路的噪声给房产价值带来的影响,就需要兴建一个非常昂贵的隔音墙。因此,经济性贬值几乎总是不可修复的。

有时很难确定建筑物价值的某种特定损失是功能性的还是经济性的。随着市场需求和愿望的变化,一度被认为适合市场需求的建筑物可能不再符合当前的市场品位。如目前,那些没有独立卫生间的房屋被认为是过时的,由于这种贬值与外部因素(市场需求变化)明显相关,因此人们可能会认为其价值损失应归于经济性贬值,但通常的做法是将其归为功能性贬值,就好像建筑物的缺陷在兴建时就已存在。为解决公众一般需求而采取的公共管制措施(如提高区划的密度)的变化会引起经济性贬值,而同一人口群的特别愿望变化则通常会引起功能性贬值。这两者之间并没有明确的界限,评估人员应注意不要将同一价值损失既当作功能性的又当作经济性的,从而避免重复计算价值损失。

2.建筑物贬值的估算方法

建筑物贬值一般用相对数贬值率或成新率来表示,其测算主要可采用年限法、观察法、成新率折扣法、销售资料法和租金损失法。

(1)年限法(直线法)

年限法将建筑物的贬值建立在建筑物的寿命、已使用年限或剩余寿命之间关系的基础上。更进一步说,年限法有这样的假设:所有建筑物的使用寿命都是可以预测的。这里的使用寿命指的是经济寿命。经济寿命被定义为不动产开发项目对房产价值做出贡献的期间,因此,在一个建筑物的经济寿命结束后,空地的售价应与已开发房产的价值相同或大于已开发房产。年限法的计算公式如下:

$$\text{建筑物贬值率}=\frac{\text{建筑物已使用年限}}{\text{建筑物总经济寿命}}\times 100\% \tag{5.11}$$

$$\text{建筑物成新率}=\frac{\text{建筑物尚可使用年限}}{\text{建筑物总经济寿命}}\times 100\% \tag{5.12}$$

由于维修、现代化等方面的差异,同样年限的建筑物,其情况与理想程度有很大的差异,因此,评估人员应该以建筑物的"有效年限"而不是实际年限为基础。实际年限是建筑物从建成之日到评估时点的日历时间,有效年限可能短于或长于实际年限。若建筑物的维护保养较差,则有效年限可能长于实际年限。

一个建筑物的有效年限是另一个具备相同条件、相同效用和适销性的建筑物所拥有的实际年限。例如,一个已存在40年的建筑物如果经过现代化改造和很好的维修后,可以直接和一个仅存在20年的建筑物相竞争,在这里,已存在40年的建筑物的有效年限就为20年。因此,建筑物已使用年限的估算与机器设备不同,建筑物不存在利用率的问题,建筑物的贬值主要是年限造成的。

在使用有效年限估算贬值时,调整有效年限可能已考虑了正常的功能性和经济性方面的价值损失,但如果使用实际年限计算贬值,就应对这些因素进行单独调整。要注意的是,有效年限的调整在很大程度上是一个判断问题,因此很难证实。

采用年限法估算贬值的缺陷在于:相对于土地的价值,建筑物的效用和价值会随市场和区划的变化而发生变化,因此难以预计一个建筑物的经济寿命。评估人员、投资者等都不能对市场和区划的变化做出可靠的预测(特别是长期的),这需要评估人员根据实践经验,结合建筑物的设计寿命来判断。另外,年限法没有将可修复贬值和不可修复贬值分开。

在中国,采用年限法要注意土地使用权使用期限问题,如果建筑物的经济寿命早于土地使用期限结束,就应按建筑物的经济寿命估算贬值;如果建筑物的经济寿命晚于土地使用期限结束，通常就应按建筑物的实际已使用年限加上土地的剩余使用期限作为建筑物的经济寿命估算贬值。

（2）观察法

观察法也称评分法，是评估人员借助建筑物成新率的评分标准，包括建筑物整体成新率评分标准和不同构成部分的评分标准，根据建筑物的实际状况进行对照评分，得出成新率或贬值率。

建筑物成新率的评分标准可参考和借鉴原城乡建设环境保护部于 1984 年 11 月 8 日颁布的《房屋完损等级评分标准》。它根据房屋的结构、装修、设备等组成部分的完好和损坏程度，将房屋划分为五个等级：①完好房，指成新率在 80%以上的房屋，房屋的结构、装修、设备齐全且完好，成色新，使用良好；②基本完好房，指成新率在 60%～79%的房屋，房屋的结构、装修、设备基本完好，成色略旧并有少量或轻微损坏，基本能正常使用；③一般损坏房，指成新率在 40%～59%的房屋，房屋的结构、装修、设备有部分损坏和变形老化，需进行中、大修理；④严重损坏房，指成新率在 39%以下的房屋，房屋的结构、装修、设备有明显的损坏和变形并且不齐全，需进行大修或翻修；⑤危房，指房屋的结构已处于危险状态，随时有倒塌的可能。

评定的部位：①结构部分，包括地基基础、承重构件、非承重构件、屋顶、楼地面；②装修部分，包括门窗、外抹灰、内抹灰、顶棚、细木装修；③设备部分，包括水卫、电照、暖气、特种设备等。

评估人员可以参照这个标准，根据各地区的客观实际规定等级量化的具体指标，使房屋完损等级的评定更趋科学化、系统化、规范化。评估人员要在统一评分的基础上，根据实际情况制定不同类型建筑物成新率评分的修正系数（各部位评分的权重），作为对各部位评分后的修正。用评分法估算建筑物成新率的数学表达式如下：

$$\text{成新率}=\text{结构部分合计得分}\times G+\text{装修部分合计得分}\times S+\text{设备部分合计得分}\times B \quad (5.13)$$

式中，G 为结构部分的评分修正系数，S 为装修部分的评分修正系数，B 为设备部分的评分修正系数。

具体操作时，可按评分标准对建筑物的结构、装修、设备三个部分分别评分，再对这三个部分的评分值进行修正，最后得出建筑物的成新率。

该方法由于仅考虑了建筑物本身物质实体的新旧程度，因此，估算的结果应该仅是建筑物的实体性贬值。若存在功能性、经济性的贬值，则需单独考虑。

采用观察法通常是没有考虑土地使用期限的影响，也就是说，观察法通常适用于建筑物经济寿命早于土地使用期限结束的情况；如果建筑物的经济寿命晚于土地使用期限结束，就应考虑观察法的适用性。

（3）成新率折扣法

成新率折扣法是评估人员根据建筑物的建成年代、新旧程度、完损状况等，凭经验判断建筑物的成新率，直接估算建筑物的评估价值。其计算公式如下：

$$\text{建筑物评估价值}=\text{建筑物重置成本}\times\text{成新率} \quad (5.14)$$

成新率折扣法适用于同时需要对大量建筑物进行评估的场合，比较粗略，可以看作观察法的简单运用。

(4)销售资料法

销售资料法也称市场提取法,该方法依据的原则是价值损失是由市场上买方和卖方决定的。如果旧建筑物的价值比新建筑物的价值低,那么其售价就低。在销售资料法中,先要分析许多可比销售实例(从售价中减去土地的估算值)以求得建筑物在销售价格中所占的份额,然后用这个金额与一个新建筑物(全新状态的销售实例)的现行重置成本进行比较,其差额就是价值损失。

建筑物贬值=建筑物重置成本-建筑物现值 (5.15)

采用销售资料法估算建筑物贬值的步骤如下:①估算每笔可比销售中建筑物在评估基准日的重置成本;②采用市场法或基准地价修正法等方法估算每笔可比销售中的土地价值;③从销售价格中减去土地价值从而从售价中提取建筑物部分的价值;④从每笔销售当前的建筑物重置成本中减去提取的建筑物价值,其差额就是每笔可比销售贬值的估算值。

如果我们准备将销售数据与被评估房地产相比较,就应该考虑年限的差异。如果用每笔销售的贬值除以其估算的当前重置成本,其结果就是每笔销售的建筑物价值损失的百分比,这个结果再除以可比销售实例的已使用年限,就是价值损失的年百分比。被评估建筑物可以使用该典型年度的损失百分比。

被评估建筑物贬值率=典型年度损失百分比×被评估建筑物已使用年限 (5.16)

该方法估算的结果应该包含建筑物的所有贬值。

(5)租金损失法

租金损失法也称资本化收益法,可用于估算各种原因引起的总价值损失或单一原因引起的价值损失。如果估算各种原因引起的损失,就应该将被评估建筑物的当前租金与一个可以替代的类似新建筑物的租金相比较,其差异就是年限或贬值引起的租金损失。在实践中,非正规的做法通常是使用总租金乘数将租金损失“资本化”。例如,要估算一套旧住宅的贬值,如果其月租金比新的类似住宅少300元,市场研究表明总租金乘数为200,那么通过租金损失法估算的贬值就为60 000元。

如果被评估的是典型的收益性房产,那么价值损失或贬值就可以采用收益法进行估算,这时使用的是净收益而不是总收益。先将那些在扣减土地收益后属于建筑物的净收益资本化或折现,这是对建筑物价值的估算,再从建造同一建筑物的重置成本中减去该价值,就可以得到建筑物总的贬值额。

(6)功能性贬值和经济性贬值的估算问题

如果上述建筑物贬值的估算方法中没有包含功能性贬值和经济性贬值因素,就需单独估算功能性贬值和经济性贬值。

功能性贬值和经济性贬值是相对于重置成本而言的,首先需要分析估算的建筑物重置成本中是否存在未扣除的功能性贬值和经济性贬值,这取决于建筑物重置成本估算的标准。例如,某无电梯的办公楼,如果估算了其在有电梯情况下的重置成本,就需考虑相对于有电梯情况下的重置成本,被评估办公楼存在功能性贬值(功能不足);而如果估算的是其在无电梯情况下的重置成本,就不需要单独考虑功能性贬值。

所以,是否需要单独估算功能性贬值和经济性贬值,首先要看前面介绍的贬值的估算方法中是否考虑或包含了功能性和经济性贬值;然后在需要单独估算功能性贬值和经济性贬值的情况下，着重分析建筑物的重置成本是如何估算的，是否存在需要扣除的功能性贬值和经济性贬值。

在实际评估中，评估人员应同时采用多种方法分别估算建筑物的贬值，在综合分析，全面考虑各种因素对建筑物贬值的影响后估算出建筑物的贬值。关键是要充分揭示和反映市场对建筑物价值损失的认可。

六、应用举例

【例5—1】 某宗土地，面积为60 000平方米，是通过城镇土地出让取得的(毛地出让)，出让金10万元/亩，拆迁费15万元/亩，开发费20万元/亩，其他费用(包括税费)3万元/亩，土地开发周期为2年，第一年投入资金占总开发费的60%，第二年投入资金占总开发费的40%。目前市场上地产开发的投资报酬率为12%，银行贷款利率为8%，试评估该土地经开发后的价值。

土地取得成本＝出让金＋拆迁费

＝10＋15＝25(万元/亩)＝375(元/平方米)

土地开发成本＝开发费＋其他费用

＝20(万元/亩)＋3(万元/亩)＝300(元/平方米)＋45(元/平方米)

＝345(元/平方米)

假定土地取得成本一次性投入，计息期为2年，土地开发成本分阶段均匀投入。

资金成本＝$375\times[(1+8\%)^{2}-1]+345\times60\%\times[(1+8\%)^{1.5}-1]+345\times40\%\times[(1+8\%)^{0.5}-1]=92.94$(元/平方米)

开发利润＝(375＋345)×12%＝86.4(元/平方米)

土地单价＝375＋345＋92.94＋86.4＝899.34(元/平方米)

折合每亩约60万元。

土地总价＝899.34×60 000＝53 960 400(元)

该宗土地经开发后的价值为53 960 400元，约5 396万元。

【例5—2】 某专用仓库，总建筑面积6 000平方米，建成于2005年10月底，为钢筋混凝土结构，试评估该仓库建筑物于2025年10月31日的价值。

经调查了解，现时(评估基准日)与评估对象类似的建筑物的造价为每平方米建筑面积1 200元(含合理利润、税费等)，类似建筑物的层高比评估对象高10厘米，估计影响造价5%，经修正后的单位建筑面积造价为1 140元，以此作为被评估建筑物的单位建筑面积造价。

被评估建筑物的重置成本＝1 140×6 000＝6 840 000(元)

参照有关规定并经评估人员判断，该仓库建筑物的经济寿命为50年，已使用20年。

被评估建筑物的贬值额＝$6\ 840\ 000\times\frac{20}{50}=2\ 736\ 000$(元)

建筑物评估价值＝6 840 000－2 736 000＝4 104 000(元)

经评估，该仓库建筑物的评估价值为4 104 000元。

第四节 收益法在房地产评估中的应用

一、基本思路及步骤

收益法又称收益现值法、收益还原法,是预测评估对象的预期净收益,选用适当的资本化率或折现率将其折现到评估基准日后累加,以此估算房地产价值的方法。该方法是评估房地产价值的主要方法之一,被广泛用于收益性房地产的评估。其基本计算公式在前面资产评估的基本方法中已做介绍,这里不再赘述。

收益法的应用涉及三个基本参数,即净收益额、资本化率或折现率(由于房地产收益期限通常为有限期,因此,资产评估中对有限期收益通常采用折现率)、收益期限。运用收益法评估房地产价值,首先预测预期净收益,然后估算资本化率或折现率,最后选用适当的计算公式计算待评估房地产的价值。因此,运用收益法评估一般有下列步骤:(1)收集有关房地产收入和费用的资料;(2)估算潜在毛收入;(3)估算有效毛收入;(4)估算营运费用;(5)估算净收益和收益期限;(6)选择和估算适当的资本化率或折现率;(7)选用适宜的计算公式求出收益现值。

二、适用的评估对象及条件

收益法适用于有收益或有潜在收益的收益性房地产的评估,如商场、旅馆、餐馆、商务楼等收益性房地产及可以转为收益性房地产的住宅等。对于政府办公楼、学校、公园、图书馆等社会公用、公益性房地产,收益法一般不适用。

收益法应用的前提条件:房地产的预期收益和风险都能够预测和量化。

三、各参数的估算

(一)净收益的估算

净收益是指归属于房地产的除去各种费用后的收益。在估算收益时必须注意,这个净收益是房地产的客观净收益,而不是实际净收益,因为通常情况下需要评估的是房地产的市场价值。房地产的客观净收益是房地产在正常市场条件下用于法律允许的最佳用途情况下的净收益。计算净收益的基本公式如下:

净收益=潜在毛收入-空置等造成的收入损失-营运费用 (5.17)

=有效毛收入-营运费用

潜在毛收入、有效毛收入、营运费用、净收益通常以年度计。

潜在毛收入是假设房地产在充分利用、无空置状态下可获得的收入。

有效毛收入是潜在毛收入扣除空置、拖欠租金(延迟支付或不付租金)以及其他原因造成的收入损失后所得的收入。

营运费用是维持房地产正常生产、经营或使用必须支付的费用及归属于其他资本或经营的收益，一般包括维修费、管理费、保险费、房产税、物业服务费、水电费等，但通常不包括房地产折旧费（包括建筑物折旧费和土地成本摊销费）和所得税。由于房地产是有限期使用，建筑物折旧费和土地成本摊销费作为收益处理，但建筑物的一些组成部分（如电梯、空调等）的经济寿命比整体建筑物的经济寿命短，它们在自身经济寿命结束后需重新购置或更换才能继续维持房地产的正常使用，因此它们的折旧费应包含在营运费用中，以保证定期更换这些经济寿命较短的构件、设备等。所得税只针对特定的业主而不针对资产，评估房地产的市场价值不需扣除所得税，评估其他价值类型可能需要扣除所得税。

净收益是有效毛收入扣除营运费用后归属于房地产的净收益。

净收益的具体估算因评估对象收益类型的不同而不同，可归纳为下列几种情况：

1. 出租型房地产净收益的估算

出租型房地产是收益法评估的典型对象，或者说基于租赁收入估算房地产净收益是收益法的典型运用，包括出租的住宅、写字楼、商场、标准厂房、仓库和场地等，其净收益通常为租赁收入扣除由出租人负担的维修费、管理费、保险费、房产税等后的余额。租赁收入包括有效毛租金收入和租赁保证金或押金的利息收入。在实际估算时，维修费、管理费、保险费及房产税等费用项目是否需扣除，应在分析租赁合同的基础上确定，即费用的扣除与租赁收入的构成及其水平有关，由取得租赁收入的出租方承担的费用需扣除。如果租赁合同约定保证房地产正常使用的费用均由出租方承担，则应将它们全部扣除；如果租赁合同约定这些费用的全部或部分由承租方承担，扣除的项目就不包括这些由承租方承担的费用。

2. 直接经营型房地产净收益的估算

直接经营型房地产的特点是房地产所有者又是经营者，房地产的租金和经营者利润没有分开。直接经营型房地产具体又可分为下列两种：

（1）商业用房地产

商业用房地产应根据经营资料测算净收益，净收益为商品销售收入扣除商品销售成本、经营费用、商品销售税金及附加、管理费用、财务费用和商业利润等后的余额。

（2）工业用房地产

工业用房地产应根据产品市场价格以及原材料、人工费用等资料估算净收益。净收益为产品销售收入扣除生产成本、产品销售费用、产品销售税金及附加、管理费用、财务费用和厂商利润等后的余额。

3. 自用或未使用房地产净收益的估算

自用或尚未使用的房地产，可以参照同一市场上有收益的类似房地产的有关资料按上述相应的方式计算净收益，或通过类似房地产的净收益直接比较调整后得出净收益。例如，当使用收益法对业主自持的住宅房地产进行评估时，可参照其他可比房屋的租金收益来确定其现金流。

（二）折现率的估算

折现率是将房地产的净收益转换成价值的比率。折现率的微小变化会导致评估价值的很大变化，折现率如果估算不当，即使净收益的估算很精确，计算结果也会出现很大差异。

折现率实质上是房地产置业投资的期望报酬率（或收益率），在进行房地产评估时所估算确定的折现率应等同于与获取评估对象产生的净收益具有同等风险投资的收益率。不同地区、不同时期、不同性质、不同用途的房地产,投资的风险不同,折现率也不同。评估时,必须根据具体评估对象的性质、用途及评估时市场投资的风险状况等来确定适合评估对象的折现率。

由于房地产通常是有限期使用(建筑物有使用寿命,土地有使用期限的限制),因此房地产的折现率通常包括正常回报率和投资回收率(又称投资退回率)两部分。正常回报率反映的是房地产置业投资真正的回报率,是房地产无限期使用的回报率(假定房地产无限期使用,没有损耗),可以认为其就是资本化率;而投资退回率反映的是房地产置业投资在其经济寿命期中的回收率,因为房地产随着使用会不断损耗,获得真正的收益前,应先将投资成本回收。

在实际操作中,一般可用下列方法估算折现率:

1. 市场提取法

市场提取法也就是市场法,即通过收集同一市场上类似房地产的净收益、价格等数据资料,选用相应的收益法计算公式,求出收益率作为折现率(采用统计方法测算类似房地产的报酬率作为折现率)。这种方法所采用的数据资料均来自市场,能直接反映房地产市场的供求状况,计算出的折现率能够反映房地产置业投资的期望报酬率。

例如,通过市场调查,收集资料,取得了5个最近发生的与待评估房地产相似的交易实例,其相关资料如表5—1所示。

表5—1　　相关交易实例

交易实例	净收益(元/年·平方米)	价格(元/平方米)	收益率(%)
1	425	5 600	7.59
2	445	5 900	7.54
3	470	6 300	7.46
4	475	6 350	7.48
5	480	6 400	7.50

对以上5个交易实例的收益率进行简单算术平均:

$$平均收益率=\frac{7.59\%+7.54\%+7.46\%+7.48\%+7.50\%}{5}=7.51\%$$

该类房地产的平均收益率为7.51%,故确定折现率为7.51%。

2. 累加法

累加法是将报酬率划分为无风险报酬率和风险报酬率两个部分,然后分别估算出每一部分,再相加得到报酬率的方法。其计算公式如下:

$$折现率=无风险报酬率+风险报酬率 \quad (5.18)$$

无风险报酬率也称安全利率,是无风险的投资报酬率。评估实务中,可选择一年期定期存款利率或国债利率作为无风险报酬率。

风险报酬率是指承担额外风险所要求的补偿,即超过无风险报酬率部分的报酬率,具体是对评估对象自身及所在的区域、行业、市场等所存风险的补偿，要根据评估时社会经济环境对房地产置业投资的影响估计出风险程度来确定。

3. 排序插入法

这种方法的基本思路是收集社会上各种类型投资及其收益率等的资料，按收益率大小进行排序，并制成图表；评估人员再根据经验判断待评估房地产的收益率应在哪个范围内，从而确定所要求取的折现率。

（三）收益期限的确定

收益期限是评估对象自评估时点起计算的预期未来可以获得收益的时间，其要根据具体的评估对象、评估对象的寿命（土地使用权剩余期限和建筑物剩余经济寿命）及评估时采用的假设条件等来确定。

对于以单纯的土地和单纯的建筑物作为评估对象的，应分别根据土地使用权剩余期限和建筑物剩余经济寿命确定未来可获收益的期限。在计算净收益时，不扣除建筑物的折旧费和土地费用的摊销。

对于以土地与建筑物的合成体作为评估对象的，如果建筑物的剩余经济寿命与土地使用权剩余期限相同，就以土地使用权剩余期限或建筑物剩余经济寿命确定未来可获收益的期限。计算净收益时，不扣除建筑物的折旧费和土地费用的摊销。

对于以土地与建筑物的合成体作为评估对象的，如果建筑物的剩余经济寿命长于土地使用权剩余期限，即建筑物剩余经济寿命晚于土地使用权剩余期限结束，就要看土地出让合同的约定：如果合同约定土地使用权期限届满无偿收回，地上建筑物也无偿收回，就以土地使用权剩余期限作为收益期限；如果出让合同约定土地使用权期限届满无偿收回，但对地上建筑物按残余价值给予土地使用者相应补偿，就仍以土地使用权剩余期限作为收益期限，但房地产价值需加上建筑物在收益期结束时的价值折现值。在上述情况下，计算净收益时，不扣除建筑物的折旧费和土地费用的摊销。

对于以土地与建筑物的合成体作为评估对象的，如果建筑物的剩余经济寿命短于土地使用权剩余期限，则一般可采用以下两种方法处理：

(1)根据建筑物的剩余经济寿命确定未来可获收益的期限，计算净收益时不扣除建筑物的折旧费和土地费用的摊销。房地产的评估价值等于以建筑物剩余经济寿命为收益期限计算的房地产价值，加上土地使用权剩余期限超出建筑物剩余经济寿命的那部分剩余期限土地使用权在评估时点的价值。土地使用权剩余期限超出建筑物剩余经济寿命的那部分剩余期限土地使用权在评估时点的价值，等于整个剩余期限的土地使用权在评估时点的价值，减去以建筑物剩余经济寿命为使用期限的土地使用权在评估时点的价值；也可以先测试自建筑物剩余经济寿命结束时起计算的剩余期限土地使用权在收益期结束时的价值，再折现到评估时点，但这样做难度可能较大。

(2)将未来可获收益的期限设想为无限期，则在计算净收益时仍然不扣除建筑物的折旧费和土地费用的摊销，但应该扣除满足房地产可以无限期使用、无限期获得收益的建筑物和土地再生产（建筑物寿命结束了再建造，土地使用期限结束了再购置）的投资支出。假定建筑物和土地再生产的投资支出等于建筑物的折旧费和土地费用的摊销，就相当于在计算净收益时需扣除建筑物的折旧费和土地费用的摊销。

四、收益法的派生方法

上述收益法的运用,是根据土地收益估算土地价值,根据建筑物收益估算建筑物价值,或者根据房地合一收益估算房地价值,这是收益法的基本运用。但当需要利用土地与地上建筑物共同产生的收益单独估算土地的价值或建筑物的价值时,该种情况下的收益法一般就被称为残余法,可以认为是收益法的派生方法。另外,利用收益额这个参数,可以不采用折现的方法,而采用其他方法来估算房地产价值,一般也被称为收益法的派生方法。

(一)土地残余法

土地残余法是在房地合一产生的净收益中,扣除归属于建筑物的净收益,得到归属于土地的净收益,再用土地的折现率折算成现值,从而估算土地价值的方法。

归属于建筑物的净收益一般采用建筑物价值乘以建筑物回报率得到。建筑物价值采用除收益法以外的其他方法(一般采用成本法)求得。建筑物的回报应该包括两部分:一部分是正常的投资回报;另一部分是投资的回收,即建筑物成本的回收。由于建筑物的使用是有期限的,而在计算净收益时又未扣除建筑物的折旧(成本回收),因此,建筑物的回报率(折现率)应该是正常回报率与投资回收率之和,一般用折旧率作为投资回收率。

土地残余法的计算公式如下:

$$L=\frac{a-B(r_B+d)}{r_L}\times\left[1-\frac{1}{(1+r_L)^N}\right] \tag{5.19}$$

式中,L 为土地评估价值;a 为房地合一产生的净收益;B 为建筑物价值(采用收益法以外的方法求得);r_B 为建筑物正常回报率;r_L 为土地折现率(由于土地是有期限使用,因此土地的折现率包括正常回报和投资回收两部分);d 为建筑物折旧率;N 为房地产收益期限。

土地残余法是在土地价值难以采用其他方法评估时的一种有效的方法。例如,在城市商业区内的土地,有时缺乏可供比较的交易实例,难以采用市场比较法进行评估,成本法也不适用,但存在大量的房产出租、商业经营行为,此时就可以采用残余法进行评估。

(二)建筑物残余法

建筑物残余法是在房地合一产生的净收益中,先扣除归属于土地的净收益,得到建筑物的净收益,再用建筑物的折现率折算成现值,从而估算建筑物价值的方法。归属于土地的净收益一般采用土地价值乘以土地回报率得到,土地价值采用除收益法以外的方法求得(如采用市场法)。土地的回报在土地使用权有限期的情况下与建筑物一样,也包括正常的投资回报和投资回收两部分,即土地投资要求的回报率是正常投资回报率与投资回收率之和。

建筑物残余法的计算公式如下:

$$B=\frac{a-Lr_L}{r_B+d}\times\left[1-\frac{1}{(1+r_B+d)^N}\right] \tag{5.20}$$

建筑物残余法可以检验建筑物相对于土地是否过大或过小,判断当建筑物的用途、使用强度与土地的最佳利用背离时土地价值的减值幅度。因此,运用建筑物残余法要求建筑物的用途、使用强度及使用状态不能与土地的最佳利用严重背离,否则会造成房地合一情况下房地产的租金收入或收益极低，以致租金收入或收益难以满足土地对其净收益的要求，从而无法评估建筑物价值。

上述土地残余法和建筑物残余法的计算公式中均假定在未来收益期限中每年的净收益是等额的；如果未来收益期限中每年的净收益不等额或按某种规律变化，就应根据净收益的变化特点对上述计算公式做相应的调整或采用不同的收益折现公式。

（三）收益倍数法

收益倍数法是以评估对象1年（或1个月）的某种收益（通常为未来第一年的某种收益）乘以某个倍数来估算房地产价值的方法。其计算公式如下：

房地产评估价值＝房地产某种口径的年收益（或月收益）×收益倍数　　(5.21)

收益倍数法中的收益倍数也称收益乘数，是房地产的价格或价值与其某种收益的比值，可通过市场调查经统计后获得。

房地产的收益有各种不同的口径，具体有毛租金、潜在毛收入、有效毛收入和净收益等，相应的收益倍数法有毛租金倍数法、潜在毛收入倍数法、有效毛收入倍数法和净收益倍数法等具体方法。评估实务中通常采用毛租金倍数法或毛收入倍数法，因为采用毛租金或毛收入方便且一目了然，可以避免采用净收益因计算口径不同而造成的复杂化。

五、应用举例

【例5—3】 某房地产公司于2021年2月以出让方式取得一宗土地50年的使用权，并于2023年2月在此地块上建成一座钢混结构的写字楼，当时造价为每平方米4 000元，经济耐用年限为60年。评估时，该类型建筑物的重置价格为每平方米4 200元。该写字楼总建筑面积为25 000平方米，全部用于出租。据调查，评估时当地同类型写字楼的租金一般为每天每平方米4.5元（不含增值税），空置率在10%左右，每年需支付的管理费用一般为年租金的3.5%，维修费为建筑物重置价的1.5%，房产税为租金收入的12%，增值税税率为10%，城市维护建设税税率为7%，教育费附加税率为3%，保险费为建筑物重置价的0.2%，折现率确定为8%。试根据以上资料，评估该写字楼在2026年2月的价值。

(1)估算年有效毛收入（每年按365天计）

年有效毛收入＝4.5×365×25 000×(1－10%)＝36 956 250(元)

(2)估算年营运费用

年管理费＝36 956 250×3.5%＝1 293 469(元)

年维修费＝4 200×25 000×1.5%＝1 575 000(元)

年保险费＝4 200×25 000×0.2%＝210 000(元)

年税金＝36 956 250×[12%＋10%×(7%＋3%)]＝4 804 313(元)

年营运费用＝1 293 469＋1 575 000＋210 000＋4 804 313＝7 882 782(元)

(3)估算净收益

年净收益＝年有效毛收入－年营运费用

　　　＝36 956 250－7 882 782＝29 073 468(元)

(4)计算房地产评估价值(房地产的剩余收益期为45年)

$$房地产评估价值=\frac{29\ 073\ 468}{8\%}\times\left[1-\frac{1}{(1+8\%)^{45}}\right]=352\ 033\ 224(元)$$

评估单价=352 033 224÷25 000=14 081(元/平方米)

经评估,该房地产在2026年2月的评估价值为352 034 700元,评估单价为每平方米14 081元,该评估结果为不含增值税价。

【例5—4】 某宗房地产年净收益为56万元,建筑物价值为250万元,建筑物正常回报率为10%,土地折现率为8%,房地产的收益期限为40年。试采用残余法评估土地价值。

$$土地价值=\frac{56-250\times\left(10\%+\frac{1}{40}\right)}{8\%}\times\left[1-\frac{1}{(1+8\%)^{40}}\right]=295.13(万元)$$

第五节 市场法在房地产评估中的应用

一、基本思路及计算公式

市场法又称市场比较法、比较法,是指在估算被评估房地产价值时,将被评估房地产与近期市场上已发生交易的类似房地产加以比较,对已发生交易的类似房地产的已知成交价格进行调整和修正,得出被评估房地产价值的一种评估方法。简言之,就是根据类似房地产的成交价格来估算评估对象价值的方法。

这里所谓的类似房地产,是指在区位、用途、规模、建筑结构、新旧程度等方面与被评估房地产相同或相似的房地产。类似房地产在市场法中通常被称为交易实例房地产,简称交易实例,或称参照物、类比房地产。

市场法是以商品交易的替代原理为理论依据。在房地产市场上,某宗房地产的交易价格必然受到与其具有同等效用的替代性房地产价格的影响,在相互竞争的条件下,价格水平会趋于一致。所以,运用已发生交易的房地产价格来推测、估算具有同等效用或相近效用的被评估房地产价值是可行的。尽管现实中,由于个人的偏好、知识和交易情况等的不同,个别交易时常会偏离市场常态,但只要有足够的交易数量,就可以形成市场行情,作为市场价值的参照指标。

与其他评估方法相比,市场法更直接依赖于现实的市场价格资料和房地产的品质资料,更符合当事人的行为方式,因此,在房地产市场比较发达、交易活跃、存在大量房地产交易实例的情况下,市场法被认为是一种说服力强、可靠性好、适用范围广的基本评估方法。

市场法是通过对被评估房地产与交易实例之间差异因素的调整和修正来估算被评估房地产的价值,因此,市场法可用以下公式表示:

被评估房地产价值=交易实例单价×(1±交易实例差异因素调整率)×(1+期间房地产价格上涨率)×被评估房地产面积　　(5.22)

在实际评估中，需要逐一列出被评估房地产与交易实例的差异，分别算出差异因素调整率或修正系数，再测得交易实例成交日至评估基准日房地产价格上涨率，才可求得被评估房地产价值。在实际操作中，一般将差异因素进行归类，主要包括交易情况差异、区域因素差异、个别因素差异和交易时间差异四类。因此，在具体评估中，市场法的计算公式可表示如下：

被评估房地产价值＝交易实例单价×交易情况修正系数×区域因素修正系数×个别因素修正系数×交易时间修正系数×被评估房地产面积　　(5.23)

二、适用的评估对象及条件

运用市场法评估房地产价值应具备一些条件，主要有：

(一)类似房地产交易要活跃

只有类似房地产交易活跃，才能形成不受个别交易左右的市场行情，从而有理由按市场行情评估被评估房地产的价值。

(二)类似房地产交易要公开

类似房地产交易的实际成交价格和融资条件及类似房地产的区位、规模、权益状况、建筑结构等情况是可以被了解清楚的，这样才能收集到充分的类似房地产的交易资料。

由此可见，市场法适用于交易比较活跃的房地产的评估，如房地产开发用地、商品住宅、商务楼、商铺、标准厂房等；而对于很少发生交易的房地产或者没有交易的房地产，如特殊工业厂房、古建筑、教堂、庙宇等以及交易不公开的房地产，则难以采用市场法进行评估。

三、因素修正及操作步骤

(一)踏勘被评估房地产

运用市场法的第一步是对被评估房地产的状况，包括地理位置、环境状况、交通状况、配套设施状况、建筑结构、装修及设备等状况进行实地踏勘，为下一步有目的地收集类似的可供比较的交易实例提供基础。

(二)收集房地产交易实例资料

运用市场法应尽可能多地收集房地产交易实例资料。当然，对于评估人员来说，必须时刻留意积累交易实例资料，而不是等需要用时才去收集。在收集交易实例资料时，一般需要收集的内容有房地产的位置、用途、交易价格、交易时间、交易双方情况，房地产状况、环境状况、交通状况、配套设施状况等。收集的内容可制成统一的表格，收集时按表填写，这样可以保证收集资料的全面和充分。值得注意的是，对于收集到的每一交易实例，其每一项内容都要进行分析验证，剔除虚假的内容，做到准确无误。

(三)选取可供比较的交易实例

评估人员收集和积累的交易实例较多，但对于被评估房地产来讲，其中有些交易实例并不一定适用。因此，在对某宗被评估房地产进行评估时，还需要选取其中符合一定条件的交易实例作为比较参照物,即选择可比性好的交易实例作为比较对象。

供比较参照的交易实例一般应符合下列条件:

(1)与被评估房地产的用途相同。这种用途主要是指大类用途,若能做到小类用途相同则更好。大类用途分为工业、商业、办公、居住等。

(2)与被评估房地产所处的区位应相同或相近,或在同一供求范围内的类似区域。

(3)与被评估房地产的价值类型应相同,或者是引起交易的原因或性质基本相同。不同的交易目的会产生不同的交易价格,因交易目不同所造成的价格之间的差异往往难以修正。

(4)与被评估房地产的建筑结构应相同或相似。这里的建筑结构相同,主要是大类建筑结构相同,若能做到小类建筑结构相同则更好。大类建筑结构一般分为钢结构、钢筋混凝土结构、砖混结构等。

(5)与被评估房地产的建筑档次、规模应相同或相当。档次反映建筑物的等级或品质,规模反映房地产的大小,它们对房地产单位价格有重要影响。

(6)与被评估房地产的融资条件应相同或相似。融资条件(包括贷款利率、期限、偿还方式等)对房地产成交价格影响很大。卖方可能会对买方提供分期付款、承担部分利息等融资优惠条件,不同的融资条件对应不同的成交价格。

(7)交易实例交易日与评估基准日应接近。一般来说,交易实例发生的时间与被评估房地产的评估基准日越接近越好,因为价格受市场变化影响较小,说明价格较可靠。当然,如果房地产市场相对稳定,则交易实例的交易发生日期到评估基准日的时间可以长一些,但应尽可能采用交易时间与评估基准日接近的交易实例。

(8)交易实例必须为正常交易或可修正为正常交易。正常交易,是指交易应是公开、平等、自愿的,其所形成的交易价格可以看成对市场价格的反映。可修正,是指影响正常交易价格的因素是可知的,对价格的影响程度是可以判断和估计的。

从实务操作的角度,对选取的可供比较的交易实例应该有一定的数量要求,一般不得少于3个,但也不要超过10个,4~8个较佳。

(四)建立价格比较基础

选取了可比的交易实例后,应先使每个可比交易实例与评估对象的价格具有可比的基础,再进行修正。价格可比基础的建立通常包括五个方面:(1)统一付款方式,通常折算为成交日一次付清;(2)统一采用单价,土地一般采用楼面地价;(3)统一货币单位,一般以人民币为基准;(4)统一面积计量单位,一般以平方米为基准;(5)统一面积内涵,一般以建筑面积为基准。

(五)被评估房地产与交易实例的差异因素的比较和修正

评估对象与交易实例的差异因素修正,一般包括交易情况修正、交易时间修正、区域因素修正和个别因素修正。

1.交易情况修正

交易情况修正的目的是将可比交易实例的非正常交易价格修正为正常交易价格。进行交易情况修正,首先要弄清楚哪些因素可能使交易价格偏离正常价格以及是如何偏离的。

交易行为中的特殊因素较为复杂，归纳起来主要有下列几种：

（1）有特殊利害关系的相关方之间的交易，如亲友之间、母子公司之间、公司与其员工之间的房地产交易，成交价格通常低于正常市价，但也有可能高于正常市价。

（2）交易时有特别的动机，如急于出售或急于购买，成交价格或低于正常市价或高于正常市价。

（3）买方或卖方对所买卖的房地产存在特别的兴趣或偏好，成交价格可能会高于正常市价。

（4）买方或卖方不了解市场行情，成交价格或高于正常市价或低于正常市价。

（5）购买相邻房地产，由于该相邻房地产与原有房地产合并后会增加原有房地产的效用，相邻房地产拥有者会以此抬高价格，迫使购买者以高于市场正常价格的价格购买，因此成交价格往往要高于该房地产单独存在时的正常价格。

（6）特殊的交易方式，如拍卖、招标等。房地产正常价格的形成应该是买卖双方经过讨价还价的协议方式，拍卖、招标方式容易受到现场气氛、情绪的影响而使价格失常。

（7）交易税费的转嫁，如土地增值税本应由卖方负担，却转嫁给了买方；交易手续费本应由双方各负担一部分，却转嫁给了某一方；契税本应由买方负担，却转嫁给了卖方；等等。

（8）其他特殊交易情形，如交易时附带所谓的“价格费用”。

有些非正常交易在选取可比交易实例时可能已经剔除，但也有可能因与评估对象相类似的可比交易实例较少，而选用上述特殊情况下的交易实例。交易中的特殊因素对价格影响的修正有的较易，有的较难，但很多情况下缺乏统计数据而较难修正，需依赖于经验判断。一般采用百分率法进行修正，计算公式如下：

$$\text{交易实例正常市场价格}=\text{交易实例成交价格}\times\text{交易情况修正系数} \tag{5.24}$$

交易情况修正系数是以正常情况为基准计算的。假设交易实例成交价格比其正常情况高、低的百分比为$\pm S\%$，则有：

$$\text{交易实例正常市场价格}=\text{交易实例成交价格}\times\frac{1}{1\pm S\%} \tag{5.25}$$

或

$$\text{交易实例正常市场价格}=\text{交易实例成交价格}\times\frac{100}{100\pm S} \tag{5.26}$$

2.交易时间修正

交易时间修正是将可比交易实例在其成交日的价格修正到评估基准日的价格，本质上是对市场状况差异进行的修正，即交易时间修正的目的是消除交易实例成交日与评估基准日之间市场状况差异造成的价格差异。

交易时间修正一般采用价格指数或变动率进行。可供选择的几类价格指数或变动率有：（1）建筑造价指数或变动率；（2）建筑材料价格指数或变动率；（3）建筑人工费指数或变动率；（4）房地产价格指数或变动率；（5）地产价格指数或变动率。

交易时间修正的计算公式如下：

$$\text{交易实例在评估基准日的价格}=\text{交易实例成交价格}\times\text{交易时间修正系数} \tag{5.27}$$

交易时间修正系数一般以成交时的价格为基准来计算。假设从交易实例成交日到评估基准日市场价格涨、跌的百分比为$\pm T\%$(价格变动率为$T\%$),则:

$$\text{交易实例在评估基准日的价格}=\text{交易实例成交价格}\times(1\pm T\%) \tag{5.28}$$

或

$$\text{交易实例在评估基准日的价格}=\text{交易实例成交价格}\times\frac{100\pm T}{100} \tag{5.29}$$

当采用价格指数中的定基价格指数时,计算公式如下:

$$\text{交易实例在评估基准日的价格}=\text{交易实例成交价格}\times\frac{\text{评估基准日价格指数}}{\text{成交日价格指数}} \tag{5.30}$$

3. 区域因素修正

区域因素修正的内容主要包括交通通达程度、繁华程度、小区配套设施、环境污染、噪声、景观、城市规划等影响房地产价格的因素。由于影响不同使用性质房地产价格的区域因素不同,因此具体修正的内容不尽相同。例如,商业区注重繁华程度,住宅区讲求宁静、安全、舒适,工业区重视交通运输。

值得注意的是,交易实例的区域因素是交易实例成交当时的区域状况。

具体进行修正时可以采用直接比较,也可以采用间接比较。直接比较,即以评估对象的区域因素为基准,交易实例的区域因素与其逐项比较和评分,然后将所得分数转化为修正价格的比率;也可以评估对象为标准,每个差异因素确定一个修正系数,逐个进行修正。间接比较,即设想一个标准的区域因素(或理想的区域因素),以此为基准,交易实例及评估对象的区域因素均与其逐项比较和评分,然后将所得分数转化为修正价格的比率。通过修正,将交易实例区域因素下的价格修正为评估对象区域因素下的价格。

区域因素修正的公式如下:

$$\text{评估对象区域下的价格}=\text{交易实例价格}\times\text{区域因素修正系数} \tag{5.31}$$

以评估对象的区域因素为基准,假设交易实例在其区域因素下的价格比评估对象区域因素下的价格高、低的百分比为$\pm Q\%$,采用直接比较对交易实例价格进行区域因素修正,计算公式如下:

$$\text{评估对象区域下的价格}=\text{交易实例价格}\times\frac{1}{1\pm Q\%} \tag{5.32}$$

或

$$\text{评估对象区域下的价格}=\text{交易实例价格}\times\frac{100}{100\pm Q} \tag{5.33}$$

若采用间接比较对交易实例价格进行区域因素修正,则计算公式如下:

$$\text{评估对象区域下的价格}=\text{交易实例价格}\times\frac{\text{标准状况}}{\text{实例状况}}\times\frac{\text{评估对象状况}}{\text{标准状况}} \tag{5.34}$$

若采用指数表示,以标准区域状况为100,则:

$$\text{评估对象区域下的价格}=\text{交易实例价格}\times\frac{100}{(\quad)}\times\frac{(\quad)}{100} \tag{5.35}$$

4. 个别因素修正

一般直接比较交易实例与被评估房地产之间的差别,可以先确定个别因素修正的内容,对每一项造成交易实例价格差异的个别因素进行分析，求出修正系数，然后逐项进行修正；也可以以评估对象的状况为标准，交易实例逐项与它进行比较和评分，然后将所得分数转化为修正价格的比率或系数。其计算公式如下：

$$\text{评估对象状况下的价格}=\text{交易实例价格}\times\text{个别因素修正系数} \tag{5.36}$$

或

$$\text{评估对象状况下的价格}=\text{交易实例价格}\times\frac{1}{1\pm G\%} \tag{5.37}$$

式中，$\pm G\%$为交易实例以评估对象状况为基准的价格差异高、低百分比。

个别因素修正的关键是找出每项个别因素对价格的影响程度，这可以通过统计分析得到。例如，个别因素中的容积率修正系数一般应通过取得容积率变化与价格的关系来求得。个别因素中的土地使用期限修正可用下列公式计算修正系数：

$$\text{土地使用期限修正系数}=\frac{1-\frac{1}{(1+r)^m}}{1-\frac{1}{(1+r)^n}} \tag{5.38}$$

式中，m为被评估土地使用权剩余期限，n为交易实例的土地使用权剩余期限，r为折现率。

（六）计算修正后价值

在建立价格比较基础后，需要对可比交易实例的成交价格进行交易情况、交易时间、区域因素和个别因素四个方面的修正，经过上述修正后，就把交易实例成交价格转化为评估对象的价值。如果把这些修正综合在一起，则计算公式如下：

$$\text{评估对象价值}=\text{交易实例成交价格}\times\frac{100}{(\quad)}\times\frac{(\quad)}{100}\times\frac{100}{(\quad)}\times\frac{100}{(\quad)} \tag{5.39}$$

（七）被评估房地产价值的确定

通过交易情况修正、交易时间修正、区域因素修正、个别因素修正，就把交易实例的成交价格转化成了被评估房地产的价值。但由于用来参照的可比交易实例有多个（一般应在3个以上），经过修正后，每一个交易实例都得出一个价值，并且可能存在差异（可能差异较大），因此，应对每个交易实例修正后的结果进行分析，以最可靠的修正结果作为最终的评估结论，不能简单地采用算术平均或者加权平均等方法来得出最终评估结论，只有当各个交易实例修正后的结果均比较一致，才可以采用算术平均值作为最终的评估结论。

通常应该做两方面的分析：一是可比性分析，分析交易实例与被评估房地产的可比性，可比性好，评估结果就可靠；二是分析对差异因素影响价格程度把握的准确性，对因素差异造成的价格差异把握得好，评估结果就可靠。

四、应用举例

【例5—5】 评估对象为一宗商业用途的空地，面积为3 000平方米，要求评估其2023年12月的市场价值。

评估人员通过收集有关交易实例数据资料（过程略），选出3个可比性较好的交易实例作为比较参照物，交易实例的有关情况见表5—2。

表5—2　　交易实例情况

比较项目	交易实例			
	A	B	C	评估对象
坐落	略	略	略	略
所处地区	繁华区	繁华区	繁华区	繁华区
用途	商业	商业	商业	商业
土地类型	熟地	熟地	熟地	熟地
价格(元/平方米)	15 500	12 000	14 000	
交易时间	2023年2月	2023年5月	2023年8月	2023年12月
面积(平方米)	1 800	2 000	2 200	3 000
形状	规则	规则	规则	规则
地势	平坦	平坦	平坦	平坦
地质	普通	普通	普通	普通
基础设施	完备	完备	完备	完备
交通状况	很好	较好	较好	很好
剩余使用期限(年)	35	30	35	30
容积率	5	4.5	4.5	5

(1)进行交易情况修正

评估人员经过调查,未发现交易实例有特殊情况,均作为正常交易看待,故无须修正。

(2)进行交易时间修正

根据调查,自2023年1月以来,此类用途土地价格平均每月上涨1%。

交易实例A的交易时间修正系数=110÷100=1.1

交易实例B的交易时间修正系数=107÷100=1.07

交易实例C的交易时间修正系数=104÷100=1.04

(3)进行区域因素修正

交易实例A与评估对象处于同一区域,坐落相近,无须做区域因素修正。交易实例B和交易实例C的区域因素修正采用评分法,可参照表5—3的有关数据判断计算。

表5—3　　交易实例的区域因素修正

区域因素	B		C	
	比较	分值	比较	分值
自然条件	相同	10	相同	10
社会环境	相同	10	相同	10
街道条件	稍差	8	相同	10
繁华程度	稍差	7	稍差	7

续表

区域因素	B		C	
	比较	分值	比较	分值
交通便捷度	稍差	8	稍差	8
规划限制	相同	10	相同	10
交通管制	相同	10	相同	10
离公交站点距离	稍远	7	相同	10
交通流量	稍少	8	稍少	8
周围环境	较差	8	相同	10

表5—3中的比较是以待估宗地的区域因素为标准的，即待估宗地的区域因素分值总分为100，共分10个区域因素，每个区域因素的分值为10，交易实例分值是与待估宗地比较后得到的。

交易实例B的区域因素修正系数＝100÷86＝1.163

交易实例C的区域因素修正系数＝100÷93＝1.075

(4)进行个别因素修正

①关于面积因素的修正。待估宗地的面积大于3个交易实例的面积，对商业用地而言，面积大些便于充分利用。经过分析确定，面积因素使得待估宗地的价格比交易实例价格高3%。

②关于土地使用权期限因素的修正。除交易实例B与待估宗地的剩余使用期限相同外，交易实例A和交易实例C均需做使用期限因素修正，修正系数计算如下(假定折现率为8%)：

$$交易实例A和交易实例C的土地使用权期限修正系数=\frac{1-\frac{1}{(1+8\%)^{30}}}{1-\frac{1}{(1+8\%)^{35}}}=0.965\ 9$$

③关于容积率因素的修正。交易实例A与待估宗地的容积率相同，故无须做修正，交易实例B和交易实例C的容积率与待估宗地不同，应进行修正。经收集有关数据资料进行统计分析，待估宗地所在城市商业用途土地的价格与容积率的关系是容积率在4～5时，容积率每增加0.1，则地价增加2%。

交易实例B和交易实例C的容积率修正系数＝100÷91＝1.1

交易实例个别因素修正系数计算如下：

交易实例A的个别因素修正系数＝1.03×0.965 9×1.0＝0.995

交易实例B的个别因素修正系数＝1.03×1.0×1.1＝1.133

交易实例C的个别因素修正系数＝1.03×0.965 9×1.1＝1.094

(5)计算修正后价值

A＝15 500×1.0×1.1×1.0×0.995＝16 965(元/平方米)

B=12 000×1.0×1.07×1.163×1.133=16 919(元/平方米)

C=13 800×1.0×1.04×1.075×1.094=16 879(元/平方米)

(6)计算最终评估结果

经过对3个交易实例价格的修正,得到的3个修正后的价值较接近。经分析,修正结果均较可靠,故采用算术平均法求出最终评估结果:

待估宗地评估价值(单价)=(16 965+16 919+16 879)÷3=16 921(元/平方米)

待估宗地评估价值(总价)= 16 921×3 000=50 763 000(元)

【例5—6】 与待估宗地甲条件类似的交易实例为宗地A,有关对比因素指标如表5—4所示。

表5—4　　交易实例对比因素指标

宗地	成交价	交易时间	容积率	区域因素	个别因素	地价指数
甲		2023年8月	1.1	0	0	110
A	500万元	2022年10月	1.3	−2%	1%	102

表5—4中的百分比指标为交易实例与待估宗地相比增减变动幅度。据调查,待估宗地所在城市此类用地容积率每增加0.1,宗地单位地价(地面地价)比容积率为1时的地价增加8%。试评估待估宗地甲的价值。

$$区域因素修正系数=\frac{100}{98}$$

$$个别因素修正系数=\frac{100}{101}$$

$$容积率修正系数=\frac{1+8\%\times1}{1+8\%\times3}$$

$$交易时间修正系数=\frac{110}{102}$$

$$评估价值=500\times\frac{100}{98}\times\frac{100}{101}\times\frac{1.08}{1.24}\times\frac{110}{102}=474.50(万元)$$

第六节　假设开发法在房地产评估中的应用

一、基本思路和计算公式

假设开发法也称剩余法,其基本技术思路是在估算待开发房地产(被评估房地产)价值时,假设待开发房地产将按照符合规划要求的最高最佳用途进行开发,将预期开发完成后的价值扣除后续正常的开发费用、税金及利润,以倒推算出的剩余值作为待估房地产价值。后续正常的开发费用就是取得待开发房地产后进行建造和销售所花费的必要支出,如前期工程费、建筑安装工程费、管理费用、销售费用、资金成本等。

根据假设开发法的基本技术思路，其基本计算公式如下：

待开发房地产价值＝开发完成后房地产价值－开发成本－管理费用－资金成本－销售费用－销售税费－开发利润－取得待开发房地产的税费　　(5.40)

对于式(5.40)中具体应该减去的项目，掌握的基本原则是设想得到评估对象后至开发完成还需支出的一切合理、必要的费用、税金及应得的利润。如果是已经完成的工作，其相应投入的费用和利润就应包含在待开发房地产的价值中，而不应作为扣除项。

假设开发法来源于成本法，用成本法评估房地产的计算公式可以表述如下：

开发完成后房地产价值＝待开发房地产价值＋取得待开发房地产的税费＋开发成本＋管理费用＋资金成本＋销售费用＋销售税费＋正常利润　　(5.41)

式(5.41)中将土地取得成本(待开发房地产取得成本)分解为取得待开发房地产价值和取得待开发房地产税费两个部分。不难看出，可以从成本法的计算公式推出假设开发法的计算公式。

二、适用的评估对象及注意事项

假设开发法适用的评估对象主要有：(1)待开发的土地(包括生地、毛地和熟地)；(2)未开发完成或正在开发的房地产(或称在建工程)；(3)可重新开发、改造或改变用途的房地产。只要是未开发完成或具有再开发潜力的房地产(这类房地产统称为待开发房地产)，都可以采用假设开发法评估其价值。

采用假设开发法时，评估对象必须是已经有明确的规划设计条件的待开发房地产，如城市规划所规定的开发时限、用途、容积率、覆盖率、建筑高度、建筑式样等，并在此规划设计条件的基础上假设最高最佳利用的开发方案。对于开发时间或用途上具备灵活性的土地而言，基于最高最佳使用评估假设下的假设开发法评估并不适用，因为具有开发灵活性的土地具备实物期权的特性，应当考虑其中的实物期权价值。例如，一宗土地基于目前市场供求条件的最高最佳用途可能与未来市场条件发生变化后的最高最佳用途并不一致，土地的权益主体可以选择按照目前市场条件下的最高最佳用途进行开发，也可以选择暂时将土地空置，待以后根据市场环境的变化再做决定。当市场波动较大、最高最佳用途的不确定性较强时，这种延迟开发的灵活性能够最大化土地价值。在这种情况下，依据当下的最高最佳用途的假设开发法会低估土地价值。值得注意的是，我国的城市建设用地一般在使用权出让时规定了较为具体的规划设计条件，难以变更，因此土地具备实物期权价值的情形并不常见。

假设开发法评估结果的准确性主要取决于以下三个方面：(1)正确选择待开发房地产的最佳开发利用方式，即在政府规定的用途、容积率、覆盖率及建筑高度等条件下确定待开发房地产的具体用途、建筑面积、建筑结构、建筑式样、建筑档次、建筑层数等。(2)正确预测和判断开发完成后的房地产价值，通常可以采用市场法与趋势预测相结合的方法，即根据同类用途和性质的房地产现在的价格及其未来可能的变化趋势进行测算。(3)由于开发完成后房地产价值、待开发房地产价值、开发成本、管理费用等实际发生的时间不尽相同，且有的时间间隔还较长，因此评估中应考虑资金的时间价值，将发生在各个时期的收入或费用统一化为评估基准日的价格，对于大型房地产开发项目尤应如此。

评估时,要注意待开发房地产的开发状态,是正在开发中的待开发房地产还是处于停滞开发状态甚至是停滞时间较长的待开发房地产,这会影响后续开发费用。

假设开发法的评估结果既可以是市场价值类型,也可以是非市场价值类型,这取决于所采用的参数,特别是开发利润这个参数。如果开发利润是个别投资者的预期利润,则评估结果可能是投资价值而不是市场价值。

三、操作步骤

运用假设开发法评估一般有以下步骤:

第一,调查和勘察待开发房地产的基本情况,包括地理位置、面积、形状、地质、地貌、基础设施、交通以及政府的规划限制、土地使用权的剩余期限、开发程度及开发状态等。

第二,选择最佳开发利用方式,主要是在政府规划及法律许可的范围内,根据调查的待开发房地产状况和房地产市场情况确定最佳利用方式(待开发房地产开发完成后价值实现最大化的利用方式),包括具体的用途、使用强度(包括容积率、覆盖率等)、建筑高度、建筑式样等的选择和确定等。

第三,估算后续开发周期,包括整个后续开发过程所需的时间,以及开发过程中各个时期各项费用的投入时间。不同开发程度和开发状态,不同类型、不同规模的房地产开发项目,待开发房地产后续的开发周期是不同的,需按社会正常情况根据统计数据确定。

第四,预测未来开发完成后的房地产价值。

第五,估算后续开发所需的费用,包括前期费用、开发成本、管理费用、资金成本及销售费用等。

第六,估算税费和开发利润。

第七,估算待开发房地产价值,即根据前面各项估算结果,采用假设开发法的计算公式,计算待开发房地产价值。

四、动态法和静态法

房地产开发具有周期长的特点,其取得待开发房地产的支出、开发成本、管理费用、销售费用、销售税费、开发完成后的价值等实际发生的时间相隔较长。因此,在运用假设开发法评估房地产价值时,必须考虑货币的时间价值,这对于一个大型的房地产开发项目尤其重要。因考虑货币时间价值的方式不同,可以把假设开发法的具体运用分为动态法和静态法。

(一)动态法

在考虑货币时间价值时采用折现的方式,这种方式下的假设开发法称为动态法。

运用动态法时,对开发完成后的房地产价值和后续开发的必要支出等的估算,要模拟房地产开发过程,预测它们在未来发生的时间和发生时的金额,即对它们未来发生的时间和金额作为现金流进行预测,再对未来现金流进行折现,也就是将发生于不同时间的各项支出、收入先折现到同一时点(评估基准日),再相加减,以求得待开发房地产的价值。

运用动态法时无须单独计算资金成本,甚至可以不计算利润(如果折现率不仅考虑了货币的时间价值,而且考虑了预期收益的话)。

（二）静态法

在考虑货币时间价值时采用计算利息的方式，这种方式下的假设开发法称为静态法。

运用静态法时，对开发完成后房地产价值、开发成本、管理费用、销售费用、销售税费等主要是根据评估时点的房地产市场状况进行估算，不考虑各项支出、收入发生时间的不同而直接相加减；但需单独计算利息，计息期通常到开发完成时止，既不考虑预售，也不考虑延迟销售。

从理论上讲，动态法相对于静态法来说，其估算的结果更精确，但估算过程相对复杂，且后续的收入和支出需要预测，预测数据的正确性、合理性较难判断，特别是未来房价的走势，故评估实务中较少使用。

五、假设开发法计算中各参数的估算

（一）后续开发经营期

后续开发经营期是从取得待开发房地产到开发完成后的房地产经营结束所经历的时间。后续开发经营期可以分为后续开发期和经营期。后续开发期是正常情况下估算的从取得待开发房地产到开发完成后的竣工之日所经历的时间，经营期是从开始租售起到经营结束的时间。在存在预售的情况下，经营期与开发期有重合；在租赁的情况下，经营期通常到开发完成后的房地产的经济寿命结束时为止。确定后续开发经营期的目的是把握开发成本、管理费用、销售费用、销售税费等发生的时间和金额，预测开发完成后的房地产价值或租金以及计算货币时间价值。

评估中一般采用后续开发期，因为开发完成后的房地产价值一般就是开发结束后的房地产价值。

后续开发期的估计一般采用比较法，即根据同一地区、相同类型、同等规模的类似开发项目已有的正常开发期来估计。

（二）开发完成后的房地产价值

开发完成后的房地产价值是指未来开发完成后的房地产状况下的价值。在静态法中，开发完成后的房地产价值是未来开发完成后的房地产在评估基准日的房地产市场状况下的价值，只要按照评估基准日的市场状况，采用市场法或收益法估算就行，无须预测。在动态法中，开发完成后的房地产价值一般需采用预测来估算。对于出售的房地产，通常采用市场法，并考虑类似房地产价格的未来变动趋势求得价值；对于直接出租或直接经营的房地产，可以先预测其租赁或经营收益，再采用收益法求得价值。

（三）开发成本、管理费用、销售费用、销售税费

假设开发法来源于成本法，可以说是成本法的倒算法，故估算开发成本、管理费用、销售费用、销售税费时，可根据当地的房地产价格构成情况来分项估算，估算的方法与成本法中的相同，所不同的是在动态法中需要预测。

（四）资金成本

资金成本只有在静态法中才需要考虑。应计算利息的项目一般包括待开发房地产价

值、取得待开发房地产的税费、开发成本和管理费用。销售费用、销售税费和开发利润一般不计息,因为在静态法中一般假定待开发房地产在开发完成后一次性完成租售,不考虑预售或延迟销售的问题,故销售费用、销售税费及利润都发生在开发期结束时。

在具体估算资金成本时,待开发房地产价值和取得待开发房地产的税费假定在评估时点一次付清,所以计息起点是评估时点,计息周期是整个后续开发期。开发成本和管理费用实际不是发生在一个时点,而是在一段时间内连续发生,计息时一般假定在发生的时间段内均匀发生,计息周期为后续开发期的一半。当然,也可以根据费用发生的一般规律分段计息。

(五)开发利润

开发利润是待开发房地产后续开发完成应当获得的利润。估算开发利润的方法与成本法中的相同,通常是以一定基数乘以同一市场上类似房地产开发项目所要求的相应平均利润率。估算时要注意计算基数与所采用利润率的口径一致。

开发利润在静态法中肯定要计算,在动态法中则可能不需要计算,这取决于折现率的内涵。

(六)取得待开发房地产的税费

取得待开发房地产的税费是假定一旦购置了待开发房地产,在购置时就应由购买者(买方)负担的有关购置税费,如契税、交易手续费等,该项费用一般可根据评估对象当地的有关规定按待开发房地产价值的一定比例估算。

(七)折现率

折现率是在采用动态法时需确定的一个重要参数。折现率可以是资金的利息率,也可以是类似房地产开发项目所要求的平均收益率(体现资金利息和开发利润两部分)。如果折现率仅体现资金利息率,则在动态法中还需考虑扣除开发利润;如果折现率采用类似房地产开发项目所要求的平均收益率,就不再需要考虑开发利润的扣除。

六、应用举例

【例5—7】 待估土地为一宗已完成“七通一平”的待开发建设用地,土地面积为3 000平方米,土地形状规则,规划用途为住宅,允许容积率为2.5,土地使用权年限为70年。试估算该宗地目前的单位地价和楼面地价。

(1)选用评估方法

该宗地为待开发建设用地,适用假设开发法进行评估,故确定采用假设开发法的静态法进行评估。

(2)选择和确定最佳开发方式

根据市政规划和市场分析,评估人员认为该宗土地最佳的开发方式是建造高档住宅。

(3)估算建设周期

预计正常情况下该项目的建设周期为2年。

(4)预计售楼价

因采用静态法,根据目前周边类似房地产价格行情,确定该开发项目完成后,平均售价为 15 000 元/平方米。

(5)估算开发费用

预计建筑费为 3 000 元/平方米，专业费为建筑费的 10%，建筑费和专业费在建设期内均匀投入。直接成本利润率为 30%，银行贷款的年利息率为 6%，销售费用为售楼价的 2.5%，销售税费为售楼价的 6%。

(6)求取地价

地价＝预期楼价－建筑费－专业费－销售费用－利息－销售税费－利润

楼价＝3 000×2.5×15 000＝112 500 000(元)

建筑费＝3 000×2.5×3 000＝22 500 000(元)

专业费＝建筑费×10%

　　＝22 500 000×10%＝2 250 000(元)

销售费用＝112 500 000×2.5%＝2 812 500(元)

销售税费＝112 500 000×6%＝6 750 000(元)

假定地价一次性投入，建筑费和专业费均匀投入。

投资利息＝地价×$[(1+6\%)^2-1]$＋(22 500 000＋2 250 000)×$[(1+6\%)^{2/2}-1]$

　　＝0.123 6×地价＋1 485 000

利润＝(地价＋建筑费＋专业费)×30%

　　＝0.3×地价＋(22 500 000＋2 250 000)×30%

　　＝0.3×地价＋7 425 000

地价＝112 500 000－22 500 000－2 250 000－2 812 500－6 750 000－0.123 6×地价－1 485 000－0.3×地价－7 425 000

地价＝48 663 599(元)

(7)评估结果

单位地价＝48 663 599÷3 000＝16 221(元/平方米)

楼面地价＝16 221÷2.5＝6 488(元/平方米)

上述地价中含有购买土地时缴纳的税费。

【例 5－8】 某宗“七通一平”熟地的面积为 5 500 平方米，允许容积率为 3.5，适宜建造一幢写字楼。预计取得土地后写字楼建成需 2 年，建筑安装工程费为每平方米 3 500 元，勘察设计和前期工程费及其他工程费为建筑安装工程费的 12%，管理费用为建筑安装工程费的 5%。建筑安装工程费、勘察设计和前期工程费及其他工程费、管理费用第一年投入 60%，第二年投入 40%。预计销售费用为写字楼售价(含税)的 2%。增值税税率为 5%，契税税率为 3%。预计该写字楼建成后全部售出，售出时的平均单价为每平方米 15 000 元(含税)，该开发项目预期收益率为 20%。试采用假设开发法中的动态法估算该宗地的总价、单价及楼面地价。

该写字楼总建筑面积＝5 500×3.5＝19 250(平方米)

开发完成后写字楼总价(折现到评估基准日)$=1.5\times19\ 250\times\frac{1}{(1+20\%)^2}$＝20 052.08(万元)

取得待开发土地的税费=地价×3%

$$\text{建筑安装工程费、管理费用等的总额}=0.35\times(1+12\%+5\%)\times 19\ 250\times\left[\frac{60\%}{(1+20\%)^{0.5}}+\frac{40\%}{(1+20\%)^{1.5}}\right]$$

=6 716.31(万元)

销售费用=20 052.08×2%=401.04(万元)

销售税费(增值税)=20 052.08÷(1+5%)×5%=954.86(万元)

地价=20 052.08−0.03×地价− 6 716.31 − 401.04 − 954.86

地价(总价)=11 630.94(万元)

土地单价=11 630.94÷5 500×10 000=21 147(元/平方米)

楼面地价=21 147÷3.5=6 042(元/平方米)

第七节 基准地价修正法在房地产评估中的应用

一、基本思路及计算公式

基准地价修正法是一种常用的土地价值评估方法，是利用当地政府发布的基准地价作为基准，将待估宗地的区域条件和个别条件等与所在区域的平均条件相比较，对所在区域的基准地价进行修正，从而估算待估宗地价值的一种方法。

采用基准地价修正法一般根据具体宗地的各种地价影响因素与基准地价对应的土地级别区域整体影响因素状况的差别进行商服繁华度、城市设施完备度、环境质量优劣度等区域因素和容积率、时间、土地使用权期限、土地开发程度等个别因素的修正。因此，基准地价修正法的计算公式如下：

待估宗地价值=待估宗地所在区域的基准地价×区域因素修正系数×时间修正系数×年期修正系数×容积率修正系数×其他因素修正系数 (5.42)

二、适用范围及条件

基准地价修正法适用于政府已公布基准地价区域的土地价值的评估，这是运用基准地价修正法的首要条件。

基准地价修正法比较适合进行大面积的、数量众多的土地价格的评估，因为对于大面积的土地来说，市场的交易实例一般较少，很难运用市场法进行评估。

采用基准地价修正法评估土地价值的准确性取决于基准地价的准确性和各因素修正的准确程度。在市场法中，由于待估宗地是与交易实例直接进行比较，因此，差异因素相对来说比较明确；而在基准地价修正法中，待估宗地是与区域平均条件相比较的，因素条件较难明确，修正的难度较大，尤其是区域因素的修正难度较大，因此，这种方法在土地价值评估中一般不作为主要的评估方法，而是作为一种辅助方法。

需要注意的是，由于不同城市基准地价的内涵、构成、表达方式等存在不同，具体修正的内容和方法也有差异，因此，采用基准地价修正法首先应搞清楚待估宗地当地基准地价的内涵、构成等。

三、操作要点和步骤

（一）调查和勘察待估宗地的基本情况

待估宗地的基本情况包括地理位置、面积、形状、地质、地貌、基础设施、交通、政府的规划限制、土地使用权的剩余期限等。

（二）收集相关资料

收集政府公布的基准地价资料，明确待估宗地所在区域相应用途的级别基准地价以及因素条件（包括商服繁华度、城市设施完备度和环境质量优劣度等）。

（三）计算区域因素修正系数

将待估宗地的区域因素条件与该区域平均因素条件进行比较，一种可行的办法是逐项对因素条件进行比较和评分，最终确定一个综合的区域因素修正系数。

（四）计算时间因素修正系数

基准地价是基准地价评估时点的地价水平。随着时间的推移，土地的价格水平会发生变化，因此需进行时间因素修正，把基准地价对应的地价水平修正到评估基准日的地价水平。时间因素修正一般可根据地价指数的变动情况进行。

（五）计算期限修正系数

基准地价对应的土地使用权期限是各用途土地使用权的最高出让期限，而具体宗地的使用期限可能各不相同，因此需进行期限修正。土地使用权期限修正系数的计算公式如下：

$$\text{期限修正系数}=\frac{1-\dfrac{1}{(1+r)^m}}{1-\dfrac{1}{(1+r)^n}} \tag{5.43}$$

式中，m 为待估宗地使用权剩余期限，n 为该用途土地使用权的法定最高期限，r 为折现率。

（六）计算容积率修正系数

基准地价对应的是该用途土地在该级别地域内的平均容积率（或设定容积率）。具体宗地的容积率一般并不与平均容积率（或设定容积率）相同；同时，容积率对地价的影响比较大，因此必须进行容积率修正，把区域平均容积率（或设定容积率）下的地价水平修正到待估宗地实际容积率下的地价水平。在修正时，要特别注意基准地价是地面地价还是楼面地价，因为容积率对地价的影响方向取决于地价的含义。

（七）计算其他因素修正系数

其他因素是指在前面修正中可能未考虑到的一些影响地价的因素，如具体待估宗地的面积、地质、地貌及建筑高度、覆盖率、绿化率等一些具体的规划条件限制，这些因素也应该修正。

第八节 在建工程评估

一、在建工程及其评估特点

在建工程资产包括在评估基准日尚未完工的或虽然完工但尚未竣工验收、交付使用的建设项目，以及工程备用的材料、设备等财产物资。资产评估中的在建工程是广义的，并不受企业会计核算的限制，只要是未完工、未完成竣工验收的在建项目或停建项目，都被称为在建工程。反映在企业会计报表中的"在建工程"一般是指未来完工交付使用后计划转入固定资产核算的建设项目，而不转入固定资产核算的可能不反映在"在建工程"科目中，如在建的房屋工程在房地产开发企业会计报表中一般反映在"开发产品"科目中。

在建工程资产作为一类评估对象具有许多特点，这些特点在评估中应予以充分考虑。

(一)在建工程资产种类多，情况复杂

在建工程涉及各种房地产类型，如厂房、住宅、办公楼、仓库等不同用途、不同结构类型的在建项目，即使是同一类型的在建工程，也包括了土建工程、设备安装工程、给水排水工程、内外装饰装修工程等内容，其范围涉及许多行业，情况复杂，有较强的专业性。

(二)在建工程资产的形象进度和功能差异性很大

在建工程资产涵盖了从刚刚开工的在建工程到已完工但尚未完成竣工验收交付使用的在建工程。这些完工程度差异很大的在建工程，其资产功能的差异也很大。此外，不同规模、不同性质的在建工程的建设工期长短相差很大。这就使在建工程之间的可比性很差，评估时很难找到合适的可比交易实例作为参照物。

(三)在建工程资产的会计核算投资额与其实际完工进度较难一致

基于建设项目的投资方式和会计核算要求，在建工程的账面价值往往包括预付材料款和预付设备款；此外，可能还包括在建工程中应付未付的应付材料款和应付设备款等。有时，应付款项没有会计账面记录，即账面记录的仅是已支付的款项及部分应支付而未付的款项。因此，在建工程的投资额和投资时间与实际工程进度或完工量可能并不一致，存在量差和时差，对工程进度的判断不能仅基于会计账面记录。

在建工程的上述特点使得在建工程评估难以用统一的模式或公式一概而论，而要具体问题具体分析。比如，对于建设工期较短、工程投资与工程的形象进度大体一致、账面价值基本上能反映评估基准日的重置价值的在建工程，评估时可以考虑以在建工程的账面价值作为评估值。又如，整个建设工程已经完成或接近完成，只是尚未交付使用，则完全可以考虑按房地产或机器设备的评估方法来评估。属于停建的建设项目，要查明原因，确因工程项目的产、供、销及工程技术等原因而停建的，评估中可能要考虑在建工程的功能性、经济性贬值因素。

二、在建工程评估的操作步骤

对于已完成建设工作但尚未投入使用的在建工程，可以参照已建成房地产的评估方法进行评估；对于设备安装工程，则可参照机器设备评估方法评估。这里只介绍未完工的在建工程的评估，其评估步骤如下：

（一）收集待评估在建工程的详细资料

在评估中，应要求委托方提供待评估在建工程的详细资料，包括项目名称、建筑面积、建筑结构、工程预算、实际用款数额和完工程度等，以及需安装的设备的名称、规格型号、数量、合同金额、实际付款数、到货和工程安装情况等，同时要求提供并查阅在建工程批准文件（如项目建设用地规划许可证、环评意见书、施工许可证等）、工程图纸、工程预算书、施工合同、有关账簿及原始凭证等。

（二）现场勘察待评估在建工程情况

评估人员必须到现场对在建工程进行仔细勘察，勘察的内容主要包括：(1)查实施工进度和工程形象进度，是在建的还是停建的在建工程；(2)查实委托方提供的资料与实际是否相符；(3)检查工程质量，包括在建工程的各个组成部分是否存在缺陷及待修理的因素、建筑材料质量是否合格、在建工程的整体布局是否合理、在建工程的工期是否符合计划等。

（三）收集有关法定的参数资料

这些参数资料主要包括：有关部门规定或制定的当地当前的建筑安装工程预算定额和工程间接费收取标准、地方建筑材料差价指数、建筑工程预备费用及其他费用标准、在建工程贷款利率等。

（四）进行评定估算

根据现场勘察和收集到的有关数据资料，选定适合的评估方法，对在建工程的价值进行评定和估算，确定在建工程的评估价值。

三、在建工程评估的方法

在建工程情况复杂，必须根据具体的评估对象、评估目的等来确定评估方法。这里仅介绍几种常见的在建工程评估方法。

（一）工程进度法

工程进度法是根据在建工程建造完成后的价值，结合工程形象进度来估算在建工程价值的方法。其计算公式如下：

$$\text{在建工程评估价值}=\text{在建工程建造完成后的价值}\times\text{工程完工程度百分比}\times(1-\text{折扣率}) \quad (5.44)$$

其中，在建工程建造完成后的价值一般可采用市场法和收益法评估确定。

$$\text{工程完工程度百分比}=\frac{\text{实际完成建筑工程量}+\text{实际完成安装工程量}}{\text{总工程量}}\times 100\% \quad (5.45)$$

公式中的折扣率主要是考虑了未完工在建工程建造完成后的价值是在在建工程能正常完工的假设前提下确定的，但待评估在建工程实际能不能正常完工、完工后是否能达到设计要求并通过验收存在着不确定性，因此，评估人员在估算在建工程价值时应根据上述不确定因素及在建工程的完工程度确定一个折扣率，以准确地揭示市场对在建工程价值的评价。另外，评估的在建工程可能是停工已久的在建工程，重新开工可能会发生额外费用，也需要在评估时考虑扣除。

(二)成本法

成本法是以重新开发或建造待评估在建工程应耗费的客观、合理费用之和，加上正常的利润和税费来估算在建工程价值的方法。

在建工程评估价值＝土地取得成本＋开发成本＋管理费用＋资金成本＋正常利税 (5.46)

运用成本法评估在建工程价值，具体可参见本章第三节。

(三)假设开发法

假设开发法是将待评估在建工程预期开发完成后的价值，扣除后续正常的续建成本、费用、税费及利润后估算在建工程价值的一种方法。其计算公式如下：

在建工程评估价值＝续建完成后房地产的价值－续建成本－管理费用－资金成本
－销售费用－销售税费－续建投资利润－取得在建工程的税费 (5.47)

续建完成后房地产的价值可采用市场法或收益法求得，其他参数的求取可参见本章第六节。

四、企业价值评估中涉及的在建工程评估问题

采用资产基础法进行企业价值评估时会涉及对企业各项资产、负债价值的评估，如果企业中有在建工程，就会涉及对在建工程资产的评估。在采用收益法或市场法评估企业价值时，如果将在建工程资产作为非经营性资产和溢余资产处理，则也会涉及对在建工程的评估。

企业价值评估中的在建工程评估与单独的在建工程评估并不完全相同。企业价值评估中所涉及的在建工程可以说是一个财务概念上的在建工程，而不是实际的在建工程，与实际的在建工程存在很大差异。例如，在建筑承包商垫资施工的情况下，实际的在建工程客观存在，但企业财务账面不一定有记录。从价值类型来看，在这种情形下，在建工程评估结论的价值类型应是在用价值，即在建工程对企业的价值，在单独评估出实际的在建工程价值后，还应考虑企业账面未反映的与在建工程有关的应付未付款项和账面已反映的预付款项及应付款项等，以调整单独评估出的在建工程价值，得到企业各项资产中的在建工程评估价值。

如果在建工程以后是为了销售，则还应扣除其他不归属于企业的税费等，如销售税费、土地增值税、所得税等，才能得出在建工程的价值。在这种情况下，在建工程的评估价值还与其取得成本和开发成本有关。

本章小结

本章围绕房地产评估全面展开，深度剖析其关键要素与多元评估方法，为精准评估房地产价值筑牢根基。

房地产特性显著，土地的有限性、不可移动性等自然特性与人文特性并存，建筑物具有依附性与寿命有限性，房产兼具固定性、耐久性等特质，这些特性深刻塑造房地产市场格局与价格走向。其分类多元，按用途、开发程度等标准细分，为评估提供清晰脉络。

评估遵循合法、最高最佳使用等专业原则，确保结果契合法律规范与经济理性。评估目的多样，涉及交易、企业价值、财务报告等领域，价值类型随之各异。程序涵盖委托事项明确、计划方案制订、现场勘查资料收集及评定估算报告撰写等环节，各环节紧密相扣、不可或缺。

房地产价格受土地价格特殊性及多种复杂因素影响，其构成涵盖土地与开发建设、管理、销售、税费、利润等多项。评估方法丰富多样：成本法依据重置成本与贬值测值，适用于新建及特定非交易性房地产；收益法通过预测收益折现评估有收益房产；市场法借可比实例修正评估活跃交易房产；假设开发法针对待开发房地产倒推价值；基准地价修正法依基准地价修正评估；在建工程评估则依据自身特点选用工程进度、成本、假设开发法等，企业价值评估中的在建工程评估更具财务特性，需特殊考量。

复习思考题

1. 土地有哪些自然特性和社会特性？

2. 房地产有哪些特性？

3. 房地产按照用途有哪些类型？各类型的评估有什么特点？

4. 房地产评估应遵循哪些专业性原则？

5. 房地产转让目的的评估与企业价值评估采用资产基础法情形下涉及的房地产评估有什么不同？

6. 房地产评估的一般步骤有哪些？

7. 土地价格有哪些不同的种类？

8. 房地产价格有哪些构成要素？

9. 影响房地产价格的因素有哪些？

10. 简述成本法评估房地产价值的基本技术思路。

11. 简述收益法评估房地产价值的基本思路。

12. 运用市场法评估房地产价值时应具备哪些条件？

13. 简述假设开发法的基本评估思路及其计算公式。

14. 运用假设开发法应注意哪些事项？

15. 在假设开发法的具体运用中，动态法与静态法有什么不同？

16. 简述基准地价修正法的基本思路。

17. 在建工程评估有什么特点？

18. 什么情况下评估在建工程价值需考虑折扣因素？

19. 房地产开发企业采用资产基础法评估企业价值时，如何评估反映在存货中的在建项目？

计算题

1. 待评估混合结构建筑物账面原值为500万元，竣工于2018年年底，设计使用年限为50年，假定2018年的价格指数为100%，2019—2023年的价格指数每年环比增长的幅度分别为11.7%、17%、6.9%、10.5%和5.8%，经评估人员现场勘察评分，结构、装修及设备三部分的得分分别为90、80和80，其修正系数分别为0.8、0.1和0.1，建筑物的经济寿命为50年。

要求：试评估该建筑物2023年年底的价值。

2. 某厂房建筑面积为4 800平方米，占地面积为5 600平方米。该厂房所占的土地于2016年12月底通过出让方式取得，价格为每平方米1 800元，土地使用权出让年限为50年；厂房于2017年12月底建成并投入使用，每平方米的建筑造价为1 800元，经济使用年限为60年。经过调查得知，2023年12月底该厂房所处区域、用途相同且土地使用权年限为50年的土地价格为每平方米2 850元；2018—2023年此类建筑造价指数每年环比变动的幅度分别为1.2%、0.5%、-0.5%、0.8%、1.2%和0.8%。假设厂房所占土地的使用权出让年限届满后政府无偿收回，地上建筑物不予补偿；土地折现率为7%。

要求：试评估该厂房2023年12月底的价值。

3. 某房地产开发企业于2021年1月以出让方式取得一宗土地50年的使用权，土地面积为1 000平方米，并于2022年1月在此地块上建成建筑面积为4 000平方米的钢筋混凝土框架结构写字楼一栋，其经济耐用年限为60年，残值率为0。评估基准日，该类建筑物重置价格为每平方米2 800元。现该写字楼用于出租，每年实收租金230万元(含增值税)。另据调查，当地同类写字楼出租租金为每平方米每天2元(不含增值税)，空置率为10%，每年需支付的管理费为年租金(不含增值税)的3%，维修费为重置价格的1.5%，房产税为租金收入(不含增值税)的12%，增值税税率为10%，城市维护建设税税率为7%，教育费附加为3%，保险费为重置价格的0.2%，土地折现率为6%，建筑物正常回报率为8%。

要求：试根据以上资料，评估该宗土地2023年1月的市场价值。

4. 某砖混结构四层住宅，建筑面积为800平方米，占地面积为300平方米，月租金为34 000元，土地正常回报率为6%，建筑物正常回报率为8%，评估时建筑物和土地的剩余经济使用年限均为40年，税金为年租金收入的18%，管理费按年租金的2.5%计，年空置损失租金以半月租金计，维修费按年租金的4%计，年保险费为12 000元，另用市场法求得土地使用权价格为每平方米建筑面积2 800元(楼面地价)。

要求：试采用建筑物残余法评估该建筑物的价值。

5. 有一待评估宗地，剩余使用年限为30年，土地折现率为7%，现收集到A、B、C、D四个宗地交易实例，具体情况见表5-5。

表 5—5　　　　　　　　　　　　　　**参照宗地实例**

宗地	成交价格（元）	交易时间	交易情况	容积率	区域因素	个别因素	剩余年限（年）
评估对象		2023 年 1 月	0	3	0	0	30
A	2 860	2022 年 1 月	−1%	2.8	0	−1%	28
B	3 120	2022 年 1 月	0	3.2	+3%	0	30
C	2 990	2022 年 1 月	0	3	+1%	0	29
D	2 730	2022 年 1 月	−2%	2.8	0	−1%	28

表 5—5 中，交易情况、区域因素和个别因素均是交易实例与评估对象相比较，以评估对象为基准确定的数值。该城市此类用地容积率与地价的关系：当容积率在 2.5～3.5 时，容积率每增加 0.1，宗地地价比容积率为 2.5 时增加 2%。该城市 2020—2023 年此类用地每年价格上涨 2%。

要求：试根据上述条件，评估该宗地 2023 年 1 月的价值。

6. 有一宗“七通一平”待开发建设用地，面积为 2 000 平方米，使用期限为 50 年，容积率为 4，拟开发建设写字楼，建设期为 2 年，建筑费用为每平方米 4 500 元，专业费用为建筑费用的 10%。建筑费用和专业费用在整个建设期内均匀投入，写字楼建成后拟对外出租，租金水平预计为每天每平方米 2.5 元，出租率预计为 90%，管理费用为年租金的 3%，维修费用为建筑费用的 1.5%，保险费用为建筑费用的 0.2%，税金为年租金的 17.5%，银行 1 年期贷款利率为 6%，房地产折现率为 7%，开发商要求的利润率为地价和开发成本（建筑费用＋专业费用）之和的 20%。

要求：试采用假设开发中的静态法估算该宗地价值。

7. 某宗“七通一平”办公用地的面积为 5 500 平方米，容积率为 3.5，适宜建造一幢写字楼。预计取得土地后写字楼建成需 2 年，建筑安装工程费为每平方米 3 500 元，勘察设计和前期工程费及其他工程费为建筑安装工程费的 12%，管理费用为建筑安装工程费的 5%。建筑安装工程费、勘察设计和前期工程费及其他工程费、管理费用第一年投入 60%，第二年投入 40%。预计销售费用为售价（含税）的 2%。当地房地产交易中卖方应缴纳的增值税和买方应缴纳的契税税率分别为 10%和 3%。预计该写字楼建成后全部售出，售出时的平均单价为每平方米 12 500 元（含税），该项目预期收益率为 18%。

要求：请采用假设开发法中的动态法估算该宗地的总价、单价及楼面地价。

8. 评估对象为 2022 年 10 月 1 日开工建设的一幢写字楼，评估基准日为 2023 年 10 月 1 日。该项目占地面积为 5 000 平方米，建筑容积率为 4，土地使用权年限为 50 年，建筑费用每平方米 3 000 元，专业费用为建筑费用的 10%，管理费用为专业费用和建筑费用之和的 5%，建设周期预计为 2 年，建筑费用和专业费用在建设期内均匀投入。预计该写字楼建成后即可出售,售价为每平方米 12 000 元,当地银行贷款利率为 8%,续建要求的投资利润率为 12%,销售费用预计为楼价的 2.5%,销售税费为楼价的 6%,取得房地产的税费率为 3%,评估基准日该写字楼已完成建筑工程量的 50%。

要求:试采用假设开发法评估 2023 年 10 月 1 日该在建工程的价值。

计算题
参考答案

6 第六章 流动资产评估

全章提要

学习目标

知识目标:了解流动资产的内容、评估特点、评估前提及评估程序,掌握各类流动资产评估的方法。

思政目标:培养学生客观公正的职业素养、团队协作及沟通能力。

思维导图

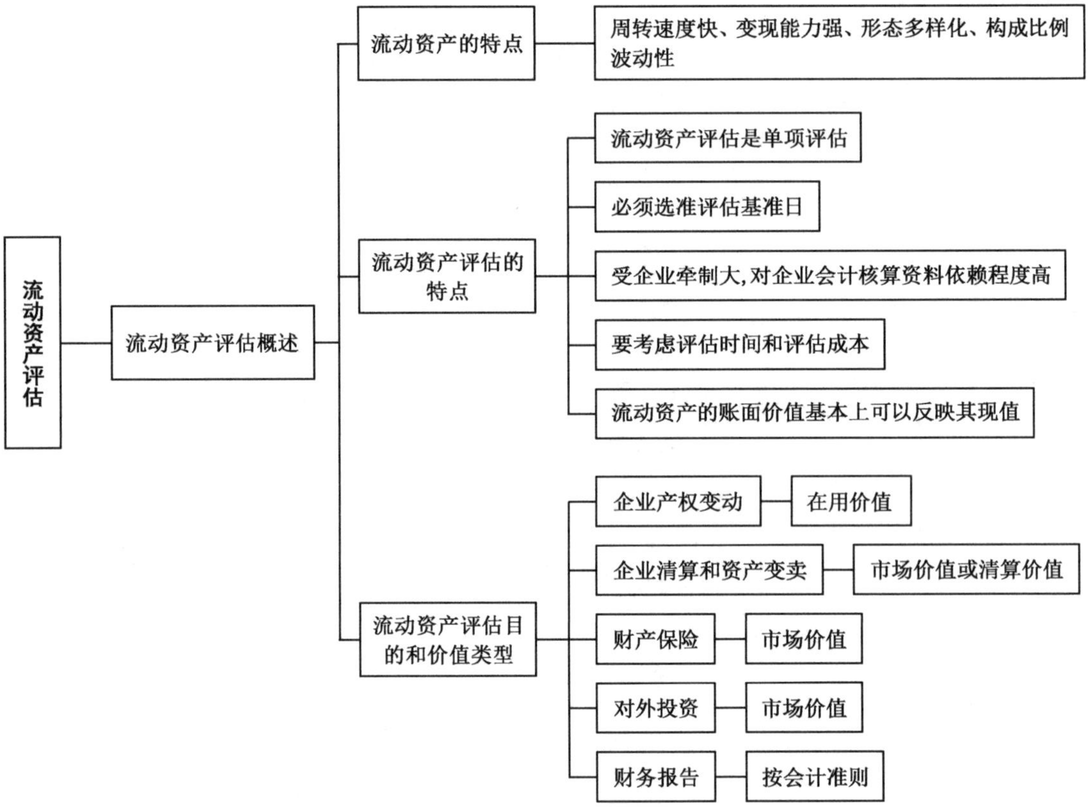

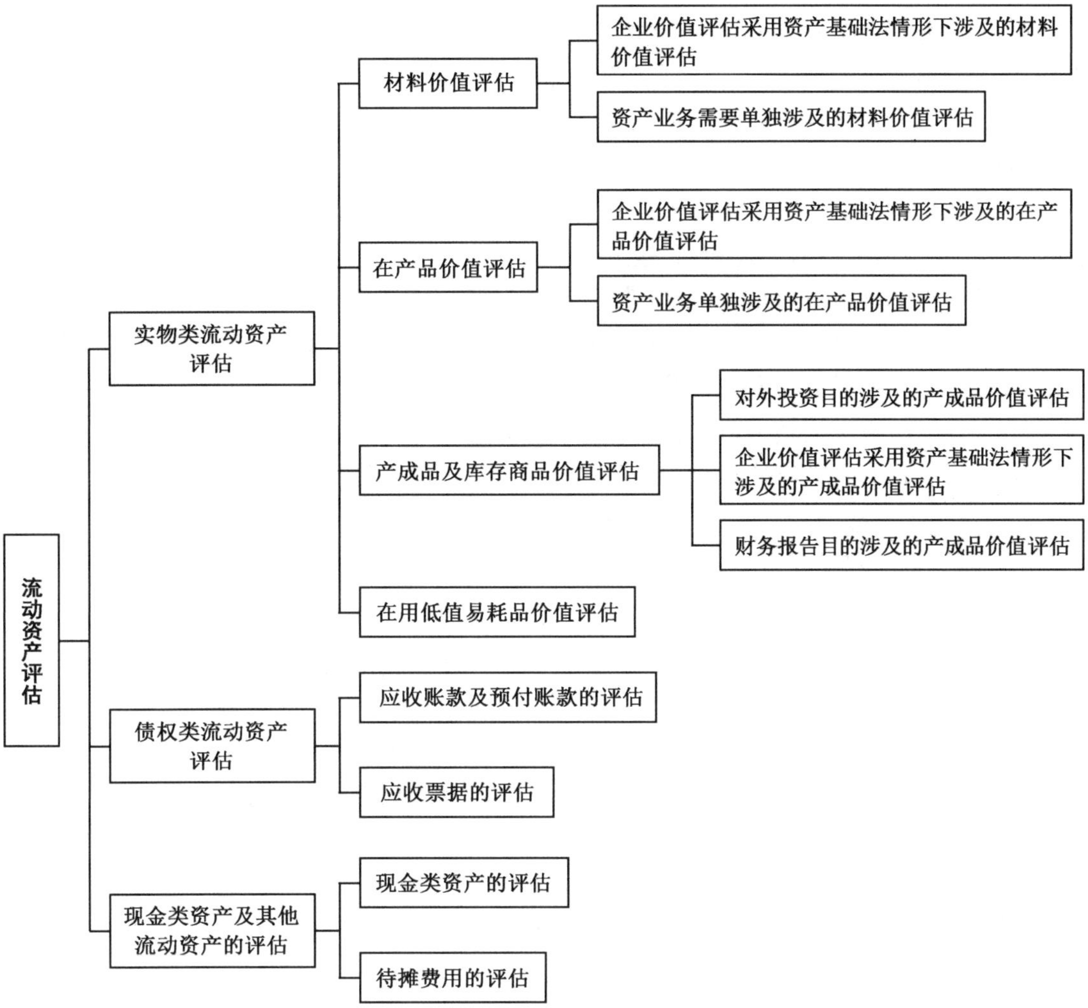

第一节　流动资产评估概述

一、流动资产的内容及其特点

（一）流动资产的内容

流动资产是指企业在 1 年内或超过 1 年的一个经营周期内变现或耗用的资产。流动资产的概念是针对企业资产而言的，企业中根据资产周转和财务核算的特点，把某类资产称为流动资产，因此，往往在对整个企业的全部资产进行评估时，才会涉及流动资产的评估问题。把单独的某项资产（如一批材料、一批产成品或一笔银行存款）称为流动资产可能并不恰当。本章在讨论流动资产评估时，作为评估对象的流动资产既指在企业经营周转中的流动资产，也指单独的某一项资产,只要它在企业中一般是作为流动资产核算的。

在企业中,作为流动资产核算的资产一般包括货币资金、交易性金融资产、应收项目、存货及其他流动资产。

货币资金,包括人民币和外币现金、银行存款及其他形式的货币资金(如存出投资款、信用卡存款等)。

交易性金融资产,是指企业为了近期内出售而持有的金融资产,通常包括以赚取差价为目的从二级市场购入的股票、债券和基金等。

应收项目,包括应收票据、应收账款、预付账款及其他应收款等。

存货,是企业在日常生产经营中持有的以备出售的产成品或商品、处在生产过程中的在产品、在生产过程或提供劳务过程中耗用的材料和物料等,一般包括原材料、在产品、半成品、产成品、商品,以及周转材料、委托代销商品、委托加工物资等。

其他流动资产,包括待摊和预付费用以及上述资产以外的流动资产。

(二)流动资产的特点

不同类型企业的流动资产具有不同的特征,如房地产开发企业中的流动资产(特别是存货)与一般生产性企业的流动资产相比具有其特殊性,但评估原理与一般生产性企业相同。

作为企业中的一类资产,流动资产与非流动资产相比具有以下特点:

1.周转速度快

企业中处于生产经营中的流动资产,在使用中经过一个生产经营周期就改变其形态,并将其全部价值转移到所形成的产品价值中,构成产品成本的重要组成部分,然后从营业收入中得到补偿。

2.变现能力强

各种形态的流动资产都能在较短的时间内出售或变现,具有较强的变现能力,是企业对外支付和偿还债务的重要保证。变现能力强是企业中流动资产区别于其他类型资产的重要标志。但各种形态的流动资产,其各自的变现能力又有差异。按变现能力的强弱排序,首先是货币资金,其本身就是随时可用的现金,根本不存在需要变现的问题;其次是交易性金融资产,这类资产极易变现,可看成货币资金的另一种存放形式;再次是可在短期内出售的存货和较容易变现的债权性资产;最后是生产加工过程中的在产品及准备耗用的物资。一家企业拥有的流动资产越多,企业对外支付和偿还债务的能力就越强。

3.形态多样化

流动资产在周转过程中不断改变其形态,由货币形态开始,经过购买、生产、销售等环节,从一种形态转化为另一种形态,最后又变为货币形态。各种形态的流动资产在企业中并存,分布于企业生产经营的各个环节和阶段。这些流动资产按存在形态,可分为四种类型:货币类流动资产,包括现金、各种类型的存款以及交易性金融资产;实物类流动资产,包括各种材料、在产品、产成品(库存商品)等;债权类流动资产,包括应收账款、预付账款及其他应收款等;其他流动资产。

4.构成比例波动性

企业的流动资产一般处于不断购买和销售过程中,即处于不断周转过程中,因受市场供求变化、季节性等因素的制约，不同形态流动资产的构成比例及总量会呈现波动性。

二、流动资产评估的特点

流动资产的特点直接反映到流动资产评估上，极大地影响着评估实务，使流动资产评估具有以下特点：

（一）流动资产评估是单项评估

流动资产评估是以单项资产为评估对象进行的价值评估，它不需要以其综合获利能力进行综合性价值评估。单项的流动资产仅是生产要素，一般不具有综合获利能力。

（二）必须选准评估基准日

流动资产与其他资产的显著区别在于其流动性和价值的波动性。不同形态的流动资产随时都在变化，而评估则是确定其在某一时点的价值，不可能人为地停止流动资产的周转，因此，评估基准日应尽可能选择会计期末，必须在规定的时点进行资产清查、核实，确定数量和账面价值，避免重复和遗漏现象的发生。

当然，这主要是针对在企业中周转的流动资产，如果是单独的某项流动资产需交易而进行评估，即某项流动资产并非处于企业运转当中或者需退出企业生产周转过程，就可能在选择评估时点上与其他单项资产并无多大差异。

（三）受企业牵制大，对企业会计核算资料依赖程度高

由于流动资产处于企业生产经营的实际运转中，进入现场清查和评估往往会影响企业的正常运转，因此通常需要企业配合，在相对静止的条件下进行清查、盘点、核实。此外，流动资产量大类繁，许多价格要素很难一一通过市场去了解，因而可通过企业的会计核算资料获得信息。

（四）要考虑评估时间和评估成本

流动资产评估首先必须进行认真仔细的清查，否则会影响评估结论的准确性，但是，流动资产一般清查工作量很大，要考虑清查和评估方法的科学性和合理性，以满足评估的时间要求和成本要求。对流动资产的评估往往需要根据企业的生产经营特点和流动资产分布的情况，分清主次，选择不同的方法进行清查和评估。清查采用的方法可以是抽查、重点清查和全面清查，在评估上要注意采用分类评估的方法，特别注重采用统计分析的方法。

（五）流动资产的账面价值基本上可以反映其现值

流动资产周转速度快，变现能力强，在价格水平相对稳定的情况下，其账面价值基本上可以反映其现值，因此，在价格水平相对稳定的情况下，可以直接采用流动资产的账面价值作为评估价值。此外，评估流动资产时，一般不需考虑资产的功能性贬值因素，其实体性贬值的计算一般也只适用于在用低值易耗品以及呆滞、积压存货类流动资产的评估。

三、流动资产评估目的和价值类型

(一)流动资产评估目的

1. 企业产权变动

企业产权变动需对企业价值(一般为企业股东全部权益价值)进行评估。在对企业价值评估采用收益法或市场法的情况下,一般不涉及对流动资产价值进行评估的问题(可能涉及对部分非经营性和溢余流动资产的单独评估)。只有在对企业价值评估采用资产基础法的情形下,因需对企业的全部资产(包括负债)逐项进行评估,才会涉及对持续经营中的企业全部流动资产的评估。

2. 企业清算和资产变卖

在企业清算的情况下,企业不满足持续经营的条件,由于要清偿债务和分配剩余资产,需对资产变卖,因此会涉及对企业的全部资产包括流动资产逐项进行评估。在企业持续经营的条件下,企业的生产经营方向和结构会进行调整,未来的生产经营对流动资产的需求量和品种会发生变化,会对不需用资产进行变卖(往往是实物类流动资产),也会产生对单独的流动资产进行评估的需要。

3. 财产保险

企业在持续经营的条件下,为了减少风险,需对财产进行保险。为了确定财产(主要为实物财产)的保险价值,就需要评估,这种情况下会涉及单独对流动资产进行评估。

4. 对外投资

企业用流动资产(往往为实物类流动资产)对外投资,需确定投出流动资产的价值,会涉及单独对流动资产进行评估。

5. 财务报告

以财务报告为目的的评估会涉及对企业全部或部分资产的评估,包括对流动资产的评估。

(二)流动资产评估的价值类型

在正常情况下,经济行为需要单独对流动资产进行评估,即评估是为流动资产本身的交易服务的,流动资产评估结果的价值类型应为市场价值,包括流动资产的正常变卖、保险、对外投资等。

在采用资产基础法评估企业价值的情形下,流动资产本身并不交易,交易的是企业的股权,企业股权评估结果的价值类型是市场价值,流动资产评估结果的价值类型应该是在用价值,即流动资产对所属企业的价值,应该按贡献来评估流动资产的价值。

在企业持续经营的条件下,各种不同类型的流动资产对企业的贡献是不同的,因此,各种类型流动资产的在用价值具有不同的表现形式,关键在于其如何对企业做贡献,如何给企业带来价值。例如,应收项目对企业的贡献在于其能回收多少货币金额;交易性金融资产对企业的贡献在于其变现价值;产成品对企业的贡献在于其变现后给企业带来的货币金额(变现净值);在产品对企业的在用价值应该是其重置价值,因为企业持有在产品的目的不是变现;原材料的价值类型也应该是重置价值。

在企业清算的情况下，流动资产评估结果的价值类型取决于引起企业清算的原因以及流动资产本身的特征状态：如果企业是被迫清算，那么一般是清算价值（如果是上市的股票、债券、热销产品等这类流动资产，随时可以在市场上变现，就应该按市场价格作为评估价值）；如果是主动清算，那么一般应该是市场价值。

以财务报告为目的的流动资产评估，评估结论的价值类型应依据会计准则确定。

四、流动资产评估的程序

（一）确定评估对象和评估范围

进行评估前，要确定流动资产评估的具体评估对象和评估范围，这应依据资产业务（经济行为）所涉及的资产范围而定，只有纳入资产业务范围的资产才是评估对象。在确定评估对象和评估范围时，应注意以下两点：

第一，划清流动资产与非流动资产的界限。应根据企业会计核算的特点，分清哪些是流动资产，哪些不是，以免与其他类型资产混淆，造成重复或遗漏。

第二，核实评估范围内流动资产的产权归属。应对纳入评估范围的流动资产的产权进行核实，以免将不属于被评估范围的资产纳入评估范围，如企业中存放的外单位委托加工的材料、代为保管的物资等，其产权均不属于被评估单位，不得将其纳入流动资产的评估范围。

由于流动资产评估是单项评估，因此，流动资产的评估对象和评估范围是统一的。

对于流动资产的评估对象和评估范围，需在接受评估业务所签订的评估协议或合同中详细载明，特别是流动资产单独交易需要评估的情形，如流动资产变卖、财产保险、对外投资等情形。

（二）清查核实

在确定评估对象和评估范围的基础上，需对待评估流动资产进行清查核实，验证基础资料。由于企业中的流动资产具有量大类繁的特点，因此对流动资产的清查核实往往在企业自查的基础上采用抽查核实的办法，抽查的数量与金额取决于评估人员对企业自查情况的可靠性判断以及对抽查结果的可靠性判断。如果认为企业自查的结果不可靠，评估人员就必须对流动资产进行全面的清查核实。

（三）对实物形态的流动资产进行质量状况调查

对需要评估的材料、半成品、产成品等实物形态的流动资产进行质量状况调查，目的是了解这部分资产的质量状况，以便确定其是否还具有使用价值，是否存在实体性贬值，并核对其技术状况和质量等级与评估资产清单的记录是否一致。对被评估资产进行质量状况调查，是正确评估资产价值的基础。特别是对那些时效性较强的存货，如有保鲜期要求的食品、有有效期要求的药品和化学试剂等，进行质量状况调查尤为重要。存货在存放期内质量发生变化，会直接影响其市场价格。因此，评估必须考虑各类存货的内在质量因素。

对各类实物形态的流动资产进行质量状况调查，可由被评估企业的有关技术人员、管理人员与评估人员合作完成；对专业技术要求比较高的调查，应参考第三方的专业报告，再由评估人员进行专业判断。

(四)对债权的情况进行分析

根据对被评估企业或债权持有人与债务人经济往来中的资信情况的调查了解,以及对每项债权资产的经济内容、发生时间和发生原因等因素的核实,综合分析确定各项债权回收的可能性、回收时间、回收时可能发生的费用等。

(五)选择合适的评估方法

评估方法的选择要考虑评估目的(资产业务性质)和不同种类流动资产的特点。对于实物类流动资产,可以采用成本法或市场法进行评估;对于货币类流动资产,由于货币资金本身就是价值尺度,不存在评估问题,因此只存在不同币种之间的折算问题;对于债权类流动资产,只适合按可变现净值确定评估价值;对于其他流动资产,应分不同的情况进行评估。对于与机器设备的价值运动具有相似特点的实物型流动资产,可参考机器设备的评估方法。

(六)评定估算,确定评估结论

经过上述评估程序后,即可按选定的方法对被评估流动资产进行评定估算,最后得出相应的评估结论。

第二节 实物类流动资产的评估

实物类流动资产主要包括各种材料、在产品、产成品(库存商品)、低值易耗品及包装物等。实物类流动资产评估是流动资产评估的重点。在对企业价值评估采用资产基础法的情形下,会涉及对企业全部流动资产的评估,而单独交易需要评估流动资产的,往往只涉及实物类流动资产(全部或部分)。

一、材料价值评估

(一)材料价值评估的内容和步骤

1. 材料价值评估的内容

企业中的材料,按其存放地点,可分为库存材料和在用材料。在用材料在生产过程中已形成产成品或半成品,已不再作为单独的材料存在,故材料评估主要是对库存材料的评估。

库存材料包括原料、主要材料、辅助材料、燃料、修理用备件、外购半成品等,由于在库低值易耗品和包装物在某种程度上与材料相似,都基本保持着购进时的资产形态,因此在评估方法上与材料相似。

2. 材料价值评估的步骤

库存材料具有品种多、金额大,且性质、计量单位、购进时间、自然损耗各不相同等特点。其评估可按下列步骤进行:

(1)实物盘点。在进行材料价值评估前,应对被评估的材料进行清查盘点,核对账册。如出现账实不符,就应查明原因,以材料的实际数量作为评估的基础。

(2)对材料进行质量状况调查,主要是查明材料的质量情况,包括查明材料有无发霉、变质、毁损等情况，为评估提供材料的等级、质量等依据。

(3)根据不同评估目的(资产业务性质)和被评估材料的特点，选择相应的评估方法。应根据材料的品种、数量分类评估，分清主次，突出重点，提高评估的质量和效率。

(二)材料价值评估的方法

材料价值评估可按资产业务分为两种情形：一种是评估企业价值时采用资产基础法涉及的材料价值评估，另一种是资产业务需要单独涉及的材料价值评估。

1. 企业价值评估采用资产基础法情形下涉及的材料价值评估

在这种情形下，需要评估材料的在用价值，即材料对企业的价值。这时的在用价值就表现为重置价值，可区分材料的不同情况进行评估。

(1)对于近期购进的材料，由于库存时间较短，在市场价格变化不大的情况下，应直接以材料的市场价格加上购置费用作为评估价值；同时，由于其账面值接近市场购价加购置费用(如果企业采用先进先出的财务核算方法)，因此，也可以核实无误后的账面值作为其评估价值。

【例 6—1】 某企业的 A 材料系一个月前从外地购入，材料的明细账记载：数量 6 000 千克，单价 500 元/千克，运杂费 1 200 元。根据材料领用的原始记录和清查盘点，评估时该种材料的实存数量为 2 000 千克。

由于材料购入时间不长，且市场价格变动不大，因此可以根据原购价估算该种材料的评估价值。

材料评估价值＝2 000×(500＋1 200÷6 000)＝1 000 400(元)

上述材料的评估价值是材料的重置价值，是在评估基准日购入该材料应支出的成本费用(包括购价和运杂费等)。

(2)对于购进批次间隔时间较长、价格变化较大的材料，应直接以评估基准日材料的市场价格并考虑购置费用后评估其价值。

【例 6—2】 某企业的 B 材料分两批购进。第一批购进的时间为上年 8 月，购进数量为 800 吨，单价为 3 500 元/吨；第二批购进时间为本年 4 月，数量为 200 吨，单价为 3 800 元/吨。本年 7 月 1 日进行评估。经核实，上年购进的该种材料尚存 300 吨，本年购进的尚未使用，因此，B 材料的实际库存数量为 500 吨。经了解，评估基准日市场上 B 材料的价格为 3 600 元/吨，考虑购置费用，经分析确定购置费用率为 1%。

B 材料评估价值＝500×3 600×(1＋1%)＝1 818 000(元)

该例中，如果本年 4—7 月 B 材料的市场价格基本无变动，则也可以本年 4 月份的购价作为评估的依据。

在企业中，由于材料分批分期购进，购进的价格又各不相同，企业采用的存货计价方式也不尽相同，如先进先出法、后进先出法、加权平均法等，因此其账面余额也不同。在利用企业会计资料时，要注意这些差异，但特别要注意的是，企业存货计价方式的差异不应影响评估结果。

(3)对于企业某些库存材料，由于购进时间较早，目前市场已脱销，无准确的市场价格，则可以通过寻找替代品的价格变动资料来修正估算被评估材料价值，也可以通过市场同类商品的平均价格指数进行评估。但这种情况一般较少。

(4)对于从企业库存材料中清理出来、需要进行处理的呆滞材料,因长期积压而可能存在自然力作用或保管不善等原因造成的使用价值下降。在评估中,首先应对其数量和质量进行清点和调查,然后区分不同的情况进行评估。对其中失效、变质、残损、报废、无用的材料,可作为废料处理,按可回收净值确定评估价值;对其中尚能使用但质量已下降的材料,可按其重置价值扣除相应的贬值后确定其评估价值,或者直接以低等级材料的现行市价确定其重置价。

2.资产业务需要单独涉及的材料价值评估

有些资产业务,如用材料对外投资、材料买卖等需单独评估材料的价值,就应采用市场法中的现行市价法,直接以材料的市场价格作为评估价值,不考虑购置费用。

在企业价值评估采用资产基础法的情形下,材料评估价值通常是不含增值税的,但在资产业务需要单独评估材料价值时,其评估价值可以含增值税,也可以不含增值税,因此,评估结果应注明是否含增值税。

二、在产品价值评估

在产品包括生产过程中尚未加工完毕的在制品、已加工完毕但不能单独对外销售的半成品(可对外销售的半成品视同产成品评估)。

一般情况下,企业的在产品不会单独对外销售,也不会用在产品对外投资,涉及需对在产品进行评估的情形,主要是在对企业价值评估采用资产基础法和以财务报告为目的的评估情形下,另外就是企业停产或转产,需对在产品进行单独处理的情形。

(一)企业价值评估采用资产基础法情形下涉及的在产品价值评估

在这种情形下,需要评估的是在产品的在用价值,即重置价值。可以根据技术鉴定和质量检测的结果,按评估基准日的相关市场价格及费用水平重置同等级在产品所需合理的料、工、费计算评估价值。具体评估可采用以下几种方法:

1.根据价格变动系数调整原成本确定评估价值

这种方法主要适用于生产经营正常、会计核算水平较高的企业在产品的评估。可参照实际发生的原始成本,根据开始生产至评估基准日的市场价格变动情况,将原始成本调整成重置成本(重置价值),以此确定评估价值。

评估步骤:(1)对被评估在产品进行质量状况调查和技术鉴定,将其中不合格在产品的成本从总成本中剔除(不合格在产品需另外评估);(2)分析原成本构成,将不合理的费用从总成本中剔除;(3)分析原成本构成中材料成本从其生产准备开始至评估基准日的市场价格变动情况,并测算出价格变动系数;(4)分析原成本构成中工资、燃料、动力费用和制造费用从开始生产至评估基准日有无大的变动,是否需要进行调整,如需调整则测算出调整系数;(5)根据质量状况调查、原始成本构成的分析及价值变动系数的测算,调整原成本,确定评估价值。

评估价值计算的公式如下:

$$\text{某项在产品的评估价值} = \text{原合理材料成本} \times (1 + \text{价格变动系数}) + \text{原合理工资、费用} \times (1 + \text{工资、费用变动系数}) \tag{6.1}$$

当市场价格无变动或变动较小，即计算的材料价格变动系数和工资、费用变动系数等于或接近0时，可直接以核实后的在产品账面值作为评估价值。

2.按社会平均消耗定额和现行市价计算评估价值

这种方法按重置同类资产的社会平均成本确定被评估资产的评估价值。

采用该方法对在产品进行评估需掌握以下资料：(1)被评估在产品的完工程度；(2)被评估在产品有关工序的工艺定额；(3)被评估在产品耗用物料的近期市场价格；(4)被评估在产品的合理工时及单位工时的取费标准，合理的工时及取费标准应按正常生产经营情况进行测算。

采用这种方法计算的处于某道工序的在产品评估价值的基本公式如下：

$$\text{某在产品评估价值} = \text{在产品实有数量} \times (\text{该工序单件材料工艺定额} \times \text{单位材料现行重置价格} + \text{该工序单件工时定额} \times \text{正常单位工资、费用}) \tag{6.2}$$

上式中的“单位材料现行重置价格”，是以评估基准日材料的市场价格为基础，考虑购置费用等后确定的，也就是企业使用该材料的价格，不能简单地直接采用材料的市场价格；“该工序单件材料工艺定额”和“该工序单件工时定额”均为从开始加工到在产品所处工序为止所消耗的材料及工时，而不是某一道工序，因为在产品可能经过了若干道工序。

对于工艺定额的选取，如果有行业的平均物料消耗标准，就可按行业标准计算；如果没有行业统一标准，则按企业现行的工艺定额计算。

采用这种方法的困难在于产品的生产加工具有连续性，企业在产品可能处于任何一道工序，也就是说，在产品是各种不同加工程度的在产品的组合，评估时需根据在产品所处的不同工序进行分类。但这种分类可能只是大致的，而且需要各种工序定额与之匹配。

3.按在产品的完工程度计算评估价值

由于在产品的最高形式为产成品，因此，可以在计算其完工后产成品重置价值的基础上，按在产品完工程度计算确定在产品评估价值。其计算公式如下：

$$\text{某在产品评估价值} = \text{产成品重置价值} \times \text{在产品约当量} \tag{6.3}$$

$$\text{在产品约当量} = \text{在产品数量} \times \text{在产品完工率} \tag{6.4}$$

在产品约当量、完工率可以根据其完成工序与全部工序的比例、生产完成时间与生产周期的比例确定。当然，在确定比例时应分析完成工序、完成时间与成本耗费的关系，即完工率要反映已发生成本与全部成本的比例。

由于不同完工程度在产品的约当产量或完工率是不同的，因此，采用此方法需要对所有在产品按照完工程度进行分类。

(二)资产业务单独涉及的在产品价值评估

资产业务单独涉及的在产品价值评估，往往只发生在企业停产或转产需对在产品进行处理的情况下。这时可根据资产业务的需要，或直接以在产品的市场价格作为评估价值，或以在产品的可变现净值(可回收价值)作为评估价值。如果委托方需了解在产品目前可实现的市场价值，就应直接以在产品的市场价格作为评估价值；如果委托方需了解在产品变现后尚能回收多少价值，就应以在产品预计能实现的市场价格扣除销售过程中预计发生的费用后确定评估价值;如果市场对被评估的在产品无需求,即在产品无法直接通过市场销售来实现其价值,就只能按废料回收价值确定评估价值。上述情况下在产品价值评估的计算公式如下:

$$\text{某在产品评估价值}=\text{该种在产品实有数量}\times\text{市场可接受的不含税单价} \quad (6.5)$$

或

$$\text{某在产品评估价值}=\text{该种在产品实有数量}\times\text{市场可接受的不含税单价}-\text{预计销售过程中发生的费用} \quad (6.6)$$

或

$$\text{某在产品评估价值}=\text{可回收废料的重量}\times\text{单位重量现行的回收价格} \quad (6.7)$$

在企业价值评估采用资产基础法的情形下,在产品评估价值通常是不含增值税的,但在资产业务需要单独评估在产品价值时,其评估价值可以含增值税,也可以不含增值税,因此,评估结果应注明是否含增值税。

【例6—3】 某企业因转产,其原有的一批在产品需处理,现需估算这批在产品的市场价值。在产品原账面记录的成本为155万元,按其状态和通用性分为三类:第一类是已从仓库中领出,但尚未进行加工的原料;第二类是已加工成部件,可通过市场销售且流动性较好的在产品;第三类是加工成的部件无法销售(市场上无需求),只能报废处理的在产品。

第一类在产品可按实有数量、质量情况及现行市场价格计算评估价值,第二类在产品可根据市场可接受的价格确定评估价值,第三类在产品只能按废品的回收价格计算评估价值。评估详细计算过程和结果如表6—1、表6—2、表6—3所示。

表6—1 **车间已领用尚未加工的原材料** 金额单位:元

材料名称	编号	计量单位	实有数量	现行单位市价	按市价计算的评估价值
黑色金属	AX001	吨	120	2 200	264 000
有色金属	AX002	千克	4 000	28	112 000
有色金属	AX003	千克	6 500	16	104 000
合　计					480 000

表6—2 **车间已加工成部件且有需求市场的在产品** 金额单位:元

部件名称	编号	计量单位	实有数量	现行单位市价	按市价计算的评估价值
A	B001	件	2 200	65	143 000
B	B002	件	900	90	81 000
C	B003	件	600	168	100 800
D	B004	台	350	230	80 500
E	B005	台	80	280	22 400
合　计					427 700

表 6—3　　报废在产品

在产品名称	计量单位	实有数量	单件可回收废料（千克）	可回收废料数量（千克）	废料单价（元/千克）	评估价值（元）
D001	件	3 800	25	95 000	0.5	47 500
D002	件	5 000	15	75 000	0.5	37 500
D003	件	3 200	3	9 600	1.8	17 280
合　计						102 280

该例中在产品评估结果是市场价值，故没有考虑处理费用。

（三）以财务报告为目的涉及的在产品价值评估

以财务报告为目的涉及的在产品价值评估的方法可参照上述两种情形，关键要注意评估结论的价值类型应满足会计计量属性的要求，以及评估结论的价值构成与上述情形的差异。

三、产成品及库存商品价值评估

产成品及库存商品是指已完工入库和已完工并经过质量检验但尚未办理入库手续的产成品以及商品流通企业的库存商品等。对此类存货，应依据评估目的及其变现能力和市场可接受的价格进行评估。

产成品及库存商品需要评估的情形主要有对外投资目的、企业价值评估采用资产基础法以及财务报告目的等。通常并不存在以出售为目的的产成品评估问题，因为企业产品的销售有其市场定价方式，无须评估提供服务。

对于以对外投资为目的涉及的产成品价值评估，由于产成品在新的企业中按市价销售后，流转税和所得税等要流出企业，追加的销售费用也应得到补偿，因此，在这种情况下，应以产成品的可变现净值作为评估价值。

对于企业价值评估采用资产基础法情形下涉及的产成品价值评估，也应以产成品的可变现净值作为评估价值。因为对企业来说，拥有产成品的目的就是对外销售，而销售产成品时需追加销售费用，流转税和所得税将流出企业，产成品对企业的在用价值就是可变现净值。

对于以财务报告为目的涉及的产成品价值评估，评估结论的价值类型应符合会计准则的要求。

估算产成品的可变现净值可采用成本法或市场法。

（一）成本法的运用

采用成本法对生产及加工企业的产成品进行评估，以确定产成品的可变现净值，可依据生产、制造该产成品发生的全部正常合理的成本费用再考虑适当税后利润后确定评估价值，具体运用可分为以下三种情况进行：

（1）评估基准日与产成品完工时间接近，且企业的会计核算水平较高，其产成品的账面成本能够反映社会正常合理的成本水平。在这种情况下,可直接以企业产成品的账面成本加上适当税后利润后确定评估价值,适当税后利润可依据社会平均税后利润水平确定。其计算公式如下:

产成品评估价值=产成品数量×(产成品单位成本+适当单位净利润)　　(6.8)

或

产成品评估价值=产成品数量×产成品单位成本×(1+成本净利润率)　　(6.9)

(2)评估基准日与产成品完工时间间隔较长,产成品的成本费用变化较大,但企业的会计核算水平较高,其产成品的账面成本能够反映产成品完工时的社会正常合理的成本水平,即产成品的原成本费用结构是合理的,变化的只是材料价格和费用标准,则可采用以下公式计算评估价值:

产成品评估价值=产成品实际成本×(材料成本比例×材料综合调整系数+工资、费用成本比例×工资、费用综合调整系数)×(1+成本净利润率)　　(6.10)

(3)企业的会计核算水平低,其产成品的账面成本不能够反映社会正常合理的成本水平,产成品的原成本费用结构也不合理,则采用以下公式计算评估值:

产成品评估价值=产成品实有数量×(合理材料工艺定额×材料单位现行重置价格+合理工时定额×单位小时合理工资、费用)×(1+成本净利润率)　　(6.11)

上述成本法主要适用于正常生产和销售的产成品可变现净值的估算。如果产成品已经滞销,就可能出现可变现净值小于其生产成本的情况,即成本无法收回,这种情况下就不宜再采用成本法了。

【例6—4】 某资产评估公司对A企业进行资产评估。经清查核实,该企业某种产成品实有数量为600件,根据该企业的成本资料并结合对行业成本费用资料的分析确定,合理材料工艺定额为300千克/件,合理工时定额为25小时。据了解,评估基准日生产该种产成品的材料价格已上涨,由原来的50元/千克涨至55元/千克,合理工资、费用为35元/小时,产成品的适当成本净利润率为10%。根据上述分析和有关资料,可以计算如下:

产成品评估价值=600×(300×55+25×35)×(1+10%)=11 467 500(元)

【例6—5】 某企业的产成品实有数量为100台,每台实际成本为158元。经了解,该批产品成本结构合理,基本反映了目前该种产品的社会平均成本结构。根据企业的会计核算资料,生产该产品的材料费用与工资、其他费用的比例为60∶40,根据目前价格变动情况和其他相关资料,确定材料综合调整系数为1.2,工资、费用综合调整系数为1.08,产品的成本净利润率为8%。由此计算的该产成品的评估价值如下:

产成品评估价值=100×158×(60%×1.2+40%×1.08)×(1+8%)=19 657.73(元)

(二)市场法的运用

这种方法是指按不含价外税的产成品市场价格(一般为出厂价),扣除全部税金、全部销售费用及适当利润后计算被评估产成品的评估价值(可变现净值)。其计算公式如下:

产成品评估价值=产成品实有数量×(不含税出厂单价-全部税金-全部销售费用-适当利润)　　(6.12)

上式中,全部税金包括流转税及附加和所得税。适当利润要根据产品的市场销售情况确定。一般来说,对于十分畅销的产品,不扣除利润,但要扣除所得税;对于勉强能销售的产品,则扣除全部利润;对于正常销售的产品,则依据产品销售的具体情况,扣除适当的利润。

采用市场法评估产成品价值，在选择市场价格时应考虑下面几个因素：(1)产成品的使用价值。根据对产成品本身的技术水平和内在质量的技术鉴定，确定产成品是否具有使用价值以及产品的实际质量等级，以便选择合理的市场价格。(2)分析市场的供求关系和被评估产成品的市场前景。(3)所选择的价格应是在公开市场上所形成的近期交易价格，非正常交易价格不能作为评估依据。(4)对于尚能使用但其外表存在不同程度残缺的产成品，可根据其损坏程度确定损耗率，或按照降低等级后的产成品评估。

【例 6—6】 某畅销产品，实际数量为 200 件，其目前正常的出厂价格为 598 元/件(含增值税，增值税税率为 13%)。经了解确定，该产品的销售费用率为 2.5%，销售税金附加费占销售收入的比例为 1.5%，销售利润率为 15%，所得税税率为 25%。根据以上资料计算的该 200 件产品的评估价值如下：

该产品评估价值＝实际数量×(不含税出厂单价－销售税金－销售费用－所得税)

$$=200\times598\div1.13\times(1-2.5\%-1.5\%-15\%\times25\%)=97\ 638(\text{元})$$

对于商业企业的库存商品价值评估，可参照前面的材料价值评估。因为库存商品与材料一样，在购进后未改变其存在状态，所不同的是材料购进的目的是用于生产，商品购进的目的是销售。

四、在用低值易耗品价值评估

低值易耗品是企业中的劳动资料，可以多次使用而不改变原有实物形态，在使用过程中需要进行维护、修理，报废时也有一定的残值，这些都与固定资产相似。低值易耗品是存货中与流动资产存在较大差异的资产，但由于相比较而言其单位价值低、容易损坏，为了会计核算的方便，因此将其归入流动资产。

低值易耗品有在库和在用之分，在库低值易耗品与材料的评估相同，这里只分析在用低值易耗品的评估。

涉及对在用低值易耗品进行评估的情形主要有两种，不同情形下评估结果的价值类型不同。一种是在企业价值评估采用资产基础法的情形下涉及的在用低值易耗品的评估，这种情形下评估结果的价值类型应该是在用价值，即在用低值易耗品给所属企业带来的价值；另一种是资产业务需要单独评估在用低值易耗品，在这种情形下评估结果的价值类型应该是市场价值。后一种情形的资产业务一般较少，因为企业通常不会用在用低值易耗品对外投资，也很少有在用低值易耗品转让的交易发生，除非是企业停止经营，需要变卖处理在用低值易耗品。要注意企业采用的低值易耗品摊销方式不应该影响评估。

(一)在用低值易耗品在用价值的评估

一般采用成本法计算在用低值易耗品的评估价值，计算公式如下：

在用低值易耗品评估价值＝在用低值易耗品的重置成本×成新率　　(6.13)

在用低值易耗品的重置成本＝全新在用低值易耗品的市场价格＋购置费用　　(6.14)

全新在用低值易耗品的市场价格，可采用直接市场询价的方法确定，购置费用依据具体购置情况按购价的一定比例确定。由于一般情况下购置费用较少，或销售商可送货上门，因此也可不考虑，直接以全新在用低值易耗品的市场价格作为重置成本。

成新率的估算可采用年限法或观察法。

由于在用低值易耗品的使用期限相对于固定资产来说较短,因此在评估中一般不考虑其功能性贬值。

【例6—7】 某企业某项在用低值易耗品原价为700元,已使用4个月。目前该种类型全新的低值易耗品的市场价格为900元(由于金额较小,因此本次评估中不计购置费用)。根据对该在用低值易耗品的勘察,预计其尚可使用6个月,则该在用低值易耗品在用价值的评估价值如下:

$$评估价值=900\times\frac{6}{4+6}\times100\%=540(元)$$

(二)在用低值易耗品市场价值的评估

评估在用低值易耗品的市场价值,一般采用市场法。首先要了解市场是否有购买旧货的需求。如果无需求,就只能按废品回收价值评估;如果有需求,就按市场可接受的价格评估。

采用成本法评估的话,由于旧货交易不活跃,很难准确估算贬值,因此评估结果的合理性难以判断。

第三节 债权类流动资产的评估

债权类流动资产是指企业持有的不具有实物形态的具有债权性质的流动资产,包括应收账款、应收票据、其他应收款及预付账款等。涉及债权类流动资产评估的情形主要是企业价值评估,特别是在企业价值评估采用资产基础法的情形下会涉及企业全部债权类流动资产的评估,一般很少有债权类流动资产单独交易需要评估的情形。

一、应收账款及预付账款的评估

企业的应收账款及预付账款是指企业在经营过程中由于赊销产品或劳务等所形成的尚未收回的款项以及企业按照合同约定预付给供货单位的货款等。

应收账款及预付账款的评估通常是在企业价值评估采用资产基础法的情形下才涉及,很少有单独的交易需要评估的情形。

应收账款的经济特点是债权以明确的货币金额量化,无论是否约定偿债期,到期偿还的债务额都是事前约定的,因此,应收账款的评估不需要评估债权。应收账款需要评估的原因有两个:一是应收账款既非现金,又非实际可用于企业生产经营的资产,只有在回收后才能作为实际的资产。由于要等待这段时间,因此应收账款就不值它回收时的价值,这就要对未来可用资产按适当的折现率折成现值。二是应收账款的回收具有不确定性,会计核算上对应收账款通常按原数计价,而资产的实际价值在于将回收的预期金额。因此,应收账款的评估价值应该是应收账款可变现回收的价值,其评估价值计算的基本公式如下:

应收账款评估价值=(应收账款账面余额-已确定的坏账损失-预计的坏账损失)×折现系数 (6.15)

根据以上计算公式，应收账款评估的程序和方法如下：

（一）确定应收账款的账面余额

在进行应收账款评估时，首先要核实和确定其账面余额，即实际的应收金额。除了进行账证核对、账账核对、账表核对外，还应尽可能按客户名单发函或直接与客户对账，查明每一项应收账款发生的时间、金额、债务人的基本情况，既作为确定账面余额的依据，又作为评估时预计坏账损失和回收时间的依据。

（二）确认已发生的坏账损失

已发生的坏账损失是指评估时债务人已经死亡或破产或基于其他原因有明显证据表明已无法收回的应收账款，而企业又未做会计处理，账面仍然反映。对于确认的坏账损失金额，在评估时，应从应收账款的账面余额中扣除。

（三）预计坏账损失

应收账款的回收具有不确定性，应根据应收账款回收的可能性进行判断，预计坏账损失。坏账损失的预计一般可采用以下方法：

1.分类判断法

一般可以根据企业与债务人往来的历史和债务人的信用状况，或者发出商品支付与拒付的可能性，将应收账款分为可回收、部分回收、呆账等几类，分别估计坏账损失发生的可能性（概率），以确定坏账损失。分类判断法是按债务人具体状况对应收账款进行分类评估的方法。一般可以将应收账款分为以下几类：

(1)业务往来较多，债务人结算信用好。这类应收账款一般能如期收回。

(2)业务往来较少，债务人结算信用一般。这类应收账款收回的可能性很大，但收回的时间不能确定。

(3)偶然发生业务往来，债务人的信用状况不太清楚。这类应收账款可能只收回部分。

(4)债务人信用状况较差，长期拖欠或对方已破产或单位已歇业。这类应收账款可能无法收回或收回的可能性很小。

2.账龄分析法

账龄分析法是按应收账款拖欠时间的长短及各期回收率的经验数据估计坏账损失。统计分析表明，账龄越久，回收的比率越低，可以测算账龄与回收率的对应关系。账龄分析法是按账龄长短对应收账款进行分类评估的方法。实际操作一般如下：先按账龄将应收账款分组，再估计每组的坏账损失百分比或回收率，最后将各组应收账款余额乘以对应的损失百分比后累加，就得到坏账损失的预计金额。

【例6—8】 在对某企业进行评估时，应收账款经核实后的账面余额为38万元，债务人比较分散。经分类分析，账龄达4年以上的为3万元，账龄达3年以上4年以下的为4万元，账龄达2年以上3年以下的为8万元，账龄达1年以上2年以下的为10万元，账龄达1年以下的为13万元。

因债务人分散，逐一摸清债务人的信用状况比较困难，所以采用账龄分析法是现实的选择。根据过去的经验，4年以上账龄应收账款的回收率为50%，3年以上4年以下账龄的应收账款回收率为60%,2年以上3年以下账龄应收账款的回收率为70%,1年以上2年以下账龄应收账款的回收率为80%,1年以下账龄应收账款的回收率为90%。

预计坏账损失=3×(1−50%)+4×(1−60%)+8×(1−70%)+10×(1−80%)+13×(1−90%)=8.8(万元)

3.坏账比例法

坏账比例法是按坏账占全部应收账款的比例来判断坏账损失。坏账比例法是账龄分析法的简化。坏账比例的确定可采用经验数据,一种可行的办法是根据企业以前年度(一般为3~5年)的实际坏账数额与其应收账款余额的比例确定。计算公式如下:

$$\text{坏账比例}=\frac{\text{评估前若干年发生的坏账数额}}{\text{评估前若干年应收账款余额}}\times 100\% \tag{6.16}$$

预计坏账损失如下:

$$\text{预计坏账损失}=\text{应收账款账面余额}\times\text{坏账比例} \tag{6.17}$$

如果一家企业的应收账款多年未清理,无法找到以前年度坏账的实际数额,又缺乏坏账比例的经验数据,就无法采用坏账比例法。

【例6—9】 对某企业价值进行评估时,经核实,截至评估基准日,应收账款的账面余额为62万元。前三年应收账款发生的情况及实际坏账情况如表6—4所示。

表6—4　　前三年应收账款的情况　　单位:万元

时　间	应收账款余额	处理坏账额
第一年	24.5	1.2
第二年	35.0	1.6
第三年	52.0	2.5
合　计	111.5	5.3

由此计算前三年坏账占应收账款余额的百分比如下:

坏账占应收账款的比例=5.3÷111.5×100%=4.75%

预计坏账损失=62×4.75%=2.945(万元)

(四)折现系数的确定

应收账款既非现金,又非实际可用于企业生产经营的资产,只是在回收后才能作为实际的资产。由于要等待这段时间,因此应收账款就不值它回收时的价值,应考虑货币时间价值,这就要将未来可回收应收账款按适当的折现率折算成现值。这在应收账款单独交易的情况下特别重要。如果应收账款单独转让,就必须考虑折现问题,否则对于受让方来说既是不公平的,也是难以接受的。这就需要在评估中判断应收账款回收的时间,并确定适当的折现率,对预计可回收的金额进行折现,以确定应收账款的评估价值,折现率一般可按市场利率确定。

在企业价值评估采用资产基础法的情形下涉及的应收账款评估,可以不考虑折现问题,理由有二:一方面,应收账款的预计可回收金额与其折现值之间的差额相对于企业资产总额来说一般很小,按照重要性原则可以忽略不计;另一方面,在采用资产基础法评估企业价值时，还涉及企业流动负债的评估问题，在评估流动负债时，一般不考虑折现问题，那么根据对等原则，在流动资产的评估中也不应考虑折现问题，即在评估应收账款时不需考虑折现，直接以预计可回收金额作为评估价值。

二、应收票据的评估

票据是由付款人或收款人签发、由付款人承兑、到期无条件付款的一种书面凭证，包括汇票、本票和支票。

评估实务中涉及的企业应收票据主要是汇票。汇票按承兑人不同，可分为商业承兑汇票和银行承兑汇票；按其是否带息，可分为带息商业汇票和不带息商业汇票。商业汇票可依法背书转让，也可向银行申请贴现。

应收票据如何评估，要视资产业务的性质而定：

(1)在票据单独转让的情况下，应收票据应按其贴现值作为评估价值，计算公式如下：

应收票据评估价值＝票据到期价值－贴现息　　(6.18)

对于不带息票据，票据到期价值就是票据面值，则贴现息的计算公式如下：

贴现息＝票据到期价值×贴现利息率×贴现期限　　(6.19)

票据贴现期限＝贴现日(评估基准日)至票据到期日实际天数－1　　(6.20)

对于带息票据，则计算公式如下：

票据到期价值＝票据面值＋应收票据利息　　(6.21)

应收票据利息＝应收票据票面值×利率×期限　　(6.22)

式中，期限是指签发日至到期日的时间间隔。

【例6－10】　某企业向甲企业售出一批产品，价款为300万元，商定6个月收款，采用商业汇票结算。该企业于5月10日开出汇票(不带息)，并经甲企业承兑，汇票到期日为11月10日。现企业准备将该汇票背书转让，评估基准日为7月10日。由此可确定票据贴现期限为120天，假定贴现按月利息率6‰计算，则有：

贴现息＝300×6‰÷30×120＝7.2(万元)

应收票据评估价值＝300－7.2＝292.8(万元)

(2)在企业价值评估采用资产基础法的情形下涉及的应收票据评估，应按票据截至评估基准日的本利和作为评估价值。计算公式如下：

应收票据评估价值＝应收票据面值(本金)×(1＋利息率×时间)　　(6.23)

公式中的时间，是指票据签发日至评估基准日的时间。

在这种情形下，也可以应收票据的贴现值作为评估价值。

【例6－11】　在对某企业进行评估时，企业拥有一张期限为6个月的商业汇票，本金即票面价值为60万元，月利息率为6‰，评估基准日离到期日尚有三个半月。

应收票据评估价值＝60×(1＋6‰×2.5)＝60.9(万元)

如果应收票据在规定的时间内未收回，企业会计处理上将其转入“应收账款”账户，就按应收账款评估。

第四节 现金类资产及其他流动资产的评估

一、现金类资产的评估

现金类资产包括货币资金和短期内准备变现的交易性金融资产等。

(一)货币资金的评估

企业中的货币资金包括现金、银行存款和其他货币资金。货币资金本身就是价值尺度,只存在不同币种的换算和不同货币资金形态的转换问题,通常不存在评估问题。事实上,并没有单独对货币资金进行评估的资产业务。只有在对企业价值评估采用资产基础法的情形下或者在采用市场法或收益法评估企业价值的情形下存在一部分货币资产被作为溢余货币资金处理,才会涉及货币资金的评估。即使在这种情形下,也并不需要对货币资金的价值进行评估,仅仅是对各项货币资金进行核实确认;如有外币,则按评估基准日的外汇牌价换算成人民币,以核实后的实有额作为评估价值汇总到企业资产评估价值总额中。

(二)交易性金融资产的评估

企业持有交易性金融资产的目的是利用正常营运中暂时闲置的货币资金,购入一些不是企业本身业务需要但能随时变现的有价证券,这样既能满足企业现金支付的需要,又可获得一定的收益。

由于企业的交易性金融资产大多为在证券市场上公开交易的有价证券,如上市的股票、债券、基金等,因此,交易性金融资产评估实际上是对企业拥有的上市有价证券的评估。上市有价证券单独交易没有需评估的资产业务,因为上市有价证券有市场价格,所以不需评估来确定价值。如果有价证券需转让,就可在证券交易所进行,不需要评估为交易双方提供作价的依据;如果是其他资产业务涉及上市有价证券的价格,由于市场价格已有反映,因此也不需要评估来确定价格。上市有价证券需要评估的情形只出现在对企业价值评估特别是采用资产基础法的情形下,此时也只不过是以核实后有价证券的数量乘以评估基准日的市场价格来确定评估价值,再汇总到企业资产评估价值总额中。

二、待摊费用的评估

(一)待摊费用需评估的情形和评估对象

待摊费用是指企业已支付或发生,但应由本月和以后月份负担的费用。待摊费用不能单独对外交易或转让,也就是说,不存在单独的需对待摊费用进行评估的资产业务。只有在对企业价值评估采用资产基础法的情形下,才会涉及对待摊费用的评估。

在企业中,待摊费用是作为资产类科目,是企业资产总额的构成部分。但待摊费用本身不是资产,它是已耗用或将耗用资产和权利的反映,从而本身并不是资产评估的对象。但费用支出后可以形成一定形式的实物资产、享用服务的权利及其他无形资产,这种有形的、无形的资产只要存在，已付出的费用就有价值，从而这种未消逝的有形或无形的资产就是费用评估的对象。

待摊费用评估的对象是费用支出后所形成的实体资产和权益，它只与资产和权益的存在相关，与其账面的摊余价值没有本质的联系。如果待摊费用所对应的资产和权益已经不存在，则无论其账面摊余价值有多大，待摊费用的评估价值都应为0。

待摊费用主要有以下几类：(1)属于预付费用性质的，如预付的保险费、预付报纸杂志费、预付租入固定资产租金等；(2)属于均衡成本性质的，如一次大量领用低值易耗品，为均衡成本按受益期限摊销；(3)属于无形资产形成性质的，如因引进生产线而支出的职工技术培训费等，如果摊销期限在1年或一个经营周期内，则也反映在待摊费用中。

(二)待摊费用评估的方法

在存在相应的资产和权益的情况下，待摊费用的评估有两种方法：一种是待摊费用的作用期限很难界定，如因引进技术、合作生产而支出的职工培训费，只能按待摊费用账面余额确定评估值；另一种是待摊费用的作用期限和效益确定，如低值易耗品、预付房租等，应根据实际内容评估，以待摊费用所对应的资产或权益为评估对象，其中低值易耗品摊余额可参照在用低值易耗品评估，但应注意不得与存货中低值易耗品的评估重复，固定资产租金可参照租赁权益评估。

对于已无对应的资产或权益的待摊费用，按零值评估。

【例6—12】 某资产评估机构受托对某企业进行评估，评估基准日为2023年5月31日，其中涉及待摊费用的评估。有关资料如下：截至评估基准日，企业待摊费用账面余额为44.3万元，其中有预付的2023年度保险费6万元，已摊销2万元，余额为4万元；已领用低值易耗品尚待摊销的余额26.3万元；预付2023年度一年房租24万元，已摊销10万元，余额为14万元。

评估人员根据上述资料，对待摊费用的评估如下：

(1)预付保险费的评估

每月应分摊保险费数额＝60 000÷12＝5 000(元)

尚存月份待摊销的保险费(评估价值)＝5 000×7＝35 000(元)

(2)未摊销的低值易耗品价值的评估

低值易耗品根据其在用的实物数量和现场勘察的实际状况，采用成本法评估。经评估，在用低值易耗品的评估价值为286 000元。

要注意的是，如果在待摊费用中对在用低值易耗品进行了评估，在存货中就不必再评估了；如果在存货评估中已包括在用低值易耗品的评估，则在待摊费用中对这部分应按零值评估。不得对同一内容重复计算评估价值。

(3)预付房租的评估

预付房租的评估应是对尚存的租赁权益的评估。经市场调查，目前租赁同样房屋的租金水平为每年30万元，即每月2.5万元，至评估基准日预付的房租尚存7个月的房屋使用权。

尚存租赁权益的评估价值＝25 000×7＝175 000(元)

该企业待摊费用的评估价值＝35 000＋286 000＋175 000＝496 000(元)

本章小结

流动资产评估通常是在企业价值评估采用资产基础法的情形下才会涉及。所以评估前必须搞清楚涉及流动资产评估的情形——是企业价值评估中涉及的,还是单独的流动资产交易需要评估,这影响评估结论价值类型的选择。由于企业中的流动资产具有周转速度快、变现能力强的特点,在价格水平相对比较稳定的情况下,流动资产的账面价值基本上可以反映其现值,因此可以直接采用流动资产的账面价值作为评估价值。

复习思考题

1. 流动资产评估有哪些特点?
2. 如何根据流动资产的评估目的确定评估结论的价值类型?
3. 简述流动资产的评估程序。
4. 简述材料评估的方法。
5. 简述产成品评估的方法。
6. 预计坏账损失的评估方法有哪几种?
7. 应收账款评估时是否应该考虑折现问题?
8. 待摊费用评估应注意哪些问题?

计算题

1. 2022 年 3 月 31 日,对甲企业某种库存材料进行评估。2020 年 8 月,购入该种材料 500 千克,单价 1 300 元,已领用 350 千克,结存 150 千克;2020 年 3 月,购入该种材料 300 千克,单价 1 500 元,尚未领用。企业会计核算采用先进先出法。

要求:试评估该种库存材料的价值。

2. 对某企业库存的一种燃料进行评估,账面库存量为 50 吨,经现场技术鉴定,没有发生质量变化,仍能满足正常需要,只是保管中自然损耗 1%。根据市场调查,得知该种燃料近期市场价格为每吨 4 000 元,每吨运费 100 元,整理入库费为每吨 40 元。

要求:在企业价值评估采用资产基础法的情形下,该种库存燃料的评估价值是多少?如果该种燃料要对外销售,则评估价值又是多少?

3. 在对某企业评估的过程中,需对其某一工序上的在制品进行评估,该工序上的在制品数量为 5 000 件,根据行业平均定额标准,该在制品截至该工序累计的材料消耗定额为 10 千克/件,工时定额为 5 小时/件。经市场调查得知,该在制品耗用材料的近期市场价格为 10 元/千克,相同工种正常小时工资为 6 元/小时。该企业产品销路一向很好,假设不存在变现风险。

要求:计算该在制品的评估价值。

4. 某企业准备继续生产已入库的A系列在产品。经调查，关于该系列在产品的资料如下：

(1)至评估基准日，该系列在产品账面累计总成本为200万元，该系列中有一种在产品有150件报废，账面单位成本为100元/件，估计可回收的废料价值为3 500元。

(2)该系列在产品的材料成本占总成本的70%，所有材料为某种贵重金属。从生产准备到评估基准日有半年时间，据了解，同类生产材料在半年内价格上涨了10%。

(3)对该系列在产品的费用分析表明，本期在产品的单位产品费用偏高，主要系前期漏转费用5万元计入本期成本，其他费用在半年内未变化。

要求：按照价格变动系数调整该在产品的原始成本，确定该系列在产品的评估价值。

5. 某企业被其他企业兼并，生产全面停止，在产品需处理，现对其库存的在产品A、B、C进行评估。有关的评估资料如下：

(1)在产品A已从仓库中领出，但尚未进行加工处理。这批在产品A共有1 000件，账面价值为25 000元。经调查，该在产品如完好无损地出售，单位市价为20元/件。

(2)产品B已加工成部件，共有500件，账面价值为5 500元，可通过市场调剂且流动性较好。据调查了解，该在产品的市场可接受价格为10元/件，但调剂存在风险，估计会发生调剂费用300元。

(3)产品C已加工成部件，账面价值为3 000元，但是对于兼并后的企业来说，在产品C已经没有继续加工的价值，也无法调剂出去。经分析，该在产品只能报废处理，可回收的价格为500元。

要求：根据以上资料，试估算该批在产品的价值。

6. 某保健品厂生产的口服液十分畅销，由于其营销网络十分强大，因此被某集团看中，欲收购该保健品厂。在对保健品厂的评估过程中，涉及对该厂库存口服液的评估。经查实，该厂库存口服液的账面价值为208 950元，数量为2 000瓶，账面记载的单价为105元/瓶，出厂价格为140.4元/瓶(含增值税)。该产品的销售费用占不含增值税销售收入的3%，销售税金及附加费占销售税金的10%，销售利润率为20%。已知所得税税率为25%，增值税税率为13%。

要求：根据以上资料，试估算该批产品的价值。

7. 某企业产成品实有数量100台，每台实际成本99元，该产品的材料费与工资、其他费用的比例为70∶30，根据目前的资料，材料费用综合调整系数为1.18，工资、其他费用综合调整系数为1.26。

要求：根据以上资料，试计算该产成品的评估价值。

8. 对A企业价值采用资产基础法进行评估，需对企业部分存货进行评估。评估人员经清查核实及市场调查后获得如下资料：

(1)A 企业已经停产2年,本次评估后拟恢复原产品生产。

(2)A 企业库存钢材150吨,账面余额480 000元,购入时间距评估基准日3年。

(3)库存某种钢制零件产成品400件,账面值80 000元,经现场鉴定有80件因保存不当已报废,按评估基准日的废钢价格,预计报废产品处理后可获得净收入7 200元。

(4)库存甲种钢制零件在产品800件,如果按已完成工时与该种零件全部工序所需工时的比例计算分类,有300件已完成50%,有500件已完成80%。

(5)甲种产成品的完工日期与在产品停止加工日期均距评估基准日2年。

(6)产成品的账面价值为完工日期的价值。

(7)根据会计资料,在甲种零件产成品的成本中,原材料占70%,人工费占20%,能耗占3%,其他费用占7%。

(8)甲种产成品及在产品所用钢材与库存材料为同一批购入的同种材料。

(9)经市场调查,在评估基准日前三年内,库存材料的价格每年比上一年上升6%,自A企业停产后,同行业人工费每年比上一年上升5%,能耗价格每年比上一年上升2%,其他费用每年比上一年上升3%。

假设在甲种钢材零件的加工过程中,每个工时所包含的人工费用、能耗费用及其他费用相同,且不再考虑其他因素。

要求:计算A企业上述原材料、产成品及在产品的评估价值(计算结果以元为单位取整)。

9. 某企业向A公司售出材料,价款为300万元,商定6个月后收款,采用商业承兑汇票结算。该企业于5月10日开出汇票,并向A公司承兑,汇票到期日为11月10日。现对该企业价值进行评估,基准日为7月31日,贴现率按月息6‰计算。

要求:根据以上资料,试计算该应收票据的评估价值。

10. 某企业6月份预付下半年度的房租80万元,当年8月31日对该企业进行评估时,市场上类似房屋相同租期的租金为每月15万元。

要求:根据以上资料,试计算该预付费用的评估价值。

11. 在采用资产基础法对某企业价值进行评估时,该企业某类在用低值易耗品的账面余额为2 800元。预计该类在用低值易耗品尚可使用6个月,现已使用4个月,该类全新状态的在用低值易耗品目前的市场价格为5 000元。

要求:根据以上资料,试计算该类在用低值易耗品的评估价值。

计算题
参考答案

7 第七章 无形资产评估

全章提要

学习目标

知识目标:理解无形资产的概念、范围和分类,掌握无形资产评估的基本方法和特点,了解无形资产评估在企业运营中的重要性。

思政目标:培养学生的创新意识和对知识产权的保护意识,提高学生在经济活动中的法律意识和道德素养,为学生未来在相关领域的工作打下坚实的基础。

思维导图

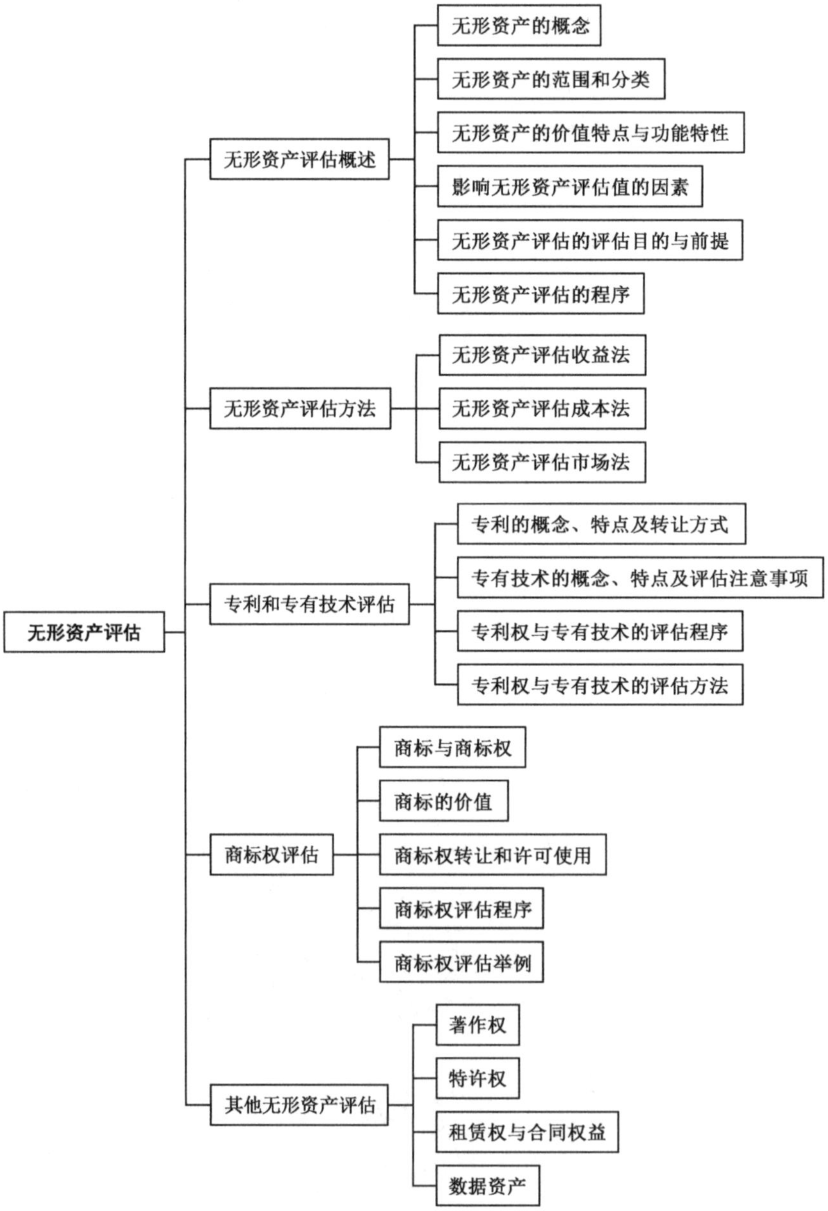

第一节　无形资产评估概述

一、无形资产的概念

无形资产是指由特定主体所拥有或控制的，不具有实物形态，对生产经营与服务能持续发挥作用并能带来经济利益的一切经济资源，是与有形资产相对应的概念。

理解无形资产这个范畴，必须把握以下基本点：

(1)无形资产没有实物形态，却又依托于一定的实体，这是有别于有形资产的重要特征。例如，工业产权、专有技术等，与厂房、机器、设备等多项有形资产相比，最显著的区别就是前者没有实物形态。但是，无形资产又具有另一方面的特征，即其往往依托于一定的实体而存在。例如，土地使用权依托于土地，商誉内含于企业的整体资产，矿业权通过矿产开发来体现，生产新产品的专利或专有技术要通过工艺、配方、生产线等来实现。因此，无形资产的评估需要考虑其所依托的实体。

(2)无形资产必须能为企业的生产经营持续地创造效益，而且由一定的主体排他性地加以控制。这就把无形资产与一些偶然对生产经营发挥作用但不具有持续性的经济资源，以及虽能持续发挥作用但不能给其控制者带来超额收益或不能排他性控制的经济资源相区别。例如，普通技术、政府发布的经济信息，就不是无形资产。

二、无形资产的范围和分类

(一)无形资产的范围

对于无形资产的范围，目前并无明确的界定，各个国家之间存在一定的差异。随着市场经济的发展、对评估行业的需求及人们观念的变化，无形资产的范围也在不断扩展和明确。

经济学界一般认为，凡是能为企业带来长期收益而不具有实物形态的经济资源均可作为无形资产。美国评值公司代表了这一类观点，其无形资产的外延极其宽泛。该公司认为企业无形资产的范围如图 7—1 所示。

虽然海克特先生在企业无形资产的“清单”中未列入土地使用权，但美国是将土地使用权列为无形资产的。我国香港地区房地产评估业相当发达，却不将土地使用权作为无形资产。我国 1993 年 7 月 1 日起施行的《企业财务通则》和企业会计准则规定，无形资产是指企业长期使用但是没有实物形态的资产，包括专利权、商标权、著作权、土地使用权、非专利技术、商誉等。同时实施的十大行业(工业、商品流通业、运输业、金融保险业、旅游饮食服务业、电影新闻出版业等)财务制度也都对无形资产包含的内容做了类似的规定。

我国《资产评估执业准则——无形资产》采用列举的方式，指出我国无形资产的范围具体包括专利权、商标权、著作权、专有技术、销售网络、客户关系、特许经营权、合同权益、域名和商誉等。

- 无形资产(intangible assets)
  - 促销型资产(marketing assets)
    - 商号/商标(tradenames/trademarks)
    - 顾客名单(customer lists)
    - 包装(packaging)
    - 订单(backlog)
    - 广告资料(advertising material)
    - 特许权(franchises)
    - 货架空位(shelf space)
    - 许可证(licenses)
    - 经销网(distribution network)
  - 制造型资产(manufacture assets)
    - 专利(patents)
    - 配方(formulas)
    - 经营秘密(tradesecrets)
    - 资产专有技术(know-how)
    - 非专有技术(unpatented technology)
    - 图纸(drawings)
    - 供应合同(supply contracts)
    - 新产品开发(new product development)
  - 金融型资产(financial assets)
    - 优惠融资(favorable financing)
    - 配套员工(assembled workforce)
    - 软件(software)
    - 版权(copyrights)
    - 核心存款(core deposits)
    - 不竞争契约条款(covenants-not-to-compete)
    - 租赁权(leasehold interests)
    - 雇佣合同(employment contract)
    - 数据库(data base)
    - 超额年金计划(overfunded pension plans)
    - 解雇率(unemployment ratings)
    - 商誉(goodwill)

图 7—1　无形资产的范围

资料来源:美国评值公司执行副总裁海克特先生于 1994 年 4 月在“1994 年深圳无形资产评估国际研讨班”的演讲稿。

(二)无形资产的分类

对无形资产进行必要的分类,不仅有利于识别和把握无形资产,而且有利于了解无形资产的性质和作用范围,提高评估的科学性和准确性。

1. 按期限,可分为有限期的无形资产和无限期的无形资产

有限期的无形资产是指资产的有效期为法律所规定,如专利权、特许权、商标等。它们的成本都要在其有效期内予以摊销。有时候,估计的有效年限比法律上规定的年限短,则以较短的估计有效年限摊销其成本。

无限期的无形资产是指资产的有效期限在法律上并无规定,因而被视为无限期的无形资产,如商誉、专有技术等。它们的取得成本原则上必须进行摊销。

以上区别在西方国家已不适用。美国从20世纪70年代起就认为，无形资产的价值终有一天会消失，因而它们的账面成本应系统地摊销于各受益期，摊销期间以不超过40年为限。

2.按可否确指，可分为可确指（可辨认）无形资产和不可确指（不可辨认）无形资产

可确指无形资产是指那些具有专门名称，可以个别，或作为组成资产的一部分，或作为整个企业的一部分取得、转让、出售的无形资产，如专利权、特许权和商标等。

不可确指无形资产是指那些不可辨认、不能单独取得、离开企业就不复存在的无形资产，如商誉。

3.按取得的方式，可分为自创的无形资产和外购的无形资产

商誉属于自创的无形资产，专利、专有技术对于发明人来说是自创的，应用者通过有偿方式获得的他人的专利、专有技术则属于外购的无形资产。

4.按技术含量，可分为技术型无形资产和非技术型无形资产

专利技术、专有技术、计算机软件等是技术型无形资产，商标、商誉、特许权等是非技术型无形资产。

5.按作用领域，可分为促销型无形资产、制造型无形资产和金融型无形资产

这是美国评值公司的分类。

6.按性质和内容，可分为知识型无形资产、权利型无形资产、关系型无形资产和组合型无形资产

这是国际评估准则委员会颁布的《无形资产评估指南》的分类方法（见图7—2）。

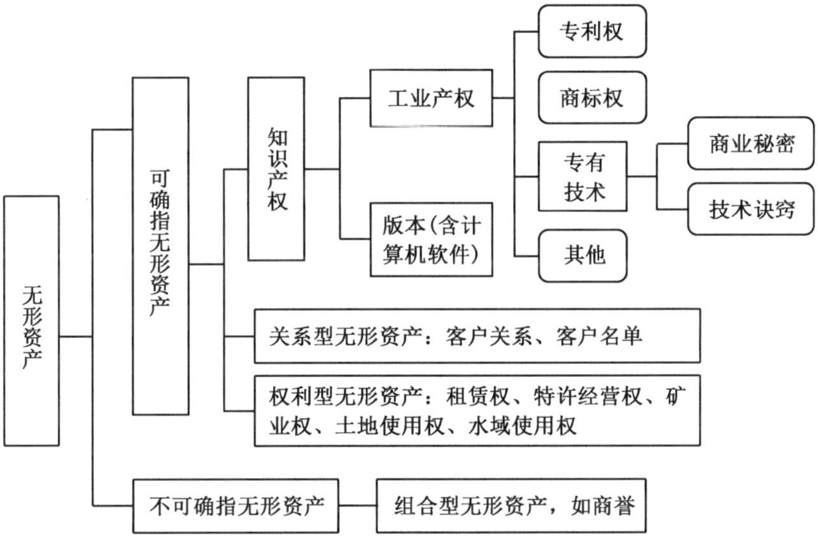

图7—2　国际评估准则关于无形资产的分类

知识型无形资产（知识产权）是指主要依靠人的知识、智力、技术创造的知识密集型无形资产，包括工业产权和版权（著作权），而工业产权又包括专利权、专有技术和商标权等。知识型无形资产是无形资产最重要的组成部分。

权利型无形资产主要是指通过法律行为创设的非知识型无形资产，它由书面或非书面契约条款产生，对契约双方具有经济利益，如租赁权、特许经营权、采矿权等。

关系型无形资产是指可以获得盈利条件的特殊关系，通常是非契约性质的经济资源。在没有契约约束的条件下，这种特殊关系能存续一定的时间，对于关系方具有巨大价值，如客户关系、客户名单、销售网络等。

组合型无形资产是指运用多种因素综合形成的无形资产，如商誉。这类资产的价值源泉无法与具体因素一一对应。

三、无形资产的价值特点与功能特性

(一)无形资产的价值特点

无形资产是各类资产或企业整体资产中的一种，它与有形资产有共性，但由于它是无形的特殊资产，因此它的价值有其自身的特点。

第一，无形资产的成本是由个别生产者在个别劳动中所耗费的实际劳动时间来计量的。无形资产大多是智力劳动的成果，主要是由复杂的脑力劳动创造的。从事无形资产生产的劳动者，正像马克思所说的那样，比普通劳动力需要更高的教育费用，无形资产的生产要花费较多的劳动时间，因而具有较高的价值。无形资产价值的货币表现数值相对较高，这是由于凝结在无形资产内部的劳动量较大，再加上无形资产不是批量性生产，而是个别的一次性生产，这种一次性生产有较大的探索性、风险性，失败的可能性大，常常在经过了一系列失败后，才能取得某些阶段性的成功，因此，无形资产的价值不像有形资产那样是由凝结在其中的社会必要劳动时间来决定的，而是由个别生产者在个别生产中所耗费的实际劳动时间来计量的。这种计量比有形资产的计量更复杂、更困难，甚至具有相当程度的不确定性或不准确性。

第二，无形资产的价值主要以效用为基础，有形资产的价值则较多地以生产费用为基础。这一方面是因为无形资产的生产成本与无形资产的效用之间往往存在着较强的非对称性；另一方面是因为无形资产的生产成本在会计账目上一般是不完整的，很多技术型无形资产在创造过程中经历了无数次失败，某些无形资产(如商标)的内涵成本远远超出了它的外在形成。所以，无形资产的价值一般较难用生产费用来衡量，较多情况下只能以其获利能力为基础。

历史上，回形针的发明设计专利的转让价格是与设计时所付出的劳动不成比例的；世界名牌万宝路、可口可乐等商标(含商誉)和专有技术的价格高达数百亿美元，是直接与它们的获利能力相关联的。这种带有“垄断性”的名牌效应所创造的超额利润，并非与凝结在其中的人类一般劳动成正比。某些权利型的无形资产，如特许权、自然资源的开发权和使用权等，具有明显的特殊或个别例外意义的价格，必须具体问题具体分析，才能科学地对待与评估无形资产的价值。

(二)无形资产的功能特性

1. 附着性

附着性是指无形资产往往附着于有形资产而发挥其应有的功能。有形资产是无形资产的载体,无形资产渗透面越大,对有形资产的附着性就越强。在进行无形资产转让和投资的评估时,一方面要考虑与无形资产共同发挥作用的有形资产的范围,另一方面要辨别有形资产与无形资产各自带来的收益。

2.共益性

共益性是指无形资产可以作为共同财富,由不同的主体共享。但是,市场具有有限性和竞争性,在知识产品由不同主体共享时,因追求自身利益的需要,又会形成各主体的互相排斥性。这表明在无形资产的所有者将无形资产的使用权部分转让后,就会引起竞争,给本企业产品在市场上实现价值造成困难,从而妨碍垄断利润和超额利润的实现,这就是机会成本问题。这种机会成本既包括潜在利益的失去,也包括企业为维持原有的利益必须追加的成本。所有这些机会成本必须在无形资产转让或投资时得到补偿,也应在评估中得以体现。因此,考虑无形资产的共益性,就是要求在无形资产评估时考虑机会成本的补偿问题;同时,在对无形资产评估时需考虑其权益界限。

3.累积性

累积性,一方面是指无形资产在生产经营中的作用,往往是建立在一系列其他成果的基础上,在一定范围内发挥特定的作用;另一方面是指无形资产自身的发展是一个不断累积和演进的过程。在资产转让时,应对无形资产的作用程度以及成熟度予以必要的关注。

4.替代性

替代性是指一种技术取代另一种技术,一种工艺替代另一种工艺等。一种无形资产总会被更新的无形资产所取代,这是社会发展的必然。新与旧的不断变化决定了一项无形资产的寿命是有限的。这种经济寿命的长短主要取决于该领域内技术进步的速度和无形资产创新的竞争。因而,必须在无形资产评估中考虑其作用期限(经济寿命)。

四、影响无形资产评估值的因素

由上述无形资产的价值特点与功能特性可以看出,与有形资产相比,无形资产评估的难度更大。要想使评估结果相对准确,就需要进一步了解影响无形资产评估值的各种因素。这些影响因素主要包括:

(一)取得成本

无形资产的取得成本首先取决于无形资产是如何取得的。对企业而言,外购无形资产的成本较易确定,自创无形资产的成本则较难准确计量。由于生产无形资产的劳动是创造性的复杂劳动,虽然对这种创造性的复杂劳动可以通过倍加系数进行换算,但是难以制定客观的换算标准,再加上无形资产的创造过程往往较复杂,有时需经历几次失败,因此无形资产的成本计量相对于有形资产而言,精确性要差一些。无形资产的取得成本一般包括创造发明成本、法律保护成本、发行推广成本等。

(二)机会成本

机会成本是指无形资产转让后可能给转让方造成的损失。如果某项无形资产是转让方正在使用的资产,转让该项无形资产就意味着转让方将失去部分市场并为自己制造竞争对手,从而减少转让方的利润。

(三)预期效益

根据前述无形资产的价值特征可知,一项无形资产价值的大小并不取决于创造成本的多少,而是由应用后所创造的效益来确定。评估时要重点考虑无形资产应用后对提高劳动生产率、提高产品质量、降低产品成本、扩大产品的市场占有率以及企业经营条件的改善等方面的影响。一项无形资产,在环境、制度允许的条件下,获利能力越强,其评估值越高。

(四)寿命期限

一项无形资产的价值不仅取决于其获利能力,而且直接与其获利能力的持续时间即经济寿命有关。在经济寿命期间,无形资产不仅具有使用价值,而且能为其控制主体带来超额收益。对于具有法律保护期的无形资产,如专利,其经济寿命期限除考虑法律保护期外,更重要的是技术更新周期的长短。对于技术更新周期短的无形资产而言,往往在法律保护期内就会因新技术的产生而丧失经济寿命。

(五)技术成熟程度

一般来说,科技成果都有一个"发展→成熟→衰退"的过程。科学技术的发展阶段和成熟程度会直接影响技术型无形资产的评估值。技术越成熟,开发程度越高,运用该技术的风险就越小,其评估值就越高;如果某项技术处于发展阶段,评估时就需充分估计其在运用过程中的风险,相应对评估值做一些调整。

(六)转让因素内容

无形资产的转让可以分为所有权转让(完全产权转让)和使用权转让(许可他人使用)。使用权转让又可分为独占使用权转让和普通使用权转让等。无形资产转让过程中的有关规定直接关系到转让方和受让方的权益,从而影响无形资产的评估值。一般来说,受让方获得的权益越大,无形资产的评估值就越高。

(七)市场供求状况

无形资产的市场供求状况反映在两个层次上:无形资产市场供需情况和无形资产的适用程度。这两个层次关系密切。一般来说,一项无形资产的适用程度越高,其市场需求就越大,评估值也就越高;反之,一项无形资产的适用程度越低,其市场需求就越小,评估值就越低。

(八)同行业同类无形资产的计价标准和依据

某些无形资产是依照其产品的信誉等级、企业知名度、销售范围、经营历史等,与国内外同行业进行比较分析来确定价值的,因而需充分了解同行业同类无形资产的计价标准与依据。

(九)价格支付方式

无形资产转让时,如果价格的支付方式是一次性支付,使用过程中的风险一般由买方完全承担,在此种情况下,价格就应定得低一些;如果价格的支付方式采用多次支付,并且风险是由买卖双方共同承担,价格就应相应提高一些。

五、无形资产的评估目的与前提

（一）无形资产的评估目的

无形资产的评估目的一般包括转让、许可使用、出资、拍卖、质押、诉讼、损失赔偿、财务报告、纳税等。

无形资产评估一般以产权变动为前提，但是并不排除产权不变情况下对无形资产进行评估。随着经济的发展、法律的变革和环境的变化，在非交易前提下评估无形资产价值的情况越来越多。

《企业会计准则第8号——资产减值》要求对无形资产及商誉进行减值测试，原则上应当及时确认和计量。这种估值和计量通常由企业委托专门的评估机构完成。中国资产评估协会发布的《以财务报告为目的的评估指南》对该类无形资产评估业务进行了规范。

近几年，随着我国知识产权战略的实施和金融市场的发展，知识产权质押融资已成为企业（尤其是中小型科技企业）融资的重要方式。中小型科技企业以实物形式存在的自有资产有限，难以满足银行在传统信贷体制下对风险控制的要求。知识产权质押融资可以拓展企业的融资渠道，但前提是要有规范的知识产权评估。

随着各国对知识产权保护的日益重视，对知识产权侵权行为的打击力度日益增强。各国都制定法律，要求在确定知识产权民事赔偿前对无形资产的价值进行评估。

（二）无形资产转让、投资评估的前提

无形资产之所以可以成为转让、投资的对象，是因为其可以为其控制主体带来额外收益，因此，以无形资产产权变动为目的的评估必须具备以下前提：

1. 能够带来超额利润或追加收益

只有当某些无形资产能够给买方带来追加收益时，才会对买方具有吸引力，也才有必要根据带来的追加收益确定无形资产的价格。这里不采用“超额利润”而采用“追加收益”，是因为在现实经济中，被评估的无形资产能够带来超额利润只是一种理论抽象，即假设无形资产的控制主体保持社会平均经营水平。一旦假设条件不存在，亏损或微利企业拥有了某项无形资产，该项无形资产就只能使其控制主体不亏损或达到行业平均利润水平，即表现为特定条件下的追加利润，而难以表现为高于社会平均水平的收益。故应根据无形资产对利润增长的影响来评估无形资产的价格。

2. 能够带来垄断利润

这是指购买方购入和运用无形资产形成市场垄断，通过垄断价格实现垄断利润。根据市场垄断的不同条件，测算垄断利润，据此评估无形资产的价值。

六、无形资产评估的程序

（一）明确评估目的

无形资产的评估目的主要是产权变动，通常表现为两种情况：一是无形资产的拥有者或控制者将无形资产的所有权或使用权转让或对外投资，表现为单项资产评估；二是在企业整

体或部分产权变动时，如企业股份制改造、合资、兼并等，对企业资产中所包含的无形资产进行评估。但是目前非产权变动情况下的无形资产评估业务日益增长，如以财务报告为目的的评估、以质押融资为目的的评估、以法律诉讼民事赔偿为目的的评估等。评估目的不同，所适用的价值类型就不同，对评估方法的选择也有一定的影响，评估结果也就不同。

（二）鉴定无形资产

对无形资产进行评估时，评估人员首先应对被评估的无形资产进行鉴定。这是进行无形资产评估的基础工作，直接影响评估范围和评估价值的科学性。通过对无形资产的鉴定，可以解决以下问题：

1. 确认无形资产的存在

这主要是验证无形资产的来源是否合法，产权是否明确，经济行为是否合法、有效。具体可以从以下几个方面进行：

（1）查询被评估无形资产的内容、国家有关规定、专业人员评价情况、法律文书（如专利证书、技术鉴定书等），核实有关资料的真实性、可靠性和权威性。

（2）分析无形资产使用所要求的与之相适应的特定技术条件和经济条件，鉴定其应用能力。

（3）确定无形资产是否为委托者所拥有，要考虑其存在的条件和要求，对于剽窃、仿造的无形资产要加以鉴别，对于部分特殊的无形资产要分析其历史渊源，看其是否符合国家的有关规定。

（4）分析评估委托的资产是否形成了无形资产。有的专利虽然已获得专利证书，但并没有实际经济意义；有的商标尚未使用，在消费者中没有影响力。这些专利、商标就没有形成无形资产。

2. 鉴别无形资产的种类

这主要是确定无形资产的种类、具体名称、存在形式。有些无形资产是由若干项无形资产综合构成，应加以确认和分离，避免重复评估和漏评估。

3. 确定无形资产的有效期限

无形资产的有效期限是其存在的前提。某项专利权，如果超过法律保护期限，就不能作为专利权评估。有效期限对无形资产评估值具有很大影响，比如有的商标，历史越悠久，价值越高。但是，也不能仅从时间长短来判断商标的价值，有的商标历史并不悠久，也可能具有较高的价值。

（三）搜集相关资料

与有形资产相比，影响无形资产价值的因素更复杂，在交易过程中信息不对称的问题也更严重，因此，要想使评估值相对准确，就需要评估人员尽可能搜集到完整、真实的信息资料。

基于信息资料在无形资产评估中的重要性，《资产评估执业准则——无形资产》详细列举了无形资产评估中需要关注的事项（需搜集的相关资料）：（1）有关无形资产权利的法律文件或其他证明资料；（2）无形资产是否能带来显著、持续的可辨识经济利益；（3）无形资产的性质、目前和历史状况；（4）无形资产的剩余寿命和法定寿命，无形资产的保护措施；（5）无形资产实施的地域范围、领域范围、获利能力与获利方式;(6)无形资产以往的评估及交易情况;(7)无形资产转让、出资、质押等的可行性;(8)无形资产实施过程中所受到国家法律、法规或其他资产的限制;(9)类似的无形资产的市场价格信息;(10)可能影响无形资产价值的宏观经济前景(如国家产业政策);(11)可能影响无形资产价值的行业状况及前景;(12)可能影响无形资产价值的企业状况及前景(有四类企业:拥有该项无形资产权益的企业、转让方或授予使用许可的企业、受让方或被许可使用的企业、处于竞争对手地位的企业);(13)其他相关信息(根据具体评估对象需考虑的相关信息)。

(四)确定评估方法,计算评估值

与有形资产评估一样,无形资产评估也采用三种基本评估方法:收益法、成本法和市场法。评估时应根据无形资产的具体类型、特点、评估目的及外部市场环境等选择合适的评估方法。

虽然根据《国际评估准则评估指南——无形资产》的相关规定,三种方法均适用于无形资产评估,但是基于无形资产的价值特征,即成本与效用的非对应性和无形资产难以复制,评估无形资产价值的首选方法应是收益法。在采用收益法时,要正确预测由被评估的无形资产带来的收益,不可将其他资产带来的收益误算到被评估的无形资产收益中;要注意收益额计算口径与折现率口径保持一致;要根据不同情况正确进行折现率或资本化率的计算;要合理确定无形资产的剩余经济寿命及评估中的其他参数。在评估过程中要充分考虑法律法规、宏观经济环境、技术进步、行业发展变化、企业经营管理、产品更新和替代等因素对无形资产收益额、收益期和折现率的影响,尽可能减少主观因素对评估值的影响。

与有形资产不同,大多数无形资产难以复制,因而成本法的使用具有一定难度,但如果具备一定条件,仍可以使用。如果无形资产形成时间较短,且存在另一种类似无形资产可以替代,成本法就较为适用;反之,如果无形资产使用时间已很长且无替代物,同时评估的是公允市价,则成本法就不太适用:一是因为时间过长,当初研制的成本资料已无法查询;二是因为无形资产的市价取决于其获利能力,而非研制过程中耗费的成本。所以,在采用成本法进行评估时,需要注意所计算的重置成本应是包括无形资产开发应获利润在内的每一项成本。在成本法的运用过程中还要注意扣除实际存在的功能性贬值和经济性贬值。

市场法在无形资产评估中的运用存在两方面的障碍:一是无形资产市场交易活动有限,且无形资产各自的差异很大,从而使相类似的交易案例很难搜集到;二是无形资产的非标准性使评估人员调整被评估无形资产与交易案例之间的差异比较困难。因此,在拟采用市场法评估无形资产时,需要特别注意被评估的无形资产是否具备适合运用市场法的前提条件,即是否存在具有合理比较基础的类似无形资产的交易案例,调整参照物与被评估无形资产在交易条件、时间因素、获利能力等方面差异的指标、参数能否找到。

总之,根据无形资产的价值特征,收益法是最常用的评估方法。在具备一定条件的情况下,其他两种方法也可以使用。但是需注意,同一项无形资产在相同评估目的下,使用三种评估方法的评估结果应趋同,如果存在较大差异,就需寻找原因。可能存在的原因有:某些方法的应用前提可能不具备,评估过程可能有缺陷,支持评估结果的某些信息资料可能失真,评估人员的专业判断可能有误等。

(五)撰写评估报告

无形资产评估报告是无形资产评估过程的总结,也是评估者承担法律责任的依据。无形资产评估报告的撰写除遵循一般评估报告撰写的要求外,应特别注重评估推理过程的陈述,明确阐释评估结论产生的前提、假设和限定条件,各种参数的选用依据,评估方法使用的理由及逻辑推理方式。这是基于无形资产的价值特征和评估特点所提出的要求。

第二节 无形资产评估的一般方法

从理论上讲,无形资产的评估方法有收益法、成本法和市场法。在评估实践中,运用最广泛的方法是收益法,其次是成本法或成本-收益法,市场法因条件限制,目前运用得不普遍。

一、无形资产评估的收益法

(一)无形资产评估中收益法的基本公式

根据无形资产转让计价方式的不同,收益法在应用上可以表示为下列两种方式:

$$\text{无形资产评估值} = \sum_{t=1}^{n} \frac{K \times R_t}{(1+r)^t} \tag{7.1}$$

或

$$\text{无形资产评估值} = Y + \sum_{t=1}^{n} \frac{K \times R_t}{(1+r)^t} \tag{7.2}$$

式中,K 为无形资产分成率,R_t 为第 t 年分成基数(超额收益),t 为收益期限,r 为折现率,Y 为最低收费额。

上述两个公式的不同处在于式(7.2)多一项最低收费额,但在后项计算无形资产的分成率时,是按扣除最低收费额后测算的,本质上与式(7.1)一致。

通常称式(7.1)为收益模式,称式(7.2)为成本-收益模式。

式(7.2)中的最低收费额,是指在无形资产转让中,视购买方实际生产和销售情况收取转让费的场合所确定的“旱涝保收”收入,并在确定比例收费时预先扣除,有时也称为“入门费”。在某些无形资产转让中,转让方按固定额收费时把最低收费规定为转让最低价,也可作为无形资产竞卖的底价。最低收费额是根据无形资产的补偿成本确定的,其具体计算方法将在成本法中介绍。

(二)无形资产收益额的确定

无形资产收益额的测算是采用收益法评估无形资产的关键步骤。如前所述,无形资产收益额是由无形资产带来的超额收益。无形资产附着于有形资产而发挥作用并产生共同收益,因此,关键问题是如何从这些收益中分离出无形资产带来的收益额。下面介绍一些常用的方法。

1. 直接估算法

通过未使用无形资产与使用无形资产的前后收益情况对比分析,确定无形资产带来的收益额。在许多情况下，从无形资产为特定持有主体带来的经济利益上看，可以将无形资产划分为收入增长型无形资产和费用节约型无形资产。

(1)收入增长型无形资产

收入增长型无形资产是指无形资产应用于生产经营过程，能够使产品的销售收入大幅度增长。增长的原因在于：

①生产的产品能够以高出同类产品的价格销售，其形成的超额收益可以用下式计算：

$$R=(P_2-P_1)\times Q\times(1-T) \tag{7.3}$$

式中，R 为超额收益，P_2 为使用无形资产后单位产品的价格，P_1 为未使用无形资产时单位产品的价格，Q 为产品销售量(此处假定销售量不变)，T 为所得税税率。

②生产的产品在采用与同类产品相同价格的情况下，销售数量大幅度增加，市场占有率扩大，从而获得超额收益。其计算公式如下：

$$R=(Q_2-Q_1)\times(P-C)\times(1-T) \tag{7.4}$$

式中，R 为超额收益，Q_2 为使用无形资产后产品的销售量，Q_1 为未使用无形资产时产品的销售量，P 为产品价格(此处假定价格不变)，C 为产品的单位成本，T 为所得税税率。

由于销售量增加不仅可以增加销售收入，而且会引起成本的增加，因此，估算销售量增加形成收入增加从而形成超额收益时，必须扣减由于销售量增加而增加的成本。

同时应注意的是，销售收入增加可以引起收益的增加，它们是同方向的，由于存在经营杠杆和财务杠杆效应，因此销售收入和收益一般不是同比例变动，这在计算中应予以考虑。

(2)费用节约型无形资产

费用节约型无形资产是指无形资产的应用使得生产产品中的成本费用降低，从而形成超额收益。可以用下列公式计算投资带来的超额收益：

$$R=(C_1-C_2)\times Q\times(1-T) \tag{7.5}$$

式中，R 为超额收益，C_1 为未使用无形资产时的产品单位成本，C_2 为使用无形资产后产品的单位成本，Q 为产品销售量(此处假定销售量不变)，T 为所得税税率。

实际上，收入增长型无形资产和费用节约型无形资产的划分是一种为了明晰无形资产形成超额收益来源情况的人为划分方法。通常，无形资产应用后，其超额收益是收入变动和成本变动共同形成的结果。评估者应根据上述特殊情况加以综合性的运用和测算，以便科学地测算超额收益。

2.差额法

当无法将使用了无形资产和没有使用无形资产的收益情况进行对比时，采用无形资产和其他类型资产在经济活动中的综合收益与行业平均水平进行比较，可得到无形资产获利能力，即“超额收益”。

第一，收集有关使用无形资产的产品生产经营活动的财务资料进行盈利分析，得到经营利润和销售利润率等基本数据。

第二，对上述生产经营活动中的资金占用情况(固定资产、流动资产和已有账面价值的其他无形资产)进行统计。

第三，收集行业平均资金利润率等指标。

第四，计算无形资产带来的超额收益。

无形资产带来的超额收益=经营利润-资产总额×行业平均资金利润率

或

无形资产带来的超额收益=销售收入×销售利润率-销售收入×单位销售收入平均占用资金×行业平均资金利润率

使用这种方法,应注意这样计算出来的超额收益有时不完全由被评估无形资产带来(除非能够认定只有这种无形资产存在),其往往是一种组合无形资产超额收益,还需进行分解处理。差额法的举例可参见本章第五节有关进口许可证评估的例题。

3.分成率法

无形资产收益通过分成率来获得,是目前国际和国内技术交易中常用的一种实用方法。

无形资产收益额=销售收入(利润)×销售收入(利润)分成率×(1-所得税税率)　　(7.6)

对于销售收入(利润)的测算已不是较难解决的问题,重要的是确定无形资产分成率。既然分成对象是销售收入或销售利润,就有两个不同的分成率。实际上,由于销售收入与销售利润有内在的联系,因此可以根据销售利润分成率推算出销售收入分成率;反之亦然。

因为:收益额=销售收入×销售收入分成率×(1-所得税税率)

=销售利润×销售利润分成率×(1-所得税税率)

所以:销售收入分成率=销售利润分成率×销售利润率

销售利润分成率=销售收入分成率÷销售利润率

分成的基础一般分为三种:销售额、利润和产品数量。实践中,以销售收入总额为基础按年度分成较普遍,因为销售额的客观性较强,也易于转让方查询、掌握。以新增利润为基础分成,从理论上讲比较合理,但在实施中较困难,因为利润是一种计算结果,具有一定的主观性,并且企业很少公开其有关利润方面的财务数据,从而转让方很难准确掌握受让方的利润额,所以实践中一般较少用利润作为分成基础。以产品数量为基础的分成,在国内外技术转让中也具有普遍性。尽管三种分成基础不同,但是三者之间根据上述计算公式是可以转换的。例如,国际上,一般技术转让的提成率为销售收入的0.5%~10%,如果按社会平均销售利润率10%推算,技术转让费为销售收入的3%时其利润分成率就为30%。

利润分成率的确定是以无形资产带来的追加利润在利润总额中的比重为基础。但是,在某些情况下无形资产带来的追加利润无法直接计算,就需采用间接方法求取。因此,确定无形资产转让利润分成率(包括销售收入分成率)的方法有多种,这里主要介绍以下几种:

(1)边际分析法

边际分析法是先选择两种不同的生产经营方式进行比较,一种是运用普通生产技术或企业原有技术进行经营,另一种是运用转让的无形资产进行经营,后者的利润大于前者利润的差额就是投资于无形资产所带来的追加利润;然后测算无形资产寿命期间各年利润总额现值之和与追加利润现值之和;最后求出无形资产经济寿命期间追加利润占总利润的比重,即评估的利润分成率。这种方法的关键是科学分析追加无形资产投入可以带来的净追加利润,这也是购买无形资产所必须进行的决策分析。

边际分析法的步骤如下:

第一,对无形资产边际贡献因素进行分析,包括:①新市场开辟,垄断加价的因素;②消耗量降低,成本费用降低;③产品结构优化,质量改进,功能费用降低,成本销售收入率提高。

第二，测算无形资产寿命期间的利润总额及追加利润总额，并进行折现处理。

第三，按利润总额现值和追加利润总额现值计算利润分成率。

$$\text{利润分成率}=\sum\text{追加利润现值}\div\sum\text{利润总额现值} \quad (7.7)$$

【例 7—1】 企业转让彩电显像管新技术，购买方用于改造年 10 万只彩电显像管生产线。经对无形资产边际贡献因素的分析，测算在其寿命期间各年度分别可带来追加利润 100 万元、120 万元、90 万元、70 万元，分别占当年利润总额的 40%、30%、20%、15%。试评估无形资产利润分成率。

本例所给条件已经完成了边际分析法第一步的工作，只需计算出各年限的利润总额，并与追加利润一同折现即可得出利润分成率。

$$\begin{aligned}\text{各年度利润总额现值之和（折现率为 10\%）}&=\frac{100\div40\%}{1+10\%}+\frac{120\div30\%}{(1+10\%)^2}+\frac{90\div20\%}{(1+10\%)^3}+\frac{70\div15\%}{(1+10\%)^4}\\&=1\ 214.881\text{（万元）}\end{aligned}$$

$$\text{追加利润现值之和}=\frac{100}{1+10\%}+\frac{120}{(1+10\%)^2}+\frac{90}{(1+10\%)^3}+\frac{70}{(1+10\%)^4}=305.505\text{（万元）}$$

$$\text{无形资产利润分成率}=\frac{305.505}{1\ 214.881}\times100\%=25\%$$

(2)约当投资分析法

无形资产与有形资产的作用往往互为条件，在许多情况下很难确定购置的无形资产的贡献率，只能将购入的无形资产视为转让方的投资，将受让方原有的资产视为受让方的投资，以此计算无形资产分成率。其计算公式如下：

$$\text{无形资产利润分成率}=\frac{\text{无形资产约当投资额}}{\text{无形资产约当投资额}+\text{受让方约当投资额}} \quad (7.8)$$

$$\text{无形资产约当投资额}=\text{无形资产重置成本}\times(1+\text{转让方适用的成本利润率}) \quad (7.9)$$

$$\text{受让方约当投资额}=\text{受让方投入资产的重置成本}\times(1+\text{受让方适用的成本利润率}) \quad (7.10)$$

转让方适用的成本利润率视转让的无形资产的性质及转让方合理的成本利润率而定。技术型的无形资产适用的成本利润率设定常高于 100%，非技术型无形资产根据具体情况按企业、行业或社会平均资金收益率取值。受让方适用的成本利润率以受让方的资金收益率为准。

【例 7—2】 甲企业以制造四轮驱动汽车的技术向乙企业投资，该技术的重置成本为 100 万元，乙企业拟投入合营的资产重置成本为 8 000 万元，甲企业的无形资产成本利润率为 500%，乙企业拟合作的资产原利润率为 12.5%。试评估无形资产投资的利润分成率。

如果按投资双方的投资品的成本价格折算利润分成率，就不能体现无形资产作为知识密集型资产的较高生产率，因此应采用约当投资分成法评估利润分成率。

无形资产的约当投资量$=100\times(1+500\%)=600$（万元）

企业约当投资量$=8\ 000\times(1+12.5\%)=9\ 000$（万元）

$$\text{甲企业投资无形资产的利润分成率}=\frac{600}{9\ 000+600}\times100\%=6.25\%$$

在国内外技术交易中，提成率不是一个固定的值，它会随着受让和使用无形资产生产的产品产量的增加而递减，表 7—1 就是提成率递减的一个例子。

表7—1　　我国某技术转让规定的提成递减率

年产量(万套)	规定提成率(%)
1～10	100
10～20	75
20～50	25

评估人员在利用提成率法确定无形资产收益额时要根据实际情况分析,合理确定提成收益。

(3)综合评价法

综合评价法主要是对分成率的取值有影响的各个因素,即法律因素、技术因素和经济因素进行评测;然后根据由多位专家确定的各因素权重,得到分成率的调整系数;再根据国际技术贸易中已被众多国家认可的技术提成率范围,确定被评估技术类无形资产分成率的取值范围;最后通过对取值范围的调整,获得被评估无形资产的分成率。其计算公式如下:

$$K=m+(n-m)\times a \tag{7.11}$$

式中,K 为待估专利技术的分成率,m 为分成率的取值下限,n 为分成率的取值上限,a 为分成率的调整系数。

综合评价法的具体操作分为两个步骤:

第一步,建立评测体系。

①建立评价指标体系,并确定指标值。评价指标体系的确定是综合评价法的关键,也是体现其科学性的一个重要环节。

系统分析:由于影响分成率的因素较多,因此,在确定评价指标体系时,应先对分成率及其各种影响因素进行系统分析。在前面对专利资产价值影响因素的分析中可以看出,专利资产价值主要受到四个因素的影响,即法律因素、技术因素、经济因素和风险因素。其中,风险因素对专利资产价值的影响主要体现在折现率中,其余三个因素均可在分成率中得到体现。因此,系统分析是基于各种因素对专利价值影响的分析结论,从分析各影响因素及其相互关系入手,以影响因素的效果为核心而做出的。

评测指标分解:在系统分析的基础上,对影响因素按照其内在的因果、隶属等逻辑关系进行分解,并形成评测指标的层次结构。

征求专家意见,确定评价指标体系及指标值:通过系统分析,初步拟订评价指标体系后,征求有关专家的意见,对指标体系进行筛选、修改和完善,最终确定评价指标体系(见图7—3);同时,由专家对各项指标打分,最低为0分,最高为100分。

②指标权重的确定。指标权重的确定采用对比求和评分法,在确定过程中,运用德尔菲法[①]征求专家的意见。具体做法:列出待定权重的评估指标,设计调查表,请专家根据自身对

① 此方法是在20世纪40年代末期由美国兰德公司首创和使用。操作过程:主持预测的机构选定与预测问题有关的专家数十人,通过信件往来方式与他们建立联系,将他们的意见经过综合、整理、归纳,再匿名反馈给各位专家,再次征求意见。通过多次反复,使专家们的意见趋于一致,最后将一致性意见作为预测的依据。此方法又称专家调查法。

- 分成率的确定
  - 法律影响因素
    - 专利类型及法律状态
    - 保护范围
    - 侵权判定
  - 技术影响因素
    - 技术所属领域
    - 替代技术
    - 先进性
    - 创新性
    - 成熟度
    - 相关技术配合
    - 应用范围
    - 技术防御力
  - 经济影响因素——供求关系

图 7—3　分成率影响因素

各指标相对重要程度的判断，采用多对分值，按照两两比较得分和一定的原则，将某项指标与其他各项指标逐个比较、评分。

③确定调整系数。将各指标得分根据所确定的权重进行加权平均，得出调整系数。该值实际上是一个百分数，所代表的意义是待估专利技术的分成率在可能取值的范围内所处的位置。

第二步，利用评测体系确定待估专利的分成率。

①确定待估技术分成率的取值范围。分成率的取值范围是根据国际技术贸易中已被众多国家认可的技术提成比率范围确定的。随着国际技术市场的发展，分成率的大小已趋于一个规范的数值，联合国工业发展组织对各国技术贸易合同的分成率做了大量调查统计，结果显示，分成率的一般取值范围为 0.5%～10%（分成基数为销售收入），分行业的统计数据如下：石油化工行业为 0.5%～2%，日用消费品行业为 1%～2.5%，机械制造行业为 1.5%～3%，化学行业为 2%～3.5%，制药行业为 2.5%～4%，电器行业为 3%～4.5%，精密仪器行业为 4%～5.5%，汽车行业为 4.5%～6%，光学及电子产品行业为 7%～10%。

由于上述分成率的数值是得到世界各国公认的，且在技术贸易实践中得到了验证，因此，可借鉴上述数值作为确定分成率的基础数据。

在评估实践中，经常使用利润分成法，此时，可根据国家有关的统计数据确定待估技术应用行业的平均利润率，除以上述分成率，从而得到待估技术的利润分成率的取值范围。

②根据待估专利技术分成率的取值范围及调整系数，最终得到分成率。

【例 7—3】　某企业欲转让一项固态锂离子电池专利技术 A，请利用综合评价法确定分成率。

第一步，确定技术 A 分成率的取值范围。

技术 A 属于电子产品技术领域，根据联合国公布的统计数据，其销售额分成率的取值范围为 7%～10%。

第二步，根据分成率的评测表，确定技术 A 的分成率调整系数。

专利类型及法律状态：技术 A 是发明专利申请技术，经专业人员依照实质性审查条件进行审查后,认为技术A符合专利实质性条件,在未来可以获得专利权,该项指标取值40。

保护范围:技术A权利要求书的主权利要求论述了该类电池的结构,这是该类技术的一个必要的技术特征,因此该指标取值100。

侵权判定:技术A的必要技术特征是结构性的,可通过对产品的分析判定侵权,相应的取证工作比较容易,该指标取值80。

技术所属领域:技术A属于新兴技术领域,发展前景广阔,并且属于国家支持的产业,该指标取值100。

替代技术:根据对相关技术领域的专利检索,同类及相关领域的申请量较多,且呈上升趋势,可知,该领域处于发展阶段,存在一些替代技术,该指标取值50。

先进性:根据技术检测报告,技术A在充放电性能及安全性能方面均高于目前市场上的液态锂离子电池,该指标取值80。

创新性:技术A在该技术领域属首创技术,该指标取值100。

成熟度:根据对待估技术A的考察,目前该技术处于中试阶段,该指标取值60。

应用范围:专利技术A主要用于生产固态锂离子电池,产品可根据要求用于手机、摄像机及电动汽车等领域,该指标取值60。

技术防御力:根据专业人员对技术A的分析,该技术比较复杂且需大量资金研制,该指标取值80。

供求关系:目前液态锂离子电池技术领域基本被日本企业垄断,专利技术A的出现为众多厂商所需要,但考虑到液态锂离子电池仍有一定的市场,该指标取值80。

在上述11个因素中,专家们认为,第三、第六和第七个因素相对比较重要,故它们的权重均为$\frac{2}{11}$,其余各个因素的权重均为$\frac{1}{11}$。

$$\text{加权平均计算调整系数}=\frac{40+100+80\times2+100+50+80\times2+100\times2+60+60+80+80}{1\,400}\times100\%\approx77.86\%$$

第三步,确定技术A的分成率。

根据式(7.11)可得分成率约为9%。

4. 要素贡献法

在无形资产已成为生产经营的必要条件,其带来的超额收益又很确定的情况下,可以根据构成生产经营的各要素在生产经营活动中的贡献,从正常利润中粗略估计出无形资产带来的收益。我国理论界通常采用"三分法",即主要考虑生产经营中的三大要素:资金、技术和管理。在不同行业,各要素的贡献是不同的。一般认为,资金密集型行业三者的贡献率依次为50%、30%、20%,技术密集型行业三者的贡献率依次为40%、40%、20%,一般行业三者的贡献率依次为30%、40%、30%,高科技行业三者的贡献率依次为30%、50%、20%。这些数据可供确定无形资产收益额时参考。

(三)无形资产评估中折现率的确定

与有形资产相同,无形资产的风险报酬率也是由无风险报酬率和风险报酬率两部分组成。一般来讲，与有形资产相比，投资无形资产的收益较高，风险性也较强。因此，适用于无形资产的风险报酬率往往高于有形资产。评估时需根据影响无形资产获利能力的各因素，分析判断被评估无形资产获得某种程度收入的概率，科学地测算其风险报酬率，进而确定恰当的折现率。

此外，需注意无形资产收益额计算口径与折现率口径的一致性。如果收益额采用净利润，折现率就应选择资产收益率；如果收益额采用净现金流，折现率就应选择投资回收率（净现金流量÷资产平均占用额）。

（四）无形资产收益期限的确定

无形资产的收益期限是指无形资产具有超额获利能力的时间，即无形资产的经济寿命。

无形资产不存在有形资产所固有的有形损耗，只存在无形损耗。无形损耗产生的原因主要有以下三个方面：

一是新的、更先进的、更经济的无形资产的出现。新的无形资产替代了旧的无形资产，使被替代的无形资产丧失了价值和使用价值。

二是无形资产的传播面扩大。随着无形资产传播面的逐渐扩大，无形资产所带来的市场或价格、成本等方面的优势就会逐渐减弱，无形资产的价值也随之下降。当一项无形资产的获取无须支付任何成本时，该项无形资产就失去了获得超额收益的能力。但是与前者不同，该项无形资产仍具有使用价值，并且可在广泛使用中创造出更大的社会效益。例如，某种治疗艾滋病的药品专利过了保护期，各国就都能免费使用该专利，这样可大幅度降低药品的价格，挽救更多生命。

三是含有某种无形资产的商品基于种种原因，如消费者改变偏好、国家制定的环保政策限制其产量等导致销售量骤减，该项无形资产的价值就会减少，以致完全丧失。

在评估中确定无形资产收益期的具体方法主要有以下三种：

1.法定年限法

无形资产的相当一部分是因受法律和合同的特定保护才形成企业控制的资产，如专利的法定保护年限。因此，法定保护年限就是专利权经济寿命的上限。合同规定有效期的情形也是一样。一般来说，版权、专利权、专营权、进出口许可证、生产许可证、购销合同、土地使用权、矿业权、租赁权益、优惠融资条件、税收优惠等，均具有法定或合同规定的期限。这时关键的问题是分析法定（合同）期限内是否还具有剩余经济寿命。对于版权、专利权来说，法律保护期限长，而技术和知识更新的速度较快，当剩余法律寿命还较长时，剩余经济寿命较难预期，就需采用其他方法来评估。而对于专营权、进出口许可证、生产许可证、租赁权益等来说，法定（合同）寿命长而收益相对稳定，可以根据法定（合同）寿命的剩余年限确定剩余经济年限。

2.更新周期法

根据无形资产的更新周期评估其剩余经济年限，对部分专利权、版权和专有技术来说，是比较适用的方法。无形资产的更新周期有两大参照系：一是产品更新周期。在一些高技术和新兴产业，科学技术进步往往很快转化为产品的更新换代。例如，大型电子计算机每10年有一次革命性的技术突破。产品更新周期从根本上决定了无形资产的更新周期。特别是针对产品的实用新型设计、产品设计等,必然随着产品更新而更新。二是技术更新周期,新一代技术的出现替代现役技术。

采用更新周期法,通常是根据同类无形资产的历史经验数据,运用统计模型来分析,而不是对无形资产逐一进行更新周期的分析。

3.剩余寿命预测法

剩余寿命预测法是指采用统计分析等方法直接预测无形资产尚可使用的经济年限。这种方法是根据产品的市场竞争状况、可替代技术进步和更新的趋势做出的综合性预测。重要的是,要与有关技术专家和经验丰富的市场营销专家讨论,特别是企业的技术秘诀,没有其他办法进行较客观评估,依靠本企业的专家判断能力比较接近实际,但需对判断中的片面性进行修正,才能得出综合性结论。

需要进一步说明的是,无形资产的剩余经济寿命本身具有较大的不确定性,尤其是知识型的无形资产的剩余经济寿命具有随机性。所以,无论采用哪种方法来评估,实际上都是根据一定的概率来估算的,带有较大的不确定性。这样确定的无形资产的交易价格使买卖双方都面临较大风险。因此,在无形资产交易实践中,目前又兴起"动态技术"交易,即不仅交易现有技术,而且交易今后开发的替代技术。更新技术也确定了交易条件。这样就不存在评估无形资产寿命周期问题,只要这种交易持续下去,它的"寿命"就可以不断延续。

二、无形资产评估的成本法

(一)无形资产的成本特性

采用成本法评估无形资产价值,首要的问题是了解无形资产在成本上所具有的特殊属性。基于我国现行会计制度的有关规定和无形资产的形成特点,无形资产成本具有不同于有形资产成本的特性。

1.不完整性

无形资产的成本理应包括无形资产研制或取得、持有期间的全部物化劳动和活劳动的费用支出。与购建无形资产相对应的各项费用是否计入无形资产的成本,是以费用支出资产化为条件的。由于在企业生产经营过程中,科研费用一般均衡发生,并且比较稳定地为生产经营服务,因此现行财务制度中一般把科研费用在当期生产经营费用中列支,而不是先对科研成果进行费用资产化处理,再按无形资产摊销的办法从生产经营费用中补偿。这就使企业账簿上反映的无形资产成本具有不完整性,大量无形资产存在于账外。

即使进行资产化处理的无形资产的成本核算一般也不完整,因为对知识资产创立过程中发生的前期费用,如培训、基础开发、相关试验费等往往不计入成本,即不资产化,而是通过其他途径补偿。虽说无论是列作期间费用处理,还是进行资产化处理,都不影响无形资产的再生产,但这种无形资产账面成本与实际发生成本不符的现象是客观存在的、不容忽视的。

2.弱对应性

知识资产的创建过程历经基础研究、运用研究和工艺生产开发等许多阶段,无形资产成果的出现带有较大的随机性、偶然性和关联性。成功的背后有着无数次失败,如果让某项成果负担以往无数次相关或不相关的失败所造成的损失作为该项成果的成本，则显然不够合理。所以，无形资产的成本费用与相应的某项无形资产难以一一对应，这就形成了无形资产成本与相应的无形资产成果的弱对应性。

3. 虚拟性

无形资产的成本往往是相对的，特别是一些无形资产的内涵已远远超出其外在形式的含义，这种无形资产的成本只具有象征意义。例如，名牌商品的内涵是商品的质量信誉、获利能力等，其内在价值已远远超过商标成本中包括的设计费、注册费、广告费等所体现的价值。因此，无形资产的成本费用具有虚拟性的特点。

（二）无形资产评估中成本法的基本计算公式与操作方法

运用成本法评估无形资产一般存在于两种情况：一种是计算最低收费额；另一种是无形资产确实具有现实或潜在获利能力，但是不易量化，只能以无形资产的现行重置成本为基础来测算其价值。

运用成本法评估无形资产时，影响评估值的两大因素是无形资产的重置成本和无形资产的价值损耗。后者主要是指功能性贬值和经济性贬值所造成的损耗。

运用成本法评估无形资产价值的基本公式如下：

$$\text{无形资产评估值}=\text{无形资产重置成本}\times\text{成新率} \tag{7.12}$$

无形资产的重置成本是指在现时市场条件下重新创造或购置一项全新无形资产所耗费的货币总额。根据无形资产的取得方式，无形资产可以划分为自创无形资产和外购无形资产。从不同渠道获得的无形资产的重置成本构成和评估方法均有区别。

1. 自创无形资产重置成本的计算

自创无形资产的成本是由创制该项资产所耗费的物化劳动和活劳动费用构成的。如果自创无形资产所发生的成本费用已做资产化处理，即有账面价格，则可运用物价指数对账面价格做相应调整，就得到重置成本。在评估实务中，自创无形资产往往无账面价格，成本记录也不完整，通常根据具体情况采用成本核算法或市价调整法计算重置成本。

（1）成本核算法

成本核算法的基本计算公式如下：

$$\text{无形资产重置成本}=\text{直接成本}+\text{间接成本}+\text{资金成本}+\text{合理利润} \tag{7.13}$$

直接成本是按无形资产创制过程中实际发生的材料、工时耗费量，运用现行价格和费用标准进行估算的。无形资产的成本计算不按现行消耗量而按实际消耗量来计算，主要基于两点考虑：一是无形资产作为一种创造性的成果，一般不能原样复制从而不能模拟在现有生产条件下再生产的消耗量；二是无形资产的生产过程是创造性智力劳动过程，技术进步速度较快，如果按模拟现有条件下的复制消耗量来估价，就会影响无形资产的价值形态补偿，从而影响知识财产的创制。

从评估的操作实务分析，运用这种方法可直接查找创制该项无形资产的各项支出的原始会计记录，根据国家规定的资产化的范围，按现行价格和现行费用标准，就可以正确估计该项无形资产的直接成本。其计算公式如下：

$$\text{无形资产直接成本}=\sum\text{物质资料实际消耗量}\times\text{现行价格}+\sum\text{实耗工时}\times\text{现行费用标准} \tag{7.14}$$

在自创无形资产重置成本计算中,一般需考虑合理利润。国际评估准则委员会在2000年颁布的《无形资产国际评估指南》中明确指出,使用成本法时,必须运用评估基准日已掌握的理论和知识,估算包括资产开发应获利润在内的每一项成本。同时,由于开发或持有无形资产的风险大于有形资产,因此无形资产的利润水平,或者说投资报酬率一般应高于有形资产。合理利润来源于自创无形资产的直接成本、间接成本和资金成本之和与同类无形资产平均市价的差额,或通过投资报酬率来计算。如果不是为了评估无形资产的公允市价,而仅仅是为了估算其创制成本,则无须考虑合理利润。

对于投入智力较多的技术型无形资产,考虑到科研劳动的复杂性和风险,可以采用以下公式计算自创无形资产的重置成本:

$$\text{无形资产的重置成本}=\frac{C+\beta_1 V}{1-\beta_2}\times(1+P') \tag{7.15}$$

式中,C 为无形资产研制开发中的物化劳动消耗;V 为无形资产研制开发中的活劳动消耗;β_1 为科研人员创造性劳动倍加系数;β_2 为科研的平均风险系数;P' 为无形资产投资报酬率。式(7.15)被称为倍加系数法。

(2)市价调整法

在评估实践中,较多企业对自创无形资产的成本数据记录不完整,这给运用成本法评估造成了障碍。在这种情况下,如果在市场上可以找到与被评估无形资产相类似的交易案例,就可以通过一些因素的调整来估算被评估无形资产的重置成本。

2.外购无形资产重置成本的估算

外购无形资产一般有购置费用的原始记录,也有可能参照现行交易价格,故评估重置成本较容易。外购无形资产的重置成本包括购买价和购置费用两个部分,具体评估方法可选择市价类比法和物价指数调整法。

(1)市价类比法

市价类比法是指在无形资产交易市场选择类似的参照物,再根据功能和技术先进性、适用性对参照物的价格做适当调整从而确定被评估无形资产的现行购买价格,购置费用可根据现行标准和实际情况核定。这种方法的关键是进行功能价格的回归分析,运用最小二乘法求价格 F 与功能 x 的关系式:

$$F=a+bx$$

为了求得 a 和 b 的值,可利用微积分中的极值原理或代数方法得到以下两个标准方程式:

$$\sum F=na+b\sum x$$
$$\sum xF=a\sum x+b\sum x^2$$

式中,F 为价格,x 为功能,n 为选定的数据个数。

解以上方程式即可求得 a 和 b 的值,再将 a 和 b 的值代入价格 F 与功能 x 的关系式中,求无形资产重置购价,重置购价加上支付的有关费用就是重置全价。

【例7—4】 假设某企业拟购买一项生产专有技术,原购价为1 300万元,功能系数为500。现有A、B、C三家企业购买过与此项专有技术相同的无形资产,买价分别为1 500万元、2 000万元、1 800万元,对应的功能系数分别为800、1 200、1 000,该项无形资产的实际购置费用相当于购买价的1%。试按市价类比法评估该企业购买这项生产专有技术的重置全价。

与该项无形资产类似的买价分别为1 500万元、2 000万元、1 800万元，说明买价与功能差别的相关度较高，可作功能价格的回归分析。

已知：$F=(1\ 500, 2\ 000, 1\ 800)$，$x=(800, 1\ 200, 1\ 000)$。

依照最小二乘法原则，求 a 和 b 的值：

$\sum F=1\ 500+2\ 000+1\ 800=5\ 300$

$\sum x=800+1\ 200+1\ 000=3\ 000$

$\sum xF=800\times1\ 500+1\ 200\times2\ 000+1\ 000\times1\ 800=5\ 400\ 000$

$\sum x^2=800^2+1\ 200^2+1\ 000^2=3\ 080\ 000$

$n=3$

将以上数据代入方程组，得：

$$\begin{cases}3a+3\ 000b=5\ 300\\3\ 000a+3\ 080\ 000b=5\ 400\ 000\end{cases}$$

解方程式组，得：

$a=516.67\quad b=1.25$

故：$F=516.67+1.25x$

又知被评估资产的功能系数为500，按现行市价类比，并考虑功能因素，代入上式，得：

重置购价$=516.67+1.25\times500=1\ 141.67$（万元）

重置全价＝重置购价＋重置费用重估价

$=1\ 141.67+1\ 141.67\times1\%=1\ 153.09$（万元）

(2)物价指数调整法

物价指数调整法是指根据物价指数对无形资产原始成本进行调整来评估资产价值的一种方法。其计算公式如下：

$$\text{无形资产重置全价}=\text{无形资产账面原值}\times\text{价格变动指数}\tag{7.16}$$

从无形资产价值构成看，主要有两类费用：物质消耗费用和人工消耗费用。前者与生产资料物价指数相关度高，后者与消费价格指数相关度高。在不同的无形资产中，两类费用的构成往往存在较大差异，因此，在评估中需根据具体评估对象中哪种费用占主导地位来选择一种物价指数，或依两类费用的大致比例按结构分别采用生产资料物价指数和生活资料物价指数。

【例7—5】 某企业2018年购入一项无形资产的账面原值为90万元，2020年进行评估。请按物价指数法评估该项无形资产的重置成本。

经了解，该项无形资产在研制过程中物耗所占的比重较大，采用生产资料物价指数较为适宜。根据资料，该项无形资产购置时与评估时的物价指数分别为120%和150%。

$$\text{该项无形资产的重置成本}=90\times\frac{150\%}{120\%}=112.5\text{（万元）}$$

式(7.16)适用于对采取一次性付款的外购无形资产的重置成本的估算。对于采用分期付款方式的外购无形资产的重置成本的估算，首先要估算该无形资产成交时点的价值，即将所有应支付的金额(包括已支付金额和未支付金额)按一定的折现率折算到成交时的价值,再按照物价指数调整法将无形资产成交时点的价值调整到评估基准日。其计算公式如下:

$$C_N = \sum_{i=1}^{n}[R_i \times (1+r)^{-i}]w \tag{7.17}$$

式中,C_N 为无形资产的重置成本,R_i 为每期付款额,r 为折现率,w 为价格变动指数,n 为付款期数。

3.无形资产成新率的估算

无形资产不存在有形损耗,只存在功能性贬值和经济性贬值。其成新率的确定可以采用类似于确定有形资产成新率的使用年限法(又称剩余寿命预测法)。其计算公式如下:

$$\text{成新率} = \frac{\text{剩余使用年限}}{\text{已使用年限}+\text{剩余使用年限}} \times 100\% \tag{7.18}$$

式中,关键是确定无形资产的剩余使用年限,具体预测方法可以参照收益法中有关“无形资产收益期限的确定”。

在确定无形资产成新率时,需注意无形资产的使用效用与时间的关系,这种关系通常不是线性的,因此不能简单地采取直线折余法。如果无形资产的效用是非线性递减(如技术型无形资产),或者是在一定时间内呈非线性递增(如商标、商誉),那么评估人员应对这种变化趋势进行分析后确定其成新率并予以说明。

(三)无形资产评估中成本法的应用

1.运用成本法评估最低收费额

最低收费额由重置成本和机会成本组成,是转让方向受让方收取的仅仅补偿成本的最低转让费。当购买方与转让方共同使用该项无形资产时,重置成本净值由双方根据运用规模、受益范围等分摊。机会成本是由于无形资产转让,使转让方为自己制造了竞争对手而减少的利润或增加的支出。这项机会成本应由购买者补偿。其计算公式如下:

$$\text{无形资产最低收费额} = \text{重置成本净值} \times \text{转让成本分摊率} + \text{无形资产转让的机会成本} \tag{7.19}$$

$$\text{转让成本分摊率} = \frac{\text{购买方运用无形资产的设计能力}}{\text{运用无形资产的总设计能力}} \times 100\% \tag{7.20}$$

$$\text{无形资产转出的机会成本} = \text{无形资产转出的净减收益} + \text{无形资产再开发净增费用} \tag{7.21}$$

【例7—6】 某企业拟转让生产甲产品的全套技术,该技术账面原始成本为4 000万元,已使用2年,预计还可使用10年。近两年,物价涨幅为20%。由于该技术转让,该企业产品的市场占有率将有所下降,在以后的10年减少的销售收入按折现值计算为1 300万元,增加开发费用以提高质量、保住市场的追加成本按折现值计算为1 200万元,该企业与购买方共同享用这项生产技术所形成的设计能力分别为6 500万件和3 500万件。试评估该项无形资产转让的最低收费额。

$$\text{重置成本净价(值)} = 4\ 000 \times (1+20\%) \times \frac{10}{10+2} = 4\ 000(\text{万元})$$

$$\text{分摊率} = \frac{\text{购买方运用无形资产的设计能力}}{\text{运用无形资产的总设计能力}} \times 100\%$$

$$= \frac{3\ 500}{3\ 500+6\ 500} \times 100\% = 35\%$$

无形资产转让后加剧了市场竞争，在该无形资产的寿命期间，销售收入减少和费用增加的折现值就是转让无形资产的机会成本。

机会成本＝无形资产转让净减收益＋无形资产再开发净增费用

＝1 300＋1 200＝2 500(万元)

该项无形资产转让的最低收费额＝4 000×35％＋2 500＝3 900(万元)

2. 成本-收益法

在运用成本法评估无形资产的转让、投资价值时，如果无形资产的合理利润或投资报酬率无法直接确定，无形资产的贡献率(分成率)和使用无形资产后每年的净收益是可以预测的，就可以将成本法和收益法结合使用，即成本-收益法。其计算公式如下：

$$P=\frac{1}{(1-\beta_2)}\times(C+\beta_1 V)\times(1-\beta_3)+K\times\sum_{i=1}^{n}\frac{R_i}{(1+r)^i} \quad (7.22)$$

式中，P 为无形资产评估值，β_3 为无形资产的贬值率，其余符号含义与式(7. 3)、式(7. 15)相同。

式(7.22)也可以改写如下：

$$P=\text{重置成本净值}+K\times\sum_{i=1}^{n}\frac{R_i}{(1+r)^i} \quad (7.23)$$

式中的重置成本净值应根据被评估无形资产是外购还是自创、是属于技术型还是非技术型、是普通许可还是独占许可等具体情况，选择恰当的方式估算。

【例 7—7】 甲企业被乙企业兼并，需要对甲企业自创的一套工艺流程方法的专利权进行评估。该工艺方法研制时发生原材料费 40 000 元、辅助材料费 10 000 元、燃料动力费 8 000 元、有关人员工资和津贴 14 000 元、专用设备费 9 000 元、差旅费 1 000 元、管理费 2 000 元、占用固定资产的折旧费 30 000 元、人员培训费和资料费等 5 000 元、专利申请费 2 000 元。求该工艺流程方法专利的重置价值。

从已知条件来看，该例可采用成本-收益法进行评估，即按照自创专利时所耗费的实际成本及该专利具有的实际获利能力的现值确定重估价值。

第一步，计算自创时的总成本。设该专利的创造性劳动倍加系数为 3，科研平均风险率为 9％，无形损耗率为 12％，根据题中提供的资料计算，该项工艺流程方法专利自创成本 $C_{总}$ 的计算如下：

$$C_{总}=\frac{1}{(1-9\%)}\times(40\ 000+10\ 000+8\ 000+9\ 000+1\ 000+2\ 000+30\ 000+5\ 000+2\ 000+3\times14\ 000)\times(1-12\%)=144\ 088(\text{元})$$

第二步，计算自创专利年收益额。从甲企业的运营结果可知，该项专利使用后，每年可新增利润 400 000 元。

第三步，确定专利的使用年限。使用年限的确定应根据国家专利法规定及该专利的技术进步水平、已使用年限等因素，由甲、乙双方协商确定。设该专利剩余有效期限为 5 年。

第四步，计算专利的重估价值。设分成率为 21％，贴现率为 10％，则这项专利的重估价值计算如下：

P＝144 088＋21％×400 000×3. 790 8＝462 515(元)

三、无形资产评估的市场法

市场法在资产评估中因其评估结果客观性较强,较易为交易双方所接受,所以是使用频率较高的评估方法。但是在无形资产评估中,由于无形资产一般具有非标准性和唯一性特征,往往不具备运用市场法的前提条件,因此市场法的使用在无形资产评估中受到限制。但是这并不排斥在评估实践中应用市场法的可能性,如果被评估无形资产可以找到足够多的参照物,并且调整被评估无形资产与参照物之间差异的相关参数也可以获得,就可以运用市场法评估无形资产。

运用市场法评估无形资产需注意以下事项:

(一)具有合理比较基础的类似无形资产

是否能寻找到具有合理比较基础的类似无形资产的交易案例,是运用市场法评估无形资产的关键。具有合理比较基础的类似无形资产是指至少与被评估无形资产形式相似、功能相似、载体相似,以及交易条件相似。形式相似,是指参照物与被评估资产按照无形资产分类原则,可以归并为同一类。功能相似,是指尽管参照物与被评估资产的设计和结构不尽相同,但它们的功能和效用相同或相似。载体相似,是指参照物与被评估资产所依附的产品或服务满足同质性要求,所依附的企业满足同行业和同规模的要求。交易条件相似,是指参照物的成交条件与被评估资产模拟的成交条件在宏观、中观和微观层面都大体接近,如供求关系、产业政策、市场结构、交易方式(是所有权转让还是使用权转让)、许可程度等。

(二)收集被评估无形资产以往的交易信息

收集类似的无形资产交易的市场信息是为横向比较提供依据,而收集被评估无形资产以往的交易信息是为纵向比较提供依据。在运用市场法评估无形资产时之所以需要纵向比较,是因为无形资产具有依法实施多元和多次授权经营的特征,从而使过去交易的案例成为未来交易的参照依据。但是,也应注意时间、地点、交易主体和交易条件的变化会影响被评估无形资产的未来交易价格。

(三)依据的价格信息具有代表性,且是接近评估基准日的实际成交价

具有代表性,是指参照物的成交价应是能反映正常市场交易的价格,并且能反映被评估无形资产的载体结构和市场结构特征。参照物的成交时间越接近评估基准日,越能有效反映被评估无形资产在评估基准日可能实现的价格水平。

(四)注意对被评估无形资产和参照物的差异做出调整

无论是横向比较还是纵向比较,参照物与被评估无形资产之间都会因时间、空间和条件的变化而产生差异,评估人员应对此做出合理的调整。

第三节 专利和专有技术评估

专利与专有技术虽然属于不同的概念,具有各自的特点,但它们同属于技术型无形资

产，是知识产权型无形资产的重要组成部分，两者在评估目的、评估方法方面具有相同性。

一、专利的概念、特点及其转让方式

（一）专利的概念

专利是发明创造者对其技术发明成果享有的独占性利益。专利是在技术发明成果成为财富、商品的历史条件下产生和发展的。把技术发明成果作为发明者的专利并由国家法律加以保护，形成现代专利制度。

“专利”一词在专利制度里通常含有三种意思：(1)发明创造，即受专利法保护的发明、实用新型和外观设计；(2)专利权，即权利人在法定期限内对其发明创造所享有的独占专有权；(3)专利证书，即记载着发明创造内容和专利权归属的一种法律文件。

我国依法保护的专利同世界各国大体相同，分为三种：(1)发明，它在技术上实现了创新和突破；在经济上不仅是先进的，而且是适用的，能够带来效益。(2)实用新型，即对产品的形状、构造或其组合的革新设计。它与发明的主要区别是发明水平较低，通常又称小发明。(3)外观设计，即对产品的形状、图案、色彩或其组合做出富有美感并适合于工业上应用的设计。

（二）专利的特点

1. 独占性

专利的拥有者具有在专利权有效期内排他性地运用专利的特权。任何单位和个人未经专利权人许可，都不得实施其专利，即不得以生产经营为目的，制造、使用和销售其专利产品，或使用其专利方法。如欲实施其专利，就必须与专利权人签订书面合同，向专利权人支付专利使用费。

2. 地域性

一国所确认和保护的专利，只在本国和所参加的国际专利联盟的成员国范围内有效，超出了这个范围，专利权就失效。不实行专利制度，也未参加国际专利联盟的国家，没有义务保护别国专利，可自由利用一切可获得的技术。但这种国家通常在国际贸易中被置于极端不利的地位。

3. 时间性

专利受法律保护具有一定时限。各国规定的专利期限一般为 15～20 年。专利期满后，发明创造归社会所有，任何人都可以无偿使用。我国现行法律规定的专利年限，发明为 20 年，实用新型和外观设计为 10 年。

4. 可转让性与共享性

专利权可以转让，由当事人订立合同，并经原专利登记机关或相应机构登记和公告生效。专利权一经转让，原发明者不再拥有专利权，购入者继承专利权。

共享性是指专利权人可以许可多方在同一时间共同使用同一专利资产。

（三）专利的转让方式

专利权转让一般有两种情形：一种是刚刚研究开发的新专利技术，专利权尚未投入使用就直接转让给接受方;另一种是转让的专利已经过长期的或一段时间的生产,是行之有效的成熟技术,且转让方仍在使用。

专利权转让形式很多,但总的来说,可以分为全权转让和使用权转让。使用权转让往往通过技术许可贸易形式进行,这种使用权的权限、时间期限、地域范围和处理纠纷的仲裁程序都在许可证合同中予以确认。

1.使用权限

按技术使用权限的大小,使用权限可分为以下几种:

(1)独家使用权

独家使用权是指在许可证合同规定的时间和地域范围内卖方只把技术转让给某一特定买主,买方不得卖给第二家买主,同时,卖主自己也不得在合同规定范围内使用该技术和销售该技术生产的产品。显然,这种转让的卖方索价会比较高。

(2)排他使用权

排他使用权是指卖方在合同规定的时间和地域范围内只把技术授予买方使用,同时卖方自己保留使用权和产品销售权,但不再将该技术转让给第三方。

(3)普通使用权

普通使用权是指卖方在合同规定的时间和地域范围内可以向多家买主转让技术,同时卖方自己保留技术使用权和产品销售权。

(4)回馈转让权

回馈转让权是指卖方要求买方在使用过程中将转让技术的改进和发展反馈给卖方的权利。

2.地域范围

技术许可证合同一般都规定明确的地域范围,如某个国家或地区,买方的使用权不得超过这个地域范围。

3.时间期限

技术许可证合同一般都规定有效期限,时间的长短因技术而异。一项专利技术的许可期限一般要与该专利的法律保护期相适应。

4.法律和仲裁

技术许可证合同是法律文件,是依照参与双方所在国的法律来制定的,因而受法律保护。当一方违约时,另一方可循法律程序追回损失的权益。

专利的不同转让方式将直接影响具体评估方法和评估值。

二、专有技术的概念、特点及评估中应注意的问题

(一)专有技术的概念

专有技术一般是指未经公开、未申请专利、有实用价值的(经实践证明)专门知识和特有经验。它包括设计资料、技术规范、工艺流程、材料配方、经营诀窍和图纸、数据等技术资料,也包括专家、技术人员、工人等所掌握的经验、知识和技巧等。

（二）专有技术的特点

专有技术与同属于知识产权的商标、专利权不同，从法律角度来讲，它不是一种法定的权利，而只是一种自然权利，是一项收益性无形资产。因此，在评估专有技术时，首先需鉴定专有技术的客观存在，其难度要大于对专利权的鉴定。一般根据以下特点判断专有技术的存在：

1. 实用性

专有技术的价值取决于其能否在生产实践过程中操作，不能应用的技术不能称为专有技术。

2. 获利性

专有技术必须有价值，表现在它能为企业带来超额利润。价值是专有技术能够转让的基础。

3. 保密性

保密性是专有技术最主要的特性。专有技术不是一种法定权利，其自我保护是通过保密进行的。

另外，专有技术与专利的区别表现如下：

第一，专有技术具有保密性；而专利在法定保护期内是保密的，过了保护期就须公开。一项技术一经公开，获取它所耗费的时间和投资就远远小于研制它所耗费的时间和投资。对于没有专利权又不公开的技术，所有者只有通过保密手段进行自我保护。

第二，专有技术的内容范围很广，包括设计资料、技术规范、工艺流程、材料配方、经营诀窍和图纸等。专利通常包括三种，即发明、外观设计和实用新型。

第三，专利有明确的法律保护期限，专有技术没有法律保护期限。

第四，对专利的保护通常按《中华人民共和国专利法》进行，对专有技术保护的法律主要有《中华人民共和国民法典》《中华人民共和国反不正当竞争法》等。

（三）专有技术在评估中应注意的问题

专有技术评估主要是为使用权转让服务的。专有技术许可贸易往往采取专有技术许可合同。该合同的形式主要有两种：一种是一般专有技术许可合同，另一种是混合许可使用合同。混合许可使用合同是指标的为专利技术和专有技术的合同。在很多情况下，专利许可合同中的被许可人为使被实施的专利技术达到理想或较为满意的程度，要求附带专有技术。在专有技术评估中，应注意以下问题：

1. 专有技术的使用期限

专有技术由于依靠保密手段进行垄断，不被法律保护，因此没有法定的有效期限。确定专有技术有效使用期限或剩余寿命只是为了计算其贡献值的期限长度。如果合同规定的特许期限较短，就可以按合同年限进行评估。如果项目（合同）本身未规定期限或该期限较长，就要求对专有技术的剩余寿命进行评估。

评估专有技术的剩余寿命，先要对双方的合同条款及其保密状况进行分析。接触该技术的人少，保密性就较好；反之，保密性就较差。保密性的好坏是综合评定专有技术剩余寿命的重要因素，只要能够保密，它的权利就是长期的，如“可口可乐”配方技术保密至今已有一百多年。然后,要进行产品周期和技术周期的预测。有些产品可以数十年不衰,但有些产品只存在一两年就出现市场疲软。这就要组织专家进行讨论、判断。如何正确估算专有技术的剩余寿命是评估专有技术的一个重要问题。

2.专有技术的获利能力

一般来说,因为专有技术的保密特性没有市场类比资料,所以通过市场途径来评估是不太可能的,较常用的方法是按该技术的制成品的超额利润进行评估。例如,秘密配方提高了产品的竞争力和价格,或降低了成本、提高了质量,这些都综合反映了成本利润率的提高。这时,应仔细分析专有技术的相关资料,正确估定其直接或间接的获利能力。

3.专有技术的发展情况

某项技术在国内的发展及其更新换代的速度和市场可替代的技术越多,其价格越低;某种专有技术开发难度越大或可替代的技术越少,则其价格越高。

4.取得专有技术的成本

无论是自创专有技术还是外购专有技术,其成本的高低都会影响专有技术的评估价值。评估时应注意研究和取得专有技术的实际成本。

三、专利权和专有技术的评估程序

(一)明确评估目的

技术型无形资产的评估目的主要有:(1)技术型资产产权变更;(2)技术型资产转让使用权;(3)技术型资产变更经营主体或经营性质;(4)以技术型资产投资入股;(5)清产核资中技术型资产的摊销;(6)技术型资产的捐赠价值;(7)对确定侵犯他人知识产权的损害赔偿;(8)其他目的,如质押融资、财务报告等。

(二)证明和鉴定技术型资产的存在

1.证明和鉴定专利权的存在

证明专利权存在的资料一般有专利说明书、专利要求书、专利证书、有关法律性文件以及当年缴费证明等。此外,还应由有关专家鉴定该项专利的有效性和可用性。

2.证明和鉴定专有技术的存在

由于专有技术不具备证明其存在的法律性文件,因此只能依靠有关专家根据其特征进行鉴定。有观点认为,从评估者自我保护的角度应重点做好两方面的工作:一是审查技术拥有方是否采取了保密措施;二是要求委托方出具承诺函,承诺该技术为自己开发或购买并采取了保密措施的专有技术。

(三)确定评估方法,搜集相关资料

专利权和专有技术最常用的评估方法是收益法。运用收益法的重要任务是搜集相关资料,分析确定公式中的各项技术参数和指标,主要应做以下分析:

1.技术状况分析

这一分析包括对技术先进性的确认,对技术成熟程度与寿命周期的分析等。

2.收益能力分析

这一分析包括是否具有获利能力,获利表现为收入增长型或费用降低型等分析。

3.市场分析

这一分析包括应用该专利的产品市场需求总量分析、市场占有率分析、风险分析等。

4.投资可行性分析

通过分析先确定各有关技术参数、指标,然后进行评定估算,最终确定评估值。

(四)完成评估报告并加以详尽说明

技术型无形资产的评估结果一般是建立在各种分析、假设基础上的,为了说明评估结果的有效性和适用性,评估报告中应详尽说明评估中的有关内容。

1.专利技术成熟度

如果该专利已经付诸实施,就应说明其运用情况、技术本身先进程度、有无转让记录等;如果该专利尚未实施,就应说明评估值测定中的依托条件,包括技术本身、受让方条件、市场预测等。

2.接受方可受度的分析

成熟的专利技术对接受方的要求,即可受度,包括对接受方基础设施、技术素质、投资规模、资金需求等方面的要求和预测。

这些分析不仅有助于说明评估结果的有效性和适用性,而且可以说明报告者承担法律责任和义务的区间,也为买卖双方提供分析的依据。

四、专利权和专有技术的评估方法

专利权和专有技术的评估一般采用收益法,在某些情况下也需采用成本法,如根据有关规定进行成本摊销,在投资转让中确定最低收费额等。技术型无形资产的成本主要由两部分组成:一是研制成本,包括直接成本和间接成本;二是交易成本,包括技术服务费、手续费、税金等。此外,专利权的成本还包括专利申请费、审查费、复审费、年费等。

(一)运用收益法评估专利权和专有技术举例

1.运用混合计价法评估专利权

这种方法是指入门费加提成费,只是提成比例并非固定的,而是根据受让方的技术掌握程度与产量的变化而变动。

【例7—8】 某汽车制造厂从国外引进一种新型的汽车制造专利技术,经双方商定,引进技术费用用混合计价法计算,具体规定如下:

(1)由进口方(甲方)在引进时付入门费8 000万美元。

(2)在新型车投产后按一定的生产量和汽车部件国产化率,由出口方(乙方)提成,提成公式如下:

$$P=K\times C\times\left(\frac{B-A}{B}\right)\times \text{生产辆数}$$

式中,P 为提成费金额,C 为与产量相关的提成系数,K 为提成常数,A 为甲方平均每辆车从乙方购进零部件的费用,B 为每辆汽车零部件总价格。

提成条件:

①K 即每辆汽车提成的固定金额,为 100 美元。

②$B-A$ 指国产零部件价格。

③$\frac{B-A}{B}$ 指零部件国产化率(%)。当 $\frac{B-A}{B}<25\%$ 时,$C=0$;当 $\frac{B-A}{B}\geqslant 25\%$ 且产量≤15 万辆时,$C=1$;当 15 万辆<产量≤20 万辆时,$C=0.8$;当产量>20 万辆时,$C=0.6$。

④提成总产量为 50 万辆。

上述提成条件说明:国产化率不达标不能提成;达标后根据产量提成,随着产量上升,提成比例下降;提成总产量固定,超过 50 万辆不再提成。

投产后的生产实际情况如下:

(1)每辆汽车零部件总成本的价格(工厂成本)为 2 000 美元,即 B 为 2 000 美元。

(2)投产后每一年,甲方从乙方购进零部件平均每辆 1 720 美元,即 A 为 1 720 美元;国产零部件价格为 280 美元,即 $(B-A)$ 为 280 美元;生产 8 000 辆,国产化率为 14%,即 $\frac{B-A}{B}$ 为 14%。因国产化率小于 25%,所以按规定,外方不提成。

(3)投产后第二年,甲方从乙方购进零部件平均每辆 1 450 美元,即 A 为 1 450 美元;国产零部件价格为 550 美元,即 $(B-A)$ 为 550 美元;国产化率为 27.5%,即 $\frac{B-A}{B}$ 为 27.5%,生产汽车 140 000 辆,因国产化率大于 25%,按规定外方开始提成。由于产量小于 15 万辆,因此 C 为 1,则提成额 P 为 3 850 000 美元(100×1×27.5%×140 000)。

(4)投产后第三年,甲方从乙方购进零部件平均每辆 800 美元,即 A 为 800 美元;国产零部件价格为 1 200 美元,即 $(B-A)$ 为 1 200 美元;国产化率为 60%,即 $\frac{B-A}{B}$ 为 60%,生产汽车 160 000 辆。因国产化率大于 25%,所以外方继续提成。由于产量大于 15 万辆,小于 20 万辆,因此 C 为 0.8,则年提成额 P 为 7 680 000 美元(100×0.8×60%×160 000)。

(5)投产后第四年,甲方从乙方购进零部件平均每辆 400 美元,即 A 为 400 美元,国产零部件价格为 1 600 美元,即 $(B-A)$ 为 1 600 美元;国产化率为 80%,即 $\frac{B-A}{B}$ 为 80%,生产汽车 210 000 辆。因国产化率大于 25%,所以按规定外方继续提成。由于产量大于 20 万辆,因此 C 为 0.6。又由于总提成产量为 50 万辆,前两年外方已经按 30 万辆(14+16)提取了提成费,它应按 20 万辆继续提完其应得的提成费,因此提成额 P 为 9 600 000 美元[100×0.6×80%×(500 000-140 000-160 000)]。

(6)若不考虑提成费用的时间价值,则汽车制造专利技术引进总额为入门费+提成费,即 $P_{总}$ 为 10 113 万美元(8 000+385+768+960)。

若考虑时间因素,则入门费、各年提成费不能简单相加。

2. 运用成本-收益法评估专有技术

这种方法既适用于自创专有技术的价值评估,也适用于外购专有技术的价值评估。在改变经营方式和以产权转让为目的的企业总体资产评估时往往采用这种方法。

【例 7—9】 某工业企业因转产需要转让其一项自创生产工艺流程。据企业资料查实，该工艺方法研制时发生原材料费 3 万元，燃料动力费 0.3 万元，辅助材料费 0.5 万元，专用设备费 0.4 万元，管理费 0.2 万元，固定资产折旧费 3 万元，咨询、资料费 0.2 万元，差旅费 0.1 万元，科研和辅助人员工资、津贴等 1.2 万元，其他开支 0.3 万元。该工艺流程预计尚有有效期 4 年，工艺方法使用后，按目前的情况每年可新增利润 40 万元。求该项专有技术的评估价值。

(1)计算自创专有技术总成本

假如该项技术的创造性劳动倍加系数为 4，科研平均风险率为 8%，无形损耗率为 12%，根据现有资料，该项专有技术自创总成本可按公式计算如下：

$$C_{总}=\frac{1}{(1-8\%)}\times(3+0.3+0.5+0.4+0.2+3+0.2+0.1+0.3+4\times1.2)\times(1-12\%)$$
$$=12.24(万元)$$

(2)计算自创专有技术年收益额

在计算专有技术年收益额时，应考虑该专有技术设计功能和已经使用所得到的经济效益，还应考虑接受单位的消化、应用能力以及市场情况等因素。本例已明确该专有技术使用后每年新增利润 40 万元，所以就不必重新计算了。

(3)确定专有技术的有效使用年限

确定使用年限十分重要，应当综合分析各方面的因素并与专有技术交易双方协商确定。本例已明确该专有技术的有效使用年限为 4 年。

(4)计算专有技术的重估价值

假定提成率为 18%，贴现率为 12%，则该项专有技术的重估价值计算如下：

$P=12.24+18\%\times40\times3.038=34.1136(万元)$

(二)运用成本法评估专利权和专有技术举例

1.运用成本法评估专利权

运用成本法评估专利权，重要的是分析计算其重置完全成本构成、数额和合理的贬值率。专利资产分为外购和自创两种，外购专利资产的重置成本较易确定，自创专利资产的成本一般由研制成本、交易费用和专利费组成。

(1)研制成本

研制成本可分为直接成本和间接成本。

直接成本是指研制过程中直接投入发生的费用，一般包括材料费用、工资费用、专用设备费、资料费、咨询鉴定费、协作费、培训费、差旅费和其他费用。

间接成本是指与研制开发有关的费用，主要包括：管理费，即为管理、组织本项目开发所负担的管理费用；非专用设备折旧费，即采用通用设备、其他设备所负担的折旧费。

(2)交易费用

交易费用是指发生在交易过程中的费用支出，主要包括：①技术服务费，即卖方为买方提供专家指导、技术培训的费用；②交易过程中的差旅费及管理费，即谈判人员和管理人员参加技术洽谈会及在交易过程中发生的食宿及交通费等；③手续费，即有关的公证费、审查注册费、法律咨询费等;④税金,即无形资产交易、转让过程中应缴纳的税金。

(3)专利费

专利费是指为申请和维护专利权所发生的费用,包括专利代理费、专利申请费、实质性审查请求费、维护费、证书费、年费等。

在不同的评估目的下,专利资产成本构成的内涵有所不同,在评估时应视不同情况考虑成本构成。

以下举例说明运用成本法评估专利资产的过程。

【例 7—10】 某实业股份有限公司由于经营管理不善,亏损严重,将要被同行业的利达股份有限公司兼并,需要对该实业股份有限公司全部资产进行评估。该公司有一项专利技术(实用新型),两年前自行研制开发并获得专利证书。现需要对该专利技术进行评估。

(1)确定评估对象

该项专利技术系该实业股份有限公司自行研制开发并申请的专利权,该公司对其拥有所有权。被兼并公司资产中包括该项专利技术,因此,确定的评估对象是专利技术的完全产权。

(2)技术功能鉴定

该专利技术的专利权证书、技术检验报告书均齐全。专家鉴定和现场勘察表明该项专利技术的应用对于提高产品质量、降低产品成本均有很大作用,与同行业同类技术相比处于领先水平。经分析,公司经济效益不佳、产品滞销为公司管理人员素质较低、管理混乱所致。

(3)评估方法选择

由于该公司经济效益欠佳,很难确切地预计该项专利技术的超额收益,同类技术在市场上尚未发现交易案例,因此,决定选用成本法。

(4)各项评估参数的估算

首先,分析测算其重置完全成本。该项专利技术系自创形成,其开发形成过程中的成本资料可以从公司中获得,具体如下:

材料费用	45 000 元
工资费用	10 000 元
专用设备费	6 000 元
资料费	1 000 元
咨询鉴定费	5 000 元
培训费	2 500 元
差旅费	3 100 元
管理费分摊	2 000 元
非专用设备折旧费分摊	9 600 元
专利费用及其他	3 600 元
合　计	87 800 元

由于专利技术难以复制,因此各类消耗仍按过去的实际发生额计算,对其价格可按现行价格计算。根据考察、分析和测算,近两年生产资料价格上涨指数分别为 5%和 8%。由于

该专利技术开发过程中工资费用所占份额较少，因此可以将全部成本按生产资料价格指数调整，即可估算出重置完全成本。

重置完全成本＝87 800×(1＋5％)×(1＋8％)＝99 565.2(元)

然后，确定该项专利技术的成新率。该项实用新型专利技术的法律保护期限为10年，尽管还有8年保护期限，但根据专家鉴定分析和预测，该专利技术的剩余使用期限仅为6年，由此可以计算成新率如下：

$$成新率=\frac{6}{2+6}\times 100\%=75\%$$

(5)计算评估值，得出结论

评估值＝99 565.2×75％＝74 673.9(元)

最后，确定该项专利技术的评估值为74 673.9元。

2.运用成本法评估专有技术

成本法在实际运用过程中可以分解为许多具体的计算方法，这里运用细节分析法对一项专有技术进行评估。

【例7－11】 某企业现有不同类型的设计工艺图纸8万张，需进行评估，以确定该设计工艺图纸的价值。

(1)分析鉴定图纸的使用状况

评估人员根据这些图纸的尺寸和所给产品的种类、产品的周期进行分析整理。根据分析，将这些图纸分成以下四种类型(这也是一般用于确定图纸类型的标准)：

①活跃/当前型(6.2万张)，是指现在正在生产，可随时订货的产品零件、部件、组合件的工程图纸及其他工艺文件。

②半活跃/当前型(0.9万张)，是指目前已不再成批生产但仍可订货的产品零部件、组合件的工程图纸及其他工艺文件。

③活跃/陈旧型(0.7万张)，是指计划停止生产但目前仍可供销售的产品的零部件、组合件的工程图纸及其他工艺文件。

④停止生产且不再销售的产品的零部件、组合件的工程图纸及其他工艺文件，计0.2万张。

经分析确定，继续有效使用的图纸计7.1万张。

(2)估算图纸的重置完全成本

根据图纸设计、制作耗费及其现行价格分析确定，这批图纸每张的重置成本为120元，由此可以计算出这批图纸的重置完全成本。

图纸的重置完全成本＝71 000×120＝8 520 000(元)

(3)估算图纸的贬值

对重置完全成本总额还需按其产品的剩余使用年限与总使用年限的比较百分比(也称条件百分比)进行调整。

$$条件百分比=\frac{剩余使用年限}{总使用年限}\times 100\%$$

假如活跃/当前型图纸控制的产品的剩余使用年限为5年，总使用年限为12年，则其条

件百分比如下:

$$条件百分比=\frac{5}{12}\times100\%=41.67\%$$

由此确定的贬值率为58.33%。依这种做法,可以分别计算每种类型图纸的条件百分比。为了简化估算,假定估算出综合条件百分比为40%。

(4)估算这些图纸的价值

图纸价值=8 520 000×40%=3 408 000(元)

第四节 商标权评估

一、商标与商标权

(一)商标及其分类

商标是商品的特定标记,是工商企业用以标明自己所生产或经营的商品,并使该商品与他人制造或销售的商品有所区别的文字、图案、颜色或把上述各种因素结合起来的一种标志。商标权则是商标所有人在一定时期内依法将这种特定的标志用于其商品上的一种专有权。

商标的种类很多,可以依照不同标准予以分类。

1. 按商标是否具有法律保护的专有权分类

商标按是否具有法律保护的专有权,可以分为注册商标和未注册商标。《中华人民共和国商标法》规定,经商标局核准注册的商标为注册商标,包括商品商标、服务商标、集体商标、证明商标,注册人享有的商标专有权受法律保护。我们所说的商标权的评估,是指注册商标专有权的评估。

2. 按商标的构成分类

商标按构成,可以划分为文字商标、图形商标、符号商标、文字图形组合商标、色彩商标、三维标志商标等。

3. 按商标的不同作用分类

商标按作用的不同,可以分为商品商标、服务商标、集体商标和证明商标等。

集体商标是指以团体、协会或者其他组织名义注册,供该组织成员在商事活动中使用,以表明使用者在该组织中的成员资格的标志。

证明商标是指由对某种商品或者服务具有监督能力的组织所控制,而由该组织以外的单位或者个人使用其商品或者服务,用以证明该商品或者服务的原产地、原料、制造方法、质量或者其他特定品质的标志。

(二)商标权及其特点

商标权是商标法的核心,是商标注册后,商标所有者依法享有的权益。各国商标法的内容主要是围绕商标权的取得和行使,商标权的期限、续展和终止,商标权的转让和使用许可,商标权的保护等做出的相应规定。

商标权具有如下特点：

1. 专有性

专有性又称独占性或垄断性，是指商标注册后申请人经商标局核准后取得的权利。任何第三者非经商标所有人同意，不得使用其商标。商标权人可以向任何侵权人要求停止侵权行为并赔偿损失。

2. 时间性

商标专用权的有效期限，我国规定为 10 年，其他国家最长为 20 年，最短为 5 年，到期需要继续使用的可以续展，这一点不同于专利权，专利权到期一般不允许续展。

3. 地域性

商标注册人所享有的商标权，只能在授予该项权利的国家领域内受到保护，在其他国家则不发生法律效力。

4. 转让性

商标权作为一种产权，由商标注册人按一定条件实施产权转让或使用许可。

二、商标的价值

从商标的成本构成看，商标的价值由以下四个部分组成：

一是生产作为商标标志物的劳动，包括设计文字图形、制作印刷等过程中所花费的劳动量。这方面的劳动量对于不同的商标可以相差很大。有的商标是由决策人信手拈来，没有什么花费；有的则相反，付出了高昂的价格。例如，美国某石油大亨为了设计该公司的商标，曾聘任法学家、经济学家、社会学家、心理学家、美学家等，调研世界市场情况、各民族风俗习惯、经济特点，历时数年，耗费巨资，才确定了将 EXXON 几个字母作为商标。

二是在法律上取得商标专用权的费用，包括申请费、注册费、变更费、续展费等。

三是注册商标的所有人或使用人为了使自己的商标的内在质量优于他人的同类商品而使用的特种技术、配方、原料、款式设计、包装、开拓市场等方面的劳动和费用。

四是注册商标的所有人或使用人为建立自己的信誉、商誉、知名度而耗费的劳动，如广告费、公益事业资助费等。

商标之所以成为转让、投资的对象，关键在于它可以为其所有者和使用者带来超额收益。这种超额收益来源于商标所代表的商品（包括服务）的质量和信誉。

三、商标权转让和许可使用

商标权转让是一种产权转让，是指转让方放弃商标权，商标权转归受让方所有。商标权许可使用是指拥有商标权的商标权人在不放弃所有权的前提下，通过签订许可使用合同，许可他人使用其注册商标。

注册商标的使用许可主要有两种形式：一种是独占许可，另一种是一般许可。目前在我国，一般多采用后一种形式。独占许可是指许可人只许可一个被许可人在指定的商品上独占其注册商标，许可人自己也不再保留使用权。一般许可就是许可人可以允许不同的人同时使用其同一注册商标。

商品质量是商标信誉的基础,与消费者的利益密切相关。商标使用人应当对其商品的质量负责。所以,商标权转让和特许使用的基本特点是,商标所用之处,形成商标内涵的各种因素,尤其是技术、技能和管理都必须到位,以保证使用商标的商品的质量、性能、服务等效用指标不变。

商标权转让后,转让方不再享有商标权,应由受让方保证使用商标的商品的质量。出售商标权使用许可证时,由许可人监督被许可人使用商标的商品质量。在商品质量得到充分保证的条件下,购入商标权或商标许可证的主要作用在于,利用著名商标的声誉,缩短进入市场的时间、降低市场风险、提高市场占有率。是否需要购买商标权或商标许可证,应根据企业占领市场和长期发展的要求来决定。

四、商标权评估程序

(一)明确评估目标

与商标权有关的资产业务主要有商标权转让、商标权许可使用、商标权变更经营主体或经营性质、商标权投资入股、清产核资中商标权的摊销和对侵犯商标权的侵害赔偿等。

在股份制改造或股份公司上市时,出于股本结构、出资要求等原因,往往将商标权许可使用。在这种情况下,不仅要对商标权进行评估,而且应评估年许可使用费标准,作为签订许可使用合同的依据。

(二)向委托方收集有关资料

需要向委托方收集的资料如下:

(1)委托方概况,包括经营历史、现状及经营业绩(包括前3～5年的财务报表)。

(2)商标概况,包括与商标注册有关的法律性证件、注册时间、注册地点、注册证书号、保护内容、商标的适用范围、商标的种类、商标的法律诉讼情况、商标的知名度、商标有无其他协议等。

(3)商标产品的历史、现状与展望,包括市场环境、同行业情况、商标产品的信誉、市场占有率情况等。

(4)商标的知名度、广告宣传等情况,同类产品中的名牌商品。

(5)商标的预期寿命和收益情况,包括使用该商标产品的预期寿命、单位售价、销售量、市场占有率和利润情况、同种产品单位售价、主要竞争对手的市场占有率、盈利情况等。

(6)相关产业政策、财税政策等宏观经济政策的影响。

(三)市场调研和分析

市场调研和分析的具体内容如下:

(1)产品市场需求量的调研和分析。

(2)商标现状和前景的分析。

(3)商标产品在客户中的信誉、竞争情况的分析。

(4)商标产品市场占有率的分析。

(5)财务状况分析,主要分析和判断商标产品现有获利能力,为收益发展趋势预测提供依据。

(6)市场环境变化的风险分析。

(7)其他相关信息资料分析。

(四)确定评估方法,收集并确定相关指标

商标权评估主要采用收益法,但也不排斥成本法和市场法。

在采用成本法时需区别被评估的商标权是自创的还是外购的。对于自创商标权,由于存在成本与效用的非对称问题,因此需慎重使用;对于外购的商标权,采用成本法评估则相对容易。外购商标权的重置成本包括购买价和购置费用,购置费用一般相当于购买价的1%～2%。其计算公式如下:

$$\text{商标权重置成本}=\text{商标权购买价}\times(1+1\%\sim2\%)\times\frac{\text{评估时物价指数}}{\text{购买时物价指数}} \tag{7.24}$$

在采用收益法评估商标权时,需特别注意收益期限的确定。按照《中华人民共和国商标法》的规定,商标权法律保护期限(注册)是10年,到期后可以续展。但是,在评估中不能简单地根据商标权的法律保护期(包括续展期)来确定收益期限,而需具体预测被评估商标权获取超额收益的时间。

此外,在评估无形资产含量较高的企业的商标权时,需注意将商标权带来的超额收益与其他无形资产(包括商誉)所产生的超额收益区分开来,从而避免过高或过低预测商标权的获利能力。

(五)完成评估报告

在完成上述步骤后,应通过计算、分析,得出评估结论,并完成评估报告的撰写。

五、商标权评估举例

(一)商标权转让的评估

【例7—12】 甲企业决定将使用了20年并已续展的A注册商标转让给乙企业。据查,甲企业标有A商标的商品的单价比其他企业同类商品的单价高出10元。甲企业每年生产该商品100万个,A商标目前的市场信誉处于中上水平,大约在今后10年内销售量稳中有降,要求评估A商标权在评估基准日(2019年1月1日)的转让价格。

(1)计算甲企业使用A商标的商品每年能获取的超额利润

按照目前情况,甲企业从A商标商品中每年所得超额利润为每个10元。若甲企业每年生产100万个,就可得1 000万元(10×100)超额利润。

(2)核定商标的有效使用期限

按照《中华人民共和国商标法》的规定,注册商标的有效期限为10年,有效期限届满,可按时续展。因此,注册商标一般应该是有永久性收益的无形资产。但是,由于市场经济是主体多元化的、动态的,通过商品交换实行分散决策的经济制度,因此商标所带来的超额收益不是固定不变的。某种商品有可能被新的同类商品所替代,其寿命周期长短不一。A商标的商品如果根据市场变化预测,前五年每年可以保持100万个的产出水平,后五年则会降低

10%的产出。假设10年后A商标的商品被其他品牌的同类商品替代。

前五年每年的超额利润=10×100=1 000(万元)

后五年每年的超额利润=10×100×(1-10%)=900(万元)

(3)计算A商标的商标权的转让价

根据当时市场情况设定年折现率为15%,可按照收益现值法得出A商标的商标权的评估价格。

$$商标收益现值总额=1\ 000\times(P/A\times15\%\times5)+\sum_{t=6}^{10}\frac{900}{(1+15\%)}\times(1+15\%)^{-5}$$

$$=1\ 000\times3.352\ 2+900\times1.666\ 6\times3.352\ 2=8\ 380.30(万元)$$

(二)商标权许可价值评估

【例7—13】 甲厂将红花牌电风扇的注册商标使用权通过许可使用合同许可乙厂使用。合同约定,使用期限为5年,由乙厂每年按使用该商标后新增利润的25%作为使用费支付给甲厂。求该商标在使用期间的商标使用权的评估价值。

(1)预测使用期限内的新增利润

红花牌电风扇销路好、信誉高,乙厂预测第一年将生产20万台,第二年将生产25万台,第三年将生产30万台,第四年将生产35万台,第五年将生产40万台。预计每台可新增利润10元,那么这5年中各年新增利润如下:

第一年=10×200 000=2 000 000(元)

第二年=10×250 000=2 500 000(元)

第三年=10×300 000=3 000 000(元)

第四年=10×350 000=3 500 000(元)

第五年=10×400 000=4 000 000(元)

(2)确定折现率

假定折现率为14%,那么乙厂使用红花牌电风扇商标的评估值计算如表7—2所示。

表7—2　　商标评估值计算

年　份	新增利润额(万元)	折现系数	折现值(万元)
第一年	200	0.877 2	175.4
第二年	250	0.769 5	192.4
第三年	300	0.675 0	202.5
第四年	350	0.592 1	207.2
第五年	400	0.519 4	207.8
合　计	—	—	985.3

红花牌商标5年使用费的价格=985.3×25%=246.325(万元)

第五节　其他可确指无形资产的评估

其他可确指无形资产是指除专利权、专有技术和商标权以外的可确指无形资产，一般包括著作权、特许权、租赁权、数据资产、购销合同、计算机软件、商业秘密等。本节仅简要介绍著作权(计算机软件)、特许权、租赁权与合同权益、数据资产的评估。

一、著作权

(一)著作权的概念和特点

著作权(又称版权)是著作人依法对自己著述和创作的文字、艺术及科学技术作品享有的专有权利。

《中华人民共和国著作权法》规定，著作权包括人身权和财产权这两种不同的民事权利，这是著作权的主要特点。其中，人身权利包括发表权、署名权、修改权(包括授权他人修改作品的权利)、保护作品完整权(保护作品不受歪曲、篡改的权利)。财产权是通过使用权和获得报酬权来体现的。

按照著作权的利用方式，著作财产权可以分为四大类，如图 7—4 所示。

著作人身权不能继承和转让，但是著作财产权可以。此外，著作权必须通过一定的物质载体来体现，如书籍、照片、录像带、录音带、光盘等。

(二)著作权的保护期

著作权中，作者的署名权、使用权、保护作品完整权的保护期不受限制，永远归作者所有。

公民作品的发表权、使用权和获得报酬权的保护期为作者终生至死亡后 50 年；若为合作作品，则为最后死亡的作者死亡后 50 年。单位作品的发表权、使用权和获得报酬权的保护期为首次发表后 50 年。

- 著作财产权
  - 作品再制权
    - 复制权
    - 发行权
  - 著作再现权
    - 录音、录像权
    - 口述权
    - 放映权
    - 表演权(也称公演权)
    - 展示权(也称公开展出权)
    - 信息网络传播权
  - 演绎权
    - 改编权
    - 翻译权
    - 整理、注释编辑权
  - 其他
    - 接触作品权
    - 延续权(也称追述权，一般存在于艺术作品中)

图 7—4　著作财产权分类

电影、电视、录像和摄影作品的发表权、使用权和获得报酬权的保护期为首次发表后50年。

根据《计算机软件保护条例》,软件版权自软件开发完成之日起产生。自然人的软件版权,保护期为自然人死亡后50年;合作开发的软件,保护期截止于最后死亡的自然人死亡后第五十年的12月31日;法人或其他组织的软件版权,保护期为50年。

(三)著作权的评估

著作权评估的目的主要是著作财产权转让。著作财产权的转让是指著作权人将其著作财产权全部或部分有偿转让。因此,著作权评估也包括著作财产权使用费的评估问题。

著作权评估一般采取收益法或成本-收益法。当作品成本投入较大时,宜采用成本-收益法。以下举例说明如何运用成本-收益法对一项版权进行评估。

【例7-14】 某电影公司欲出售一部电影的版权。据有关资料查实:该公司出版这部电影已向作者支付稿费0.5万元,制作影片道具费41万元,购买摄影胶片15万元,摄影设备折旧费0.6万元,聘请演员经费1万元,支付工资2万元,差旅费1.5万元,其他开支8万元。求这部影片的版权费。

(1)计算这部影片的版权总成本

设:创造性劳动倍加系数为3,创作风险率为7%,无形损耗率为8%。根据资料,该影片的版权取得总成本可计算如下:

$$C_{总}=\frac{1}{(1-7\%)}\times[0.5+41+15+0.6+1.5+8+3\times(2+1)]\times(1-8\%)$$
$$=74.787(万元)$$

(2)预测影片未来年收益额

根据资料分析,取得影片版权后,每年可获利润38万元。

(3)确定该版权的经济使用年限

一般来说,版权的保护年限由法律规定,应按法定年限对作者进行保护。然而,一项版权的经济使用年限,也就是说版权能获取较大利润的年限往往与版权的保护年限不一致。因此,在该版权的转让中,有关双方需要确定一个取得经济效益的经济使用年限,评估人员应当根据双方协定的经济使用年限对版权的未来收益进行测算。假定这个影片版权的经济使用年限为4年。

(4)计算这个版权的评估价值

设定提成率为15%,贴现率为12%,预期每年的收益为380 000元,则该影片的评估价值按公式计算如下:

评估价值=74.787+15%×38×3.038=92.10(万元)

(四)计算机软件评估

计算机软件是作者将其思想通过计算机语言呈现出来的一种结果,属于著作权的一种。它不仅受到著作权法的保护,而且受到专利法的保护。但计算机软件评估与一般文学作品、艺术作品等版权评估存在差异。

计算机软件属于高度知识密集型的技术,需要高智力投入和长期持续投入,但其极易被复制且复制成本极低。由于软件必须以实物(硬件)为载体,当硬件改变时,软件就要进行适应性维护;同时,由于需求不断变化,往往需要随时增强软件功能和提高软件性能,为此软件也要维护,因此,软件维护成本较高,持续时间较长。

计算机软件评估需视具体情况,如软件的种类、技术市场成熟度和评估目的等,选择适当的评估方法。

1. 市场法

对于计算机软件市场、技术市场和资本市场比较发达的国家和地区,市场法是一种常用的有效方法。该方法主要是在市场上选择相同或相似的资产作为参照物,对被评估计算机软件与参照物计算机软件的差异(主要是功能上的差异)进行对比调整,分析各项调整结果,确定被评估计算机软件的评估值。其计算公式如下:

$$\text{被评估软件的价值}=\text{参照物的成交价}\times\text{综合调整系数}\times\text{成新率调整系数} \tag{7.25}$$

【例 7—15】 被评估软件为财务软件,评估时市场上存在一种更新版本的软件,售价为 5 万元。新软件与被评估软件相比,内容增加了 0.2 倍,运行速度增加了 0.4 倍。被评估软件已经使用了 1 年,剩余使用年限为 4 年。

$$\text{被评估软件的价值}=5\times\frac{1}{1.4}\times\frac{1}{1.2}\times\frac{4}{5}=2.38(\text{万元})$$

2. 成本法

对于大型系统软件、大型专业应用软件、刚开发完成还没有进入市场的计算机软件产品,以及不存在交易市场的自用计算机软件,都可以考虑采用成本法进行评估。

目前,评估实务中应用比较广泛的计算机软件成本评估模型为参数成本法模型。其基本公式如下:

$$P=C_1+C_2 \tag{7.26}$$

式中,P 为软件成本评估值,C_1 为软件开发成本,C_2 为软件维护成本。

软件开发成本 C_1 由计算机软件工作量 M(单位为人·月)和单位工作量成本 W 决定,其计算公式如下:

$$C_1=M\times W \tag{7.27}$$

工作量 M 为在现有条件下重新开发被评估软件所需的工作量,是一般水平下的计算机软件劳动工作量,可用 Doty 模型确定。该模型将软件产品按应用领域分为四类,代码分成两类,通过大量统计调查,将样本数据用最小二乘法建立模型,不同的情况采用不同的估算方式,从而得出不同软件所需的开发时间,估算公式如表 7—3 所示。

表 7—3　　Doty 模型

应用领域	估算公式	
	目标代码	源代码
综合	$M=4.790K^{0.991}$	$M=5.258K^{1.057}$
控制	$M=4.573K^{1.228}$	$M=4.089K^{1.263}$
科学	$M=4.495K^{1.068}$	$M=7.054K^{1.019}$

续表

应用领域	估算公式	
	目标代码	源代码
商业	$M=2.895K^{0.784}$	$M=4.495K^{0.781}$

注:K 为千行源程序代码条数或目标代码条数,目标代码指经过编译后生成的代码。

单位工作量成本 W 为待估软件开发公司实际投入的成本除以该计算机软件实际工作量,体现的是该软件公司开发该计算机软件的实际生产能力。

软件的维护成本是指修正现有可运行软件并维护其主要功能过程中发生的成本。软件的维护包括三类:(1)改正性维护,目的是纠正软件使用过程中所暴露的问题及隐含的缺陷;(2)适应性维护,即为使该软件与操作系统和硬件环境相兼容而进行的维护;(3)完善性维护,即为扩充功能、提高性能而进行的维护。其中,完善性维护在软件资产评估中一般不计入该系统软件的成本。软件维护成本的测算可以按照系统软件开发成本乘以该系统软件的维护参数来获得。维护参数可以按系统的复杂程度分别取不同的值,如表 7—4 所示。

表 7—4　　维护参数

中小型软件		大型软件	
复杂程度	成本维护系数	复杂程度	成本维护系数
简单	0.15	简单	0.30
一般	0.20	一般	0.35
复杂	0.25	复杂	0.40

【例 7—16】 某计算机软件是由甲公司开发的应用于商业领域的操作系统,现将该软件转让给乙公司。经评估人员了解,乙公司购买该软件的目的主要是节省开发时间,因此认为以成本法评估该项转让业务较为合适,选用 Doty 模型。

评估人员通过与甲公司的开发人员、财务人员和管理人员沟通,对该软件的内部文件进行了查阅和审核,并通过对该软件开发期间的财务数据的考察,得到以下信息:

该软件的源程序有效代码行数 K 为 35 千行,经管理人员统计,开发该软件的实际工作量为 62.5 人·月,开发该软件的直接费用、间接费用和期间费用之和为 15 000 元。根据 Doty 模型的估算公式,该软件的工作量如下:

$M=4.495K^{0.781}=4.495\times35^{0.781}=72.21$(人·月)

单位工作量(W)=15 000÷62.5=240(元)

开发成本(C_1)=72.21×240=17 330.4(元)

评估人员认为该软件属于中小型软件,维护的复杂程度一般,故认为维护成本大约为开发成本的 20%。

C_2=17 330.4×20%=3 466.08(元)

该软件的评估值(P)=17 330.4+3 466.08=20 796.48(元)

3. 收益法

收益法是通过估算待估软件的预期收益，并采用适宜的折现率折算成现值，然后累加求和，得出软件价值的一种评估方法。

收益法评估软件价值的基本公式与其他技术型无形资产评估类似。其基本公式如下：

$$P=\sum_{i=1}^{n}\frac{R_i}{(1+r)^i} \tag{7.28}$$

式中，R_i 为第 i 年的预期收益额，n 为收益可持续的年限，r 为适用的折现率。

软件作为一种特殊的技术产品，在采用收益法评估时，参数的选取与其他技术型无形资产有区别。

一方面，软件评估中所涉及的收益通常是指销售或者购入软件所取得的收益。软件产品的收益预测存在如下一般趋势：第一阶段收益相对较低，因为使用者对新推出软件的适用性和稳定性有一个认识的过程；第二阶段处于发展期，收益有所上升；第三阶段属于稳定期，收益达到峰值；第四阶段即衰退期，功能更强的新一代软件的推出或市场容量的饱和使被评估软件的先进性相对减弱，收益发生下滑。

另一方面，由于软件的更新率高，除少数极限技术外，一般每年都会有新的版本出现，因此软件的预期收益期应是较短的。

二、特许权

特许权又称特许经营权或专营权，是指获准在一定区域、一定时间内经营或销售某种特定商品的专有权利。它一般分为两种：一种是政府特许的专营权。根据特许经营的内容，一般可分为特种行业经营权、垄断经营权、实施许可证制度行业的经营权、资源性资产开采特许权等。另一种是某一企业特许另一企业使用其商标权或在特定地区经营销售某产品，即纯商业性的特许经营权，如“肯德基”等现代商业连锁店等。特许权的实行，一般能使特许权拥有者获得较高经济收益。对特许权的评估就是评估特许权带来的额外经济收益和付出的代价，其现值的差额就是特许权益。特许权评估可以采取收益法、成本-收益法，在一定条件下也可以采取市场法。

【例 7—17】 某一机械制造厂为了生产、销售方便，允许另一地区的设备厂利用其专营商标，生产其专营的特种公安器材，时间为 5 年，双方约定由设备厂每年按其销售利润的 25％一次性向机械制造厂缴纳专营使用费。求该专营使用费的评估价值。

经预测，在使用专营权期间，设备厂在第一年可获取销售利润 100 万元，第二年至第五年平均每年获取销售利润 150 万元，设折现率为 12％。

这项专营权使用价值的现值＝(100×0.893＋150×2.712)×25％＝124.03(万元)

【例 7—18】 2020 年 4 月，某化工厂将某种杀虫剂的特许经营权转让给某代销商店，转让时间为 3 年，每年供应该厂杀虫剂 30 000 吨。求该特许经营权的转让价格。

现选定三个参照物，情况如表 7—5 所示。

表7—5 参照物的基本资料

参照物	特许权转让时间	转让年限	每年转让的数量(吨)	特许权转让费(元)	每吨单价(元)
甲	2018年4月	4	40 000	320 000	2
乙	2018年9月	5	32 000	320 000	2
丙	2019年12月	4	36 000	216 000	1.5

从表7—5可以看出,甲与乙的转让时间相差5个月,转让年限甲比乙少1年,转让数量甲比乙多8 000吨,转让价格没有差别;乙与丙的转让时间相差15个月,转让年限乙比丙多1年,转让数量乙比丙少4 000吨,转让单价乙比丙多0.5元,平均每月每吨下降0.033元(0.5÷15);甲与丙的转让时间相差20个月,转让年限相同,转让数量甲比丙多4 000吨,转让单价甲比丙多0.5元,平均每月每吨下降0.025元(0.5÷20)。所以,时间调整价值为每月每吨下降0.029元[(0.033+0.025)÷2]。表7—6列示了比较对象的价格调整。

表7—6 比较对象价格调整

参照物	每吨单价(元)	距评估日月份	每月每吨调整(元/吨)	总调整价格(元)	每年每吨调整(元)
甲	2	24	0.029	0.696	1.304
乙	2	19	0.029	0.551	1.449
丙	1.5	4	0.029	0.116	1.384

简单平均:(1.304+1.449+1.384)÷3=1.38(元)

根据表7—6对甲、乙、丙三个参照物的调整,该化工厂转让杀虫剂专营权的价格为每吨每年1.38元,当然,也可以用时间为权数进行加权平均。

每年专营权使用费=1.38×30 000=41 400(元)

若每年支付,则三年共计=41 400×3=124 200(元)

若一次性支付,则需折为现值,设折现率为14%。

特许权转让费=41 400+41 400×(P/A,14%,2)

=41 400×(1+1.646 7)=109 573.38(元)

【例7—19】 某公司获进口许可证,允许在未来两年内每年进口10万台摄像机,规格型号不限。试评估进口许可证价格。

市场分析表明,摄像机销售结构趋于平稳,每台可获净利润5 000元,资金利润率为40%,而商业行业的资金利润率平均为10%。根据上述情况,进口许可证的价格可评估如下:

经营进口产品年利润=5 000×10=50 000(万元)

许可证有效期利润现值(折现率为10%)=50 000×1.735=86 750(万元)

正常利润(相当于商业行业平均利润部分)=86 750×10%÷40%=21 687.5(万元)

许可证收益=86 750—21 687.5=65 062.5(万元)

除进出口许可证外,其他专营权往往也意味着大量的超额利润。这个利润并非企业经营的贡献值,而是国家赋予的权利,应归国家所有。从发展市场经济的要求来看,应实行进出口许可证和专营权公开招标出售制度,这样既可使超额利润收归国有,又可堵住以权谋私、钱权交易的渠道。

三、租赁权与合同权益

(一)租赁概述

租赁,是指出租人以收取租金为条件,授予承租人在约定期限内占有和使用租赁财产权利的一种信用形式。租赁这种信用形式的特点在于把借钱和借物两者结合在一起,实现了资产的所有权与经营权的分离。与固定资产投资相比,承租人不需筹集相当于投资品的资金,只需分期支付租金,就可得到相应的资产经营权。因而租赁成为资产经营的一种重要形式。

在租赁关系中,承租方的权利体现在对租入资产的占有和使用上,其义务界定为按合同支付租金并对租入资产负维修、保养的责任,或者视租赁形式而定。在租赁期内,承租方占有和使用租赁资产所获得的收益现值高于租金现值,这种额外经济利益就是租赁权益,从而使租赁权构成无形资产。

可见,租赁权评估的对象是租赁合同带来的额外经济利益,它的评估期限是租赁合同期,估价标准是收益现值,目的是服务于产权交易。

不同的租赁形式对租赁权评估对象会产生影响。

1. 经营性租赁

经营性租赁的特点是承租期短,租赁期满后由出租方收回租赁资产,房屋租赁和部分设备租赁大多采取这种形式。我国现行会计制度规定,经营性租赁的资产不记入企业的固定资产账目,只作备查登记。由于这种资产既不是企业拥有的固定资产,又没有在会计账目上反映,因此不能在固定资产评估中一并评估,只能通过租赁权评估单独估价。

2. 融资租赁

融资租赁的特点是租赁期长,通常在租赁期满后,资产所有权转给承租方。我国现行会计制度设定了“融资租入固定资产”科目,将融资租入固定资产视同承租方固定资产管理,按应支付的全部租赁费登记入账。这样,在评估时有两种处理办法:一种是将租入资产视同自有资产评估,将应付未付的租赁费作为负债评估。如果企业整体转让,采用这种方法既简便又客观,这时就不需要单独评估租赁权。另一种是单独评估租赁资产的收益和费用,量化租赁收益。如果是租赁权转让,或有其他需要必须评估租赁权益时,就要以额外经济利益作为评估对象。

3. 企业租赁

企业租赁是一家企业在一定期限内取得对另一家企业的经营权,并支付租金的信用形式。承租方与出租方的资产均分别建账核算,两者的财产关系是承租方取得租入企业的使用权,并按合同规定支付租金。这时作为租赁权评估对象的额外经济收益涉及租入企业的预期效益及其合同租金。有特殊性的是企业预期效益的评估,并且计算企业租赁租金也略有不同。

(二)租赁权的评估

租赁权评估对象是由租赁合同所界定的,在合同期内的额外经济利益由租赁权使用所带来的收益与支付合同租金的差额决定。与此相适应,评估的基本思路是先计算各期的租赁资产可实现的收益,并扣除合同租金,再计算各期的租赁权益,最后把合同期内各期租赁权益折现汇总,即得到租赁权的收益现值。

上述三种租赁形式中,对于租赁资产收益的评估有两种情况:一种是单项固定资产及其组合的预期收益的评估,另一种是对企业整体资产的评估。

由于租赁的形式不同、性质不同、租赁的财产对象不同,其租金的构成因素不尽相同,因此评估方法也有所不同。

1.设备租赁权的评估

设备租赁权是企业根据合同取得在一定时期内使用设备的权利。这种形式的租赁属于经营性租赁,租赁期较短,主要解决企业对设备的临时性需要。设备租赁权的评估具体可分为三步。

(1)租赁设备收益现值的评估

租赁设备收益是指将租赁设备视同自有资产所获得的净收益,其中含有应支付的租赁费,但不包括资产运营的成本费用。

假定租入资产能够相对独立地核算收入和成本,如生产某商品的成套生产线,这时,就可以以企业财务核算资料和市场走向为依据,预计其收益,然后把合同期的收益折现。它的评估与整体资产评估基本相同,所不同的是,分摊其他费用时还要加上相应的利润。

【例7—20】 某企业租赁某一条生产线,剩余租赁期为5年。该生产线产品年销售收入为1 000万元,销售成本为800万元,其中分摊该生产线以外的辅助生产成本、外协费、企业管理费、销售费用等成本项目共400万元。试评估租赁生产线的收益现值。

上述这些资料可以通过财务资料和适当的预测调整得到,因而题中所给条件具有典型意义。简单理解,该生产线的利润额应是200万元(1 000—800),然而,它没考虑到其他方面的生产经营结果也体现在这项利润中,因而要按贡献原则进行分配。一种分配方法是按成本额分配,租赁生产线的利润为100万元[200×(800—400)÷800]。这种办法一般行得通,但在各种生产要素的贡献明显不同时,评估结果不够客观。另一种分配方法是按企业平均利润率计算扣除应属于其他生产要素的利润。据财务资料,该企业的成本利润率为10%,按这种方法计算,该生产线的年利润是160万元(200—400×10%),这个评估值比较客观。按适用资本化率(设为10%)对5年收益折现,得租赁资产收益现值606万元(160×3.790 8)。

(2)租赁费与租赁费现值的评估

租赁费的评估分两步进行,先评估每期应缴租金,再将逐期租金折现。由于租金总额是一次总算、分期支付的,因此,把应付租金总额当作租金现值是不行的。

【例7—21】 承上例,设该生产线原价500万元,租赁期5年,预计名义货价50万元,利息率为7%,手续费为设备原价的1.5%,每期期末支付,租金相等。试评估租金现值。

①计算每次支付的租金额

因为剩余租期为5年,不考虑时间利用系数,所以在等额支付的情况下,可以按下式计算每次支付的租金：

$$每次支付租金=\frac{租赁设备价格-预计名义货价+利息+手续费}{缴付租金的次数(租期)} \tag{7.29}$$

根据上述公式计算如下：

设备原价	500 万元
预计名义货价	50 万元
利息$\{500\times[(1+7\%)^5-1]\}$	201.3 万元
手续费	7.5 万元
合计	658.8 万元
每期缴付额(658.8÷5)	131.76 万元

②折现

租金缴付不受利润变动的影响，折现率可按被评估企业的平均筹资成本(长期资金成本)计算，测定该企业为 8%，5 年期年金现值系数为 3.992 7。

租金现值＝131.76×3.992 7＝526(万元)

(3)租赁权益的估价

租赁权益是由租赁资产收益与租赁费(租金)决定的。考虑到租赁资产收益与租金的风险系数往往不同，并且租赁费支付与收益的取得在时间上并不一定吻合，所以在对租赁权益折现汇总时，可先分别对收益和租赁费折现汇总，再相减。

上例求得租赁资产的收益现值为 606 万元，租赁现值为 526 万元，故租赁权益为 80 万元(606－526)。

2. 企业整体租赁权的评估

企业整体租赁权评估的思路是先用收益现值法评出该企业整体转让时的价格，再以此价格减去企业整体租赁合同约定的租金。

【例 7－22】 某大型工业企业因有与外商合资或出租的意向而欲对企业进行整体资产评估。如用收益现值法，收益期设定为 10 年，并分两个阶段进行计算：前五年根据每年的预测利润额得到企业净现金流量值，折现相加；后五年以第五年的收益作为每年的收益，并将其折成现值加总。最后将两个阶段的收益现值相加，就是该企业资产的总评估价格 P。

根据租赁合同约定的年租金额，以 10 年为期，每年以评估企业整体资产时的折现率折现，折现后的租金额相加，就是当年一次支付 10 年租金时的应付租金额 R。

该企业整体租赁权的价格似乎等于 P 与 R 的差值，但 P 与 R 计算收益现值的时限不一定一致，因此不可简单相减，应以 R 的年限为参考，确定 P 的年限，可能出现 P 需分段处理，其分段数视现金流量值而定。

(三)合同权益

合同权益是指依照已签订的合同条件而存在的权利。合同本身规定了相应的权利和义务，规定了权利存在的条件和时限，规定了权利转移和补偿的条款等。如果合同包括了许多有利因素，因产权交易、索赔等目的，就需要对合同权益进行评估。

合同权益的典型例子是租赁权益。除此之外，还有许多有关商品和劳务的合同是有价值的。这些合同主要可分为收入合同和供给合同两类。

收入合同主要有:(1)有利的出租合同。出租人也可以享有租赁合同的额外收益,只要合同条款比市场条件更有利。(2)有效进行产品销售、保管、运输的协作合同,对外提供劳务和服务的有利合同。特别是在市场萧条的情况下,产品和劳务的销售合同是很有价值的。(3)比市场条件优惠的保险补偿合同等。

供给合同主要有:(1)优惠贷款和筹资协议。(2)供应原材料和配套产品的协议。特别重要的是供应紧缺物资或服务的协议,包括某些紧俏物资的国家分配指标、用电指标、车皮计划等。(3)提供有关社会服务的协议,如职工培训,子女入托、上学等协议。没有这些协议或者没有这方面的服务条件,企业就将在这方面多付出,甚至影响生产经营。

评估合同权益的通常办法是将合同条款决定的权益与现行市场合同权益进行比较,其差额就是合同权益;也可以从企业全部收益中扣除其他生产要素的报酬,剩余额就是一揽子合同权益,具体方法与租赁权益的评估基本相同。

四、数据资产

如今,数字经济已成为推动全球要素资源重组、经济结构调整和竞争格局转变的关键力量。近几年我国各部门相继发布相关规定以推动数据资产发展。2023年8月,财政部发布《企业数据资源相关会计处理暂行规定》,正式推进数据资源入表;2023年9月,中国资产评估协会在财政部指导下制定并发布《数据资产评估指导意见》,规范数据资产评估执业行为;2023年年末,财政部印发了《关于加强数据资产管理的指导意见》,提出健全数据资产价值评估体系,全面识别数据资产价值影响因素,规范数据资产价值评估。为顺应新时代数据资产评估的发展趋势,接下来本书将对数据资产与数据资产评估的相关内容进行简要介绍。

(一)数据资产及其基本情况

根据中国资产评估协会2023年9月印发的《数据资产评估指导意见》,数据资产是指特定主体合法拥有或者控制的,能进行货币计量的,能带来直接或者间接经济利益的数据资源。

进行数据资产评估工作时,我们可以基于委托人及相关当事人提供的信息,或者通过自主收集的方式,深入了解和关注被评估数据资产的基本情况。数据资产的这些基础情况包括但不限于信息属性、法律属性和价值属性等。信息属性主要包括数据名称、数据规模、数据结构、数据周期、数据字典、产生频率和存储方式等。法律属性主要包括授权主体信息、产权持有人信息,权利类型、权利路径、权利范围、权利期限和权利限制等权利信息。价值属性主要包括数据覆盖地域、数据所属行业、数据成本信息、数据应用场景、数据质量、数据稀缺性和可替代性等。

(二)数据资产的特征

执行数据资产评估业务时,深入理解数据资产的特征是非常重要的。数据资产作为一种特殊的无形资产,具有非实体性、依托性、可共享性、可加工性和价值易变性等特征。这些数据资产特征不仅对评估对象产生影响,而且体现了评估过程中资产评估专业人员需要关注的重要内容。

1.非实体性

非实体性指的是数据资产无实物形态，虽然需要依托实物载体，但决定数据资产价值的是数据本身。这也衍生出数据资产的无消耗性，即数据资产不会因为使用而发生磨损、消耗。

2.依托性

依托性指的是数据资产必须存储在一定的介质里，介质的种类包括磁盘、硬盘、光盘等。同一数据可以以不同形式同时储存于多种介质。

3.可共享性

可共享性指的是在权限可控的前提下，数据资产可被复制，能够被多个主体共享和应用。

4.可加工性

可加工性指的是数据资产可以通过更新、分析、挖掘等处理方式，改变其状态及形态。

5.价值易变性

价值易变性指的是数据资产的价值易发生变化，其价值随应用场景、使用频率、用户数量等因素的变化而变化。

(三)影响数据资产价值的因素

评估数据资产的价值，资产评估专业人员需要综合考虑影响数据资产价值的多种因素，包括成本因素、场景因素、市场因素和质量因素。

1.成本因素

成本因素涵盖了一系列与数据资产形成相关的成本与费用，包括前期费用、直接成本、间接成本、机会成本以及相关税费等。

2.场景因素

场景因素包括数据资产的使用范畴、应用场景、商业模式、市场前景、财务预测及应用风险等。

3.市场因素

市场因素包括数据资产相关的主要交易市场、市场活跃程度、市场参与者和市场供求关系等。

4.质量因素

质量因素包括数据的准确性、一致性、完整性、规范性、时效性和可访问性等。其中，准确性是指数据资产准确表示其所描述事物和事件的真实程度；一致性是指不同数据资产描述同一事物和事件的无矛盾程度；完整性是指构成数据资产的数据元素被赋予数值的程度；规范性是指数据符合数据标准、业务规则和元数据等要求的规范程度；时效性是指数据真实反映事物和事件的及时程度；可访问性是指数据能被正常访问的程度。

在进行数据资产评估时，评估人员应当关注数据资产质量。数据资产质量是指数据在指定条件下使用时，其特性能够满足明确或者隐含要求的程度。评估人员应采用适当方式执行数据资产质量评价程序，或直接获取数据资产质量评价结果，在必要时，可利用第三方专业机构出具的数据质量评价专业报告或其他形式的专业意见。评价数据资产质量的方法包括但不限于层次分析法、模糊综合评价法和德尔菲法等。

(四)数据资产评估基本方法

数据资产价值的评估方法包括收益法、成本法和市场法三种基本方法及其衍生方法。在选择数据资产的评估方法时,应当考虑评估目的、评估对象、价值类型以及资料收集等情况,分析三种基本评估方法的适用性,避免按照某种固定模式或固定顺序选择方法。如果采用多种评估方法对同一数据资产进行评估,就应当对所获得的各种测算结果进行详细分析,说明两种以上评估方法结果的差异及其原因和最终确定评估结论的理由。下文仅对数据资产评估的三种基本方法进行一般性探讨,不对评估模型或案例进行具体阐述。

1. 收益法

收益法是以数据资产的预计未来收益为依据进行估值的评估方法。由于收益相较而言更易被量化,且收益能够更加真实、准确地反映数据资产本金化的价值,因此实务中交易各方比较容易接受使用收益法进行数据资产评估。但是资产评估人员要注意结合数据资产的历史应用情况、未来应用前景和应用或拟应用数据资产的企业经营状况等分析数据资产经济收益的可预测性,考虑收益法的适用性。使用收益法评估时,要估算数据资产的预期收益、确定数据资产的收益期限并合理确定折现率。

(1)估算预期收益

估算数据资产的预期收益时,需要考虑以下问题:第一,预期收益的口径应当与数据权利类型的口径保持一致;第二,对数据资产的预期收益进行估算时,根据适用性可以采用直接收益预测、分成收益预测、超额收益预测和增量收益预测等方式;第三,应当对数据资产的收益和其他资产所产生的收益进行区分,对相关预期变动和收益期限进行深入分析,明确收益所涉及的成本费用、配套资产、现金流量和风险因素。

(2)合理确定折现率

运用收益法评估数据资产时应当注意折现率的合理性。资产评估人员在估算折现率时,需全面考虑数据资产在应用过程中可能面临的管理风险、流通风险、数据安全风险和监管风险等多重因素,还要注意数据资产折现率应当与预期收益的口径保持一致。

(3)确定收益期限

在确定资产收益期限时必须综合考量并权衡多个因素,这包括但不限于数据资产的法律有效期限、相关合同有效期限、数据资产的更新时间、时效性、权利状况以及相关产品的生命周期等,从而合理确定该数据资产的经济寿命或收益期限。

2. 成本法

成本法是基于数据资产形成成本进行评估的方法,尽管使用成本法评估无形资产时需要考虑其价值与成本之间的弱对应性和成本的不完整性,但在特定情况下,对数据资产采用成本法进行评估仍具有一定的合理性。因此,要根据形成数据资产所需的全部投入分析资产价值与成本的相关程度,从而考虑成本法的适用性。使用成本法进行数据资产评估的基本思路:数据资产的价值由该资产的重置成本经各项调整后确定。

(1)确定重置成本

重置成本的构成要素包括前期费用、直接成本、间接成本、机会成本和相关税费等。其中，前期费用主要涉及前期规划成本；直接成本则是指从数据采集到加工形成资产过程中所持续投入的成本；间接成本包括与数据资产直接相关或可合理分摊的软硬件采购、基础设施成本以及公共管理成本。

（2）确定调整系数

确定数据资产的重置成本后，需要对数据资产全部投入对应的期望状况与评估基准日数据资产情况之间存在的差异进行调整，与之对应的调整系数就是对其差异的反映。例如，结合相应质量因素综合确定调整系数，调整数据资产期望质量与实际质量之间的差异；对于可以直接确定剩余经济寿命的数据资产，可以结合剩余经济寿命确定调整系数，调整使用年限之间的差异。

3. 市场法

市场法的评估思路是基于相同或者相似的数据资产的近期或者往期成交价格，根据数据资产价值的影响因素，对可比数据资产的价值进行分析和调整，从而反映被评估数据资产的价值。选择使用市场法对数据资产进行评估应当考虑市场法的适用性，即该数据资产或类似数据资产是否存在合法合规的、活跃的公开交易市场，以及是否存在适当数量的可比案例。

（1）选择合适的可比案例

在充分了解被评估数据资产的状况后，根据该数据资产的特点，选择合适的可比案例。例如，选择数据权利类型、数据交易市场及交易方式、数据规模、应用领域、应用区域及剩余年限等相同或者近似的数据资产。

（2）进行调整

对比该数据资产与可比案例的差异，确定调整系数，并将调整后的结果汇总分析，得出被评估数据资产的价值。通常情况下，需要考虑质量差异调整、供求差异调整、期日差异调整、容量差异调整和其他差异调整等。其中，其他差异包括数据资产的应用场景与适用范围等方面的差异，可以根据实际情况考虑需要进行调整的差异，并选择可量化的调整系数。

本章小结

本章全面阐述了无形资产评估的基础知识和实践应用。无形资产尽管缺乏实物形态，但对企业运营和盈利能力具有显著影响。本章探讨了无形资产的定义、分类和特性，包括其成本计量的复杂性和价值的效用导向。

本章重点分析了无形资产的价值特点，如附着性、共益性、累积性和替代性，并深入讨论了影响评估值的关键因素，如取得成本、机会成本、预期效益和市场条件等。

在评估方法上，本章详细介绍了收益法、成本法和市场法，每种方法都有其适用场景和计算步骤。本章特别强调了收益法的普遍适用性，并对成本法和市场法在特定情况下的使用做出了说明。此外，本章还涵盖了无形资产评估的具体应用，包括专利、专有技术、商标权以及其他如著作权、特许权、租赁权、合同权益和数据资产的评估，通过案例分析展示了评估方法的实际运用。

本章提供了无形资产评估的全面知识，从理论到实践，为专业发展和工作实践奠定了基础。

复习思考题

1. 简述无形资产的价值特点与功能特性。
2. 影响无形资产评估价值的因素有哪些?
3. 运用收益法评估无形资产价值时，无形资产收益额的确定可采用哪些方法?
4. 评估中如何确定无形资产的收益期限?
5. 无形资产的账面成本具有哪些特点?
6. 运用成本法时，如何估算无形资产的重置成本?
7. 运用市场法评估无形资产时，应注意哪些事项?
8. 数据资产的特征及其价值影响因素有哪些?

计算题

1. A公司将其拥有的某项产品的商标权采用许可方式许可给B公司使用，许可使用期为3年。按照许可协议，B公司每年将使用该商标新增利润的25%支付给A公司。B公司拟每年生产该商标产品20万台，每台市场售价为100元，公司预期各年销售利润率为20%，折现率按10%计算。

要求：试计算该商标使用权的评估价值。

2. 甲企业许可乙企业使用其生产可视对讲电话的专利技术，已知条件如下：甲企业与乙企业共同享用可视对讲电话专利，甲、乙企业的设计能力分别为150万部和50万部；该专利为甲企业外购，账面价值为200万元，已使用4年，尚可使用6年，假设前四年技术类资产累计价格上涨率为25%；该专利对外许可使用对甲企业生产经营有较大影响，由于失去垄断地位，市场竞争会加剧，预计在以后6年，甲企业减少的收益按折现值计算为60万元，增加研发费用以提高技术含量、保住市场份额的追加成本按现值计算为15万元。

要求：试评估该项专利许可使用的最低收费额(以万元为单位，小数点后保留两位)。

3. 甲企业将一项专利使用权让给乙企业，拟采用对利润分成的方法。该专利系3年前从外部购入，账面成本为80万元，3年间物价累计上升25%。该专利的法律保护期为10年，已过4年，尚可保护6年。经专业人员测算，该专利成本利润率为500%。乙企业资产的重置成本为4 000万元，成本利润率为35%。通过对该专利的技术论证和发展趋势分析，技术人员认为该专利的剩余使用寿命为5年。另外，通过对市场供求状况及有关会计资料的分析得知，乙企业的实际生产能力为年产某型号产品20万台，成本费用每台约为400元，未来5年间产量与成本费用变动不大。该产品采用了专利技术，性能有较大幅度的提高，未来第一年和第二年每台售价可达550元。在竞争的作用下，为了维护市场占有率，第三年和第四年售价将降为每台500元，第五年降为每台450元，折现率确定为10%。

要求：根据上述资料，计算该专利使用权的评估值（不考虑流转税因素）。

4. 某企业将一项已经使用 10 年的注册商标转让。根据历史资料，该企业近五年使用这一商标的产品比同类产品的价格每件高 0.65 元，该企业每年生产 100 万件。该商标目前在市场上有良好趋势，产品基本上供不应求。根据预测，在生产能力足够的情况下，这种商标产品每年生产 150 万件，每件可获超额利润 0.5 元，预计该商标能够继续获取超额利润的时间是 10 年，前五年保持目前超额利润水平，后五年每年可获取的超额利润为 32 万元。

要求：假定折现率为 10%，试评估这项商标权的价值。

5. 某电视剧制作公司准备出售刚刚完成的一套 36 集电视连续剧的版权。该剧的制作时间为 1 年（从评估基准日前 1 年开始算起），经核算，其制作成本约为 800 万元，无风险利率为 5%，行业风险报酬率为 20%。据专家预测，该电视剧在未来 5 年内的收益额为每年 300 万元，利润分成率为 40%。

要求：试计算独家转让该电视连续剧版权在评估基准日的评估值。

6. 某评估机构对某一专利技术进行评估。评估基准日为 2019 年 7 月 31 日，被评估的专利技术从评估基准日起剩余保护期还有 8 年，该专利技术的权利人为甲研究所，未曾允许任何单位或个人使用。现甲研究所与乙企业达成共同组建 A 公司的协议，协议约定：(1) 组建后的 A 公司生产被评估专利技术产品；(2) 乙企业投入组建 A 公司及运营所需全部资金，甲研究所以被评估专利技术的所有权入股；(3) 合作期自评估基准日起共 8 年，该专利产品项目于评估基准日起开工建设。

根据调整后的可行性研究报告，实施该项技术乙企业需投入资金 2 000 万元，从开工建设至正式投产需 1 年时间，预计投产后第一年的利润总额为 700 万元，从投产后第二年起至投产后第五年每年利润总额将递增 4%，从投产后第六年起至合作期满每年利润总额将在上一年的基础上递减 5%，组建后的 A 公司为普通企业，不享受任何政策优惠。评估人员通过调查得知，甲研究所历年来成果转化率较高，其成本利润率在 200%左右，甲研究所开发该项专利技术的全部成本为 50 万元。乙企业为一家电子产品生产企业，其成本利润率在 15%左右，社会无风险报酬率为 3.5%。该专利技术的风险报酬率为 7%。

要求：试评估甲研究所该专利技术的入股价值（分步计算并列出计算式，计算结果以万元为单位，小数点后保留两位）。

计算题
参考答案

8 第八章 长期投资及其他长期性资产评估

全章提要

学习目标

知识目标：了解长期投资的概念、分类、评估的特点及评估程序，掌握债券投资、股权投资的评估方法，了解基金投资和其他长期性资产的评估方法。

思政目标：培养学生的社会责任感和长远发展眼光。

思维导图

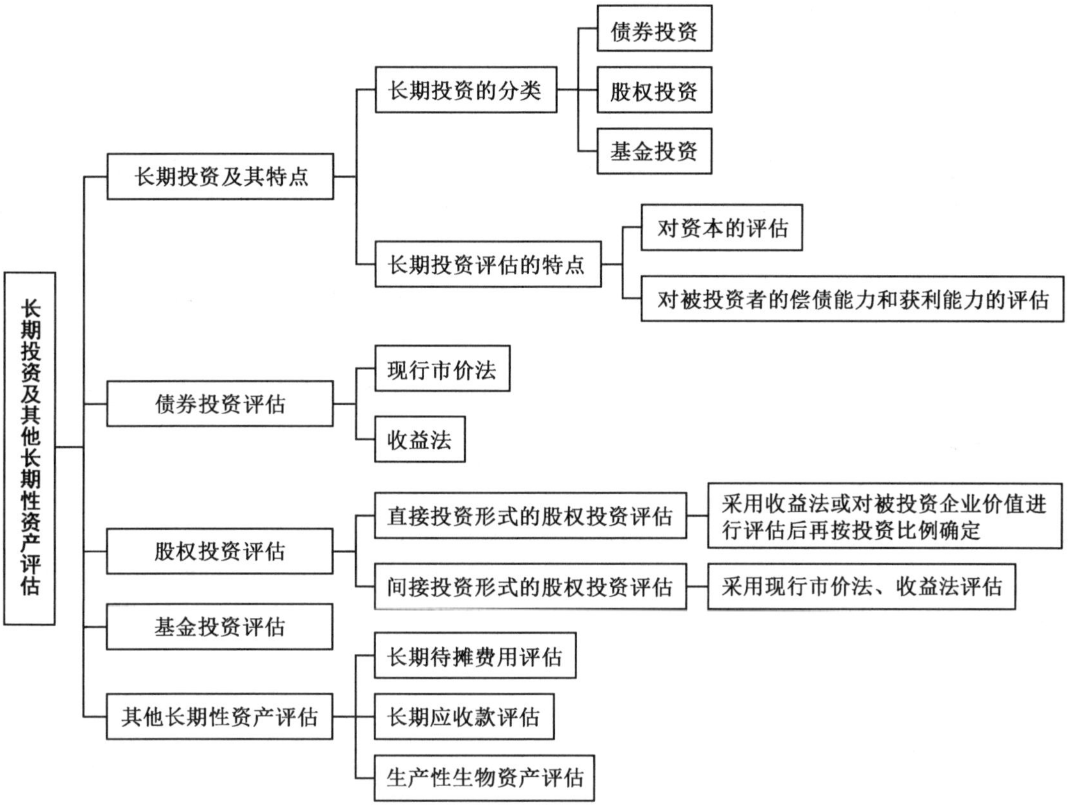

第一节　长期投资与长期投资评估

一、长期投资的概念

长期投资是指企业将资金投入不准备在 1 年内变现的资产，包括购买股票、债券、基金和以要素资产（如货币资金、土地、房屋、无形资产等）进行的直接投资等。

从企业的角度，长期投资有广义与狭义之分。广义的长期投资泛指企业投入财力、物力以期获得投资报酬的行为,包括向本企业和本企业以外的投资。狭义的长期投资仅指企业的对外投资行为,即企业向那些并非直接为本企业使用的资产项目的投资。

企业的对外投资行为是现代企业经营活动的重要组成部分。其目的有两个:一是从企业生存和发展战略出发,通过对外投资优化资产配置,提高资产效率,增强抵御市场风险的能力;二是充分利用企业尚未使用的积累资金,以期通过长期积累来扩大企业规模。

简言之,作为企业资产评估对象的长期投资,是指不准备随时变现,持有期为1年以上的企业对外投资,或者反映在企业"可供出售金融资产""持有至到期投资"和"长期股权投资"等账户上的那部分企业资产。

二、长期投资的分类

根据投资的性质,企业长期投资可分为股权投资、债权投资和基金投资。

(一)股权投资

股权投资又称权益投资,是指投资企业对其他企业或其附属企业产权的投资。一般的做法是,被投资企业将其所有权按股份份额形式转让给投资方,投资方可依法分享与产权有关的货币收益,并按其拥有的产权份额对受资企业的经营管理享有参与乃至控制权,但其投资收益是不固定的,需根据受资企业经营效益而定。故此种投资属于不确定请求权的投资。

股权投资有两种形式:一是直接投资,即以货币、有形资产或无形资产等资产形式直接投入被投资企业,并从受资企业处取得出资证明或股权证明;二是间接投资,即通过证券市场购买被投资企业的股票,以达到投资于其他企业的目的。

(二)债权投资

债权投资是指企业通过证券市场购买各种中长期债券,如公债、企业债券等实现的投资。债券属于确定请求权的有价证券,债券持有人与债券发行人之间是债权债务关系。债券发行人有义务向债权人定期支付利息,到期归还本金。债权投资是有限期长期投资。

(三)基金投资

基金投资是指企业通过购买各种基金而实现的对外投资。基金是一种资产管理方式,是一种组合投资、专业管理、利益共享、风险共担的集合投资方式,是一种间接投资形式。

长期投资评估通常出现在企业价值评估采用资产基础法或企业价值评估采用收益法、市场法时长期投资被作为非经营性资产处理的情形下。

三、长期投资评估的特点

由于长期投资是投资企业以放弃对其实际资产的直接控制权为代价,换取从被投资者处获取投资收益和资本增值的权利的投资行为,因此,对投资企业长期投资的评估就具有不同于其他资产评估的特点。

(一)长期投资评估是对资本的评估

尽管长期投资的出资形式可以是实物资产、无形资产或货币资产,但是投放到被投资企业后,就会与被投资企业的其他资产融为一体,作为该企业资产的一部分。对于投资者而言，它们只能被作为投资资本看待，发挥资本的功能。因此，对长期投资的评估实质上是对资本的评估。

（二）长期投资评估是对被投资者的偿债能力和获利能力的评估

一项长期投资价格的高低主要取决于该项投资所能带来的权益，显然，这不取决于投资方，而是取决于被投资方的经营状况和财务状况。对债权形成的长期投资的评估，主要考虑债务人是否有足够的偿债能力，能否按期支付利息和到期归还本金。对股权形式的长期投资的评估，主要考虑被投资企业是否有较强的获利能力，能否使投资者获得较高的股息收入和资本利得。由此可见，评估长期投资不是对投资者内部资产的评估，而是对被投资方资产的评估。这样，在长期投资评估中是否有必要以及能否对被投资企业的资产进行评估，就成为一个需要进一步讨论的问题。从理论上讲，回答此问题主要取决于两个指标：一个是长期投资在投资企业资产中的比例，另一个是长期投资在被投资企业资产中的比例。在实践中，对被投资企业的资产进行评估，既涉及评估经费，又受现行法律、法规、制度的制约。因此，在某些情况下，长期投资的评估会受到一些限制，需要在评估中寻求恰当的途径与方法，尽可能对长期投资资产进行合理估价。

四、长期投资评估的程序

（一）明确长期投资项目的具体内容

在进行长期投资评估时，主要应掌握的资料有投资种类、原始投资额、评估基准日余额、投资收益计算方法、历史收益额、长期股权投资占被投资企业实收资本的比例以及相关会计核算方法等。

（二）进行必要的职业判断

主要判断长期投资预计可收回金额计算的正确性和合理性，以及被评估的长期投资余额在被投资企业资产负债表上的准确性。

（三）根据长期投资的种类和特点选择合适的评估方法

可上市交易的债券和股票一般采用现行市价法评估，非上市交易的债券和股票一般采用收益法评估。直接股权投资一般需对被投资企业进行企业价值评估，估算被投资企业全部股权价值，然后按投资比例折算；基金根据是否上市采用不同的方法评估。

（四）评定测算长期投资，得出评估结论

根据选定的评估方法进行测算，得出相应的评估结论。

第二节　债券投资的评估

一、债券概述

债券是政府、公司、金融机构等债务人为筹集资金，按照法定程序发行，并向债权人承诺在指定时间内支付利息和偿还本金的有价证券。

(一)债券要素

1. 到期日

债务到期日一般是指全部付清本利的日期。按照距到期日时间长于或短于1年,可将债券区分为长期债券与短期债券。

2. 偿债条款

长期债券有时会采取每年(或每半年)固定的还本付息额来清偿,有时会附有宽限期(grace period),即在借款最初几年可既不还本也不付息。对于在市场上交易的债券,一般采用偿债基金(sinking fund)的方式。发行债券的企业每年拨出一笔资金作为偿债基金,用来购回一定量的债券,一般用抽签的方法决定应购回的债券号码。

3. 回赎与转换条款

多数企业在公开发行债券时都附有回赎(redemption)条款,即在某一预定条件下,由企业决定是否按预定的价格(一般比债券面值略高)提前从债券持有者手中购回债券。此外,许多债券具有可转换性质,这些债券被称为可转换债券。可转换债券是指在到期日或到期日之前的某一期限内,可按预先确定的比例或价格将每一债券转换为一定数量的股票。转换与否由债券持有人决定。

4. 求偿等级

债券按求偿权利的排列次序区分求偿等级。高级债券是指有优先求偿权的债券,低级或次级债券是指求偿权位于企业一般债主之后的债券。一旦企业破产,清算时先偿还高级债券,再偿还次级债券。显然,债券的求偿等级不同,所承担的违约风险(发生清偿时遭受损失的可能性)也不同。

5. 抵押

企业发行债券常用企业的厂房、设备作抵押。没有抵押的长期负债称为信用债券。发生清偿时,抵押债券持有人对用以抵押的企业资产比信用债券持有人有优先求偿权,对未用以抵押的企业资产则两者求偿权相同。

6. 债券面值和利息

债券面值一般是指到期日付给债券持有人的本金。利息支付一般在债券发行时就已规定,通常是每三个月、半年或一年付一次,按息票规定的利率支付。例如,面值1 000元的债券,息票率为8%,每半年支付一次,也就是每半年支付面值4% $\left(\frac{1}{2}\times 8\%\right)$ 的利息,即40元(1 000×4%)。有些债券是不带息票的(如国库券),称为无息票债券,在债券到期日,债券持有者一次性取得债券面值的金额。到期一次性还本付息的债券本质上也是无息票债券。

7. 债券利率

债券利率一般是固定的。但是,20世纪70年代后期以来,通货膨胀引起了利率上升,导致长期债券价格下跌,对投资者的利益造成了很大损害。为防止未来利率变动可能造成的损害,投资者对长期固定利率债券的收益率比短期债券要求增加一个较高的溢价,这就大大增加了长期债务的成本,而企业又不愿将短期债务当作长期资金使用,于是浮动利率债券应运而生。浮动利率是根据约定的期限(如3个月、6个月),在某一基础利率如政府债券利率、银行优惠利率、伦敦银行同业拆借利率(LIBOR)等基础上增加一个固定的溢价(如1%)进行浮动。此外,还有指数利率,即根据通货膨胀率定期调整债券利率。

(二)债券种类

根据债券发行主体的不同,可将债券分为政府债券、公司债券和金融债券。这三类债券的风险程度以及与风险程度相联系的利率都不同。

根据上述债券要素的不同组合,又可将发行主体不同的三大类债券各自进一步分类。例如,政府债券根据有无息票或利息支付方式不同,可分为有息票债券与无息票债券;根据利率是否固定,可分为固定利率公债与保值公债。但其中最复杂的还是公司债券,因为不同种类的公司债券往往求偿等级不同,所承担的违约风险也不同。

公司债券的风险大于政府债券,故其利率应高于政府债券。金融债券的风险度很大程度上取决于发行主体的性质,若是由非国有银行或金融机构发行,则与公司债券相似。公司债券根据有无抵押,可划分为无抵押(信用)债券和有抵押债券。

无抵押债券包括信用债券、次级信用债券和收入债券。信用债券持有人的求偿权排名位于有抵押债权持有人对抵押物的求偿权之后,对未抵押的企业资产有一般求偿权。发行这种债券的公司必须是有较好信誉的大公司。次级信用债券持有人对企业未用于抵押的资产的求偿权排名位于信用债券持有人之后,故次级信用债券的风险要比信用债券大。收入债券(income bonds)只在企业有能力支付利息(由合同详细规定细则而不是由企业任意确定)时才支付,未付利息要累积计算(常以3年为限)。这种债券类似于优先股,但与优先股不同的是,利息支出可进入公司成本。收入债券持有人的求偿权排名位于优先股股东之前,其他无抵押债券持有人的求偿权排序由合同规定。可转换债券一般是无抵押债券。

有抵押债券的特点是以某一或某些特定资产作为保证偿还债务的抵押物,在对企业进行清偿时,企业用于抵押的资产在未取得债权人许可的情况下,不得随意处置。这一特点维护了债权人的利益。有抵押债券由于较安全,因此收益率较无抵押债券有所降低。有抵押债券包括抵押债券、担保信托债券、设备信托证。抵押债券以真实资产(土地、房屋、设备等)作为保证偿还债务的担保,故较安全。担保信托债券是用有价证券即股票、债券之类的金融资产作为抵押,而不是用真实资产作为抵押。由于股票、债券本身就是有风险的资产,因此这类有抵押债券仍具有一定的风险。设备信托证是信托投资公司为筹集设备款而发行的一种债券。信托公司购买设备后将设备租赁给使用设备的公司,使用设备的公司按规定每年支付一定数额的本息给设备信托证持有人。到规定期限时付清全部本息,信托公司则将设备所有权转入使用设备的公司。

此外,还可以按照公司债券具有的某些重要性质,如是否有偿债基金,是否可转换、回赎,利率是否固定,以及利息支付方式等进行分类。

(三)债券风险评价

债券的价格主要是由预期债券的收益和适用的折现率决定。由于债券是确定请求权的有价证券,因此它的风险,作为确定折现率的重要因素,就成为决定其收益现值的最具有弹性的因素。

在现代证券业中,大多采用信用评级制度来反映债券的风险。它是由债券评信机构根据发行者提供的信息资料,并通过调查、预测、比较等手段,运用科学的分析方法,对拟发行债券的质量、信用、风险进行公正、客观的评价定级。目前世界上较权威的债券评级标准是美国的穆迪投资者服务公司和标准普尔公司制定的信用等级标准,见表8—1。

表8—1　　债券评级

等级	穆迪系列	标准普尔	风险特征
投资级	Aaa	AAA	最佳投资级,信用级别最高,偿还能力最强,投资风险最小或无风险
	Aa	AA	高质量投资级,信用度很好,偿还能力强,安全度略低于AAA(Aaa)级,但差别很小
	A	A	良好质量投资级,中上等信用级别,偿还能力较强,但存在一定的风险
	Baa	BBB	中等投资级,偿还能力尚好,但从长远看,客观情况变化的影响会产生一些不稳定的因素,有风险
投机级	Ba	BB	下等投资级,具有偿还能力,但无足够的保障因素,从长期看不稳定,有风险
	B	B	下等信用级别,没有足够的偿还保障能力,有风险
	Caa	CCC	信用不好,存在危及偿还能力的因素,可能违约
	Ca	CC	高度投机性证券,很可能违约,风险较大
	C	C	信用等级最低,不能作为真正的投资对象
		D	违约债券,本金和利息被拖欠

对于风险评级在评估债券中的应用,较普遍的做法是按债券评级确定相应的风险报酬率,与无风险利率合并作为债券约定收益的折现率。

二、债券评估方法

债券作为有价证券,从理论上讲,其市场价格应反映其收益现值。但这需有一定的前提条件:一是债券具有高度流动性,即可在市场上自由买卖、贴现;二是市场交易情况正常,不存在垄断和过度投机行为。因此,债券的评估方法有两个:一是在具备上述条件的情况下采用现行市价法,二是在不具备上述条件的情况下采用收益法。

(一)现行市价法

在对债券进行评估时,如果该债券可以在市场上流通,并且市场上有该债券的公平市价,那么对于持有该债券的投资者而言,尽管其并不准备在短期内将这些债券兑现,但是在市场交易正常的情况下,该债券的现行市价就可作为该债券的评估值。

采用现行市价法评估债券价格,一般以评估基准日的收盘价为准。评估人员需在评估报告中说明该债券的评估方法、评估依据和评估结果的时限性。其计算公式如下:

债券评估价值=债券数量×评估基准日债券的市价(收盘价)　　(8.1)

【例8—1】 被评估企业持有2022年发行的3年期公债券1 000张,每张面值100元,年利率为3.5%。评估时，该公债券的市场交易价为104元。

评估基准日该企业持有2022年发行的公债券的评估值=104×1 000=104 000(元)

(二)收益法

在债券不能进入市场流通，或虽能进入市场流通但市场投机严重，债券价格严重扭曲的情况下，收益法是评估债券价格的基本方法。

收益法是在考虑债券风险的前提下，采用适用折现率折现预期收益的方法。由于债券的利率、还本期限、利息支付方式等都是事先约定的，因此计算债券的预期收益并不困难，较为复杂的是如何确定适当的折现率。债券的折现率也是由无风险报酬率与风险报酬率两部分组成的。无风险报酬率一般以银行储蓄存款利率或国债利率为准确定。风险报酬率的确定可根据债券发行企业的信用评级确定，级别越低，风险报酬率越高。若无信用评级，则需根据债券发行企业的经营、财务、信用、行业等多种状况判断。

根据债券是否有息票，或还本付息方式不同，可以将债券分为每年(期)支付利息且到期还本和到期后一次性还本付息两大类，其计算现值的具体方法有区别。

1.每年(期)支付利息且到期还本债券的评估

对于每年(期)支付利息且到期还本债券的评估，采用有限期收益法。

按年支付利息，到期还本的现值公式如下：

$$P=\sum_{t=1}^{n}\frac{R_t}{(1+i)^t}+\frac{FV}{(1+i)^n} \tag{8.2}$$

式中，P 为债券评估值，R_t 为债券在 t 年的利息收益，i 为适当的折现率，FV 为债券面值，n 为债券距到期年数。

按(期)支付利息，到期还本的现值公式如下：

$$P=\sum_{t=1}^{n\times m}\frac{R_t\times\frac{1}{m}}{\left(1+\frac{i}{m}\right)^t}+\frac{FV}{\left(1+\frac{i}{m}\right)^{n\times m}} \tag{8.3}$$

式中，m 为每年支付利息的次数。

【例8—2】 被评估企业拥有某石化公司发行的公司债券100 000元，3年期，年利率为5%，每半年付息一次，到期还本。评估时该债券已购入半年，第一次利息已收账。评估时，国债的年利率为2.5%。评估人员经调查了解，该石化公司完全有能力按期支付利息且到期偿还本金，但是考虑到该公司债券为不上市债券，流动性较差，故按3%作为其风险报酬率，并以国债利率作为无风险报酬率，因此，该石化公司债券的折现率为5.5%。

$$P=\sum_{t=1}^{2.5\times2}\frac{2\,500\times\frac{1}{2}}{\left(1+\frac{0.055}{2}\right)^t}+\frac{100\,000}{\left(1+\frac{0.055}{2}\right)^{2.5\times2}}=5\,766+87\,300=93\,066(\text{元})$$

2.到期后一次性还本付息债券的评估

到期后一次性还本付息债券的计算公式如下：

$$P=F(1+i)^{-n} \tag{8.4}$$

式中，F 为债券到期时本利和，n 为从评估时点起算到债券期满为止的期限。

其中,本利和 F 的计算要根据债券利息是采用单利计算还是复利计算来确定。

采用单利计算终值的公式如下:

$$F=FV\times(1+m\times r) \tag{8.5}$$

式中,m 为债券的计息期次数,r 为债券的利息率。

采用复利计算终值的公式如下:

$$F=FV\times(1+r)^m \tag{8.6}$$

【例8-3】 被评估企业拥有某钢铁公司发行的3年期一次性还本付息债券100 000元,年利率为3%,按复利计算利息。评估时债券的购入时间已满2年,当时的国库券利率为2%。评估人员通过对该钢铁公司的了解,认为该债券风险不大且已接近到期日,故以2%作为风险报酬率,并以国债利率为无风险报酬率,折现率定为4%。

$F=100\ 000\times(1+3\%)^3=109\ 272.7$(元)

$P=109\ 272.7\times(1+4\%)^{-1}=105\ 069.9$(元)

第三节 长期股权投资的评估

股权投资包括两种投资形式,即直接投资和间接投资。尽管两种投资形式都属于对其他企业或附属企业的产权投资,在权利和义务方面基本相似,但是具体操作方法存在较大差异,故需分别讨论其评估方法。

一、直接投资形式的股权投资评估

企业以货币资产、有形资产或无形资产对被投资企业进行股权式投资,主要是为了组建联营企业、合资企业、合作企业。投资双方的权利和义务,特别是投资方投资收益的分配形式和投资本金的处理办法,都是由投资协议明确规定的。

投资收益的分配形式一般有:(1)按投资方投资额(非货币投资经过评估折算成货币)占被投资企业实收资本的比例参与被投资企业净收益的分配,或按销售收入的一定比例提成;(2)按投资方出资额的一定比例支付资金使用报酬等。

投资本金的处置方法取决于投资是否有期限,无期限的长期投资不存在本金处置的问题;协议中规定有期限的投资,在投资期限届满时,就需按协议中规定的办法处置。一般的处置方法:(1)协议期满按投资时的作价金额以货币返还;(2)协议期满返还实投资产;(3)协议期满,按协议期满时实投资产的变现价格或续用价格作价以现金返还;等等。

从上述直接投资的操作过程看,直接投资的评估分为两部分:一是对直接投资的收益部分评估,二是对本金部分评估。对收益部分的评估主要采用收益法。其中,关键的是预测投资分成的标的物,如销售收入、利润等,预测的方法与整体资产评估相同。对本金部分的评估,较复杂的是第三种处置方法。若实投资产变现,则需评估其变现价格;若实投资产续用,则需评估其重置成本价格。第一种方式将到期的额定资金折现即可。

【例8-4】 甲企业以机器设备向乙企业投资,协议约定双方联营10年,双方按各自投资比重分配乙企业的利润。甲企业投资 100 万元，占乙企业资本总额的 10%。投资期满时，乙企业按甲企业投入机器设备的折余价值返还甲企业，设备年折旧率定为 5%。评估时，双方已经联营 5 年，前五年甲企业每年从乙企业分得利润分别为 10 万元、14 万元、15 万元、15 万元、15 万元。评估人员经调查分析认为，乙企业今后 5 年的生产经营情况基本稳定，甲企业每年从乙企业分得 15 万元收益问题不大。投资期满，乙企业将返还甲企业机器折余价值 50 万元。根据评估时的银行利率、通货膨胀情况以及乙企业的经营情况，将折现率定为 12%。

$$P=\sum_{t=1}^{5}\frac{15}{(1+12\%)^t}+50\times(1+12\%)^{-5}=82.442(\text{万元})$$

【例 8－5】 甲企业以专利技术向乙企业投资，协议联营 10 年，甲企业每年按乙企业使用其专利技术生产产品的销售收入的 5%收取投资报酬，由于该项专利的法律保护期为 10 年，因此协议期满，甲企业将放弃该项专利技术。评估时双方已联营 5 年，从前五年乙企业使用甲企业专利技术生产产品的销售情况看，基本上每年销售收入 100 万元。评估人员认为今后 5 年，销售收入有下降的趋势，但基本可维持在 90 万元的水平。评估人员设定该项长期投资的折现率为 12%。

$$P=\sum_{t=1}^{5}\frac{90\times5\%}{(1+12\%)^t}=16.2216(\text{万元})$$

以上是股权投资中直接投资评估的基本思路。直接投资因投资比重不同，可以分为控股投资和非控股投资。评估人员在进行评估时，应查阅协议、章程等文书，根据规定评定其评估值。

对于控股的长期投资，应对被投资企业全部股权价值进行评估后再测算股权投资的价值。对被投资企业全部股权价值进行评估时，评估基准日应与投资方的评估基准日相同。对于具有控股权的长期股权投资的评估，需考虑可能存在的控股权溢价因素。

对于非控股的直接投资，一般应采用收益法进行评估，即根据被投资企业的经营状况，预测长期投资的未来收益，用适当的折现率折算为现值得出评估值。但需注意以下三种特殊情况：(1)对于没有明显经济利益，也不能形成任何经济权利的投资，应按零值计算；(2)在长期投资的未来收益难以确定时，可以先对被投资企业进行评估，确定其全部股权价值，再根据投资方所占份额确定评估值；(3)对于投资份额很小，或直接投资发生时间不长、价值变化不大，被投资企业账实基本相符的情况，则可根据核实后被投资企业资产负债表上的净资产数额，依据投资方所占的份额确定评估值。对于不具有控股权的长期股权投资的评估，在评估程序和评估方法的选择方面可能会因缺乏控制权而受到限制。

二、间接投资形式的股权投资评估

(一)股票投资的含义与特征

股权投资中的间接投资是指股票投资。股票是股份有限公司发行的、用以证明投资者股东身份及权益，并据以获得股息和红利的有价证券。企业进行股票投资既可取得股利收入，又可按其股份占被投资企业总股份的比例参与被投资企业的经营管理。后者是债权投资所没有的权利。此外，由于股票投资不能要求股票发行公司还本，并且投资收益需根据股票发行公司的盈利水平和股市行情来确定，因此与债权投资相比，股票投资具有风险大、盈利高、价格波动性大的特点。

(二)优先股与普通股

股票的种类较多，可以从不同角度进行分类。从资产评估的需要出发，股票可以根据股票持有人享有权利的大小和承担风险的大小，分为普通股与优先股；根据股票是否可上市，分为上市股票与非上市股票。

普通股体现公司真正的所有权，普通股的所有者是公司的真正所有者。在利润分配方面，普通股代表最终的剩余所有权。在正常经营条件下，企业利润首先支付债务利息，接着缴纳所得税，然后支付优先股股息，最后剩余部分归普通股所有者。在企业进行破产清算时，普通股股东是经营风险的最终承担者，优先股的求偿权在债主之后、普通股之前。由此可见，优先股在分派股息与清偿剩余资产方面较普通股具有优先权。此外，优先股还具有股息率约定、表决权受限制、股票可由公司赎回或按一定条件转换成普通股等特征。正是因为普通股与优先股在所享有的权益与所承担的风险方面具有差异，所以具体评估方法也有所不同。

(三)股票的价格

股票的价格名目繁多，但与股票评估有密切关系的价格主要有清算价格、内在价格和市场价格。

股票的清算价格是指公司清算时公司的净资产与公司股票的比值。对股票清算价格的评估实质上是对公司净资产清算价格的评估。

股票的内在价格是一种理论价格，是根据评估人员对股票未来收益的预测经过折现得到的股票价格。股票内在价格的高低主要取决于公司的发展前景、财务状况、管理水平和获利风险等因素。但在评估实践中，这些因素往往具有一定程度的不确定性，数据的选择也带有评估人员的主观判断，这往往会影响评估结果的可信度。

股票的市场价格是指证券市场上买卖股票的价格。在证券市场发育较成熟并且较稳定的情况下，股票的市场价格就是市场对公司股票的客观评价。用股票的市场价格评估股票价格可以克服内在价格的局限。但是，股市往往波动较大，在证券市场发育不成熟的条件下，股票价格波动更大。这说明在股市交易非正常情况下形成的市场价格，缺乏现行市价标准所要求的公平市场的前提，从而缺乏公正性。

对于上市股票究竟应以其市场价格评估，还是应以其内在价格评估，是一个值得讨论的问题。一般来讲，应考虑两方面的因素：一是股票持有者的目的与持有期限。如果持有者是为了短期投资，则应以市场价格进行评估；如果持有者是为了长期投资，则应以股票的内在价格进行评估，评估基准日的市场价格仅作为参考。二是股市发育是否成熟。在我国目前股市发育不成熟、证券交易中投机成分过大的情况下，评估中选用市场价格需要慎重。

(四)股票价格的评估方法

1.采用现行市价法评估上市股票

对于上市股票而言，在评估基准日随时都有市场价格。用现行市价法评估股票价格的公式如下：

$$\text{股票评估值}=\text{该股票评估基准日市价}\times\text{持有股数} \tag{8.7}$$

但是，这个简单公式在应用中会遇到一些有待探讨的问题。

第一，评估基准日价格的选择。股票买卖的行情价格有开盘价、收盘价、最高价、最低价、成交价。在股市波动较大的情况下，这些价格之间的差异也较大，究竟应以何种价格为准就成为问题。从公平合理的角度讲，应以被评估股票在评估基准日的加权平均成交价为准。其计算公式如下：

$$\overline{P}=\frac{\sum P_iW_i}{\sum W_i} \tag{8.8}$$

式中，P_i 为成交价格，W_i 为与 P_i 对应的成交股数，$\overline{P}$ 为每股平均成交价。

第二，在股市波动较大的情况下，评估基准日的加权平均价有可能严重高于或低于评估基准日前后一段时间的价格，从而使评估基准日的加权平均价缺乏代表性。这时，若该股价看涨，就可能低估其值；反之，则可能高估其值。在这种情况下，需要对加权平均价做进一步调整。

2. 采用收益法评估优先股

评估优先股主要考虑两大要素：一是评估优先股的风险；二是按优先股的性质和条款确定预期收益，综合评估其收益现值。

由于优先股在发行时就已规定了股息率，因此对优先股风险的评估主要是判断股票发行主体是否有足够的税后利润用于优先股的股息分配。这种判断建立在对股票发行企业全面了解与分析的基础上，包括股票发行企业的生产经营情况、利润实现情况、股本构成中优先股所占比重以及负债情况等。如果股票发行企业资本结构合理，实现利润较多，具有较强的支付能力，优先股就具备了“准企业债券”的性质；反之，则具有一定的风险，在确定折现率时应予以考虑。

优先股按其所包含的权利不同，可以分为以下三种：一是累积优先股，即本年未支付的股息可累积到下一年或以后盈利年度支付，并且优先股股息未付清之前，普通股无权分发红利；二是参与优先股，即不仅能按规定分得额定股息，而且有权与普通股一并参与公司剩余利润的分配；三是可转换优先股，即股票持有人可在规定的条件下把所持有的股票转换成普通股股票。对于权利不同的优先股，其收益与评估值的计算方法略有区别。

(1)累积优先股的评估

累积优先股的收益是额定股息。

若持有者不打算转让优先股，则评估公式如下：

$$P=\sum_{t=1}^{\infty}\frac{R_t}{(1+r)^t}=\frac{A}{r} \tag{8.9}$$

式中，P 为优先股评估值，R_t 为第 t 年优先股的收益，r 为折现率，A 为优先股的年等额股息收益。

若持有者打算若干年后转让其优先股，则计算公式如下：

$$P=\sum_{t=1}^{n}\frac{R_t}{(1+r)^t}+\frac{P_n}{1+r} \tag{8.10}$$

式中,P_n 为预期优先股的变现价格,n 为优先股的持有年限。

【例8-6】 被评估企业拥有一家百货公司发行的15万股非上市股票,每股面值1元,该股票发行时宣布5年后公开上市。被评估企业持有该股票已有2年,每年每股股票的股利收益率为15%左右。被评估企业拟在股票公开上市时出售。评估人员在对该百货公司的经营情况调查分析后,认为在今后3～5年,每股股息率保持在15%是有充分把握的。3年后股票上市的市盈率达到10倍是客观的,经测定折现率为9%。

$$P=\sum_{i=1}^{3}\frac{A_i}{(1+r)^i}+\frac{R}{(1+r)^3}$$

$$=150\ 000\times 15\%\times\frac{1-\frac{1}{(1+9\%)^3}}{9\%}+10\times 15\%\times 150\ 000\times\frac{1}{(1+9\%)^3}=230\ 695(\text{元})$$

(2)参与优先股的评估

参与优先股的现金收益分为三个部分:额定股息、额外红利、将来的出售价。由于额外红利的风险大于额定股息,因此其风险报酬率也应大于额定股息的风险报酬率。持有期有限的参与优先股的评估公式如下:

$$\boldsymbol{P=\sum_{t=1}^{n}\frac{R_t}{(1+r)^t}+\sum_{t=1}^{n}\frac{R'_t}{(1+r')^t}+\frac{P_n}{(1+r)^n}} \tag{8.11}$$

式中,R_t 为 t 年的额定股息,R'_t 为 t 年的额外红利,r 为额定股息适用的折现率,r' 为额外红利适用的折现率,一般 $r'>r$。

(3)可转换优先股的评估

可转换优先股的收益为股息和转换成的普通股票或债券的价格。严格讲,收益应为调换差价,但实际评估中,并不单独计算调换差价,而是将调入的普通股收益现值作为调出优先股的期末收益,故估价公式如下:

$$\boldsymbol{P=\sum_{t=1}^{n}\frac{R_t}{(1+r)^t}+\frac{P_n}{(1+r)^n}} \tag{8.12}$$

式中,P_n 为优先股转换为普通股或债券的时价。

$$\boldsymbol{P_n=P_0(1+P')^n\cdot K}$$

式中,P_0 为评估基准日普通股市价,K 为面额兑换比,P' 为普通股股价上涨率,$(1+P')^n$ 为转换期普通股市场价格与面额或评估基准日市价的比率。

【例8-7】 甲企业前年购入乙企业发行的可转换优先股股票200股,每股面额为200元,乙企业发行时承诺5年后优先股持有者可按1∶30将优先股转换成乙企业的普通股股票。优先股股息率为15%,乙企业的风险报酬率被评估人员认定为2%,乙企业普通股现行市价为4.5元,预计股价每年上涨20%,并假设评估时与3年后的市场利率均为10%。试评估这批可转换优先股的价值。

假设甲企业持优先股满5年后就将其转换成普通股,届时普通股股价为7.776元[$4.5\times(1+20\%)^3$]。因此,优先股转换成普通股的每股时价如下:

$P_n=7.776\times 30=233.28$(元)

据式(8.12)，该优先股评估值如下：

$$P=\sum_{t=1}^{3}\frac{200\times200\times15\%}{(1+12\%)^t}+\frac{233.28\times200}{(1+12\%)^3}=47\ 619.74(\text{元})$$

3.采用收益法评估普通股

普通股是永远不还本的，股东在持有期间的现金收益由两部分组成：一部分是持有期间的红利收入；另一部分是期末对期初股价的升值，即资本利得(评估时一般仅计算股票售价)。与优先股不同，每一阶段普通股的红利一般是不确定的。经营状况良好，又没有更好的投资机会时，企业可能大量分发红利；经营状况不佳，或者虽然经营状况良好但存在投资机会，因而现金紧缺时，企业可能不发或少发红利。普通股的红利分发排在优先股股息分配之后。因此，无论是预期股利，还是预期股票售价，都主要取决于股票发行企业的剩余权益，还要考虑企业的再投资需求。这就需要对股票发行企业进行全面分析，主要考虑的因素有该企业历史上的利润水平和收益分配政策、该企业所在行业的稳定性、该企业管理人员的素质和能力、该企业的经营风险和财务风险、该企业今后几年的利润发展趋势和投资趋势，以及国家的宏观经济政策和股市的发展趋势等。

对上述因素的评估分析相当于对企业的全部股权价值进行评估，具体方法参见企业价值评估一章。这里假定上述评估分析已完成，仅探讨普通股的评估技巧。根据普通股收益的几种趋势，可以将普通股的评估分为三种类型：固定红利模型、红利增长模型和分段模型。

(1)固定红利模型

固定红利模型是假设企业今后分发的红利稳定地保持在一个相对固定的水平上。因此，它适用于对生产经营一直较稳定，红利派发也较稳定的企业的普通股的评估。

若股东有限期持有该股票，则估价公式如下：

$$P=\sum_{t=1}^{n}\frac{A}{(1+r)^t}+\frac{P_n}{(1+r)^n}\tag{8.13}$$

式中，A 为固定红利，其他字母含义同前。

若股东无限期持有该股票，则估价公式如下：

$$P=\frac{A}{r}\tag{8.14}$$

事实上，每年派发的红利不可能完全相等，这时可以根据预测的一定时期内每年的红利通过下列公式计算等额股息，或者说年金：

$$A=\frac{\sum_{t=1}^{n}\frac{R_t}{(1+r)^t}}{\sum_{t=1}^{n}(1+r)^{-t}}$$

或

$$A=\sum_{t=1}^{n}R_t\times(1+r)^{-t}\times(A/P,r,n)\tag{8.15}$$

式中，$(A/P,r,n)$为投资回收系数表达式。

【例 8—8】　甲企业持有乙公司非上市股票 2 000 股，每股面额 1 元，乙公司经营稳健，盈利水平波动不大，预计今后 5 年红利分配分别为 0.2 元、0.21 元、0.22 元、0.19 元、0.2

元。乙公司的风险系数为2%,5年期国债的利率为3.5%。试评估这批股票的价值。

乙公司经营平稳,红利派发也较平稳,适用固定红利模型,但需计算固定红利。

$$P=\frac{A}{2\%+3.5\%}=\frac{A}{5.5\%}$$

$$A=\sum_{t=1}^{5}R_t\times(1+5.5\%)^{-t}\times(A/P,5.5\%,5)$$

$$=\left[\frac{2\ 000\times0.2}{1+5.5\%}+\frac{2\ 000\times0.21}{(1+5.5\%)^2}+\frac{2\ 000\times0.22}{(1+5.5\%)^3}+\frac{2\ 000\times0.19}{(1+5.5\%)^4}+\frac{2\ 000\times0.2}{(1+5.5\%)^5}\right]\times0.234\ 2$$

$$\approx408.42(元)$$

$$P=408.42\div5.5\%=7\ 425.82(元)$$

(2)红利增长模型

红利增长模型是假设股票发行企业并未将企业的全部剩余收益以红利的形式分给股东,而是将一部分用于追加投资以扩大生产经营规模,增加企业获利能力,从而使股东的潜在获利能力增强,红利呈增长趋势。它适用于成长型企业的股票评估。但是对于未来红利的估计是很困难的。一种简化的办法是认为红利以某一恒定增长率 g 递增,则计算公式如下:

$$P=\frac{D_1}{1+r}+\frac{D_1(1+g)}{(1+r)^2}+\frac{D_1(1+g)^2}{(1+r)^3}+\cdots=\frac{D_1}{r-g}\quad(r>g)\tag{8.16}$$

式中,D_1 为评估基准日下一年该股票的股利额。

在运用上述公式时,对 g 的估计要特别慎重。因为某一企业的当前红利增长率可能很高,但这绝不意味着该企业能维持这种增长率。

股利增长率 g 的测定有两种基本方法:一种是历史数据分析法,即在对企业历年红利派发数据分析的基础上,利用统计方法计算出红利历年的平均增长速度,可用算术平均法,也可用几何平均法;另一种是发展趋势分析法,即以企业剩余收益中用于再投资的比例与企业股本利润率的乘积确定股利增长率。无论选择何种方法计算股利增长率,都必须符合 $g<r$ 的要求,因为如果 $r<g$,则级数 $X_n=\sum_{t=1}^{n}R_0(1+g)^{n-1}\times(1+n)^{-n}$,当 $n\rightarrow\infty$ 时不收敛,P 就无固定值。

如果股票持有期是有限的,就可以采取以下公式对红利递增的股票进行估价:

$$P=\sum_{t=1}^{n}\frac{R_0(1+g)^{t-1}}{(1+r)^t}+\frac{P_n}{(1+r)^n}\tag{8.17}$$

式中,R_0 为第一年的红利。

【例8—9】 甲企业拥有乙公司面值共50万元的非上市普通股股票。从已持有期看,每年红利派发相当于票面价格的10%左右,并且明年的红利仍维持这个水平。评估人员经调查了解到,乙公司今后打算在所实现的税后利润中拿出20%用于扩大再生产,其余部分用于派发红利。评估时,乙公司已创出一个名牌,经趋势分析,该公司今后随投资的增加,股本利润率将保持在15%的水平上。风险报酬率为2%,无风险报酬率以国债利率3.8%为准。试评估这批股票的价格。

乙公司的股票适用于红利增长模型,但需先计算股利增长率,依据所给条件可以用再投资比例与股本利润率的乘积计算。

$g=20\%\times15\%=3\%$

$D_1=500\ 000\times10\%=50\ 000$(元)

$$P=\frac{50\ 000}{5.8\%-3\%}=1\ 785\ 714.29(\text{元})$$

【例 8—10】 甲企业持有乙企业的普通股票 10 000 股,每股面额 1 元,乙企业正处在收益成长阶段,过去几年有关数据见表 8—2,国债利率为 5.8%,乙企业风险报酬率为 6%。试计算这批股票的评估值。

表 8—2　　**乙企业红利分配情况**

项　目	第一年	第二年	第三年	第四年	评估年度	评估下一年
每股红利额(元)	0.15	0.17	0.19	0.20	0.23	0.24
环比增长速度(%)	100	113	118	105	115	104

本例适用红利增长模型。红利增长比率可以依据历史数据,用算术平均法或几何平均法求出平均红利增长率作为未来平均红利增长率的估计值。

用算术平均法计算:

$$g_1=(13\%+18\%+5\%+15\%+4\%)\times\frac{1}{5}=11\%$$

用几何平均法计算:

$$g_2=(113\%\times118\%\times105\%\times11.5\%\times104\%)^{\frac{1}{5}}-1\approx0.109$$

代入公式 $P=\dfrac{D_1}{r-g}$,则有:

$$P_1-\frac{10\ 000\times0.24}{5.8\%+6\%-g_1}=300\ 000(\text{元})$$

$$P_2=\frac{10\ 000\times0.24}{5.8\%+6\%-g_2}=266\ 666.67(\text{元})$$

(3)分段模型

前两种模型,一种是强调股利波动很小,另一种是强调股利不断增长。但在实践中还存在其他情况,如股利波动较大,又没有呈现不断增长的趋势,此时采用分段模型评估股票长期投资较具客观性。具体操作:将收益不稳定时期作为前期,分别预测每年的收益并折现;在收益进入稳定期后,可按固定红利模型或红利增长模型计算后期。对于永续的收益现值,将两段时期的现值相加就是评估值。

【例 8—11】 某资产评估公司受托对 A 公司所拥有的 B 公司非上市交易的普通股 10 万股进行评估,每股面额 1 元。评估人员经调查发现,B 公司在未来 3 年中收益极不稳定,预计第一年每股收益率为 10%,第二年每股收益率为 5%,第三年每股收益率为 8%,从第四年起,因生产、销售步入正轨,专利产品进入成熟期,所以每股收益率可达 12%,并将持续下去。因此,评估人员认为应采用分段法评估 A 公司此项长期投资的价值。评估时国债的利率为 4%,经过与同类企业比较,评估人员认为 B 公司股票的风险报酬率定在 3%较合理,故折现率为7%。

股票的评估值=前三年收益的折现值+第四年后永续收益的折现值

$$=\left[\frac{0.1}{1+7\%}+\frac{0.05}{(1+7\%)^2}+\frac{0.08}{(1+7\%)^3}+\frac{0.12}{7\%(1+7\%)^3}\right]\times 100\ 000$$

$$=154\ 190(\text{元})$$

(五)非上市公司股票评估中应注意的问题

1. 非上市公司的特点

(1)少数股东持有,有时甚至是家族成员持股(家族公司)。

(2)所有权与经营权联系紧密。

(3)股票交易量少,一般仅在现有股东之间交易。

(4)公众持股仅占小部分,交易量也较少,或者说流动性较差。

2. 评估非上市公司股票需注意的问题

对于股权的评估并不局限于对企业长期投资的评估,还涉及以税收为目的的评估,如以征收遗产税和赠与税或其他税为目的的评估。为此,美国国内税务总署在其颁布的税收条例中,对非上市公司的股票价值评估提出了应考虑的8个因素,其中第七个是股本总额和被评估股票规模。① 基于股本总额与被评估股票规模之间的关系,就产生了少数股权(低股本)地位折价和控股权溢价的问题。

评估中的一条基本原则是,单一股份的价值低于由企业价值按比例计算的每股股价。例如,某非上市公司的评估值为1 000 000元,现有普通股100 000股,则单一股份价值低于10元,或者说单一股份价值与股票数额的乘积低于企业总价值,因为控股权(多数股持有)地位可产生溢价,从而使持有少数股产生折价。

控股权溢价的原因是控股权可带来特权,如决定收费或清算、选择管理者、指导制定公司政策、决定股利发放等。

少数股权每股价值=企业总价值×(1-少数股权折价率)÷现有股票数额　　(8.18)

【例8-12】 某非上市公司的总价值为1 000 000元,现有股票数为100 000股,适用于低股本持有的折价率为40%。

少数股权每股价值=1 000 000×(1-40%)÷100 000=6(元)

控股权溢价率=1÷(1-少数股权折价率)-1

=1÷(1-40%)-1=66.7%

少数股权折价率=1-1÷(1+控股价溢价率)

=1-1÷(1+66.7%)≈40%

此外,如果可以获得低股本股权交易情况的数据,就可以直接对持有低股本股权的价值进行估算。因为股票的市价或牌价是持有低股本股权价值的反映,它比采用折价率估算持有低股本股权的价值更具客观性,而折价率或溢价率的确定往往带有一定程度的主观性。

评估非上市公司股票需注意的另一个问题是缺乏可转让性的折价问题。

---

① [美]米勒.金融资产评估[M].胡静林,等,译.北京:经济科学出版社,2001.

非上市公司股票的流动性比上市公司股票的流动性差，这种低流动性会对非上市公司股票的价值产生负面影响，尤其是对少数股的股权。因此，评估非上市公司少数股的股权价值时，既要考虑少数股股权折价，又要考虑低流动性的折价问题。对于小公司的少数股而言，缺乏可转让性的折价率可高达30%～40%。①

第四节　基金投资的评估

一、基金投资分类

按照不同的标准，基金投资可以分为多种类型。

（一）按照投资对象分类

把投资于公开市场交易的权益、债券、货币、期货等金融资产的基金称为证券投资基金，把投资于传统对象以外的基金称为另类投资基金。

1. 证券投资基金

证券投资基金是投资基金中最主要的一种，主要投资于传统金融资产。证券投资基金是依照利益共享、风险共担的原则，将分散在投资者手中的资金集中起来委托专业投资机构进行证券投资管理的投资工具。证券投资基金通过发售基金份额，将众多非特定投资者的资金汇集起来，形成独立财产，委托基金管理人进行投资管理，委托基金托管人进行财产托管，是由基金投资人共享投资收益、共担投资风险的集合投资方式。基金管理机构和托管机构分别作为基金管理人和基金托管人，一般按照基金的资产规模获得一定比例的管理费收入和托管费收入。

按照投资对象的不同，证券投资基金可分为债券基金、股票基金、货币市场基金和混合基金等。

2. 另类投资基金

另类投资基金主要有私募股权基金、风险投资基金、对冲基金、不动产投资基金和其他另类投资基金。

（二）按照资金募集方式分类

按照募集方式的不同，证券投资基金可分为公募基金和私募基金。

公募基金是指以公开发行方式向社会公众投资者募集基金资金并以证券为投资对象的证券投资基金。它具有公开性、可变现性、高规范性等特点。

私募基金是指以非公开方式向特定投资者募集基金资金并以证券为投资对象的证券投资基金。它具有非公开性、募集性、大额投资性、封闭性和非上市性等特点。

（三）按照能否挂牌交易分类

按照能否在证券交易所挂牌交易，证券投资基金可分为上市基金和非上市基金。

---

① ［美］米勒. 金融资产评估［M］. 胡静林，等，译. 北京：经济科学出版社，2001.

上市基金是指基金份额在证券交易所挂牌交易的证券投资基金,如交易型开放式指数基金(ETF)、上市开放式基金(LOF)、封闭式基金。

非上市基金是指基金份额不能在证券交易所挂牌交易的证券投资基金,包括可变现基金和不可流通基金两种。可变现基金是指基金虽不在证券交易所挂牌交易,但可通过"赎回"来收回投资的证券投资基金,如开放式基金。不可流通基金是指基金既不能在证券交易所公开交易,又不能通过"赎回"来收回投资的证券投资基金,如某些私募基金。

(四)按照运作方式分类

按照运作方式的不同,证券投资基金可分为封闭式证券投资基金和开放式证券投资基金。

封闭式证券投资基金可简称为封闭式基金,又称为固定式证券投资基金,是指基金的预定数量发行完毕,在规定的时间(也称封闭期)内基金资本规模不再增大或缩小的证券投资基金。从组合特点来说,它具有股权性、债权性和监督性等重要特点。

开放式证券投资基金可简称为开放式基金,又称为变动式证券投资基金,是指基金证券数量从而基金资本可因发行新的基金证券或投资者赎回本金而变动的证券投资基金。从组合特点来说,它具有股权性、存款性和灵活性等重要特点。

(五)按照组织形式分类

按照组织形式的不同,证券投资基金可分为公司型证券投资基金和契约型证券投资基金。

公司型证券投资基金简称公司型基金,在组织上是指按照公司法(或商法)规定设立的、具有法人资格并以营利为目的的证券投资基金公司(或类似法人机构)。

契约型证券投资基金简称契约型基金,在组织上是指按照信托契约原则,通过发行带有受益凭证性质的基金证券而形成的证券投资基金组织。我国的证券投资基金均为契约型基金。一些股权投资基金也会采用有限合伙企业的组织形式,称为合伙制基金,投资者作为合伙人参与投资,依法享有合伙企业财产权,由普通合伙人对合伙债务承担无限连带责任,由基金管理人负责投资运作,不具有独立法人地位。

二、基金投资评估的特点

第一,基金投资评估是对基金资产净值(份额)的评估,是指通过对基金所拥有的全部资产及全部负债按一定的原则和方法进行估算,进而确定基金资产价值的过程。

第二,基金净值不仅为基金资产的价值减去基金负债的价值,而且应扣除对应的管理费和管理人对应的超额收益。

第三,基金的价值评估建立在底层资产价值评估的基础上,底层资产包括货币、股票、债券、股权、其他衍生品等,在评估时要尽可能穿透底层,对底层资产进行分析,评估其价值。

三、常见基金投资评估的方法

对于证券投资基金,基金全部资产价值减去基金全部负债价值得到基金资产净值,再除以基金当前的总份额,就是基金份额净值,用公式表示如下:

$$基金资产净值=基金资产-基金负债 \tag{8.19}$$

$$基金份额(单位)净值=基金资产净额÷基金总份额 \tag{8.20}$$

基金份额净值的计算是投资者申购基金份额、赎回资产金额的基础。

对于合伙制股权投资基金来说，基金价值评估的方法是先估算确定基金的每一个单一投资项目的价值及项目价值总和，加上基金持有的其他资产的价值，再扣减基金应承担的费用等负债，最终得到基金资产净值，用公式表示如下：

$$基金资产净值=项目价值总和+其他资产价值-基金费用等负债 \tag{8.21}$$

对于合伙制基金，普通合伙人和一般合伙人对应的份额价值并不相同，合伙制基金中的普通合伙人享有的权益包括管理费收入、直接投资部分收益和超额收益。合伙制基金中一般合伙人享有的权益仅为直接投资收益，同时要扣除管理费及满足超额收益下的普通合伙人权益条件的部分。

第五节　其他长期性资产的评估

其他长期性资产是指不能归属于流动资产、固定资产、无形资产、长期股权投资、可供出售金融资产、持有至到期投资等项的资产，主要包括具有长期性质的待摊费用、长期应收款、生产性生物资产和其他长期资产。长期待摊费用包括固定资产大修理支出、租入固定资产改良支出、股票发行费用、筹建期间费用(开办费)等。其他长期资产是指具有特定用途，一般不参加正常生产经营过程的资产，主要包括特准储备物资、银行冻结存款、冻结物资以及涉及诉讼的财产等。由于这类资产在评估实务中较少涉及，因此本节主要介绍长期待摊费用、长期应收款、生产性生物资产的评估。

一、长期待摊费用的评估

(一)作为资产评估对象的长期待摊费用的界定

企业账面上的长期待摊费用实质上只是一种费用，而不是具体的资产，因此它不能单独对外交易转让，只有当它依存的企业发生产权变动时，才涉及对它的评估。但是并非所有账面上的长期待摊费用均可作为评估对象，这主要取决于其所对应的资产在评估基准日后能否为新的产权主体带来经济利益。也就是说，只有当账面上的长期待摊费用能成为新的产权主体获取经济利益的权利时，它才能作为评估对象。

此外，需注意与长期待摊费用有关的资产，如经过大修、改良的固定资产，其所增加的价值是否在固定资产评估中得到体现，如已得到体现，那么固定资产大修理支出、改良支出所形成的长期待摊费用就不应再进行评估；否则，将会出现重复评估。

(二)长期待摊费用的评估思路

评估长期待摊费用就是评估与其相对应的尚存资产或权利未来所能产生的效益。因此评估中所需考虑的因素如下：

第一，与长期待摊费用相对应的尚存资产或权利未来可产生效益的时间，这是长期待摊费用评估的首要依据。要求评估人员注意长期待摊费用的尚存资产或权利的效益在评估基准日后是否还存在,若仅仅因为发生数额过大才采用分期摊销办法,这种长期待摊费用就不在评估范围内。

第二,长期待摊费用在未来单位时间(年或月)可产生的效益或者说所需分摊的费用。其计算依据长期待摊费用发生时所付费用的数额、所付费用取得的尚存资产或某种服务权利持续的时间,以及评估基准日后尚存资产或权利的剩余时间。

第三,货币的时间价值。长期待摊费用在评估基准日后所需分摊的费用是否需考虑其货币时间价值,取决于新的产权主体在未来受益时间的长短:1年以内一般不考虑;超过1年,需根据递延资产的具体内容以及市场行情变化趋势酌情处理。但从实践来看,这些费用对未来产生收益的能力难以准确界定,因此,如果物价总水平波动不大,就可按账面价值计算其评估值。

在评估实践中,长期待摊费用的评估需根据不同的构成内容采取不同的评估和处理方法,其中,尤其需注意开办费的评估。开办费是企业在筹建期间发生的、不能计入固定资产或无形资产价值的费用。根据现行会计制度的规定,企业筹建期间发生的费用,应于开始生产经营起一次计入开始生产经营当期的损益。因此,如果企业不是在筹建期间评估,就不存在开办费的评估问题。如果企业是在筹建期间评估,由于开办费的尚存资产或权利的价值难以准确计算,因此可按账面价值计算其评估值。

【例8-13】 某企业因产权变动涉及长期待摊费用评估,截至评估基准日,企业账面"长期待摊费用"科目借方余额为76万元,其中,办公楼装修费50万元;预付销售门市部租房房租30万元,承租时间为2年,始租时间为一年前,已摊销租金10万元,账面余额20万元;经营性租入固定资产的改良费支出30万元,该固定资产租赁期为5年,始租时间为4年前,已摊销24万元。试评估该企业长期待摊费用价值。

以评估基准日后能否产生经济效益为标准,评估人员认定企业账面长期待摊费用余额76万元可以作为评估对象进行评估。但由于办公楼装修费已包含在办公楼的固定资产评估值中,因此办公楼装修费用50万元不能重复评估。销售门市部房租租金的评估,按租约合同规定的租期和总租金计算,每年应分摊15万元,该租赁的房屋尚有1年使用权。租入固定资产改良费支出30万元,按5年租赁期平均,每年应分摊6万元,尚有1年使用权。

评估值$=15\times1+6\times1=21$(万元)

二、长期应收款的评估

长期应收款既不是流动资产也不是固定资产,而是具有融资性质的金融资产,具体包括出租人融资租赁产生的应收租赁款,以及采用递延方式分期收款销售商品或提供劳务等经营活动产生的长期应收款项。该款项是根据相关融资租赁合同或销售合同确定,并在一定期限内按照一定的金额分期收取的租金或货款。

长期应收款应该收回的金额是确定的,其评估思路可以参考流动资产中的应收账款:一是要考虑其回收具有不确定性即坏账的可能性,要预计坏账损失;二是由于长期应收款回收需要等待较长的时间,因此必须考虑货币时间价值,即对未来收回的金额采用适当的折现率折算成现值。

如果是以财务报告为目的涉及长期应收款评估，就应该按照会计准则来评估其减值准备金额。

三、生产性生物资产的评估

（一）生产性生物资产的特点

生产性生物资产是指以产出农产品、提供劳务或出租等目的而持有的生物资产，包括经济林、薪炭林、产畜和役畜等。生产性生物资产具备自我生长性，能够在持续的基础上消耗，并在未来的一段时间内保持其服务能力或经济利益。

与消耗性生物资产相比较，生产性生物资产的最大特点是能够在生产经营中长期、反复使用，从而不断地产出农产品或者长期役用，产出农产品后，该资产仍然保留，并可以在未来期间继续产出农产品。因此，通常认为生产性生物资产在一定程度上具有固定资产的特征，如果树每年产出水果、奶牛每年产奶等。

生产性生物资产通常需要生长到一定阶段才开始具备生产能力。根据其是否具备生产能力，可以对生产性生物资产划分为未成熟和成熟两类。前者指未达到预定生产经营目的，还不能多年连续稳定产出农产品、提供劳务或者出租的生产性生物资产，如尚未开始结果的果树、尚未开始产奶的奶牛等；后者指已经达到预定生产经营目的的生产性生物资产。

（二）生产性生物资产的评估方法

生产性生物资产一般可以采用成本法、收益法和市场法三种方法评估，但在具体运用中要考虑生产性生物资产的特殊性。

1. 成本法的运用

（1）成本法的思路和评估公式

采用成本法估算生产性生物资产价值，是指按评估基准口的人工价格水平及生产水平，重新种植或饲养与被评估生产性生物资产相同或相似的资产达到评估基准日时状态所需的成本费用减去各种损耗作为被评估生产性生物资产的价值。其计算公式如下：

$$\text{生产性生物资产评估价值}=\text{基准日重置成本}-\text{各种损耗} \tag{8.22}$$

（2）成本法评估生产性生物资产涉及的参数

外购的生产性生物资产的成本包括购买价款、相关税费、运输费、保险费以及可直接归属于购买该资产的其他支出。可直接归属于购买该资产的其他支出一般包括场地整理费、装卸费、栽植费和专业人员服务费等。

自行营造或繁殖的生产性生物资产，如自行繁殖的奶牛、种猪，自行营造的橡胶树、果树、茶树等，其成本按照下列原则确定：①自行营造的林木类生产性生物资产的成本包括达到预定生产经营目的前发生的造林费、抚育费、营林设施费、良种实验费、调查设计费和应分摊的期间费用等必要支出。②自行繁殖的产畜和役畜的成本，包括达到预定生产经营目的（成龄）前发生的饲料费、人工费和应分摊的间接费用等必要支出。

生产性生物资产的有形损耗主要是产畜和役畜衰老及经济林老化等造成的损耗。

生产性生物资产的无形损耗主要是因新品种的出现而使现有的生产性生物资产的产出

能力和产出农产品的质量等方面下降、市场需求的变化使生产性生物资产产出的农产品相对过时等对生产性生物资产的价值产生影响等事项造成的损耗。

(3)成本法评估生产性生物资产的局限性

由于影响生产性生物资产成本的因素太多,有些因素无法量化,应分摊的间接费用有时无法精确计算,尤其是有形损耗和无形损耗计量困难,因此很多情况下,成本法在评估生产性生物资产时并不适用。此外,由于生产性生物资产本身具有的自然生长力特征,因此其价值包括了一部分劳动投入和一部分自然增殖。采用成本法较难反映自然增殖,通常会低估生产性生物资产的价值。但对于处于幼年期的生产性生物资产来说,自然增殖不明显,主要是人工投入和养殖成本,价值构成主要为投入成本,所以成本法比较适用于对幼年期的生产性生物资产的评估。

2. 收益法的运用

(1)生产性生物资产运用收益法的条件

判断生产性生物资产是否可以采用收益法评估的首要条件是生产性生物资产是否具有持续获利能力。

①农作物资产

农作物生长周期以1年为主,也有部分是多年生作物,如苜蓿等牧草。牧草的主要用途是将其全株作为饲料,即使遭遇自然灾害以及病虫害时也会有一定的收获物,因此牧草的未来收益较稳定,具有持续获利能力。

②林木资产

经济林按其生长发育规律及是否产生收益,大致分为两个阶段:一是未结果阶段,主要是指经济林的产前期,这一阶段属于经济林的幼龄阶段,林木的生长以营养生长为主,这一阶段只是成本投入,是投入最多的时期,一般不产出产品,没有经济收入;二是结果阶段,主要是指经济林的初产期、盛产期和衰产期。在林产品单位价格一定的情况下,价值的变动主要受产量的影响,只要准确预测经济林产品的产量,就可计算价值。结果阶段经济林资产的价值远远大于未结果阶段,而且经济林资产在其寿命期内能够多次产出林产品,具有持续获利能力。

③畜禽资产

畜禽资产中的生产性生物资产,如奶畜、种畜等,在其寿命期内可以多次产出产品或繁殖新的生物资产,具有持续获利能力。

④渔业生物资产

为食用鱼养殖业提供鱼苗的鱼叫作亲鱼。养殖亲鱼是为了产出鱼苗,并且亲鱼性腺成熟后可以在较长时间内分期产出鱼苗,符合生产性生物资产的特征。因此,亲鱼属于生产性生物资产,其对人类贡献的经济价值体现在不同期间产出的鱼苗,具有连续获利能力。

(2)收益法计算公式

运用收益法评估生产性生物资产价值的计算公式如下:

$$\boldsymbol{P}=\sum_{i}^{n}\frac{\boldsymbol{R}_i}{(1+r)^i} \tag{8.23}$$

式中,P 为生物资产评估价值,R_i 为生物资产在第 i 期的预期收益额,r 为折现率,n 为收益期数。

①收益额的确定

生产性生物资产的类型不同，影响收益额的因素也不尽相同。应该按照生产性生物资产的不同类型进行收益额的预测。

②收益期的确定

不同类型生产性生物资产的经济寿命是不同的，有的只有几年，有的达几十年甚至上百年。即使是同一类型的生产性生物资产，经济寿命也会因自身因素或生长环境的不同而有所不同，因此，生产性生物资产预期收益期的确定应该实地考察并结合相关研究，综合考虑各种因素后确定。

③折现率的确定

生产性生物资产具有高风险性，除市场风险外还有自然风险。例如，旱灾、水灾、冰雹等自然灾害以及病虫害、动物疫病等侵袭将导致生产性生物资产的数量或质量比预期低，甚至会造成生产性生物资产死亡。在运用收益法时应根据生产性生物资产的不同类型，对未来收益风险的影响因素及收益获得的其他外部因素进行分析，科学地测算风险报酬，以进一步测算出适合的折现率。

(3)收益法评估生产性生物资产的局限性

采用收益法评估生产性生物资产，其预期收益额、折现率及收益期限等参数的确定难度较大，易受到主观判断和未来收益不可预见等因素的影响。

从产出水平来说，自然条件、生物品种的优劣以及人类的投入和管理状况的差异均会导致生产性生物资产产出水平的差异，而且处于不同生长阶段的生产性生物资产的产出水平本身就存在差异。

从市场价格来说，生产性生物资产具有较强的季节性，其收获品比较集中，通常在旺季，农产品供过于求，使得农产品价格较低；在淡季，农产品供不应求，市场价格较高。因此，生产性生物资产的市场价格除了不同年度的波动外，还存在季节性波动。

从折现率的确定来说，生产性生物资产的生长发育离不开自然环境，易受自然灾害以及病虫害、动物疫病等的影响，相对于非生物资产来说风险更大，并且难以预测。

从生产性生物资产收益年限来说，不同类型生产性生产资产的经济寿命差异较大，即使是同一类生产性生物资产，也会因自身因素或生长环境的不同而有不同的经济寿命。

3. 市场法的运用

(1)市场法的适用条件

运用市场法要有活跃的公开市场和可比资产的交易活动。

农作物中的花卉、畜禽等资产目前都有比较活跃的交易市场，市场交易价格信息系统也比较完备，往往比较容易在市场上找到可比的类似资产，可以采用市场法评估。

(2)市场法评估公式

市场法的评估计算公式如下：

$$V=K\times KP\times P\times M \tag{8.24}$$

式中，V 为生物资产评估价值，K 为质量调整系数，KP 为市场价格调整系数，P 为参照物单位市场价格，M 为数量(重量、体积)。

运用市场法评估生产性生物资产的关键在于参照物的选择及调整系数的设置。生产性生物资产参照物的选择较一般非生物资产更加困难,这是因为一般非生物资产有统一的规格、型号,而生产性生物资产绝大部分是非标准的,这增加了选择参照物的难度。即使已选好参照物,由于生产性生物资产生长环境、人类投入、管理状况以及自身品质、利用方向等均会存在个体差异,因此设置恰当的调整系数也较为困难。一般在选择好参照物后,综合权衡参照物与待评估生产性生物资产在多个方面的差异,进而确定相应的调整系数。

(3)市场法评估生产性生物资产的局限性

①运用领域受到限制

在生产性生物资产中,存在活跃交易市场的只有畜禽资产以及农作物中的花卉。对于大部分生产性生物资产来说,在现实中很难找到公开活跃的交易市场。

②调整系数难以确定

市场法需要在交易情况、交易时间、资产特征等方面对参照物进行修正,很多情况下这个过程难以用数学公式进行标准化和量化,往往要依靠评估人员的经验判断,从而影响评估结果的准确性。生产性生物资产及其收获品绝大部分是不同质、非标准的,这种特殊性使得确定比较项目的差异难度较大,从而影响评估结果的准确性。

本章小结

长期投资及其他长期性资产评估通常在企业价值评估中才会涉及,特别是企业价值评估采用资产基础法的情形下,这些长期投资及其长期性资产一般是反映在企业"可供出售金融资产""持有至到期投资""长期股权投资""长期待摊费用""长期应收款"和"生产性生物资产"等账户上的那部分企业资产。对于长期投资及其他长期性资产的评估,应该根据它们的具体特点采用不同的方法进行,如对长期股权投资的评估一般会涉及企业价值评估问题。

复习思考题

1. 什么是长期投资?它包括哪些内容?
2. 长期投资评估有哪些特点?
3. 运用市场法评估债券和股票价值须具备哪些前提条件?
4. 什么是直接投资?如何评估一项直接投资的价值?
5. 如何理解股票的内在价值与市场价格?评估时如何选择?
6. 基金投资如何评估?
7. 如何评估企业中的长期待摊费用?
8. 如何评估长期应收款?
9. 如何评估生产性生物资产?

计算题

1. 被评估企业拥有甲企业发行的5年期债券100张，每张面值1万元，债券利息率每年为5%，复利计息，到期一次还本付息。评估基准日至债券到期还有2年。

要求：若折现率为10%，试计算被评估企业拥有的甲企业债券的评估价值。

2. 被评估债券为4年期一次性还本付息债券，面值10 000元，年利率为5%，不计复利，评估时债券的购入时间已满3年，当年的国库券利率为4%。评估人员通过对债券发行企业的了解，认为应该考虑4%的风险报酬率。

要求：试评估该债券的价值。

3. 被评估债券为非上市债券，3年期，年利率为5%，按季度付息，到期还本，面值为100元，共1 000张。评估时，债券购入已满1年，第一年的利息已经收取，当时1年期国库券的利率为3%，该企业的风险报酬率为3%。

要求：试计算该债券的评估价值。

4. 被评估企业拥有M公司面值共90万元的非上市股票，从持股期间来看，每年股利分派相当于股票面值的10%。评估人员通过调查了解到，M公司只把税后利润的80%用于股利分配，另外20%用于公司扩大再生产。公司有很强的发展后劲，公司的股本利润保持在15%的水平上，折现率设定为12%。

要求：试运用红利增长模型评估被评估企业拥有的M公司股票的价值。

5. 被评估企业已正常经营3年，长期待摊费用账面余额为120万元，其构成内容如下：固定资产大修理费用85万元，办公室装修费用15万元，产品销售部房租20万元。经查，其中20万元的房租为租期5年的租金总额，至评估基准日已租用1年，企业尚未摊销，而大修理费用和装修费用均为按10年摊销的余额。

要求：求该企业长期待摊费用的评估值。

6. 某商人在2020年1月租赁一临街商铺，租期为4年，一次性支付租金8万元，2022年1月向保险公司支付全年火灾保险费240元。2022年4月1日，该商人欲将该商铺剩余的承租权转让，其账簿上的房租已摊销6万元。

要求：若将该商铺转租给你，你应支付的客观合理的租金及费用为多少(不考虑市场租金的变动)?

7. 某评估机构于2022年1月对某公司进行评估，该公司拥有甲企业发行的非上市普通股100万股，每股面值1元。经调查，由于甲企业产品老化，评估基准日以前的几年内，该股票的收益率每年都在前一年的基础上下降2%，2021年度的收益率为10%，如果甲企业没有新产品投放市场,预计该股票的收益率仍将保持每年在前一年的基础上下降2%。已知甲企业正在开发研制一种新产品,预计2年后新产品可投放市场,从投产当年起可使收益率提高并保持在15%左右,而且从投产后第三年起,甲企业将以净利润的75%发放股利,其余的25%用作企业的追加投资,净资产利润率将保持在20%的水平。折现率为15%。

要求:试计算被评估公司所持甲企业股票在2022年1月1日的评估值。

8. 甲评估机构于2023年1月对A公司进行评估,A公司拥有B公司发行的非上市普通股200万股,每股面值1元。经评估人员预测,评估基准日后该股票第一年每股收益率为5%,第二年每股收益率为8%,第三年每股收益率为10%。自第四年起,因生产、销售步入正轨,专利产品进入成熟期,所以每股收益率可达12%。自第六年起,B公司每年年终将把税后利润的80%用于股利分配,另外20%用于公司扩大再生产,其净资产收益率将保持在15%的水平。无风险报酬率为4%,风险报酬率为6%,评估基准日为2023年1月1日。

要求:计算A公司拥有的B公司股票的评估值(最终计算结果以万元为单位,小数点后保留两位)。

9. 被评估企业A的一项长期投资的账面价值为400万元。经评估人员调查了解,该项长期投资是企业A于2019年1月1日与外商B在某市经济技术开发区内共同投资组建的中外合作经营企业C的中方投资。中外合作经营企业C的注册资本为1 600万元,中方企业A出资400万元,外商B出资1 200万元,合作经营企业C的经营期为15年。合作经营协议约定,从合作经营企业设立后的第三年起,合作经营企业每年年终将从其净利润中先期返还外商B 50万元,并相应冲减外商的投资额,同时调整下一年度中外双方的出资比例。合作经营协议还规定,合作企业每年的经营效益按双方当年的出资比例分配,合作期满,合作经营企业的剩余净资产也将按中外双方当年的出资比例分享。

至评估基准日2022年1月1日,合作经营企业C已经经营了3年,前三年的每年净利润分别为300万元、500万元和400万元,企业C享受企业所得税两年免税和三年减半征收的优惠待遇,适用的所得税税率为15%。经预测,企业C未来12年的收益情况如下:

(1)未来前三年的利润总额维持在500万元的水平。

(2)从未来第四年开始至未来第十二年,利润总额维持在480万元的水平。

(3)合作期满,企业C的剩余净资产的变现值预计约为600万元。

要求:假设折现率为10%,根据上述资料,评估企业A在中外合作经营企业C中的长期投资在评估基准日的价值。

计算题
参考答案

9

第九章 资源资产评估

全章提要

学习目标

知识目标:了解资源资产的概念、分类、特性及评估特点,理解矿业权和森林资源资产评估的思路及主要的评估方法。

思政目标:培养学生的生态保护意识,激发学生守护国家资源、助力产业发展的情怀。

思维导图

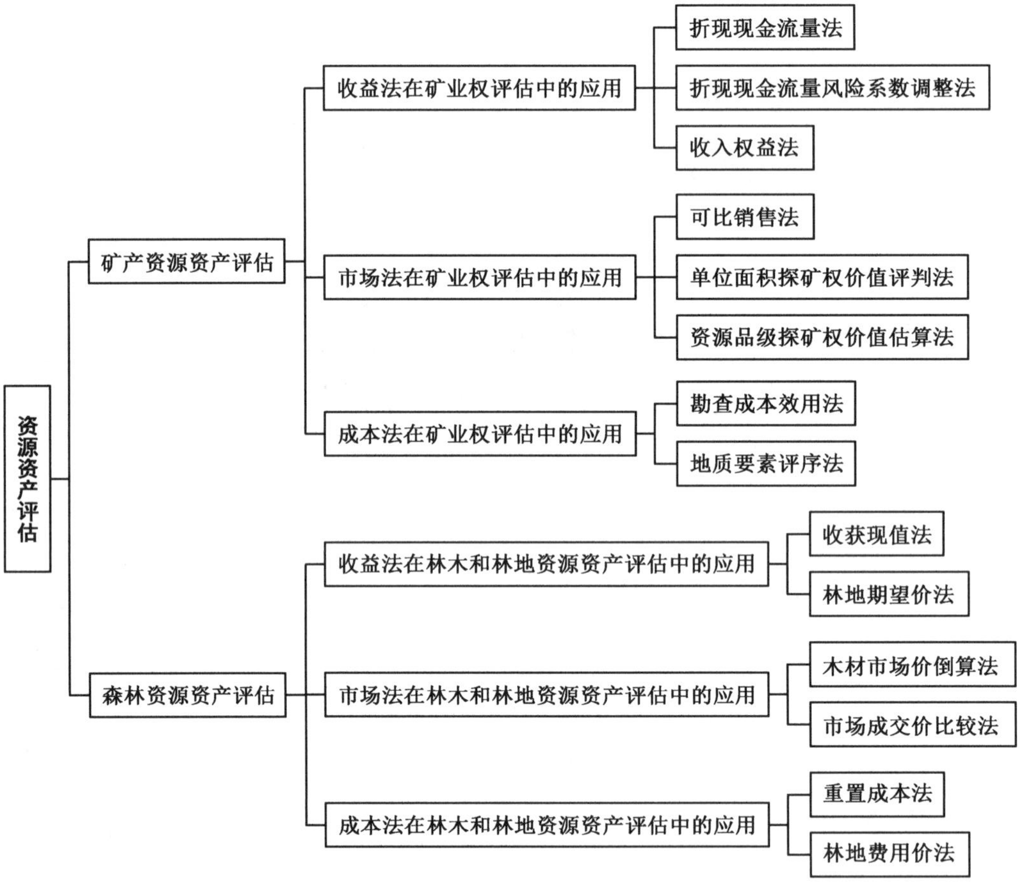

第一节　资源资产评估概述

一、自然资源的含义与分类

(一)自然资源的含义

资源是人类赖以生存和发展的物质基础，是可供人类利用的宝贵财富。广义的资源包括自然资源、经济资源和人文资源等，狭义的资源通常仅指自然资源。本章讨论的资源资产是指由自然资源转化而成的资产。

自然资源是指自然界中人类可以直接获得的、用于生产和生活的物质要素，其在一定社会经济条件和一定科学技术水平下，为人类社会不同发展阶段的需要提供使用价值，如矿产资源、森林资源、土地资源、水资源等。

(二)自然资源的分类

自然资源种类繁多，按照不同的标准可以对自然资源进行不同的分类。

1. 自然资源按照在开发利用过程中能否再生，可以分为耗竭性资源和非耗竭性资源

耗竭性资源的主体是矿产资源，是经过漫长的地质过程形成的，随着人类的开发利用，其绝对数量会减少，不可再生。

非耗竭性资源基本上是由环境要素构成的，在合理开发利用的限度内，人类可以永续利用。非耗竭性资源可分为三类：(1)恒定的非耗竭性资源，如气候资源和海洋动力资源，其不受或基本不受人为因素的影响，具有恒定特性；(2)可再生的非耗竭性资源，如森林资源，只要采伐适度，就不会导致资源枯竭，因其可以不断再生；(3)不可再生的非耗竭性资源，如土地资源，只要合理利用，就可以永续使用。

2. 自然资源按照性质，可以分为环境资源、生物资源、土地资源、矿产资源和景观资源

环境资源，如太阳光、地热、空气和天然水等，这类资源比较稳定，一般不会因人类的开发利用而明显减少，为非耗竭性资源。

生物资源，如森林、牧场、动物、海洋生物等，这类资源吸收太阳能和水资源，消耗土壤的养分。在太阳能量一定、生物繁殖能力一定，以及人类合理利用和保护的条件下，生物资源可以再生。

土地资源，是由地形、土壤、植被、岩石、水文和气候等因素组成的一个独立的自然综合体。土地一般是指地球陆地的表面部分，包括滩涂和内陆水域。土地可以分为农用地、建设用地和未利用地。

矿产资源，是经过一定地质过程形成的赋存于地壳或地壳上的固态、液态或气态物资，包括各种能源和矿物等。矿产资源包括陆地矿产资源和海洋矿产资源。陆地矿产资源包括金属、能源和非金属等，海洋矿产资源包括滨海矿砂、陆架油气、深海沉积矿床等。

景观资源，主要是指自然景物、风景名胜等，能为人类提供游览、观光、知识、乐趣、度假、探险、考察研究等用途，一般是附着在其他资源上而存在。

自然资源的具体分类如图 9－1 所示。

- 自然资源
  - 耗竭性资源
    - 陆地矿产资源
      - 金属矿产资源
      - 能源矿产资源
        - 石油
        - 天然气
        - 煤炭
      - 非金属矿产资源
    - 海洋矿产资源
      - 海滨矿砂
      - 陆架油气
      - 深海沉积矿床
  - 非耗竭性资源
    - 气候资源
      - 光能资源
      - 温度资源
      - 降水资源
      - 风能资源
    - 海洋动力资源
      - 温差能资源
      - 潮汐能资源
      - 洋流能资源
      - 波浪能资源
    - 水资源
      - 地表水资源
      - 地下水资源
    - 土地资源
      - 农用地
        - 耕地
        - 林地
        - 草地
        - 农田水利用地
        - 养殖水面
      - 建设用地
      - 未利用土地
    - 生物资源
      - 植物资源
        - 森林资源
        - 牧草资源
        - 荒漠资源
        - 沼泽资源
      - 动物资源
      - 微生物资源

图 9－1　自然资源的具体分类

二、资源资产的含义与特性

（一）资源资产的含义

资源资产是指在当前技术经济条件下，开发和利用某类自然资源，能给投资者带来一定经济价值的自然界物质和能量，是一部分自然资源资产化的表现形式。

不是所有的自然资源都能成为资产，自然资源成为资源资产应具备下列条件：

（1）自然资源只有当人类查明并确定了其静态存置空间，且被人类所拥有和控制，才能成为资产。

(2)只有进入社会再生产过程而被利用的自然资源，才能成为资源资产。例如，没有探明的矿产资源，没有开发利用的原始森林，没有捕捞上来的海洋鱼类等自然状态下的资源，因其不能进入社会再生产过程，不处于使用状态而不能成为资产。

(3)自然资源在自然状态下既不能以实物进行计量，也无法以货币进行计量，所以，它只能是自然资源而不是资源资产。只有当自然资源被查明了蕴藏量，并且人类可以用特殊方法计算出以货币反映的价值量，自然资源才成为资产。

(4)只有能被特定主体拥有或控制的自然资源才是资产。

(5)能为特定主体带来未来收益。

(6)能使用现代科学技术取得。例如，已经探明的矿产资源，若由于矿物组合成分复杂，选冶性差，不能用现代科学技术取得，就不能成为人类的财富；反之，现代科学技术越先进，取得的可供使用的矿产资源就越多。所以，只有能用现代科学技术取得的自然资源，才能成为资源资产。

综上所述，资源资产是指在现行技术经济条件下，能够进入社会生产过程并能给特定主体带来经济效益的自然资源。

(二)资源资产的特性

资源资产与自然资源相比，其物质内涵是一致的，但除了具有自然资源的自然属性外，其还具有资产的经济属性和法律属性。

1. 自然属性

(1)天然性。自然资源最初完全是由自然因素形成的，处于自然状态。随着人类对自然干预能力的增强，部分资源资产表现出人工投入与天然生长的共生性。

(2)有限性和稀缺性。一方面，资源资产的数量总是有限的，不可再生的自然资源随着人类的开发利用，总趋势是不断减少乃至耗尽；而可再生的自然资源，虽然能够被反复利用，但如果利用不当，也可能被耗尽而不能再生，如土地等利用不当就可能荒漠化或盐碱化等。另一方面，人类对自然资源的需求是在不断增加的。

(3)地域性。自然资源在地球上分布不均衡，存在显著的数量或质量上的地域差异。在中国，森林资源的分布呈现集中分布状态，比如长白山林地面积和木材储备就分别占了全国的11%和13.8%；金属矿资源基本上分布于西部高地到东部丘陵的过渡地带上。

(4)生态性。各种自然资源不是孤立地存在的，它们在自然界的物质和能量的循环中相互影响、相互依存，形成特定的生态结构，构成不同的生态系统，遵循一定的生态平衡规律。如果毫无顾忌地开采和获取资源，消耗的速度超过补偿的速度，就会导致这些资源毁灭。所以，应特别强调自然资源的合理开发利用，确保人类的可持续发展。

2. 经济属性

(1)资源资产具有使用价值。它能够转化为经济资源，从而具有交换价值，成为人类的生活资料和生产资料，是人类社会发展的物质基础。

(2)资源资产具有经济价值。只有具有经济价值的自然资源才能成为资产，没有经济价值或在当今知识和技术条件下尚不能确定其有经济价值的资源不能成为资产。

(3)资源资产价值能够用货币计量，这是资源资产评估的基础。无法用货币计量的自然资源,如空气、阳光等,就不能成为资源资产。

(4)可以实现产权或使用权的让渡和流转。这也是在市场经济条件下对资源资产进行评估的基本条件。

3.法律属性

(1)资源资产能够为特定的产权主体拥有或控制,其产权具有法律上的独立性。

(2)资源资产的使用权可以依法交易。中国实行资源资产的所有权和使用权相分离的制度,法律不允许转让资源资产的所有权,但其使用权可以依法交易。

三、资源资产的价值

(一)马克思主义的地租理论

根据马克思主义的地租理论,资源资产由于其稀缺性和可排他性地占有,其本身具有价值即租金价值;另外,从自然资源变成资源资产的过程中,往往需要追加一定的人类劳动,从而形成各种劳动投入产生的价值,具体表现为各种费用,如勘探、开发和保护费用、再生性资源的再生费用、替代资源的开发费用和资源在开发利用过程中的各种损失的补偿费用等。按照马克思主义的地租理论,资源资产的价值包括租金价值和劳动投入产生的价值两部分。

1.租金价值(V_0)

设R为资源资产的租金,r为资本化率,则可供永续利用的这部分资源资产的租金价值$V_0=\dfrac{R}{r}$,它体现了所有者的权益。我国的矿产资源补偿费类似于租金价值。

2.劳动投入产生的价值(V_1)

设I为支付的资源勘察、开发及保护等总费用消耗,资本平均收益率为r',则劳动投入每年产生的价值$V_1=I\times(1+r')$。考虑到资金折现,资源资产追加劳动产生的价值$V_1=\dfrac{I\times(1+r')}{r}$。

从理论上分析,资源资产的总价值如下:

$$V=V_0+V_1=\frac{R+I(1+r')}{r} \tag{9.1}$$

上述对资源资产价值构成的分析仅是理论上的,现实中资源资产的价值会随着诸多因素的变化而变化。例如,矿产资源,当其埋藏于地下还未被人们发现或认识的时候是没有价值的,但随着人们发现它并且经过初探和详探等认识程度的不断加深,矿产资源的总价值和价值构成会逐渐发生变化。

(二)稀缺价值

并不是所有具有使用价值的东西都有价值。例如,人类赖以生存的空气和阳光,它们具有很高的使用价值和效用,正是由于它们取之不尽,不具有稀缺性和排他性,因此它们属于自然资源但不能成为资源资产。稀缺是资源价值的基础,也是市场价值形成的根本所在,只有稀缺的东西才具有经济学意义上的价值,才会在市场上有价格。

随着社会的不断发展,人类对于资源的需求和开采强度不断增大,许多资源相对减少从而具有了稀缺性。稀缺是一个相对的概念,同样的资源由于稀缺性的不同而具有不同的价值。资源资产的价值大小与其稀缺性成正比。

（三）效用价值

价值起源于效用，效用是价值的源泉，是形成价值的必要条件。获得效用的途径：一是通过生产创造，二是从大自然的赐予中获得。资源资产的有用性是毋庸置疑的，其有用性就决定了其具有价值。

（四）垄断价值

资源资产在其开发利用过程中必然建立权属关系，资源资产价值的一个重要方面是其产权的体现。例如，《中华人民共和国宪法》明确规定，矿产资源等自然资源属国家所有，禁止任何组织和个人使用任何手段侵占或者破坏自然资源。资源资产的所有权人凭借其对稀缺资源资产的垄断，拥有获得未来收益的权利。

综上所述，资源资产产权的明确是资源资产具有价值的基础，稀缺性、效用性和垄断性构成了资源资产具有价值的充分条件。

四、资源资产评估的特点

资源资产评估是对资源资产价值进行评定和估算。资源资产包括资源的实体资产和由所有权派生出来的使用权资产。资源资产评估不仅可为国民经济资源价值核算服务，而且可以在资源资产产权的出让、转让、资产经营、抵押等方面为有关权益各方提供专业服务。

资源资产评估的基本方法有市场法、收益法和成本法三种，但在具体运用和参数的确定上，不同类型的资源资产具有派生的、适合各类资源资产评估的具体方法。本章第二节和第三节会具体介绍资产评估基本方法在矿产资源资产和森林资源资产评估方面的运用。

资源资产由于具有独特的自然、经济和法律属性，因此与其他资产相比，资源资产的评估具有独特性，主要有如下特点：

（一）资源资产价格是资源资产使用权价格

我国资源资产大部分属于国家所有，只有一小部分属于集体所有，并实行所有权和使用权相分离的制度。通常国家法律不允许资源资产的所有权转让，因此，资源资产评估的对象不是物质实体本身，而是资源资产的使用权，是对资源资产使用权价值的评估。

（二）资源资产价值受资源的区位因素影响较大

资源资产的有限性、稀缺性和地域性使得资源资产价值通常受自然资源所在区位的影响，即资源资产价值受资源的自然赋存影响较大。

（三）资源资产评估必须遵循自然资源形成和变化的客观规律

资源条件包括资源的质量品位、资源的赋存开采条件、产地至销地的运输距离及运输条件（运输工具和地貌等）等。资源资产类别多种多样，不同资产的资源条件、经营方式、市场供应等都不同。例如，矿产资源是经过一定的地质过程形成的，矿山企业对矿产资源的开发利用、对矿业权的经营等都有其自身的客观规律。因此，资产评估中要充分了解资源资产实体及其使用权的专业特点和客观规律性，合理评估资源资产价值。

第二节 矿产资源资产评估

矿产资源是我国国有资产的重要组成部分,也是资源资产的一个大类,其属于不可再生性资源资产,具有不可再生性资源的显著特征。通过对矿产资源资产等不可再生性资源资产的评估,贯彻有偿使用的原则,促进其合理的开发和利用,有利于人类可持续发展。

一、矿产资源资产评估概述

(一)矿产资源资产评估对象及特点

矿产资源资产包括实物形态和权益形态。实物形态的矿产资源资产是作为储量矿产资源,经过地质普查、详查、勘探而最终形成被探明的A、B、C、D、E级储量,同时具备资产的特征,即成为实物形态的矿产资源资产。权益形态的矿产资源资产是指矿业权,是一种无形资产。矿产资源实物是矿产资源权益的依托和价值来源。

我国的矿产资源资产评估是伴随着国家矿产资源管理制度的建立、完善逐步发展的,目前已经建立了较为完善的矿业权流转以及相应的矿业权评估制度。根据现行法律法规,转让国家出资勘查所形成的探矿权、采矿权的,必须进行评估,因此,目前矿产资源资产评估为探矿权、采矿权价值评估,即矿业权价值评估,也就是说,矿产资源资产的评估对象为矿业权。

矿业权包括探矿权和采矿权。探矿权是指在依法取得的勘查许可证规定的区块范围内,勘查矿产资源的权利。取得勘查许可证的单位或者个人,称为探矿权人。这种权利是公民、企业、地质勘查单位或其他经济组织依据法律法规与国家之间建立的一种对矿产资源准予勘探的权利。矿产资源的隐蔽性使得勘查矿产资源要冒极大的风险,投入大量的资金,只有依靠地质工作者的创造性思维劳动才可能有所发现,以有偿取得的方式将探矿权授予从事商业性勘查、开发活动的经营者,从而达到矿产勘查和开发的目的。采矿权是指在依法取得的采矿许可证规定的范围和期限内,开采矿产资源和获得所开采的矿产产品的权利。取得采矿许可证的单位或者个人,称为采矿权人。

矿产资源所有权和矿业权的权利客体同为矿产资源。矿产资源所有权的权利主体是国家。矿业权可以依法流转,矿产资源所有权不允许流转。矿业权的权利主体是矿业权人,包括自然人、法人和其他经济组织。

矿业权评估的基本要素主要包括:矿业权评估对象——探矿权和采矿权,矿业权的权利客体——已查明或潜在的矿产资源储量,矿业权的权利主体——矿业权人,矿业权的权利价值内涵——用益物权价值。

矿业权价值评估与其他资产相比,具有如下特点:

1.矿业权价值评估与矿产资源法律制度密切相关

矿产资源法律制度是确立矿业权财产属性、矿业权市场交易、定价等的基本前提。矿业权评估技术体系的建立离不开矿产资源法律制度的建立和完善。我国矿产资源法的修订以及与此相关的财产制度、税费制度的调整，都将直接影响甚至改变矿业权评估技术体系。

2.矿业权价值评估涉及的专业知识跨度大，对多种类型专业报告的依赖程度高

矿业权评估涉及地质勘查、采矿、选矿、冶炼等工程技术专业知识及固定资产建设、投资等经济方面的知识。评估中需要利用矿产资源储量报告，确定可开采储量；利用矿产地质勘查报告，确定有关和有效的勘查实物工作量；利用矿山建设设计文件，确定开采方式、采矿方法以及相关技术经济指标，确定选矿工艺、选矿方法及其相关技术经济指标，确定与采选工艺方法紧密结合的固定资产投资规模等。系统理解相关专业报告，合理确定评估参数，是矿业权评估必须掌握的内容。

3.矿业权价值评估的不确定性因素更多

与其他类型资产评估相比，矿业权评估的不确定因素更多，主要表现在不同类型的矿产资源储量具有不同的不确定性。随着生产勘探，矿产资源储量会发生变化，采选工艺指标也会不断变化，矿产品价格波动较大。

（二）矿业权价值及其影响因素

1.矿业权价值

矿业权是矿产资源分离出来的使用权，具体分为探矿权和采矿权。探矿权价值是矿产资源勘查权利的价值，采矿权价值是矿产资源开采权利的价值。探矿权和采矿权的价值是矿产资源勘查区和矿地价值的一种体现，与矿产勘查区、矿产地不可分割。

处于预查和普查阶段的勘查区，未查明矿产资源，矿产资源勘查权利的价值取决于投入的勘查工作成本和效用以及勘查工作对未来找矿潜力和矿产资源开发前景的作用。矿产资源勘查权利的价值构成包括：(1)投入勘查工作的重置价值，包括已投入野外工程和其他工程的重置价值。(2)勘查工作布置的合理性及其质量所形成的效用价值。(3)由区域成矿地质条件、找矿标志、矿化强度及蕴藏规模、矿石质量及选矿或加工性能、开采技术条件、矿产品及市场条件、基础设施条件等要素体现的矿产资源开发前景价值。当然，勘查投资是否可以找到具有开发价值的矿产资源具有一定的探索性、随机性和偶然性，而且勘查投入的大小与所探明矿产资源的价值大小并无很强的对应性。

处于详查和勘探阶段的勘查区，或已查明矿产资源的矿产地，矿产资源开采权利的价值取决于矿产资源的开发价值。矿产资源的开发价值取决于矿床本身的禀赋优势，如矿床及矿体的储量、矿石品位、开采条件、矿石选冶及加工性质等一系列因素。因此，矿业权价值评估不能离开其物质载体——矿产资源实物而进行。

2.影响矿业权价值的因素

(1)矿产资源的稀缺程度和可替代程度

不同的矿种，资源的稀缺程度往往差别很大。在市场经济条件下，越是稀缺的资源，价值越高。国家对稀缺资源往往会实行保护性开采政策，这就更使其具有相对较高的价值，开采这部分资源能获得较多的超额利润。一般来说，资源稀缺程度越高，可替代程度就越低，资源资产的价值也就越高。

(2)矿产品的供求状况

矿产品的供求状况决定矿产品价值的实现程度，决定何种等级的矿产资源被投入开采

过程,从而影响矿业权的价值高低。一般来说,供不应求的矿产品价格水平高,其矿业权价值就高;供大于求的矿产品价格低,其矿业权价值就低。

(3)矿产资源的自然丰富度及赋存条件等自然因素

例如,矿产资源的储量和储量级别。储量多、级别高的矿产资源价值就高。又如,矿产资源的具体赋存状况、地理位置等。矿床的赋存条件是指矿体的形状、大小、厚度、埋深、围岩的强度和水文状况等地质条件。矿床的地理位置决定了矿产资源距离加工和消费地的远近、运输条件和矿山建设条件的优劣。这些都直接决定了开采的复杂程度和成本的高低,从而成为影响资源价值和矿业权价值的重要因素。

(4)科技进步水平

科技进步对矿业权价值的影响是多方面的。科技进步会使有些过去没有被利用或者被认为无法利用的伴生元素或矿物得到开发利用,从而使矿产资源规模扩大,增加市场供给;科技进步可以发现已被利用矿产资源新的或比现有资源利用更有效的利用方法,从而改变和增加矿产资源资产的价值,相应地提高矿业权的价值;科技进步可以发现和创造出更有效的矿产资源开采和利用方法,降低采掘企业的开采成本,增加收益,从而使矿业权价值上升;科技进步可以发现和创造更有效的找矿方法,降低矿产资源探查风险和成本,降低环境治理的费用,从而提升矿业权价值。

(5)社会的平均资金利润率和矿业的资本利润率

社会的平均资金利润率和矿业的资本利润率的对比可以影响资金流向和矿业企业的经营利润,反映投资者所要求的回报率,从而影响矿产资源价值和矿业权价值。

二、收益法在矿业权评估中的应用

(一)收益法的基本思路

收益法是指基于预期收益原则和效用原则,通过计算待估矿业权所对应的矿产资源储量开发获得预期收益现值来估算待估矿业权价值的各种具体评估技术方法的总称。收益法常用的具体评估方法有折现现金流量法、折现现金流量风险系数调整法、收入权益法等。

(二)收益法的适用范围

收益法适用于勘查程度较高的探矿权和采矿权评估。一般来说,折现现金流量法适用于详查及以上勘查阶段的探矿权评估和赋存稳定的沉积型大中型矿床的普查探矿权评估,拟建、在建、改建矿山采矿权的评估,以及具备折现现金流量法适用条件的生产矿山采矿权的评估。折现现金流量风险系数调整法适用于地质勘查程度较低的稳定分布的大中型沉积矿产的探矿权评估。收入权益法适用于矿产资源储量规模和矿山生产规模均为小型且不适宜采用其他收益法的具体方法评估的采矿权评估,服务年限较短的生产矿山的采矿权评估,以及资源接近枯竭的大中型矿山的剩余服务年限小于5年的采矿权评估。

(三)收益法的具体评估方法及其数学表达式

1.折现现金流量法

折现现金流量法是将矿业权对应的矿产资源勘查、开发作为现金流量系统,将评估计算年限内各年的净现金流量，采用与净现金流量口径匹配的折现率，折现至评估基准日的现值累计求和，作为矿业权评估价值。其计算公式如下：

$$P=\frac{\sum_{i=1}^{n}(CI-CO)_i}{(1+r)^i} \tag{9.2}$$

式中，P 为矿业权评估价值，CI 为年现金流入量，CO 为年现金流出量，$(CI-CO)_i$ 为第 i 年的净现金流量，r 为折现率，n 为评估计算年限（$i=1,2,3,\cdots,n$）。

CI＝年销售收入＋固定资产残值回收＋无形资产及其他资产摊余值回收＋流动资金回收

CO＝后续地质勘查投资＋固定资产、无形资产及其他资产投资（含新增投资）＋更新改造资金＋流动资金＋经营成本＋销售税金及附加＋所得税

应用折现现金流量法要求待评估的矿业权有独立的获利能力，并能被测算；未来收益能用货币计量；矿山的内外部建设条件、技术经济参数、行业技术水平、盈利水平和矿产品市场价格行情已基本掌握。需要注意的是，折现率是影响矿业权价值最直接、最重要的因素，因此，确定折现率是关键。一般影响折现率大小的因素有行业平均资本结构、资本成本、行业平均投资收益率和风险因素等。

【例 9—1】　某矿山煤井扩层扩界部分采矿权价值评估中，根据该矿山的核定储量和合理生产规模，确定开采年限为 11 年 3 个月，评估基准日为 2023 年 3 月 31 日，并估算了各项现金流入和流出量，以折现率为 12%进行计算，最后得出采矿权评估价值为 10.02 万元，见表 9—1。

表 9—1　　采矿权价值评估计算表　　单位：万元

项　目	合计	2023 年 4—12 月	2024 年	2025 年	2026 年	2027 年	2028 年	2029 年	2030 年	2031 年	2032 年	2033 年	2034 年 1—6 月
一、现金流入	4 252.65	276.75	369.00	369.00	369.00	369.00	369.00	369.00	369.00	369.00	369.00	369.00	285.90
产品销售收入	4 151.25	276.75	369.00	369.00	369.00	369.00	369.00	369.00	369.00	369.00	369.00	369.00	184.50
回收固定资产残值	51.35												51.35
回收流动资金	50.05												50.05
二、现金流出	3 946.13	569.28	321.60	321.60	321.60	321.60	321.60	321.60	321.60	321.60	321.60	321.60	160.80
固定资产投资	278.03	278.03											
流动资金	50.05	50.05											
经营成本	3 523.74	234.92	313.22	313.22	313.22	313.22	313.22	313.22	313.22	313.22	313.22	313.22	156.61
销售税金及附加	42.12	2.81	3.74	3.74	3.74	3.74	3.74	3.74	3.74	3.74	3.74	3.74	1.87
所得税	52.19	3.48	4.64	4.64	4.64	4.64	4.64	4.64	4.64	4.64	4.64	4.64	2.32
三、净现金流量	306.52	−292.53	47.40	47.40	47.40	47.40	47.40	47.40	47.40	47.40	47.40	47.40	125.09
四、贴现率(12%)		0.892 9	0.797 2	0.711 8	0.635 5	0.567 4	0.506 6	0.452 3	0.403 9	0.360 6	0.322 0	0.287 5	0.256 7
五、净现值	10.02	−261.19	37.78	33.73	30.12	26.89	24.01	21.44	19.14	17.09	15.26	13.62	32.11
六、采矿权价值	10.02												

2.折现现金流量风险系数调整法

折现现金流量风险系数调整法的基本思路:首先根据探矿权对应的勘查区的毗邻区矿产资源开发情况,采用折现现金流量法估算出被评估矿业权的基础价值;然后采用被评估矿产开发地质风险系数进行调整,得到被评估探矿权价值。矿产开发地质风险系数是反映被评估矿产因地质勘查程度不足所存在的地质可靠性低、开发风险高等的调整系数。其计算公式如下:

$$P=P_n\times(1-R) \tag{9.3}$$

式中,P 为探矿权评估价值,P_n 为采用折现现金流量法估算的探矿权基础价值,R 为矿产开发地质风险系数。

【例 9—2】 对某大型沉积型磷矿普查探矿权进行评估,对该探矿权采用折现现金流量法计算的探矿权基础价值为 1 000 万元,经分析计算该探矿权的矿产开发地质风险系数为 0.35,则该探矿权的评估价值如下:

评估价值$=P_n\times(1-R)$

$=1\,000\times(1-0.35)=650$(万元)

3.收入权益法

收入权益法是基于替代原则的一种间接估算采矿权价值的方法,即通过采矿权权益系数对销售收入现值进行调整,作为采矿权评估价值。采矿权权益系数反映采矿权评估价值与销售收入现值的比值。其计算公式如下:

$$P=\sum_{i=1}^{n}SI_i\times\frac{1}{(1+r)^i}\times K \tag{9.4}$$

式中,P 为探矿权评估价值;SI_i 为年销售收入;K 为采矿权权益系数;r 为折现率;n 为评估计算年限($i=1,2,3,\cdots,n$)。

【例 9—3】 对某小型叶蜡石矿的采矿权进行评估。该叶蜡石矿处于正常生产状态,产品为叶蜡石粉(属于铝硅酸盐矿物,可以用于陶瓷、冶金、建材等行业),核准生产能力和实际开采规模均为 5 万吨(原矿),剩余矿山服务年限为 3 年,叶蜡石粉产品率为 90%。该叶蜡石矿矿体埋深较浅,开采技术简单,洗矿加工也较简单。当地该类叶蜡石粉近年平均市场坑口不含税价为每吨 300 元。折现率确定为 8.5%,建筑材料采矿权权益系数参考范围为 2.5%~3.5%。试采用收入权益法评估该采矿权的价值。

(1)确定评估计算年限

剩余矿山服务年限为 3 年。

(2)计算年销售收入

年销售收入=300×5×90%=1 350(万元)

(3)确定采矿权权益系数

该矿总体地质条件一般,采矿权权益系数宜在参考取值范围内靠下取值。确定该采矿权权益系数为 2.8%。

(4)计算采矿权价值

经评估,该采矿权评估价值为 96.54 万元,具体计算过程见表 9—2。

表 9—2　　收入权益法评估计算表　　单位：万元

项目名称	合　计	生产期		
		第一年	第二年	第三年
销售收入	4 050.00	1 350.00	1 350.00	1 350.00
折现系数(r=8.5%)		0.92	0.85	7 829.00
销售收入现值	3 447.93	1 244.24	1 146.76	1 056.93
采矿权权益系数	2.8%			
采矿权评估价值	96.54			

三、市场法在矿业权评估中的应用

（一）市场法的基本思路

市场法是依据替代原理，通过分析、比较评估对象矿业权与市场上已有矿业权交易实例的异同，调整估算评估对象价值的各种具体评估方法的总称。市场法常用的具体评估方法有可比销售法、单位面积探矿权价值评判法、资源品级探矿权价值估算法等。

（二）市场法的适用范围

市场法适用于所有矿业权评估，评估对象与参照物的相似程度越高，评估的准确性越好；如果两者差异太大，则不适合采用市场法。一般来说，可比销售法适用于各勘查阶段的探矿权和采矿权价值评估。单位面积探矿权价值评判法通常适用于勘查程度较低、地质信息较少的探矿权价值评估。资源品级探矿权价值估算法通常适用于勘查程度较低、地质信息较少的金属矿产探矿权价值评估。

（三）市场法的具体评估方法及其数学表达式

1. 可比销售法

可比销售法是将待评估矿业权与近期完成交易的、交易环境和地质条件类似的矿业权的各项技术经济参数进行对比研究，分析两者的差异，对所选定的相似参照物成交价格进行调整修正，来估算待估矿业权价值的方法。该方法运用的前提条件是有一个较活跃的公开的矿业权交易市场，并可以找到相似的参照物。

评估时首先要进行市场调查，选择三个以上与评估对象类似的矿业权作为参照物，然后分析参照物矿业权与被评估矿业权的内在条件、地质特征、工作条件、外部建设条件、市场条件、技术条件、地区差别条件等，对差异灵敏度进行分析，确定需调整的参数和调整幅度，经计算得出矿业权的价值。

在不同的地质勘查工作阶段，需要选取不同的可比因素，其具体的数学表达式有所不同。详查以上探矿权及采矿权评估(含简单勘查或调查即可达到矿山建设和开采要求的无风险的地表矿产的采矿权评估)的计算公式如下：

$$P=\frac{\sum_{i=1}^{n}(P_i\times\mu\times\omega\times t\times\theta\times\lambda\times\delta)_i}{n} \tag{9.5}$$

式中,P 为待估矿业权评估价值,P_i 为参照物矿业权成交价格,μ 为可采储量调整系数,ω 为品位调整系数,t 为生产规模调整系数,θ 为产品价格调整系数,λ 为矿体赋存开采条件调整系数,δ 为区位和基础设施条件调整系数,n 为相似参照矿业权个数。

勘查程度较低阶段的探矿权评估计算公式如下:

$$P = \frac{\sum_{i=1}^{n}(P_i \times \alpha \times \xi \times \omega \times \nu \times \psi \times \delta)_i}{n} \tag{9.6}$$

式中,P 为待估矿业权评估价值,P_i 为参照物矿业权成交价格,α 为勘查投入调整系数,ξ 为资源赋存条件调整系数,ω 为品位调整系数,ν 为物化探异常调整系数,ψ 为地质环境和矿化类型调整系数,δ 为区位和基础设施条件调整系数,n 为相似参照矿业权个数。

在应用可比销售法时,需要调整的因素有很多,各因素之间会相互影响。如果诸多因素都需调整,就会使评估过程复杂化,因而需要选择最主要的可比调整因素(如上述公式中列示的调整因素)进行调整,在实际应用中还要根据矿种的不同进行具体分析和选取调整因素。可比因素的调整关键是要找到因素对矿业权价值影响的规律。这里简单介绍几个主要调整系数的计算方法。对于比较单一的差异因素,可以采用下列方法计算:

可采储量调整系数=待估矿业权可采储量÷参照矿业权可采储量

品位调整系数=待估矿业权矿石品位÷参照矿业权矿石品位

对于比较综合的差异因素调整系数,可以采用专家评分的方法计算,如区位和基础设施条件调整系数,计算公式如下:

区位和基础设施条件调整系数=待估矿业权差异因素评判总值÷参照矿业权差异因素评判总值

矿业权区位和基础设施条件差异因素包括矿产资源的交通条件、自然条件和经济环境,共分3类计14项差异因素,由专家对比评判,得出评判值后,计算加权平均值。

【例9—4】 根据表9—3,计算差异因素评判值。

表9—3　　矿业权区位和基础设施条件差异因素评分表

项目		待估矿业权	参照的采矿权
交通条件(25%)	公路类型	4	5
	与国道接轨	3	4
	距火车站	2	3
	距市中心	3	5
	距公共设施	2	5
自然条件(25%)	地形环境	4	4
	水源状况	5	3
	气候环境	4	2
	土地状况	2	4

续表

项　目		待估矿业权	参照的采矿权
经济环境(20%)	劳动力状况	4	4
	供电供气状况	2	3
	农业状况	3	3
	所在地国民收入	3	4
	地方经济政策	4	3

待估矿业权区位和基础设施条件因素评判总值＝(4＋3＋2＋3＋2)×35%＋(4＋5＋4＋2)×35%＋(4＋2＋3＋3＋4)×30%＝14.95

参照矿业权区位和基础设施条件因素评判总值＝(5＋4＋3＋5＋5)×35%＋(4＋3＋2＋4)×35%＋(4＋3＋3＋4＋3)×30%＝17.35

待估矿业权区位和基础设施条件调整系数＝14.95÷17.35＝0.861 7

2.单位面积探矿权价值评判法

单位面积探矿权价值评判法是在收集国内地质勘查相关统计资料、矿产资源储量动态信息、上市公司公开披露的地质信息报告、招拍挂公开披露的地质资料、公开市场类似矿业权交易情况信息、有关部门和组织发布或评估机构掌握的有关信息资料的基础上，综合分析评估对象实际情况，分析确定单位面积探矿权价值，从而估算评估对象价值的一种方法。该方法运用的前提条件是勘查区应做过相关的研究工作，并以其成果为基础，勘查区地质矿产特征能够得到充分了解，有可以分析影响该评估对象价值的资料。评估计算公式如下：

$$P=S\times P_{\alpha} \tag{9.7}$$

式中，P 为待估探矿权评估价值，S 为待估探矿权勘查区面积，P_{α} 为单位面积探矿权价值。

【例 9—5】 对某一探矿权价值进行评估，勘查区面积为 22.3 平方千米，该探矿权勘查程度较低，无有关地质报告，地质信息较少，但该探矿权勘查区处于某大型区域成矿带上，周边存在多个勘查区，探矿权交易市场比较活跃。评估人员收集了近期周边几个探矿权的交易情况资料，并分析对比了各交易案例与待估探矿权在地质各方面的差异，确定了合理的修正系数(见表 9—4)。

表 9—4　　近期周边探矿权交易案例和差异因素修正统计表

探矿权	勘查区面积(平方千米)	交易价格(万元)	交易类型	地质差异修正系数
A 探矿权	28.53	33	转让	1.12
B 探矿权	38.55	46	转让	1.11
C 探矿权	16.76	13	转让	1.69
E 探矿权	24.13	56	转让	0.58

采用单位面积探矿权价值评判法评估该探矿权价值的计算过程如下：

(1)计算交易案例单位面积平均价值

根据收集的交易案例和确定的地质差异修正系数,计算单位面积平均价值(见表9—5)。

表9—5　　交易案例单位面积探矿权价值计算表

探矿权	勘查区面积(平方千米)	交易价格(万元)	单位面积探矿权价值(万元/平方千米)	地质差异修正系数	修正后单位面积探矿权价值
A探矿权	28.53	33	1.16	1.12	1.30
B探矿权	38.55	46	1.19	1.11	1.32
C探矿权	16.76	13	0.77	1.69	1.30
E探矿权	24.13	56	2.32	0.58	1.35
平均					1.32

(2)计算待估探矿权价值

待估探矿权评估价值=单位面积探矿权价值×待估探矿权勘查区面积

=1.32×22.3=29.44(万元)

3.资源品级探矿权价值估算法

资源品级探矿权价值估算法是在了解勘查区内金属矿产资源的品位和质级数据或有关信息的基础上,与已知矿产地的品位和质级价值进行比较,分析确定单位资源品级价值,然后分析并确定矿业权价值占资源毛价值的比例,从而估算矿业权价值的一种方法。该方法运用的前提条件是该区域的地质矿产特征能够得到充分了解,有可以分析影响该待估矿业权价值的资料。评估计算公式如下:

$$P=Q_d\times\varepsilon\times\omega\times c \tag{9.8}$$

式中,P 为待估探矿权评估价值,Q_d 为资源储量,ε 为单位资源品级价值,ω 为资源品级,c 为矿业权价值占资源毛价值的比例。

【例9—6】 对某一贵金属探矿权进行评估,该探矿权勘查程度较低,地质信息较少,预测勘查区内矿石量600万吨,金平均品位约3.3克/吨。经调查分析,预测未来几年金平均价格为330元/克。经分析统计,确定当地类似勘查程度和品位的贵金属探矿权价值占资源毛价值的比例为1.6%。采用资源品级探矿权价值估算法评估该探矿权价值的计算过程如下:

资源毛价值=矿石量×矿石品位×单位金属价格

=600×10 000×3.3×330÷10 000=653 400(万元)

待估探矿权评估价值=资源毛价值×矿业权价值占资源毛价值比例

=653 400×1.6%=10 454.4(万元)

四、成本法在矿业权评估中的应用

(一)成本法的基本思路

成本法是以探矿权所对应的矿产地质勘查工作投入及其效果与探矿权价值存在的内在联系或依存关系作为前提,通过估算重新获得矿业权需要花费的全部现时费用来判断矿业权价值的各种评估技术方法的总称。成本法常用的具体方法包括勘查成本效用法和地质要素评序法。

（二）成本法的适用范围

成本法适用于矿产资源预查和普查阶段的探矿权价值评估，但不适用于赋存稳定的沉积型大中型矿床中勘查程度较低的普查阶段的探矿权价值评估。其中，勘查成本效用法主要用于投入少量地表或浅部地质工作的预查阶段的探矿权价值评估，或者经一定勘查工作后找矿前景仍不太明朗的普查阶段的探矿权价值评估。地质要素评序法主要用于普查阶段的探矿权价值评估，也用于能够满足要求的预查阶段的探矿权价值评估。

（三）成本法的具体评估方法及其数学表达式

1. 勘查成本效用法

勘查成本效用法是采用效用系数对地质勘查重置成本进行修正以估算探矿权价值的具体评估方法。评估计算公式如下：

$$P = C_r \times F = \left[\sum_{i=1}^{n} U_i P_i (1+\varepsilon)\right] \times F \tag{9.9}$$

或

$$P = C_r \times F = \left[\sum_{i=1}^{n} U_i P_i + C\right] \times F \tag{9.10}$$

式中，P 为待估探矿权评估价值；C_r 为重置成本；F 为效用系数，可根据各项工程（如槽探、钻探等）或工作量的效用系数及各自的直接重置成本加权平均计算得到；U_i 为各类地质勘查技术方法完成的实物工作量；P_i 为各类地质勘查实物工作量对应的现行价格和费用标准；ε 为岩矿测试、其他地质工作（含综合研究及编写报告）、工地建筑等间接费用的分摊系数；i 为各实物工作量序号；n 为地质勘查实物工作量项数；C 为岩矿测试、其他地质工作（含综合研究及编写报告）、工地建筑等间接费用。

【例 9—7】 新疆某铜矿普查探矿权需评估。各类已完成实物工作量按对应现行价格和费用标准计算后累计费用合计为 248.62 万元，岩矿测试、其他地质工作（含综合研究及编写报告）、工地建筑等间接费用的分摊系数取 0.3，效用系数为 1.78。

探矿权价值＝248.62×(1＋0.3)×1.78＝575.31（万元）

2. 地质要素评序法

地质要素评序法是基于贡献原则的一种间接估算探矿权价值的方法，具体是以勘查成本效用法估算所得的价值作为基础成本，对其进行调整，然后得到探矿权评估价值。调整的依据是评估对象的找矿潜力和矿产资源开发前景。评估计算公式如下：

$$P = P_c \times \alpha \tag{9.11}$$

式中，P 为待估探矿权评估价值；P_c 为基础成本（采用勘查成本效用法得到的探矿权评估值）；α 为调整系数，是各地质要素价值指数的乘积。

第三节 森林资源资产评估

森林是陆地生态系统的主要构成部分,具有生态、社会和经济三重效益。开展森林资源资产评估,可以有效推动森林资源资产的有效合理利用,为经济发展服务,同时保护生态环境,推动生态文明建设。

一、森林资源资产评估概述

(一)森林资源资产的概念和特点

1. 森林资源资产的概念

森林资源资产是指由特定主体拥有或者控制并且能够带来经济利益的、用于生产、提供商品和生态服务的森林资源,包括森林、林木、林地、森林景观、森林生态等。

理解森林资源资产的概念应把握以下几点:

(1)森林资源资产是以森林资源为物质内涵的资产,包括林木资产、林地资产、林区野生动物资产、植物资产和微生物资产。

(2)不是所有森林资源都能转化为森林资源资产。资产必须是由特定主体所拥有或者控制,并能够带来经济利润的经济资源。没有经济利用价值或在当今知识与技术条件下尚不能确定其经济利用价值的森林资源不能成为资产,如没有依法认定的森林资源、完全没有经济利用价值的森林资源、在现有技术条件下不可计量的森林资源及无法实施有效控制的森林资源等。

(3)森林资源效益的多重性决定了森林资源资产具有多种功能。森林资源资产作为一项生物性资产,其结构复杂,形态各异,功能也具有多样性,除了为社会提供木材、水果、食用油料、工业原料和药材等经济产品外,还具有景观游憩、涵养水源、保育土壤、固碳制氧、积累营养物质、净化大气环境、森林防护、保护生物多样性等生态价值。在特定目的与条件下,森林的生态功能价值可以进入市场,成为生态资产。

2. 森林资源资产的特点

森林资源资产除了具备其他资产的共同特点外,还具有自身的一些特点。

(1)经营的永续性

森林资源资产属于可再生性资源资产,在没有受到自然灾害和人为破坏的情况下,通过科学合理的经营,森林资源资产的消耗可以得到补偿,不存在贬值问题,可长期保值增值。

(2)再生的长期性

森林资源资产是可再生性资源资产,具有生长期长的特点,投入森林资源资产经营的资金,一般要经过几年、几十年甚至上百年,等林木成熟并进行采伐时,才能收回投资。

(3)分布的辽阔性

森林资源是陆地生态的主要构成部分,地域分布极广。我国南方与北方的森林资源不同,山地的森林资源与平地不同。不同地域的森林资源资产具有不同的经济属性,经营模式也有差异。森林资源分布密集程度直接关系到森林资源资产的价值和功能。

(4)功能的多样性

森林资源资产具有生态、社会和经济三重效益，评估森林资源资产的经济价值，需要关注其生态效益和社会效益对森林资源资产经济价值实现的限制性影响；反之，在特定目的和条件下，森林资源资产的部分生态价值需要纳入评估范围，评估其经济价值。

(5)管理的艰巨性

森林资源资产存在于广阔的林地上，既不能仓储，又难以封闭，大多地处偏远，管理难度很大，火灾、虫灾、盗伐等自然或人为灾害很难控制，增加了风险损失的可能性。

(二)森林资源资产的价值、评估特点及评估对象

1.森林资源资产的价值

森林资源资产的价值，是指森林生态系统的物质和能量储备及与外界交换所体现的价值，主要表现在三个方面：

(1)经济效益，即提供木材、能源、食物、药材、物种及其他原料所带来的价值。

(2)生态效益，即由于森林环境的调节作用而产生的有利于人类和物种生息繁衍的效益，如调节气候、保持水土、改良土壤等。

(3)社会效益，即森林对人类生存活动及人的心理情绪和教育等方面产生的作用。

森林资源资产的价值是上述三个方面的总和。尽管这三个方面的效益最终都转化为经济效益，但由于具体的经营者只能对其一部分经济利益具有控制力，因此，森林资源资产的价值难以通过市场的途径得到全面体现，其生态效益和社会效益需要通过市场以外的手段如财政补贴等予以补偿，才可能体现其实际价值。

2.森林资源资产评估的特点

森林资源资产的特点决定了森林资源资产评估具有一些不同于其他资产的特点。

(1)森林资源资产价值的关联性

森林资源的价值体现在林木、林地、森林景观资产以及与森林资源相关的其他资产上。林地价值的体现与林木、景观以及与森林资源相关的其他资产密不可分。森林景观资产价值依托于森林、林地、林木等资源资产，森林生态价值的体现更要依托于森林系统整体。因此，评估森林资源资产应关注其关联性，确定评估对象和范围。

(2)森林资源资产的可再生性

森林资源资产具有可再生性，这是森林资源实现持续经营的基础，在评估时应考虑再生产的投入，即森林更新、培育、保护费用以及再生产期限的影响。

(3)森林资源经营的长期性对评估价值具有较大影响

这主要表现如下：①在供求关系对价格的影响方面表现为供给弹性小，成本效应滞后。②由于经营周期长，因此投入资金的时间价值极为重要，投资收益率的微小变化将对评估价值产生重大影响。③经营周期长，生产过程不易控制，对未来投入产出的预测较为困难。

(4)森林资源资产效益的多样性

森林资源资产具有经济、生态和社会三重效益，效益的多样性对森林资源资产评估带来重大影响：①现实中的生态效益和社会效益往往会限制经济效益的发挥，这些限制对森林资源资产价值的实现影响较大，评估时应给予充分关注。②森林资源的生态效益越来越被社会和市场认可，对其生态价值的评估要依据委托评估目的和市场环境具体分析确定。

（5）森林资源资产调查和核查的艰巨性

森林资源资产主要分布在偏远山区，山高路陡，人烟稀少，交通不便，外业调查或核查专业技术性强、工作量大、费时耗力，工作条件极为艰苦。但核查是森林资源资产评估中不可或缺的重要环节，是风险控制的关键。

（6）森林资源资产的地域性明显

森林资源生长于固定的地理位置，评估时除考虑森林资源资产本身的情况外，还要考虑森林地位级和森林地利级，如气候条件、土地肥沃程度、适地适树情况、交通条件等。尤其是交通条件，无论是对用材林、经济林还是景观资产的价值，都有较大影响。

3. 森林资源资产评估对象

森林资源资产的内在价值和市场交易价值是两个既有区别又有联系的概念。实际工作中的主要评估目的是确定市场交易价值，所以，作为一项特殊的资产，其评估的对象主要是指发生产权变动或经营主体变动的森林资源资产，包括林木资产、林地资产、森林景观资产以及整体林业企业资产。森林资源资产的评估所涉及的范围实际上非常广泛，本节仅以林木和林地资源资产为例，介绍森林资源资产评估方法的应用。

二、收益法在林木和林地资源资产评估中的应用

收益法在评估林木及林地资源资产时，根据评估对象未来收益期的不同有多种具体评估方法。例如，有限收益期的，有针对用材林评估的收获现值法和针对经济林评估的收益现值法；无限收益期的，有针对林地和林木评估的年金资本化法和林地期望价法。以下具体介绍有限收益期的收获现值法和无限收益期的林地期望价法。

（一）收获现值法

收获现值法是通过预测被评估林木资源资产林分从生成到主伐可生产的木材数量，利用木材市场价格倒算出林木的价值并将其折算成现值，然后扣除评估基准日后到主伐前预计要采取的各项经营措施成本（含地租）的现值，将剩余部分作为被评估林木资产的评估价值。其评估计算公式如下：

$$P=K\times\frac{A_u+D_a(1+r)^{u-a}+D_b(1+r)^{u-b}+\cdots}{(1+r)^{u-n-1}}-\sum_{i=n}^{u-1}\frac{C_i}{(1+r)^{i-n-1}} \tag{9.12}$$

式中，P 为林木资产评估价值；K 为林分质量调整系数，一般根据待评估林分与标准林分蓄积或胸径指标进行调整；A_u 为标准林分 u 年主伐时的净收益（指木材销售收入扣除采运成本、销售费用、管理费用、财务费用、相关税费、木材经营合理利润后的部分）；D_a、D_b 为标准林分第 a 年、第 b 年的间伐和其他纯收益（$n>a$、b 时，D_a、$D_b=0$）；C_i 为评估基准日后至主伐期间的年营林成本；u 为经营周期；n 为林分年龄；r 为投资收益率。

收获现值法理论上可以用于任何年龄阶段的林木资产的评估，但一般用于中龄林和近熟林比较适合。

（二）林地期望价法

林地期望价法是以实现林地永续皆伐为前提，并假定每个轮伐期林地上的收益相同，支

出也相同，从无林地造林开始计算，将主伐时林木纯收入（立木价）的现值扣除所有营林生产成本的现值，得到轮伐期的纯收益现值，将无穷多个轮伐期的土地纯收益的现值全部累加求和，作为被评估林地资产的评估价值。其评估计算公式如下：

$$P=\frac{A_u+D_a(1+r)^{u-a}+D_b(1+r)^{u-b}+\cdots-\sum_{i=1}^{u}C_i(1+r)^{u-i+1}}{(1+r)^u-1}-\frac{V}{r} \tag{9.13}$$

式中，P 为林地评估价值；A_u 为现实林分第 u 年主伐时的纯收益（指木材销售收入扣除采运成本、销售费用、管理费用、财务费用、有关税费、木材经营的合理利润后的部分），D_a、D_b 分别为一个轮伐期内现实林分第 a 年、第 b 年的间伐或其他纯收益；C_i 为第 i 年投入的营林生产直接费用（包括整地、栽植、抚育等费用）；V 为年均营林生产间接费用（包括森林保护费、营林设施费、良种实验费、调查设计费、基层生产单位管理费、场部管理费用、财务费用）；u 为轮伐期；r 为投资收益率。

林地期望价法适用于经济林或常年有稳定收益的林地价值评估。

三、市场法在林木和林地资源资产评估中的应用

市场法是根据市场上与评估对象相同或类似近期交易实例资产的价格，通过比较分析被评估资产与交易实例资产的差异，经修正调整后估算评估对象价值的各种具体方法的统称。在林木及林地资源资产评估中经常应用的具体方法有木材市场价倒算法和市场成交价比较法。

（一）木材市场价倒算法

木材市场价倒算法又称剩余价值法，是用被评估林木采伐后所得的木材市场销售总收入，扣除木材经营所耗的成本（含税费）及合理利润后剩余价值部分作为林木资产评估价值的一种具体方法。其评估计算公式如下：

$$P=W-C-F \tag{9.14}$$

式中，P 为林木资产评估价值，W 为销售总收入，C 为木材生产经营成本（包括采运成本、销售费用、管理费用、财务费用及有关税费），F 为木材生产经营合理利润。

当森林培育与木材生产为同一方时，应结合评估目的等因素，确定是否需要扣减木材经营利润 F。该方法较适合于成熟、过熟林林木资产的评估，因为这时候的财务资料取得比较容易、可靠。这种方法充分反映了市场供求关系对资产价值的影响，但由于这种方法受市场价格变化的影响较大，因此，如果成熟林的采伐期与评估基准日距离时间较长，则不宜采用该方法。

（二）市场成交价比较法

市场成交价比较法是以具有相同或类似条件林地的现行市价为比较基础估算林地价值的具体评估方法。评估时应选取三个及三个以上与被评估林地条件相似的参照交易案例，并仔细分析参照交易案例的评估参数指标等的代表性、适宜性、准确性，对估算结果进行分析判断后，可采用简单算术平均、加权算术平均、中位数法、众数法、综合分析法等方法，确定评估结论。其中，简单算术平均法的评估计算公式如下：

$$P=\frac{S}{n}\sum_{i=1}^{n}K_i\times K_{bi}\times G_i \tag{9.15}$$

式中，P 为林地资产评估价值；K_i 为林地质量调整系数；K_{bi} 为物价调整系数，可以用评估基准日市价与参照物交易时市价之比求得；G_i 为参照交易案例的单位面积林地交易价格；S 为被评估林地面积；n 为参照交易案例个数。

采用市场成交价比较法需要对被评估林地与参照交易案例林地的差异进行修正，修正的因素是影响林地价值并且被评估林地与参照交易案例林地有差异的因素。

1. 林地质量调整系数是立地质量调整系数与地利等级调整系数的乘积

立地质量调整系数(K_1)按照被评估林地立地等级预测主伐时产量与该地域交易林地的立地等级主伐时的蓄积预测产量的比值计算。

$$K_1=\frac{\text{被评估林地立地等级的标准林分主伐时的蓄积}}{\text{参照交易案例林地立地等级的标准林分主伐时的蓄积}}$$

地利等级调整系数(K_2)按照现实林分与参照交易案例林分在主伐时立木价(以木材市场价倒算法求得)的比值计算。

$$K_2=\frac{\text{被评估林地立地等级的标准林分主伐时的立木价}}{\text{参照交易案例林地立地等级的标准林分主伐时的立木价}}$$

林分，是指内部特征大体一致而与相邻地段有明显区别的一片林子。一个林区的森林，可以根据树种组成、起源、林相、林龄、疏密度、地位级、林型及其他因素的不同，划分成不同的林分。

2. 物价调整系数(K_b)可采用评估基准日与参照交易案例交易时的木材销售价格之比计算。

$$K_b=\frac{\text{评估基准日的木材销售价格}}{\text{参照交易案例交易时的木材价格}}$$

市场成交价比较法应用的关键是找到与被评估林地类似的参照交易案例，而且其交易价格必须是真实、可靠的。

四、成本法在林木和林地资源资产评估中的应用

成本法是通过估算被评估资产的重置成本和资产实体性贬值、功能性贬值、经济性贬值，将重置成本扣减各种贬值作为评估资产价值的方法。在对林木及林地资源资产评估时，当没有收益或未来收益难以预测，而在市场上又难以找到相同或类似的可比参照交易案例时，既不能使用收益法，也不能使用市场法，成本法就成为可使用的方法。成本法的具体方法主要有林木资源资产评估的重置成本法和林地资源资产评估的林地费用价法。

(一)重置成本法

重置成本法是按照现时工价和水平，重新营造一块与被评估林木资产相类似的林分所需要的成本费用，作为被评估林木资产的评估价值的方法。其评估计算公式如下：

$$P=K\times\sum_{i=1}^{n}C_i\times(1+r)^{n-i+1} \tag{9.16}$$

式中，P 为林木资产评估价值；K 为林分质量综合调整系数；C_i 为第 i 年的以现行工价及生产水平为标准计算的生产成本，主要包括工资、物质消耗、地租、管理费用等；r 为投资

收益率；n 为林分年龄。

重置成本法最适用于幼龄林林木资产的评估，因为作为营造不久的幼龄林，其未来的收获预测困难，收益法难以应用，市场上也很难找到参照的交易案例，而其各项营林成本较清晰，测算重置成本较为容易。

应用成本法评估林木资产时，应注意以下几点：

(1)林木经营周期往往长达数十年，这期间经营基本上无收益(或仅有少量收益)，且营林投入和风险主要集中在前几年，这会造成资金占用的时间较长，因此，需要合理确定投资收益率以计算资金成本和投资收益。

(2)在林木经营过程中，投资形成资本的积累，生长过程中没有收益或有很少的收益，不存在实体性损耗，资产的价值一直增加，要到主伐时才一次性将林木采伐和出售，投资全部收回，因此，在林木资产应用重置成本法时一般不需要考虑损耗，也不存在成新率问题。

(3)不同林分的质量差异较大，其重置成本一般是指社会平均劳动的重置价值。林分质量是以当地平均的生产水平为标准，但各块林分由于管理水平的不同，与平均水平存在差异，因此，各块林分的价值必须用林分质量调整系数进行调整。基于我国对于森林培育的营林标准要求，在实际操作中，幼龄林一般采用株数调整系数和平均树高调整系数综合确定，而中龄以上的林分采用平均胸径调整系数和蓄积调整系数综合确定。

(二)林地费用价法

林地费用价法是用取得林地所需要的费用和把林地维持到现在状况所需要的费用来确定林地价值的方法。其评估计算公式如下：

$$P = CI \times (1+r)^n + \sum_{i=1}^{n} C_i \times (1+r)^{n-i+1} \qquad (9.17)$$

式中，P 为林地评估价值，CI 为林地购置费，C_i 为林地购置后第 i 年的林地改良费用，n 为林地购置年限，r 为投资收益率。

林地费用价法适用于林地购入后经改良使之适合于林业用途的林地价值评估。

取得林地所需要的费用和把林地维持到现状所需要的费用一般由三种费用构成：(1)购买林地及其他为取得林地所需的费用；(2)林地取得后为适于林木培育而投入的改良费用；(3)从开始投入上述费用到评估基准日为止的费用利息。

本章小结

资源资产是一类重要的资产，资源资产评估有不同于其他资产评估的特殊性，特别是在评估对象的确认方面具有比较强的专业性特征。很多情形是资源资产交易需要评估，也有很多情形是企业价值评估中涉及的资源资产评估，评估时务必搞清楚是什么情形下涉及的资源资产评估，这会影响评估结论的价值类型，也会对评估方法中参数的选取产生影响。

复习思考题

1. 简述资源资产的含义、特性和属性。

2. 资源资产评估有哪些特点?

3. 矿业权价值评估有哪些特点?

4. 影响矿业权价值的因素有哪些?

5. 比较矿业权评估各种方法的具体适用对象和条件。

6. 简述森林资源资产的特点及其评估的特点。

7. 比较林木资源资产评估各种方法的具体适用对象和条件。

计算题

1. 被评估资产为一待开采金属矿的探矿权。该矿由甲勘探队于2021年1月初开始进行投资勘探,2023年12月末完成了全部勘探工作,并形成了完整的资料,具备了投资开采的条件。2024年1月,甲勘探队拟将勘探成果转让给乙企业,并由乙企业进行开采。要求评估探矿权价值并将评估基准日确定为2024年1月1日。

评估人员经调查得知,甲勘探队在3年的勘探过程中,每年投资100万元,资金均匀投入,在这3年的过程中,相应物价指数每年递增5%,该金属矿可开采量为1 000万吨。乙企业从2024年1月开始投资,如果每年投资500万元,资金均匀投入,3年后可形成年开采矿石100万吨的生产能力。假设该矿矿石每吨售价500元,每年获得的利润总额为销售收入的15%,所得税税率为25%,适用的折现率为10%,除投资条件外不考虑其他因素。

要求:采用折现现金流量法评估该探矿权的价值(计算结果以万元为单位,小数点后保留两位)。

2. 某公司拟转让面积为1 000亩的采伐迹地,其适宜树种为杉树,经营目标为一般商品用材(主伐年龄为16年)。该地区一般杉木小径材的标准参照林分主伐时平均亩蓄积为12立方米/亩,林龄在第十年时间伐一次,间伐时生产小径材2立方米。有关技术经济指标如下:

(1)营林生产成本,第一年(含整地、挖穴、植苗、抚育等)为380元/亩·年,第二年和第三年抚育费为100元/亩·年,从第一年起管护费用为10元/亩·年。

(2)主伐时生产木材单位蓄积纯收入为450元,间伐时生产木材单位蓄积纯收入为300元。

(3)投资收益率为8%。

要求:采用林地期望价法计算该林地资产评估价值(计算结果保留小数点后两位)。

计算题
参考答案

10

第十章 企业价值与商誉评估

全章提要

学习目标

知识目标:熟悉企业价值评估的对象、价值类型和资料搜集等基本内容。掌握收益法、市场法和资产基础法在企业价值评估中的具体应用,包括评估的技术思路、操作步骤、参数取值方法及其适用性和局限性。了解期权定价和商誉评估的基本理论与方法。

思政目标:培养学生正确的价值观,客观地选择评估方法,规范地执行评估流程,恪尽职业操守,精益求精。

思维导图

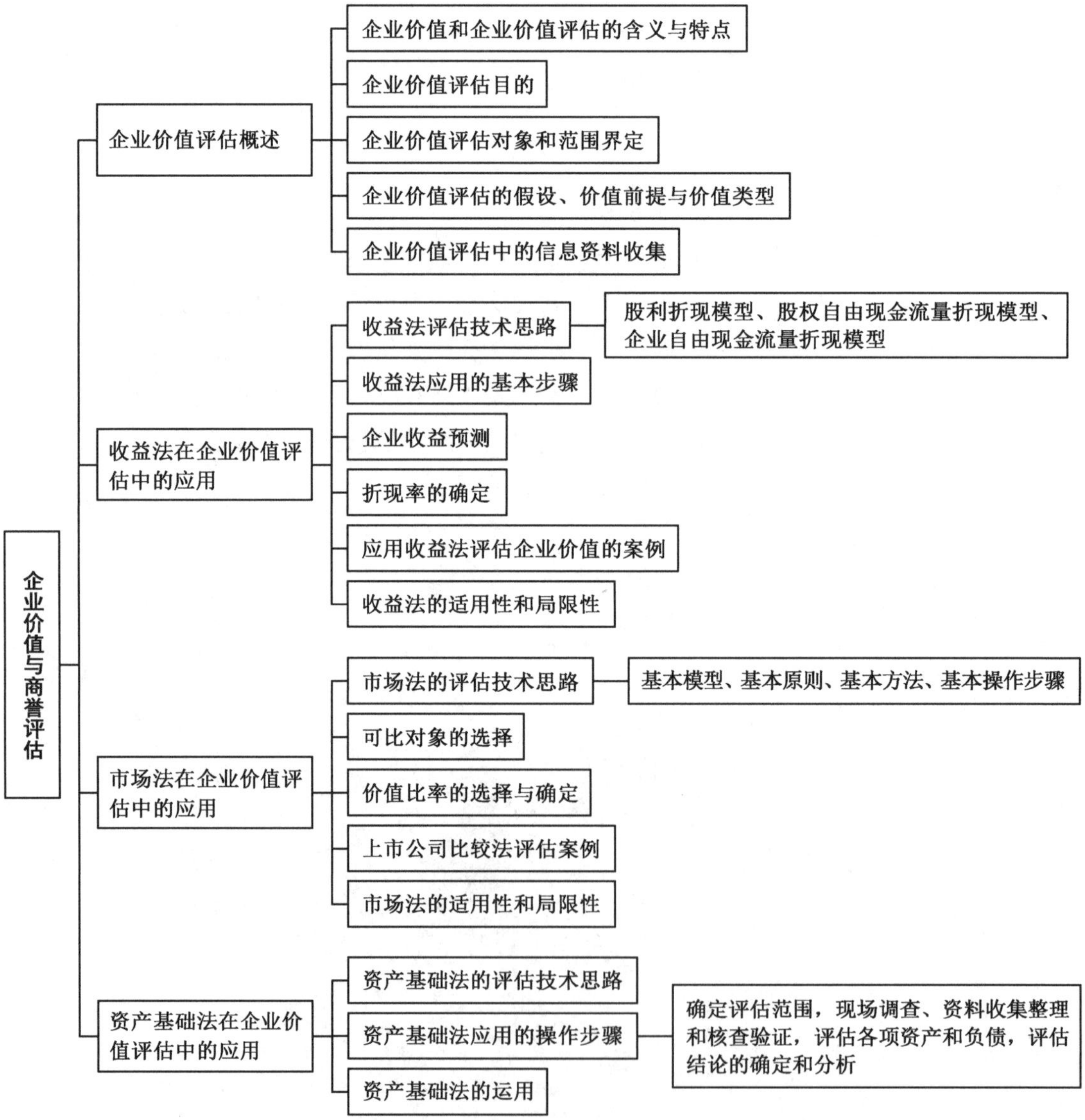

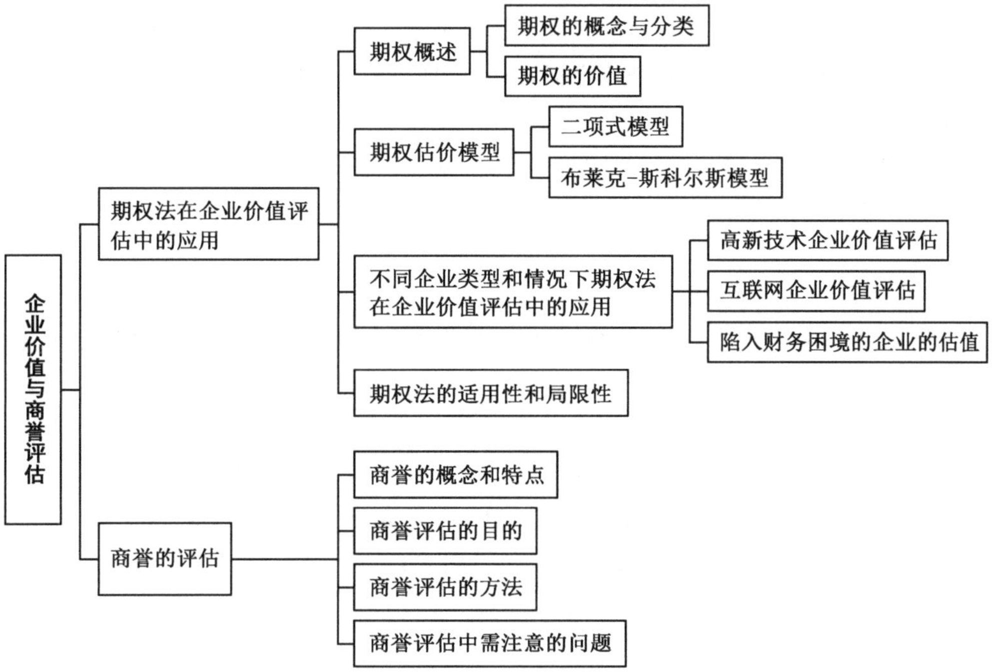

第一节　企业价值评估概述

一、企业价值和企业价值评估的含义与特点

（一）企业价值

1. 企业价值的含义

企业价值是企业作为资产综合体，其未来获利能力的货币化体现，是企业在遵循价值规律的基础上，通过以价值为核心的管理，使企业利益相关者均能获得满意回报的能力。

2. 企业价值的特点

(1)企业价值是一个整体概念

企业价值是处于企业经营系统中的各项资产经过相互作用、相互影响所创造的由企业的人力、物力、财力等要素整合在一起实现的企业未来获利能力。其通常不能通过对企业所拥有的各项资产价值进行简单相加而得到。

(2)企业价值受企业可存续期限影响

企业价值依附于特定企业实体而存在。一方面，企业处于生命周期的不同阶段（初创、成长、成熟 、衰退），其价值会有所不同；另一方面，与其他资产不同，企业未来的存续期限是不确定的，难以准确预计，从而会对企业价值的判断产生影响。

(3)企业价值具有实体价值和虚拟价值两种表现形式

企业实体价值表现为企业在商品市场上的交易价值或资产价值。企业虚拟价值是指在资本市场上(特别是股票市场)形成的企业虚拟资产(股票)的市场价值。

3. 影响企业价值的因素

基于企业价值管理理论的发展和企业价值评估实践,通常是将企业置于其发展环境中依次从宏观环境因素、行业发展状况和企业发展状况三个层面对影响企业价值的因素进行梳理。

(1)宏观环境因素

宏观环境因素主要包括政治环境、宏观与区域经济、法律法规、有关货币和财政政策、技术进步以及社会和文化等因素。

(2)行业发展状况

行业发展状况包括行业政策环境,行业经济特征,行业市场特征,行业竞争情况,行业特有的经济模式,行业的周期性、区域性和季节性特征,企业所在行业与上下游行业之间的关联性,上下游行业发展对本行业发展的有利和不利影响等。

(3)企业发展状况

企业发展状况分为企业层面因素和资产层面因素两大类。企业层面因素主要有企业发展、业务和经营战略,企业生产经营模式、盈利模式、业务或产品的种类及结构、生产能力、行业竞争地位、产业链关系(与供应商和客户的关系)、资本结构、会计政策、人力资源等。对资产层面可能产生影响的因素主要与企业拥有的具体资产的利用方式、利用程度、利用范围和利用效果等情况相关。

(二)企业价值评估

1. 企业价值评估的含义

企业价值评估,从本质上讲是对企业作为资产综合体的持续获利能力的评定和估算。但在评估实务中,我们需要根据评估目的和委托方的要求,进一步明确企业价值评估的具体内涵或者说评估对象。根据中国资产评估协会2018年修订的《资产评估执业准则——企业价值》第二条对企业价值评估的定义,企业价值评估是指资产评估机构及其资产评估专业人员遵守法律、行政法规和资产评估准则,根据委托对评估基准日特定目的下的企业整体价值、股东全部权益价值或者股东部分权益价值等进行评定和估算,并出具资产评估报告的专业服务行为。

企业整体价值是企业总资产价值减去企业负债中的非付息债务价值后的余值,或用企业所有者权益价值加上企业的全部付息债务价值表示。企业股东全部权益价值,即所有者权益价值或净资产价值。企业股东部分权益价值,即企业一部分股权的价值,或股东全部权益价值的一部分。在企业价值评估实务中,一般是在得到股东全部权益价值后再确定部分权益价值。但是由于存在控股权溢价和少数股权折价的因素,因此,股东部分权益价值并不必然等于股东全部权益价值与股权比例的乘积。评估人员应当在适当和切实可行的情况下考虑由于控股和少数股权等因素产生的溢价或折价,并应在评估报告中披露是否考虑了控股权和少数股权等因素产生的溢价或折价。

2. 企业价值评估的特点

(1)评估对象是由多个或多种单项资产组成的资产综合体。

(2)评估的标的是该综合体的持续获利能力,而非各单项资产价值的加总。

(3)企业价值评估是典型的整体性评估。

二、企业价值评估的目的

企业价值评估是现代市场经济的产物。进入21世纪20年代,社会经济发展对企业价值评估的需求越来越广泛。作为企业价值评估的基本要素之一,企业价值评估的目的与特定评估需求相对应,并直接导致企业价值评估这类经济行为的发生。现阶段企业价值评估的目的呈现日趋多样化特征,主要包括企业改制、企业并购、企业清算、财务报告、法律诉讼、征税、财务管理、考核评价以及其他目的。

(一)企业改制

企业改制的形式包括国有企业改制、集体企业改制、其他企业改制,以及非公司制企业按照《中华人民共和国公司法》的要求改建为有限责任公司或股份有限公司,有限责任公司经批准变更为股份有限公司等形式,具体有重组、联合、兼并、租赁、承包经营、合资、转让产权和股份、股份合作制等方式。

(二)企业并购

在当今激烈的市场竞争中,企业管理者已经将兼并与收购视为保持企业竞争力的关键手段。在并购过程中,对目标企业的价值评估非常重要。无论是在选择目标企业,还是在决定报出多高价或接受多高价时,企业价值评估都是并购决策合理性的基础。

(三)企业清算

企业清算包括以下三种类型:一是依据《中华人民共和国企业破产法》的规定,在企业破产时进行清算;二是依照国家有关规定对改组、合并、撤销法人资格的企业的资产进行清算;三是企业按照合同、契约、协议的规定终止经营活动的清算。

(四)财务报告

随着公允价值在会计计量中的运用逐渐增多以及公允价值计量对专业性和独立性的要求,以财务报告为目的的资产评估也日益增多,如在确定权益工具的公允价值过程中可能需要对权益工具对应的企业价值进行评估。

(五)法律诉讼

在法律诉讼时,公司股东与股东之间、股东与管理层之间、股东与债权人之间以及公司的利益相关者之间,常常会发生因公司价值变化而引起的法律诉讼。企业价值评估结论是法律案件裁决的重要依据之一。

(六)征税

在股权的保有、交易、赠与、继承等环节,股权投资者需要根据相关税法的规定缴纳相应的财产税,特别是对于非上市公司的股权,其市场价值通常需要资产评估专业人员进行评估后确定。

（七）财务管理

在企业的财务管理活动中，投资决策、融资决策、经营决策和股利分配政策均是影响企业价值的重要因素。通过对企业价值的评估，可以对已制定的财务决策进行验证和评价，也能对未来财务决策提供参考。通过企业价值评估对经营者的绩效进行考核和评价已越来越得到社会的认可。

（八）考核评价

所有权与经营权分离是公司制的一大特征。企业的所有者不再经营企业，企业的经营活动由职业经理人承担，企业所有者与经营者之间会形成代理问题。企业经营者是否履行职责，是否为企业所有者创造价值，需要通过绩效评价机制来做出判断。

企业价值评估的其他目的包括股票公开发行、企业股利政策的制定、企业员工持股计划的制订、企业投资项目决策、企业租赁、股权的质押和担保以及债务重组等。

三、企业价值评估对象和范围界定

企业价值评估对象通常包括企业整体权益、股东全部权益和股东部分权益。企业价值评估范围是对评估对象的价值进行评定、估算的工作过程中所涉及的企业资产和负债的范围。企业整体权益价值的评估范围包括企业产权涉及的全部资产及非负息债务。股东全部权益和股东部分权益价值评估的范围包括企业产权涉及的全部资产和全部负债。

（一）从产权的角度界定企业价值评估范围

从产权的角度界定，企业价值评估的范围应该是企业产权所涉及的全部资产，包括企业产权主体自身拥有并投入经营的部分、企业产权主体自身拥有但未投入经营的部分、虽不为企业产权主体自身占用及经营但可以由企业产权主体控制的部分，如全资子公司、控股子公司以及非控股公司中的投资部分，企业拥有的非法人资格的派出机构、分部及第三产业，企业实际拥有但尚未办理产权登记的资产等。

在实务操作中，具体界定企业价值评估资产范围的依据有三条：一是企业有关产权转让或产权变动的协议、合同、章程中规定的企业资产变动的范围；二是企业有关资产产权证明、账簿、投资协议、财务报表；三是对国有企业而言，若产权变动需要报批，则以上级主管部门批复文件所规定的评估范围为准。

（二）从有效资产的角度界定企业价值评估的具体范围

企业价值评估的标的是企业的获利能力。企业的获利能力是企业全部资产中的有效资产共同作用的结果。因此在对企业整体进行评估时，需要将企业资产范围内的有效资产与对整体获利能力无贡献的溢余资产进行正确的界定和区分，并且对溢余资产进行处理。

有效资产是指企业中正在运营或虽未运营但具有潜在运营能力，能够对企业盈利能力做出贡献、发挥作用的资产。溢余资产是指企业中不能参与生产经营、不能对企业盈利能力做出贡献的非经营性资产、闲置资产，以及虽然是经营性资产，但在被评估企业已失去经营能力和获利能力的资产的总称。

对溢余资产的处理方式通常有两种：一是进行“资产剥离”，即将企业的溢余资产在进行企业价值评估前剥离出去，不列入企业价值评估的范围；二是在溢余资产不影响企业获利能力的前提下，如闲置的不动产、设备等，用适当的方法对其进行单项资产评估，并将评估值加总到企业价值评估的最终结果中。上述做法均应在评估报告中予以披露。

对有效资产绝不能漏评。对于企业在评估基准日客观存在和拥有产权的账外资产（漏计、误计、未建账以及盘盈的资产），如果认定其属于有效资产，就应重新建账并纳入评估范围。此问题在采用加和法评估企业价值时需特别注意。

此外，对于在评估时点产权不清的资产，应划为“待定产权资产”，可以列入企业价值评估的范围。但在具体操作时，应做特殊处理和说明，并需要在评估报告中披露。

四、企业价值评估的假设、价值前提与价值类型

同一企业在不同的假设前提下评估得出的价值结论可能大不相同。根据评估假设的不同，企业价值可以有以下几种价值前提：

（一）持续经营假设前提下的价值

持续经营假设是企业价值评估中最常用的假设。该假设是指被评估企业在评估基准日后仍将按原有的经营目的、经营方式持续经营下去（无论是出售、兼并还是重组），其所提供的产品或服务仍能满足市场需求，并产生一定的效益。因此，持续经营假设前提下的价值是指企业作为收益性资产整体的持续经营价值。

（二）破产清算前提下的价值

由于清算可以分为强制清算和有序清算两种，因此，该价值具体可分为以下两种：

1.有序出让时的交易价值

该价值类型是指组成企业的单件（项）资产分别有序出售的市场交换价值，其前提是预计企业的所有资产都会卖掉，并且在市场上会以正常的价格转让。

2.被迫清算时的交易价值

该价值类型是指组成企业的单件（项）资产分别被迫清算的市场交换价值，其前提是预计企业的所有资产都会售出，但在市场上是以低于正常价的价格转让。

在以上几种价值前提中，值得讨论的是持续经营前提下的价值和有序出让时的交易价值。对于某些企业，尤其是持续经营盈利前景不十分乐观，而企业又拥有价值较高的单项资产（如不动产）的情况下，评估人员就需要考虑该评估对象是在持续经营前提下的价值大，还是在清算前提下的价值大。如果相关权益人有权启动被评估企业清算程序，资产评估专业人员就应当根据委托事项，分析评估对象在清算前提下价值大于在持续经营前提下价值的可能性，再根据评估目的和价值类型得出相应的评估结论。

在选择适当的价值前提时，有两个问题需要注意：一是企业价值评估中价值类型的选择。持续经营前提下的价值与有序出让时的交易价值都可以评估企业（或资产）的市场价值，因为两者都符合市场价值类型的内涵；而被迫清算时的交易价值，由于不符合市场价值所要求的条件，因此只能评估企业的非市场价值（清算价值）。此外，持续经营前提下还可以评估企业的投资价值，即企业对于具有明确投资目标的特定投资者或某一类投资者所具有

的价值,如企业并购中的被评估企业对于特定收购方的收购价值等。二是选择适当的价值前提取决于被评估企业各种资产的最佳最有效用途。例如,某企业位于市区,其所占用的土地的最佳最有效用途是商用,而非工业用途。

五、企业价值评估中的信息资料收集

企业价值评估中的信息资料收集是做好企业价值评估的一项重要工作,是合理评价企业价值和规避评估风险的基础。评估人员可以根据企业价值评估中所选择的价值类型以及评估途径和方法,收集与企业价值评估相关的、有针对性的、有用的信息资料。

根据企业价值评估相关准则的要求以及评估实践经验,企业价值评估需要收集的信息资料主要涉及三个方面:企业内部信息、企业经营环境信息和市场信息。

(一)企业内部信息

与企业价值评估相关的企业内部信息主要包括企业的法律文件、财务信息、经营信息、管理信息和其他信息。

1. 企业的法律文件

企业的法律文件主要有公司章程、企业各项规章制度以及各种补充修改文件;企业重要经营协议、合同,包括供货、销货、特许经营、技术转让、房屋设备租赁、银行贷款、保险、劳动协议合同等。

2. 企业的财务信息

企业的财务信息主要是指企业的财务报表,包括近几年的资产负债表、损益表、现金流量表、资产清单、同年及上年度的纳税记录,从评估基准日算起的过渡期报表①以及以前年度同期比较报表。

3. 企业的经营信息

企业的经营信息包括企业概况,如企业的历史沿革、类型、规模、主要产品或服务、行业竞争地位等,企业的客户与原料供应商的信息,企业对未来经营的预算以及企业的资本需求信息,如资本性支出、递延的维修费用以及营运资金的需求等。

4. 企业的管理信息

企业的管理信息主要有企业机构组织示意图、主要领导人简介、人力资源管理模式等。

5. 企业的其他信息

企业的其他信息主要包括企业以往股权变动情况;企业资产价值依据文件,如最近财产税务评估报告或因其他目的而做过的资产评估报告;或有负债;资产负债表外的债务情况,包括尚未判决的经济案件以及其他情况的债务;税务信息;等等。

(二)企业经营环境信息

企业经营环境信息主要是指与企业经营发展密切相关的宏观经济信息和产业经济信息。

---

① 这是指不以财务年度最后一天作为报告日的财务报表,因为资产评估基准日不一定是年底的12月31日,从上一年度的年底到评估基准日的这段时间的财务报表就是过渡期的财务报表。

1. 宏观经济信息

宏观经济信息包括当前国家经济发展趋势、经济增长速度，全球经济发展趋势以及国家的宏观经济政策等。

2. 产业经济信息

产业经济信息包括产业在国民经济中的地位和作用，产业发展趋势与增长速度，产业的准入制度，产业的布局与市场分割状况，产业技术指标、经济指标和财务指标等。

（三）市场信息

企业价值评估所需要的市场信息大致可分为两个方面：一方面是指被评估企业生产产品或提供服务的市场情况，尤其是同行业之间的竞争程度。企业未来的获利能力和持续经营时间是由企业之间、产品之间的竞争决定的。另一方面是指资本市场上的相关信息，主要有与被评估企业相同、相似上市公司的市场价格、投资回报率、各种价值比率，与被评估企业相同、相似的并购企业交易价格、投资回报率、各种价值比率等。

第二节　收益法在企业价值评估中的应用

一、收益法评估的技术思路

收益法是指通过预测企业未来收益并将其折算成现值，据以确定企业价值的评估方法。预测收益和折现率是收益法评估企业价值的关键变量，两者的可预测性和可估算性是收益法适用的基本前提。

为了降低企业会计政策和盈余管理措施等非经营性因素对估值结果的影响，收益法的收益指标通常采用现金流口径而非会计利润。针对评估对象和收益口径的不同，收益法主要包括股利折现模型、股权自由现金流量模型、企业自由现金流量模型和经济利润模型等。其中，股利折现模型和股权自由现金流模型可以直接测算股权的价值；企业自由现金流模型和经济利润模型则是直接测算整体企业价值。由于整体企业价值是股权价值和负债价值之和，因此，这些模型均属于收益法下的企业价值评估模型，可用于评估企业整体价值或股权价值。

（一）股利折现模型

股利折现模型是将预期股利折现以确定股权价值的方法。在永久持有股票的条件下，股利是股东投资股票获得的唯一现金流量，也是决定股票价值的收益表现形式。

1. 基本公式

股利折现模型的基本公式如下：

$$V = \sum_{t=1}^{\infty} \frac{DPS_t}{(1+R_e)^t} \tag{10.1}$$

其中，V 为股票价值，DPS_t 为第 t 年每股预期股利，R_e 为股权资本成本。

2. 基本公式的演化

(1)零增长股利模型

该模型假设企业收益期无限且收益期内各年股利固定不变,常用于成熟期企业价值评估。公式表达如下:

$$V=\frac{DPS}{R_e} \tag{10.2}$$

其中,DPS 为年股利额。

(2)固定股利增长率模型

该模型假设企业收益期无限且收益期内各年股利按固定增长率逐年增长,适用于稳定成长的企业的价值评估。模型隐含着企业业绩的其他测量指标(包括收入、利润等)也按此增长率增长的假设。稳定的增长率必须是合理的。一般情况下,如果企业的业务范围仅限于国内市场,则永续增长率不应超过预期国内经济增长率;如果企业跨国经营,则永续增长率不应超过全球预期经济增长率。公式表达如下:

$$V=\frac{DPS_1}{R_e-g} \tag{10.3}$$

其中,DPS_1 为评估时点下一期的期望股利,R_e 为股权资本成本,g 为固定增长率。

(3)两阶段股利增长模型

该模型假设企业股利在初始阶段增长率很高,此后进入稳定增长阶段。两阶段模型适用于在特定阶段高速增长,而后由于产品专利到期、进入壁垒消失等高速增长的有利因素消失,增速进入持续稳定增长阶段的企业。公式表达如下:

$$V=\sum_{t=1}^{n}\frac{DPS_t}{(1+R_e)^t}+\frac{DPS_{n+1}}{(R_e-g)\times(1+R_e)^n} \tag{10.4}$$

其中,DPS_t 为第 t 期的期望股利,R_e 为股权资本成本,g 为进入稳定增长阶段后的固定增长率。

3. 股利折现模型的适用条件

应用股利折现模型应满足的条件是企业股利分配政策比较稳定,采用稳定的股利增长率或增长额,股东在预测期及永续期可以分得的股利金额能够被合理预测。在实务中,股利折现模型通常适用于对缺乏控制权的股东部分权益的价值评估。追求稳定现金分红的投资者可能更加偏好采用股利折现模型。

(二)股权自由现金流量折现模型

1. 股权自由现金流量

(1)股权自由现金流量的概念

股权自由现金流量(free cash flow of equity, FCFE)是指企业在满足了全部财务要求和投资要求(偿还债务、新增资本性支出和营运资本支出)后,股东可自由支配的现金流量。股权自由现金流量包括所有归属于股权的自由现金流,与股利分配政策无关。

(2)股权自由现金流量的计算公式

股权自由现金流量=(税后净营业利润+折旧及摊销)-(资本性支出+营运资本增加)-税后利息费用-付息债务的净偿还

其中,税后净营业利润是指企业不扣除利息费用但扣除所得税之后的利润数额。

税后净营业利润=净利润+利息费用×(1−所得税税率)

资本性支出是指用于企业固定资产投资的、新增的资本支出净额。

营运资本=经营性流动资产−经营性非付息债务

税后利息费用=利息费用×(1−所得税税率)

付息债务的净偿还=偿还付息债务本金−新借付息债务

2.股权自由现金流量折现模型的具体形式

(1)基本公式

股票的投资价值是未来全部股权自由现金流量的现值。假设股权自由现金流量均在收益期的期末产生或实现。其基本公式表达如下:

$$V=\sum_{t=1}^{\infty}\frac{FCFE_t}{(1+R_e)^t} \tag{10.5}$$

其中,V 为股票价值,$FCFE_t$ 为第 t 年的股权自由现金流量,R_e 为股权资本成本。

(2)基本公式的演化

①稳定增长的股权现金流模型

该模型假设企业收益期无限,且收益期内各年股权自由现金流量按固定增长率逐年增长。模型中使用的增长率必须是合理的,应该与宏观经济增长率相协调。该模型一般适用于具有稳定的增速、股利政策、资本结构和投资回报率的企业。其公式表达如下:

$$V=\frac{FCFE_1}{R_e-g} \tag{10.6}$$

其中,$FCFE_1$ 为评估时点下一期的股权自由现金流量,R_e 为股权资本成本,g 为固定增长率。

②两阶段股权现金流模型

该模型假设企业股权自由现金流量在初始阶段增长率较高,此后增长率降低进入稳定增长阶段,且收益期无限。其公式表达如下:

$$V=\sum_{t=1}^{n}\frac{FCFE_t}{(1+R_e)^t}+\frac{FCFE_{n+1}}{(R_e-g)\times(1+R_e)^n} \tag{10.7}$$

3.股权自由现金流量折现模型的适用条件

使用股权自由现金流量折现模型必须能够对股权自由现金流量和折现率做出合理预测,也就是要求税后净营业利润、折旧及摊销、资本性支出、营运资本增加额、利息、新发债务、本金偿还等参数都具有可预测性。

(三)企业自由现金流量折现模型

1.企业自由现金流量

(1)企业自由现金流量的概念

企业自由现金流量(free cash flow of firm, FCFF)是指流向企业全部资本投资者的现金流量总和。全部资本投资者包括普通股股东、优先股股东和付息债务债权人。

(2)企业自由现金流量的计算

企业自由现金流量的计算主要有以下两种方法:

第一种方法是以息税前利润(EBIT)为基础计算。其计算公式如下:

FCFF=EBIT×(1-所得税税率)+折旧及摊销-资本性支出-营运资本增加额

第二种方法是用股权现金流加上债权现金流。此方法较为少用,计算公式如下:

FCFF=FCFE+利息费用×(1-所得税税率)+债务本金的偿还-新债发行

(3)企业自由现金流量与股权自由现金流量的对比

企业自由现金流量与股权自由现金流量归属的资本投资者不同。企业自由现金流量归属全部资本投资者,对其折现得到企业整体价值;股权自由现金流量归属股权投资者,对其折现得到全部权益价值。

企业自由现金流量与股权自由现金流量的计算难度存在差异。计算股权自由现金流量必须先计算债权自由现金流量,而计算企业自由现金流量可以以息税前利润为基础,不涉及债权自由现金流量。

此外,财务杠杆的存在会造成企业自由现金流量与股权自由现金流量的增长率不一致。如果企业在某一项目上的投入资本回报率超过税后利率,增加杠杆比率就会增加每股收益的增长率。而企业自由现金流量是一种债前现金流,它不会受到杠杆比率增长的影响。

2.企业自由现金流量折现模型的具体形式

(1)基本公式

对企业自由现金流量进行折现,可以得到企业整体价值,再减去付息债务价值,即可得到股东全部权益价值。其公式表达如下:

$$OV=\sum_{t=1}^{\infty}\frac{FCFF_t}{(1+WACC)^t} \tag{10.8}$$

$$V=OV-D$$

其中,OV 为企业整体价值,V 为股东全部权益价值,D 为付息债务价值,$FCFF_t$ 为第 t 年的企业自由现金流量,$WACC$ 为加权平均资本成本。

(2)基本公式的演化

①稳定增长的企业自由现金流量模型

该模型假设企业收益期无限,且收益期内各年企业自由现金流量按固定增长率逐年增长。模型中所用增长率必须是合理的。由于企业自由现金流模型选取的折现率是加权平均资本成本,一般低于股权资本成本,因此该模型对固定增长率的假设比股权现金流量模型更加敏感。其公式表达如下:

$$OV=\frac{FCFF_1}{WACC-g} \tag{10.9}$$

其中,$FCFF_1$ 为第一期企业自由现金流量,$WACC$ 为加权平均资本成本,g 为固定增长率。

②两阶段企业自由现金流模型

该模型假设企业自由现金流量在初始阶段增长率较高,此后增长率降低进入稳定增长阶段,且收益期无限。其公式表达如下:

$$OV=\sum_{t=1}^{n}\frac{FCFF_t}{(1+WACC)^t}+\frac{FCFF_{n+1}}{(WACC-g)\times(1+WACC)^n} \tag{10.10}$$

【例10-1】 待估企业预计未来5年内的企业自由现金流量为100万元、120万元、150

万元、160 万元和 200 万元。根据企业的实际情况推断，从第六年开始，企业自由现金流量将维持在 200 万元。假定加权平均资本成本为 10%，试估算企业整体价值。

$$OV=\sum_{t=1}^{n}\frac{FCFF_t}{(1+WACC)^t}+\frac{FCFF_{n+1}}{(WACC-g)\times(1+WACC)^n}$$

$$=\frac{100}{1+10\%}+\frac{120}{(1+10\%)^2}+\frac{150}{(1+10\%)^3}+\frac{160}{(1+10\%)^4}+\frac{200}{(1+10\%)^5}$$

$$+\frac{200}{(10\%-0\%)\times(1+10\%)^5}=1\ 778(\text{万元})$$

3. 企业自由现金流量折现模型的适用条件

使用企业自由现金流量折现模型必须能够对未来收益期内企业自由现金流量、折现率和企业债务价值做出合理预测，这涉及息税前利润、折旧及摊销、资本性支出、营运资本增加额等经营数据，以及企业资本结构和资金成本等反映企业经营风险的参数。对于无法合理和可靠预测这些数据的企业，不适用该方法。

二、收益法应用的基本步骤

（一）确定评估思路和评估模型

根据被评估对象的特征，确定被评估对象的股权是否具有控制权，以及是直接评估股权价值还是通过企业整体价值扣减付息债务价值得到股权价值，选择适用的评估模型。

（二）分析和调整企业历史财务报表

对企业历史经营绩效的分析是预测未来收益的重要基础。企业原始的财务报表混合了经营性和非经营性活动的影响和结果，因此需要对历史财务报表进行调整，将财务数据拆分为经营性和非经营性的财务指标。企业经营性的活动之间具有较为密切的历史相关性，对其全面和深入的分析能够为预测提供较为可靠的参考依据。非经营性资产的价值则要根据具体情况选择不同的方法评估。

（三）分析判断企业预期收益的增长趋势

在采用收益法预测时，应根据企业、行业和宏观经济运行的趋势判断，确定企业未来的增长趋势。高速增长的企业应对其竞争优势、市场需求、产品生命周期等进行多方面的分析，确定其未来增长率的变化趋势及进入稳定增长期所需要的时间。增长率是影响企业价值估值结果的关键变量，对于企业增长率和增长模式的判断一定要慎重，避免出现增长率短期内大幅度下降或上升的非正常情形。对于企业进入稳定增长阶段后的增长率，则要基于历史经验的分析和国家宏观经济增长的外部约束，确定合理的永续增长率。

（四）预测未来收益

1. 明确企业收益预测的基本前提

企业在经营过程中存在非常多的不确定因素，如外部环境变化、政策变化、国际经济形势变化、企业发展战略变更等，这些因素无法根据历史或者当前的信息进行可靠的判断和预测，但其变化会对企业未来的经营产生重要影响。因此，在对企业未来收益进行预测时，需要首先对这些因素进行基本判断。例如:国家的政治、经济等政策变化对企业预期收益的影响,除已经出台尚未实施的以外,只能假定其将不会对企业预期收益构成重大影响;不可抗拒的自然灾害或其他无法预期的突发事件,不作为预测企业收益的相关因素考虑;企业经营管理者的某些个人行为也不可能在预测企业收益时考虑;等等。当然,根据评估对象、评估目的和评估的条件,还可以对评估的前提做出必要的限定。但是,评估人员对企业预期收益预测的前提条件设定必须合情合理,否则,这些前提条件不能构成合理预测企业预期收益的前提和基础。

2.加强对预测结果的检验

为检验预测的合理性,可以从以下角度对预测结果进行检验:

(1)将预测与企业历史收益的平均趋势进行比较。若预测的结果与企业历史收益的平均趋势明显不符,或出现较大变化,又无充分理由加以支持,则该预测的合理性就值得怀疑。

(2)分析影响估值结果的敏感性因素。敏感性因素通常具有两方面的特征:一是该类因素未来存在多种变化的可能性,二是其变化能对企业的评估值产生较大影响。例如,对销售收入的预测,评估人员可能基于对企业所处市场前景的不同假设而对企业的销售收入做出不同的预测,并分析不同预测结果可能对企业评估价值产生的影响。通过敏感性分析,找到影响企业价值的敏感性因素,通过场景分析,能够更好地把握企业估值的合理区间。

(3)对所预测的企业收入与成本费用变化的一致性进行检验。企业收入的变化与其成本费用的变化存在较强的一致性。例如,预测企业的收入变化而成本费用不进行相应变化,则该预测值得怀疑。

(五)确定折现率

折现率是企业综合风险的集中体现,也反映了企业的资本成本和投资者要求的回报率。在评估实务中,应根据评估基准日的无风险利率、市场投资收益率等资本市场信息和被评估企业所处行业风险、特有风险、资本结构等企业特有信息确定折现率。

(六)评估经营性资产价值

将前述企业经营性活动的未来收益按照折现率进行贴现,就可以得到被评估企业的经营性资产的价值。

(七)评估非经营性资产及负债价值

企业价值包括经营性资产价值和非经营性资产价值。非经营性资产与前述企业经营性收益预测无关,对其价值应单独评估。如果要进一步得到企业股权的价值,就要对企业的付息债务进行评估。

(八)得出评估结果

在评估出经营性资产、非经营性资产及负债的价值后,即可进一步估算企业整体价值、股东全部权益价值或部分股权价值。

三、企业收益预测

对企业未来的收益进行预测是运用收益法评估企业价值的基础。资产评估专业人员应当对委托人和其他相关当事人提供的企业未来收益资料进行必要的分析、判断和调整，结合被评估企业的人力资源、技术水平、资本结构、经营状况、历史业绩、发展趋势，考虑宏观经济因素、所在行业现状与发展前景，合理确定评估假设，预测未来收益。当委托人和其他相关当事人未提供收益预测时，评估专业人员应当收集和利用预测未来收益的相关资料，并履行核查验证程序，在具备预测条件的情况下编制收益预测表。

（一）企业收益期的确定与划分

1.收益期的确定

在企业价值评估中，企业的收益期是指企业未来获得收益的年限，即从评估基准日到企业收益结束日的时间长度。企业的收益期包括有限年期和永续年期两种情况。对于大多数正常经营的企业，在没有信息证明其企业经营有年限时，均适用于永续经营假设，收益期限为无限期；对于生产经营受到一些因素的制约、无法维持永续经营的企业，其收益期限为有限期。在企业价值评估实务中，对企业收益期的确定，通常应考虑法律法规的规定、协议和章程的约定、企业主要资产的使用期限以及企业经营状况等因素的影响，具体分析如下：

(1)法律法规对企业收益期的影响

对企业收益期的确定应考虑国家有关法律法规、产业政策、行业准入政策、企业所在行业现状与发展前景等因素。对国家鼓励的产业，企业的收益期不会因为行业产业政策而受到影响；对国家限制的产业，应慎重考虑企业的收益期限制；对国家禁止的行业，企业的收益期会受到限制或影响。对企业开展多种经营活动且某项经营活动受法律法规或产业政策的影响而被限制发展或禁止发展的，将企业各种经营活动对应的收益进行区分，分别确定各类经营活动对应的收益期。若企业整体受到限制或禁止，则企业的收益期限应不长于相关法律法规规定的可经营期限。

(2)企业协议和章程对企业收益期的影响

企业投资者在协议或章程中对企业收益期做出具体约定的，通常不能仅根据这些协议或章程中的约定做出企业收益期为有限期的认定，还应考虑协议或章程中约定的期限届满后是否可以延长经营期限以及企业投资者的经营规划等因素后确定企业收益期。通过分析企业经营状况及与投资者沟通，若企业投资者并无延长合作期的意愿和打算，则应以企业章程中规定的年限作为企业收益期；若企业投资者计划延长合作期，企业目前正常经营且预计其未来能够保持正常运营，则企业的收益期可视为无限期。

(3)企业主要资产的使用期限对企业收益期的影响

企业收益来源于企业的生产经营活动，而企业的生产经营活动需依赖或使用企业的资产。当企业主要资产的可使用或可利用期限为有限期且无法通过更新换代使这些资产持续为企业使用或利用时，企业收益期将受这些资产使用期限的影响或制约。企业主要资产的使用期限对企业收益期产生影响或制约的情形主要有以下三种：

①企业生产经营所必需的主要生产资料能否持续取得具有不确定性，则该类企业的收益期通常为评估基准日企业已取得生产资料的可使用或可供利用期。房地产开发企业为代表性行业，其受开发土地供给方式的影响，持续获得开发用地具有较大的不确定性。对于房地产开发企业的收益期，通常结合评估假设确定为有限期限，其收益期至评估基准日所拥有

的全部土地资源开发完毕。对兼营房地产开发和销售、房地产自营业务的房地产企业,由于租赁等房地产自营业务可被视为永续经营,因此收益期可被视为无限期,但其中的房地产销售业务应截至评估基准日所拥有的全部土地资源开发完毕时。

②企业经营依赖于耗竭性的且不可再生的自然资源的,应根据其所依赖的自然资源的可利用期限确定企业的收益期。代表企业主要包括矿产资源采选企业和以耗竭性资源为主要原料的生产企业。矿产资源采选企业(采掘企业、采选联合企业)的功能是开发矿产资源,矿山企业的收益源于对矿产资源的开发利用,当矿产资源开采完毕,矿山闭坑,基于开发利用矿产资源的企业的收益途径就会丧失。因此,采掘企业或采选联合企业的收益期直接取决于资源储量的大小。以耗竭性资源为主要原料的生产企业(如金属冶炼企业、石化企业等),其收益期应考虑原料采购途径、资源的可回收性以及资源储量是否丰富等因素后进行合理确定。对于以耗竭性资源为主要原料的生产企业的生产消耗数量,因该耗竭性资源的储量丰富,生产企业受资源的制约较小,使得未来经营期相对较长,可近似认为该生产企业可永续经营。

③企业主要资产的可经营期受法律法规或合同规范或制约的,企业的收益期取决于该主要资产的可经营期。企业的收益期应根据主要资产的可经营期确定。其典型代表是政府与社会资本合作(PPP)、特许经营的项目公司。项目公司往往是基于政府与社会资本合作协议或特许经营协议而设立的,协议通常会对项目的可经营期限及经营期届满后项目设施的移交方式做出明确约定,这些项目公司的收益期与项目设施的可使用年限并无必然联系(协议往往会约定项目经营期限届满并移交时项目设施要达到的可使用状态,此时的项目设施仍是可使用的),而是取决于相关法律法规的规定以及协议的约定。基础设施和公用事业特许经营企业收益期应根据签署的特许经营协议确定且不超过 30 年。

(4)企业所处生命周期及其经营状况对企业收益期的影响

采用收益法对企业价值进行评估是基于企业能够持续经营的基本假设。企业持续经营不代表企业永续经营,应在分析企业生命周期的基础上合理确定企业收益期。

2. 收益期的划分

企业收益期通常被划分为详细预测期和稳定期。详细预测期是指从评估基准日到企业达到稳定状态的收益期限。详细预测期中企业的投资回报率、财务杠杆水平及企业面临的风险大小与行业或市场平均水平存在差异,企业各项财务指标尚不稳定,有必要对企业收益逐年进行预测。稳定期是指从企业达到稳定状态开始至企业收益结束日的期间。

详细预测期限应该足够长,以消化企业经营发展的不确定或非典型因素。详细预测期也根据企业收益的不稳定时期决定。评估实务中较多采用 5 年的详细预测期,但也可能长于或短于 5 年。周期性行业企业的详细预测期通常与净现金流量到达整个业务周期的期望平均净现金流量时所需要的年度数量或者期间数量一致。若企业已进入平稳期,详细预测期就可淡化周期性的影响,但对尚处于波动期的企业,通常需要适当延长详细预测期,使详细预测期结束时企业的经营状况能达到稳定状态。此外,应注意的是,企业从详细预测期过渡至稳定期通常是一个平滑或平稳的过程。

企业达到稳定状态,通常应同时具备以下五项特征:(1)企业收入-成本的结构较为稳定，接近行业平均水平；(2)企业的资本结构逐渐接近行业平均水平或企业目标资本结构水平；(3)企业除为维持现有生产能力而进行更新改造的资本性支出以外，不再有新增投资活动；(4)企业的投资收益水平逐渐接近行业平均水平或市场平均水平；(5)企业的风险水平逐渐接近行业平均水平或市场平均水平。从本质上看，详细预测期长度只影响企业价值在详细预测期和稳定期的分布。

（二）主要预测方法

预测的方法很多，归纳起来可分为两大类，即定性预测方法和定量预测方法。定性预测方法是指建立在经验、逻辑思维和推理基础上的预测方法。定性预测主要通过社会调查，采用少量的数据和直观材料，结合人们的经验加以综合分析，对预测对象做出判断和预测。定量预测方法则是根据以往比较完整的历史统计资料，运用各种数学模型对市场未来发展趋势进行定量计算，以求得预测结果。

1.定性预测方法

(1)一般调查预测法

一般调查预测法是指通过向社会有关专家进行调查而做出预测的方法，也称为直接归纳预测法，主要有会议调查、采访调查、报表调查、典型调查、联系网调查及咨询调查等，通常是交叉使用或综合使用，可基于各方有经验的主观判断做出正确预测。具体步骤如下：①确立调查目的，明确调查原则和准则；②成立调查工作小组；③制订调查方案，设计调查问题与表格；④实地调查并研究和处理调查过程中出现的各种问题；⑤整理调查资料；⑥提交调查成果或调查报告。

(2)德尔菲预测法

德尔菲预测法也称专家调查预测法。该方法是以匿名轮番征询专家意见以得出预测结果的一种经验意见综合预测方法。德尔菲预测法的基本程序和要求如下：

①预测准备阶段。拟定征询意见表，选定征询对象。征询意见表的设计要有利于专家充分表达自己的意见。德尔菲预测法所要求的专家，应当是对预测对象和预测问题有比较深入的研究、经验丰富、富有创造性和判断力的人。

②预测实施阶段。准备工作就绪后就进入多轮函询过程，通常为三至五轮。经过多轮修正、汇总后，当预测结果较为一致时，预测组织者就进行统计整理和意见归纳，从而形成预测结论。

③预测结果处理阶段。合理运用数理统计方法对专家的分散意见做出统计归纳处理，常用的方法有概率估计法，直方位图，中位数，上、下四分位数法及等级相关法等。

④提交预测报告。预测报告应介绍预测的组织情况、资料整理情况及预测结论等。

2.定量预测方法

(1)时间序列平均预测法

时间序列平均预测法包括简单平均预测法和移动平均预测法。简单平均预测法包括算术平均预测法、加权算术平均预测法和几何平均预测法；移动平均预测法包括一次移动平均预测法(简单移动平均预测法、加权移动平均预测法)和二次移动平均预测法等。

①算术平均预测法

算术平均预测法是以观察期内时间序列数据的简单算术平均数作为下期预测值的方法。其计算公式如下：

$$\hat{Y}_{n+1}=\bar{Y}=\frac{1}{n}\sum_{i=1}^{n}Y_i \tag{10.11}$$

其中：$\hat{Y}_{n+1}$ 为 $n+1$ 期预测值，$\bar{Y}$ 为简单算数平均数，i 为时间序列中观测值的顺序号($i=1,2,3,\cdots,n$)，Y_i 为观察期内第 i 期的观察值，N 为观察期内总期数或观察值的个数。

当时间序列中观察值有集中趋势时，可用算术平均数作为下期预测值。观察值的标准差越小，表示数据越集中，平均数的意义越强。当观察值呈上升或下降趋势时，不能用算术平均数作为下期预测值。

②加权算术平均预测法

加权算术平均预测法就是为观察期内的每一个数据确定一个权数，计算出观测值的加权算术平均数，以这一数据作为预测未来期间该变量预测值的一种趋势预测方法。其计算公式如下：

$$\hat{Y}_{n+1}=\bar{Y}=\frac{\sum_{i=1}^{n}W_iY_i}{\sum_{i=1}^{n}W_i} \tag{10.12}$$

其中，W_i 为观察期内第 i 期的权数。

若观察期内每个观察值的重要性不同，则加权算术平均预测法优于算术平均预测法。

③几何平均预测法

几何平均预测法又称比例预测法。当预测对象各期的环比发展速度(增长速度)大致接近时，可用这种方法进行预测，计算公式如下：

$$\hat{Y}_{n+1}=\bar{Y}=Y_nM_g \tag{10.13}$$

其中，Y_n 为第 n 期观测值，M_g 为平均发展速度。采用简单几何法计算平均发展速度的公式如下：

$$M_g=\sqrt[n-1]{\frac{Y_2}{Y_1}\times\frac{Y_3}{Y_2}\times\cdots\times\frac{Y_n}{Y_{n-1}}}=\sqrt[n-1]{\frac{Y_n}{Y_1}} \tag{10.14}$$

④一次移动平均预测法

一次移动平均预测法有简单移动平均预测法和加权移动平均预测法。

简单移动平均预测法是指直接用移动平均数作为下期预测值，计算公式如下：

$$\hat{Y}_{t+1}=\bar{Y}_t^{(1)}=\frac{Y_t+Y_{t-1}+\cdots+Y_{t-n+1}}{n} \tag{10.15}$$

其中，$\bar{Y}_t^{(1)}$ 为第 t 期以 n 个连续观察值数据计算的一次移动平均数，Y 右上方角码表示一次移动平均，右下方角码表示第几期。

【例 10—2】 某企业 2024 年 1—6 月的销售额分别为 400 万元、500 万元、600 万元、620 万元、700 万元、720 万元，假设移动跨越期分别为 2 和 3。用简单移动平均法预测的销售额见表 10—1。

表 10—1　　简单移动平均法计算表　　单位:万元

月　份	销售额	二期简单移动平均预测值	三期简单移动平均预测值
2024 年 1 月	400		
2024 年 2 月	500		
2024 年 3 月	600	$\frac{400+500}{2}=450$	
2024 年 4 月	620	$\frac{500+600}{2}=550$	$\frac{400+500+600}{3}=500$
2024 年 5 月	700	$\frac{600+620}{2}=610$	$\frac{500+600+620}{3}=573.33$
2024 年 6 月	720	$\frac{620+700}{2}=660$	$\frac{600+620+700}{3}=640$
2024 年 7 月		$\frac{700+720}{2}=710$	$\frac{620+700+720}{3}=680$

加权移动平均预测法就是在计算移动平均数时,对新旧不同或远近不同时期的数据给予大小不同的权数,再计算移动平均数。一般情况下,距离预测当期最近时期的数据权数最大,距离当前最远时期的数据权数最小,计算公式如下:

$$\hat{Y}_{t+1}=\bar{Y}_t^{(1)}=\frac{W_1Y_t+W_2Y_{t-1}+\cdots+W_nY_{t-n+1}}{W_1+W_2+\cdots+W_n} \tag{10.16}$$

【例 10—3】 仍用例 10—2 中某企业 2024 年 1—6 月的销售额资料,假设移动跨越期为 3,且最近一个月的数据权数为 3,次近一个月的数据权数为 2,最远一个月的数据权数为 1,用加权移动平均法预测的销售额见表 10—2。

表 10—2　　加权移动平均法计算表　　单位:万元

月　份	销售额	三期简单移动平均预测值
2024 年 1 月	400	
2024 年 2 月	500	
2024 年 3 月	600	
2024 年 4 月	620	$\frac{600\times3+500\times2+400}{6}=533.33$
2024 年 5 月	700	$\frac{620\times3+600\times2+500}{6}=593.33$
2024 年 6 月	720	$\frac{700\times3+620\times2+600}{6}=656.67$
2024 年 7 月		$\frac{720\times3+700\times2+620}{6}=696.67$

⑤二次移动平均预测法

二次移动平均预测法是以一次移动平均值作为时间数列，再计算一次移动平均值数列，在此基础上分析这两次平均值的滞后偏差，并利用其变化规律建立线性方程来进行预测的方法。二次移动平均预测法适用于具有线性变动趋势的预测。

(2)回归分析预测法

回归分析预测法是在分析市场现象自变量与因变量之间相关关系的基础上，建立变量之间的回归方程，并将回归方程作为预测模型，根据自变量在预测期的数量变化来预测因变量的方法。根据自变量个数的不同，回归分析预测法分为一元回归分析预测法、二元回归分析预测法和多元回归分析预测法；根据自变量与因变量之间是否存在线性关系，回归分析预测法可分为线性回归预测和非线性回归预测。

线性回归预测是数理统计中常用的处理多个变量之间相关关系的方法。在企业收益预测中，假定收益随时间呈现一定的增长趋势，因而收益与时间有了一定的相关性。令时间(以年份来表示)变量为 x，收益变量为 y，假定 x 与 y 之间线性相关，利用最小二乘法，可求得 x 与 y 的线性方程，然后，假定未来年份的收益保持这种线性关系，进而预测企业未来收益。

由于 x 与 y 有线性相关性，因此可得回归方程如下：

$$y=a+bx$$

式中，x 为年份，如以评估基准期的年份为0，则一年前为－1，两年前为－2，未来的第一年为1，未来的第二年为2，以此类推。y 为各年收益额，可以被评估企业评估基准期前若干年的收益额为依据。a、b 代表直线的参数，其中，a 为直线在直角坐标系中纵轴上的截距，b 为直线的斜率，即收益的年增长额。

运用最小二乘法，为求得 a、b 的值，可利用微积分中的极值原理，或用代数方法得到以下方程组：

$$\begin{cases}\sum y=na+b\sum x\\ \sum xy=a\sum x+b\sum x^2\end{cases}$$

方程组中，n 代表选定的数据个数。

解以上方程组，即可求得 a、b 的值。

【例10－4】 某被评估企业在评估基准期以前的4个年度内实现的收益分别为100万元、120万元、125万元、140万元，评估基准期当年的收益为150万元，利用线性回归法分析预测未来5年内的收益额。

设评估基准期当年年份的 x 值为0，则前四年的 x 值分别为－4、－3、－2、－1，就可取得表10－3的数据。

表10－3 **评估基础数据** 单位：万元

序号	年份(x)	收益额(y)	$x\times y$	x^2
1	－4	100	－400	16
2	－3	120	－360	9

续表

序号	年份(x)	收益额(y)	$x\times y$	x^2
3	−2	125	−250	4
4	−1	140	−140	1
5	0	150	−0	0
$\sum$	−10	635	−1 150	30

代入方程组,得到:

$$\begin{cases}635=5a-10b\\-1\ 150=-10a+30b\end{cases}$$

解得:

$a=151\qquad b=12$

因此得到 x、y 的线性方程如下:

$y=151+12x$

可见,被评估企业的年收益额每年增加 12 万元,预测未来 5 年内各年的收益额只需将 $x=1,2,3,4,5$ 分别代入线性方程。未来 5 年内各年的预期收益如表 10—4 所示。

表 10—4　　未来 5 年内各年的预期收益　　单位:万元

年份(x)	第一年	第二年	第三年	第四年	第五年
预期收益(y)	163	175	187	199	211

四、折现率的确定

折现率是运用收益法评估企业价值的另一个基本参数。它的微小调整会导致评估值产生巨大差异。有关折现率的基本概念已在收益法中介绍,以下主要探讨企业价值评估中折现率确定的原则和方法。

(一)企业价值评估中折现率确定的原则

正常的资产报酬率由两部分构成,即无风险报酬率和风险报酬率。无风险报酬率是指将资产投入绝对安全的投资机会中能带来的收益率。由于绝对安全的投资机会事实上是不存在的,因此人们通常把信誉好、安全性较高的政府债券利率作为无风险报酬率。如果投资只能获取与政府债券利率相等的收益率,那么投资者将会把资产用于购买政府债券而放弃其他投资机会。所以,一般的投资者除了要求获得相当于政府债券利息的收益以外,还需要获取额外收益,以补偿其承担的投资风险,这个额外的收益率就是风险报酬率。风险报酬率是对市场风险的补偿,因而是一个正值。这意味着有理性的投资者将不接受风险大而收益低的投资机会。实际上,风险性投资将不可避免地存在投资损失的可能性,正因为如此,投资者才有充分理由要求可能获得的投资收益必须足以弥补可能发生的损失。

在企业价值评估中,折现率的确定一般应遵循以下原则:

1. 不低于无风险报酬的原则

在存在正常资本市场和产权市场的条件下,政府债券利率和银行存款利率是投资者进行其他投资时,在考虑和权衡投资报酬率时必须考虑的基本因素。如果折现率小于无风险报酬率,就会导致投资者将投资转存银行或购买无风险国债,而不愿冒险进行得不偿失的投资。

2. 以行业平均报酬率为重要参考指标的原则

行业平均报酬率是衡量一个行业同类企业投资总额的平均净收益水平的指标。其计算公式如下:

$$行业平均收益率=\frac{\sum 行业各企业净利润}{\sum 行业各企业资产平均额}\times 100\% \tag{10.17}$$

任何买主或投资者,之所以愿意投资于某一企业,是期望其投资至少能获得该企业所在行业的平均收益率。一般来讲,行业平均收益率会超过无风险报酬率。因此,在确定被评估企业折现率时,应以企业所在行业的平均收益率作为重要参考指标。

3. 折现率和资本化率与收益额相匹配的原则

折现率或资本化率的确定和选取要与企业的预期收益内涵相匹配。通常情况下,如果预期收益中考虑了通货膨胀因素和其他因素(如税收)的影响,在折现率中就应有所体现;反之,如果预期收益中没有考虑通货膨胀和其他因素的影响,在折现率中就不应单向反映。

(二)折现率与收益额口径的对应

在具体的资产评估业务中,由于选用的收益额有不同的口径,因此折现率的选定必须与收益额的口径相一致。选用不同口径的收益额和相应的折现率,收益还原结果的价格含义不同。

评估中,如果选用企业利润系列指标作为收益额,折现率就应选择相应的资产收益率;如果以净现金流量系列指标作为收益额,就应以投资回收率(净现金流量÷资产平均占用额)作为折现率,因为投资回收率是以收付实现制为基础的资产收益率。

在同一系列中,收益额指标有不同的口径。例如,在利润系列指标中,可作为收益额的指标有净利润和息前税后利润;在净现金流量系列指标中,可作为收益额的指标有净现金流量和息前税后现金净流量。

一般可以将企业预期收益划分为股权自由现金流量和企业自由现金流量两类。净利润、净现金流量(股权自由现金流量)是股权收益的形式,只能用股权投资回报率作为折现率。息前净利润、息前净现金流量(企业自由现金流量)等是股权收益与债权收益的综合形式,只能运用股权与债权的综合投资回报率,即只能运用通过加权平均资本成本模型获得的折现率(如表10—5所示)。

表10—5　收益额、折现率及评估值内涵的对应关系

收益额	折现率	评估值内涵	评估值的资产构成
股权自由现金流	股权投资回报率	所有者权益价值	资产－负债
企业自由现金流	加权平均资本成本	企业价值	资产－非付息债务

(三)企业价值评估中折现率的确定方法

1. 企业价值评估中股本收益率的确定方法

股本收益率是指评估企业权益资产价值时所用的折现率。根据风险报酬率的不同测算方法,企业价值评估中股本收益率的确定主要可采用资本资产定价模型(CAPM)、套利定价模型(APM)以及累加法。

(1)资本资产定价模型

资本资产定价模型是以威廉·夏普为代表的经济学家于20世纪60年代中期在马柯维茨资产组合理论的基础上发展的,主要论述资本资产的价格是如何在市场上决定的。这一模型的主要特点是将资产的预期收益率与被称为β系数的风险值相关联,从理论上探讨了在多样化的资产搭配中如何有效地计算某种单项证券的风险,说明了风险证券是如何在证券市场上决定价格的。

资本资产定价模型在证券估价、风险分析和业绩评价等投资领域有着广泛的应用。由于资产评估中折现率是以被评估项目的资本报酬率(或投资报酬率)为基础确定的,因此资本资产定价模型在资产评估中也有着广泛的应用。

在资本资产定价模型下,资本的报酬率是指被评估企业的权益资本的折现率,其等于无风险报酬率加上企业的风险程度(β系数)与市场平均风险报酬率的乘积。其计算公式如下:

$$r=R_g+(R_m-R_g)\times\beta \tag{10.18}$$

式中,r为资本报酬率,R_g为无风险报酬率,R_m为市场平均收益率,β为被评估企业的风险相对于市场平均风险的比值。

一般情况下,无风险报酬率可以参考政府发行的中长期国债利率或同期银行存款利率确定。由于国债利率和银行存款利率是用单利表示的,而资产评估中使用的折现率是复利形式,因此不能直接用国债利率或银行存款利率作为无风险报酬率,而要对国债利率或银行存款利率进行修正,以修正后的利率作为无风险报酬率。其计算公式如下:

$$R_f=\sqrt[n]{(1+nr_f)}-1 \tag{10.19}$$

式中,n为国债利率或银行存款利率的年限,r_f为单利形式的国债利率或银行存款利率。

【例10—5】 评估人员拟采用5年期国债利率作为无风险报酬率,已知5年期国债利率为7.42%,则无风险报酬率如下:

$R_f=\sqrt[5]{(1+5\times7.42\%)}-1=6.51\%$

市场平均收益率可以根据国家有关部门发布的相关数据确定。至于β系数,对于上市公司来说,等于市场平均收益率和企业个别平均收益率的协方差与市场收益率方差的比值;对于非上市公司来说,可以参照可比上市公司的β系数来确定,或者先估算企业所在行业的β系数,再根据企业的规模、经营状况和财务状况、企业在行业中的地位等因素,确定企业的β系数。

(2)套利定价模型

套利定价模型是由史蒂芬·罗斯于1976年提出的一个决定资产价格的均衡模型。与资本资产定价模型认为证券的实际收益只受市场证券组合变动的影响不同的是，套利定价模型认为，证券的实际收益除受市场证券组合变动的影响外，还要受市场中更多具有普遍性的因素的影响，如工业生产指数、短期实际利率、短期通货膨胀、长期通货膨胀、拖欠风险等。

在套利定价模型下，资本报酬率的计算公式如下：

$$r=R_g+(R_1-R_g)\times\beta_1+(R_2-R_g)\times\beta_2+\cdots+(R_n-R_g)\times\beta_n \quad (10.20)$$

式中，R_i 为假定投资收益仅受第 i 项因素影响而不受其他因素影响时的投资收益率，β_i 为投资收益率相对于第 i 项因素的敏感程度，即第 i 项因素的 β 系数。

【例 10－6】 评估人员经分析认为，被评估企业预期收益率主要受工业生产指数和长期通货膨胀两个因素的影响。已知被评估企业预期收益率仅受工业生产指数和长期通货膨胀因素影响时分别为 12％和 10.5％，相应的 β 系数分别为 0.85 和 1.2，无风险报酬率为 6％，则企业的预期收益率即股本报酬率计算如下：

$r=6\%+(12\%-6\%)\times0.85+(10.5\%-6\%)\times1.2=16.5\%$

由于套利定价模型对系统性风险有多种测定因素，而非单一因素，因此，套利定价模型解释预期回报率比单一因素的资本资产定价模型更为准确。此外，套利定价模型还可以进一步了解影响收益的相关风险类型及其影响程度。

(3)累加法

用累加法估算股本收益率的思路是，企业在其生产经营过程中总要面临经营风险、财务风险和行业风险的挑战，将企业可能面临的经营风险、财务风险和行业风险对投资报酬率的要求加以量化并予以累加，就可以得到资本报酬率。其计算公式如下：

折现率＝无风险报酬率＋行业风险报酬率＋经营风险报酬率＋财务风险报酬率 (10.21)

行业风险报酬率是对特定行业所面临的风险的补偿。行业风险主要与企业所在行业的市场特点、投资开发特点、国家产业政策调整等因素有关。行业风险报酬率的主要计算方法是 β 系数法。评估人员可以根据权威机构定期公布的各行业的 β 系数和市场平均风险收益率等参数测定行业风险报酬率。

经营风险是指企业在经营过程中，由于市场需求变化、生产要素供给条件变化以及同类企业间的竞争等因素给企业的未来预期收益带来的不确定性影响。

财务风险是指企业在经营过程中资金融通、资金调度、资金周转可能出现的不确定性因素对企业预期收益的影响。

累加法在目前的评估实务中得到了广泛应用，但是在企业的行业风险报酬率、经营风险报酬率和财务风险报酬率中，除行业风险报酬率可以通过 β 系数法计算得出外，经营风险报酬率和财务风险报酬率均需要评估人员采用经验判断的方法予以确定，主观的成分较大。面对同一评估项目，不同的评估人员可能得出不同的评估结果，甚至评估结果之间差异很大。因此，评估人员在运用累加法时，一定要注意判断的合理性和依据的充分性。

2. 企业价值评估中的加权平均资本成本模型(WACC)法

加权平均资本成本是企业不同融资成本的加权平均值。因受多种因素的制约，企业不可能只使用某种单一的筹资方式，往往需要通过多种方式筹集所需资金，如同时采取股权式融资和债权式融资。如果评估人员为了评估企业含长期负债的投资的价格，并且能准确掌握企业各种资金来源在资本总额中的构成比例，就可以用加权平均资本成本模型来计算折现率。其计算公式如下：

$$r=\sum_{j=1}^{n}R_jK_j \tag{10.22}$$

式中，r 为加权平均资本成本，即折现率；R_j 为第 j 种个别资本的成本；K_j 为第 j 种个别资本占全部资本的比重（权数）。

【例 10—7】 某企业账面反映的长期资金共 1 000 万元，其中长期借款 200 万元，应付长期债券 100 万元，普通股 500 万元，留存收益 200 万元，其成本分别为 6.7%、9.17%、11.26%、11%，则该企业的加权平均资本成本如下：

$$r=6.7\%\times\frac{200}{1\ 000}+9.17\%\times\frac{100}{1\ 000}+11.26\%\times\frac{500}{1\ 000}+11\%\times\frac{200}{1\ 000}=10.09\%$$

当企业的资金来源主要由长期负债和所有者权益构成时，加权平均资本成本模型可以表示如下：

$$R=E\div(D+E)\times K_e+D\div(D+E)\times(1-t)\times K_d \tag{10.23}$$

式中，E 为权益的市场价值，D 为债务的市场价值，K_e 为权益资本要求的投资回报率，K_d 为债务资本要求的回报率，t 为被评估企业适用的所得税税率。

加权平均资本成本模型也可以表示如下：

企业投资资本要求的折现率＝长期负债占投资资本的比重×长期负债成本
＋权益资本占投资资本的比重×权益资本成本　(10.24)

其中：

权益资本要求的回报率＝无风险报酬率＋风险报酬率

负债成本是指扣除所得税后的长期负债成本。

【例 10—8】 某企业的资本总额为 1 亿元，其中，长期负债占 40%，平均利息率为 6%，所有者权益占 60%。评估时 5 年期国债的年利率为 5.5%，社会平均投资收益率为 7%，该企业的所得税税率为 25%。评估人员参照可比上市公司的 β 系数，认为该企业的 β 系数应为 1.5。采用加权平均资本成本模型计算该企业折现率如下：

无风险报酬率＝$(1+5\times5.5\%)^{\frac{1}{5}}-1\approx5\%$

自有资金成本＝5%＋(7%－5%)×1.5＝8%

加权平均资本成本＝40%×6%×(1－25%)＋60%×8%＝6.6%

一般来说，企业的借贷资金主要是长期借款和债券，自有资金主要是留存收益和发行的普通股。采用不同的筹资方式，由于影响资金成本的具体因素不同，因此其资金成本高低不等。例如，企业的留存收益（未分配利润）无须筹资成本，故其资金成本低于同样是所有者权益的普通股的成本。[①] 确定各种资本权数的方法一般有三种：(1)以企业资产负债表中（账面价值）各种资本的比重为权数；(2)以占企业外发证券市场价值（市场价值）的现有比重为权数；(3)以在企业的目标资本构成中应该保持的比重为权数。

此外，企业价值评估中折现率的确定也可采用市场比较法。

---

① 企业通过不同筹资方式获得的各种资金的成本的测算方式，可以参考有关财务管理学的教科书。

五、应用收益法评估企业价值的案例

(一)评估案例基本情况

某大型化工企业有与外商合资的意向(已签订意向书),需要了解企业净资产的现实价格,因此要对被评估企业的整体价值进行评估。被评估企业为全权益企业,无付息负债。评估基准日为2021年12月31日。

该企业生产的主要产品具有较高的声誉,产品行销全国二十多个省市,现有用户超过15 000家。企业所在地区有23条送货上门的路线,附近其他地区有31个代销点。该企业产品的主要用户均为重点骨干企业。

被评估企业为一般纳税人,所得税税率为25%。根据被评估企业的财务决算和有关资料整理分析,2016—2021年收支情况见表10—6和表10—7。

表10—6　　企业2016—2021年各项收入支出的比较　　单位:万元

项　目	2021年		2020年		2019年		2018年		2017年		2016年
	金额	增长比例(%)	金额	增长比例(%)	金额	增长比例(%)	金额	增长比例(%)	金额	增长比例(%)	金额
营业收入	4 200.0	14.5	3 668.3	9.0	3 366.6	18.8	2 834.9	17.8	2 406.5	−5.0	2 533.0
税金及附加	626.6	14.5	547.3	11.2	492.3	15.9	424.6	23.7	343.3	−1.4	348.3
营业成本	2 283.7	18.2	1 932.6	31.1	1 473.8	30.0	1 133.7	15.6	980.9	1.4	967.1
其中:折旧	374.0	5.6	354.0	16.8	303.0	19.3	254.0	6.7	238.0	11.2	214.0
销售及其他费用	162.3	−5.3	171.3	3.8	165.1	69.5	97.4	135.3	41.4	7.5	38.5
利润总额	1 127.4	10.8	1 017.1	−17.7	1 235.4	4.8	1179.2	13.3	1 040.9	−11.7	1 179.1
所得税费用	281.9	10.8	254.3	−17.7	308.9	4.8	294.8	13.3	260.2	−11.7	294.8
净利润	845.6	10.8	762.8	−17.7	926.6	4.8	884.4	13.3	780.7	−11.7	884.3
(+)折旧	374.0	5.6	354.0	16.8	303.0	19.3	254.0	6.7	238.0	11.2	214.0
(−)追加投资	662.5	27.6	519.2	27.1	408.6	27.9	319.5	18.4	269.9	15.3	234.0
企业自由现金流量	557.1	−6.8	597.6	−27.2	821.0	0.3	818.9	9.4	748.8	−13.4	864.3

表10—7　　企业2016—2021年各年收入支出结构比例　　单位:万元

项　目	2021年		2020年		2019年		2018年		2017年		2016年	
	金额	占销售额比例(%)	金额	占销售额比例(%)	金额	占销售额比例(%)	金额	占销售额比例(%)	金额	占销售额比例(%)	金额	占销售额比例(%)
营业收入	4 200.0	100.0	3 668.3	100.0	3 366.6	100.0	2 834.9	100.0	2 406.5	100.0	2 533.0	100.0
税金及附加	626.6	14.9	547.3	14.9	492.3	14.6	424.6	15.0	343.3	14.3	348.3	13.8
营业成本	2 283.7	54.4	1 932.6	52.7	1 473.8	43.8	1 133.7	40.0	980.9	40.8	967.1	38.2
其中:折旧	374.0	8.9	354.0	9.7	303.0	9.0	254.0	9.0	238.0	9.9	214.0	8.4
销售及其他费用	162.3	3.9	171.3	4.7	165.1	4.9	97.4	3.4	41.4	1.7	38.5	1.5
利润总额	1 127.4	26.8	1 017.1	27.7	1 235.4	36.7	1 179.2	41.6	1 040.9	43.3	1 179.1	46.5
所得税费用	281.9	6.7	254.3	6.9	308.9	9.2	294.8	10.4	260.2	10.8	294.8	11.6
净利润	845.6	20.1	762.8	20.8	926.6	27.5	884.4	31.2	780.7	32.4	884.3	34.9
(+)折旧	374.0	8.9	354.0	9.7	303.0	9.0	254.0	9.0	238.0	9.9	214.0	8.4
(−)追加投资	662.5	15.8	519.2	14.2	408.6	12.1	319.5	11.3	269.9	11.2	234	9.2
企业自由现金流量	557.1	13.3	597.6	16.3	821.0	24.4	818.9	28.9	748.8	31.1	864.3	34.1

（二）评估过程和结果

1.收益预测的假设条件

（1）现行对被评估企业业务有重大影响的国家或地区的政治、法律、财政、市场或经济情况不会发生不可预见的重大变化。

（2）被评估企业的经营将不会受任何不可抗力事件或不可预测因素的影响而中断。

（3）被评估企业的经营管理层是尽职尽责的，现有经营范围不发生重大变化，被评估企业的内部控制制度是有效且完善的，风险管理措施是充分且恰当的。

（4）被评估企业已完全遵守现行的相关国家及地方性法律法规。

（5）未来财务信息预测中所采用的会计政策与被评估企业以往各年及评估基准日采用的会计政策在所有重大方面一致。

（6）对被评估企业业务有重大影响的税赋、税率等政策无重大变化。

2.评估计算及分析过程

（1）收益法模型的选取

对被评估企业的整体价值进行评估，具体选择企业自由现金流量折现模型中的两阶段模型。其计算公式如下：

$$OV=\sum_{t=1}^{n}\frac{FCFF_t}{(1+WACC)^t}+\frac{FCFF_{n+1}}{(WACC-g)\times(1+WACC)^n}$$

（2）收益期的确定

由于被评估企业在评估基准日正常经营，没有对影响企业持续经营的核心资产使用年限、企业生产经营期等的限定，且按目前设备使用状况及其他生产条件分析，该厂每年只要有 200 万元左右的技术改造资金投入，其生产就能长期维持下去，并能保持略有增长的势头，因此，假设被评估企业在评估基准日后永续经营。根据被评估企业近年经营状况、财务状况及投资计划的分析，将 2022—2026 年划分为预测期，将 2027 年及以后年度划分为永续期。

（3）未来收益的预测

①营业收入的预测。从近几年被评估企业的发展情况看，营业收入只有 2017 年出现过负增长，但下降幅度不大，仅为 5%。从 2018 年开始出现稳定的增长趋势。依据企业以往年度生产增减变化及企业财务收支分析，评估人员认为被评估企业未来 5 年的营业收入将在 2021 年的基础上略有增长，增长速度将保持在 4%～6%。根据以上分析，对预测期的营业收入进行逐年预测。

②税金及附加的预测。根据营业收入及税率进行预测。

③营业成本的预测。该企业产品的主要原料来源并不稀缺，也不受季节影响，故未来市场物价变动对其产品的影响不大。2016—2021 年企业收支结构的比例没有太大的变化，营业成本占营业收入的比例 2016—2019 年基本维持在 40%左右，2020 年和 2021 年因电费价格调整上升至 50%左右。假设电费价格不上涨，营业成本占营业收入的比重将维持在 53%左右。

④销售及其他费用的预测。对预测期销售及其他费用中的各个具体构成项目区分固定

费用和变动费用分别进行预测。其中,变动费用随主营业务收入的变化而变化,固定费用根据被评估企业的预计经营情况逐项测算。

⑤折旧的预测。按照被评估企业执行的固定资产折旧政策,以评估基准日经审计的固定资产账面原值、预计使用期、加权折旧率以及预测期追加投资形成的账面价值和折旧情况等估算未来经营期的折旧额。

⑥追加投资的预测。根据企业的生产能力,从2023年开始需要追加的投资将会减少(2019—2021年追加的投资高于正常年份水平),即从2023年起企业的净现金流量将会增加。

⑦预测期企业自由现金流量预测结果。基于上述方法,被评估企业预测期的企业自由现金流量预测情况如表10—8所示。

表10—8 **对企业未来收益的预测** 单位:万元

项　目	2022年	2023年	2024年	2025年	2026年
营业收入	4 437.6	4 705.8	5 213.8	5 473.9	5 730.9
税金及附加	670.8	704.9	746.6	775.1	813.5
营业成本	2 351.9	2 494.1	2 763.3	2 901.2	3 037.4
销售及其他费用	200.9	211.7	222.4	233.0	223.7
利润总额	1 214.0	1 295.1	1 481.5	1 564.6	1 656.3
所得税费用	303.5	323.8	370.4	391.2	414.1
净利润	910.5	971.3	1 111.1	1 173.5	1 242.2
(+)折旧	385.0	410.0	442.0	475.0	505.0
(—)追加投资	655.2	425.4	454.1	521.0	541.0
企业自由现金流量	640.3	955.9	1 099.0	1 127.5	1 206.2

⑧永续期的固定增长率。固定增长率取值基于永续期平均预测水平及被评估企业未来经营发展趋势拟定。结合行业特点及宏观经济长期发展趋势,长期增长率按3%拟定。

(4)折现率的确定

被评估企业为全权益企业,采用资本资产定价模型测算股权资本成本,计算公式如下:

$$\boldsymbol{R}=\boldsymbol{R}_f+\boldsymbol{\beta}\times(\boldsymbol{R}_m-\boldsymbol{R}_f)+\boldsymbol{R}_s$$

①无风险报酬率(R_f)。从沪、深两市选择自评估基准日至国债到期日剩余期限为5年以上的国债,计算其到期收益率,取平均值作为无风险报酬率。为便于计算,假定无风险报酬率为4%。

②β系数。根据被评估企业业务特点,查询可比上市公司的有财务杠杆β系数,再根据这些公司的财务杠杆、所得税税率转换成无财务杠杆β系数,并将平均值0.83确定为被评估企业的β系数。

③证券市场平均期望报酬率(R_m)。根据评估人员对资本市场的调查分析,证券市场平均期望报酬率为10%。

④被评估企业特有风险调整系数(R_s)的确定。综合考虑被评估企业的规模、成长阶段、主要客户情况、经营管理情况等确定企业特定风险调整系数为0%。

⑤折现率如下：

$R=4\%+(10\%-4\%)\times0.83+0\%=9\%$

评估人员根据现有数据对该企业永续经营期间的风险因素进行了初步分析，没有发现明显高于已预测年份的风险迹象，因此永续期的折现率不变。

(5)评估结果的测算

$$OV=\sum_{t=1}^{5}\frac{FCFF_t}{(1+WACC)^t}+\frac{FCFF_6}{(WACC-g)\times(1+WACC)^5}$$

$$=\frac{640.3}{1+9\%}+\frac{955.9}{(1+9\%)^2}+\frac{1\ 099.0}{(1+9\%)^3}+\frac{1\ 127.5}{(1+9\%)^4}+\frac{1\ 206.6}{(1+9\%)^5}$$

$$+\frac{1\ 206.6\times(1+3\%)}{(9\%-3\%)\times(1+9\%)^5}=17\ 281.6(\text{万元})$$

六、收益法的适用性和局限性

(一)收益法的适用前提

1.被评估企业满足持续经营假设

收益法的应用要求被评估企业满足持续经营假设。该假设是指被评估企业在评估基准日后仍将按原有的经营目的、经营方式持续经营下去(无论是出售、兼并还是重组)，其所提供的产品或服务仍能满足市场需求，并产生一定的效益，不会因为经营管理的原因破产或倒闭。

2.被评估企业未来的收益可预测

收益法的应用要求被评估企业未来的收益可预测，必须同时满足三个方面：未来收益期的预测、未来收益额的预测、可量化风险的预测。当其中任何一方面不能被合理预测时，不适宜使用收益法。

3.可获得充分的评估资料

可获得充分的评估资料是资产评估的基础。评估人员必须对被评估企业进行实地调研考察，获得充分可靠的财务信息、生产信息和经营管理信息等内部信息。另外，评估人员需要获得充分的资本市场信息，包括无风险利率、证券市场利率、可比上市公司β系数等。

4.资本市场机制健全

收益法的折现率测算中涉及资本资产定价模型，该模型要求资本市场有效。只有资本市场的发展比较完善、机制比较健全，测算出的股权资本成本才能准确，采用收益法得出的评估结果才能可靠。

(二)收益法的局限性

1.受企业营运期影响

收益法的应用要求被评估企业未来的收益可预测。当企业历史营运期较短、当前经营困难或未来营运期不稳定时，无法对企业未来的收益和风险做出可靠预测，也就不适用收益法。另外,收益法也无法对一些受无形资产影响较大的企业进行评估,因为其现金流的不确定性较大。

2.易受评估人员主观判断影响

在采用收益法进行价值评估的过程中,许多因素受评估人员主观判断的影响,如对未来收益期和收益额的预测、可比上市公司的选择、对企业特有风险系数的判断等。如果主观判断出现偏差,就会降低收益法评估结果的准确性。因此,收益法对评估人员的职业道德、工作经验和专业素养有较高的要求。

第三节 市场法在企业价值评估中的应用

一、市场法的评估技术思路

(一)市场法评估的基本模型

市场法是指将被评估对象与可比上市公司或交易案例进行比较,确定被评估对象价值的评估方法。市场法依据的基本原理是市场替代原理,即相似的企业具备类似的价值。其计算公式如下:

$$\frac{V_1}{X_1}=\frac{V_2}{X_2}$$

即

$$V_1=X_1\times\frac{V_2}{X_2} \tag{10.25}$$

式中,V_1 为被评估企业价值,V_2 为可比企业价值,X_1 为被评估企业与企业价值相关的可比指标,X_2 为可比企业与企业价值相关的可比指标。

$\frac{V}{X}$通常被称为可比价值倍数或价值比率。式中的 X 即与企业价值相关的可比指标,通常选用:(1)息税折旧前利润(EBIDT);(2)企业自由现金流量;(3)股权自由现金流量;(4)净利润;(5)销售收入;(6)净资产;等等。

(二)市场法应用的基本原则

市场法评估的基本原则是评估人员在评估过程中应当遵循的基本思想,包括可比性原则、可获得性原则、及时性原则、透明度原则及有效性原则。可比性要求被评估企业及可比上市公司或交易案例在价值决定因素方面具有可比性。可获得性是指案例的市场交易信息及可比对象的产品信息、财务信息等可通过正常途径获取。及时性原则是指评估人员运用市场法进行评估时应当将最新的市场情况纳入评估过程中。透明度原则意味着信息的开放、良好的沟通及对信息的充分解释。有效性原则建立在市场合理有效的假设基础上。

(三)市场法常用的两种具体方法

市场法常用的两种具体方法为上市公司比较法和交易案例比较法。

1. 上市公司比较法

上市公司比较法是指获取并分析可比上市公司的经营和财务数据，计算适当的价值比率，与被评估企业进行比较分析，进而确定被评估企业的价值。

(1)可比公司的选择

评估人员需要根据被评估企业自身的业务特性、市场情况、经营绩效及其所在行业的、行业同类型公司的特点，确定合适的可比公司。

(2)价值比率的选择和调整

价值比率的选择方法一般包括基本因素方法、统计方法和常规方法。在选择价值比率时应当考虑其内涵的一致性，即价值比率的分子与分母应匹配。每家可比公司与被评估企业在成长性和风险性等方面都会存在差异，因此需要采用适当方法对价值比率进行调整，常用的方法包括主观调整、矩阵法和回归法。

(3)流动性因素的影响

在上市公司比较法中，可比公司的股份可以在证券市场上自由交易，被评估企业若为非上市公司，则没有类似交易平台，两者的股权流动性就存在差异。因此，采用上市公司比较法对非上市公司进行评估时，需要调整流动性因素的影响。

2. 交易案例比较法

交易案例比较法是指通过分析与被评估企业处于同一或类似行业的公司的买卖、收购及合并案例，获取并分析这些交易案例的数据资料，计算适当的价值比率，与被评估企业进行比较分析，进而确定被评估企业的价值。

运用交易案例比较法时应当考虑评估对象与交易案例的差异因素对价值的影响。

(1)交易情况差异调整

该方法采用的可比公司一般为非上市公司，其与被评估企业在流动性方面比较接近，一般不进行调整，主要对被评估企业与交易案例之间的交易条件差异和时间性差异进行定量和定性分析，并进行适当的调整。

(2)案例获取渠道

目前，国际上信息获取的渠道主要有汤森路透、彭博 Capital IQ 和 Dealogic 等服务商。国内的各产权交易所也是信息获取的途径之一，但由于交易披露的财务、经营信息不够全面，因此对市场法评估应用发挥的作用有限。相比之下，上市公司的收购案例对收购对象情况的披露较为全面，评估人员可通过上市公司披露的公告获取收购案例的财务、经营及行业数据，也可获取交易背景、协议安排等相关资料。

(四)市场法的基本操作步骤

市场法评估程序一般包括以下九个操作步骤：

第一步，选择可比对象。

第二步，统一被评估企业与可比对象的财务报表编制基础。

第三步，计算各种价值比率。

第四步，选择用于被评估企业的价值比率。

第五步，将被评估企业与可比对象进行比较。

第六步,对价值比率进行调整。

第七步,将调整后的价值比率应用于被评估企业以获得各种评估结果。

第八步,综合考虑市场法评估结果的差异,选择其中一个结果或对各评估结果进行加权平均,作为评估结论。

第九步,考虑是否要对所评估的初步结论进行折价或溢价调整。

二、可比对象的选择

(一)一般关注要点

1. 行业性质或者经济影响因素

可比对象应当与被评估企业在相同或相似的行业,当在相同或相似的行业中难以找到足够的可比对象时,可将选择范围扩展到受相同经济因素影响的企业。

2. 企业注册地与业务活动地域范围

在选择可比对象时,应当注意其注册地与被评估企业的可比性。可比对象注册地点不同,相应的会计、税收、产业政策可能会有较大差异。

3. 业务结构

业务结构的可比性标准是指可比对象应当与被评估企业在主要业务收入和利润的结构上相似,并且已稳定经营一段时间。

4. 经营模式

同行业的企业即使从事同一业务,也会存在多种经营模式,而不同的经营模式可能导致财务指标上的巨大差异和经营风险的差异。评估人员应当关注不同企业的经营模式,寻找经营模式最接近的可比对象进行比较。

5. 企业规模

企业规模大小可以按照其销售收入、资产总额、从业人员数量或产能等指标来判断。

6. 资产配置和使用情况

资产配置和使用情况的可比性标准是指在选择可比对象时应当关注企业的资源配置是否合理以及资源是否有效使用。

7. 企业所处经营阶段

企业的经营阶段大致可分为初创、成长,成熟和衰退四个阶段,不同阶段的企业面临的风险可能存在较大差异。

8. 成长性

成长性是指企业实现可持续成长的能力,处于同一经营阶段的企业,其成长性也可能有较大差异。在选择可比对象时,评估人员即使无法找到与被评估企业有相同的预期成长性的企业,也应当保证可比对象与被评估企业有相同或相近的发展方向。同时,在比较价值比率时,现实和历史的经营指标不能充分反映其价值,选择前瞻性指标可能更为恰当。

9. 经营风险

经营风险是指在企业经营过程中,由于市场需求和生产要素供给条件的变化以及同类企业间的竞争给企业的未来收益带来的不确定性影响。影响经营风险的因素主要包括可控风险和不可控的风险，在选择可比对象时应当重点考察可控风险的差异，慎重确定。

10. 财务风险

可比对象应当在财务风险度上尽可能相似，在进行此比较前，应对可比对象和被评估企业的财务报表进行调整，使它们基于相似的编制基础。

（二）上市公司选择的关注要点

1. 股票交易历史数据充分性

在选择可比上市公司时，除了要有一定时期的经营历史以外，可比对象一般还需要有一定期间的上市交易历史，主要是考虑到进行上市公司比较法评估操作时需进行一定的统计处理，需要股票的交易历史数据。

2. 股票交易活跃程度

可比公司应当为股票市场上交易活跃的上市公司，上市公司股权交易活跃表明其股价形成是在竞价机制基础上对内在价值的反映，一旦股价偏离内在价值，就能够迅速回归内在价值。因此，可比企业应当从那些交易活跃的股票中选取。

（三）交易案例选择的关注要点

1. 交易日期应尽可能与基准日接近

收集的交易案例的交易日期可能并非评估基准日，从而会存在由于上述两个日期的差异所产生的交易价格差异。为了便于对比，在选择交易案例比较法的评估对象时，应该尽量选择交易日期与评估基准日接近的可比交易案例。

2. 关注可比交易案例资料的可获得性和充分性

收集可比交易案例资料时，评估人员应当注意案例相关财务资料的可获得性和充分性。不同交易案例在企业经营、交易条款方面可能与被评估企业存在较大差异，如果未能充分收集案例资料，就可能无法消除相关差异的影响，引起价值判断上的偏差。

三、价值比率的选择与确定

（一）价值比率的概念和分类

1. 价值比率的概念

价值比率是指以价值或价格作为分子，以财务数据或其他特定非财务指标等作为分母的比率。价值比率是市场法对比分析的基础，由企业价值与一个与企业价值密切相关的指标的比率倍数表示。

$$价值比率=\frac{企业价值}{与企业价值密切相关的指标}$$

2. 价值比率的分类

(1)按照分子性质的分类

按照分子的性质分类，价值比率可以分为权益价值比率和企业整体价值比率。权益价值比率主要是指以权益价值作为分子的价值比率，主要包括市盈率（P/E）、市净率（P/B）等。企业整体价值比率主要是指以企业整体价值作为分子的价值比率，主要包括企业价值与息税前利润比率（$EV/EBIT$）、企业价值与息税折旧摊销前利润比率（$EV/EBITDA$）、企业价值与销售收入比率(EV/S)等。

(2)按照分母性质的分类

按照分母的性质进行划分,价值比率可以分为盈利价值比率、资产价值比率和收入价值比率(见表 10－9)。

表 10－9　　按照分母性质划分的价值比率指标

价值比率类型	价值比率指标
盈利价值比率	$市盈率=\frac{企业股权价值}{利润}=\frac{股价}{每股收益}$
	$市盈率相对盈利增长比率=\frac{市盈率}{企业年盈利增长率\times 100}$
	$息税折旧摊销前价值比率=\frac{股权价值+债权价值}{息税折旧摊销前利润}$
	$息税前利润价值比率=\frac{股权价值+债权价值}{息税前利润}$
资产价值比率	$市净率=\frac{企业股权价值}{净资产价值}=\frac{股价}{每股净资产}$
	$总资产乘数=\frac{股权价值+债权价值}{总投入资本资产价值}$
收入价值比率	$销售收入价值比率=\frac{股权价值+债权价值}{销售收入}$
	$市销率=\frac{股权价值}{销售收入}$

(二)价值比率的选择方法

1. 基本因素方法

这种方法主要考虑运用与企业价值相关性最高的变量。例如,被评估企业的价值与其收益相关度最高,而该企业的收益预测也比较可靠,则选择盈利类价值比率进行评估将会比较准确、可行。

2. 统计方法

这种方法可以对各种价值比率进行回归,其中相关性最高的就是可以做出最佳解释的价值比率。通常情况下,资产比率相关因素主要有预期增长率、股息支付率、风险和净资产收益率,收入比率相关因素有预期增长率、股息支付率、风险和净利润。

3. 常规方法

常规方法就是根据多年来的实践和总结,评估某些行业常用的价值比率。各行业通常选择的价值比率如表 10－10 所示。

表 10－10 各行业常用价值比率

行 业		通常选用的价值比率
金融业	银行	市净率、市盈率
	保险	财险:市净率
		寿险:股票市价÷内含价值
	证券	经纪:市盈率、营业部数量、交易活跃账户数量
		自营:市净率
	基金	股票市价÷管理资产规模
采掘业		内含价值÷储量、内含价值÷资源量、内含价值÷年生产能力
房地产业		股票市价÷净资产价值、股票市价÷股权自由现金流
制造业	钢铁行业	市净率、内含价值÷钢产量
	消费品制造业	市盈率
	机械制造业	市盈率
	生物制药业	市盈率相对盈利增长比率
基础设施业		内含价值÷税息折旧及推销前利润、市净率
贸易业		批发:市盈率
		零售:内含价值÷销售收入
信息技术业		处于初创阶段:内含价值÷销售收入、市净率
		处于成长阶段:市盈率、市盈率相对盈利增长比率
		处于成熟阶段:市盈率

四、上市公司比较法评估案例

(一)评估案例基本情况

某公司拟出售旗下证券公司 9.8%的股权,委托评估机构对证券公司的股东全部权益价值进行评估,评估基准日为 2023 年 12 月 31 日。被评估企业为一家总部位于上海的证券公司,在全国范围内共拥有营业部 87 家,主要经营证券经纪、自营、资产管理、证券承销等传统业务,也开展融资融券、股指期货等创新业务。被评估企业评估基准日净资产为 480 亿元,评估价值类型采用市场价值。

(二)评估过程和结果

1. 可比上市公司的选择

评估人员先选取了与被评估企业同样属于证券行业的 6 家上市公司作为样本,再从业务结构、经营模式、资产规模、覆盖范围等角度对初步选取的交易案例进行筛选,最终选择了 A、B、C 三家公司作为可比上市公司。

2. 价值比率的选择

本次评估采用市净率模型对被评估企业的股权价值进行评估。评估公式如下：

被评估企业股权价值＝被评估企业总股本×被评估企业每股账面净资产×被评估企业市净率

其中：

被评估企业市净率＝调整后可比公司市净率的加权平均值

＝∑可比公司市净率×可比公司市净率调整系数×权重

可比公司市净率调整系数＝Π影响因素A_i的调整系数

$$\text{影响因素}A_i\text{的调整系数}=\frac{\text{被评估企业系数}}{\text{可比公司系数}}$$

3. 价值比率的计算

本次选取基准日前三十日交易均价作为比较参数。评估人员首先通过国内某知名金融数据库查询获取各样本案例的财务数据，同时计算价值比率，具体如表 10—11 所示。

表 10—11　　可比上市公司市净率测算

项　目	被评估企业	可比公司 A	可比公司 B	可比公司 C
基准日前三十日平均收盘价(元/股)		18.60	15.80	15.60
2023 年 12 月 31 日总股本(亿元)		76.00	115.00	82.00
2023 年 12 月 31 日净资产(亿元)	480.00	960.00	1 080.00	500.00
市净率		1.47	1.68	2.56

4. 价值比率的调整

本次评估采用因素调整法对可比公司进行调整，参照常用的证券公司核心竞争力评价指标体系，在运用市场法评估时通过分析被评估对象与可比公司在盈利能力、成长能力、营运能力、风险管理能力和业务创新能力等方面的差异，对相关指数进行调整。本次设定的调整体系如表 10—12 所示。

表 10—12　　价值比率调整体系

指标类别	权重(%)	相关指标	指标权重(%)
盈利能力	20	净资产收益率÷股权成本率	20
成长能力	20	净资本	10
		营业收入增长率	10
营运能力	20	资产管理规模	4
		经纪业务收入占营业收入比例	4
		市场占有率	4
		证券公司分类评级	4
		营业部数量及分布	4

续表

指标类别	权重(%)	相关指标	指标权重(%)
风险管理能力	20	净资本÷各项风险准备之和	5
		净资本÷净资产	5
		货币类资金和变现能力较强的证券投资占资产总额(扣除客户交易结算金)的比例	5
		资产负债率(扣除客户交易结算金)	5
业务创新能力	20	研发人员占员工比例	4
		股指期货开展情况	4
		融资融券开展情况	4
		直投业务开展情况	4
		国际业务开展情况	4

各项指标均以被评估企业为标准分(100 分)进行对比调整,可比证券公司各指标系数与被评估证券公司比较后确定,低于被评估企业指标系数的则调整系数小于 100,高于被评估企业指标系数的则调整系数大于 100。市净率调整系数为被评估企业得分/可比公司得分,如表 10—13 所示。

表 10—13　　价值比率调整——调整指标各项评分

指标类别	相关指标	被评估企业	可比公司 A	可比公司 B	可比公司 C
盈利能力	净资产收益率÷股权成本率	100	95	105	105
成长能力	净资本	100	110	110	103
	营业收入增长率	100	103	105	105
营运能力	资产管理规模	100	105	110	108
	经纪业务收入占营业收入比例	100	95	98	90
	市场占有率	100	105	105	98
	证券公司分类评级	100	110	105	100
	营业部数量及分布	100	110	108	105
风险管理能力	净资本÷各项风险准备之和	100	92	90	98
	净资本÷净资产	100	98	105	98
	货币类资金和变现能力较强的证券投资占资产总额(扣除客户交易结算金)的比例	100	98	105	92
	资产负债率(扣除客户交易结算金)	100	95	102	100

续表

指标类别	相关指标	被评估企业	可比公司A	可比公司B	可比公司C
业务创新能力	研发人员占员工比例	100	100	100	100
	股指期货开展情况	100	100	100	100
	融资融券开展情况	100	100	100	100
	直投业务开展情况	100	100	100	100
	国际业务开展情况	100	105	100	105

按照设置的调整指标权重情况,汇总计算各影响因素的得分,如表10—14、表10—15所示。

表10—14　　价值比率调整——调整指标评分汇总

指标类别	被评估企业	可比公司A	可比公司B	可比公司C
盈利能力	100.00	95.00	105.00	105.00
成长能力	100.00	106.50	107.50	104.00
营运能力	100.00	105.00	105.20	100.20
风险管理能力	100.00	95.75	100.50	97.00
业务创新能力	100.00	101.00	100.00	101.00

表10—15　　价值比率调整——可比上市公司市净率调整

指标类别	可比公司A	可比公司B	可比公司C
市净率	1.47	1.68	2.56
盈利能力	1.052 6	0.952 4	0.952 4
成长能力	0.939 0	0.930 2	0.961 5
营运能力	0.952 4	0.950 6	0.998 0
风险管理能力	1.044 4	0.995 0	1.030 9
业务创新能力	0.990 1	1.000 0	0.990 1
调整后市净率	1.46	1.62	2.52
调整后市净率的均值	1.87		

5.评估结果的测算

由于选取的上市公司的价值是通过流通股的价格计算的,而被评估企业为非上市公司,因此对可比公司流通市场的市值所计算出的市净率等价值比率,需要调整缺乏流动性折扣。本次评估采用新股发行定价方式估算缺乏流动性折扣。

根据实证分析统计结果,评估基准日金融保险行业缺乏流动性折扣的平均值为27.82%。

被评估企业价值＝被评估企业基准日净资产×调整后的市净率×(1－缺乏流动性折扣)

＝480×1.87×(1－27.82％)＝648(亿元)

本次评估未考虑控制权溢价。

五、市场法的适用性和局限性

(一)市场法的适用前提

1.市场有效性

市场法首先需要市场对可比公司进行准确的价值判断,然后才能通过类比分析得到被评估企业的价值。被评估企业价值评估的准确性在很大程度上取决于市场对可比公司的定价是否合理,这就需要市场具有足够的有效性。

2.数据充分性

市场法的运用还要求公开市场上要有足够数量的可比上市公司或者可比交易案例,并且能够收集到与评估活动相关的,具有代表性、合理性和有效性的信息资料,进而能够量化可供比较和调整的各项差异指标。

3.数据时效性

由于资本市场定价具有较强的波动性,因此运用市场法采用的市场数据的时效性就显得非常重要。

(二)市场法的局限性

1.资本市场波动较大

市场法的局限性在于其对资本市场有严格要求,所在的资本市场应充分有效或者接近有效。在资本市场尚不完善的国家和地区,市场法的适用性受到影响。

2.难以寻找与被评估企业相同或类似的可比对象

在市场规模有限、交易案例数量较少、信息透明度欠缺的情况下,评估人员寻找合适的并购交易案例数据具有较大难度。

3.价值影响因素难以考虑周全

目前市场法在企业价值评估中的使用是以可比公司或可比交易案例与被评估企业的相关财务经营指标为基础的,但财务经营指标只是企业运营情况的一个方面的参考,并不能代表企业的全貌。在选择可比对象时,如果仅以财务经营指标为基础,没有更多考虑企业在核心竞争力、营销策略等方面的个体差异,评估结果就会与企业实际价值存在较大偏差。

4.主观判断空间大

市场法在企业价值评估中的运用具有一定的灵活性,即评估人员可以根据被评估企业的具体情况选择可比对象及价值比率并进行适当的调整。但该方法很难制定具体的评估程序,这样就为评价该方法的效果制造了一定的障碍。同时,市场法也容易被误用和操纵,相关监管部门对资产评估的监管也会遇到一定的困难。

第四节 资产基础法在企业价值评估中的应用

企业价值评估的成本法又称资产基础法或加和法,是指以被评估企业评估基准日的资产负债表为基础,合理评估企业表内及可识别的表外各项资产价值、负债价值,确定评估对象价值的评估方法。

资产基础法是以要素资产的重置为出发点,主要考虑企业要素资产的价值,而不是将企业作为一个资产综合体,从它的获利能力角度来评估其价值。资产基础法的局限性在于:它既可能将盈利能力低下或者说具有经济性贬值的企业的价值评估得过高,也可能因没有考虑那些未在财务报表上出现的无形资产,如企业的管理效率、自创商誉、销售网络等,而将具有一定获利能力的企业的价值评估得过低。因此,以持续经营为前提对企业价值进行评估时,资产基础法一般不应作为唯一的评估方法。

一、资产基础法的评估技术思路

资产基础法就其本质而言是一种以成本途径来评估企业价值的方法。从经济学的角度看,资产评估的成本途径是建立在古典经济学派的价值理论基础上,将价值归因于生产成本。资产基础法的理论基础是"替代原则",即任何一个理性投资者在准备购买一家企业时,其所能接受的价格通常不会超过重新建设该企业的现行成本。

采用资产基础法对企业价值进行评定估算,是以被评估企业评估基准日的资产负债表为基础展开的。资产负债表记录了企业资产和负债的账面价值,将企业资产扣除负债后的净额,就是企业所有者权益。由于企业资产负债表中的账面价值多是企业拥有资产和负债的历史成本,而非现行取得成本,因此需要将企业资产和负债的历史成本调整为现行取得成本,进而估算评估对象在评估基准日的价值。当评估专业人员以资产负债表为基础,将企业各项资产的价值逐一评估出来,再扣除企业各项负债的价值,就可以得到净资产的价值,这个净资产的价值就是企业所有者所能享受的权益价值。其计算公式如下:

股东全部权益价值=表内外各项资产价值-表内外各项负债价值

鉴于资产基础法与收益法对企业价值内涵的反应存在本质差异,一般情况下,资产基础法主要适用于以下情况的企业价值评估:(1)无形资产较少,特别是不存在商誉的企业;(2)可能进入清算状态的企业;(3)开发建设初期的企业。

二、应用资产基础法的操作步骤

根据资产基础法的基本原理和评估技术思路,该方法的操作主要包括以下四个步骤:

(一)确定评估范围

采用资产基础法评估企业价值,评估范围包括被评估企业资产负债表表内以及可识别的表外各项资产和负债。评估人员应当以被评估企业评估基准日的资产负债表为基础,根据会计政策、企业经营等情况,要求被评估企业对资产负债表表内及表外的各项资产、负债进行识别,识别出的表外资产与负债应当纳入评估申报文件,并要求委托人或者其指定的相关当事人确认评估范围。评估范围的确定应遵循以下原则:

1. 评估范围的确定应与评估目的相适应

评估范围应当与评估目的所涉及的相关决策保持一致。特别是在企业国有资产评估项目中,有的项目涉及资产重组,包括但不限于资产剥离、无偿划转等,此时企业提供的资产负债表可能是按照资产重组方案或者改制方案、发起人协议等材料编制的模拟报表,所以应当特别关注纳入评估范围的资产是否与经济行为一致,是否符合经济行为批准文件、重组改制方案、拟剥离资产处置方案等文件要求。

2. 重要资产和负债的完整性

从理论上讲,只要是企业价值贡献要素的资产和负债都应当纳入评估范围。表外资产的识别既包括有形资产,也包括无形资产。高新技术企业、文化传媒企业或者第三产业服务机构通常存在大量表外无形资产,其价值未能体现在资产负债表中,将识别出的表外有形资产和无形资产纳入评估申报文件,是合理确定评估范围的重要环节。表外负债主要是指或有负债。重要的或有负债通常在会计报表附注中予以披露。采用资产基础法评估企业价值,应当关注评估范围是否包含或有负债。对于存在未决诉讼、税务争议或环境治理要求等情形的企业,或有负债对企业经营风险有重要影响且能合理量化的,应纳入评估范围。

(二)现场调查、资料收集整理与核查验证

采用资产基础法评估企业价值,应当结合评估思路和评估业务具体情况,对评估对象进行现场调查,获取评估所需资料,了解评估对象现状,关注评估对象法律权属。其中,对评估活动中使用的资料应当实施核查验证程序,并进行必要的分析、归纳和整理,形成评定估算和编制评估资产评估报告的依据。

(三)评估各项资产和负债

针对纳入评估范围的每一项资产和负债,在进行清查核实的基础上,应当将其视作企业生产经营的构成要素。企业的资产通常包括流动资产、固定资产和无形资产。采用资产基础法进行企业价值评估,各项资产的价值应当根据具体情况选用适当的方法进行评估。评估方法的选择和应用可能有别于其作为单项资产评估对象时的情形。在对持续经营前提下的企业价值进行评估时,单项资产或者资产组作为企业资产的组成部分,其价值通常受其对企业贡献程度的影响。各单项资产评估所需采用的方法可具体参考本书第四章至第九章。涉及特殊专业知识和经验的资产评估,可使用专门的评估人员或者利用专家工作及相关报告。

(四)评估结论的确定与分析

在评估出企业各项资产和负债的价值后,编制一份新的资产负债表或评估结果汇总表,进而分析得到股东全部权益价值。对资产基础法评估结论合理性的分析主要是判断其是否较好地识别出表外资产或负债,并用适当的方法得到合理的评估价值。此外,还可以结合其他评估方法得出的评估价值,分析判断资产基础法评估结论的合理性。

三、资产基础法的运用

由于在持续经营假设下,一般不宜单独运用资产基础法对企业价值进行评估,因此,若使用该方法,就需要将其与收益法或市场法相结合。下面以资产基础法与收益法相结合为例,说明企业价值评估中资产基础法的具体运用。

(一)确定纳入企业价值评估范围的资产

由于资产基础法首先是对企业可确指资产逐项评估,因此确定评估范围尤为重要。具体界定方法如本章第一节所述。

(二)对界定后的各单项资产逐项评估并加总评估值

在评估过程中,对于对企业持续经营有贡献的资产,应以继续使用为假设前提,按贡献原则评估其在用价值;对于需剥离或变现的资产,如果能做公开市场假设,就应评估其市场价值,否则只能在清算假设下评估其清算价值。另外,还要充分考虑:在持续经营前提下,只有当企业的单项资产有了评估溢价或升值时的税收因素时,才可客观地反映企业价值。如何评估各项可确指资产的价值已在前面有关评估实务的各章中做了详细介绍,故不再赘述。

(三)对企业负债进行确认和计量并计算净资产价值

由于采用单项资产评估加总的方法评估出的是企业可确指资产的总价值,而企业产权交易的对象通常是净资产价值,因此需要对企业负债进行审核,并从总资产价值中减去。

对企业负债的审核包括两方面的内容:一是负债的确认,二是负债的计量。

对负债的确认主要是看企业账面负债是否存在可免除部分和应免除部分,以及企业是否将面临或有负债和潜在负债。对于负债的计量主要是考虑货币的时间价值。其中,短期负债一般不考虑折现问题,长期负债需根据具体偿付的时间、偿付的条件等来考虑是否给予折现处理。

(四)采用收益法评估企业价值从而确定企业的商誉或经济性贬值

企业单项资产评估后加总的价值无法反映各单项资产间的工艺匹配和有机组合因素产生的整合效应,也往往难以反映没有表现在会计账目上的某些无形资产,如企业文化氛围、员工素质、销售网络等对企业获利能力有巨大影响的无形资产。当然,该价值也无法反映企业因经营管理不善而产生的经济性贬值问题。因此,还需要采用收益法对企业价值进行评估,将评估结果与单项资产评估值加总的结果进行比较和验证,并通过分析确定企业的商誉或经济性贬值。

【例 10—9】 某企业拟进行产权转让,评估人员根据企业盈利状况决定采用加和法评估企业价值,具体评估步骤如下:

(1)逐项评估企业的可确指资产。评估结果:机器设备 2 500 万元,厂房 800 万元,流动资产 1 500 万元,土地使用权价值 400 万元,商标权 100 万元,负债 2 000 万元。

单项资产净值=2 500+800+1 500+400+100−2 000=3 300(万元)

(2)采用收益法评估该企业价值。收益法评估结果为 3 200 万元。

(3)确定评估值。评估人员在对上述两种评估方法所得出的评估结果进行综合分析后，认为该企业由于在经营管理尤其在产品销售网络方面存在一定的问题，因此获利能力略低于行业平均水平。单项资产评估加总的评估值中包含了100万元的经济性贬值因素，应从3 300万元评估值中减去，故认为评估结果应为3 200万元。

同时采用收益法和单项可确指资产评估值加总评估企业价值，一方面可以从企业重置成本和获利能力两个角度评估企业价值，并将两种评估结果互相验证；另一方面，加和法为收益法评估结果的会计处理提供了条件。

在采用资产基础法进行企业价值评估时，有人会认为只要将企业所拥有的各单项可确指资产，如厂房、土地、设备、流动资产、专利、商标等逐一评估，然后加总，即可得出企业的价值。在评估实践中，上述做法不在少数。但是，无论从理论还是从实践的角度出发，企业价值都不能简单地等于企业单项可确指资产价值的汇总。

第五节　期权法在企业价值评估中的应用

一、期权概述

(一)期权的概念与分类

期权(option)是一种选择权，即期权合约持有人在规定时间内按约定价格购买或者出售约定数量的某种财产或物品的选择权。持有人可以选择行使该权利，也可以选择放弃该权利。当合约持有人行使权利时，合约出售人必须履行相应的义务。

按期权合约持有人所拥有的权利不同，期权可以分为看涨期权(call option)和看跌期权(put option)。看涨期权又称买方期权，是指合约持有人有权在规定的时间内按事先约定的价格向合约出售人购买一定数量的标的资产，而合约出售人承担当合约持有人在规定时间内要求购买时按约定价格卖出标的资产的义务。看跌期权又称卖方期权，是指合约持有人有权在规定时间内按事先约定的价格向合约出售人卖出一定数量的标的资产，而合约出售人承担当合约持有人在规定时间内要求卖出时按约定价格购买标的资产的义务。

按期权合约持有人行使权利时间的不同，期权可以分为欧式期权(European option)和美式期权(American option)。欧式期权的合约持有人只有在规定的合约到期日才能行使权利，而美式期权的合约持有人可以在规定的合约到期日前任何时间行使权利。

在每份期权合约中都规定了期权的执行价格(exercise price)和到期日(expiration date)。执行价格是指期权合约中所规定的标的资产的交易价格。这一价格一经确定，在期权有效期内当合约持有人行使期权时，无论标的资产的市场价格如何波动，合约出售人都必须以此价格购买或出售约定数量的标的资产。到期日是期权合约持有人行使权利的最后时间，是期权合约的终点。根据期权类型的不同，合约持有人可以选择在到期日(欧式期权)或到期日之前(美式期权)行使权利。

(二)期权的价值

1. 期权在到期日的价值

对于看涨期权来说,如果到期日标的资产的价格 S 低于或等于执行价格 X,即 $S\leqslant X$,则看涨期权持有人不会行使该期权。因此,看涨期权的价值为 0;如果到期日标的资产的价格 S 高于执行价格 X,即 $S>X$,则看涨期权持有人将行使购买权。此时,看涨期权的价值为 $S-X$,所以在到期日看涨期权的价值 C 如下:

$$C=\max\{0,S-X\} \tag{10.26}$$

对于看跌期权来说,如果到期日标的资产的价格 S 高于或等于执行价格 X,即 $S\geqslant X$,则看跌期权持有人不会行使该售卖权,因此看跌期权的价值为 0;如果到期日标的资产的价格 S 低于执行价格 X,即 $S<X$,则看跌期权持有人将行使该售卖权,此时看跌期权的价值为 $X-S$。所以在到期日看涨期权的价格 P 如下:

$$P=\max\{0,X-S\} \tag{10.27}$$

2. 买-卖期权平价关系

对于欧式期权,看涨期权和看跌期权之间存在着平价关系。考虑如下两个资产组合(其中,看涨期权、看跌期权、债券的执行价格、到期日等都相同):

组合 A:一个欧式股票看涨期权和一个面值为执行价格 X 的无息票债券。

组合 B:一个欧式股票看跌期权和一股股票。

这两个资产组合的到期收益与到期日股票价格的关系如图 10—1 所示。

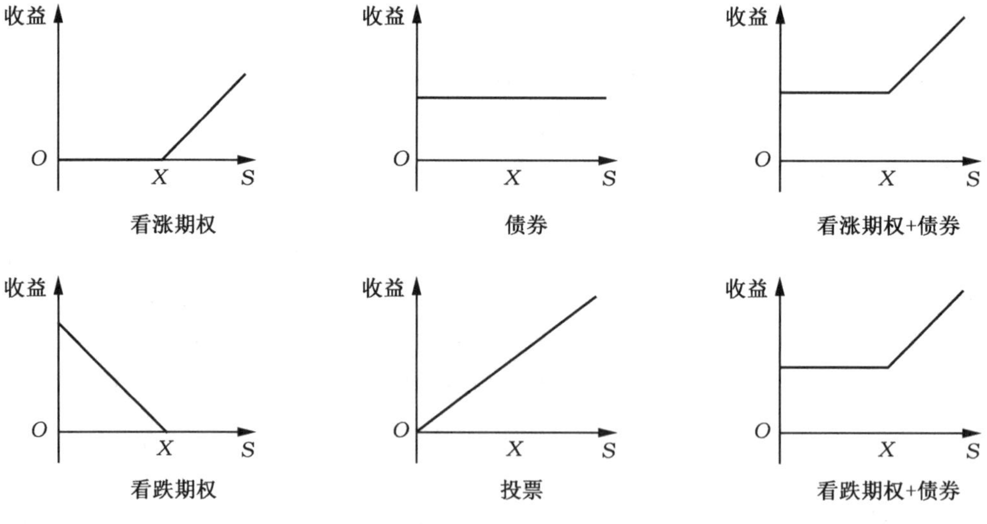

图 10—1 买-卖期权平价关系

显然,在到期日,这两个组合的收益均为 $\max\{S,X\}$。由于这两个组合在到期日等价,因此在到期日前的任意时刻也应等价,即应存在如下的平价关系:

$$C+Xe^{-rt}=P+S \tag{10.28}$$

这表明,如果知道具有某一确定执行价格和到期日的欧式看涨期权的价值,就可推出具有相同执行价格和到期日的欧式看跌期权的价值,反之亦然。

3.期权在到期日前的价值

对于到期日前的欧式看涨期权的价值，可分为以下两部分：

(1)底价，即 $\max\{0, S-X\}$，看涨期权合约立即被执行，合约持有人可获得的收益。

(2)时间溢价，即期权价格高于底价的部分。它是期权合约持有人认为在一定时间后，标的资产价格的变动有可能使期权增值，放弃立即行使权利而继续持有一段时间的补偿。

从图 10—2 可以看出，欧式看涨期权的时间溢价总是正的，而且距离到期日时间越长，时间溢价就越大。但欧式看涨期权价值一定不会高于标的资产自身价格，否则看涨期权出售人就可获得无风险套利机会，获利 $C-S$。因此，欧式看涨期权价值总是处于标的资产自身价值 S 和底价 $\max\{0, S-X\}$之间。

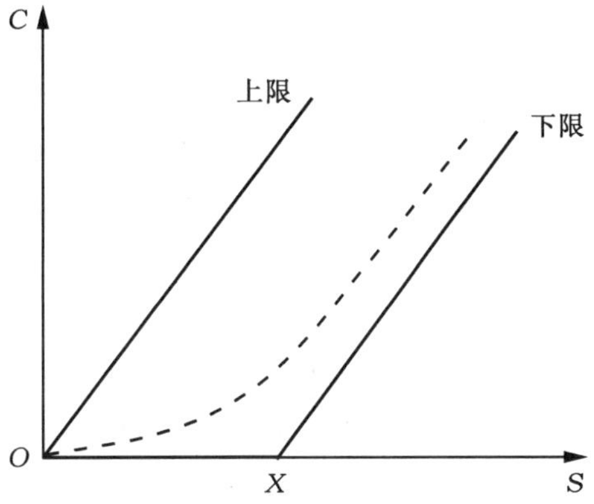

图 10—2 看涨期权价值曲线

美式看涨期权的价值不会低于具有相同执行价格和到期日的欧式看涨期权的价值，因为其他条件都相同，而美式看涨期权还具有提前行使的权利。但美式看涨期权一定不会被提前行使，因为提前行使将使合约持有人只获得底价而损失时间溢价，所以美式看涨期权的价值与欧式看涨期权的价值相同。

欧式看跌期权的价值可以通过买-卖期权平价关系由欧式看涨期权的价值求得，但美式看跌期权可能被提前行使，因此美式看跌期权的价值总是高于欧式看跌期权的价值。

4.影响期权价值的因素

期权价值是由与标的资产和金融市场相关的诸多变量共同决定的。影响期权价值的主要因素有标的资产的市场价格，标的资产的波动性，期权的执行价格，距到期日的时间和无风险利率等。

(1)标的资产的市场价格

标的资产市场价格的变动会影响与其相关的期权的价值。因为看涨期权合约的持有人有权利按事先约定的价格和规定时间向合约出售人购买约定数量的标的资产，所以当标的资产市场价格上涨时，合约持有人行使权利购买标的资产后再按市场价格出售获得的收益将增加，看涨期权的价值也将上涨。与此相反，看跌期权合约的持有人有权按事先约定的价格和规定时间向合约出售人出售约定数量的标的资产。所以当标的资产市场价格上涨时，合约持有人以市场价格购买标的资产,再行使权利按约定价格出售该合约,出售人所得的收益将减少,看跌期权的价值将下跌。

(2)标的资产价格的波动性

标的资产价格的波动性衡量了标的资产未来价格的不确定性。随着价格波动性的增加,标的资产价格大幅上涨或下跌的机会也增加。对看涨期权来说,合约持有人从标的资产价格上涨中获利,上涨越多,获利越多。当标的资产价格下跌时,合约持有人可以放弃行使权利,其最大的损失就是支付给合约出售人的期权费。对看跌期权来说,合约持有人从标的资产价格下跌中获利,下跌越多,获利越多。当标的资产价格上涨时,合约持有人可以放弃行使权利,其最大的损失就是支付给合约出售人的期权费。因此,当标的资产价格波动性增加时,看涨期权和看跌期权的价值都会增加。

(3)期权的执行价格

对看涨期权而言,合约持有人具有以约定价格购买标的资产的权利,约定价格越高,合约持有人行使权利获得的收益越低,看涨期权的价值越低。对看跌期权而言,合约持有人具有以约定价格出售标的资产的权利,约定价格越高,合约持有人行使权利获得的收益越高,看跌期权的价值越高。

(4)距到期日的时间

通常距到期日的时间越长,标的资产价格波动的风险越大,期权合约出售人亏损的风险越大,因此要求的期权价格也越高。对于美式期权而言,由于合约持有人在期权到期前的任何一天都可以行使权利,因此距到期日的时间越长,合约持有人获利的机会越大。距到期日时间长的期权包含了距到期日时间短的期权的所有获利机会,因此距到期日时间越长,期权价值就越高。

(5)无风险利率

无风险利率对期权价值具有直接的和间接的影响。对看涨期权而言,合约持有人在将来行使权利时需要支付一笔资金以购买标的资产。无风险利率越高,将来支付的资金的现值越低,因而看涨期权的价值越高。对看跌期权而言,合约持有人在将来行使权利时,出售标的资产可以收到一笔资金,无风险利率越高,将来收到资金的现值越低,因而看跌期权的价值越低。此外,无风险利率还可以通过影响标的资产的价格来间接影响期权的价值。

二、期权估价模型

期权的价值是由底价和时间溢价两部分组成的。底价比较容易计算,但时间溢价比较难计算,这使得期权价值不太容易量化,长期以来只能粗略估计。直到1973年,布莱克和斯科尔斯创造性地运用构造期权等价物原理对期权进行估价,期权估价难题才取得了实质性突破。以下我们分别介绍二项式模型和布莱克-斯科尔斯模型。两者的逻辑推导相同,只是布莱克-斯科尔斯模型将二项式模型中的时间期限缩短至无限小水平。

(一)二项式模型

二项式模型通过股票投资和借贷构造一个预期收益与期权完全一样的期权等价物(option equivalent),购买期权等价物的净成本必将等于期权的价值。

1. 看涨期权的估价

我们用一个简单的例子来说明如何用二项式模型来估算看涨期权的价值。

【例 10－10】 假定一份以某公司股票为标的的 6 月期看涨期权合约的执行价格为 60 元，目前股票的市场价格为 60 元，6 个月后股票的市场价格可能下跌 20%至 48 元，也可能上涨 25%至 75 元，年利率为 5%。

如果 6 个月后股票价格下跌至 48 元，那么看涨期权将毫无价值。但如果 6 个月后股票价格上涨至 75 元，那么看涨期权的价值就等于 15 元(75－60)。因此，看涨期权的预期收益如表 10－16 所示。

表 10－16　　某股票看涨期权的预期收益

项　目	第一种情况	第二种情况
股票价格(元)	48	75
看涨期权预期收益(元)	0	15

如果我们构造这一投资组合——购买 5/9 股股票并从银行借款 26.02 元，那么 6 个月后该投资组合的预期收益就如表 10－17 所示。

表 10－17　　构造新的投资组合后的预期收益

项　目	第一种情况	第二种情况
股票价格(元)	48	75
5/9 股股票(元)	26.67	41.67
偿还银行借款本息(元)	－26.67	－26.67
投资组合预期收益(元)	0	15

注意到该投资组合的预期收益和看涨期权的预期收益是完全一致的，我们称该投资组合为期权等价物。由于预期收益完全一致，因此期权和期权等价物应具有相同的价值。

看涨期权的价值＝5/9 股股票的价值－26.02 元银行借款

$$=5/9\times60-26.02=7.31(\text{元})$$

在这里，我们为了估算看涨期权的价值，通过购买股票和银行借款精确复制了看涨期权的预期收益。复制一份看涨期权所需要的股票数量称为避险比率(hedge ratio)或期权 delta。期权 delta 是通过下述公式计算出来的：

$$\text{期权 delta}=\frac{\text{期权价格的可能范围}}{\text{股票价格的可能范围}}$$

$$=\frac{15-0}{75-48}=\frac{5}{9}$$

2. 看跌期权的估价

我们同样用例子来说明如何用二项式模型来估算看跌期权的价值。

【例 10－11】 假定一份以某公司股票为标的的 6 月期看跌期权合约的执行价格为 60 元，目前股票的市场价格为 60 元。6 个月后股票的市场价格可能下跌 20%至 48 元，也可能上涨25%至75元,年利率为5%。

如果6个月后股票价格下跌至48元,那么看跌期权的价值将等于12元(60—48)。如果6个月后股票价格上涨至75元,那么看跌期权的预期收益如表10—18所示。

表10—18　　某股票看跌期权的预期收益

项　目	第一种情况	第二种情况
股票价格(元)	48	75
看跌期权预期收益(元)	12	0

我们可以算得该看跌期权的期权delta如下:

$$期权\ delta=\frac{期权价格的可能范围}{股票价格的可能范围}=\frac{0-12}{75-48}=-\frac{4}{9}$$

注意到看跌期权的期权delta是负值,这意味着我们为了复制看跌期权必须卖出股票。如果现在我们构造这一投资组合——卖出4/9股股票并在银行存款32.52元,那么6个月后该投资组合的预期收益如表10—19所示。

表10—19　　构造新的投资组合后的预期收益

项　目	第一种情况	第二种情况
股票价格(元)	48	75
卖出4/9股股票(元)	—21.33	—33.33
收回银行存款本息(元)	33.33	33.33
投资组合预期收益(元)	12	0

该投资组合的预期收益与看跌期权的预期收益完全一致,我们就得到该看跌期权的期权等价物。

看跌期权的价值=—4/9股股票的价值+32.52元银行存款

$$=-4/9\times60+32.52=5.85(元)$$

我们也可以利用前面提到的买卖平价关系来计算看跌期权的价值。由买卖平价关系,我们可以得到:

看跌期权的价值=看涨期权的价值—股票价格+执行价格的现值

本例中,看跌期权的价值为5.85元(7.31—60+60÷1.025)。

(二)布莱克-斯科尔斯模型

在二项式模型中,我们将标的资产下一期价格的变动缩减至两种可能:向上移动或向下移动。这种简化在时间区间非常短的情况下是可行的。但是如前面的例子那样,假定6个月后股票价格只有两种可能的价格则是非常荒谬的。更现实的做法是,我们采用更短的时间间隔,每一时间间隔假定股票价格有两种可能变动。当时间间隔越来越短,最终达到无穷小的时候,我们就得到了股票价格的连续变动以及期末股票可能价格的连续变动。我们仍然可以通过构造期权等价物复制期权的方法估算期权的价值，此时的估价模型就是布莱克-斯科尔斯模型（B－S模型）。

1. 看涨期权的估价

对于看涨期权，布莱克-斯科尔斯模型如下：

$$C=SN(d_1)-Xe^{-rt}N(d_2) \tag{10.29}$$

式中，C 为看涨期权价格，S 为标的资产现时价格，X 为期权行使价格，R 为连续复利下的无风险利率，t 为期权距到期日的时间

$N(d)=\int_{-\infty}^{d}\varnothing(0,1)\,dx$，$\varnothing(0,1)=\frac{1}{\sqrt{2}\pi}e^{-\frac{x^2}{2}}$，是均值为0，方差为1的标准正态分布函数。

$$d_1=\frac{\ln\left(\frac{S}{X}\right)+\left(r+\frac{\sigma^2}{2}\right)t}{\sigma\sqrt{t}} \tag{10.30}$$

$$d_2=d_1-\sigma\sqrt{t} \tag{10.31}$$

式中，σ 为标的资产（连续复利）收益率的年度标准差。

【例 10—12】 某股票看涨期权合约将于6个月后到期，股票现价为50元，期权执行价为48元，股票收益标准差为每年0.25，无风险利率为8%。试估算该看涨期权的价格。

$S=50, X=48, \sigma=0.25, r=8\%, t=0.5$ 年

$$d_1=\frac{\ln\left(\frac{50}{48}\right)+\left(0.08+\frac{0.25^2}{2}\right)\times 0.5}{0.25\sqrt{0.5}}=0.5456$$

$$d_2=d_1-\sigma\sqrt{t}$$
$$=0.5456-0.25\times\sqrt{0.5}=0.3688$$

查标准正态分布表，使用线性内插法可以求得：

$N(d_1)=N(0.5456)=0.7073$

$N(d_2)=N(0.3688)=0.6439$

于是可以算得该看涨期权的价格如下：

$$C=50\times 0.7073-48\times e^{-0.08\times 0.5}\times 0.6439$$
$$=35.37-29.7=5.67(\text{元})$$

2. 看跌期权的估价

由买-卖期权平价关系可以得到看跌期权的B－S模型如下：

$$\begin{aligned}P&=C+Xe^{-rt}-S\\&=S[N(d_1)-1]-Xe^{-rt}[1-N(d_2)]\\&=Xe^{-rt}N(-d_2)-SN(-d_1)\end{aligned} \tag{10.32}$$

【例 10—13】 某股票看跌期权合约将于6个月后到期，股票现价为50元，期权执行价为48元，股票收益标准差为每年0.25，无风险利率为8%。试估算该看跌期权的价格。

$S=50, X=48, \sigma=0.25, r=8\%, t=0.5$ 年

$$d_1=\frac{\ln\left(\frac{50}{48}\right)+\left(0.08+\frac{0.25^2}{2}\right)\times 0.5}{0.25\sqrt{0.5}}=0.5456$$

$$d_2=d_1-\sigma\sqrt{t}$$
$$=0.5456-0.25\times\sqrt{0.5}=0.3688$$

查标准正态分布表,使用线性内插法可以求得:

$N(-d_1)=1-N(d_1)=1-N(0.5456)=0.2927$

$N(-d_2)=1-N(-d_2)=1-N(0.3688)=0.3561$

于是可以算得该看跌期权的价格如下:

$P=48\times e^{-0.08\times 0.5}\times 0.3561-50\times 0.2927=1.79$(元)

我们也可以直接利用买卖平价关系求得该看跌期权的价格如下:

$$P=C+Xe^{-rt}-S$$
$$=5.67+48\times e^{-0.08\times 0.5}-50=1.79\text{(元)}$$

三、不同企业类型和情况下期权法在企业价值评估中的应用

(一)高新技术企业价值评估

1. 高新技术企业的价值特点

(1)企业有形资产少,无形资产比重大。无形资产和智力资本在高新技术企业的盈利活动中起着关键性作用,其重要性超越了货币资本和其他实物资产。然而,大部分无形资产并不反映在企业的账面上,对其进行价值评估是高新技术企业价值评估的主要难题。

(2)高风险、高收益。创新是高新技术企业的优势所在,知识的不可储存性和创新效益的溢出效应导致企业投资风险大大增加,主要表现为技术风险和市场风险大、投资周期长。

(3)企业经营历史短,当前盈利不确定。大部分企业会在创业初期出现亏损;同时,对高新技术企业风险往往缺乏有效的计量方法,且许多高新技术企业的经营历史不是很长。

(4)决策的动态序列性。高新技术企业的决策是一个动态过程。企业研究开发成功后,若市场有利,则追加科技成果商品化所需的后续投资;若不看好市场前景,则暂不追加后续投资,这样可以把风险锁定在研发费用的范围内。投资者可以根据阶段性的研究成果和对最新市场信息的把握,不断地调整预期现金流,重新对科研成果的经济价值进行评估并做出新的决策。

(5)企业的增长速度快,但未来的不确定性也大。企业面临的不确定性既包括环境的不确定性,如市场反应难以把握,以及技术领先的稳定性、持久性的不可预见性等,也包括企业本身市场价值和组织结构变革的不确定性。

以上特点使传统收益法、市场法、成本法不能很好地反映高新技术企业的未来投资机会和选择权价值,期权定价模型则更为适宜。

2. 高新技术企业的价值评估思路

高新技术企业通常具有较高的不确定性和大量的研发投资,其研发项目、专利技术等都可以视为实物期权。例如,一项尚未商业化的专利技术,企业可以选择继续投入研发使其商

业化，也可以选择放弃。可以将该专利技术视为一个看涨期权，以专利技术未来可能产生的现金流的现值为标的资产价格，研发成本为期权执行价格，通过期权定价模型来评估该专利技术的价值，进而评估企业的价值。

（二）互联网企业价值评估

1. 互联网企业的价值特点

(1)企业未来发展的不确定性，主要表现在：①互联网企业的产品和技术需要不断更新迭代以适应市场变化。②用户需求容易受到各种因素影响而快速变化，互联网企业难以准确预测未来市场需求。③互联网行业受到国家相关政策的严格监管，政策的变化对企业发展影响巨大，如数据安全、隐私保护等方面的政策调整，使得企业未来发展的不确定性增加。

(2)存在较多非收益性价值：①互联网企业拥有大量无形资产，如专利权、非专利技术、品牌价值、用户数据等，这些无形资产是企业核心竞争力的重要组成部分，能够为企业带来超额收益和市场优势，但在传统评估方法中难以准确衡量其价值。②许多互联网企业在初期可能尚未实现盈利，但其潜在的市场价值很高。例如，一些新兴的互联网金融平台、共享经济平台等，借助创新的商业模式和用户基础，未来具有巨大的盈利潜力，期权法能够更好地评估这些潜在价值。

(3)决策的动态性市场风险和竞争压力大。互联网行业竞争激烈，企业需要不断调整战略和投资决策以应对市场变化和竞争对手的挑战，如电商平台之间的“价格战”、新功能的推出等。决策的动态性要求评估方法能够灵活应对。

(4)投资机会的灵活性。互联网企业常常面临各种投资机会，如新业务领域的拓展、新技术的应用、战略合作伙伴的寻找等，这些投资机会具有不确定性，也为企业带来了潜在的收益和增长机会。期权法可以将这些潜在机会视为实物期权进行评估，从而更准确地反映企业的价值。

(5)高风险与高回报并存。互联网企业的发展面临着技术风险、市场风险、政策风险等多种风险，如技术研发失败、市场竞争加剧、政策法规限制等，这些风险可能导致企业价值的大幅波动。尽管风险较高，但互联网企业一旦成功，就能够获得高额回报，如一些互联网独角兽企业在短时间内实现市值的爆发式增长。期权法能够充分考虑企业未来高回报的潜力，为投资者提供更合理的价值评估。

(6)互联网企业的价值不仅包括现有业务所带来的现金流价值，而且包括因未来市场变化、技术创新、新业务拓展等所带来的潜在价值。期权法可以将企业价值分为现有资产价值和潜在获利能力价值两部分进行评估，以更全面地反映企业的整体价值。

(7)多种期权特征并存。互联网企业可能同时存在多种实物期权特征，如扩张期权、转换期权、放弃期权等，这些期权为企业提供了在未来市场环境变化时进行灵活决策的机会。期权法能够对这些不同类型的期权进行综合评估，以准确计算企业的期权价值。

2. 互联网企业的价值评估思路

互联网企业的发展往往依赖用户增长、市场份额扩大等未来机会，其价值不仅体现在当前的业务收入上，而且体现在未来的增长潜力上。可以将互联网企业的用户基础、市场份额等视为实物期权的标的资产，通过构建实物期权模型，如蒙特卡洛定价模型等，来评估企业价值。例如,曼弗雷德·克拉夫(Manfred Kraff)构建了以顾客为核心的互联网公司实物期权模型,将财务因素与顾客未来能够创造的现金流相结合,适用于分析创业期的和顾客关系占比较高的互联网公司。

(三)陷入财务困境的企业的估值

1.陷入财务困境企业的期权价值评估思路

对于资不抵债的企业,传统的资产评估方法可能无法合理估算其价值,因为从会计核算角度看,其净资产为负数。但这些企业的股权仍具有机会价值,即企业在债务持续期间存在扭亏为盈的可能性。可以将企业的股权视为以企业为标的资产的看涨期权,其执行价格为流通在外的债务的价值,通过期权定价法来评估企业价值,解释为什么那些处在困境中的企业在兼并中仍能取得高于其账面价值的补偿。

2.具体运用

【例10—14】 A企业资产的现值为3亿元,公司资产现值变动方差为0.4,假设企业债务的面值为2.6亿元,债券种类为10年到期的贴息债券。市场上10年期国债利率为7%。计算该企业股权的价值。

运用布莱克-斯科尔斯期权定价模型,对应的变量如下:期权标的价值S为3亿元,期权执行价格K为2.6亿元,期权期限t为10年,期权无风险收益率r为7%,标的资产价格年变动方差σ^2为0.4。

$$d_1=\frac{\ln(30\ 000\div 26\ 000)+(0.07+0.4\div 2)\times 10}{\sqrt{0.4\times 10}}=1.421\ 6$$

$$d_2=d_1-\sigma\sqrt{t}$$
$$=1.421\ 6-\sqrt{0.4\times 10}=-0.578\ 4$$

$N(d_1)=N(1.421\ 6)=0.922\ 2$

$N(d_2)=N(-0.578\ 4)=0.284\ 3$

看涨期权的价值如下:

$C=300\ 000\times 0.922\ 2-260\ 000\times e^{-0.07\times 10}\times 0.284\ 3=23\ 995$(万元)

由此得到公司股权价值为23 995万元。

四、期权法的适用性和局限性

(一)期权法的适用性

随着信息技术及相关产业的迅猛发展,企业在经营中面临越来越多的不确定性和风险,也面临大量的投资机会和发展机会。在传统企业,价值评估方法如贴现现金流量法不太适用或很难使用的情况下,期权估价方法可以达到理想的效果。即使在传统评估方法适用的情况下,期权估价方法也为我们提供了一个很有价值的独特视角。与传统价值评估方法相比,期权估价法考虑了未来机会及选择权的价值,从而拓宽了投资决策的思路,使企业价值评估更为科学、合理。例如,运用现金流折现模型或相对估价模型难以对高新技术初创企业或已陷入严重困境的企业进行估价(因为无收入和利润),但可以用期权定价模型为其估价。此外，在企业价值评估中，期权定价模型适用于对一些具有期权特性的单项资产进行估价。

（二）期权法的局限性

布莱克-斯科尔斯期权定价模型虽然广泛应用于金融期权定价，但在应用于企业价值评估时还是存在一定的局限性。

1. 模型假设条件限制了模型的适用范围

例如，无摩擦市场假设、标的资产价格遵循几何布朗运动假设、无风险利率恒定假设以及欧式期权假设等。

2. 参数确定的困难与主观性

股票波动率和股息率是布莱克-斯科尔斯期权定价模型中的重要参数，其准确性直接影响模型的定价结果。在确定这些参数时，评估人员可能会根据自身的经验和判断进行主观估计，这会增加模型定价结果的主观性和不确定性，降低评估结果的客观性和准确性。

3. 难以全面反映企业价值

企业价值不仅包括现有资产的价值，而且包括潜在的、未被充分利用的资源和机会的价值。布莱克-斯科尔斯期权定价模型在评估企业价值时，主要是通过将企业视为一个整体的实物期权来进行定价，可能难以充分考虑企业内部各个业务单元、无形资产等对整体价值的不同贡献，从而导致评估结果不能全面、准确地反映企业的实际价值。

4. 模型的稳定性与准确性问题

布莱克-斯科尔斯期权定价模型对某些参数的变化较为敏感。例如，当标的资产价格、波动率、无风险利率等参数发生微小变化时，可能会导致模型计算出的期权价格出现较大幅度的波动。这种敏感性使得在参数估计存在误差的情况下，模型的定价结果可能会出现较大的偏差，影响评估的准确性。

5. 估值的稳定性不足

在市场条件发生变化时，如股价大幅波动、利率调整等，布莱克-斯科尔斯期权定价模型计算出的企业价值可能会出现较大幅度的波动，这可能会给企业的价值评估带来较大的不确定性，不利于对企业价值的稳定衡量和长期跟踪。

第六节　商誉的评估

一、商誉的概念和特点

（一）商誉的概念

商誉是指企业在同等条件下能获取比正常投资报酬率更高的超额收益的能力。它是由企业优越的地理位置、有效的经营组织管理、良好的企业形象等多种因素共同作用而形成的。作为一种无形资产，商誉具有不可确指性，即人们无法确切地指明商誉具体是由什么因素形成的，各种因素对形成商誉的贡献有多大。但作为一种客观存在，商誉和有形资产及其他无形资产一样,具有为企业带来收益的能力,具有资本属性,因而它也是一种资产。

随着人们对商誉的形成及商誉的本质特性的研究进一步深入,对商誉的认识也日趋加深。因而,当形成商誉的某些因素对收益的贡献能力可以确定后,该因素就可单独计价,成为一项可确指的无形资产,从商誉中分离出来。所以,随着人们认识的加深,一些可确指的无形资产会逐渐从商誉中分离出来,商誉的内涵有逐渐缩小的趋势。例如,当人们对知识产权对企业的贡献尚无从确定时,知识产权的价值被包含于商誉的价值中,而如今,知识产权已成为一项可确指的资产。因此,更确切地说,商誉是指企业所有无形资产扣除各单项可确指无形资产以后的剩余部分。

(二)商誉的特点

第一,商誉不能离开企业而单独存在,不能与企业的可确指资产分开出售,只能和企业同时转让。

第二,商誉是由多种因素共同作用而形成的结果,但形成商誉的个别因素无法以任何方式单独计价。

第三,商誉本身不是一项单独的、能产生收益的无形资产,而只是超过企业可确指资产价值之和的价值。

第四,商誉是企业长期积累起来的一项价值。

二、商誉评估的目的

由于商誉依附于企业整体资产,不能单独转让,只能和企业同时转让,因此,人们一直认为商誉评估所服务的特定目的是企业产权转让,以及与企业产权转让有关的其他经济活动。但是,随着无形资产,尤其是不可确指的无形资产,如企业文化、管理模式、客户关系、销售渠道等日益成为企业价值构成的主体,以管理咨询为目的的商誉评估需求逐渐增多。在企业价值管理中,企业的股东、债权人也希望了解这一未入账的资产信息,以便作为投资决策和评价管理者业绩的基础。企业内部经营管理者也只有清楚了解企业的商誉价值,才能对其进行有效的资本化运作,实现规模扩张。此外,当企业利益受到损害时,商誉也是要求赔偿的内容之一;同时,商誉价值的评估也是分析企业偿债能力的重要因素。

三、商誉评估的方法

(一)超额收益还原法

商誉是企业获取超额收益的能力,因而商誉的价值应是超额收益的资本化价值。超额收益还原法评估的公式如下:

$$P=\sum_{i=1}^{n}\frac{R_i}{(1+r)^i}+\frac{\overline{R}}{r(1+r)^n} \tag{10.33}$$

式中,P 为商誉的价值,R_i 为第一年至第 n 年的预期超额收益,$\overline{R}$ 为第 n 年后各年的等额超额收益,r 为折现率。

这个公式适用于企业在未来第一年至第 n 年的若干年内的超额收益可以预测,第 n 年后各年超额收益基本稳定的情况。如果预计企业未来各年内的超额收益基本不变,则可使用下面的公式：

$$P=\frac{R}{r} \tag{10.34}$$

式中，R 为企业未来各年的预期超额收益。

或者采用以下公式：

$$\text{商誉的价值}=\frac{\left(\begin{matrix}\text{企业预期}\\\text{年收益额}\end{matrix}-\begin{matrix}\text{行业平均}\\\text{收益率}\end{matrix}\times\begin{matrix}\text{被评估企业单项可确}\\\text{指资产评估值之和}\end{matrix}\right)}{\text{资本化率}}$$

$$=\frac{\begin{matrix}\text{被评估企业单项可确}\\\text{指资产评估值之和}\end{matrix}\times\left(\begin{matrix}\text{被评估企业预}\\\text{期年收益率}\end{matrix}-\begin{matrix}\text{行业平均}\\\text{收益率}\end{matrix}\right)}{\text{资本化率}} \tag{10.35}$$

其中：

$$\text{被评估企业预期年收益率}=\frac{\text{被评估企业预期年收益额}}{\text{被评估企业单项可确指资产评估值之和}}$$

【例 10—15】 某企业预期年收益额为 50 万元，该企业的单项可确指资产的评估值之和为 200 万元，企业所在行业的资产收益率为 15%，并以行业平均资产收益率为折现率。

$$\text{商誉的价值}=\frac{50-15\%\times200}{15\%}=133(\text{万元})$$

或

$$\text{商誉的价值}=\frac{200\times(50\div200-15\%)}{15\%}=133(\text{万元})$$

上述方法适用于经营状况一直较好、超额收益可以持续取得的企业，如果在预测企业超额收益时，发现企业的超额收益只能维持若干年，则超额收益还原法的公式如下：

$$P=\sum_{i=1}^{n}\frac{R_i}{(1+r)^i} \tag{10.36}$$

【例 10—16】 某企业预计在未来 5 年内保持其具有超额收益的经营态势，未来第一年至第五年的超额收益分别为 50 万元、40 万元、28 万元、12 万元、5 万元。5 年后预计将会丧失经营优势，无法取得超额收益。如折现率取 10%，则该企业的商誉价值如下：

$$\begin{aligned}\text{商誉价值}&=50\times0.909\,1+40\times0.826\,4+28\times0.751\,3+12\times0.683\,0+5\times0.620\,9\\&=110.85(\text{万元})\end{aligned}$$

（二）割差法

商誉的价值在数量上表现为企业整体资产评估值与单项资产评估值加总结果之差。割差法就是根据这种思路设计的一种评估方法，评估公式如下：

$$\text{商誉的价值}=\text{被评估企业整体资产评估价值}-\text{被评估企业单项可确指资产评估价值之和} \tag{10.37}$$

式中，被评估企业整体资产价值的确定采用收益法，其计算方法本章第三节已做详尽介绍；被评估企业单项可确指资产的评估价值之和中，包括企业所有可确指的单项有形资产和无形资产，评估时应特别注意那些无账面价值的无形资产，如产品商标、技术秘诀等，以防止这些无形资产在评估时被遗漏。

四、商誉评估中需注意的问题

(一)商誉只存在于具有超额收益的企业中

一家企业在同行业中超额收益越高,商誉评估值越高。因此,在商誉评估过程中,必须对被评估企业所属行业的收益水平有全面的了解。

(二)商誉评估必须坚持预期原则

企业是否有商誉以及商誉的大小,取决于该企业是否具有预期超额收益。因此,对于目前亏损或微利的企业,经分析预测,如果其未来有获取超额收益的潜力,该企业就会有商誉存在;反之,对于评估之前具有超额收益的企业,如果评估时预测其未来会失去获取超额收益的能力,该企业就不存在商誉。

(三)商誉价值的评估既无法采用成本法,也无法采用市场法

由于商誉价值的形成是建立在企业预期超额收益的基础上,因此,商誉评估值的高低与企业为形成商誉投入的费用和劳务没有直接联系;同时,由于形成商誉的个别因素不能够单独计量,因此市场类比法中各项因素的定量差异调整难以运作。

(四)企业负债与否、负债规模大小与企业商誉没有直接联系

企业负债能影响投资者的收益率(资本收益率),但不直接影响资产收益率。商誉评估值取决于预期资产收益率,而非资本收益率,因此不能认为负债企业没有商誉。当然,企业负债率应保持一定的限度,负债比例过大会增加企业风险,从而对企业的资产收益率产生影响,进而影响企业的商誉。

(五)商誉与商标有着本质区别

企业拥有一项评估值很高的知名商标,并不意味着该企业就一定有商誉,两者之间的区别如下:

第一,商标是商品的标志,商标的价值来自其所代表的商品所具有的超额获利能力;商誉是企业整体声誉的体现,商誉的价值来自企业所具有的超额获利能力。

第二,商标是可确指的无形资产,可以在原组织继续存在的同时转让给另一组织;商誉作为不可确指的无形资产,是与企业及其超额获利能力结合在一起的,不能脱离企业单独存在。

第三,商标可以转让其所有权,也可以转让其使用权;商誉只有随企业行为的发生实现其转让,没有所有权与使用权之分。

本章小结

企业价值评估是资产评估业务的主要类型,也是资产评估理论与方法的综合体现。收益法、市场法和资产基础法是企业价值评估的三种基础方法。采用收益法评估企业价值时,被评估企业必须满足可持续经营、收益可预测、资料可获取等基本前提,在评估过程中合理选择收益模型,确定企业增长率和贴现率等重要参数。采用市场法评估企业价值时,要遵循

可比性、可获得性、及时性、透明度和有效性原则，选择合适的可比对象或可比交易案例，并对价值比率进行优化调整。采用资产基础法评估企业价值时，是以被评估企业评估基准日的资产负债表为基础展开的。评估过程中主要包括四个步骤：确定评估范围；现场调查、资料收集整理与核查验证；评估各项资产和负债；评估结论确定和分析。需要注意的是，以持续经营为前提对企业价值进行评估时，资产基础法一般不应作为唯一的评估方法。

对高新技术类、初创类和陷入财务困境的企业而言，更适于采用期权法进行企业价值评估。运用期权法评估企业价值时，要特别注意识别和判断企业价值中隐含的期权类资产，谨慎确定波动率等重要参数的取值。

商誉的评估是以财务报告为目的的评估业务的主要类型。根据交易的不同阶段，又可以进一步划分为合并对价分摊和减值测试两种情形，分别对应的是商誉的初始计量和后续计量，在实务中，大多采用割差法的原理和思路开展这一业务。

复习思考题

1. 简述企业价值评估的含义和特点。

2. 企业价值评估与单项可确指资产评估值加总有何区别？

3. 如何界定企业价值评估的范围？

4. 运用收益法评估企业价值时，对企业未来收益的预测应考虑哪些因素？可采用哪些方法进行预测？

5. 简述企业预期收益的预测步骤。

6. 运用收益法评估企业价值时，确定折现率应遵循哪些原则？确定折现率的方法有哪些？

7. 如何运用市场法评估企业价值？

8. 市场法运用中的价值比率有哪些？

9. 如何运用资产基础法评估企业价值？

10. 如何理解期权法评估企业价值与传统评估方法在评估结果上的差异？

计算题

1. 某企业评估基准日以及未来1～3年的资产负债表和当年的利润表如下。

表10—20　**资产负债表**　单位：百万元

项　目	当前时点	第一年年末	第二年年末	第三年年末
流动资产	100	110	120	130
固定资产(净额)	2 000	2 200	2 500	2 800
流动负债(非付息)	50	55	60	65
长期负债	1 000	1 000	1 000	1 000
所有者权益	1 050	1 255	1 560	1 865

表 10—21　　利润表　　单位:百万元

项　目	当前年度	第一年	第二年	第三年
营业收入	1 000	1 300	1 500	1 800
营业成本(不含折旧)	420	480	540	600
固定资产折旧	200	220	250	280
管理费用	70	100	120	140
财务费用	50	50	50	50
销售费用	35	40	45	50
营业利润	225	410	495	680
所得税(税率 25%)	56.25	102.5	123.75	170
税后利润	168.75	307.5	371.25	510

要求:

(1)计算该企业 1～3 年的营运资本。

(2)计算该企业 1～3 年营运资本投资追加的现金流量。

(3)计算该企业 1～3 年固定资产投资追加的现金流量。

(4)计算该企业 1～3 年息税前利润。

(5)计算该企业 1～3 年的自由现金流量。

2. 被评估企业的基本情况如下:

(1)评估基准日为 2024 年 12 月 31 日。

(2)被评估企业未来 5 年预期自由现金流分别为 110 万元、120 万元、110 万元、120 万元和 130 万元,5 年后的永续增长率为 4%。

(3)被评估企业负债率为 50%,平均负债成本为 8%。

(4)评估时社会平均收益率为 9%,无风险报酬率为 4%,企业的 β 系数为 0.8。

(5)被评估企业生产经营比较平稳,所得税税率为 25%。

要求(计算结果保留小数点后两位):

(1)该企业的加权平均成本为多少?

(2)该企业的评估价值为多少?

3. 某企业需评估,评估基准日为 2023 年 12 月 31 日。该企业 2023 年的财务状况详见表 10—22,表中补贴收入 30 万元为当年因特殊灾害国家给予的退税收入,营业外支出 15 万元为抗灾发生的专项支出。

表 10—22　　**2023 年利润表**　　单位:元

项　目	本年累计数
一、主营业务收入	1 000 000
减:主营业务成本	550 000
主营业务税金及附加	55 000
二、主营业务利润(亏损以“—”号填列)	395 000
加:其他业务利润(亏损以“—”号填列)	
减:营业费用	80 000
管理费用	100 000
财务费用	80 000
其中:利息支出	80 000
三、营业利润(亏损以“—”号填列)	135 000
加:投资收益(亏损以“—”号填列)	
补贴收入	300 000
营业外收入	
减:营业外支出	150 000
四、利润总额(亏损总额以“—”号填列)	285 000
减:所得税(25%)	71 250
五、净利润(净亏损以“—”号填列)	213 750

评估人员对该企业的情况进行深入调查及对历史数据进行分析后,对该企业正常情况下的有关财务数据做出如下判断:

(1)基于当年特殊灾害原因,该企业 2023 年的实际收入仅达到企业正常经营收入的 60%。

(2)企业主营业务成本约占主营业务收入的 50%,营业费用约占主营业务收入的 5%,管理费用约占主营业务收入的 5%。

(3)财务费用(利息支出)约占主营业务收入的 10%,其中,长期负债利息占财务费用的 80%。

(4)主营业务税金及附加约占主营业务收入的 5.5%。

(5)企业所得税税率为 25%。

评估人员根据被评估企业的实际情况及未来发展前景,选取了同行业 5 家上市公司作为参照物,并经综合分析、计算和调整,得到一组价值比率(倍数)的平均数值,具体数据如下:(1)市盈率为 10;(2)每股市价与每股无负债净利润的比率为 7;(3)每股市价与每股主营业务利润的比率为 4.1。

要求:根据上述资料,运用市场法评估该企业的价值(最终评估值以算术平均数为准,运算中以万元为单位,评估结果保留两位小数)。

4.甲公司拟收购乙公司100%的股权,委托评估机构对乙公司的股东全部权益价值进行评估。评估基准日为2023年12月31日。被评估企业乙公司为一家位于中国北方某城市的化学原料药生产企业,主要经营AA、BB、CC三种化学原料药的生产和销售业务。被评估企业近年经营情况良好,盈利稳步增长,2023年净利润为3 000万元。

根据本次评估目的,评估对象为被评估企业的股东全部权益,评估范围为被评估企业的全部资产及负债。本次评估的价值类型采用市场价值。根据各项指标得分和权重,可计算得到各可比公司与被评估企业财务指标的总得分,如表10—23所示。

表10—23　　价值比率调整——可比交易案例市盈率调整

项　目	可比案例1	可比案例2	可比案例3
调整前市盈率	12.00	9.50	10.00
可比交易案例得分	0.64	0.51	0.56
被评估企业得分	0.55		
调整系数	0.860	1.086	0.996
调整后市盈率	10.32	10.32	9.96
调整后市盈率的均值	10.20		

要求:

(1)计算各可比交易案例的价值比率的调整系数。

(2)根据调整系数,计算可比交易案例调整后的市盈率。

(3)评估该企业股权的价值。

5.A企业为集团管理层为涉足智能穿戴设备领域设立的子公司,计划引进新型生产技术,考虑到市场的发展需要一定的时间,A企业计划分两个阶段进行生产线投资。

第一阶段项目的规模较小,目的是迅速占领市场并减少风险,共投资1 000万元;20×1年建成并投产,预期税后营业现金流量如表10—24所示。

表10—24　　A企业第一期税后营业现金流量　　单位:万元

项　目	20×1年	20×2年	20×3年	20×4年	20×5年
税后营业现金流量	200	300	400	400	400

第二阶段共投资2 000万元,预计于20×4年建成并投产,生产能力是第一阶段的两倍,预期每年的税后营业现金流量能够达到800万元。但是智能穿戴设备行业的产品更替难以预料,风险非常大,未来现金流量也存在较大的不确定性。可比公司的股票价格标准差为35%。假设A企业的必要报酬率为20%,无风险报酬率为10%,第二期的投资决策必须在20×3年年底前做出。

要求:

(1)在考虑期权的情况下,分别计算第一期和第二期 A 企业的价值。

(2)利用 B-S 模型,计算 A 企业所拥有扩张期权的价值{根据正态分布下的累计概率[$N(d)$],当 $d1=0.16$ 时,$N(d1)=0.563\ 6$;当 $d1=0.17$ 时,$N(d1)=0.567\ 5$}。

(3)判断分析集团管理层是否应该设立 A 企业。

6. 某企业需评估。经预测,该企业未来 5 年的净利润分别为 100 万元、110 万元、120 万元、150 万元、160 万元,从第六年起,每年净利润稳定在 160 万元水平。该企业一直没有负债,其有形资产只有货币资金和固定资产,其评估值分别为 100 万元和 500 万元。该企业有一项可确指无形资产,是一项尚有 5 年剩余经济寿命的非专利技术,运用该技术的产品每件可获超额净利润 10 元,目前该企业每年运用该技术生产产品 8 万件;经综合生产能力和市场分析预测,在未来 5 年,每年可生产 10 万件。经预测,折现率和资本化率均为 6%。

要求:试评估该企业的商誉价值,并说明评估技术思路(计算结果以万元为单位,小数点后保留两位)。

7. 甲企业需评估,评估基准日为 2023 年 12 月 31 日。经评估人员调查分析,预计甲企业 2024—2028 年的净利润分别为 100 万元、110 万元、120 万元、120 万元、130 万元,从 2029 年起,甲企业净利润将保持在按 2024—2028 年各年净利润计算的折现加权平均值水平上。该企业有形资产账面净值为 867 万元,评估基准日评估值为 916 万元。该企业的可确指无形资产仅有一项——A 专利技术。该项专利技术可改善企业现有产品的性能,从而能以更高的价格在市场上出售,并且可维持 3 年的超额收益期。预计该专利产品第一年售价为 300 元/台,销量为 4 500 台;第二年售价为 250 元/台,销量为 5 000 台;第三年售价为 210 元/台,销量为 6 000 台。同类产品的正常市场销售价格为 200 元/台。A 专利产品的单位成本与同类产品大体相同。假设折现率和资本化率均为 10%,该企业适用的所得税税率为 25%。

要求:试评估甲企业商誉的价值(计算结果以万元为单位,小数点后保留两位)。

计算题
参考答案

第三编

资产评估报告、程序及准则

11 第十一章 资产评估报告

全章提要

学习目标

知识目标:了解资产评估报告的概念、类型及作用,掌握资产评估报告的基本内容,熟悉资产评估报告的编制和使用。

思政目标:引导学生辩证看待资产价值,不仅着眼于资产的物质价值,而且要挖掘其可能承载的历史文化价值。

思维导图

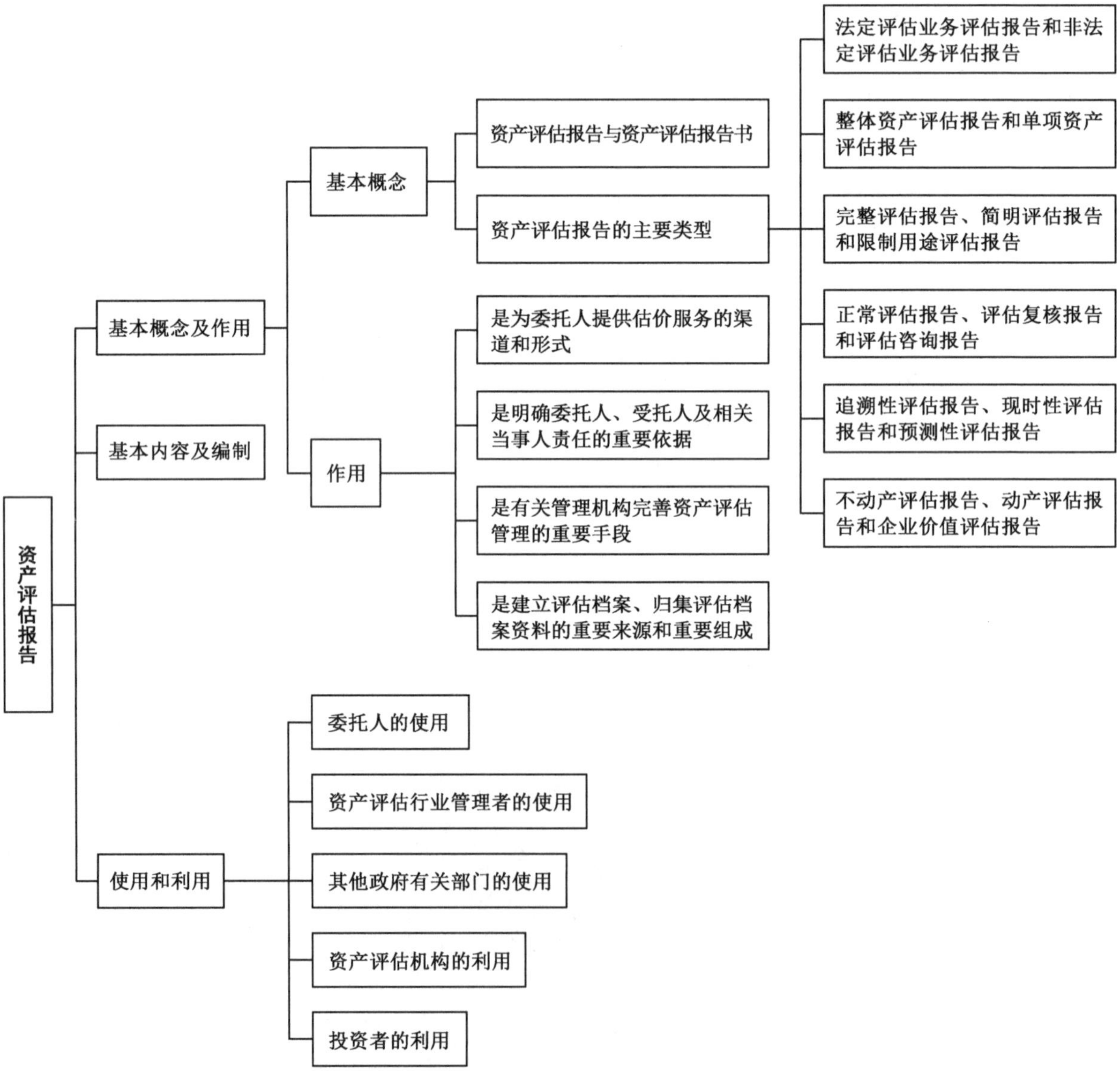

的法律法规,法定评估业务和非法定评估业务对于承办业务的评估人员资格、评估报告签名人员资格及评估档案的保存期限有不同的要求。

2.整体资产评估报告和单项资产评估报告

按照评估对象的构成范围,资产评估报告可分为整体资产评估报告和单项资产评估报告。凡是对整体资产进行评估所出具的资产评估报告称为整体资产评估报告,如企业价值评估报告等。凡是仅对某一项或若干项资产进行评估所出具的资产评估报告称为单项资产评估报告,如无形资产评估报告、机器设备评估报告、房地产评估报告等。尽管在评估报告的基本格式方面是相同的,但因整体资产评估与单项资产评估在具体的评估对象构成范围上存在差异,导致在具体评估操作上存在差异,因此,两者在报告的内容上也必然存在差别。一般情况下,整体资产评估报告的内容不仅包括资产,而且包括负债和所有者权益。整体资产评估报告可能更关注整体资产的权益(确切地讲,是更关注权利人对所评估的整体资产的权益);而单项资产评估报告一般不考虑负债,其更关注单项资产本身。

3.完整评估报告、简明评估报告和限制用途评估报告

美国《专业评估执业统一准则》中原来将不动产和动产评估报告分为完整评估报告、简明评估报告和限制用途评估报告三种,而将企业价值或无形资产评估报告分为评估报告(相当于简明评估报告)和限制用途评估报告两种。但在2018年后,《专业评估执业统一准则》中已将不动产、动产评估报告与企业价值评估报告采用统一评估报告分类标准:评估报告和限制评估报告。

完整评估报告是指完成评估工作后所编制的全面反映和陈述所要求信息的报告。简明评估报告是指完成评估工作后所编制的简明地陈述所要求信息的报告,其相对于完整评估报告来说比较简明,故称为简明评估报告。限制用途评估报告是指完成评估工作后对所要求的信息以最少的细节进行陈述的报告。当评估报告的使用者为客户以外的当事人时,应使用完整评估报告或简明评估报告。只有当客户独自使用报告中的评估判断和结论时,才可使用限制用途评估报告。限制用途评估报告对评估报告的使用人进行了限制,即仅限于委托方使用。

三种报告类型的基本区别在于报告所提供内容和信息的详略程度不同。报告类型合适与否及报告中需要提供的信息的详略程度取决于预期用途和预期使用者。评估人员应当在评估报告中注明评估报告的类型。

完整评估报告、简明评估报告和限制用途评估报告都应在报告中界定评估问题,陈述评估所显示的事实资料并就报告中的估价判断进行分析。其差别是简明评估报告和限制用途评估报告的内容没有那么全面。

简明评估报告的内容比较简洁。限制用途评估报告的内容最少、信息细节最少,故限制用途评估报告常使用信函的格式。如果采用限制用途评估报告,就应该在评估报告中的显要位置增加一个使用限制条款,规定评估报告只限于客户使用;另外,应在评估报告中声明,如果没有评估人员工作档案中的其他信息支持,就不能正确理解评估报告中提供的意见和结论。

在中国目前的评估法律法规、规范及准则中,并没有明确提出过资产评估报告这三种类

型的概念和区别，但有类似的表述，如《资产评估执业准则——资产评估报告》第六条指出，资产评估报告的详略程度可以根据评估对象的复杂程度、委托人要求合理确定。

4. 正常评估报告、评估复核报告和评估咨询报告

按照资产评估工作的内容不同，评估可以分为正常评估、评估复核和评估咨询。相应地，资产评估报告也可以分为正常评估报告、评估复核报告和评估咨询报告。

我们一般讲的资产评估报告都是正常评估报告。评估复核报告是指对其他资产评估机构出具的评估报告进行评判分析后出具的报告。评估咨询则不仅包括对评估对象价值的估算，而且包括对评估对象的利用价值、利用方式、利用效果等的分析和研究。工作的内容不同，需要反映的评估报告中的内容和形式也不相同。但中国目前有关的资产评估法律法规、规范及准则主要是对正常评估报告进行规范，对评估复核报告、评估咨询报告并无规范。这可能是由于评估复核报告和评估咨询报告往往服务于特定当事人。美国《专业评估执业统一准则》中对评估复核报告有相应的规范。《国际评估准则》中明确了评估准则对评估复核业务的适用性，并对评估复核报告进行了规范。

5. 追溯性评估报告、现时性评估报告和预测性评估报告

根据评估基准日的不同，资产评估可以分为追溯性评估（也称回顾性评估）、现时性评估和预测性评估（也称前瞻性评估）。相应地，资产评估报告也应划分为追溯（回顾）性评估报告、现时性评估报告和预测（前瞻）性评估报告。

现时性评估的评估基准日为当前时点，要求评估资产的现时价值，评估基准日与评估报告日接近。目前，大多数资产评估业务属于现时性评估，出具的是现时性评估报告。

追溯性评估是评估评估对象在过去某一时点的价值，评估基准日离评估报告日较远。在资产纳税、司法诉讼等情况下，可能需要该类型的评估报告。

预测或前瞻性评估就是对资产在未来某一时点的价值进行评估，评估报告日往往在评估基准日之前。例如，对有些正在开发的项目（如房地产开发项目），可能需要估算其在未来开发完成后的价值。这种评估报告目前在实务中较少见。

在我国目前已出台的法律法规、规范或准则中，并无对评估报告类型的这种分类。但在《资产评估执业准则——资产评估报告》中提到了评估基准日可以是过去、现在或者未来时点。在《房地产估价规范》中，提到了回顾性估价和预测性估价。

在美国《专业评估执业统一准则》的不动产、动产和企业价值评估的报告准则中，提到了评估基准日确定价值意见的基础，评估报告日则表明评估师对评估基准日市场和资产状况的评价是不是从未来的、现行的或追溯的角度。

6. 不动产评估报告、动产评估报告和企业价值评估报告

资产评估报告可以分为不动产评估报告、动产评估报告和企业价值评估报告，这是美国《专业评估执业统一准则》中按评估对象的不同类型对资产评估报告的分类。我国现行评估准则和规范中并未明确这样的报告分类，这可能是因为我国目前各资产评估专业领域分属于不同的政府部门管理，不像美国那样各资产评估专业领域联合起来统一制定评估准则。但我国由财政部门管理的资产评估专业领域制定的资产评估准则体系中有分资产类别的具体评估准则，包括机器设备、不动产、无形资产、企业价值、珠宝首饰、森林资源资产和知识产

权等评估准则,各具体评估准则中对各类资产的评估报告都有具体的要求和规范。而由住房和城乡建设部门管理的资产评估专业领域制定的房地产估价规范(这是房地产估价专业领域的基本准则),只对房地产估价报告进行了规范。

二、资产评估报告的作用

(一)资产评估报告是为委托人提供估价服务的渠道和形式

资产评估作为一种专业中介性服务活动,其根本目的是服务于客户,服务于社会,为客户和社会提供专业性的估价意见。资产评估服务是受客户(委托人)委托而进行的,资产评估机构和评估人员为客户提供服务的主要渠道和形式就体现在资产评估报告上。离开了资产评估报告,就无法实现资产评估为客户和社会服务的目的。因此,资产评估报告的主要作用就表现在其是为客户和社会服务的渠道和形式。资产评估通过报告书的形式对被评估资产提出作价意见,为客户的经济行为提供鉴证或咨询服务。

(二)资产评估报告是明确委托人、受托人及相关方当事人责任的重要依据

资产评估报告用文字的形式对受托资产评估业务的目的、对象、范围、依据、程序、方法和结论进行说明和总结。这一方面体现了资产评估机构和评估人员的工作成果,另一方面反映了受托的资产评估机构和评估人员的权利和义务,并以此来明确委托人、受托人等相关当事人的法律责任。在接受委托并完成必要的评估程序后,评估机构和评估人员有责任撰写资产评估报告并提供给委托人。评估人员有责任在评估报告中揭示评估结果实现的前提,评估报告的使用范围、使用限制等具体条款,便于客户正确理解和使用评估报告。当然,资产评估报告也是资产评估机构履行评估协议和向委托人收取评估费用的依据。而委托人在评估机构完成评估业务、提交资产评估报告后,有义务向评估机构支付评估费用,同时委托人及相关资产评估报告使用人应该按照有关法律、行政法规和评估报告载明的使用范围使用资产评估报告。

(三)对资产评估报告的审核是有关管理机构完善资产评估管理的重要手段

资产评估报告集中反映了评估人员的职业道德、执业能力水平、评估质量高低和评估机构内部管理机制的完善程度。有关资产评估的管理机构和行业自律组织(如政府相关行政主管部门、评估行业协会等)通过对资产评估报告的检查和审核,可以有效地对资产评估机构的业务开展情况和评估人员的执业情况等进行动态的监督和管理。

(四)资产评估报告是建立评估档案、归集评估档案资料的重要来源和重要组成部分

资产评估机构和评估人员在完成每一个资产评估项目后,都必须按照资产评估档案管理的有关规范和要求,将评估过程中收集的资料、工作记录和工作底稿归档,以便进行评估档案的管理和使用。由于资产评估报告是对整个评估过程的工作总结,其内容包括评估过程的各个具体环节和各有关数据资料的收集与记录,因此,不仅资产评估报告的底稿是评估档案归集的主要内容,而且撰写资产评估报告过程中采用的各种数据、依据、工作底稿和资产评估报告制度中形成的有关文字记录等,都是资产评估档案的重要信息来源。另外,资产评估报告本身也是评估档案的重要组成部分,一份完整的资产评估档案应该包括一份与提

交给客户的资产评估报告一致的资产评估报告。

三、我国资产评估报告规范回顾

我国资产评估的产生是从评估国有资产开始的，因此，我国的资产评估报告规范是随着国有资产评估报告制度的不断完善而不断规范的。下面以目前由财政部门监管的资产评估专业领域为例来回顾资产评估报告的规范情况。

1991年，国务院以91号令颁布的《国有资产评估管理办法》规定，资产评估机构对委托单位(国有资产占有单位)被评估资产的价值进行评定和估算，要向委托单位提交资产评估结果报告书。委托单位收到资产评估机构的资产评估结果报告书后，应当报其主管部门审核，主管部门同意后，报同级国有资产管理行政主管部门确认资产评估结果。经国有资产管理行政主管部门授权或者委托，占有单位的主管部门可以确认资产评估结果。该办法还规定，国有资产管理行政主管部门应当自收到占有单位报送的资产评估结果报告书之日起45日内组织审核、验证、协商，确认资产评估结果，并下达确认通知书。这是最早的资产评估报告制度。

1992年，原国家国有资产管理局制定和发布的《国有资产评估管理办法施行细则》(国资办发〔1992〕36号)中规定了资产评估结果报告书的内容包括正文和附件两个部分。正文的主要内容包括：(1)评估机构名称；(2)委托单位名称；(3)评估对象的范围；(4)评估基准日期；(5)评估原则；(6)评估所依据的法律、法规和政策；(7)评估方法和计价标准；(8)对具体资产评估的说明；(9)评估结论，包括评估价值和有关文字说明；(10)附件名称；(11)评估起止日期和评估报告提交日期；(12)评估机构负责人、评估项目负责人签名，并加盖评估机构公章；(13)其他。附件包括：(1)资产评估汇总表、明细表；(2)评估方法说明和计算过程；(3)与评估基准日有关的会计报表；(4)资产评估机构资产评估资格证明文件复印件；(5)被评估单位占有国有资产的证明文件复印件；(6)其他与评估有关的文件资料。可以说，《国有资产评估管理办法施行细则》是我国最早对资产评估报告的内容进行规范的文件。

1993年，原国家国有资产管理局制定和发布了《关于资产评估报告书的规范意见》(国资办发〔1993〕55号)，对资产评估报告提出了比较详细的规范要求。

1996年5月7日，原国家国有资产管理局以国资办发〔1996〕23号文件转发了中国资产评估协会制定的《资产评估操作规范意见(试行)》，这是我国颁布的第一个资产评估业务操作方面的规范。该规范意见不仅规范了资产评估业务的内容，而且对资产评估报告做了具体规范。该规范意见指出资产评估报告书包括正文和附件两个部分，并就正文和附件内容做了规定。该规范意见指出，涉及国有资产占有单位的资产评估项目，需按国有资产管理行政主管部门的规定由委托方报送资产评估报告、确认资产评估结果。资产评估机构还要报送资产评估报告书送审专用材料。该规范意见规定了资产评估报告书和送审专用材料的具体要求，以及资产评估工作底稿和项目档案管理，进一步完善了资产评估报告制度。

1998年2月19日，中国资产评估协会印发了《资产评估报告签字制度(试行)》，对评估机构相关人员在出具的资产评估报告上如何签字做出了规范。

1999年3月2日，财政部以财评字〔1999〕91号文件颁布了《关于印发资产评估报告基本内容和格式的暂行规定》，对原有的资产评估报告有关规范做了进一步的完善，使资产评估的报告规范不仅适用于国有资产评估,而且适用于非国有资产评估。

2007年11月,中国资产评估协会发布了《资产评估准则——评估报告》。这是第一次以准则的形式发布的资产评估报告规范。这标志着我国资产评估报告规范日趋成熟,使资产评估报告更加符合市场经济条件下用户对评估报告的内容要求。

针对国有资产评估项目监管的特殊性要求,即反映国有资产评估报告核准备案的个性要求,中国资产评估协会于2008年11月28日发布了《企业国有资产评估报告指南》,于2010年12月18日发布了《金融企业国有资产评估报告指南》。这是专门针对国有资产评估报告的规范。

2011年12月30日,中国资产评估协会发布了《关于修改资产评估报告等准则中有关签章条款的通知》(中评协〔2011〕230号),对评估报告等准则中涉及签字盖章的条款做了相应的修改。这主要是为了贯彻《资产评估机构审批和监督管理办法》(财政部令第64号)的相关规定,满足评估机构执业需要,进一步规范评估机构和评估人员在评估报告和业务约定书上签字盖章的行为。

随着《中华人民共和国资产评估法》的施行,2017年4月21日,财政部颁布了财政部令第86号《资产评估行业财政监督管理办法》,从2017年6月1日起施行,财政部于2011年8月11日发布的《资产机构审批和监督管理办法》(财政部令第64号)同时废止。

2017年8月23日,财政部制定并印发了《资产评估基本准则》。该基本准则第四章对资产评估报告的标题及文号、目录、声明、摘要、正文及附件等内容方面进行了规范,并要求资产评估机构及其资产评估专业人员出具资产评估报告应当符合法律、行政法规等相关规定。

根据财政部发布的《资产评估基本准则》,中国资产评估协会于2017年9月8日发布了修订后的《资产评估执业准则——资产评估报告》《企业国有资产评估报告指南》和《金融企业国有资产评估指南》,对资产评估报告的编制和出具提出了应当遵循的要求,对资产评估报告的内容进行了详细的规范。

2018年10月29日,中国资产评估协会对资产评估报告准则做了进一步修订。

目前,在财政部门管理的资产评估专业领域,资产评估实务中执行的专门规范评估报告的准则主要是《资产评估执业准则——资产评估报告》《企业国有资产评估报告指南》及《金融企业国有资产评估报告指南》,其他相关具体评估准则对评估报告的披露也有相应的规范和要求。在住房和城乡建设部门管理的资产评估专业领域(房地产估价领域),专门规范房地产估价报告的准则是《房地产估价规范》。

第二节 资产评估报告的基本内容及编制

一、资产评估报告的基本内容

(一)资产评估报告基本内容概述

由于资产评估报告是为客户服务的渠道和形式,因此,资产评估报告的内容应该满足客户的使用要求，使客户和其他资产评估报告的使用人或利用人可以很容易地复核评估报告，并了解评估结论是如何做出的。基于此，资产评估报告应以清楚地表达评估结果和充分的依据说明为目标，根据影响资产评估价值的因素进行分析说明，完整、清楚地说明评估结论是如何做出的以及评估结论成立的条件。

一般来说，一份符合客户需要的资产评估报告至少应包括以下内容：(1)评估委托人及报告使用人；(2)资产评估的对象和范围；(3)评估目的；(4)评估结果的价值类型和定义；(5)评估基准日和报告日；(6)评估方法及其重要参数确定的依据和过程；(7)评估结论；(8)评估人员署名的重要声明。

在以上内容规范的基础上，评估人员有充分的表达空间，使每一份评估报告更加科学、合理、有用，实现资产评估服务于用户和社会的目的。

1.评估委托人及报告使用人

评估人员必须谨慎地对待客户身份确定，一般情况下要写明委托人的身份。在个别情况下，如果客户希望匿名，评估人员就得在评估报告中略去客户的身份，但必须在评估档案中记录客户的身份。资产评估报告的使用人可能包括委托人、贷款人、政府部门、客户合作伙伴、客户雇用的律师和会计师等，资产评估报告中要予以披露。但在我国，涉及国有资产的评估报告，客户不能匿名。

2.资产评估的对象和范围

评估对象是评估的标的物，评估范围是评估对象涉及的资产内容。对评估对象的描述、范围的界定是评估结论科学合理的基础。因此，资产评估报告中对评估对象的信息应充分描述，包括评估对象的权益、法律、物理、经济等方面的特性及构成内容。

3.评估目的

评估目的不同，评估结果可能不同。准确描述评估目的对理解评估结论具有重要意义。

4.评估结果的价值类型和定义

评估结果的价值类型是评估结果质的规定性。评估报告中应明确指出评估价值的类型并进行定义，包括使资产评估报告使用人明确如何使用价值定义所需要的说明。

5.评估基准日和报告日

资产评估是对资产在某一时点的价值发表意见，评估基准日是确定价值意见的基础，评估报告中必须写明评估基准日。评估报告日表明评估人员对评估基准日市场和资产状况的评价是基于现时的、未来的还是历史的角度。

6.评估方法及其重要参数确定的依据和过程

评估方法是获得评估结果的途径和手段。在评估过程中，应根据评估方法适用的前提条件、评估时的市场条件以及评估对象本身的特征、状态条件等选择合适的方法。在评估报告中应说明选定所使用评估方法的理由，当采用一种以上方法时，还应说明最终评估价值确定的方法和过程。资产评估报告中应阐述分析的资料，以及评估分析、判断的依据，对重要的参数应列示其来源和获得的方法。

7.评估结论

资产评估报告应清楚、明确地列示评估结论以及评估结论成立的假设和限定条件，以便评估报告使用人正确理解评估结论。

8. 评估人员署名的重要声明

为了更好地使评估委托人和其他评估报告使用人有效使用评估报告,规避评估机构和评估人员的风险,根据目前国内外的资产评估报告要求,一份评估报告中一般应包括一份评估人员署名的声明或评估机构声明。

评估人员署名的声明一般应包括但不限于如下内容:(1)评估报告所叙述的事项是真实和正确的;(2)评估报告的分析、判断和结论仅受评估报告所阐述的假设和限定条件的限制,评估人员的专业分析、判断和结论是公正的、无偏见的;(3)评估人员对评估报告中所评估的资产不拥有现存的或将来的利益,对于评估报告涉及的各方,不涉及任何评估人员个人的利益;(4)对于评估报告中评估的资产和评估工作中涉及的各方,评估人员不存在任何偏见;(5)评估人员的分析、判断结论和评估报告都是遵循有关资产评估法规、准则和规范的规定进行的;(6)评估人员对评估报告中所评估的资产亲自进行了现场清查与勘查;(7)无人对本评估报告的签署者提供重要的专业帮助(如有,则必须列示每一位提供帮助的专业人员的姓名)。

在由住房和城乡建设部门监管的资产评估专业领域制定的《房地产估价规范》中,明确房地产估价师声明是房地产估价报告的组成部分。

(二)资产评估报告准则要求的资产评估报告基本内容

不同的资产评估专业领域,其相关准则存在差异,准则所要求的资产评估报告基本内容也存在差异。下面以财政部门监管的资产评估专业领域为例,说明资产评估报告准则所要求的资产评估报告的基本内容。

依照2018年10月29日中国资产评估协会发布的《资产评估执业准则——资产评估报告》的要求,资产评估报告的内容包括标题及文号、目录、声明、摘要、正文、附件,下面分别介绍各项的基本内容和要求,具体可参阅有关准则。

1. 资产评估报告的标题、文号及目录的规范要求

资产评估报告是指资产评估机构及其资产评估专业人员遵守法律、行政法规和资产评估准则,根据委托履行必要的资产评估程序后,由资产评估机构对评估对象在评估基准日特定目的下的价值出具的专业报告。资产评估机构及其资产评估专业人员以“资产评估报告”名义出具书面专业报告,应当遵守《资产评估执业准则——资产评估报告》的规定,因此,资产评估报告的标题应当简明清晰,并包含“资产评估报告”字样,一般采用“企业名称+经济行为关键词+评估对象+资产评估报告”的形式。

资产评估报告的文号应当包括资产评估机构特征字、种类特征字、年份及报告序号。

资产评估报告的目录应当包括每一部分的标题和相应页码。

2. 资产评估报告声明的基本内容

(1)本资产评估报告依据财政部发布的资产评估基本准则和中国资产评估协会发布的资产评估执业准则和职业道德准则编制。

(2)委托人或者其他资产评估报告使用人应当按照法律、行政法规和资产评估报告载明的使用范围使用资产评估报告;委托人或者其他资产评估报告使用人违反前述规定使用资

产评估报告的，资产评估机构及其资产评估专业人员不承担责任。

（3）资产评估报告仅供委托人、资产评估委托合同中约定的其他资产评估报告使用人和法律、行政法规规定的资产评估报告使用人使用；除此之外，其他任何机构和个人都不能成为资产评估报告的使用人。

（4）资产评估报告使用人应当正确理解和使用评估结论，评估结论不等同于评估对象可实现价格，评估结论不应当被认为是评估对象可实现价格的保证。

（5）资产评估报告使用人应当关注评估结论成立的假设前提、资产评估报告特别事项说明和使用限制。

（6）资产评估机构及其资产评估专业人员遵守法律、行政法规和资产评估准则，坚持独立、客观、公正的原则，并对所出具的资产评估报告依法承担责任。

（7）其他需要声明的内容。

资产评估报告准则对声明内容仅是一般性要求，评估人员在执行具体评估业务时，可以根据评估项目的具体情况，调整或者细化声明内容。

资产评估报告准则中没有明确声明是否需要评估人员署名或评估机构盖章。

3.资产评估报告摘要的基本内容

资产评估报告摘要应当提供评估业务的主要信息及评估结论。

资产评估报告准则中并没有详细列示摘要具体应包括的内容，一般来说，摘要中应该包括的关键内容有评估委托人、评估目的、评估对象和范围、评估基准日、评估方法、评估结论及其使用有效期、对评估结论产生影响的特别事项等。

摘要是为了方便客户使用资产评估报告，因此，摘要需披露的信息应根据客户的要求及评估业务的性质、评估对象的复杂程度等确定。

摘要应当与资产评估报告正文披露的内容一致。

4.资产评估报告正文的基本内容

（1）委托人及其他资产评估报告使用人

资产评估报告使用人包括委托人、资产评估委托合同约定的其他评估报告使用人和国家法律、行政法规规定的资产评估报告使用人。

（2）评估目的

资产评估报告载明的评估目的应当唯一，表述应当明确、清晰。

（3）评估对象和评估范围

资产评估报告中应当载明评估对象和评估范围，并具体描述评估对象的基本情况，通常包括法律权属状况、经济状况和物理状况。

（4）价值类型

资产评估报告应当说明选择价值类型的理由，并明确价值类型的定义。

（5）评估基准日

资产评估报告应当载明评估基准日，并与资产评估委托合同约定的评估基准日保持一致。资产评估报告应当说明选取评估基准日时重点考虑的因素。评估基准日可以是现在时点，也可以是过去或者将来的时点。

第一节　资产评估报告的基本概念及作用

一、资产评估报告的基本概念

（一）资产评估报告与资产评估报告书

资产评估报告是评估人员按照资产评估工作制度的有关规定，在实施了必要的评估程序对特定评估对象的价值进行估算后编制的，并由其所在资产评估机构向委托人（客户）提交的反映其专业意见的书面文件。它是按照一定的格式和内容来反映评估目的、假设、程序、依据、方法、结果及适用条件等基本情况的报告书。资产评估机构应当根据评估业务的具体情况，向客户提供能够满足委托人和其他报告使用人合理需求的资产评估报告，在资产评估报告中应提供必要和足够的信息，使评估报告使用人能够正确理解和使用评估结论。

资产评估报告有广义和狭义之分。广义的资产评估报告还是一种工作制度，它规定资产评估机构在完成评估工作后必须按照一定的程序，用书面形式向委托人及相关的各方报告资产评估过程和结果。狭义的资产评估报告即资产评估报告书，它既是评估机构及其评估人员完成对资产估价，就被评估资产在特定条件下的价值所发表的专业意见，也是评估机构履行评估合同情况的总结，还是评估机构及其评估人员为评估项目承担法律责任的证明文件。

鉴于资产评估报告的重要性，世界各国、国际组织都制定了相关法律、行政法规及评估准则对其进行规范。

《中华人民共和国资产评估法》对资产评估报告的编制、签章、使用及保存等环节进行了规范。

美国《专业评估执业统一准则》（USPAP）对资产评估报告从报告类型和报告要素的角度进行了规范。《国际评估准则》（IVS）和中国财政部门监管的资产评估专业领域发布的《资产评估执业准则——资产评估报告》都是从报告内容和报告要素来规范的。中国财政部门监管的资产评估专业领域发布的《企业国有资产评估报告指南》和《金融企业国有资产评估报告指南》则是从国有资产评估报告的基本内容和格式方面进行规范的。中国住房和城乡建设部门监管的资产评估专业领域制定的房地产估价的基本准则——《房地产估价规范》，对房地产估价报告的内容和要素等进行了详细规范。

（二）资产评估报告的主要类型

按不同的标准，可将资产评估报告分为不同的类型。

1. 法定评估业务评估报告和非法定评估业务评估报告

按照资产评估报告的法律定位，资产评估报告分为法定评估业务评估报告和非法定评估业务评估报告。资产评估机构开展涉及国有资产或者公共利益等事项，法律、行政法规规定需要评估的业务，属法定评估业务，所出具的资产评估报告为法定评估业务评估报告，除此之外开展的资产评估业务所出具的资产评估报告为非法定评估业务评估报告。按照现行

(6)评估依据

资产评估报告应当说明评估遵循和采用的法律法规依据、准则依据、权属依据及取价依据等。

(7)评估方法

资产评估报告应当说明所选用的评估方法及其理由。因适用性受限或者操作条件受限等而选择一种方法评估的,应当在资产评估报告中披露并说明原因。

(8)评估程序实施过程和情况

资产评估报告应当说明资产评估程序实施过程中的现场调查、资料收集与分析、评定估算等主要内容。

(9)评估假设

资产评估报告应当披露评估假设及其对评估结论的影响。

(10)评估结论

资产评估报告应当以文字和数字形式清晰表述评估结论,并明确评估结论的使用有效期。通常评估结论是确定的数值。经与委托人沟通,评估结论可以使用区间值或其他形式表达。

(11)特别事项说明

特别事项是指在评估过程中已经发现可能影响评估结论,但非评估人员执业水平和能力所能评定的事项。资产评估报告的特别事项说明通常包括:①权属等主要资料不完整或者存在瑕疵的情形;②委托人未提供的其他关键资料情况;③未决事项、法律纠纷等不确定因素;④重要的利用专家工作及相关报告情况;⑤重大期后事项;⑥评估程序受限的有关情况、评估机构采取的弥补措施及对评估结论造成影响的情况;⑦其他需要说明的事项。资产评估报告应当重点提示评估报告使用人对特别事项予以关注。

(12)资产评估报告使用限制说明

资产评估报告的使用限制说明通常包括下列内容:①使用范围;②委托人或者其他资产评估报告使用人未按照法律、行政法规和资产评估报告载明的使用范围使用资产评估报告的,资产评估机构及其资产评估专业人员不承担责任;③除委托人、资产评估委托合同中约定的其他资产评估报告使用人和法律、行政法规规定的资产评估报告使用人之外,其他任何机构和个人都不能成为资产评估报告的使用人;④资产评估报告使用人应当正确理解和使用评估结论。评估结论不等同于评估对象可实现价格,评估结论不应当被认为是评估对象可实现价格的保证。

(13)资产评估报告日

资产评估报告载明的评估报告日通常为评估结论形成的日期,可以不同于资产评估报告的签署日。

(14)资产评估专业人员署名和资产评估机构印章

按照现行相关规定,资产评估报告应当由至少两名承办该项业务的资产评估专业人员签名并加盖资产评估机构印章,涉及法定评估业务的,资产评估报告应当由至少两名承办该项业务的资产评估师签名并加盖评估机构印章。

5.资产评估报告附件的基本内容

(1)评估对象所涉及的主要权属证明资料。

(2)委托人和其他相关当事人的承诺函。

(3)资产评估机构及签名资产评估专业人员的备案文件或者资格证明文件。

(4)资产评估汇总表或者明细表。

(5)资产账面价值与评估结论存在较大差异的说明。

目前,对于涉及国有资产的评估报告格式和内容来说,除了要符合中国资产评估协会发布的《资产评估执业准则——资产评估报告》的要求外,还要符合中国资产评估协会发布的《企业国有资产评估报告指南》和《金融企业国有资产评估报告指南》中的有关规定。

当然,资产评估报告准则只是对评估报告格式和内容的基本规范要求,具体的资产评估报告中需披露的内容还应符合相关具体准则的相应规范要求。

二、资产评估报告的编制

(一)资产评估报告编制的基本要求

编制资产评估报告的目的:一是系统陈述受托的评估机构和评估人员履行评估协议或合同的状况,以便获得相应的报酬;二是向委托人提供合乎专业标准的评估意见。

编制资产评估报告的基本要求如下:

1.严格按照评估协议或合同的要求,合乎委托人的需要

资产评估报告是为委托人服务的渠道和形式,评估报告应能够为委托人提供合乎专业标准的服务。从这个意义上说,资产评估报告无论是在形式上还是在内容上都应该合乎委托人实现有关评估目的的需要。从现实来看,一方面,评估报告要能够为委托人及相关各方提供合理的评估结论;另一方面,委托人及相关各方在合法使用资产评估报告时应该是无障碍的。因此,资产评估报告应当提供必要信息,使资产评估报告使用人能够正确理解评估结论并合法使用评估报告。

2.内容真实、逻辑严密、格式规范、叙述简练

资产评估报告的内容必须真实、完整、全面,做出的必不可少的假设应该与事实相一致,不得与事实相冲突。资产评估报告的格式应该符合评估准则和规范的要求,资产评估报告的陈述应当清晰、准确、简练,不得有误导性表述。

3.迅速准确,在约定的时间内提交评估报告

资产评估工作时效性强,委托人往往会在委托协议或合同中对提交评估报告做出时间上的约定,评估机构应该在约定的时间向委托人提交资产评估报告,以体现为客户服务的职业水准。

(二)资产评估报告编制的步骤

资产评估报告书的编制是评估机构和评估人员完成评估工作的最后一道工序,也是资产评估工作中的一个重要环节和关键环节。

编制资产评估报告书主要有以下几个步骤:

1. 评估资料和工作记录的整理和归集

编写资产评估报告书前,评估人员应该对评估中产生的有关资料和工作记录进行整理和归集,并形成工作底稿。这些资料和记录包括被评估资产的有关背景资料和记录、现场勘察和调查情况的资料和记录、市场询价资料和记录、评定估算的资料和记录等,这是编制资产评估报告的基础。一般来说,一个较复杂的评估项目是由一组评估人员合作完成的,为了正确反映评估的全过程,要求评估小组按分工情况,将全部评估资料和记录进行分类整理和归集,包括评估作业分析表的审核、分类明细表的编制、评估依据的说明等,最后形成分类评估的文字资料。

2. 评估数据的汇总分析和讨论

评估数据的汇总分析和讨论的目的在于消除分项评估的重复或遗漏,调整和修润不同评估方法的差异,从而得出综合性有效评估结论。汇总分析的内容包括:(1)将分类、分工评估的分项结论加以汇总,得出关于评估对象的综合结论;(2)对运用不同评估方法的评估结论进行比较、鉴别、修正。无论是单项资产评估还是整体资产评估(特别是企业价值评估),都可以采用不同的评估方法分别评估,不同评估方法的结论需要在汇总分析中加以修润和取舍,以得出最终结论。

3. 资产评估报告书的编写

在评估资料整理和数据汇总分析的基础上,由资产评估报告的总纂人实施全部资料的汇总编排和评估结果报告书的编写工作。在完成资产评估报告的初稿后,为了更好地实现服务于客户的目的,可以与委托人及相关当事人交换意见。在听取委托人及相关当事人的反馈意见后,在独立、客观、公正的前提下,认真分析委托人及相关当事人提出的问题和建议,考虑是否应该修改评估报告书,对资产评估报告书中存在的疏忽、遗漏和错误之处进行修正。

4. 资产评估报告书的签发和送交

评估人员撰写出评估正式报告书后,经评估机构内部审核无误即可签发。资产评估报告书应当由至少两名承办该项评估业务的评估人员签名并加盖评估机构印章,属于法定评估业务的资产评估报告应当由至少两名承办该项评估业务的资产评估师签名并加盖评估机构印章。资产评估报告书签名盖章后,即可送交委托人。

(三)资产评估报告编制的技术要点

资产评估报告编制的技术要点是指在资产评估报告编制过程中的主要技能要求,具体包括文字表达、格式和内容方面的技能要求,以及复核与反馈等方面的技能要求等。

1. 文字表达方面的技能要求

资产评估报告既是评估机构及评估人员对被评估资产价值发表专业意见的文书,又是用来明确资产评估机构及评估人员工作责任的书面依据,因而,它的文字表达技能要求是用词清楚、准确,不得使用模棱两可的措辞;陈述简明扼要,不带任何诱导、恭维和推荐性的陈述。

2. 格式和内容方面的技能要求

资产评估报告书的格式和内容,从理论上讲,应符合客户使用的需要;从实际操作上讲,应符合现行法律、行政法规、规范及准则的要求。

目前，从财政部门监管的资产评估专业领域看，资产评估报告书在格式和内容上要符合中国资产评估协会发布的《资产评估执业准则——资产评估报告》的要求；对于涉及国有资产的评估业务，资产评估报告书的格式和内容还应符合《企业国有资产评估报告指南》和《金融企业国有资产评估报告指南》的要求。另外，在资产评估报告的披露等方面，应符合其他法规或具体执业准则的要求。例如，对于无形资产的评估报告来说，既要符合资产评估报告准则的要求，又要符合《资产评估执业准则——无形资产》的要求；对于企业价值评估报告来说，既要符合资产评估报告准则的要求，又应符合《资产评估执业准则——企业价值》的要求。

从住房和城乡建设部门监管的资产评估专业领域看，资产评估报告书在格式和内容都上应符合《房地产估价规范》的要求。

在其他政府部门监管的资产评估专业领域，资产评估报告书的格式和内容都应符合这些领域有关的规范和准则的要求。

3.复核及反馈方面的技能要求

资产评估报告书的复核及反馈就是对工作底稿，评估技术说明，评估明细表及评估报告正文的文字、格式及内容等有关评估资料的复核和反馈以及客户对初稿意见的反馈。通过复核和反馈，使有关错误、遗漏、重复等问题在向客户正式出具资产评估报告书前得到纠正。

一个资产评估项目是一个系统工程，涉及面广。为了减少差错，评估机构内部必须建立起对资产评估报告的多级复核和交叉复核制度，还要与客户建立起比较畅通的信息反馈渠道。

三、资产评估报告实例

下面按照 2018 年 10 月 29 日中国资产评估协会发布的《资产评估执业准则——资产评估报告》的要求，举例说明资产评估报告格式和内容两方面的要求。

DE 公司转让股权涉及的 ABC 公司股东全部权益价值评估项目

资产评估报告(示例)

YH 评报字〔2023〕第 0698 号

目录(略)

声　明

1.本资产评估报告依据财政部发布的《资产评估基本准则》、中国资产评估协会发布的《资产评估执业准则》和职业道德准则编制。

2.委托人或者其他资产评估报告使用人应当按照法律、行政法规和资产评估报告载明的使用范围使用资产评估报告；委托人或者其他资产评估报告使用人违反前述规定使用资产评估报告的，资产评估机构及其资产评估专业人员不承担责任。

3.本资产评估报告仅供委托人、资产评估委托合同中约定的其他资产评估报告使用人和法律、行政法规规定的资产评估报告使用人使用；除此之外，其他任何机构和个人都不能成为资产评估报告使用人。

4 资产评估报告使用人应当正确理解和使用评估结论,评估结论不等同于评估对象可实现价格,评估结论不应当被认为是评估对象可实现价格的保证。

5.资产评估报告使用人应当关注评估结论成立的假设前提、资产评估报告特别事项说明和使用限制。

6.本资产评估机构及其资产评估师遵守法律、行政法规和资产评估准则,坚持独立、客观、公正的原则,并对所出具的资产评估报告依法承担责任。

7.本次评估涉及的资产、负债清单由委托人、被评估企业申报并经其采用签名、盖章或法律允许的其他方式确认;委托人和其他相关当事人依法对其提供资料的真实性、完整性、合法性负责。

8.本资产评估机构及资产评估师与资产评估报告中的评估对象没有现存或者预期的利益关系,与相关当事人没有现存或者预期的利益关系,对相关当事人不存在偏见。

9.资产评估师已经对资产评估报告中的评估对象进行现场调查,已经对评估对象的法律权属状况给予必要的关注,对评估对象的法律权属资料进行了查验,对已经发现的问题进行了如实披露,并且已提请委托人及其他相关当事人完善产权以满足出具资产评估报告的要求。

摘　要

重要提示:以下内容摘自资产评估报告正文,欲了解评估业务的详细情况和正确理解评估结论,就应当阅读资产评估报告正文。

1.委托方:DE公司。

2.被评估企业:ABC公司。

3.评估对象和评估范围:本次资产评估对象为ABC公司股东全部权益,评估范围为ABC公司全部资产和负债(包括流动资产、长期股权投资、投资性房地产、固定资产、在建工程、无形资产、递延所得税资产、流动负债和非流动负债)。

4.评估目的:为DE公司转让其持有的ABC公司股权提供价值参考。

5.价值类型:市场价值。

6.评估基准日:2023年6月30日。

7.评估方法:资产基础法、收益法。

8.评估结论:经评估,ABC公司股东全部权益于评估基准日2023年6月30日的评估价值为人民币7 200万元。

本资产评估报告的有效期为壹年,即有效期自资产评估基准日2023年6月30日至2024年6月29日。本资产评估报告应当在载明的有效期内使用。

特别提示:为了正确使用评估结论,请报告使用者密切关注本报告中的“声明”“评估假设”“评估报告使用限制说明”及“特别事项说明”。

正　文

DE 公司：

YH 资产评估有限公司（以下简称本公司）接受贵公司的委托，根据有关法律、行政法规和资产评估准则的规定，坚持独立、客观和公正的原则，采用资产基础法和收益法，按照必要的评估程序，对 DE 公司拟转让股权涉及的 ABC 公司股东全部权益在 2023 年 6 月 30 日的市场价值进行了评估。现将资产评估情况及评估结果报告如下：

一、委托人及其他资产评估报告使用人

1. 委托人（产权持有者）：DE 公司。

2. 其他资产评估报告使用人：资产评估委托合同中约定的其他资产评估报告使用人和法律、行政法规规定的资产评估报告使用人。

（委托人和资产评估委托合同中约定的其他资产评估报告使用人的名称、法定住所及经营场所、法定代表人、注册资本及主要经营范围等基本情况略。）

二、被评估企业概况

被评估企业为 ABC 公司。

（被评估企业的概况包括法定住所及经营场所、法定代表人、主要经营范围、注册资本、公司股东及持股比例、股权变更情况及必要的公司产权和经营管理结构、历史情况等，以及近三年资产、财务、经营状况等略。）

三、评估对象和评估范围

1. 本次评估的对象为 ABC 公司股东全部权益。

2. 本次评估的范围系截至 2023 年 6 月 30 日 ABC 公司的全部资产和负债。

评估范围具体包括流动资产、长期股权投资、投资性房地产、固定资产（包括房屋建筑物和机器设备）、在建工程、无形资产、递延所得税资产、流动负债和非流动负债。

ABC 公司申报的表内资产负债账面情况见下表：（略）。

ABC 公司确认本次评估无需要申报的表外资产和负债。

本次评估前 DE 公司聘请 CX 会计师事务所有限公司对 ABC 公司评估基准日的会计报表进行了审计并出具了 CX 专审字〔2023〕×××号无保留意见的审计报告。

上述评估对象和评估范围与委托评估的评估对象和评估范围一致。

四、评估目的

本次评估的目的是为 DE 公司转让其持有的 ABC 公司股权提供价值参考。该评估目的对应的经济行为已分别经 DE 公司董事会和 ABC 公司股东会决议同意。

五、价值类型

根据本次评估的目的及相关条件，本报告评估结果的价值类型选用市场价值。市场价值是指自愿买方和自愿卖方在各自理性行事且未受任何强迫的情况下，评估对象在评估基准日进行正常公平交易的价值估计数额。

六、评估基准日

本项目资产评估基准日为 2023 年 6 月 30 日。

该评估基准日是由委托人确定的。选择会计期末作为评估基准日，能够全面反映被评估企业资产及负债的整体情况；同时，该时点与评估目的实现时对股权价值计价的时点一致。

本次评估中评估范围的界定、评估价值的估算、评估参数的选取等，均以该评估基准日的企业财务报表、外部经济环境及市场情况确定。

七、评估依据(略)

八、评估方法

(一)评估方法的选择

依据资产评估基本准则的规定，确定资产价值的评估方法包括市场法、收益法和成本法三种基本方法及其衍生方法。

资产评估专业人员应当根据评估目的、评估对象、价值类型、资料收集等情况，分析上述三种基本方法的适用性，依法选择评估方法。

本次评估选用的评估方法为收益法和成本法(资产基础法)。评估方法选择理由如下：

未选用市场法评估的理由：ABC公司的主营业务为××业务，营业规模较小，在资本市场和产权交易市场均难以找到足够的与评估对象相同或相似的可比企业交易案例，故不适用市场法评估。

选用收益法评估的理由：ABC公司未来收益期和收益额可以预测并可以用货币衡量，获得预期收益所承担的风险也可以量化，故本次评估选用了收益法。

选用资产基础法评估的理由：ABC公司评估基准日资产负债表内及表外各项资产、负债可以被识别，并可以用适当的方法单独进行评估，故本次评估选用了资产基础法。

本次对ABC公司股东全部权益价值的评估分别采用收益法和资产基础法，经综合分析后判断确定ABC公司股东全部权益评估价值。

(二)评估方法简介

1. 企业价值评估中的收益法是指通过将被评估企业预期收益资本化或折现以确定评估对象价值的评估方法。本次评估具体采用企业自由现金流量折现模型，计算公式如下：

$$E=B-D$$

式中，E 为被评估企业股东全部权益价值，D 为负息负债价值，B 为企业整体价值。

$$B=P+\sum Ci$$

式中，P 为经营性资产价值，$\sum Ci$ 为评估基准日存在的非经营性资产负债(含溢余资产)的价值。

$$P=\sum_{t=1}^{n=5}\frac{R_t}{(1+r)^t}+\frac{A}{r}\times\frac{1}{(1+r)^N}$$

式中，R_t 为第 t 年ABC公司预期自由现金流量；r 为折现率；A 为预测期后年稳定自由现金流量；N 为预测期，取5年。

上述各参数的具体确定(略)。

2. 企业价值评估中的资产基础法是指以被评估企业评估基准日的资产负债表为基础，合理评估企业表内及表外各项资产、负债的价值，以确定评估对象的价值的评估方法，计算公式如下：

股东全部权益评估价值＝企业各项资产评估价值之和－负债价值

采用资产基础法进行企业价值评估，各项资产、负债的价值应当根据其具体情况选用适当的具体评估方法得出，所选评估方法可能有别于其作为单项资产评估对象时的具体评估方法，应当考虑其对企业价值的贡献。

各项资产、负债的评估方法(略)。

九、评估程序实施过程和情况(略)

十、评估假设

(一)基本假设

1. 本次评估以评估对象已经处在交易的过程中为假设，评估人员根据评估对象的交易条件等模拟市场进行估价。

2. 本次评估以被评估企业持续经营和其股权在公开市场上交易为评估假设。

3. 以国家宏观经济政策和所在地区社会经济环境没有发生重大变化为假设。

4. 以企业的经营业务及评估所依据的税收政策、信贷利率、汇率等没有发生足以影响评估结论的重大变化为假设。

5. 以没有考虑自然力及其他不可抗力因素的影响，也没有考虑特殊交易方式可能对评估结论产生的影响为假设。

(二)具体假设

1. 以委托人和被评估企业提供的全部文件材料真实、有效、准确为假设。

2. 本次评估假设被评估企业未来的经营管理班子尽职、尽力、遵纪守法，并继续保持现有的经营管理模式，经营范围、方式与目前保持一致。

3. 本次评估假设被评估资产按目前的用途和使用方式、规模、频度、环境等继续使用。

4. 本次评估假设被评估企业在现有的管理方式和管理水平的基础上，无其他人为不可抗拒因素及不可预见因素对企业造成重大不利影响。

5. 除已知悉并披露的事项外，本次评估以不存在其他未被发现的账外资产和负债、抵押或担保事项、重大期后事项，且被评估企业对列入评估范围的资产拥有合法权利为假设。

十一、评估结论

1. 资产基础法评估结果(略)。

2. 收益法评估结果(略)。

3. 两种评估方法评估结果的分析和最终评估结果的确定方法(略)。

4. 最终评估结果。

根据以上分析和评估，ABC公司股东全部权益在评估基准日2023年6月30日的评估价值为人民币7 200万元。

具体评估结果详见下列评估结果汇总表(略)。

本资产评估报告的有效期为壹年，即有效期自资产评估基准日2023年6月30日至2024年6月29日。本资产评估报告应当在载明的有效期内使用。

十二、特别事项说明

1. 对委托人和被评估企业可能存在的影响资产评估值的瑕疵事项，在资产评估师履行了评估程序后仍不能获悉及无法收集资料的情况下,评估机构及资产评估师不承担相关责任。

2. 本公司未对委托方及被评估企业提供的有关营业执照、权证、会计凭证及账册等证据资料进行独立审查,也不对上述资料的真实性负责。

3. ABC公司位于××区××路××号的房产已抵押给××银行××分行,最高债权限额2 000万元。债权发生期间为2022年10月×日至2024年10月×日。截至评估基准日,ABC公司实际贷款金额为1 800万元。

4. 本项目的资产评估师知晓资产的流动性对估价对象价值可能产生重大影响。由于采用了资产基础法和收益法,因此本次评估中无须考虑资产的流动性对估价对象价值的影响。

5. 本项目的资产评估师知晓股东部分权益并不必然等于股东全部权益价值与股权比例的乘积。由于评估对象为被评估企业股东全部权益,因此本次评估中无须考虑控股权和少数股权等因素产生的溢价或折价。

6. 本次评估是在委托人和被评估企业提供的文件、资料真实、有效的假设条件下进行的,如发生由于委托人及被评估企业提供的文件、资料失实或有隐匿等行为而造成评估结果失实,则由委托人和被评估企业承担责任,本公司不承担任何法律责任。

7. 无需要披露的影响评估结论的重大期后事项。

上述事项,我们提请有关报告使用人在使用报告时予以关注。

十三、评估报告使用限制说明

1. 本资产评估报告仅供资产评估报告中披露的资产评估报告使用人用于载明的评估目的和用途。资产评估师及其所在评估机构不承担因资产评估报告使用不当所造成后果的责任。

2. 本资产评估报告的有效期为壹年,即有效期自资产评估基准日2023年6月30日至2024年6月29日。资产评估报告使用人应当在本资产评估报告载明的有效期内使用。

3. 委托人或者其他资产评估报告使用人未按照法律、行政法规规定和资产评估报告载明的使用范围使用资产评估报告的,资产评估机构及其资产评估师不承担责任。

4. 除委托人、资产评估委托合同中约定的其他资产评估报告使用人和法律、行政法规规定的资产评估报告使用人之外,其他任何机构和个人都不能成为资产评估报告的使用人。

5. 资产评估报告使用人应当正确理解评估结论,评估结论不等同于评估对象可实现价格,评估结论不应当被认为是对评估对象可实现价格的保证。

6. 本评估结论仅供委托方为本次评估目的使用。除法律、行政法规规定以及相关当事方另有约定外,未征得本公司同意,本评估报告的内容不得被摘抄、引用或披露于公开媒体。

十四、资产评估报告日

本资产评估报告日为2023年8月18日。

YH资产评估有限公司(印章)

资产评估师(签章):

资产评估师(签章):

附　件

1. ABC公司股东会决议复印件
2. DE公司董事会决议复印件
3. ABC公司近三年会计报表复印件
4. ABC公司评估基准日专项审计报告复印件
5. DE公司和ABC公司营业执照复印件
6. 房地产权证复印件
7. 委托方和被评估企业承诺函
8. YH资产评估有限公司备案文件及营业执照复印件
9. 评估人员资格证明文件复印件
10. 其他文件资料
11. 资产基础法评估汇总及明细表
12. 收益法评估汇总及明细表
13. 资产账面价值与评估结论存在差异的说明

第三节　资产评估报告的使用和利用

资产评估报告由评估机构出具后，资产评估的委托人（客户）、资产评估行业管理者、其他政府有关部门及社会公众等对资产评估报告及有关资料应根据需要使用和利用。

一、委托人对资产评估报告的使用

一般来说，委托人应该是资产评估报告的主要使用者，是为了交易的需要而使用资产评估报告的使用人，而其他资产评估报告使用人使用或利用评估报告通常不是为了交易（也有可能是为了交易，如委托人的交易相对人作为资产评估报告使用人）。市场经济条件下，资产评估的委托人可以是企业、个人，也可以是政府部门（如税务部门），还可以是法院（涉及司法诉讼）等。委托人在收到受托评估机构送交的正式资产评估报告及有关资料后，可以根据资产评估报告所揭示的评估目的和评估结论正确使用资产评估结果。根据有关规定，委托人依据资产评估报告所揭示的评估目的及评估结论，一般有以下几种具体的使用途径：

（一）作为资产交易作价的基础资料

资产评估委托人不同，资产评估报告会有不同的用途，如资产评估报告及有关资料可以作为资产交易的参考基础，或作为各方确定投资比例、出资价格的证明材料，或作为确定税基的依据，或作为判案的价格参考等。但总的来说，委托人对资产评估报告及有关资料的使用的共同之处是作为确定资产价格的基础资料。

（二）作为企业进行会计记录或账项调整的依据

作为企业的委托人，在根据资产评估报告所揭示的资产评估目的使用资产评估报告及有关资料的同时，还可依据有关规定，根据资产评估报告及有关资料中揭示的评估价值进行会计记录或调整有关财务账项。例如，以财务报告为目的的评估完全是为企业的财务报告服务的。

(三)作为履行评估协议和支付评估费用的主要依据

当资产评估的委托人收到评估机构的正式资产评估报告及有关资料后，在没有异议的情况下，应根据委托评估协议或合同约定，履行支付评估费用的承诺及其他有关承诺。

(四)作为发生经济行为的申报材料

委托人发生经济行为需要经相关政府部门审批或备案时，通常需向政府有关部门报送相关材料，有时就包括资产评估报告及有关资料。这可能是目前委托人使用资产评估报告的最大需求。

此外，资产评估报告及有关资料也是委托人及有关当事人因资产评估纠纷向纠纷调处机构申请调处的申诉材料之一。

当然，委托人在使用资产评估报告及有关资料时，也应注意以下几个方面：(1)只能按资产评估报告载明的评估目的和用途使用报告，一份资产评估报告只允许有一个用途。(2)通常只能在资产评估报告载明的评估结论有效期内使用报告，超过评估结论有效期的，原评估结论一般无效。(3)在使用资产评估报告时，要注意评估基准日与资产实际交易日的差异，资产评估报告反映的评估结论是评估基准日的而不是实际交易日的。(4)涉及国有资产产权变动的资产评估报告及有关资料必须在符合国有资产管理的相关程序要求后(目前来说，主要是资产评估报告须经国有资产监管机构的核准或备案)，方可使用。(5)作为企业会计记录和调整企业账项使用的资产评估报告及有关资料，必须根据国家有关法规规定及相关会计准则执行。(6)除非法律、行政法规规定或与评估机构有约定，未征得出具资产评估报告的评估机构同意，一般不得将资产评估报告的内容摘抄、引用或披露给公开媒体。

二、资产评估行业管理者对资产评估报告的使用

资产评估行业管理者主要是指对资产评估行业实行监管的政府行政管理部门和对资产评估行业实行自律管理的行业协会。对资产评估报告的使用是资产评估行业管理者实现对评估机构及评估人员的行政监管和行业自律管理的重要过程和手段。

第一，资产评估行业管理者可以通过对评估机构出具的资产评估报告的使用(检查和审核)，大体了解评估机构从事评估工作的业务能力和组织管理水平。由于资产评估报告是反映资产评估工作过程的专业报告，因此通过对资产评估报告及资料的检查与分析，可以大致判断评估机构的业务能力和组织管理水平。

第二，资产评估报告是对资产评估结果质量进行评价的依据。资产评估行业管理者通过对资产评估报告进行检查和审核，能够对评估机构资产评估结果质量的优劣做出客观的评价，从而有效实现对评估机构和评估人员的管理。

第三，资产评估报告可以作为研究、分析、完善和改进资产评估行业行政管理和自律管理的资料。

三、其他政府有关部门对资产评估报告的使用

除了对资产评估行业实行监管的政府行政部门可使用资产评估报告外，其他有关政府管理部门也需要使用资产评估报告，这主要包括国有资产监督管理部门、证券监督管理部门、市场监管部门、税务部门、金融和法院等有关部门。

根据现行的国有资产管理规定，涉及国有资产产权变动的资产评估报告及有关资料必须经国有资产监管部门（机构）核准或备案方可使用。因此，国有资产监管部门（机构）对资产评估报告及其相关资料的审核，可作为对评估结果核准（备案）或不予核准（备案）的依据。另外，国有资产监管部门（机构）通过对资产评估报告的使用，能够为国有资产管理提供重要的数据资料；通过对资产评估报告的统计与分析，可以及时了解国有资产占有和使用状况及其增减变动情况，为进一步加强国有资产管理服务。

证券监督管理部门对资产评估报告的使用，主要表现在对申请上市的公司有关申报材料及招股说明书的审核，对上市公司发生定向发行股票、公司合并、资产收购、资产置换等重大资产重组行为时的评估定价的审核。例如，根据有关规定，公开发行股票公司的信息披露要列示资产评估的情况。另外，证券监督管理部门还可以运用资产评估报告和有关资料，加强对取得证券业务评估资格的评估机构及有关人员的业务管理。

市场监管部门对资产评估报告的使用主要表现在发生公司设立、公司重组、增资扩股等经济行为时，对资产定价依法进行审核。

税务部门使用资产评估报告，在有些情况下需要以评估结论作为确定税基的依据。

金融管理部门及法院等也都能通过对资产评估报告的使用来实现其管理职能。

四、资产评估机构对资产评估报告的利用

资产评估机构一般不是资产评估报告的使用人，在资产评估报告中也并不把资产评估机构列为资产评估报告的使用人，资产评估机构并不需要使用资产评估报告。资产评估机构对于自己出具的资产评估报告是可以利用的，但应注意不能损害客户的利益，履行为客户保密的承诺。

资产评估机构对资产评估报告的利用主要表现在以下三个方面：一是可作为信息积累之用；二是为不断总结评估经验、考核评估人员的实绩、研究改进评估工作之用；三是作为反映评估机构资格、能力的证明。

五、投资者对资产评估报告的利用

只有资产评估报告上列明的投资者才是资产评估报告的使用人，除此之外的投资者一般不是资产评估报告的使用人。但作为一般的投资者，可以利用现行法律、行政法规的规定必须公开的一些资产评估报告来了解有关信息。例如，上市公司按规定对外披露资产评估的情况，就是为了供广大投资者利用，以便做出决策。

本章小结

资产评估报告是对资产评估过程和结论的系统性陈述,是为评估委托人服务的渠道和形式,也是检核评估主体履约状况、考评评估质量的直接对象,在资产评估中居于重要地位。鉴于资产评估报告的重要性,世界各国、国际组织都制定了相关法律、行政法规及评估准则对资产评估报告予以规范。如何使用和利用资产评估报告始终是值得重视和探讨的问题,误用、错用资产评估报告会给资产评估人员的评估行为带来极大的风险。

复习思考题

1. 资产评估报告有哪些类型?
2. 资产评估报告的作用有哪些?
3. 资产评估报告的基本内容有哪些?
4. 按照中国资产评估协会发布的《资产评估执业准则——资产评估报告》的要求,资产评估报告应当包括哪些基本内容?
5. 编制资产评估报告有什么基本要求?
6. 如何编制资产评估报告?
7. 编制资产评估报告有哪些技术要点?
8. 委托人对资产评估报告一般有哪些具体的使用?
9. 委托人在使用资产评估报告及有关资料时,应注意哪些方面?
10. 哪些政府部门会使用资产评估报告?

12 第十二章 资产评估程序

全章提要

学习目标

知识目标:了解资产评估程序的作用和执行资产评估程序的基本要求,掌握资产评估的基本程序和步骤,了解国有资产评估项目在评估程序上的特殊要求。

思政目标:培养学生法制合规意识,发扬严谨求是精神。

思维导图

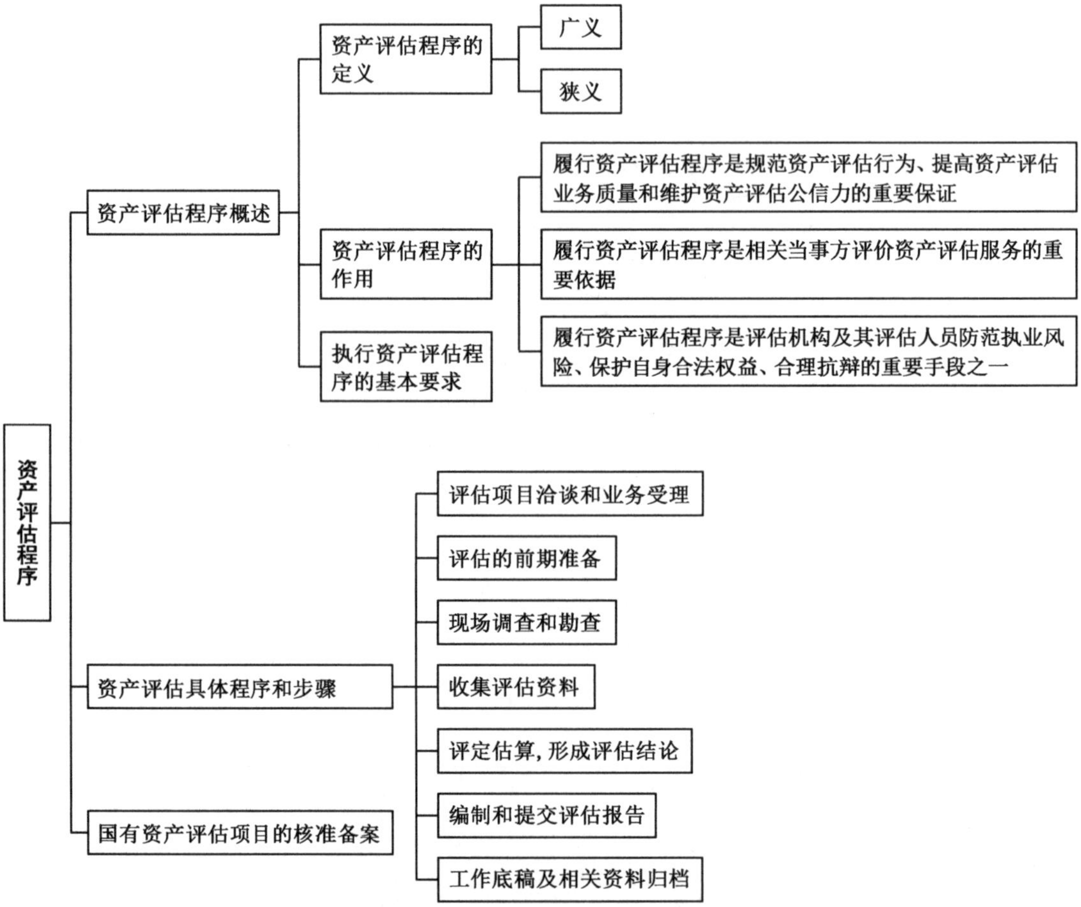

第一节 资产评估程序概述

一、资产评估程序的定义和分类

资产评估程序是资产评估机构及其资产评估人员执行资产评估业务所实施的系统性工

作步骤，可以说，资产评估具体的工作步骤构成了资产评估程序。

资产评估程序有广义和狭义之分。狭义的资产评估程序开始于评估机构及其评估人员接受委托，终止于向委托人或相关当事人提交资产评估报告。广义的资产评估程序开始于评估项目洽谈和业务受理，终止于资产评估报告提交后的评估工作底稿、资产评估报告及其相关资料归档。从保证资产业务质量、控制评估风险、提高评估服务水平的角度看，广义的资产评估程序可能更好地表达了资产评估程序，也与目前的有关资产评估准则和规范相吻合。

不同的资产评估业务由于评估对象、评估目的、评估资料收集情况等相关条件的不同，评估人员可能需要执行不同的资产评估具体程序或工作步骤，针对每一个具体程序，还应有具体的实施安排或步骤，但从评估人员执行一项完整资产评估业务应该做的重点工作步骤和要求的角度，资产评估通常包括以下基本程序和环节：(1)评估项目洽谈和业务受理；(2)评估的前期准备；(3)现场调查和勘查；(4)收集评估资料；(5)评定估算，形成评估结论；(6)编制和提交评估报告；(7)工作底稿及相关资料归档。

相关资产评估准则和规范对资产评估程序有专门的规定。在财政部门监管的资产评估专业领域，财政部制定的《资产评估基本准则》中规定资产评估机构及其资产评估专业人员开展资产评估业务，应履行下列基本程序：(1)明确业务基本事项；(2)签订业务委托合同；(3)编制资产评估计划；(4)进行评估现场调查；(5)收集整理评估资料；(6)评定估算，形成评估结论；(7)编制并出具评估报告；(8)整理并归集评估档案。要求资产评估机构及其评估人员不得随意减少资产评估基本程序。为此，中国资产评估协会根据《资产评估基本准则》，制定了专门的程序性执业准则——《资产评估执业准则——资产评估程序》，对评估程序进行了详细的规范。

在住房和城乡建设部门监管的资产评估专业领域(房地产估价专业领域)制定的《房地产估价规范》中规定了房地产估价工作应按下列程序进行：(1)受理估价委托；(2)确定估价基本事项；(3)编制估价作业计划；(4)收集估价所需资料；(5)查勘估价对象；(6)选用估价方法进行测算；(7)确定估价结果；(8)撰写估价报告；(9)审核估价报告；(10)交付估价报告；(11)保存估价资料。

二、资产评估程序的作用

在《国际评估准则》(IVS)、美国《专业评估执业统一准则》(USPAP)、英国皇家特许测量师学会(RICS)制定的评估准则等国际上的主要评估准则以及中国住房和城乡建设部门监管的资产评估专业领域制定的房地产估价基本准则——《房地产估价规范》中，并没有设立独立的评估程序准则，但这些评估准则中都以大量的篇幅和文字对评估程序进行了系统的论述和规范。我国财政部门监管的资产评估专业领域专门制定了独立的《资产评估执业准则——资产评估程序》，可见评估界对评估程序的高度重视。

履行资产评估程序的重要性和作用主要表现如下：

(一)是规范资产评估行为、提高资产评估业务质量和维护资产评估公信力的重要保证

资产评估机构及其评估人员接受委托，不论执行的是何种资产类型、何种评估目的的资

产评估业务,都应当履行必要的资产评估程序,按照工作步骤有计划地进行(评估准则规范的评估程序应该是最低要求)。这样不仅有利于规范评估人员的执业行为,而且能够有效避免由于评估机构及其评估人员水平不同而导致的在执行具体资产评估业务中可能出现的程序上的重要疏漏,切实保证资产评估业务质量。恰当履行资产评估程序,对于提高评估人员的业务水平乃至资产评估行业整体的业务水平都具有重要意义。

另外,资产评估是一项专业性很强的中介服务工作,评估人员履行严格的资产评估程序也是赢得客户和社会公众信任、提高资产评估行业社会公信力的重要保证。

(二)是相关当事方评价资产评估服务的重要依据

由于资产评估结论是相关当事方进行决策的重要参考依据之一,因此,资产评估服务必然引起许多相关当事方的关注,包括委托人、产权持有人、资产评估报告使用人、相关利益当事人、司法部门、证券监督及其他行政监督管理部门、资产评估行政管理部门与行业协会,以及社会公众、新闻媒体等。资产评估程序规范不仅为评估人员执行资产评估业务提供了必要的指导和规范,而且为上述相关当事人提供了评价资产评估服务的重要依据,也是委托人和评估行政管理部门及资产评估行业协会监督资产评估机构及其评估人员、评价资产评估服务质量的主要依据。

(三)是评估机构及其评估人员防范执业风险、保护自身合法权益、合理抗辩的重要手段

随着资产评估行业的发展,资产评估机构及其评估人员与其他当事人之间就资产评估服务引起的纠纷和法律诉讼可能会越来越多。从各国的实践看,由于资产评估工作的专业性,无论是当事人还是相关政府监管部门、司法部门等,在举证、鉴证方面都存在较大难度,都倾向于追究评估机构和评估人员在履行必要资产评估程序方面的疏漏和责任,而避免在专业判断方面下结论。或者说,资产评估机构及其评估人员在履行必要资产评估程序方面是否存在疏漏,已经成为相关行政监管部门和司法部门等追究资产评估机构和评估人员责任的重要依据。

由此可见,恰当履行资产评估程序是资产评估机构及其评估人员防范执业风险的主要手段,也是产生纠纷或诉讼后合法保护自身权益、合理抗辩的重要手段。

三、执行资产评估程序的基本要求

鉴于履行资产评估程序的重要性,资产评估机构及其评估人员在执行评估程序时应当符合以下要求:

第一,资产评估机构应在国家和资产评估行业规定的范围内建立和健全资产评估程序制度。

由于不同评估人员的专业水平、经验等各不相同,所承接的主要业务范围和执业风险也不尽相同,因此资产评估机构应结合本机构的实际情况,在法律、行政法规及评估准则、规范等规定的资产评估基本程序和环节的基础上对具体评估程序进行细化和必要的调整,形成本机构的资产评估程序制度,并在资产评估执业过程中切实履行,不断完善。

第二,资产评估机构及其评估人员执行资产评估业务,应根据具体资产评估项目的情况和资产评估程序制度,确定并实施适当的资产评估程序,不得随意减少资产评估准则或规范所要求的资产评估基本程序。资产评估机构及其评估人员应在并仅在执行必要的资产评估程序后形成和出具资产评估报告。

第三，资产评估机构应建立相关工作制度，指导和监督评估人员实施资产评估程序。

第四，如果由于评估项目的特殊性，评估人员无法或没有履行评估程序中的某个基本环节（如在损害赔偿评估业务中评估对象已经毁失，无法进行必要的现场勘察），或受到限制无法实施完整的评估程序（如海运公司的货轮在海洋上航行，无法对船舶进行现场勘察等），评估人员就应考虑这种情况是否会影响评估结论的合理性，并在评估报告中明确披露这种情况及其对评估结论可能的影响，必要时应拒绝接受委托或终止评估工作（如确信由于某些程序环节的缺失而无法形成合理的评估结论）。

第五，评估人员应将评估程序的组织实施情况予以记录，形成工作底稿，并将主要评估程序执行的情况在资产评估报告中予以披露。

第二节　资产评估的具体程序和步骤

一、评估项目洽谈和业务受理

评估项目洽谈和业务受理阶段又可以分为明确资产评估业务基本事项、风险评价和签订资产评估委托合同或协议等重要环节。

（一）明确资产评估业务基本事项

明确资产评估业务基本事项是评估项目洽谈的重要内容。资产评估机构及其评估人员在受理评估业务前，应当采取与委托人等相关当事人阅读、讨论有关材料并进行必要的初步调查等手段，与委托人等相关当事人共同明确以下资产评估业务基本事项：

1. 委托人、产权持有人和委托人以外的其他资产评估报告使用人

在评估业务接洽阶段，应明确评估业务的委托人、评估对象的产权持有人以及是否存在委托人以外的其他评估报告使用人，还应尽可能了解评估报告使用人及其与委托人的关系。

一般委托人应与被评估企业或资产有某种关系，如委托人为被评估企业的股东、投资方、融资银行、债权人，或被评估资产的所有人等。了解委托人及其相关当事人的情况很重要，这关系到评估业务有关资料收集与现场勘查等方面的配合程度，从而关系到评估程序的执行程度。资产评估机构及其评估人员要判断在委托人及其相关当事人配合力度很弱的情况下，是否可以完成现场勘查工作等评估程序，从而形成可靠的评估结论，并出具评估报告。

在评估业务洽谈阶段，要了解评估报告使用人（不同的使用人可能对资产评估报告在格式、内容等方面有不同的要求）以及评估报告的使用方式（用途）、使用范围，是否有潜在的报告使用人和使用环节。这样不仅有利于更好地为评估报告使用人提供服务，而且可以规避不必要的评估报告使用风险，最大限度地把握潜在风险。

2. 评估目的

评估人员要与委托人沟通，了解与评估业务相关的经济行为，明确评估目的。资产评估

总是为满足特定资产业务(经济行为)的需要而进行的,评估目的是由引起资产评估的特定经济行为所决定的,其对评估中价值类型的选择、评估方法的运用等有重要影响。评估人员应尽量细化评估目的和评估报告用途。

对于涉及国有资产的评估报告中关于评估目的的描述,有关评估准则和规范等有具体要求。

3.评估对象和评估范围

评估人员应该与委托人沟通,明确评估对象和评估范围。评估人员可以建议委托人合理确定评估范围,并确信所委托评估的资产的范围与评估目的相适应。评估人员应当了解评估对象的基本情况及纳入评估范围的资产的具体类型、分布情况和特征等,了解被评估企业或产权持有人所处行业、法律环境、会计政策、股权状况等相关情况。评估对象一般可以分为单项资产、资产组合、企业股东部分权益和企业股东全部权益等。评估人员应该了解评估对象对应的评估范围,包括资产数量、分布等。评估人员应特别了解有关评估对象权利受限情况以及现场调查可能的受限情况等。评估对象和评估范围应该由委托人确定。

4.评估结果的价值类型

评估人员应该与委托人沟通,恰当选择适用于评估目的的价值类型,并与委托人就评估结果的具体价值类型和定义达成一致理解。价值类型的选择会影响评估方法、评估参数的选择和确定。在接受委托环节就价值类型与委托人达成一致理解,目的是让委托人清楚评估机构拟出具的评估报告中评估结果的价值类型和定义,明确是否与评估目的相符,避免出具评估报告后出现委托人的不理解或有异议。

5.评估基准日

评估人员要与委托人沟通,明确评估基准日。应当提示委托人合理选取评估基准日,评估人员可以根据专业知识和经验给委托人提出建议。评估基准日是评估业务中非常重要的基础,也是资产评估基本原则之一。确定评估基准日是委托人的权利和责任。评估基准日与评估报告使用的有效期密切相关。

6.评估工作作业时间

评估机构及其评估人员应对评估业务作业时间有合理的判断,并与委托人沟通,以明确本次评估的具体时间安排,包括什么时候进现场工作、什么时候完成现场工作、什么时候提交资产评估报告等。应了解委托人和相关当事人对评估时间进度安排是否有具体要求,便于评估机构和评估人员制订评估作业时间进度计划。

7.资产评估报告使用限制

资产评估报告的使用限制主要是明确资产评估报告使用人和使用范围等。为了更好地根据资产评估报告使用人的需要提供良好的服务、降低风险,评估人员应该尽量在委托环节了解是否存在潜在的资产评估报告使用环节和使用人,明确责任并约定资产评估报告的使用方式和范围。

8.资产评估报告提交的时间和方式

评估机构及其评估人员在接受委托时应与委托人沟通,明确资产评估报告的提交时间和方式。资产评估报告的提交时间受很多方面的限制和约束。因此,资产评估报告的提交时间不宜确定为具体日期，而应该确定为委托人和相关当事人提供必要的资料并结束现场工作后的一定期限内。提交方式可以确定为当面提交或邮寄等。

9.评估服务费总额、支付时间和方式

评估机构及其评估人员应与委托人沟通，明确评估服务费总额、支付时间和方式，这是明确评估业务基本事项中的一项重要内容，是评估机构及其评估人员与委托方沟通的重要环节。评估人员必须根据了解的情况提出评估收费标准及报价，并与委托人就评估服务费、支付时间和方式进行沟通。在评估服务费报价中明确评估服务费未包括的其他费用项目和承担方式也是很重要的，评估人员应该告知委托人收费总额是如何计算的，包括哪些内容，有关差旅费、当地食宿费、税费等是否包含在评估服务费报价中等。

10.其他需要明确的事项

评估机构及其评估人员应该根据评估业务的具体情况与委托人沟通，明确委托人与评估人员工作配合和协助等其他需要明确的重要事项。委托人及相关当事人的配合程度对评估业务的顺利进行有直接的影响，明确评估业务基本事项时应当明确委托人和相关当事人对评估业务的配合及相关要求。

另外，还应了解委托人和相关当事人是否有其他特殊要求。委托人及相关当事人的要求对评估结论的影响已经成为不争的事实，应受到关注。

（二）风险评价

在明确评估业务的基本事项后，评估机构及其评估人员应该进行风险评价，以确定是否承接资产评估业务（项目）。

由于种种不确定性的存在，资产评估所面临的风险是不可避免的，因此，风险评价是受理资产评估业务前的重要环节，它直接影响评估作业、工作质量、机构信誉及潜在风险的控制。一般来说，进行风险评价主要应考虑以下几个因素：(1)委托人、产权持有人的基本情况，如性质、规模、经营情况、管理水平等；(2)涉及评估目的的经济行为的合法性；(3)基本的评估条件是否具备，评估所需的书面材料能否提供和收集；(4)是否有影响评估结果的其他要求和限制条件；(5)评估机构及其评估人员自身的业务胜任能力，即是否具有相应的资质等级，能否配备足够且胜任评估业务的专业技术人员，能否按预定时间完成评估业务；(6)是否存在影响评估独立性、客观性的其他因素等。

受理资产评估业务应当满足业务胜任能力、独立性和业务风险控制的要求。

（三）签订资产评估委托合同或协议

评估机构及其评估人员在明确上述基本事项、进行必要的风险评价后决定承接资产评估业务，即评估机构接受委托人的委托，在正式开始评估业务前应与委托人签订资产评估委托合同或协议，约定资产评估机构和委托人的权利、义务、违约责任和争议解决等内容。

资产评估委托合同或协议是资产评估机构与委托人共同签订的，以确认资产评估业务的委托与受托关系，明确资产评估业务的基本事项，约定资产评估机构和委托人的权利、义务、违约责任和争议解决等内容的书面合同或协议。资产评估委托合同或协议应由资产评估机构与委托人双方的法定代表人签订，内容应当全面、具体，表达要清晰、准确，符合国家法律、行政法规和有关资产评估规范、准则（财政部门管理的资产评估专业领域制定的资产评估准则体系中有专门的资产评估委托合同准则对资产评估委托合同进行规范)的规定。

一般来说,资产评估委托合同或协议应当包括以下基本内容:(1)资产评估机构和委托人的名称、住所、联系人及联系方式;(2)评估目的;(3)评估对象和评估范围;(4)评估基准日;(5)评估报告使用范围;(6)评估报告提交期限和方式;(7)评估服务费总额、支付时间和支付方式;(8)资产评估机构和委托人的其他权利及义务;(9)违约责任和争议解决;(10)签约时间和地点;(11)双方认为应当约定的其他重要事项。

资产评估委托合同或协议一般应由资产评估机构的法定代表人(或执行合伙事务的合伙人)签字并加盖评估机构印章。

签订资产评估委托合同或协议时未明确的内容,签约双方当事人可以采取签订补充合同或者法律允许的其他形式做出后续约定。

资产评估委托合同或协议签订后,评估目的、评估对象、评估基准日等发生变化,或者评估范围发生重大变化的,资产评估机构应当与委托人签订补充协议或重新签订资产评估委托合同或协议。

资产评估机构及其评估人员应关注未及时签订资产评估委托合同或协议开展评估业务可能存在的风险。如果出于委托人等原因导致无法及时签订资产评估委托合同或协议的,资产评估机构及其评估人员应采取必要的措施,以保护自身的合法权益。

二、评估的前期准备

(一)资产评估委托人、产权持有人及被评估企业的准备工作

资产评估的委托人,在实践中有两种情况:如果是单项资产或资产组合评估业务,则一般由资产的产权持有人直接委托;如果是企业价值评估业务,则一般由被评估企业的股东委托。例如,企业拟转让几台设备,则由企业直接委托;母公司拟转让子公司的股权,则由母公司委托评估机构对子公司的企业价值进行评估。对于涉及国有资产的评估项目如何确定委托人,国有资产管理制度有专门要求。《中华人民共和国资产评估法》第三条规定,自然人、法人或者其他组织需要确定评估对象价值的,可以自愿委托评估机构评估;涉及国有资产或者公共利益等事项,法律、行政法规规定需要评估的,应当依法委托评估机构评估。

资产评估委托人、产权持有人及被评估企业的准备工作是指在资产评估正式开始前,委托人、产权持有人及被评估企业为配合资产评估机构顺利地进行资产评估而必须做好和完成的一系列工作,这是开始资产评估工作的第一步。准备工作量的大小视评估对象规模的大小、复杂程度而定,但其基本程序和内容是一致的。一般来说,主要有以下几个方面的准备工作:

1.准备好有关的法律文件、经济技术文件及相关资料

这方面的资料包括:(1)有关评估目的对应的经济行为的主要依据,如合资协议、股东会决议、董事会决议、上级单位批文等;(2)评估对象和评估范围内资产的产权证明文件及原始凭证,如不动产产权证书;(3)评估对象和评估范围内资产原始价值证明资料,如主要建筑物和在建工程的单位工程竣工决算书或预算书、主要进口设备合同等;(4)被评估资产(或单位)现状及发展概要介绍;(5)被评估单位组织结构图和生产工艺流程图;(6)被评估单位评

估基准日的财务报表；(7)被评估单位厂区总平面图和地下管线图；等等。

一般企业价值评估往往需采用收益法，委托人及被评估企业除准备上述基本资料外，还需要准备以下有关资料：

(1)企业基本情况资料：①企业设立时间、背景等历史资料；②企业营业执照、章程、协议及管理制度；③企业地理位置、主要产品或服务、规模；④企业组织机构、管理体制、管理人员构成及专家、顾问名单；⑤企业专业特色服务或技术人员名单及其荣誉、培训证书；等等。

(2)企业经营能力资料：①企业特色服务项目清单；②企业获奖证书及名誉证书；③企业经营或服务资格证书及有关服务技术鉴定资料；④企业进出口许可证、专营权、生产许可证等；⑤企业商标、专利权证书等；⑥企业专有技术、经营秘密等情况说明资料；⑦企业近5年的资产负债表、利润表、现金流量表等会计报表；⑧企业或相关资产的投入费用、收入明细表；⑨企业资产负债申报明细表及有关产权证明文件；⑩市场占有率统计和销售网络分布；⑪企业面临的市场竞争性分析及竞争格局；⑫国内、国外同行业投资收益率、平均成本利润率等财务指标；⑬企业适用的税种、税率、税收优惠等；⑭相关行业对企业发展的影响；⑮购销合同、合作协议、租约；等等。

(3)企业经营潜力资料：①政府部门支持企业发扬特色经营和服务的文件、计划等；②企业销售或推销计划；③企业生产开发潜力及开发设想；④企业未来5年投资开发计划；⑤企业长期经营策略和远期战略部署；⑥企业未来5～10年发展的可行性分析报告；⑦企业未来5年的盈利预测。

(4)其他重要资料：①有关管理人员对企业发展前景、市场前景的预测，对企业投资、管理的意见；②企业重要客户、供应商的看法。

(5)企业认为需要提供的其他相关资料。

2.进行资产清查

委托人及被评估企业在准备与资产评估有关的法律、经济技术文件及相关资料的同时，应及时组织相关人员对委托评估资产进行认真的清查核实。

资产清查是指对资产评估委托合同或协议中确定的待评估资产的实有数量、质量、规格型号、制造厂家、购置或建造日期、使用、维修保养等情况进行实地清查，以便向评估机构及其评估人员提供与实际一致的被评估资产的明细清单(评估对象是企业价值的话，还包括负债)。

(二)资产评估机构及其评估人员的准备工作

资产评估机构在与委托方签订资产评估委托合同或协议后，便可进行资产评估前的一系列准备工作，包括成立评估项目组、制订评估综合计划和程序计划等。

1.成立评估项目组

资产评估项目一经确定，资产评估机构即可根据评估项目的需要成立由各类专业评估人员组成的评估项目组。对于企业价值评估项目而言，通常需要配备房地产评估专业人员、机器设备评估专业人员、无形资产评估专业人员、企业价值评估专业人员以及其他资产评估专业人员等，对于法定评估业务，需配备至少两名资产评估师。如果评估机构缺乏某方面专业人员，就要考虑外聘专家或专业人员。

评估项目组成立后,资产评估机构还需要指定一名评估项目负责人,由其具体负责项目的实施和管理,同时起到评估工作的监督、协调作用。

2.前期调查

资产评估机构成立评估项目组和明确评估项目负责人以后,应首先组织有关人员进行前期调查。这一般在评估项目负责人直接组织和亲自参与下进行,主要目的是让评估人员了解评估工作量、评估的难易程度等,以便制订评估综合计划和程序计划,确保评估项目的顺利完成。

前期调查应包括如下内容:

(1)与资产评估目的相关的经济行为的法律依据、交易特点及有关的经济关系。资产评估人员在编制资产评估计划前,应全面了解评估目的和相关经济行为及其是否与现行法律法规有冲突、经济行为的法律依据是否充分。这将决定或影响将要采用的评估方法以及评估报告的不同使用方式。不同的经济行为和评估目的还会影响评估基准日的选择和评估工作时间的安排。

(2)委托人对资产评估报告的要求,包括委托人对将来出具的评估报告的使用目的、使用方式及使用范围的要求。在必要的时候,评估机构应在资产评估委托合同或协议中加入对评估报告使用的限制性条款,以明确资产评估机构应承担的责任。

(3)评估基准日的会计报表情况,主要包括评估基准日被评估单位的资产负债表、利润表和现金流量表。

(4)产权归属证明文件,包括国有资产产权登记证书、房屋所有权证、土地使用证(或不动产产权证书)、重大资产的购置合同、进口生产线和重大设备的报关单及商检报告、与重大资产项目有关的凭证及发票、专利权证书、商标注册证等。对有关产权归属证明文件的验证,有利于评估人员判断因产权不明晰而引起的执业风险,并可将有关产权问题及时告知委托人及相关当事人,以督促有关方面尽快解决问题。

(5)生产工艺和技术。对被评估企业生产工艺流程及技术的了解,将有利于确定合理的资料收集内容,正确选择对生产线或专有技术等资产的评估方法,恰当判断用成本法评估的资产是否存在功能性损耗和经济性损耗。

(6)实物资产或无形资产的状况。对有关实物资产,一般应了解资产的性质、类型、数量、分布、来源、购置时间、原始账面价值构成及当前使用状况等。对无形资产,一般应了解资产类型、适用领域、产权归属、注册申请情况、使用情况、成本费用和历史收益情况等。另外,资产评估人员应通过与委托人及被评估企业讨论的方式,对是否存在账外可识别无形资产、是否需要进行单独分析和评估做出判断。

(7)所在行业的简要情况。通过对被评估企业所在行业简要情况的了解,评估人员可以对相关行业的市场概况、技术发展情况、被评估企业在行业中的地位和在市场中的位置有初步的认识。

(8)其他与编制资产评估计划有关的重大情况。例如,委托人对项目完成时间的特殊要求、自然条件的限制使现场工作的实施存在较大障碍等。评估人员在编制评估计划时,应当充分考虑上述情况,以减少由于彼此之间沟通困难而产生的工作上的障碍,或因外部条件、人员安排等问题使评估工作无法如期完成。

3.因素分析

在前期调查完成后，评估人员不能马上编制评估计划，还必须对影响资产评估工作的因素进行深入分析，为制订切实可行的评估计划创造条件。一般来说，应重点考虑以下因素：

(1)评估目的、评估对象、评估范围和评估结果的价值类型。

(2)评估项目的规模和业务复杂程度。这些将直接影响评估计划的繁简程度。对于规模较大、业务涉及面广的评估项目，评估人员在制订评估计划时应尽可能详细周密，以保证评估工作的顺利进行和按时完成。

(3)相关法律、法规、政策及宏观经济近期发展变化对评估对象的影响。有关政策的变化将对评估参数的选择、计算产生影响，如国家有关进口设备关税及进口增值税政策的调整、银行存贷款利率的变动、国家有关土地使用权的最新政策等。

(4)评估项目的行业特点、发展趋势及存在的问题，包括被评估企业所在行业有关技术的发展、相关资产的总体价格走势、国家在环保方面的有关政策性限制造成的影响等。

(5)评估项目所涉及资产的结构、类别、数量及分布。

(6)与评估有关的资料的齐备情况及收集的难易程度。对这些因素的考虑将有助于评估人员妥善安排评估计划中的工作时间、人员分配、要求委托人及被评估企业所做的配合工作的深度以及考虑制定替代方案等。

(7)委托人以前委托评估的经验、诚信程度及其提供的资产数据的可靠程度。考虑这些因素将有助于评估人员做出适当的安排，如是否有必要向委托人的有关人员详细解释他们需要做的配合工作，在多大程度上对委托人提供的资料进行复核，验证其真实性和可靠性。

(8)评估项目组成员的专业能力、评估经验及其优化组合。资产评估机构应选派业务能力强、对被评估企业及所在行业熟悉、评估经验丰富的人员组成评估项目组。在人员安排上，还应考虑对评估助理人员做出适当的任务安排。

(9)对专家及其他评估人员的合理使用。对于某些存在特殊资产(如大型专用设备、专业技术等)或需特殊知识和经验的评估项目，评估项目负责人应考虑是否需要聘用有关的专家及专业人士。如果聘用的专家非本评估机构的工作人员，为保证工作质量，就应与外聘专家进行深入的沟通，并应当对专家的工作进行规划和指导。在评估计划中，应详尽地列示外聘专家的工作目标和内容。

4.编制资产评估计划

资产评估机构在大体了解前期调查所获得的重要信息并进行因素分析后，即可根据实际情况编制资产评估计划。资产评估计划是指评估机构及其评估人员为执行资产评估业务、履行评估合同而拟订的评估工作思路和实施方案。资产评估机构及其评估人员执行评估业务，应当编制资产评估计划，对评估过程中的每个工作步骤以及时间和人力安排进行规划和组织，以保证在预计时间内完成评估业务。评估计划应当涵盖现场调查勘查、收集评估资料、评定估算、编制和提交评估报告等评估业务实施的全过程。资产评估业务千差万别，具体每一个评估项目的评估计划也不尽相同，其详略程度取决于资产评估业务的规模和复杂程度。评估人员应当根据所承接项目的具体情况编制评估计划，并且应该在执行评估业务过程中根据情况变化及时修正、调整评估计划。

资产评估计划需要对评估工作的各个阶段进行规划,其编制工作应该在评估工作正式开始之前进行。

资产评估计划可以细分为评估综合计划和评估程序计划。

(1)评估综合计划

评估综合计划是对评估项目的工作范围和实施方式所做的整体规划,是完成评估项目的基本工作思路,也是编制评估程序计划的指导性文件。

评估综合计划的主要内容应当包括:

①评估项目的背景,包括委托人、产权持有人及被评估企业的基本情况、涉及交易的背景情况、委托人对评估项目的期望及要求等。

②评估目的、评估对象和范围、评估结果的价值类型及评估基准日。

③重要评估对象、评估程序及主要评估方法。在对被评估企业、评估对象及评估范围有了基本了解的基础上,评估人员应运用其专业判断及评估经验,确定评估的重点,从而制定相应的重要评估具体程序,选择适合的评估技术思路和评估方法。

④评估项目组成员及人员分工。项目负责人应充分考虑项目组成员的工作经验、独立完成某项工作的胜任能力,并根据各自的专业合理分工。

⑤评估进度、各阶段的时间和费用预算。评估人员应对各评估具体程序实施的时间及业务进程做出规划,特别要明确有时间限制的评估程序(如资产实地勘查、调查等)何时实施。

⑥评估资料的收集和准备以及委托人和被评估企业所提供的协助及配合。

⑦对外聘专家和其他评估人员的合理使用。

⑧对评估风险的评价。评估人员应对评估风险进行评价,并将评价结论和主要依据以及采取的措施和相关的监控手段写入评估综合计划。

⑨评估报告撰写的组织、完成时间以及委托人要求的特别分类或披露。评估人员应综合考虑委托人和法律法规对特定评估报告的要求、有关评估行业的惯例,并根据专业判断和经验,将以后出具的评估报告中涉及的以上方面在评估综合计划中加以明确。

⑩评估工作协调会议安排。对于评估过程中是否需要与委托人及相关当事人召开评估协调会以便沟通相关情况,也应做出计划安排;另外,还有关于通过与评估业务有关的政府部门规定程序或受邀出席相关的工作协调会议的特殊安排。

⑪其他。

(2)评估程序计划

评估程序计划是依照评估综合计划确立的基本思路,对评估程序的目标、时间、应用范围和操作要求所做的详细计划和说明。评估程序由盘点、函证、现场调查勘查、市场询价、专家鉴定、数据分析及评定估算、汇总等具体内容组成。评估程序计划旨在向评估项目组成员提供操作指南,帮助评估人员实现对评估具体工作完成过程和结果的控制。

评估程序计划的主要内容包括:①评估工作目标;②工作内容、方法、步骤;③执行人;④执行时间;⑤评估工作底稿的索引;⑥其他。

（3）资产评估计划的审核

资产评估计划应经评估机构负责人或专门的审核人员审核并批准后，才能付诸实施。

对评估综合计划的审核内容主要包括：①评估目的、评估对象和评估范围的确定是否恰当；②评估结果的价值类型是否与评估目的相吻合；③评估程序和评估方法的确定是否恰当；④评估人员（包括专家和其他评估人员）的选派与分工是否恰当；⑤时间进度安排及各阶段费用预算是否合理；⑥对评估风险的评价是否恰当，控制手段是否合理。

对评估程序计划的审核内容主要包括：①评估总体程序能否达到评估工作目标，包括时间进度、人员安排等；②重要评估对象的具体评估程序是否恰当；③重要评估程序的执行人是否恰当；④重要计价依据、参数和原始数据的选取过程及来源是否恰当。

三、现场调查和勘查

（一）召开多方碰头会

评估项目组按照评估计划及与委托人和相关当事人约定的时间到达评估现场后，通常要召开多方碰头会。一般情况下，参加会议的人员包括评估项目组成员和被评估单位人员（包括企业主要负责人、财务主管、负责管理房屋和设备的人员等）。如有必要，还可包括委托人的上级主管部门人员。

多方碰头会的内容主要包括：

第一，被评估单位向评估项目组介绍情况。这些情况包括被评估单位的历史和发展概况、主要产品的生产销售情况、企业经济效益情况、企业资产的规模和分布情况，以及评估准备工作情况等。

第二，评估项目组介绍评估工作计划。评估机构前期准备的一项主要工作就是针对评估对象和被评估单位的实际情况制订评估工作计划。评估工作计划应在碰头会上介绍给委托人、相关当事人和被评估单位，就评估计划的要点和某些重要程序进行洽商，认真听取委托人和被评估单位的意见并做必要的修改，以使评估程序的实施与委托人和被评估单位的有关工作相协调。经过修改后的评估工作计划既是评估机构现场评估操作的指导性文件，也是委托人和被评估单位配合评估机构做好评估工作的参考性文件。

第三，委托人和被评估单位向评估项目组移交资产清查明细表、厂区平面总图、评估基准日会计报表、产权证明文件以及其他评估机构要求事先准备的资料。

第四，落实被评估单位相应的配合人员。在碰头会上，评估项目组各专业人员应与被评估单位的对口配合人员互相介绍并共同商讨下一步工作计划。对于有明显行业特点且规模较大的企业，评估项目组在碰头会后应安排一次参观企业生产流程的活动，以使每个评估人员对企业的生产流程有基本的认识。

（二）现场调查、勘查的内容和方式

在现场，评估人员应该对评估对象或被评估企业进行全面的调查和勘查，包括对不动产和其他实物资产进行必要的调查和勘查；对企业价值、股权和无形资产等非实物资产进行评估时，也应该根据评估对象的具体情况进行必要的现场调查。由于不同类型资产的特性有较大差异以及评估目的不同等，不同评估项目对评估对象进行现场勘查和调查的具体方式

和程度也不尽相同,评估人员应该根据评估项目的具体情况确定合理的现场调查、勘查方式,并与委托人或产权持有人及被评估企业沟通,确保现场调查、勘查工作的顺利进行。

现场调查和勘查是对评估对象相关情况的调查和勘查,在获取委托人及被评估单位提交的资产清单后,一般包括:(1)核实评估对象的存在性和完整性,与账簿、报表的一致性;(2)对评估对象的品质、使用状况的现场勘查;(3)对评估对象法律权属资料的核查和关注等,应涵盖了解评估对象各种信息的工作。

现场调查的方式包括询问、访谈、核对、勘查、函证、监盘、检查等。现场调查和勘查核实是在委托人(或产权持有人、被评估企业)自查的基础上进行的,以委托人及被评估企业提供的资产负债清单为准,对委托评估资产(包括负债)进行核实。

现场调查和勘查核实应该在评估对象或评估业务所涉及的主要资产所在地进行。但由于评估对象和评估业务的特殊性,有可能无法在评估对象或评估业务涉及的主要资产所在地进行现场调查,这时评估人员应当考虑以下因素,以总体判断是否继续执行或中止评估业务:一是所受限制是否对评估结论或评估目的所对应的经济行为构成重大影响或者无法判断其影响程度,二是能否采取必要措施以弥补现场调查程序的缺失。

(三)现场调查、勘查的程度要求

关于资产现场调查、勘查的程度要求,应根据不同种类资产的情况而繁简有别。

第一,对房屋建筑物要逐栋、逐幢进行勘查核实,并了解其使用、维修和现状。

第二,对机器设备,要看评估对象的数量:如数量较少,则逐一核查;如数量较大、种类较多,则可以分类核查,即对重要设备逐项核查,对一般设备抽样核查。

第三,对流动资产(主要是存货)的核查程度与委托人(被评估企业)的管理水平和自查程度有关。企业管理水平较高、自查比较彻底的,对流动资产一般采用随机抽样的方法核查;对管理水平较差、自查不彻底的企业,则应全面核查。

第四,对无形资产、长期投资、递延资产等,要逐笔核查。

第五,涉及企业价值评估的,还应对负债逐笔核查。

四、收集评估资料

评估人员应该根据评估项目的具体情况收集评定估算所需的相关资料,并根据评估业务需要和评估业务实施过程中的情况变化及时补充收集评估资料。

一般来说,评估资料的收集应该贯穿于整个评估过程。例如,在现场调查、勘查环节,评估人员对企业(或资产)的具体情况进行了全面和有重点的了解,并收集了相关资料,这些资料绝大部分是反映企业(或资产)历史、现状的资料,对评估人员全面、清晰地了解企业(或资产)的情况十分关键,也是评估人员作价不可缺少的基础。但掌握这些资料并不意味着评估人员足以对评估对象做出适当的价值判断,评估人员还需要进一步获取与判断评估对象价值相关的其他资料,如市场调查资料、政府部门的有关规定、相关专业机构的分析报告或资料等,以作为评估作价的依据。

评估人员收集评估资料的途径包括:从市场获取;从委托人、产权持有人及被评估企业等相关当事人获取;从政府部门、各类专业机构和其他相关部门获取;等等。评估资料的形式包括权属证明、财务会计信息、调查记录、询价记录、检查记录、行业资讯、分析资料、鉴定报告、专业报告及政府文件等。

评估人员对收集的评估资料应进行必要的核查和验证，以对评估资料来源的可靠性做出判断，确信评估资料能够支持公允的、可信的评估结论。按照《中华人民共和国资产评估法》的规定，对评估活动中使用的有关文件、证明和资料的真实性、准确性、完整性进行核查和验证是评估人员的义务。对收集的评估资料进行核查和验证的方式通常包括观察、询问、书面审查、实地调查、查询、函证、复核等。超出评估人员专业能力范畴的核查验证事项，资产评估机构可以委托或者要求委托人委托专业机构或者专家出具意见。因法律法规规定、客观条件限制而无法实施核查验证的事项，评估人员应做记录并分析其对评估结论的影响程度，以决定是继续执行还是中止评估业务。

在评估业务实施过程中，当所执行的评估业务发生变化，如国家政策出现重大调整、市场出现较大变化、评估基准日发生改变、评估范围发生重大调整、评估对象发生重大变化、委托人及产权持有人的企业法人登记内容发生变更等，致使原收集的资料不足以支持新情况下的评估结论时，评估人员应该根据评估业务出现的新情况及时补充收集相关资料。

资料收集工作是资产评估业务质量的重要保证，不同的项目、不同的评估目的、不同的资产类型对评估资料有不同的要求。由于评估对象及其所在行业的市场情况、信息化和公开化程度的差异，相关资料的可获取程度不同，因此，资产评估机构及其评估人员的执业能力在一定程度上体现在其收集、占有与所执行评估项目相关的信息资料的能力上。资产评估机构及其评估人员在日常工作中应当注重相关的信息资料，掌握收集资料的方法、渠道，提高收集资料的能力。

具体收集资料的情况应根据具体评估项目的情况而定。例如，无形资产评估业务和房地产评估业务所需要的具体资料，企业价值评估所需收集的具体资料（宏观、区域、行业现状及前景等），都不尽相同。

资产评估机构及其评估人员在对收集的评估资料进行核查验证后，还应根据资产评估业务的具体情况对收集的评估资料进行分析、归纳和整理，形成评定估算和编制资产评估报告的依据。

五、评定估算，形成评估结论

评定估算是资产评估工作最关键的阶段。它是资产评估人员根据评估的特定目的和掌握的有关资料，选择适当的价值类型，采用适当的评估方法，对委托评估的资产的价值进行的评定估算和分析的过程。一般来说，在现场调查和勘查及收集评估所需资料的工作完成后，资产评估人员就对收集和掌握的有关数据、资料进行分析、归纳和整理，在此基础上，根据制订的评估综合计划和评估程序计划，对被评估资产价值进行评定估算。

评定估算包括的主要具体工作步骤有：分析评估资料、恰当选择评估方法、运用评估方法形成初步评估结论、综合分析确定最终评估结论等。

评估人员对收集的评估资料要进行分析，去伪存真，去粗取精，作为评估的依据，在此基础上选择恰当的评估方法。选择的评估方法应当与评估目的、评估时的市场条件、评估对象所处状态以及价值类型相适应,应当与评估对象的类型、现实状况以及占有资料的情况等相适应。选择评估方法包括选择评估技术思路、具体方法和技术经济参数等内容。评估人员在选定评估方法后,就可以运用评估方法来得到初步评估结论。评估人员应当对一种方法下的初步评估结论进行分析,判断评估结论的合理性。评估人员应该对评估资料的全面性、客观性和适时性,参数选取的合理性和适时性,计算公式的正确性等,进行分析检查,以形成最终的评估结论。当采用多种方法评估时,评估人员应当对各种方法得出的结论进行比较分析,在分析所使用评估资料、数据、参数的质量和数量等因素的基础上,综合考虑不同评估方法和初步评估结论的合理性,分析可能存在的问题并做出相应的调整,确定最终的评估结论。

针对不同的评估对象、资产类型、评估方法,具体的评定估算会有差异。以下举例简单说明单项资产评估和企业价值评估采用收益法的评定估算过程。

(一)单项资产的评定估算

对单项资产进行评定估算一般需要以下几个步骤:

1.划分资产类别,选择评估方法

由于各类资产的性质和特点不同,因此对各种评估方法的适用性也不尽相同。评估人员应根据各类资产的不同特点,考虑评估的目的和价值类型,选择恰当的评估方法。

2.确定待评估资产的经济技术参数

评估人员应根据评估的目的和评估项目对评估价值类型的要求,以及评估所选择的途径和方法,科学合理地确定评估所需要的各类经济技术参数。评估人员可根据资产清查过程中掌握的资料,对待评资产的具体状况,包括质量、技术性能、成新率、尚可使用年限、损耗、产品完工程度等做出准确的评定,以取得客观的参数。

3.估算资产价值

资产评估人员根据掌握的有关资料以及有关经济技术参数,运用恰当的评估方法,估算出资产的价值。

各单项资产的具体评定估算方法已在有关章节详细介绍,这里不再赘述。

(二)企业价值的评定估算

企业价值评估常用的方法有成本法(资产基础法)、收益法和市场法。由于企业是由各单项资产有机组合而成的,因此,采用资产基础法评定估算企业价值的程序和各单项资产评定估算的程序相似。而收益法和市场法以企业整体为评估对象,以企业资产获利能力及可比企业市场价值为基础,其评估程序不同于单项资产评定估算的程序。下面以收益法为例,说明具体的评定估算过程。

运用收益法对企业价值进行评定估算的基本程序如下:

1.收益法适用性判断

收益法适用性判断,即判断收益法是否适用于评估项目,这是采用收益法评估企业价值的第一步,也是关键的一步。如果评估项目适用收益法,就可继续进行剩下的程序;如果评估项目不适用收益法,就要及时修改评估工作计划,改用其他评估方法进行评估,以避免工作的无效和时间、资源的浪费。

收益法在具体评估项目中是否适用，往往需要根据评估目的、企业财务状况等多方面因素综合考虑，判断该项目在理论上、操作上是否满足收益法的适用条件。

2. 企业概况及背景分析

采用收益法评估企业价值过程中的难点和关键点是如何预测和确定未来收益、收益期、折现率或资本化率三大参数。由于企业的生产经营活动处于市场经济的环境中，参数的确定必然与国民经济的发展、行业的处境、市场竞争的变化有着密切的关系，因此，在判断评估项目适用收益法后，首先要对企业概况及背景进行分析，主要包括四个方面的内容：企业概况分析、宏观和区域经济环境分析、企业所属行业情况分析和市场竞争情况分析。

3. 企业历史经营状况分析

在介绍了企业概况及背景分析后，还需要进一步分析企业的历史经营状况，以探寻企业的历史发展轨迹，寻找影响企业经营的重要因素，为预测企业未来收益趋势奠定基础。企业历史经营状况分析包括财务指标分析和财务报表项目分析两个部分，但在分析之前应对历史经营状况进行调整，调整企业财务会计报表中不符合国家财务会计制度规定的内容以及财务报表中的非正常因素，使之能够反映企业的正常收益。

4. 评估参数的确定

收益期可由评估人员根据企业未来获利情况确定，也可以根据与评估对象相关的法律、章程、合同、协议及其他约束条件，合理界定收益期。在企业价值评估中，一般将企业未来可获得收益的期限假定为无限年，也可根据企业剩余经营期限确定收益期限。

对未来收益的预测，一般以企业历史经营业绩为基础，横向分析收入结构、成本结构、财务结构，纵向分析发展趋势、增长率、变化率，以线性或非线性数据或描述等方式，尽可能建立被评估企业的收入模型、成本模型、发展模型等数学模型。在此基础上，分析企业发展的内在动力、外部有利条件和不利条件对企业的影响程度，评价企业的综合能力、管理水平、发展水平、决策水平等，以确定预测结果。具体来说，收益预测主要包括主营业务收入和主营业务成本预测、期间费用预测、其他损益项目预测和税金预测等内容。

折现率的估算方法有累加法、资本资产定价模型、加权平均资本成本模型等，具体可根据实际情况合理选择，但要注意折现率的选取必须与收益额的口径一致。在用累加法测算折现率的过程中，量化行业风险、经营风险、财务风险和其他风险所要求的回报率，目前主要是采取经验判断的方法。它要求评估人员充分了解国民经济的运行态势、行业发展方向、市场状况、同类企业竞争情况等，在充分了解和掌握上述数据资料的基础上，对风险报酬率做出较为客观合理的判断。

值得注意的是，预测未来收益和确定折现率要考虑评估结论的价值类型。

5. 评估结果的确定和分析

运用收益法评估企业价值主要有两个估价模型：年金资本化法和分段估算法。实务中较常采用的是分段估算法，一般仅对企业未来五年的产品销售收入，各类成本、费用和净现金流量等进行预测，自第六年起各年的上述指标均假定保持在某一稳定的水平上或保持稳定变化。在确定估价模型后，再将已经确定的评估参数代入估价模型，就可得到评估结果。

对收益法评估企业价值的结果，还需要进行合理性、逻辑性分析。通常要根据假设前提来论证该结果能否正确反映相应的企业价值,评估结果所对应的资产是否有重复和遗漏,评估结果是否能够正确反映被评估企业所处的行业水平等。

六、编制和提交评估报告

评估人员应在执行评定估算程序后,根据法律、行政法规和资产评估准则及规范的要求编制资产评估报告。资产评估报告不仅是对评估结果的系统陈述,而且是对履行评估程序情况的全面检验,更重要的是通过报告对形成评估结论的原因、过程、前提和注意事项等的披露,可以在一定程度上规避执业风险。

通过编制评估报告,资产评估机构及其评估人员一方面可以告知评估报告使用人评估结论形成的依据、采用的方法、评估过程以及形成的最终结论;另一方面可以系统地检查从评估业务洽谈和受理、评估前期准备、现场调查和勘查、收集评估资料到评定估算所有评估环节的执行情况,判断是否存在疏漏,是否存在尚未解决的问题,现场调查、勘查及收集评估资料、评定估算的初步结论是否存在逻辑上的必然联系,有没有需要披露和揭示的重大问题等。

资产评估报告编制完成后,资产评估机构内部应该对评估报告进行必要的审核,评估机构内部审核可以采用多种层次和形式。

在向委托人提交正式评估报告前,可以在不影响对最终评估结论进行独立判断的前提下,与委托人或者委托方许可的相关当事人就评估报告的有关内容进行必要的沟通,听取委托人、产权持有人及相关当事人对评估结论的反馈意见,并引导委托人、产权持有人等正确理解资产评估结论,合理使用评估报告。

资产评估报告需要经过评估机构内部相关责任人的复核,并与委托人就评估报告进行必要的沟通后,由评估机构以恰当的方式将评估报告提交给委托人。

七、工作底稿及相关资料归档

资产评估机构完成资产评估报告并提交给委托人(如是涉及国有资产的评估项目,则还应经国有资产监管机构核准或备案后,方可使用评估报告),并不意味着资产评估工作的结束。评估人员还要把在评估工作全过程中形成或取得的所有文件资料进行整理和归档。

(一)资产评估工作底稿

资产评估工作底稿,是指资产评估人员在评估过程中形成的,反映评估程序实施情况、支持评估结论的工作记录和获取的相关资料,是形成评估报告的依据。工作底稿应如实反映资产评估计划与方案的制订及实施情况,包括与形成评估报告有关的所有重要事项,以及评估人员评定估算的全部依据、过程及专业判断。工作底稿可以是纸质文档、电子文档或者其他介质形式的文档。资产评估机构及评估人员应根据资产评估业务的具体情况和工作底稿介质的理化特性选择工作底稿的介质形式。

工作底稿应真实完整、重点突出、记录清晰,并不是越详尽越好。工作底稿的繁简程度与以下基本因素相关:(1)资产评估业务委托合同或协议约定的评估目的及要求;(2)被评估资产的规模及复杂程度;(3)委托人所申报和提供的资产评估资料;(4)被评估资产的产权;

(5)评估的假设条件和重要事项说明。

一般来说,编制的工作底稿应包括以下基本内容:委托人、产权持有人和被评估企业的名称,评估对象名称,评估基准日,评估程序、过程记录,评估标识及说明,索引号及页次,编制者姓名及编制日期,复核者姓名及复核日期,评估结果及其他应说明事项等。

工作底稿一般分为评估项目管理类工作底稿和评估项目操作类工作底稿两类。

1.管理类工作底稿

管理类工作底稿是指评估人员(评估项目负责人)在评估过程中,为受理、计划、控制和管理整个评估项目过程,并出具评估报告所形成的工作记录及相关资料,主要包括以下内容:(1)项目洽谈记录;(2)评估委托合同或协议;(3)评估计划及实施情况记录;(4)评估委托人及被评估企业基本情况的调查、记录和资料,资产规模及主要资产状况记录;(5)资产评估执业过程中的重大问题处理记录;(6)有关部门的审核意见;(7)评估机构内部的审核意见;(8)资产评估工作小结;(9)其他相关资料。

2.操作类工作底稿

操作类工作底稿是指评估人员在评估实施阶段为执行具体评估程序所形成的评估工作记录及相关资料,其内容因评估目的、评估对象和评估方法等的不同而有差异,通常包括以下内容:

(1)现场调查、勘查记录及相关资料,通常包括:①委托人、产权持有人、被评估企业及其他相关当事人提供的资料,如评估范围内各类资产或负债的申报明细表,评估对象的权属证明资料,与评估业务相关的历史、现状、预测、财务、审计等资料,以及相关说明、证明和承诺等;②现场调查、勘查记录,书面访谈、询问记录,函证记录等;③其他相关资料。

(2)收集的评估资料,通常包括:市场调查及数据分析资料,询价记录,其他专家鉴定及专业人士报告,其他相关资料。

(3)评定估算过程记录,通常包括:重要参数的选取和形成过程记录,价值分析、计算、判断过程记录,评估结论形成过程记录,与委托人及其他相关当事人的沟通情况记录,其他相关资料。

资产评估机构应当建立工作底稿复核制度。复核人在复核工作底稿时,应做出必要的复核记录,书面表示复核意见并签名。在复核过程中,复核人如发现已执行的评估程序或做出的评估记录存在问题,就应指示有关人员予以答复、处理,并形成相应的记录。

工作底稿的所有权属于接受委托进行资产评估的评估机构。评估机构应当对工作底稿进行分类整理,编制工作底稿目录,建立必要的索引,形成评估档案,并建立评估工作底稿保密制度,对工作底稿中涉及的客户商业秘密保密。

(二)资产评估档案管理

资产评估档案是指资产评估机构在开展资产评估业务的过程中形成的,反映资产评估程序实施情况、支持评估结论的工作底稿、资产评估报告及其他相关资料。资产评估机构应按法律、行政法规及资产评估准则或规范的有关规定,建立健全资产评估档案管理制度,并妥善保管资产评估档案。为了安全有效地保存和管理资产评估档案,资产评估档案应由评估机构集中统一管理,评估机构可以设专人负责资产评估档案的立卷与保管工作。

评估工作结束后,评估人员应当在规定时间内把在评估工作全过程中形成或取得的所有文件资料整理归档,不得拒绝归档或据为己有。按财政部门管理的资产评估专业领域现行评估准则的要求,评估人员应当在资产评估报告日后90天内将工作底稿、资产评估报告及其他相关资料归集形成评估档案。评估档案中的哪些内容应采用纸质文档,应该按照相关评估准则和规范确定。

资产评估档案的保存期限要根据国家法律、行政法规、资产评估准则和规范来确定。《中华人民共和国资产评估法》第二十九条规定,评估档案的保存期限不少于15年,属于法定评估业务的,保存期限不少于30年。资产评估机构应在法定保存期限内妥善保存资产评估档案,保证资产评估档案安全和持续使用,不得对法定保存期限内的资产评估档案非法删改或者销毁。

资产评估机构应对评估档案严格执行保密制度,除下列情况外,资产评估档案不得对外提供:(1)国家机关依法调阅的;(2)资产评估行业协会依法、依规调阅的;(3)其他依法、依规查阅的。

第三节 国有资产评估项目的核准备案

对于涉及国有资产的评估项目,在资产评估机构向委托人提交评估报告后,根据国有资产管理的有关规定,国有资产评估项目还要接受国有资产监管机构的监督管理。这是涉及国有资产评估项目的一个独特的程序。

1991年国务院发布了《国有资产评估管理办法》,规定对国有资产的评估项目由政府国有资产行政管理部门进行立项和审核确认。随着我国市场经济体制的逐步完善,为进一步转变政府职能,减少不必要的行政性审批,促进中介机构和从业人员真正做到独立、客观、公正地执业,2001年12月31日,国务院办公厅转发了财政部《关于改革国有资产评估行政管理方式 加强资产评估监督管理工作的意见》,对国有资产评估管理方式进行重大改革,取消政府部门对国有资产评估项目的立项确认审批制度,实行核准制和备案制。2005年8月25日,国务院国有资产监督管理委员会发布了《企业国有资产评估管理暂行办法》(国务院国有资产监督管理委员会令第12号),对企业国有资产评估项目的核准和备案做出了明确的规定,要求各级国有资产监督管理机构负责其所出资企业的国有资产评估监管工作。2010年5月25日,国务院国有资产监督管理委员会印发了《中央企业资产评估项目核准工作指引》(国资发产权〔2010〕71号),进一步规范了企业国有资产评估项目核准工作。2013年5月10日,国务院国有资产监督管理委员会印发了《企业国有资产评估项目备案工作指引》(国资发产权〔2013〕64号),进一步对企业国有资产评估项目的备案工作进行了规范。2007年10月12日,财政部发布《金融企业国有资产评估监督管理暂行办法》(财政部令第47号),对金融企业国有资产评估项目的核准和备案做出了明确规定。2012年12月22日,财政部发布《中央文化企业国有资产评估管理暂行办法》(财文资〔2012〕15号),对中央文化企业国有资产评估项目的核准和备案做出了明确规定。

鉴于目前国有资产按不同企业类型分属于不同的政府部门监管，不同的监管部门可能对各自监管的国有资产评估项目的核准和备案的具体要求存在差异。下面以国务院国有资产监督管理委员会监管的企业国有资产评估项目为例，具体介绍国有资产评估项目核准和备案的具体程序和要求。

一、涉及国有资产应当进行资产评估的经济行为

按照《企业国有资产评估管理暂行办法》(国务院国有资产监督管理委员会令第 12 号)的规定，企业有下列行为之一的，应当对相关资产进行评估：(1)整体或者部分改建为有限责任公司或者股份有限公司；(2)以非货币资产对外投资；(3)合并、分立、破产、解散；(4)非上市公司国有股东股权比例变动；(5)产权转让；(6)资产转让、置换；(7)整体资产或者部分资产租赁给非国有单位；(8)以非货币资产偿还债务；(9)资产涉讼；(10)收购非国有单位的资产；(11)接受非国有单位以非货币资产出资；(12)接受非国有单位以非货币资产抵债；(13)法律、行政法规规定的其他需要进行资产评估的事项。

二、核准和备案的范围

《企业国有资产评估管理暂行办法》第四条规定，企业国有资产评估项目实行核准制和备案制。经各级人民政府批准经济行为的事项涉及的资产评估项目，分别由其国有资产监督管理机构负责核准。

核准制是指国有或国有控股企业发生经各级人民政府批准实施的经济事项，需要进行资产评估的，应将有关材料和资产评估报告报经相应国资监管机构，对资产评估项目的合法性、合规性进行审核批准的管理制度。

备案制就是企业按照有关规定进行资产评估后，在相应经济行为发生前，将评估项目的有关情况专题向国资监管机构、所出资企业报告并由后者受理的行为。

经国务院国有资产监督管理机构批准经济行为的事项涉及的资产评估项目，由国务院国有资产监督管理机构负责备案；经国务院国有资产监督管理机构所出资企业(以下简称中央企业)及其各级子企业批准经济行为的事项涉及的资产评估项目，由中央企业负责备案。

地方国有资产监督管理机构及其所出资企业的资产评估项目备案管理工作的职责分工，由地方国有资产监督管理机构根据各地实际情况自行规定。

三、核准、备案的程序要求及需报送的材料

(一)核准的程序要求及需报送的材料

资产评估项目的核准应按照下列程序进行：

1. 凡按规定应当进行核准的资产评估项目，企业在确定评估基准日前都应当向国务院国有资产监督管理委员会(以下简称国资委)书面报告下列有关事项：

(1)国家有关部门对相关经济行为的批复情况。

(2)评估基准日的选择情况及理由。

(3)资产评估范围的确定情况，包括拟纳入评估范围的资产占企业全部资产的比例、拟

纳入评估范围的资产是否与经济行为一致及拟剥离资产的处置方案等。

(4)资产评估机构选聘情况,包括选聘评估机构的条件、范围、程序及拟选定机构的资质、专业特长情况等。

(5)资产评估的时间进度安排情况,包括资产评估的现场工作时间、评估报告的出具时间及报国资委核准的时间。

2. 在评估项目开展过程中,企业应当及时向国资委报告资产评估项目的工作进展情况,包括评估、审计、土地、矿产资源等相关工作的进展情况。工作中发现问题的,应当及时沟通。必要时,国资委可对评估项目进行跟踪指导和现场检查。

3. 企业将评估报告报国资委核准前,应当完成以下事项:

(1)取得国家有关部门对相关经济行为的正式批准文件。

(2)确认所聘请中介机构及相关人员具有相应资质。

(3)纳入评估范围的房产、土地及矿产资源等资产权属要件齐全,并依法办理相关企业产权变动事宜。

(4)纳入评估范围的资产与经济行为批复、重组改制方案内容一致。

(5)对评估报告进行审核,并督促评估机构修改完善。

4. 企业应当自评估基准日起8个月内向国资委提出核准申请,并报送下列文件材料:

(1)资产评估项目核准申请文件,主要包括经济行为批准情况、资产评估工作情况和资产评估账面值、评估值等。

(2)资产评估项目核准申请表(一式三份)。

(3)与评估目的相对应的经济行为批准文件或有效材料,包括国务院批复文件、相关部门批复文件以及企业董事会或总经理办公会议决议等。

(4)所涉及的资产重组方案或者改制方案、发起人协议等材料。

(5)资产评估机构提交的资产评估报告及其主要引用报告(包括评估报告书、评估说明、评估明细表及其电子文档)。

(6)所涉及的企业或资产的产权变动完成法律程序的证明文件。

(7)与经济行为相对应的无保留意见审计报告。如有强调事项段,则需提供企业对有关事项的书面说明及意见。

(8)拟上市项目或已上市公司的重大资产置换与收购项目,评估基准日在6月30日(含)前的,需提供最近三个完整会计年度和本年度截至评估基准日的审计报告;评估基准日在6月30日后的,需提供最近两个完整会计年度和本年度截至评估基准日的审计报告。其他经济行为,需提供最近一个完整会计年度和本年度截至评估基准日的审计报告。

(9)资产评估各当事方的相关承诺函。评估委托方、评估机构均应当按照评估准则的相关规定出具承诺函。

(10)企业对评估报告审核情况的说明。

(11)其他有关材料。

5. 国资委收到核准申请后,经审核核准申请时间和材料符合规定要求的,应当在5个工作日内组织召开核准会议。参加核准会议的人员包括国资委聘请的专家、被审核企业人员和中介机构人员等。

6. 核准会议上，企业应当组织中介机构汇报核准项目的以下相关工作情况：

(1)企业基本情况及相关工作：①企业基本情况概述；②近 3 年主要经营及财务状况；③涉及项目的经济行为基本情况；④被评估企业改制重组前后的股权架构及产权变动情况；⑤各中介机构工作进展总体情况；⑥后续工作及时间安排。

(2)资产评估工作情况：①资产评估的组织，包括项目组织结构、基本工作程序、人员安排、时间进度等；②资产清查工作中发现的资产权属瑕疵，重要资产的运行或使用情况及盘点盈亏情况；③评估要素介绍，包括评估基准日、评估范围和对象，重大、特殊资产评估方法，主要评估参数的选取；④评估基准日后评估范围内重大资产变动和重组情况；⑤土地使用权评估结果的引用情况；⑥矿业权评估结果的引用情况；⑦境外估值机构与资产评估机构就同类评估对象估值差异的分析；⑧其他中介机构工作成果的引用情况；⑨评估机构对评估报告的内部质量控制情况；⑩评估结论及增减值原因分析；⑪评估报告体例。

(3)土地估价工作情况：①估价工作总体协调情况和合作评估机构的介绍；②评估项目涉及的执业土地估价师名单；③评估项目涉及的土地权属状况；④土地估价技术方案和评估基本过程描述；⑤评估项目涉及的土地、房屋的房地匹配说明及附表；⑥完善土地权属的预计费用支出情况；⑦土地资产处置审批与土地估价报告备案情况。

(4)涉及矿产资源的，应当汇报矿业权评估情况：①评估项目涉及的矿业权评估师名单；②矿业权人、矿业权评估对象的主要情况；③矿业权价款处置及本次评估的处理情况；④评估项目涉及的矿产资源储量核实和评审备案情况；⑤评估技术方案和评估基本过程描述；⑥评估项目涉及的固定资产和土地使用权投资参数与资产评估、土地使用权评估的对接情况；⑦完善矿业权权属的预计费用支出情况。

(5)审计工作情况：①审计工作的组织，包括项目组织结构、基本工作程序、人员安排、时间进度等；②所审计财务报表的编制基础，对于特殊的编制基础或有模拟的企业架构，应当重点予以介绍；③对所审计财务报表有重大影响的事项，包括重要重组行为及其会计处理等、说明事项及其影响金额；④合并报表的合并范围说明；⑤对于拟境外上市的公司或境外上市公司实施收购的核准项目，需说明所审计报表与境外报表之间净利润和净资产的主要差异项目及其金额；⑥审计结论。

(6)律师工作情况：①相关经济行为的合法性情况；②房产、土地、矿产资源等资产权属文件办理情况及其合规性，存在瑕疵的处理方法及其合规性承诺；③尽职调查情况。

(7)聘请财务顾问的，应当汇报的情况：①企业经济行为总体方案及要点；②企业经济行为的重要性和必要性；③总体时间安排及进度；④各中介机构工作协调情况及存在的问题；⑤对资本市场趋势变化的分析；⑥定价底线是否高于评估值。

(8)其他需汇报的情况。

7. 国资委聘请的专家应当遵守国家有关法律、法规及国资委工作要求，并签署保密承诺函。专家应当独立开展审核工作，重点对下列事项进行审核：

(1)评估基准日的选择是否适当，评估结果的使用有效期是否明示。重点审查评估基准日的选择是否符合有关评估准则的规定要求等。

(2)资产评估范围与经济行为批准文件确定的资产范围是否一致。

(3)评估方法的运用是否合理。重点审核评估方法是否符合相关评估准则的规定要求,评估方法及技术参数的选取是否合理等。

(4)评估依据是否适当。重点审核评估工作过程中所引用的法律、法规和技术参数资料等是否适当。

(5)企业是否就所提供的资产权属证明文件、财务会计资料及生产经营管理资料的真实性、合法性和完整性做出承诺。

(6)评估过程是否符合相关评估准则的规定。重点审核评估机构在评估过程中是否履行了必要的评估程序,评估过程是否完整,是否存在未履行评估准则规定的必要评估步骤的行为等。

(7)评估报告是否符合《企业国有资产评估报告指南》的规定。

8.评估报告需经两名以上专家审核并独立提出意见。国资委组织专家与被审核企业及相关中介机构交换意见,被审核企业及相关中介机构应当就专家提出的审核意见做出解释和说明。企业的解释和说明达不到核准要求的,国资委将向企业提出审核意见。

9.国资委向企业提出审核意见后,企业应当及时组织相关中介机构对评估、审计、土地、矿业权等报告进行补充完善,并将完善后的评估报告及审核意见的书面答复报送国资委。

10.国资委收到企业报送的答复意见及经修改的评估报告后,应当在5个工作日内组织专家召开复审会。

11.经审核符合规定的核准要求的,国资委应当在10个工作日内完成对评估报告的核准批复。

(二)备案的程序要求及需报送的材料

资产评估项目的备案应按照下列程序进行:

1.企业发生需要进行资产评估的经济行为时,应当按照《关于规范中央企业选聘评估机构工作的指导意见》(国资发产权〔2011〕68号)等文件的规定聘请具有相应资质的评估机构。

2.在资产评估项目开展过程中,企业应当就工作情况及时通过中央企业资产评估管理信息系统向备案管理单位(国务院国有资产监督管理委员会和中央企业,下同)报告,包括评估基准日选定、资产评估、土地估价、矿业权评估和相关审计等情况。必要时,备案管理单位可对资产评估项目进行跟踪指导和现场检查。

3.企业收到资产评估机构出具的评估报告后,应当自评估基准日起9个月内将备案申请材料逐级报送备案管理单位。在报送备案管理单位前,企业应当进行以下初步审核:(1)相关经济行为是否符合国家有关规定;(2)评估基准日的选择是否合理;(3)执业评估机构及人员是否具备相应资质;(4)评估范围是否与经济行为批准文件或重组改制方案的内容一致;(5)纳入评估范围的房产、土地及矿产资源等资产权属要件是否齐全;(6)被评估企业是否依法办理相关产权登记事宜;(7)评估报告、审计报告等资料要件是否齐全。

4.企业提出资产评估项目备案申请时,应当向备案管理单位报送下列文件材料:

(1)资产评估项目备案申请文件。

(2)资产评估项目备案表(一式三份)。

(3)与评估目的对应的经济行为批准文件或其他有效文件,包括相关单位批复文件以及企业董事会或总经理办公会议纪要等。

(4)评估所涉及的资产改制重组、产权流转方案或者发起人协议等材料。

(5)评估机构提交的评估报告(包括评估报告书、评估说明、评估明细表及其电子文档)及其主要引用报告(包括审计报告、土地估价报告、矿业权评估报告等)。

(6)被评估资产权属证明文件。

(7)与经济行为相对应的标准无保留意见审计报告。若为非标准无保留意见审计报告,对其附加说明段、强调事项段或修正性用语,企业需提供对有关事项的书面说明及承诺。

(8)拟上市项目或已上市公司的重大资产重组项目,评估基准日在6月30日(含)前的,需提供最近三个完整会计年度和本年度截至评估基准日的审计报告;评估基准日在6月30日后的,需提供最近两个完整会计年度和本年度截至评估基准日的审计报告。其他经济行为需提供最近一个完整会计年度和本年度截至评估基准日的审计报告。

(9)资产评估各当事方的相关承诺函。评估委托方、评估机构、被评估企业(产权持有单位)均应当按照评估准则的相关规定出具承诺函。

(10)需要提供的其他材料。

5.企业应当按照《关于启用中央企业资产评估管理信息系统有关事项的通知》(国资厅产权〔2012〕201号),及时将项目基本情况、评估报告等录入中央企业资产评估管理信息系统,并组织开展审核工作;必要时,可组织有关专家参与评估项目的评审工作。

6.备案管理单位收到备案申请材料后,应当在10个工作日内向企业出具审核意见。企业应当及时组织相关中介机构逐条答复审核意见,并根据审核要求对资产评估报告、土地估价报告、矿业权评估报告和相关审计报告等进行补充修改,将调整完善后的备案申请材料和审核意见答复在10个工作日内报送备案管理单位,备案管理单位应当及时组织复审;经审核符合备案要求的,应当在10个工作日内办理完成备案手续。

上述仅是对国务院国有资产监督管理委员会监管的企业国有资产评估项目核准、备案的程序和要求的描述,由于国有资产管理的多头性和复杂性,因此具体涉及国有资产评估项目的核准备案如何办理,还应根据国有资产所属管理部门、地区,按相关规定和具体要求执行。

本章小结

资产评估程序是资产评估行为过程的工作顺序和环节。资产评估程序非常重要,程序上的疏漏会造成评估行为的致命缺陷,评估行业外的人士往往更愿意追究评估人员在程序上的疏漏和责任,而避免在专业判断方面下结论。从总体上来说,资产评估有三个必经环节——资产确认、资产估价、资产报告,这三个环节在时间上前后衔接,构成一个整体,缺少其中任何一个环节都不能实现资产评估的目的,任何一个环节的失误都会影响评估的质量。我国财政部门监管的资产评估专业领域专门制定了独立的《资产评估执业准则——资产评估程序》来对评估人员执行资产评估业务的程序予以规范,由此可见评估界对评估程序的高度重视。

复习思考题

1. 什么是资产评估程序?
2. 财政部门管理的资产评估专业领域评估准则规范的资产评估程序有哪些具体环节?
3. 资产评估程序有哪些作用?
4. 执行资产评估程序有哪些基本要求?
5. 评估机构及其评估人员接受评估业务委托前应明确哪些基本事项?
6. 风险评价应考虑哪些因素?
7. 资产评估委托合同包括哪些基本内容?
8. 资产评估委托人及被评估企业应进行哪些评估前期准备工作?
9. 资产评估机构及其评估人员在进场前应进行哪些前期准备工作?
10. 什么是评估计划? 评估计划的主要内容有哪些?
11. 现场调查的方式有哪些?
12. 评估人员收集评估资料的途径有哪些?
13. 什么是资产评估工作底稿? 资产评估工作底稿的繁简程度与哪些因素相关?
14. 资产评估管理类工作底稿主要包括哪些内容?
15. 资产评估操作类工作底稿主要包括哪些内容?
16. 哪些情形下评估机构可以对外提供资产评估档案?

13

第十三章 我国资产评估准则

全章提要

学习目标

思维导图

- 第一节　资产评估准则概述
- 第二节　我国已发布的资产评估准则简介

本章小结

复习思考题

学习目标

知识目标:了解资产评估准则的作用和我国资产评估准则制定的历程,熟悉我国资产评估准则体系的框架及特点。

思政目标:培养学生的法治观念和规则意识。

思维导图

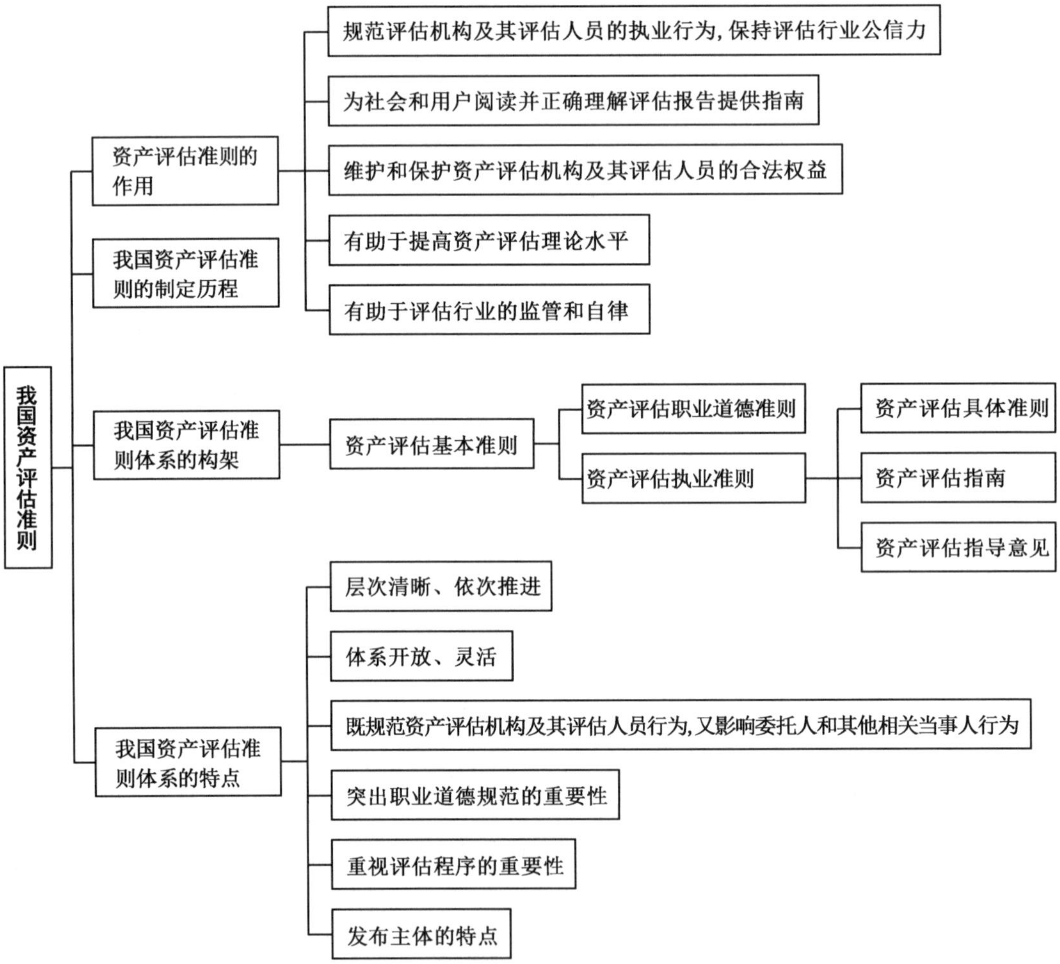

第一节　资产评估准则概述

一、资产评估准则的作用

资产评估准则是指导资产评估机构及其评估人员执行资产评估业务的技术规范和职业道德规范的总称。资产评估具有很强的专业性，为了规范资产评估机构及其评估人员的执业行为、提高评估服务质量、增强资产评估行业的公信力，世界各国评估行业都开展了资产评估准则的制定工作。资产评估准则的完善和成熟程度反映了一个国家评估业发展的状况。

资产评估准则对评估理论研究和评估实践具有十分重要的作用，具体体现在以下几个方面：

（一）规范评估机构及其评估人员的执业行为，保持评估行业公信力

资产评估准则对资产评估机构及其评估人员的业务素质、业务能力、职业操守和执业态度进行了严格的规范。它明确规定了资产评估机构及其评估人员在执业过程中，哪些工作必须做，哪些工作可以做，哪些事情不能做，并明确要求评估机构及其评估人员在执业时，不得出具虚假、不实的评估报告。有了资产评估准则，资产评估机构及其评估人员就有了执业的准绳，社会和公众就知道评估机构及其评估人员的执业是有规范的，评估机构及其评估人员的执业就会有公信力。

（二）为社会和用户阅读并正确理解评估报告提供指南

由于资产评估机构及其评估人员执行评估业务是按照资产评估准则的要求进行的，资产评估报告也是按照资产评估准则的要求编制的，因此，以资产评估准则为指南来了解评估业务和阅读评估报告，就会便于社会和用户正确理解评估报告和评估结论，也有助于用户正确使用资产评估报告。

（三）维护和保护资产评估机构及其评估人员的合法权益

由于资产评估准则中规范了资产评估机构及其评估人员的工作范围和规则，明确了资产评估机构及其评估人员的执业责任以及委托人和其他相关当事人的责任，对资产评估机构及其评估人员承接资产评估业务、调查了解资产状况、选择评估方法和评估参数等诸方面都提出了明确的要求，因此，只要资产评估机构及其评估人员按照资产评估准则的要求执业，就能保证评估活动的公正合理，最大限度地降低执业风险。当资产评估机构及其评估人员受到不公正的指责和控告时，可以充分利用评估准则保护自己的正当权益。在我国的资产评估准则中有一些保护性条款，如业务终止制度等，以期维护评估机构及其评估人员的合法权益。

（四）有助于提高资产评估理论水平

资产评估准则来源于评估实践，是资产评估理论研究成果和实践经验的高度浓缩，反过

来又可以指导评估实践活动。资产评估准则是资产评估实践的总结和升华,是资产评估理论的重要组成部分。资产评估准则的实施,有助于促进评估理论水平的提高。各国间评估准则的协调有利于推动各国评估经验的交流,促进全球评估业的共同发展。

(五)有助于评估行业的监管和自律

资产评估准则是资产评估机构及其评估人员开展资产评估业务的行为标准和规范,资产评估行业的政府监管部门对评估行业实施监管、评估行业协会对行业进行自律的重要尺度和依据就是资产评估准则。因此,完善的资产评估准则既有助于政府监管部门的监管,又有助于评估行业的自律。

二、我国资产评估准则的制定历程

资产评估准则是一国评估理论和实践经验的集中反映和高度浓缩。我国的资产评估准则制定工作是在总结研究我国评估理论和实践经验的同时,系统地借鉴国际评估准则和其他国家评估准则,对国际评估准则和各国评估准则赖以存在的理论基础和实践经验进行比较研究,了解各国评估准则制定的经验教训的基础上逐步发展起来的。下面以财政部门监管的资产评估专业领域为例来介绍我国资产评估准则的制定历程。

财政部门监管的资产评估行业起步于20世纪80年代末,是随着我国社会主义市场经济的发展而产生和发展起来的新兴中介服务行业。行业发展之初,财政部、原国家国有资产管理局、中国注册会计师协会、中国资产评估协会(以下简称中评协)等先后制定并发布了许多资产评估管理方面的制度、规定和办法,对推动我国资产评估行业的健康发展发挥了重要作用。但由于这些制度、规定和办法都是对某一项业务和工作做出规定或提出要求,缺乏系统性和完整性,因此大多未以准则的形式发布。

我国的资产评估是从评估国有资产开始的。评估行业发展初期,评估行业管理以政府为主导,政府为保护国有资产,为行业制定了一系列执业规范,但缺乏评估行业自我管理的行规行约。1993年12月,中评协成立,评估行业趋于政府和自律双重管理。1997年,中国资产评估行业加强了对评估准则的研究。1998年,中评协推出了资产评估准则初步体系,对资产评估准则的制定进行了规划。1999年6月,中评协发布了《资产评估业务约定书指南》《资产评估计划指南》《资产评估工作底稿指南》和《资产评估档案管理指南》,对促进资产评估业务规范发展发挥了重要作用。

2001年,针对当时证券市场发生的多起关联交易引发的有关无形资产评估的争议,在研究无形资产评估实务中存在的问题以及国外相关准则的基础上,财政部发布了《资产评估准则——无形资产》,中评协同时编写和出版了《无形资产评估准则释义》。

2002年,为推动评估准则的建设,在整合资产评估行业专业力量的基础上,中评协成立了资产评估准则起草组,为评估准则的制定提供了组织保障。

2003年,针对多起对资产评估行业产生较大影响的涉及评估师关注法律权属的诉讼案件,中评协研究制定了《注册资产评估师关注评估对象法律权属的指导意见》,对评估师关注法律权属进行指导(2003年2月12日,中国注册会计师协会发布了《注册资产评估师关注评估对象法律权属的指导意见》);同时,为适应我国成长较快的珠宝交易的需要,中评协发布了《珠宝首饰评估指导意见》。

实践证明，研究制定系统、科学、完整的评估行业执业准则和道德规范，是保证评估行业规范、健康发展的重要制度基础。2004 年 2 月，中评协在总结我国资产评估理论和实践发展的基础上，充分借鉴国际评估准则和相关国家评估准则的成功经验，制定了《资产评估准则——基本准则》和《资产评估职业道德准则——基本准则》，并报经财政部批准予以发布。这两个基本准则的发布是我国资产评估准则制定工作和资产评估行业发展的重要里程碑。

2004 年年底，为适应我国证券市场、产权市场的发展，针对我国企业价值评估实践中以成本法为主的现实问题，中评协借鉴国际企业价值评估理论和实务，制定和发布了《企业价值评估指导意见（试行）》，澄清了很长一段时间含糊不清的企业价值评估对象，提出了价值类型要求，明确了评估方法的选择规范，对改变我国企业价值评估理念具有重要意义。

2005 年 3 月，根据金融不良资产评估业务具有评估对象难以确定、评估资料不完整、评估程序受到较多限制等特点，中评协组织专家总结评估实践经验，针对存在的突出问题，制定了《金融不良资产评估指导意见（试行）》。

2005 年后，中评协全面规划评估准则体系，开始了准则体系建设的攻坚阶段，加快了准则的制定工作。2007 年 11 月 28 日，中评协发布了《资产评估准则——评估报告》《资产评估准则——评估程序》《资产评估准则——业务约定书》《资产评估准则——工作底稿》《资产评估准则——机器设备》《资产评估准则——不动产》和《资产评估价值类型指导意见》，同时废止了中评协于 1999 年发布的《资产评估业务约定书指南》《资产评估计划指南》《资产评估工作底稿指南》和《资产评估档案管理指南》。当日，财政部、中评协在人民大会堂召开了中国资产评估准则体系发布会，正式发布中国资产评估准则体系，并宣布成立财政部资产评估准则委员会。

2008 年 11 月 28 日，中评协发布了《资产评估准则——无形资产》《专利资产评估指导意见》和《企业国有资产评估报告指南》，评估准则体系建设再上新台阶。其中，《资产评估准则——无形资产》是对原无形资产评估准则的修订，根据《财政部关于实行资产评估准则有关制度衔接问题的通知》（财企〔2008〕343 号），《资产评估准则——无形资产》和《专利资产评估指导意见》实施后，《财政部关于印发〈资产评估准则——无形资产〉的通知》（财会〔2001〕1051 号）即予废止。

2009 年 12 月 18 日，中评协发布了《投资性房地产评估指导意见（试行）》和《资产评估准则——珠宝首饰》，其中，《资产评估准则——珠宝首饰》是在《珠宝首饰评估指导意见》的基础上修订而成的。

为了规范注册资产评估师编制和出具金融企业国有资产评估报告行为，规范注册资产评估师执行著作权资产评估业务行为，规范资产评估机构的业务质量控制，明确资产评估机构及其人员的质量控制责任，2010 年 12 月 18 日，中评协制定并发布了《金融企业国有资产评估报告指南》《著作权资产评估指导意见》和《评估机构业务质量控制指南》。

2011 年，中评协修订了五项已有准则并发布了两项新准则，具体包括：将《企业价值评估指导意见（试行）》修订上升为《资产评估准则——企业价值》；将《资产评估准则——评估报告》《资产评估准则——业务约定书》《企业国有资产评估报告指南》和《金融企业国有资产评估报告指南》中有关签章条款进行修订后，以准则形式重新发布；制定了《商标资产评估指导意见》和《实物期权评估指导意见（试行）》。

《企业价值评估指导意见（试行）》实施后，在规范企业价值评估执业行为、提高企业价值评估执业水平、巩固并拓展企业价值评估市场及服务我国证券市场发展和经济结构调整等方面发挥了重要作用，绝大部分内容经实践检验是行之有效的。经过7年，我国评估准则体系基本建立，国内外企业价值评估理论和实践有了新的发展，国内证券市场和产权市场逐步完善，评估实践对企业价值评估提出了新的要求，因此，对《企业价值评估指导意见（试行）》进行修订十分必要。修订后，其整体框架、相关术语、披露内容等方面实现了与其他评估准则的协调；对市场法和收益法的具体运用提出了细化要求；对控制权和流动性溢折价的考虑、评估结论的形成方式等提出了更加明确的要求；根据监管部门的要求对评估报告披露的内容进行了重新梳理。《企业价值评估指导意见（试行）》的修订，对指导和规范企业价值评估实践、促进评估行业更好地服务市场具有重要意义：一是总结和固化了企业价值评估中通行有效的执业实践，有助于巩固评估行业的传统核心业务，可以更好地适应市场对评估专业服务的要求，更好地服务我国经济发展方式的转变；二是提升了对企业价值评估的要求，为评估人员提供了较超前的实践指引，有助于提升行业专业性；三是促进了评估理念和评估方法的国际接轨，增强了国际趋同性；四是通过提升，实体性层次实现了对企业价值、机器设备、无形资产、不动产和珠宝首饰等主要一级资产的全覆盖，完善了评估体系。

对评估报告等准则中签字盖章条款的修订，旨在贯彻落实《资产评估机构审批和监督管理办法》（财政部令第64号）的相关规定，满足评估机构执业需要。主要修订内容包括：有限责任公司制评估机构法定代表人可以授权其他高级管理人员签署评估报告和业务约定书，评估机构可以授权分支机构签订业务约定书，分支机构负责人可以根据授权签署评估报告和业务约定书。这次修订遵循了“适当授权、风险共担”的原则。修订后的签字盖章制度既适应了评估机构“做大、做优、做强”的需求，方便执业，又可以合理界定执业责任，满足了执业质量管理的需求。

《商标资产评估指导意见》是服务国家知识产权战略和文化强国战略的重要举措。该指导意见的发布有以下意义：一是将更好地促进评估行业服务商标的转让和许可，促进知识产权战略的实施和文化产业的发展。二是完善了无形资产评估准则框架。根据财政部的要求和国家知识产权局、国家版权局等部门的需求，中评协前几年已经发布了《资产评估准则——无形资产》《专利资产评估指导意见》和《著作权资产评估指导意见》。《商标资产评估指导意见》发布后，我国在无形资产方面的评估准则框架体系主体构架基本完成。三是填补了国际空白。《商标资产评估指导意见》是国际上第一个关于商标资产的评估规范，将为国际上相关评估准则的制定提供借鉴。

《实物期权评估指导意见（试行）》旨在指导注册资产评估师执行评估业务时合理分析高科技企业和无形资产等特殊收益形式资产的价值，特别是文化产业中相关资产的价值。《实物期权评估指导意见（试行）》的发布具有以下意义：一是创新了评估方法的运用，有助于合理发现特殊收益形式资产的价值，提升行业服务质量；二是拓展了评估服务范围，有助于促进评估行业服务市场需求；三是填补了国际空白。

为服务市场经济，满足发展需求，提高执业质量，2012 年，在财政部的指导下，在国家林业局等有关部门的大力支持下，中评协制定并发布了三项新准则，即《资产评估准则——利用专家工作》《资产评估准则——森林资源资产》和《资产评估职业道德准则——独立性》。

《资产评估准则——利用专家工作》是对评估机构、注册资产评估师执行各种资产类型、各种评估目的的评估业务过程中利用专家工作行为的规范，也是强化执业质量监管的重要依据。它的发布具有以下意义：一是在准则体系中首次对什么是专家工作、如何利用专家工作、利用专家工作的责任和披露等问题进行规范。二是将评估实务中利用专家工作的类型归纳为聘请专家协助工作、利用专业报告和引用单项资产评估报告三种类型，有助于执业人员和监管方对利用专家工作的理解。三是对评估行业特有的引用单项资产评估报告行为提出较细致的操作要求，通过规范操作，促进评估机构和注册资产评估师合理承担执业责任，有助于控制执业风险。

《资产评估准则——森林资源资产》以服务国家林权制度改革为目的，根据现行森林资源经营管理与资产评估监管体制制定，旨在规范评估人员执行森林资源资产评估业务的行为。它的发布具有以下意义：一是将评估行业最新的理论成果和实践经验融入准则中，为评估人员开展森林资源资产评估业务提供了较全面的指导，为森林资源评估人员更好地把握森林资源种类的多样性、复杂性提供了技术支持，避免因森林资源资产评估的专业性和特殊性而产生认识偏差和法律纠纷。二是明确了林业调查设计单位等机构参与实物量核查的方式，有助于规范评估机构和林业调查设计单位等机构的业务合作。三是提出在经济价值基础上，关注特定资产的生态价值，有助于合理发现森林资源资产的真实价值，服务生态文明建设。

《资产评估职业道德准则——独立性》旨在满足政府监管要求，维护行业公信力，规范行业执业行为和维护行业权益。独立性准则的发布具有以下意义：一是为维护评估机构、注册资产评估师在执业过程中保持独立性立场提供必要的制度支持。二是独立性准则作为第一项职业道德具体准则，丰富了职业道德准则体系的内容，提升了职业道德要求的操作性，为评估机构和注册资产评估师开展评估业务提供了有效指导，为监管方审核、评判评估业务提供了技术支持。

2015 年 12 月，为了规范资产评估师的知识产权资产评估业务行为，中评协制定并发布了《知识产权资产评估指南》。

2016 年 3 月，为了贯彻落实《关于推动国有文化企业把社会效益放在首位、实现社会效益和经济效益相统一的指导意见》（中办发〔2015〕50 号）的精神，进一步规范和指导资产评估行业执行文化企业无形资产评估业务，在中共中央宣传部和财政部的组织和指导下，中评协制定并发布了《文化企业无形资产评估指导意见》。

至此，我国资产评估准则体系包含的准则项目已达 28 项，包括 2 项基本准则、12 项具体准则、5 项资产评估指南和 9 项资产评估指导意见，已经建立了覆盖资产评估主要执业领域的比较完整的评估准则体系。

2016 年 7 月 2 日，第十二届全国人民代表大会常务委员会第二十一次会议通过了《中华人民共和国资产评估法》，该法明确规定，国务院有关评估行政管理部门组织制定评估基本准则和评估行业监督管理办法,评估行业协会依据评估基本准则制定评估执业准则和职业道德准则。2016年12月7日,财政部《关于贯彻实施〈中华人民共和国资产评估法〉的通知》(财资〔2016〕93号)明确,根据资产评估法的要求,财政部将加快出台资产评估行业财政监督管理办法和资产评估基本准则等相关管理制度,确保资产评估法落到实处。

2017年4月21日,财政部公布了《资产评估行业财政监督管理办法》(财政部令第86号),自2017年6月1日起施行,财政部于2011年8月11日发布的《资产机构审批和监督管理办法》(财政部令第64号)同时废止。

2017年8月23日,为规范资产评估执业行为,保护资产评估当事人的合法权益和公共利益,维护社会主义市场经济秩序,根据《中华人民共和国资产评估法》等有关规定,财政部制定了《资产评估基本准则》并自2017年10月1日起施行。

2017年9月8日,中评协依据《资产评估基本准则》发布了25项资产评估执业准则和职业道德准则修订稿。本次发布的25项准则自2017年10月1日起施行。

本次修订在保护资产评估当事人的合法权益和公共利益、有效衔接法律法规、吸收理论和实践的最新成果三大原则下,保留已实施准则中符合行业实际、行之有效的内容,保持准则体系和内容基本稳定;增加和调整因市场、法律和专业环境变化而确有必要补充和调整的内容,从立足行业整体发展着眼进行修改完善。本次修订保证了准则合法性,提高了准则的可操作性和专业性,使准则体系更加系统和完善,对于规范执业行为、促进资产评估行业健康发展具有重要意义。本次修订的内容主要有:一是调整了准则规范主体,将准则规范的主体修订为“资产评估机构”和“资产评估专业人员”,并规定了其内涵,全面涵盖了对机构和人员的要求;二是明确了准则的适用范围,接受财政部监管,以“资产评估报告”名义出具书面专业报告应遵守资产评估准则,但法律、行政法规规定应当执行其他准则的,从其规定;三是从增加核查和验证程序、明确资产评估档案的规定期限等方面完善了资产评估程序;四是明确了评估方法的选择范围包括衍生方法;五是以规范资产评估报告编制、引导正确使用资产评估报告和正确理解评估结论、避免内容误导为出发点,调整了资产评估报告出具要求;六是根据《中华人民共和国资产评估法》和实践发展要求,整合和强化了资产评估职业道德要求,形成了1项职业道德准则;七是加强了准则间的协调;八是完成了大量专业术语内容表述和使用等方面的修改,对准则文字和格式等方面做出了优化。

经过这次修订,财政部门监管的资产评估专业领域中的资产评估准则体系包括1项基本准则、1项职业道德准则和25项执业准则,其中,执业准则为具体准则、评估指南、指导意见等一系列准则。执业准则和职业道德准则依据基本准则,分别从业务和职业道德两个方面系统地规范了资产评估行为。

2018年10月29日,中评协为了深入贯彻落实《中华人民共和国资产评估法》,更好地规范资产评估行为,充分发挥资产评估的专业服务功能,保护当事人合法权益和社会公共利益,根据资产评估执业实际需要,借鉴国际评估准则经验,经征求有关监管部门和有关委托方的意见,发布了修订后的《资产评估执业准则——资产评估报告》《资产评估执业准则——资产评估程序》《资产评估执业准则——资产评估档案》和《资产评估执业准则——企业价值》4项准则,并自2019年1月1日起施行。

2019年5月6日，为了规范资产评估机构及其资产评估专业人员执行人民法院委托司法执行财产处置资产评估业务，根据《中华人民共和国资产评估法》《最高人民法院关于人民法院确定财产处置参考价若干问题的规定》《资产评估基本准则》和《人民法院委托评估工作规范》等有关规定，中评协制定并发布了《人民法院委托司法执行财产处置资产评估指导意见》，自2019年7月1日起施行。

2019年12月4日，为了规范资产评估机构及其资产评估专业人员在执行资产评估业务时使用资产评估方法的行为和规范珠宝首饰评估行为，明确和完善珠宝首饰评估程序，中评协制定并发布了《资产评估执业准则——资产评估方法》和《珠宝首饰评估程序指导意见》两项准则，均自2020年3月1日起施行。

2020年11月25日，为规范和指导资产评估机构及其资产评估专业人员执行企业并购投资价值评估业务行为，中评协制定并发布了《企业并购投资价值评估指导意见》，自2021年3月1日起施行；同时，为规范资产评估准则术语的使用，促进资产评估准则的理解和执行，发布了《资产评估准则术语2020》。

2022年1月12日，为规范体育无形资产评估业务行为，保护资产评估当事人的合法权益和公共利益，服务体育产业高质量发展，中评协制定并发布了《体育无形资产评估指导意见》，自2022年3月1日起施行。

2023年8月21日，中评协制定并发布了《资产评估执业准则——知识产权》，自2023年9月1日起施行。中评协于2017年9月8日发布的《关于印发修订〈知识产权资产评估指南〉的通知》(中评协〔2017〕44号)同时废止。

2023年9月8日，为规范数据资产评估执业行为，保护资产评估当事人的合法权益和公共利益，中评协制定并发布了《数据资产评估指导意见》，自2023年10月1日起施行。

截至2023年年底，财政部门监管的资产评估专业领域制定并发布的资产评估准则已达33项，包括1项基本准则，1项职业道德准则和31项执业准则(具体包括13项具体准则，4项指南和14项指导意见)。

随着我国评估理论和实践的不断发展，我国评估准则体系将会不断完善，以适应社会的需要。

三、我国资产评估准则体系的构架

我国财政部门监管的资产评估专业领域的资产评估准则体系包括财政部制定的基本准则和中评协制定的执业准则、职业道德准则两个层次。

基本准则是资产评估机构及其评估人员执行各种资产类型、各种评估目的资产评估业务的基本规范，是各类资产评估业务所应当遵守的基本规范。目前，在各国的评估准则及国际评估准则中并没有类似的独立的基本准则，我国资产评估基本准则是首次尝试将各类资产评估的共同规范有机地结合在一起。资产评估基本准则是中评协制定资产评估执业准则和职业道德准则的依据。

资产评估执业准则是中评协依据资产评估基本准则制定的资产评估机构及其评估人员在执行资产评估业务过程中应当遵循的程序规范和技术规范，包括具体准则、评估指南和指导意见三个层次,各自规范不同的内容。

第一层次为资产评估具体准则。资产评估具体准则分为程序性准则和实体性准则两个部分。程序性准则是规范资产评估机构及其评估人员执行评估业务流程的准则,包括评估程序准则、评估报告准则、评估档案准则、资产评估委托合同准则、利用专家工作及相关报告准则和资产评估方法准则等。实体性准则是规范各种资产类型评估业务的准则,主要包括企业价值评估准则、无形资产评估准则、不动产评估准则、机器设备评估准则、珠宝首饰评估准则、森林资源资产评估准则和知识产权评估准则等。

第二层次为资产评估指南。资产评估指南是针对特定目的、评估业务中某些重要事项以及特定资产类别评估业务等的规范,如以财务报告为目的的评估、以作价出资为目的的评估、以抵(质)押为目的的评估、以资产涉讼为目的的评估,以及企业国有资产评估等。

第三层次为资产评估指导意见。资产评估指导意见是针对资产评估业务中的某些具体问题、某些细类资产进行规范的指导性文件。该层次较为灵活,针对评估业务中新出现的问题及时提出指导意见,如针对无形资产评估中的专利、商标、著作权等方面制定相应的指导意见。某些不成熟的具体评估准则或评估指南也可以先作为指导意见发布,待实践成熟后再上升为具体准则或指南。

资产评估职业道德准则是中评协依据资产评估基本准则制定的,主要是对资产评估机构及其评估人员开展资产评估业务时应当具备的道德品质和体现的道德行为的要求,具体从职业道德方面的基本遵循、专业能力、独立性、与委托人和相关当事人的关系、与其他资产评估机构及其评估专业人员的关系等方面进行了规范。

我国资产评估准则体系的架构如图13—1所示。

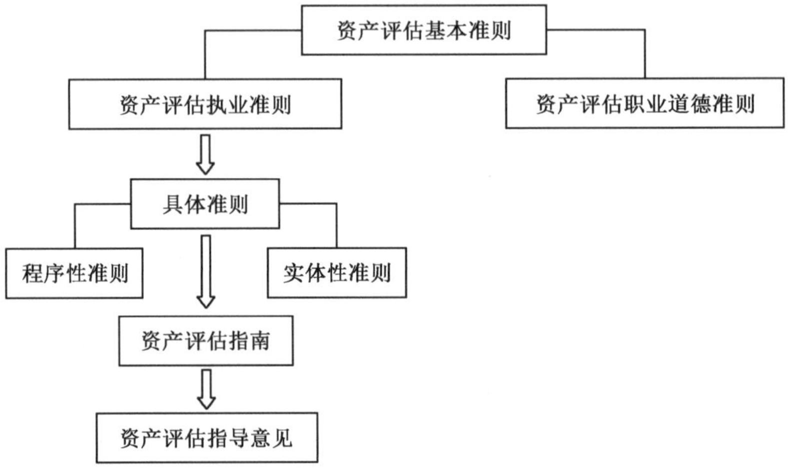

图13—1 我国资产评估准则体系的架构

四、我国资产评估准则体系的特点

我国财政部门监管的资产评估专业领域制定并发布的资产评估准则体系具有以下

特点：

（一）层次清晰，依次推进

基本准则是基本规范，原则性强，是整个准则体系的主干（龙头），在整个评估准则体系中占有极为重要的地位。基本准则是我国评估准则体系的一大特点。执业准则和职业道德准则是根据基本准则的要求，对不同目的、不同评估对象和评估业务、相应评估程序及职业道德做出的细化规范，规则性强。评估指南和指导意见是对执业准则的进一步细化和补充，比较灵活。准则体系的架构层次清晰、依次推进，体现了各层次准则文件的不同效力。

（二）体系开放、灵活

我国评估准则体系多层次的设计既满足了不同类型评估业务规范的需要，又体现了不同发展阶段评估业务的要求，更为评估实践中对新的评估领域的规范留下了空间。随着我国评估理论和实践的发展，可以将最新的研究成果、实践经验纳入准则体系。评估准则体系中的具体准则、评估指南和指导意见会随着业务领域的发展，根据需要而不断增加和完善。

（三）既规范资产评估机构及其评估人员行为，又影响委托人和其他相关当事人行为

评估准则从制定的基本目的来看就是为了规范资产评估机构及其评估人员的执业行为，在评估准则中对委托人和其他相关当事人的行为也提出了要求。例如，《资产评估基本准则》第十四条指出，委托人和其他相关当事人依法提供资料并保证其真实性、完整性、合法性。又如，《资产评估执业准则——资产评估委托合同》第十三条规定，资产评估委托合同应当约定，委托人应当为资产评估机构及其资产评估专业人员开展资产评估业务提供必要的工作条件和协助；委托人应当根据评估业务的需要，负责资产评估机构及其资产评估专业人员与其他相关当事方之间的协调。第十五条规定，资产评估委托合同应当约定，依法提供资产评估业务需要的资料并保证资料的真实性、完整性、合法性，恰当使用资产评估报告是委托人和其他相关当事人的责任；委托人或者其他相关当事人应当对其提供的资产评估明细表及其他重要资料的真实性、完整性、合法性进行确认，确认方式包括签字、盖章或者法律允许的其他方式；委托人和其他相关当事人如果拒绝提供或者不如实提供开展资产评估业务所需的权属证明、财务会计信息或者其他相关资料的，资产评估机构有权拒绝履行资产评估委托合同。因此，评估准则会影响委托人和其他相关当事人的行为。评估准则在很大程度上成为引导委托人和其他相关当事人正确使用评估报告、监管部门理性监管的重要尺度。

（四）突出职业道德规范的重要性

资产评估机构及其评估人员执行评估业务，涉及较多专业判断，因而保持较高的职业道德水平是保证评估业务质量的重要因素。考虑到执业环境对评估机构及其评估人员职业道德带来的考验和挑战，我国的评估准则在体系设计上突出了职业道德准则，并将其与执业准则并列作为准则体系的两个组成部分，以凸显其重要性。在国际评估准则及相关国家的评估准则中，业务准则与职业道德准则是结合在一起的，并没有独立的职业道德准则。

(五)重视评估程序的重要性

在英国、美国等评估行业发展较为成熟的国家的评估准则中,没有单独设立评估程序准则,而是把对评估程序的要求分散表述于具体的评估准则中。我国评估准则中有独立的评估程序准则,并涵盖评估业务的全过程。这对资产评估机构及其评估人员把握评估程序、尊重评估服务专业特点、防范和控制执业风险将起到重要作用。

(六)发布主体的特点

我国评估准则体系中的基本准则由财政部以规范性文件的形式发布,基本准则中授权中评协制定并发布执业准则和职业道德等其他准则。这样的制度安排是由政府发布基本准则,体现政府从公共管理角度对评估执业的要求,通过政府的要求实现评估准则保护社会公共利益的宗旨。其他准则由行业协会发布,一方面传达政府意志,另一方面体现专业特点。而国外的评估准则一般由行业协会发布。

五、我国资产评估准则的组织机构

《中华人民共和国资产评估法》规定,国务院有关评估行政管理部门组织制定评估基本准则和评估行业监督管理办法,评估行业协会依据评估基本准则制定评估执业准则和职业道德准则。为此,财政部设立了资产评估准则委员会,中评协设立了资产评估准则技术委员会和资产评估准则咨询委员会,作为评估准则制定的组织机构。

(一)资产评估准则委员会

资产评估准则委员会是财政部下设的资产评估准则审议、咨询机构,成立于2007年11月26日。资产评估准则委员会的主要职责是讨论财政部拟发布的资产评估准则,对资产评估准则的体系、体例、结构、立项等提供咨询意见,对资产评估准则涉及的重大或专业性问题提供咨询意见,对资产评估准则的具体实施提供咨询意见。

资产评估准则委员会的委员来自资产评估相关的政府部门、监管机构、学术界、执业界、企业界、金融界、证券界、法律界和行业协会。该委员会的办公室设在中评协。

(二)资产评估准则技术委员会

资产评估准则技术委员会是中评协下设的评估准则审议机构,成立于2007年11月26日。该委员会的主要职责有:(1)审议资产评估准则制订计划;(2)审议资产评估准则草稿、拟发稿,提供咨询意见;(3)组织资产评估准则相关的专题研究;(4)推动资产评估准则的国际交流;(5)承担财政部资产评估准则委员会办公室的相关工作。

资产评估准则技术委员会的委员来自资产评估相关政府部门、理论界、执业界、企业界和行业协会。

(三)资产评估准则咨询委员会

资产评估准则咨询委员会是中评协下设的评估准则咨询机构,成立于2007年11月15日。该委员会的主要职责有:(1)就资产评估准则制定工作提供咨询意见;(2)参与资产评估准则不同阶段的研究;(3)承担资产评估准则相关专项研究工作;等等。

第二节　我国已发布的资产评估准则简介

本节主要介绍由财政部门监管的资产评估专业领域所发布的，目前有效的资产评估准则。

一、基本准则

《资产评估基本准则》由财政部于 2017 年 8 月 23 日制定并发布，共 6 章 35 条，自 2017 年 10 月 1 日起施行。

第一章，总则。该章明确了本准则制定的目的和依据、适用的范围和规范主体。制定资产评估基本准则的目的是规范资产评估行为，保证执业质量，明确执业责任，维护资产评估当事人的合法权益和公共利益。准则制定的依据是《中华人民共和国资产评估法》和《资产评估行业财政监督管理办法》等。根据资产评估法和国务院规定，按照职责分工，由财政部门监管的资产评估机构及其资产评估专业人员开展资产评估业务，应当遵守本准则。

第二章，基本遵循。这是对资产评估机构及其资产评估专业人员执行资产评估业务的基本要求。资产评估机构及其资产评估专业人员开展资产评估业务，应当遵守法律、行政法规的规定，坚持独立、客观、公正的原则，应当独立进行分析和估算并形成专业意见，拒绝委托人或者其他相关当事人的干预，不得直接以预先设定的价值作为评估结论。资产评估机构及其资产评估专业人员应当诚实守信，勤勉尽责，谨慎从业，遵守职业道德规范，自觉维护职业形象，不得从事损害职业形象的活动；应当具备相应的资产评估专业知识和实践经验，能够胜任所执行的资产评估业务，提高专业能力。

第三章，资产评估程序。这是对资产评估机构及其资产评估专业人员开展资产评估业务，履行资产评估程序的基本要求。资产评估基本程序包括：明确业务基本事项，签订业务委托合同，编制资产评估计划，进行评估现场调查，收集整理评估资料，评定估算形成结论，编制出具评估报告，整理归集评估档案。资产评估机构及其资产评估专业人员不得随意减少资产评估基本程序，执行某项特定业务缺乏特定的专业知识和经验时，应当采取弥补措施，包括利用专家工作等。该章对履行基本程序的各个环节进行了规范。

第四章，资产评估报告。这是对资产评估机构及其资产评估专业人员出具资产评估报告的基本规范。资产评估机构及其资产评估专业人员出具的资产评估报告应当符合法律、行政法规等相关规定。该章对资产评估报告的基本内容进行了规范，要求资产评估报告应当履行内部审核程序，由至少两名承办该项资产评估业务的资产评估专业人员签名并加盖资产评估机构印章，法定评估业务资产评估报告应当由至少两名承办该项资产评估业务的资产评估师签名。

第五章，资产评估档案。这是对资产评估档案的基本规范。资产评估档案包括工作底稿、资产评估报告以及其他相关资料。该章对工作底稿、档案的保存期限和档案管理提出了基本要求。

第六章,附则。授权中国资产评估协会根据本准则制定资产评估执业准则和职业道德准则,资产评估执业准则包括各项具体准则、指南和指导意见。

二、职业道德准则

《资产评估职业道德准则》由中评协于2017年9月8日制定并发布,共7章23条,自2017年10月1日起施行。

第一章,总则。该章说明了准则的制定目的、依据和适用范围。制定资产评估职业道德准则的目的是规范资产评估机构及其资产评估专业人员的职业道德行为,提高职业素质,维护职业形象。制定依据是《资产评估基本准则》。资产评估机构及其资产评估专业人员开展资产评估业务,应当遵守本准则。

第二章,基本遵循。这是对资产评估机构及其资产评估专业人员职业道德的基本要求。资产评估机构及其资产评估专业人员应当诚实守信、勤勉尽责、谨慎从业,坚持独立、客观、公正的原则,不得出具或者签署虚假资产评估报告或者有重大遗漏的资产评估报告,应当自觉维护职业形象,不得从事损害职业形象的活动。资产评估机构及其资产评估专业人员开展资产评估业务,应该遵守法律、行政法规和资产评估准则,履行资产评估委托合同规定的义务。资产评估机构应当对本机构的资产评估专业人员遵守法律、行政法规和资产评估准则的情况进行监督。

第三章,专业能力。这是对资产评估机构及其资产评估专业人员专业能力的要求。资产评估专业人员应当具备评估专业知识和实践经验,能够胜任所执行的资产评估业务;应当完成规定的继续教育,提高专业能力。资产评估机构及其资产评估专业人员应当如实声明其具有的专业能力和执业经验,不得对其专业能力和执业经验进行夸张、虚假和误导性宣传。当执行某项特定业务缺乏特定的专业知识和经验时,资产评估机构应该采取弥补措施,包括利用专家工作及相关报告等。

第四章,独立性。这是对资产评估机构及其资产评估专业人员开展评估业务应当采取措施保持独立性的要求。资产评估机构不得受理与自身有利害关系的资产评估业务,资产评估专业人员与委托人、其他相关当事人和评估对象有利害关系的,应当回避。资产评估机构不得分别接受利益冲突双方的委托,对同一评估对象进行评估。该章要求资产评估机构及其资产评估专业人员开展资产评估业务,应当识别可能影响独立性的情形,合理判断其对独立性的影响,并明确可能影响独立性的情形。

第五章,与委托人和其他相关当事人的关系。这是对资产评估机构及其资产评估专业人员与委托人和其他相关当事人关系进行的规范。要求资产评估机构及其资产评估专业人员不得利用开展业务之便,为自己或者他人谋取不正当利益,不得向委托人或者其他相关当事人索要、收受或者变相索要、收受资产评估委托合同约定以外的酬金、财物等;应当拒绝委托人或者其他相关当事人的非法干预,不得直接以预先设定的价值作为评估结论;应当遵守保密原则,对评估活动中知悉的国家秘密、商业秘密和个人隐私予以保密等。

第六章,与其他资产评估机构及资产评估专业人员的关系。这是对与其他资产评估机构及资产评估专业人员的关系进行了规范。要求资产评估机构不得允许其他资产评估机构以本机构名义开展资产评估业务，或者冒用其他资产评估机构名义开展资产评估业务。资产评估专业人员不得签署本人未承办业务的资产评估报告，不得允许他人以本人名义从事资产评估业务，或者冒用他人名义从事资产评估业务。要求资产评估机构及其资产评估专业人员在开展资产评估业务过程中，应当与其他资产评估专业人员保持良好的工作关系，不得贬损或者诋毁其他资产评估机构及其资产评估专业人员。

第七章，附则。其要求资产评估机构及其资产评估专业人员在执行资产评估业务过程中，应当指导专家和相关业务助理人员遵守本准则的相关条款。

三、程序性具体准则

程序性具体准则目前有 6 项，包括《资产评估执业准则——资产评估程序》《资产评估执业准则——资产评估报告》《资产评估执业准则——资产评估委托合同》《资产评估执业准则——资产评估档案》《资产评估执业准则——利用专家工作及相关报告》和《资产评估执业准则——资产评估方法》。

（一）《资产评估执业准则——资产评估程序》

《资产评估执业准则——资产评估程序》由中评协于 2018 年 10 月 29 日修订并发布，共 4 章 27 条，自 2019 年 1 月 1 日起施行。

第一章，总则。该章共 3 条，说明了制定该准则的目的和依据，规范了资产评估程序的定义，并明确了执行资产评估业务应当遵守本准则。

第二章，基本遵循。该章共 4 条，规范了执行资产评估业务应当履行的资产评估基本程序的内容，要求资产评估机构及其资产评估专业人员不得随意减少资产评估基本程序。同时要求在执行评估业务过程中，因法律法规、客观条件限制，无法或者不能完全履行资产评估基本程序，经采取措施弥补程序缺失，且未对评估结论产生重大影响时，资产评估机构及其资产评估专业人员可以继续开展业务，对评估结论产生重大影响或者无法判断其影响程度的，不得出具资产评估报告。

第三章，实施要求。该章共 19 条，对资产评估机构及其资产评估专业人员开展资产评估业务时应当履行的各项资产评估基本程序做出了详细的要求和规范，并提出了初步资产评估报告和正式资产评估报告的概念。

第四章，附则。该章共 1 条，规定了该准则开始施行的日期。

（二）《资产评估执业准则——资产评估报告》

《资产评估执业准则——资产评估报告》由中评协于 2018 年 10 月 29 日修订并发布，共 4 章 29 条，自 2019 年 1 月 1 日起施行。

第一章，总则。该章共 3 条，说明了该准则制定的目的、依据，规范了资产评估报告的定义，并明确了资产评估机构及其资产评估专业人员以“资产评估报告”名义出具书面专业报告应当遵守本准则。

第二章，基本遵循。该章共 7 条，对资产评估报告形式提出了基本要求，包括资产评估报告表述方面的要求、提供必要信息的要求、报告详略程度的要求、盖章签名的要求、计量币种的要求以及报告使用有效期的要求等；同时，要求执行资产评估业务，因法律法规、客观条件限制,无法或者不能完全履行资产评估基本程序,经采取措施弥补程序缺失,且未对评估结论产生重大影响时,可以出具资产评估报告,但应当在资产评估报告中说明资产评估程序受限情况、处理方式及其对评估结论的影响,如果程序受限对评估结论产生重大影响或者无法判断其影响程度的,不得出具资产评估报告。

第三章,资产评估报告的内容。该章共18条,详细规范了资产评估报告的基本内容和要件,同时对各部分的内容提出了具体的要求,并附有"资产评估报告封面参考样式""资产评估报告封面参考样式说明"及"资产评估声明参考样式"3个附件。

第四章,附则。该章共1条,规定了该准则开始施行的日期。

(三)《资产评估执业准则——资产评估委托合同》

《资产评估执业准则——资产评估委托合同》由中评协于2017年9月8日修订并发布,共4章21条,自2017年10月1日起施行。

第一章,总则。该章共3条,说明了制定该准则的目的和依据,规范了资产评估委托合同的定义,并明确了资产评估机构开展资产评估业务应当与委托人订立资产评估委托合同并遵守本准则。

第二章,资产评估委托合同的订立。该章共2条,要求资产评估机构受理资产评估业务应当要求与委托人依法订立资产评估委托合同,资产评估委托合同应当由资产评估机构的法定代表人(或执行合伙事务的合伙人)签字并加盖资产评估机构印章,同时提示资产评估机构及其资产评估专业人员应当关注未及时订立资产评估合同开展资产评估业务可能产生的风险,如果是委托人等原因导致无法及时订立资产评估委托合同,就应当采取措施保护自身的合法权益。

第三章,资产评估委托合同的内容。该章共14条,对资产评估委托合同的基本内容和应当约定的事项进行了明确和详细的规范,并要求资产评估委托合同订立后发现相关事项存在遗漏、约定不明确,或者在合同履行中约定内容发生变化的,资产评估机构可以要求与委托人订立补充合同或者重新订立资产评估委托合同,或者以法律允许的其他方式对资产评估委托合同的相关条款进行变更。

第四章,附则。该章共2条,明确以其他形式建立委托关系的,应当符合法律的要求,并规定了该准则开始施行的日期。

(四)《资产评估执业准则——资产评估档案》

《资产评估执业准则——资产评估档案》由中评协于2018年10月29日修订并发布,共4章20条,自2019年1月1日起施行。

第一章,总则。该章共4条,说明了该准则制定的目的和依据,规范了资产评估档案的定义,并明确纳入资产评估档案的资产评估报告应当包括初步资产评估报告和正式资产评估报告。要求执行资产评估业务应当遵守本准则,以及资产评估机构应当按照法律、行政法规和本准则建立健全资产评估档案管理制度,并妥善管理资产评估档案。

第二章,工作底稿的编制。该章共10条,对工作底稿的编制提出了要求,包括工作底稿的分类以及各类工作底稿通常包括的内容、编制的基本要求、工作底稿的作用、工作底稿的完整性和繁简程度、工作底稿的介质形式和选择以及工作底稿的审核等。

第三章，资产评估档案的归集和管理。该章共5条，对资产评估档案归集的及时性要求、保存的介质形式要求、保存期限要求、保密制度、调阅和查阅权限等进行了规范。

第四章，附则。该章共1条，规定了该准则开始施行的日期。

（五）《资产评估执业准则——利用专家工作及相关报告》

《资产评估执业准则——利用专家工作及相关报告》由中评协于2017年9月8日修订并发布，共6章31条，自2017年10月1日起施行。

第一章，总则。该章共3条，说明了该准则制定的目的和依据，规范了利用专家工作及相关报告的定义，并明确了执行资产评估业务过程中利用专家工作及相关报告应当遵守本准则。

第二章，聘请专家个人协助工作。该章共7条，明确了聘请专家个人协助工作的内容、聘请专家应当考虑和关注的事项、与专家明确的基本事项、对专家工作的要求，并要求应当在工作底稿中记录聘请专家协助工作的情况以及专家工作成果，而且明示不因聘请专家协助工作而减轻或免除法律责任。

第三章，利用专业报告。该章共9条，对如何利用专业报告进行了规范，包括获得专业报告的途径、专业报告的类型、资产评估机构聘请专业机构出具专业报告应当注意的事项以及利用专业报告应关注的事项等。

第四章，引用单项资产评估报告。该章共8条，对如何引用单项资产评估报告进行了规范。

第五章，披露要求。该章共3条，对如何在资产评估报告中披露聘请专家工作的内容、利用专业报告披露的内容、引用单项资产评估报告披露的内容等进行了规范。

第六章，附则。该章共1条，规定了该准则开始施行的日期。

（六）《资产评估执业准则——资产评估方法》

《资产评估执业准则——资产评估方法》由中评协于2019年12月4日制定并发布，共6章25条，自2020年3月1日起施行。

第一章，总则。该章共3条，说明了该准则制定的目的和依据，明确了资产评估方法的含义，并要求执行资产评估业务应当遵守本准则。

第二章，市场法。该章共5条，明确了市场法的定义、应用的前提条件、选择可比参照物的原则以及应关注的影响评估测算结果可靠性的因素，还列举了市场法的主要具体方法。

第三章，收益法。该章共6条，明确了收益法的定义、应用的前提条件、确定预期收益时应重点关注的因素、确定收益期和折现率的原则以及应关注的影响评估测算结果可靠性的因素，还列举了收益法的主要具体方法。

第四章，成本法。该章共6条，其中明确了成本法的定义、应用的前提条件，指出了不适用成本法的情况，明确了重置成本分为复原重置成本和更新重置成本及通常适用的情形，并指出应根据评估目的、评估对象和评估假设合理确定重置成本的构成要素。另外，该章还指出了以实体形式存在的评估对象的主要贬值形式有实体性贬值、功能性贬值和经济性贬值，要求评估专业人员应当结合评估对象的实际情况及影响其价值变化的条件，充分考虑可能影响资产贬值的因素，合理确定各项贬值。该章还列举了成本法的主要具体方法。

第五章,评估方法的选择。该章共4条,其中明确了选择评估方法应考虑的因素,并要求当满足采用不同评估方法的条件时,资产评估专业人员应当选择两种或者两种以上方法,通过综合分析形成合理评估结论。该章还指出了可以采用一种评估方法的特殊情形及评估报告应当对选择评估方法及其理由进行披露。

第六章,附则。该章共1条,规定了该准则开始施行的日期。

四、实体性具体准则

实体性具体准则目前有7项,包括《资产评估执业准则——企业价值》《资产评估执业准则——无形资产》《资产评估执业准则——不动产》《资产评估执业准则——机器设备》《资产评估执业准则——珠宝首饰》《资产评估执业准则——森林资源资产》和《资产评估执业准则——知识产权》。

(一)《资产评估执业准则——企业价值》

《资产评估执业准则——企业价值》由中评协于2018年10月29日修订并发布,共6章50条,自2019年1月1日起施行。

第一章,总则。该章共3条,说明了制定本准则的目的和依据,明确了企业价值评估的定义,并明确了执行企业价值评估业务应当遵守本准则。

第二章,基本遵循。该章共4条,是对执行企业价值评估业务的基本要求,包括:应当具备企业价值评估的专业知识及实践经验,能胜任所执行的企业价值评估业务,执行某项特定业务缺乏特定的专业知识和经验时,应当采用弥补措施,包括利用专家工作及相关报告等;应当坚持独立、客观、公正的原则,保持应有的职业谨慎,独立进行分析和估算,并形成专业意见;应当根据评估目的,明确评估对象,合理使用评估假设,选择适当的价值类型,恰当运用评估方法,履行必要的评估程序,形成评估结论;应当依法对企业价值评估活动中的资料进行核查验证,因法律法规规定、客观条件限制而无法实施核查验证的事项,应当在工作底稿中予以说明,分析其对评估结论的影响程度,并在资产评估报告中予以披露,如果上述事项对评估结论产生重大影响或者无法判断其影响程度,资产评估机构就不得出具资产评估报告。

第三章,操作要求。该章共9条,是对开展企业价值评估业务的具体操作要求,主要包括:

资产评估机构受理企业价值评估业务前应当明确的基本事项,包括:(1)委托人的基本情况;(2)被评估单位的基本情况;(3)评估目的;(4)评估对象和评估范围;(5)价值类型;(6)评估基准日;(7)资产评估报告使用范围;(8)评估假设;(9)需要明确的其他事项。

应当根据委托事项和评估目的,与委托人协商明确评估对象,企业价值评估中的评估对象包括企业整体价值、股东全部权益价值和股东部分权益价值等。

应当充分考虑评估目的、市场条件、评估对象自身条件等因素,恰当选择价值类型。企业价值评估中常见的价值类型有市场价值和投资价值。

应当根据评估业务的具体情况,确定所需资料的清单并收集相关资料,通常包括:(1)与评估对象权益状况相关的协议、章程、股权证明等有关法律文件,评估对象涉及的主要资产权属证明资料；(2)被评估单位的历史沿革、控股股东及持股比例、经营管理结构和产权架构资料；(3)被评估单位的业务、资产、财务、人员及经营状况资料；(4)被评估单位经营计划、发展规划和收益预测资料；(5)评估对象、被评估单位以往的评估及交易资料；(6)影响被评估单位经营的宏观、区域经济因素资料；(7)被评估单位所在行业现状与发展前景资料；(8)证券市场、产权交易市场等市场的有关资料；(9)可比企业的经营情况、财务信息、股票价格或者股权交易价格等资料。

应当尽可能获取被评估单位和可比企业经审计后的财务报表或者公开财务资料，无论财务报表是否经过审计，资产评估专业人员都应当根据所采用的评估方法对财务报表的使用要求对其进行必要的分析和判断。采用资产基础法评估，应当对所采用的被评估单位于评估基准日的资产及负债账面价值的真实性进行分析和判断；采用收益法或者市场法评估，应当对所采用的被评估单位和可比企业财务指标的合理性进行分析和判断。

采用收益法和市场法进行企业价值评估时，可以根据评估对象、评估假设、价值类型等相关条件，在与委托人和其他相关当事人协商并获得有关信息的基础上，对被评估单位和可比企业财务报表进行分析和必要的调整，以使评估中采用的财务数据以及相关参数适用、可比。根据评估业务的具体情况，分析和调整事项通常包括：(1)财务报表编制基础；(2)非经常性收入和支出；(3)非经营性资产、负债和溢余资产及其相关的收入和支出。

采用收益法或者市场法进行企业价值评估，应当与委托人和其他相关当事人沟通，了解被评估单位资产配置和使用的情况，谨慎识别非经营性资产、负债和溢余资产，并根据相关信息获得情况以及对评估结论的影响程度，确定是否单独评估。

资产评估专业人员应当知晓评估对象在持续经营前提下的价值并不必然大于在清算前提下的价值，如果相关权益人有权启动清算程序，就应当根据委托评估事项，分析评估对象在清算前提下价值大于在持续经营前提下价值的可能性。

在对具有多种业务类型、涉及多种行业的企业进行企业价值评估时，应当根据业务关联性界定业务单元，并根据被评估单位和业务单元的具体情况，采用适宜的财务数据口径进行评估。

第四章，评估方法。该章共 23 条，主要对收益法、市场法和成本法三种基本方法的具体运用做出了原则性规定：

执行企业价值评估业务，应当根据评估目的、评估对象、价值类型、资料收集等情况，分析收益法、市场法和成本法(资产基础法)三种基本方法的适用性，选择评估方法。对于适合采用不同评估方法进行企业价值评估的，应当采用两种以上评估方法进行评估。

企业价值评估中的收益法，是指将预期收益资本化或者折现，确定评估对象价值的评估方法。应当结合被评估单位的企业性质、资产规模、历史经营情况、未来收益可预测情况、所获取评估资料的充分性，恰当考虑收益法的适用性。收益法常用的具体方法包括股利折现法和现金流量折现法。股利折现法是将预期股利进行折现以确定评估对象价值的具体方法，通常适用于缺乏控制权的股东部分权益价值的评估。股利折现法的预期股利一般应当体现市场参与者的通常预期，适用的价值类型通常为市场价值。现金流量折现法通常包括企业自由现金流折现模型和股权自由现金流折现模型。应当根据被评估单位所处行业、经营模式、资本结构、发展趋势等,恰当选择现金流折现模型。预测现金流量,既可以从市场参与者角度进行,也可以选择特定投资者的角度。从特定投资者的角度预测现金流量时,适用的价值类型通常为投资价值。

资产评估专业人员应当对委托人和其他相关当事人提供的企业未来收益资料进行必要的分析、判断和调整,结合被评估单位的人力资源、技术水平、资本结构、经营状况、历史业绩、发展趋势,考虑宏观经济因素、所在行业现状与发展前景,合理确定评估假设,形成收益预测。如果委托人和其他相关当事人未提供收益预测,就应当收集和利用形成收益预测的相关资料,并履行核查验证程序,在具备预测条件的情况下编制收益预测表。应当关注收益预测中经营管理、业务架构、主营业务收入、毛利率、营运资金、资本性支出、资本结构等主要参数与评估假设、价值类型的一致性。当预测趋势与企业历史业绩和现实经营状况存在重大差异时,应当在资产评估报告中予以披露,并对产生差异的原因及其合理性进行说明。

应当根据国家有关法律、行政法规的规定,以及被评估单位的企业性质、企业类型、所在行业现状与发展前景、协议与章程约定、经营状况、资产特点和资源条件等,恰当确定收益期。企业经营达到相对稳定前的时间区间是确定详细预测期的主要因素。应当在对企业产品或者服务的剩余经济寿命以及替代产品或者服务的研发情况、收入情况、成本结构、资本结构、资本性支出、运营资金、投资收益和风险水平等综合分析的基础上,结合宏观政策、行业周期及其他影响企业进入稳定期的因素,合理确定详细预测期。

资产评估专业人员确定折现率时,应当综合考虑评估基准日的利率水平、市场投资收益率等资本市场相关信息和所在行业、被评估单位的特定风险等相关因素。

应当根据企业提供产品或者服务的剩余经济寿命情况、进入稳定期的因素,分析详细预测期后的收益趋势、终止经营后的重置方式等,选择恰当的方法,估算详细预测期后的价值。

执行企业价值评估业务可以根据评估对象的特点选择收益法的不同具体方法进行评估。应当根据被评估单位的具体情况,选择恰当的预期收益口径,并确信折现率与预期收益口径保持一致。

企业价值评估中的市场法,是指将评估对象与可比上市公司或者可比交易案例进行比较,确定评估对象价值的评估方法。资产评估专业人员应当根据所获取可比企业经营和财务数据的充分性和可靠性、可收集到的可比企业数量,考虑市场法的适用性。

市场法常用的两种具体方法是上市公司比较法和交易案例比较法。上市公司比较法是指获取并分析可比上市公司的经营和财务数据,计算价值比率,在与被评估单位比较分析的基础上,确定评估对象价值的具体方法。上市公司比较法中的可比企业应当是公开市场上正常交易的上市公司,在切实可行的情况下,评估结论应当考虑控制权和流动性对评估对象价值的影响。交易案例比较法是指获取并分析可比企业的买卖、收购及合并案例资料,计算价值比率,在与被评估单位比较分析的基础上,确定评估对象价值的具体方法。控制权以及交易数量可能影响交易案例比较法中的可比企业交易价格。在切实可行的情况下,应当考虑评估对象与交易案例在控制权和流动性方面的差异及其对评对象价值的影响。如果因客观条件限制而无法考虑控制权和流动性对评估对象价值的影响,就应当在资产评估报告中披露原因以及可能造成的影响。资产评估专业人员应当关注业务结构、经营模式、企业规模、资产配置和使用情况、企业所处经营阶段、成长性、经营风险、财务风险等因素，恰当选择与被评估单位进行比较分析的可比企业。所选择的可比企业与被评估单位应当具有可比性。可比企业应当与被评估单位属于同一行业，或者受相同经济因素的影响。

价值比率通常包括盈利比率、资产比率、收入比率和其他特定比率。在选择、计算、应用价值比率时，应当考虑：(1)选择的价值比率有利于合理确定评估对象的价值；(2)计算价值比率的数据口径及计算方式一致；(3)对可比企业与被评估单位的差异进行合理调整。

企业价值评估中的资产基础法，是指以被评估单位评估基准日的资产负债表为基础，合理评估企业表内及表外各项资产、负债的价值，以确定评估对象价值的评估方法。资产评估专业人员应当根据会计政策、企业经营等情况，要求被评估单位对资产负债表表内及表外的各项资产、负债进行识别。应当知晓并非每项资产和负债都可以被识别并单独评估。识别出的表外资产与负债应当纳入评估申报文件，并要求委托人或者其指定的相关当事人确认评估范围。当存在对评估对象价值有重大影响且难以识别和评估的资产或者负债时，应当考虑不同评估方法的适用性。

采用资产基础法进行企业价值评估，各项资产的价值应当根据其具体情况选用适当的具体评估方法得出，所选评估方法可能有别于其作为单项资产评估对象时的具体评估方法，应当考虑其对企业价值的贡献。资产评估专业人员应当知晓，在对持续经营前提下的企业的价值进行评估时，单项资产或者资产组合作为企业资产的组成部分，其价值通常受其对企业贡献程度的影响。

采用资产基础法进行企业价值评估，应当对长期股权投资项目进行分析，根据被评估单位对长期股权投资项目的实际控制情况以及对评估对象价值的影响程度等因素，确定是否将其单独评估。对专门从长期股权投资获取收益的控股型企业进行评估时，应当考虑控股型企业总部的成本和效益对企业价值的影响。对专门从长期股权投资获取收益的控股型企业的子公司单独进行评估时，应当考虑控股型企业管理机构分摊管理费对企业价值的影响。

对同一评估对象采用多种评估方法时，应当结合评估目的、不同评估方法使用数据的质量和数量，采用定性或者定量分析方式形成最终评估结论。

第五章，披露要求。该章共 10 条，对企业价值评估的资产评估报告中应披露什么、如何披露提出了要求。

采用收益法或者市场法进行企业价值评估，通常在资产评估报告中重点披露下列内容：(1)影响企业经营的宏观、区域经济因素；(2)所在行业现状与发展前景；(3)企业的业务分析情况；(4)企业主要产品或者服务的经济寿命情况以及预期替代产品或者服务的情况；(5)企业的资产、财务分析和调整情况；(6)评估方法的运用实施过程。

在资产评估报告中披露影响企业经营的宏观、区域经济因素时，通常包括下列内容：(1)国家、地区有关企业经营的法律、行政法规和其他相关文件；(2)国家、地区经济形势及未来发展趋势；(3)有关财政、货币政策；等等。

在资产评估报告中披露所在行业现状与发展前景时，通常包括下列内容：(1)行业主要政策规定；(2)行业竞争情况；(3)行业发展的有利和不利因素；(4)行业特有的经营模式，行业的周期性、区域性和季节性特征等；(5)企业所在行业与上下游行业之间的关联性，上下游行业发展对本行业发展的有利和不利影响。

在资产评估报告中披露企业的业务分析情况时，通常包括下列内容：(1)主要产品或者服务的用途；(2)经营模式；(3)经营管理状况；(4)企业在行业中的地位、竞争优势及劣势；(5)企业的发展战略及经营策略；等等。

在资产评估报告中披露企业的资产、财务分析和调整情况时，通常包括下列内容：(1)资产配置和使用情况；(2)历史财务资料的分析总结，一般包括历史年度财务分析、与所在行业或者可比企业的财务比较分析等；(3)对财务报表及评估中使用资料的重大或者实质性调整。

在资产评估报告中披露评估方法的运用过程时，通常包括下列内容：(1)评估方法的选择及其理由；(2)评估方法的运用和逻辑推理过程；(3)主要参数的来源、分析、比较和测算过程；(4)考虑的控制权和流动性影响；(5)对测算结果进行分析，形成最终评估结论的过程。

资产评估专业人员应当在资产评估报告中披露无法核查验证的事项及其对评估结论的影响。

资产评估报告应当载明：委托人或者其他资产评估报告使用人未按照法律、行政法规的规定和资产评估报告载明的使用范围使用资产评估报告的，资产评估机构及其资产评估专业人员不承担责任；除委托人、资产评估报告委托合同中约定的其他资产评估报告使用人和法律、行政法规规定的资产评估报告使用人之外，其他任何机构和个人都不能成为资产评估报告的使用人。

资产评估专业人员应当在资产评估报告中提醒资产评估报告使用人正确理解评估结论，评估结论不等同于评估对象可实现价格，评估结论不应当被认为是对评估对象可实现价格的保证。

资产评估专业人员可以根据评估对象的复杂程度、委托方要求，确定评估报告披露的详略程度。

第六章，附则。该章共1条，明确了本准则开始施行的日期。

(二)《资产评估执业准则——无形资产》

《资产评估执业准则——无形资产》由中评协于2017年9月8日修订并发布，共7章29条，自2017年10月1日起施行。

第一章，总则。该章共5条，说明了制定本准则的目的和依据、无形资产的定义、无形资产评估的定义等，并明确了执行无形资产评估业务应当遵守本准则。另外，该章指出，涉及土地使用权、矿业权、水域使用权等的评估另行规范。

第二章，基本遵循。该章共6条，是对执行无形资产评估业务的基本要求，包括：应当遵守相关法律、行政法规的规定；坚持独立、客观、公正的原则，诚实守信，勤勉尽责，谨慎从业，遵守职业道德规范，自觉维护职业形象，不得从事损害职业形象的活动；应当独立进行分析和估算，并形成专业意见，拒绝委托人或者其他相关当事人的干预，不得直接以预先设定的价值作为评估结论；应当具备无形资产评估的专业知识和实践经验，能够胜任所执行的无形资产评估业务，执行某项特定业务缺乏特定的专业知识和经验时，应当采取弥补措施，包括利用专家工作及相关报告等；应当了解在对持续经营前提下的企业价值进行评估时，无形资产作为企业资产组成部分的价值可能有别于作为单独资产的价值，其价值取决于其对企业价值的贡献程度；应当根据评估业务具体情况，对评估对象进行现场调查，收集权属证明、财务会计信息和其他资料并进行核查验证、分析整理；应当合理使用评估假设和限制条件；等等。

第三章，评估对象。该章共5条，指出了无形资产可区分为可辨认无形资产和不可辨认无形资产、单项无形资产和组合无形资产，并采用举例的方式指出可辨认无形资产包括专利权、商标权、著作权、专有技术、销售网络、客户关系、特许经营权、合同权益、域名等，不可辨认无形资产指商誉。要求执行无形资产评估业务时，应当要求委托人明确评估对象，关注评估对象的权利状况及法律、经济、技术等具体特征。应当要求委托人根据评估对象的具体情况与评估目的，对无形资产进行合理的分离或者合并，恰当进行单项无形资产或者无形资产组合的评估。

第四章，操作要求。该章共4条，是对执行无形资产业务的具体操作要求，包括：应当明确评估对象、评估目的、评估基准日、评估范围、价值类型和评估报告使用人；无形资产一般与其他资产共同发挥作用，应当分析这些资产对无形资产价值的影响；应当关注宏观经济政策、行业政策、经营条件、生产能力、市场状况等各项因素对无形资产效能发挥的制约作用，关注其对无形资产价值产生的影响；执行无形资产评估业务通常应当关注哪些事项；等等。

第五章，评估方法。该章共5条，主要对收益法、市场法、成本法三种基本方法的具体运用做出了原则性规定，并要求对同一无形资产采用多种评估方法时，应当对所获得的各种测算结果进行分析，形成评估结论。

第六章，披露要求。该章共3条，对无形资产评估报告中的信息披露提出了要求。要求无论是单独出具无形资产评估报告还是将无形资产评估作为资产评估报告的组成部分，都应当在资产评估报告中披露必要信息，使资产评估报告使用人能够正确理解评估结论。要求应当在无形资产评估报告中明确说明无形资产的性质、权利状况及限制条件；无形资产实施的地域限制、领域限制及法律法规限制；与无形资产相关的宏观经济和行业前景；无形资产的历史、现实状况与发展前景；评估依据的信息来源；等等。要求应当在无形资产评估报告中说明评估方法的选择及其理由；各重要参数的来源、分析、比较和测算过程；对测算结果进行分析，形成评估结论的过程；评估结论成立的假设前提和限制条件；等等。

第七章，附则。该章共1条，明确了本准则开始施行的日期。

（三）《资产评估执业准则——不动产》

《资产评估执业准则——不动产》由中评协于2017年9月8日修订并发布，共7章36条，自2017年10月1日起施行。

第一章，总则。该章共4条，说明了制定本准则的目的和依据、不动产的定义、不动产评估的定义等，指出了准则所称不动产不包括海域、林木等，并明确了执行不动产评估业务应当遵守本准则，但法律、行政法规规定应当执行其他准则的，从其规定。

第二章，基本遵循。该章共4条，是对执行不动产评估业务的基本要求，包括应当具备不动产评估的专业知识和实践经验，能够胜任所执行的不动产评估业务，当执行某项特定业务缺乏特定的专业知识和经验时，应当采取弥补措施，包括利用专家工作及相关报告等；应当关注不动产权属,收集相关的权属证明资料;不动产评估应当在评估对象符合用途管制要求的情况下进行;当不动产存在多种利用方式时,应当在合法的前提下,结合经济行为、评估目的、价值类型等情况选择最有利方式进行评估。

第三章,操作要求。该章共7条,是对执行不动产评估业务的具体操作要求,包括:应当要求委托人明确资产评估报告的用途、评估对象、评估范围和评估目的;应当全面了解不动产的实物状况、权益状况和区位状况;应当根据评估目的和不动产的具体情况进行合理假设,并在资产评估报告中予以披露;应当对所评估的不动产进行现场调查,明确不动产存在的状态并关注其权属状况;应当关注不动产的相邻关系、租约限制和动产对不动产价值的影响。同时,对水利工程、码头、桥涵、道路等不动产评估的操作提出了特别要求。

第四章,评估方法。该章共12条,对市场法、收益法、成本法三种基本方法及假设开发法、基准地价修正法等衍生方法的具体运用做出了原则性规定,并要求应当根据评估目的、评估对象、价值类型、资料收集等情况,分析三种资产评估基本方法以及衍生方法的适用性,选择评估方法。

第五章,企业价值评估中的不动产评估。该章共6条,针对企业价值评估中不动产评估的特殊性要求做出了规范,内容包括:指出了不动产在企业中的会计核算科目,并明确作为存货的房地产、投资性房地产和自用房地产,其价值影响因素存在差异;应当关注企业经营方式及不动产实际使用方式对不动产价值的影响;应当结合企业价值评估的价值类型合理设定不动产评估的假设前提和限制条件;应当分析不动产的财务核算方式以及是否存在不动产未结合同和尚未支付款项,明确不动产的评估价值内涵与实际已发生支出、尚未发生支出之间的关系;不动产作为企业资产的组成部分,评估价值受其对企业贡献程度的影响;对于溢余不动产,应当考虑持有目的、收益状况和实际交易的可能性,采用恰当的评估方法确定其评估价值;等等。

第六章,披露要求。该章共2条,其中对资产评估报告中的信息披露提出了要求,包括要求无论是单独出具不动产评估报告,还是将不动产评估作为资产评估报告的组成部分,都应当在资产评估报告中披露必要的信息,使评估报告使用人能够正确理解评估结论;在编制资产评估报告时,应当对不动产的总体情况、主要特点和权属状况进行披露。

第七章,附则。该章共1条,确定了本准则开始施行的日期。

(四)《资产评估执业准则——机器设备》

《资产评估执业准则——机器设备》由中评协于2017年9月8日修订并发布,共6章25条,自2017年10月1日起施行。

第一章,总则。该章共4条,说明了制定本准则的目的和依据、机器设备的定义和范围、机器设备评估的定义等,并明确了执行机器设备评估业务应当遵守本准则。

第二章,基本遵循。该章共4条,是对执行机器设备评估业务的基本要求,包括:应当具备机器设备评估的专业知识和实践经验,能够胜任所执行的机器设备评估业务;应当了解机器设备的评估对象分为单台机器设备和机器设备组合对应的全部或者部分权益;在对持续经营前提下的企业价值进行评估时,机器设备作为企业资产组成部分的价值可能有别于作为单项资产的价值,其价值取决于其对企业价值的贡献程度;应当关注机器设备所依存资源的有限性、所生产产品的市场寿命、所依附土地和房屋建筑物的使用期限，以及法律、行政法规、环境保护、能源产业政策对机器设备价值的影响；等等。

第三章，操作要求。该章共10条，是对执行机器设备评估业务的具体操作要求，包括：应当了解评估结论的用途，明确评估目的；应当根据评估目的等相关条件选择恰当的价值类型；应当根据机器设备的预期用途和评估目的，明确评估假设；应当考虑机器设备移位或者改变用途对其价值的影响；应当根据评估目的、评估假设等条件，明确机器设备评估范围所包括的内容；应当对机器设备进行现场逐项调查或者抽样调查，确定机器设备的存在，明确机器设备存在状态并关注其权属；应当关注机器设备的权属，并对相关权属资料进行必要的查验；等等。

第四章，评估方法。该章共4条，主要对成本法、市场法和收益法三种评估方法的具体运用做出了原则性规定。

第五章，披露要求。该章共2条，对机器设备评估报告中的信息披露进行了规范。其中要求无论是单独出具机器设备评估报告还是将机器设备评估作为资产评估报告的组成部分，都应当在资产评估报告中披露必要信息，使资产评估报告使用人能够正确理解评估结论；要求在编制机器设备评估报告时应当反映机器设备的相关特点，包括对评估对象的描述、对评估程序实施过程的描述以及在评估假设中明确机器设备是否改变用途、改变使用地点并明确是否存在抵押及其他限制情况等。

第六章，附则。该章共1条，确定了本准则开始施行的日期。

（五）《资产评估执业准则——珠宝首饰》

《资产评估执业准则——珠宝首饰》由中评协于2017年9月8日修订并发布，共6章26条，自2017年10月1日起施行。

第一章，总则。该章共4条，说明了制定本准则的目的和依据、珠宝首饰的定义、珠宝首饰评估的定义等，并明确执行珠宝首饰评估业务应当遵守本准则，涉及珠宝首饰的著作权等无形资产价值评估需按照相关准则的要求执行。

第二章，基本遵循。该章共3条，是对执行珠宝首饰评估业务的基本要求，包括：应当具备珠宝首饰评估的专业知识和实践经验，能够胜任所执行的珠宝首饰评估业务；应当坚持独立、客观、公正的原则，勤勉尽责，保持应有的职业谨慎，独立进行分析和估算，并形成专业意见。同时，特别指出：珠宝首饰资产评估报告应当至少由两名承办该项业务的资产评估师或者其他珠宝评估专业人员签名并加盖资产评估机构印章，法定评估业务的资产评估报告应当至少由两名承办该项业务的资产评估师签名并加盖资产评估机构印章。

第三章，操作要求。该章共10条，是对执行珠宝首饰评估业务的具体操作要求，包括：应当明确评估对象、评估范围、评估目的、评估基准日、价值类型和评估报告使用人；应当依据资产评估程序准则履行基本评估程序，结合珠宝首饰评估业务的具体情况，制定并实施适当的具体评估步骤；应当对珠宝首饰进行实物确认，明确珠宝首饰的状态；应当关注评估对象的权属，要求委托人或者其他相关当事人对珠宝首饰的权属做出承诺，并对珠宝首饰的权属相关资料进行必要的查验；应当对珠宝首饰进行鉴定和分级；应当知晓同一珠宝首饰在不同市场的价值可能存在差异；应当获得真实、可靠的珠宝首饰的市场信息及其他相关信息；

应当根据评估对象的具体情况,合理选择收集信息的内容;应当考虑珠宝首饰的品质因素及其他因素对评估对象价值的影响;可以根据评估目的和珠宝首饰的具体情况合理确定评估假设;等等。

第四章,评估方法。该章共5条,主要对市场法、成本法和收益法三种方法的具体运用做出了原则性规定。

第五章,披露要求。该章共3条,对资产评估报告中的信息披露进行了规范。其要求无论是单独出具珠宝首饰评估报告还是将珠宝首饰评估作为资产评估报告的组成部分,都应当在资产评估报告中披露必要信息,使评估报告使用人能够正确理解评估结论。其还要求编制珠宝首饰资产评估报告应当反映珠宝首饰评估的特点,通常包括在报告中应对评估对象进行恰当的描述(包括珠宝首饰的客观辨别特征和价值贡献特征),突出描述影响价值结论的关键性特征;描述珠宝首饰评估的价值类型及定义;对评估程序实施过程的描述应当反映对珠宝首饰的实物调查、市场调查、鉴定分级、评定估算等过程。编制珠宝首饰资产评估报告时,可以根据评估业务的性质合理确定资产评估报告的详略程度。

第六章,附则。该章共1条,明确了本准则开始施行的日期。

(六)《资产评估执业准则——森林资源资产》

《资产评估执业准则——森林资源资产》由中评协于2017年9月8日修订并发布,共6章28条,自2017年10月1日起施行。

第一章,总则。该章共4条,说明了制定本准则的目的和依据、森林资源资产的定义、森林资源资产评估的定义等,并明确执行森林资源资产评估业务应当遵守本准则。

第二章,基本遵循。该章共5条,是对执行森林资源资产评估业务的基本要求,包括:应当具备森林资源资产评估的专业知识和实践经验,当执行某项特定业务缺乏相关专业知识和经验时,应当采取弥补措施,包括聘请林业专业技术人员或者专业机构协助工作等;应当根据评估目的等相关条件,选择恰当的价值类型;应当考虑国家相关林业法规和政策,以及森林资源的自然属性、经营特性、使用期限、用途等因素对森林资源资产价值的影响;应当履行适当的评估程序,核实森林资源资产实物量及相关信息,分析经营管理的合理性,选择恰当的评估参数进行评定和估算,编制和提交资产评估报告;等等。另外,要注意在对持续经营前提下的经济组织价值进行评估时,作为经济组织资产的组成部分,森林资源资产价值通常受其对经济组织贡献程度的影响;执行涉及生态公益林等特殊用途的森林资源资产评估业务,除评估其经济价值外,还应当结合评估目的考虑是否评估其生态服务价值。

第三章,操作要求。该章共7条,是对执行森林资源资产评估业务的具体操作要求,包括:应当要求委托人明确森林资源资产评估目的、评估对象和评估范围;应当根据评估目的和具体情况进行合理假设;应当要求委托人或者其他相关当事人明确森林资源资产的权属,出具林权证或者相关权属证明文件,并对其真实性、完整性、合法性做出承诺,资产评估专业人员应当对森林资源资产的权属资料进行核查验证;应当要求委托人或者其他相关当事人提供森林资源资产实物量清单,可以委托相关专业机构对委托人或者其他相关当事人提供的森林资源资产实物量清单进行现场核查;等等。

第四章,评估方法。该章共5条,主要对市场法、收益法和成本法三种方法的具体运用做出了原则性规定。

第五章，披露要求。该章共6条，对资产评估报告中的信息披露进行了规范，包括：无论是单独出具森林资源资产评估报告还是将森林资源资产评估作为资产评估报告的组成部分，都应当在资产评估报告中披露必要信息，使资产评估报告使用人能够正确理解评估结论；应当在资产评估报告中对森林资源资产的权属状况、自然条件、地理分布、生产经营情况做出恰当描述，对评估范围内具有典型代表性或者经济价值高的森林资源资产进行重点描述；应当在资产评估报告中披露利用森林资源资产核查报告的情况，披露重大事项对评估结论的影响（包括林地使用费支付方式等），披露森林资源资产存在抵押及其他权利受限的情形等；应当将森林资源资产的权属证明、图表材料等资料作为资产评估报告的附件。

第六章，附则。该章共1条，明确了本准则开始施行的日期。

（七）《资产评估执业准则——知识产权》

《资产评估执业准则——知识产权》由中评协于2023年8月21日制定并发布，共6章42条，自2023年9月1日起施行。中评协于2017年9月8日发布的《关于印发修订〈知识产权资产评估指南〉的通知》（中评协〔2017〕44号）同时废止。

第一章，总则。该章共4条，说明了制定本准则的目的和依据、知识产权的定义、知识产权资产的定义、知识产权资产评估的定义等，并明确了执行知识产权评估业务应当遵守本准则及相关准则。另外，该章指出，涉及地理标注等知识产权资产的评估另行规范。

第二章，基本遵循。该章共5条，是对执行知识产权评估业务的一些基本要求，包括：应当遵守相关法律、行政法规和资产评估准则的规定，坚持独立、客观、公正的原则，诚实守信，勤勉尽责，谨慎从业，遵守职业道德规范，自觉维护职业形象，不得从事损害职业形象的活动；应当具备知识产权资产评估的专业知识和实践经验，能够胜任所执行的知识产权资产评估业务，当执行某项特定业务缺乏特定的专业知识和经验时，应当采取弥补措施，包括利用专家工作及相关报告等；资产评估机构应当关注知识产权资产评估业务的复杂性，根据自身的资产评估专业人员配备、专业知识和经验，审慎考虑是否有能力受理知识产权资产评估业务；应当依法对资产评估活动中使用的资料进行核查验证；应当合理使用评估假设和限制条件；等等。同时，指明了知识产权资产评估的目的通常包括转让、许可使用、出资、质押融资、诉讼、司法执行财产处置、财务报告等。

第三章，评估对象。该章共9条，指明了知识产权资产评估业务的评估对象是知识产权资产，包括专利资产权益、注册商标权益、著作权中的财产权益以及与著作权有关的财产权益、商业秘密权益、集成电路布图设计权益、植物新品种权益等，并指出评估对象可以是单项知识产权资产，也可以是知识产权资产组合。执行知识产权资产评估业务时，应当要求委托人明确评估对象，关注评估对象的法律、经济、技术等具体特征。同时，指出了不同评估目的下评估对象之间的差异和评估注意事项。

第四章，操作要求。该章共17条，是对执行知识产权资产评估业务的一些具体操作要求，包括：知识产权资产通常与其他资产共同发挥作用，应当根据评估目的和评估对象的具体情况分析、判断知识产权资产的作用，明确知识产权资产的收益模式，并考虑其价值影响因素，合理确定知识产权资产的价值；应当关注知识产权资产的基本情况；应当考虑评估目的、市场条件、评估对象自身条件等因素,明确价值类型;应当关注宏观经济、行业状况、经营条件、生产能力、市场状况、产品寿命周期、应用场景等各项因素对知识产权资产效能发挥的影响,以及对知识产权资产价值的影响;应当关注评估对象收益期限对其价值的影响,并结合知识产权资产的法定保护期限及其他相关因素,合理确定收益期限;应当根据评估目的、评估对象、价值类型、资料收集等情况,分析市场法、收益法和成本法三种基本方法及其衍生方法的适用性,恰当选择评估方法。同时,对执行各种具体的评估对象的评估业务和各种评估目的评估业务进行了比较详细的规范。

第五章,披露要求。该章共6条,对知识产权资产评估报告中的信息披露提出了要求:一是如何披露知识产权资产的特点的要求;二是如何披露评估结论的要求;三是对执行质押融资、诉讼仲裁、人民法院委托司法执行财产处置等目的下的评估报告如何披露做了特殊要求。

第六章,附则。该章共1条,明确了本准则开始施行的日期,并指明2017年9月发布的《知识产权资产评估指南》同时废止。

五、评估指南

评估指南目前有4项,包括《企业国有资产评估报告指南》《金融企业国有资产评估报告指南》《以财务报告为目的的评估指南》和《资产评估机构业务质量控制指南》。

(一)《企业国有资产评估报告指南》

《企业国有资产评估报告指南》由中评协于2017年9月8日修订并发布,共8章52条,自2017年10月1日起施行。

该指南明确了制定目的:规范企业国有资产评估报告编制和出具行为,保护资产评估当事人的合法权益和公共利益。制定该指南的依据是国有资产评估管理的有关规定和《资产评估执业准则——资产评估报告》。同时,该指南明确指出,资产评估机构及其资产评估师根据企业国有资产评估管理的有关规定开展资产评估业务,编制和出具企业国有资产评估报告,应当遵守该指南。

该指南对企业国有资产评估报告的构成做出了规范,并要求资产评估机构及其资产评估师应当清晰、准确地陈述评估报告的内容,不得使用误导性的表述;要求资产评估报告提供的信息应当使企业国有资产监督管理机构和相关机构能够全面了解评估情况,使评估报告使用人正确理解评估结论;资产评估报告的内容应当完整,符合该指南要求。

该指南明确了企业国有资产评估报告由标题、文号、声明、摘要、正文、附件、评估明细表和评估说明等构成;同时,该指南对企业国有资产评估报告的标题、文号、声明、摘要、正文、附件、评估明细表和评估说明等的编制在格式、内容及表述等方面进行了详细的规范。另外,指南对企业国有资产评估报告的出具和装订也进行了规范。

该指南对如何撰写"声明""资产评估师承诺函""企业关于进行资产评估有关事项的说明""资产评估说明"等提供了指引。

(二)《金融企业国有资产评估报告指南》

《金融企业国有资产评估报告指南》由中评协于2017年9月8日修订并发布,共8章52

条，自2017年10月1日起施行。

该指南明确了制定目的：规范金融企业国有资产评估报告编制和出具行为，保护资产评估当事人合法权益和公共利益。制定该指南的依据是金融企业国有资产评估管理的有关规定和《资产评估执业准则——资产评估报告》。同时，该指南明确指出，资产评估机构及其资产评估师根据金融企业国有资产评估管理的有关规定执行资产评估业务，编制和出具金融企业国有资产评估报告，应当遵守该指南。

该指南对金融企业国有资产评估报告的构成进行了规范，并要求资产评估机构及其资产评估师应当清晰、准确地陈述评估报告的内容，不得使用误导性的表述；要求资产评估报告提供的信息应当使金融企业国有资产监督管理部门和相关机构能够全面了解评估情况，使资产评估报告使用人正确理解评估结论；资产评估报告内容应当完整，符合该指南的要求。

该指南明确了金融企业国有资产评估报告由标题、文号、声明、摘要、正文、附件、评估明细表和评估说明等构成；同时，指南对金融企业国有资产评估报告的标题、文号、声明、摘要、正文、附件、评估明细表和评估说明等的编制在格式、内容及表述等方面进行了详细的规范。另外，该指南对金融企业国有资产评估报告的出具和装订也做出了规定。

该指南对如何撰写“声明”“资产评估师承诺函”“企业关于进行资产评估有关事项的说明”“资产评估说明”等提供了指引。

（三）《以财务报告为目的的评估指南》

《以财务报告为目的的评估指南》由中评协于2017年9月8日修订并发布，共7章38条，自2017年10月1日起施行。

该指南明确了以财务报告为目的的评估是指资产评估机构及其资产评估专业人员遵守法律、行政法规、资产评估准则、会计准则和会计核算、披露的有关要求，根据委托，对在评估基准日以财务报告为目的所涉及的各类资产和负债的公允价值或者特定价值进行评定和估算，并出具资产评估报告的专业服务行为。同时，该指南指出资产评估机构及其资产评估专业人员可以参照该指南执行与以财务报告为目的的评估业务相关的其他业务，主要包括开展与价值估算相关的议定程序，以协助企业判断与资产负债价值相关的参数、特征等，以及协助企业管理层对能否持续可靠地取得公允价值做出正确的评价等。

该指南对执行以财务报告为目的的评估业务提出了基本要求，主要包括：资产评估专业人员应当理解相关会计准则的概念、原则及其与资产评估准则相关概念、原则之间的联系与区别，具备相应的专业知识和实践经验，胜任所执行的评估业务；应当关注以财务报告为目的的评估业务的复杂性，根据自身的专业知识及经验，审慎考虑是否有能力受理相关评估业务，执行某项特定业务缺乏特定的专业知识和经验时，应当采取弥补措施；应当与企业和执行审计业务的注册会计师进行必要的沟通，明确评估业务基本事项，并充分理解会计准则或相关会计核算、披露的具体要求；应当提醒委托人根据会计准则的相关要求确定评估基准日；由于会计准则和相关法规的修改，导致在执行以财务报告为目的的评估业务时无法完全遵守该指南要求的，应当在资产评估报告中说明；等等。

该指南对如何确定评估对象进行了规范，要求应当与委托人进行充分协商，明确评估对象,并充分考虑评估对象的法律、物理与经济等具体特征对评估业务的影响;应当关注会计准则中特定会计事项所对应的评估对象,从委托人或者其他相关当事人处取得的评估对象的具体组成等详细资料,关注相关资产、负债在企业运营中的作用,并提请企业管理层按其经营意图以及会计准则的规定、相关核算要求对有关资产、负债进行妥当的分类;在执行会计准则规定的合并对价分摊事项涉及的评估业务时,对应的评估对象应当是合并中取得的被购买方可辨认资产、负债及或有负债,该评估对象与被购买方企业价值评估所对应的对象不同;在执行会计准则规定的包括商誉在内的各类资产减值测试涉及的评估业务时,对应的评估对象可能是单项资产,也可能是资产组或资产组组合,其中固定资产减值测试一般以资产组的形式出现,商誉减值测试的评估对象一般以资产组或资产组组合的形式出现;在执行会计准则规定的投资性房地产评估业务时,对应的评估对象包括已出租的土地使用权、持有并准备增值后转让的土地使用权、已出租的建筑物;应当关注金融资产或金融负债公允价值计量过程中是否以单项资产或者资产组为计量单位、资产核算分类、混合金融工具是否分拆等重要影响事项;等等。

该指南对执行以财务报告为目的的评估业务如何确定评估结果的价值类型进行了规范,要求应当根据会计准则或相关会计核算与披露的具体要求、评估对象等相关条件明确价值类型。指南指出,会计准则规定的记录属性可以理解为相对应的评估价值类型。指南要求资产评估专业人员协助企业进行资产减值测试,应当关注评估对象在减值测试日的可回收价值、资产预计未来现金流量以及公允价值减去处置费用的净额之间的联系和区别。

该指南对执行以财务报告为目的的评估业务时选择评估方法提出了要求:应当根据评估对象、价值类型、资料收集的情况和数据来源等相关条件,参照会计准则关于评估对象和计量方法的有关规定,选择评估方法。指南对各种方法的运用提出了具体的要求。指南强调:选择评估方法时,应当与前期采用的评估方法保持一致;对于同一评估对象采用多种评估方法时,应当对形成的各种测算结果进行分析,在综合考虑不同评估方法测算结果的合理性及所使用数据质量和数量的基础上,形成评估结论。指南还要求:资产评估专业人员应当知晓相关经济合同所记载的与资产或者负债价值相关的金额不一定等同于该项资产或者负债在某一时点的公允价值;应当知晓相关税收法律、行政法规对评估结论价值估算的影响,并在相关评估过程中予以恰当的考虑和处理。

该指南对执行以财务报告为目的的评估业务所出具的资产评估报告应当做出的披露进行了规范,并对应当重点披露的内容提出了要求。应当重点披露的内容包括:对评估对象的具体描述;价值类型的定义及其与会计准则或相关会计核算、披露要求的对应关系;评估方法的选择过程和依据;评估方法的具体运用,结合相关计算过程、评估参数等加以说明;关键性假设及前提;关键性评估参数的测算、逻辑推理、形成过程和相关数据的获取来源;对企业提供的财务等评估中使用的资料所做的重大或实质性调整。

(四)《资产评估机构业务质量控制指南》

《资产评估机构业务质量控制指南》由中评协于2017年9月8日修订并发布,共10章51条,自2017年10月1日起施行。

该指南明确了制定目的:规范资产评估机构的业务质量控制,明确资产评估机构及其人员的质量控制责任，保护资产评估当事人的合法权益和公共利益，制定依据是《资产评估基本准则》。同时，指南明确资产评估机构应当结合自身规模、业务特征、业务领域等因素，建立质量控制体系，保证评估业务质量，防范执业风险。

该指南明确了质量控制体系包括资产评估机构为实现质量控制目标而制定的质量控制政策以及为政策执行和监控而设计的必要程序。

该指南明确了资产评估机构应该针对质量控制责任、职业道德、人力资源、资产评估业务受理、资产评估业务计划、资产评估业务实施和资产评估报告出具、监控和改进、文件和记录等方面制定相应的控制政策和程序，并形成书面文件。控制政策和程序的执行情况应当有适当的记录。

该指南对资产评估机构中的质量控制主体进行了划分，对各质量控制主体的职责进行了规范。质量控制主体通常包括最高管理层、首席评估师、项目负责人、项目审核人员、项目团队成员及资产评估机构的其他人员。

该指南对资产评估机构如何制定政策和程序，以利于全体人员遵守职业道德，提出了规范要求；另外，该指南还从人力资源、资产评估业务受理、资产评估业务计划、资产评估业务实施和资产评估报告出具、监控和改进、文件和记录等方面如何制定控制政策和程序进行了详细规范。

该指南要求，具有证券评估业务资格的资产评估机构应当遵守本指南，其他资产评估机构可以参考本指南。

六、指导意见

指导意见目前有 14 项，包括《资产评估价值类型指导意见》《资产评估对象法律权属指导意见》《专利资产评估指导意见》《著作权资产评估指导意见》《商标资产评估指导意见》《金融不良资产评估指导意见》《投资性房地产评估指导意见》《实物期权评估指导意见》《文化企业无形资产评估指导意见》《人民法院委托司法执行财产处置资产评估指导意见》《珠宝首饰评估程序指导意见》《企业并购投资价值评估指导意见》《体育无形资产评估指导意见》和《数据资产评估指导意见》。

（一）《资产评估价值类型指导意见》

《资产评估价值类型指导意见》由中评协于 2017 年 9 月 8 日修订并发布，共 4 章 26 条，自 2017 年 10 月 1 日起施行。

该指导意见是关于评估结论价值类型和定义方面的指导性规范。

该指导意见对价值类型进行了分类和定义：资产评估价值类型包括市场价值和市场以外的价值类型。该指导意见对市场价值给出了明确的定义，对市场以外的价值类型则采用了列举的方式，指出市场以外的价值类型包括投资价值、在用价值、清算价值、残余价值等。同时指出：某些特定评估业务评估结论的价值类型会受到相关法律、行政法规或者合同的约束，这些评估业务的评估结论应当按照法律、行政法规或者合同等的规定选择评估结论的价值类型；法律、行政法规或者合同没有约定的，可以根据实际选择市场价值或者市场以外的价值类型，并予以定义。

该指导意见对如何选择和使用价值类型进行了规范。

(二)《资产评估对象法律权属指导意见》

《资产评估对象法律权属指导意见》由中评协于2017年9月8日修订并发布,共11条,自2017年10月1日起施行。

该指导意见就在执行评估业务过程中应当如何关注评估对象的法律权属进行了指导性规范。

该指导意见明确规定了资产评估机构及其资产评估专业人员、委托人和其他相关当事人在评估对象法律权属方面的责任:委托人和其他相关当事人应当提供评估对象的法律权属等资料,并对其真实性、完整性、合法性承担责任;资产评估机构及其资产评估专业人员有责任明确告知委托人和其他相关当事人,执行资产评估业务的目的是对资产价值进行估算并发表专业意见,对评估对象的法律权属进行确认或者发表意见超出了资产评估专业人员的执业范围。指导意见要求资产评估专业人员不得对评估对象的法律权属提供保证。

该指导意见指出,资产评估对象的法律权属对理解资产评估结论有重大影响,在执行资产评估业务时应当予以关注并恰当披露。要求对委托人和其他相关当事人提供的资产评估对象法律权属资料进行核查验证,并对核查验证情况予以披露。

该指导意见还对法律权属不清、存在瑕疵、权属关系复杂、权属资料不完备如何处理,委托人和其他相关当事人拒绝或者无法提供必要的权属证明如何处理,如何对委托人和其他相关当事人提供的资产评估对象法律权属资料进行核查验证,如何在资产评估报告中描述和披露资产评估对象法律权属等进行了规范。

(三)《专利资产评估指导意见》

《专利资产评估指导意见》由中评协于2017年9月8日修订并发布,共6章35条,自2017年10月1日起施行。

该指导意见是根据《资产评估执业准则——无形资产》制定的。

该指导意见明确定义:专利资产是指权利人所拥有或者控制的,能持续发挥作用且能带来经济利益的专利权益。

该指导意见对资产评估机构及其资产评估专业人员开展专利资产评估业务的职业道德、业务胜任能力、价值类型的选择、评估假设及限制条件等提出了基本要求。

该指导意见对专利资产评估业务中评估对象的界定、专利资产评估业务如何操作进行了详细的规范,同时对专利资产评估报告的披露提出了要求。

(四)《著作权资产评估指导意见》

《著作权资产评估指导意见》由中评协于2017年9月8日修订并发布,共6章32条,自2017年10月1日起施行。

该指导意见是根据《资产评估执业准则——无形资产》制定的。

该指导意见明确定义:著作权资产是指著作权权利人所拥有或者控制的,能持续发挥作用并且能带来经济利益的著作权的财产权益和与著作权有关的财产权益。

该指导意见对资产评估机构及其资产评估专业人员开展著作权资产评估业务的职业道

德、业务胜任能力、价值类型的选择、评估假设及限制条件等提出了基本要求。

该指导意见对著作权资产评估业务中评估对象的界定、著作权资产评估业务如何操作进行了详细的规范,同时对著作权资产评估报告的披露提出了要求。

(五)《商标资产评估指导意见》

《商标资产评估指导意见》由中评协于 2017 年 9 月 8 日修订并发布,共 6 章 32 条,自 2017 年 10 月 1 日起施行。

该指导意见是根据《资产评估执业准则——无形资产》制定的。

该指导意见明确定义:商标资产是指商标权利人拥有或者控制的,能持续发挥作用并且能带来经济利益的注册商标权益。

该指导意见对资产评估机构及其资产评估专业人员开展商标资产评估业务的职业道德、业务胜任能力、价值类型的选择、评估假设及限制条件等提出了基本要求。

该指导意见对商标资产评估业务中评估对象的界定、商标资产评估业务如何操作进行了详细的规范,同时对商标资产评估报告的披露提出了要求。

(六)《金融不良资产评估指导意见》

《金融不良资产评估指导意见》由中评协于 2017 年 9 月 8 日修订并发布,共 5 章 21 条,自 2017 年 10 月 1 日起施行。

该指导意见针对以金融不良资产处置为目的的资产评估业务,从基本遵循、评估对象、操作要求等方面进行了规范。

该指导意见对金融不良资产及金融不良资产评估业务进行了定义:金融不良资产是指银行持有的次级、可疑及损失类贷款,金融资产管理公司收购或接管的金融不良债权,以及其他非银行金融机构持有的不良债权。金融不良资产评估业务包括资产评估专业人员执行的以金融不良资产处置为目的的价值评估业务和以金融不良资产处置为目的的价值分析业务。价值评估业务是指资产评估机构及其资产评估专业人员遵守法律、行政法规和资产评估准则,根据委托对评估基准日特定目的下的金融不良资产价值进行评定和估算,并出具评估报告的专业服务行为。价值分析业务是指资产评估机构及其资产评估专业人员根据委托,对无法履行必要资产评估程序的金融不良资产在基准日特定目的下的价值或者价值可实现程度进行分析、估算,并出具价值分析报告等咨询报告的专业服务行为。

该指导意见要求,执行金融不良资产评估业务,在未受到限制、能够履行必要资产评估程序的情况下,通常应当考虑执行价值评估业务,并应当对价值评估结论或者价值分析结论做出明确说明,提醒委托人或其他报告使用人关注价值评估结论与价值分析结论的区别。

该指导意见对金融不良资产评估业务中的评估对象界定提出了要求:根据项目具体情况和委托人的要求,评估对象可能是债权资产,也可能是用于实现债权清偿权利的实物资产、股权类资产和其他资产,并应当与委托人进行充分协商,以明确评估对象。

该指导意见明确,执行价值评估业务应当充分考虑金融不良资产处置的特点,遵守法律、行政法规和资产评估准则。应当明确金融不良资产评估业务的基本情况,根据评估目的、评估对象、资产处置方式、可获得的评估资料等因素,恰当选择价值类型和评估方法。

该指导意见要求,执行金融不良资产评估业务时,应当在履行必要的资产评估程序或者分析程序后,编制并出具资产评估报告或者咨询报告。

(七)《投资性房地产评估指导意见》

《投资性房地产评估指导意见》由中评协于2017年9月8日修订并发布,共6章26条,自2017年10月1日起施行。

该指导意见是根据《以财务报告为目的的评估指南》制定的。

该指导意见针对以财务报告为目的的评估中的投资性房地产公允价值评估的特点,从投资性房地产的定义、基本遵循、评估对象、评估方法、披露要求等方面进行了规范。

该指导意见对投资性房地产及投资性房地产评估进行了明确的定义:投资性房地产是指《企业会计准则第3号——投资性房地产》及其应用指南所称的投资性房地产,即企业为赚取租金或资本增值,或两者兼有而持有的房地产。投资性房地产评估是指资产评估机构及其资产评估专业人员遵守法律、行政法规和资产评估准则,根据委托对以财务报告为目的所涉及的符合会计准则规定条件的投资性房地产在评估基准日的公允价值进行分析、估算,并出具资产评估报告的专业服务行为。

针对以财务报告为目的涉及的投资性房地产评估业务的特殊性,该指导意见要求:应当充分理解相关会计准则的要求、评估对象在企业财务报告中的核算和披露要求,并提请企业管理层按其经营意图和会计准则的规定对投资性房地产进行恰当分类;应当与企业和执行审计业务的注册会计师进行必要的沟通,了解其因遵循相关会计准则的具体要求而提出的具体意见和建议,分析这些意见和建议对评估业务的影响;应当提醒委托人根据会计准则的相关要求确定评估基准日,评估基准日可以是资产负债表日、投资性房地产转换日等。

该指导意见要求资产评估专业人员应当知晓会计准则中投资性房地产的分类,明确评估对象;应当明确评估对象对应的是个别建筑物单元,还是多个建筑物单元及其附属设施共同构成的整体。

该指导意见对采用市场法和收益法进行了规范,并指出:采用市场法和收益法评估投资性房地产价值时,评估结论通常包括土地使用权价值;应当排除特殊交易情况的影响;采用市场法和收益法无法得出投资性房地产公允价值时,可以采用符合会计准则的其他方法,如果仍不能合理得出投资性房地产公允价值,经委托人同意,还可以采用恰当的方式分析投资性房地产公允价值的区间值,得出价值分析结论,并提醒资产评估报告使用人关注公允价值资产评估结论与价值分析结论的区别。

该指导意见要求投资性房地产评估报告应当重点披露的内容有:对评估对象的具体描述,包括总体情况和主要特点等;评估对象的权属状况、使用状况及租约信息;价值类型的定义及其与会计准则的对应关系;评估方法的选择过程和依据,评估方法的具体运用;评估假设,主要包括已签租约是否合法、有效,已签租约是否实际履行,是否会改变和无故终止,已出租建筑物的经营业态是否会发生重大变化,关键性评估参数来源、依据和测算过程等;是否存在缺失产权文件等方面的瑕疵或者重大限制。

(八)《实物期权评估指导意见》

《实物期权评估指导意见》由中评协于2017年9月8日修订并发布,共6章22条,并附有常见实物期权、常用的期权定价模型、评估结果的合理性检验3个附件,自2017年10月1

日起施行。

该指导意见是根据《资产评估基本准则》制定的。

该指导意见明确了实物期权的定义:附着于企业整体资产或单项资产上的非人为设计的选择权,即现实中存在的发展或者增长机会、收缩或者退出机会等。相应的企业或者资产的实际控制人在未来可以执行这种选择权,并且预期通过执行这种选择权能带来经济利益。

该指导意见指出:企业整体资产或者单项资产可能会附带一种或者多种实物期权。当资产中附带的实物期权经初步判断,其价值可以忽视时,可以不评估该实物期权的价值。

该指导意见对执行实物期权评估业务时的业务胜任能力、价值类型的选择、评估假设及限制条件等提出了基本要求,并指出需要评估实物期权时,应当在资产评估委托合同中予以明确。委托人或者被评估单位应当提供实物期权评估的相关资料,并对资料的真实性、完整性、合法性负责。

该指导意见指出执行涉及实物期权评估的业务涉及的实物期权主要包括增长期权和退出期权,并进行了定义。

该指导意见对实物期权评估业务如何操作进行了详细的规范,并对资产评估报告的披露提出了要求。

(九)《文化企业无形资产评估指导意见》

《文化企业无形资产评估指导意见》由中评协于 2016 年 3 月 30 日制定并发布,共 7 章 44 条,自 2016 年 7 月 1 日起施行。

该指导意见明确了文化企业包括新闻出版发行服务企业、广播电视电影服务企业、文化艺术服务企业、文化信息传输服务企业、文化创意和设计服务企业、文化休闲娱乐服务企业和工艺美术品生产企业等。

该指导意见要求执行文化企业无形资产评估业务时,应当了解文化企业是提供精神产品、传播思想信息、担负文化传承使命的特殊企业,必须始终坚持把社会效益放在首位,实现社会效益和经济效益相统一,应当关注文化企业社会效益对文化企业无形资产价值的影响。

该指导意见指出,文化企业无形资产评估业务分为单项资产评估业务中的无形资产评估和企业价值评估业务中的无形资产评估。单项资产评估业务中的无形资产评估所涉及的经济行为主要包括质押、出资、转让、许可使用、财务报告、纳税和诉讼等;企业价值评估业务中的无形资产评估所涉及的经济行为主要包括改制、并购重组和清算等。该指导意见对不同评估目的下如何选择价值类型提出了要求。

该指导意见指出,文化企业无形资产评估对象,是指文化企业无形资产的财产权益,或者特定无形资产组合的财产权益。文化企业无形资产通常包括著作权、专利权、专有技术、商标专用权、销售网络、客户关系、特许经营权、合同权益、域名和商誉等。文化企业无形资产不局限于无形资产会计科目核算的资产。符合资产评估准则关于无形资产定义的资产,均可以构成无形资产评估对象。

该指导意见对执行文化企业无形资产评估业务提出了具体操作要求,并对如何选择评估方法、如何运用各种评估方法等进行了具体规范。

该指导意见对执行文化企业无形资产评估业务后出具的评估报告如何披露进行了

规范。

(十)《人民法院委托司法执行财产处置资产评估指导意见》

《人民法院委托司法执行财产处置资产评估指导意见》由中评协于2019年5月6日制定并发布,共6章31条,并附有资产评估报告封面参考样式,自2019年7月1日起施行。

该指导意见明确了制定目的:规范资产评估机构及其资产评估师执行人民法院委托司法执行财产处置资产评估业务。制定依据是《中华人民共和国资产评估法》《最高人民法院关于人民法院确定财产处置参考价若干问题的规定》《资产评估基本准则》和《人民法院委托评估工作规范》等有关规定。

该指导意见明确了人民法院委托司法执行财产处置资产评估和评估报告的定义。人民法院委托司法执行财产处置资产评估是指资产评估机构及其资产评估师根据人民法院的委托,为确定财产处置参考价,对相关资产价值进行评定和估算,并出具资产评估报告的专业服务行为。资产评估报告是为人民法院确定财产处置参考价提供服务的报告,资产评估报告封面应注明"人民法院委托司法执行财产处置参考价目的资产评估报告"。

该指导意见从基本遵循、评估委托、评估操作及披露等方面对人民法院委托司法执行财产处置资产评估业中的特殊要求和重要风险点进行了规范。

该指导意见要求入选人民法院司法执行财产处置司法评估机构名单库的资产评估机构,应当在开展人民法院委托司法执行财产处置资产评估业务前,向中国资产评估协会报备相关业务收费标准。

该指导意见指出:资产评估机构应当及时通过专用系统接收人民法院的评估委托书,并根据评估委托书、财产清单,以及人民法院查明的财产的权属、权利负担、占有使用、欠缴税费、质量瑕疵等相关资料,与人民法院明确评估对象和评估范围、评估基准日、价值类型等评估基本事项。资产评估机构及其资产评估师发现评估基本事项与评估委托书载明的事项存在差异,或者评估委托书遗漏需要明确的评估基本事项的,应当与人民法院沟通,并在3日内以书面形式对差异事项或者遗漏事项予以反馈,由人民法院予以处理。指导意见明确了资产评估机构可以提出不承接委托评估申请的三种情形。

该指导意见明确了资产评估机构执行人民法院委托司法执行财产处置资产评估业务时,应当及时与人民法院协商现场调查事宜。根据《最高人民法院关于人民法院确定财产处置参考价若干问题的规定》第十八条的规定,现场调查由人民法院通知当事人到场;当事人不到场的,不影响现场调查的进行,但资产评估机构应当与人民法院沟通见证人见证事宜。现场调查需要当事人、协助义务人配合的,由人民法院责令其配合;不予配合的,由人民法院依法强制执行。该指导意见明确了资产评估机构及其资产评估师执行人民法院委托司法执行财产处置资产评估业务时,应当保留现场调查的文字、照片等资料,以书面形式记录现场调查的时间、地点、过程、结果等,并要求当事人或者见证人予以确认;当事人或者见证人拒绝确认的,资产评估机构应当告知人民法院,并在评估报告中对此事项予以披露。

该指导意见要求资产评估机构及其资产评估师执行人民法院委托司法执行财产处置资产评估业务时,不应当考虑评估对象被查封以及原有的担保物权和其他优先受偿权情况对评估结论的影响,而应当视为没有查封、未设立担保物权和其他优先受偿权的财产进行评估，并在资产评估报告的评估假设中予以说明。一般也不考虑评估费、拍卖费、诉讼费、律师费以及交易税费等财产处置费用对评估结论的影响。

该指导意见明确了执行人民法院委托司法执行财产处置资产评估业务时，资产评估机构认为评估程序受限、评估资料不完整等客观条件限制导致无法进行评估或者影响评估结论的，应当及时告知人民法院，由人民法院按照《人民法院委托评估工作规范》第十九条的规定处理。如果人民法院通知资产评估机构根据现有材料进行评估，评估报告中就应当对相关事项予以披露。

该指导意见明确，资产评估机构认为不能在规定期限内出具资产评估报告的，应当在期限届满 5 日前通过专用系统发送书面的延期申请。申请中应该说明不能按期完成评估的原因，以及申请延长的期限，最长不得超过 15 日。在人民法院确定的延长期限内，资产评估机构仍不能出具资产评估报告的，应当再次提出延期申请，最长不得超过 15 日。对于司法执行财产情况复杂、区域分布广泛、评估工作量较大的项目，资产评估机构可以与人民法院另行协商确定资产评估报告出具期限。

该指导意见明确了资产评估报告应当披露的重要事项，包括：评估基本事项与评估委托书载明事项存在差异的情形和相关处理方法；是否继续现场调查，以及现场调查过程中相关当事人的配合情况；人民法院提供材料的欠缺情况，以及评估资料缺失对资产评估机构及其资产评估师形成评估结论的影响；评估财产涉及的当事人欠缴与评估财产相关的税费等事项，以及评估结论是否予以考虑，未掌握相关情况的应予以说明。

该指导意见特别要求将评估委托书和评估财产清单作为资产评估报告的附件。当然，根据《资产评估执业准则——资产评估报告》对资产评估报告附件的要求，资产评估师已经收集到的其他材料也应当作为资产评估报告的附件。

（十一）《珠宝首饰评估程序指导意见》

《珠宝首饰评估程序指导意见》由中评协于 2019 年 12 月 4 日制定并发布，共 5 章 20 条，并附有珠宝首饰重点描述内容表，自 2020 年 3 月 1 日起施行。

该指导意见明确了制定目的：规范珠宝首饰评估行为，明确和完善珠宝首饰评估程序。指导意见制定的依据是《资产评估执业准则——资产评估程序》和《资产评估执业准则——珠宝首饰》。

该指导意见对珠宝首饰评估程序进行了定义，并特别指出该定义是对《资产评估执业准则——珠宝首饰》相关操作程序的细化。

该指导意见对出具珠宝首饰评估报告的主体、评估机构及珠宝评估专业人员应当遵守职业道德准则、具备珠宝首饰的鉴定分级等专业知识和能力、价值类型、评估假设和限制条件等进行了规定。

该指导意见明确了珠宝首饰评估对象可能是单体珠宝首饰或批量珠宝首饰，定义了批量珠宝首饰，并指出珠宝评估专业人员应关注评估对象特点对评估业务的影响。

该指导意见对执行珠宝首饰评估业务在履行评估工作程序过程中的具体技术性操作规范等内容做出了明确的规定。

（十二）《企业并购投资价值评估指导意见》

《企业并购投资价值评估指导意见》由中评协于2020年11月25日制定并发布，共5章45条，自2021年3月1日起施行。

该指导意见明确了制定目的：规范和指导资产评估机构及其资产评估专业人员执行企业并购投资价值评估业务行为。

该指导意见对其规范的企业并购、企业并购投资价值、企业并购投资价值评估进行了定义，并指出本指导意见定义的企业并购以外的其他企业并购和投资行为、本指导意见定义的投资价值评估以外的企业并购前期和中期的评估业务以及相关价值测算分析等其他业务、本指导意见定义的投资价值评估以外出具其他专业意见的业务不受本指导意见的规范或者约束。

该指导意见对资产评估机构及其资产评估专业人员如何执行企业并购投资价值评估业务提出了一些基本遵循，特别指出执行企业并购投资价值评估业务，应当完整、准确地把握委托人的并购意图，全面理解委托人的并购方案，关注委托人对标的资产的整合考虑，为委托人提供符合并购方案的评估结论。

该指导意见对如何操作提出了详细的要求。例如：应当根据企业并购方案、并购类型或者方式，明确具体评估目的并完整披露；应当明确评估对象和评估范围；应当根据企业并购方案确定评估假设；等等。同时，对收益法、市场法和成本法的具体运用提出了比较详细的要求。

该指导意见对评估报告及其披露也提出了要求。

（十三）《体育无形资产评估指导意见》

《体育无形资产评估指导意见》由中评协于2022年1月12日制定并发布，共7章51条，并附有体育无形资产评估相关名词参考释义和体育无形资产分类示意表，自2022年3月1日起施行。

该指导意见对体育无形资产和体育无形资产评估进行了定义，并明确指出涉及土地使用权、水域使用权等无形资产的，另行规范。

该指导意见对执行体育无形资产评估业务提出了一些基本遵循。例如：应当独立分析和估算并形成专业意见，拒绝委托人或者其他相关当事人的干预，不得直接以预先设定的价值作为评估结论；应该关注单项资产评估业务与企业价值评估业务中的体育无形资产的区别；等等。

该指导意见对如何确定评估对象及其范围提出了详细要求，并针对各种类型体育无形资产评估业务提出了关注点。

该指导意见对执行体育无形资产评估的具体操作提出了详细的要求，并对各种评估方法的运用进行了比较细致的规范。

该指导意见对体育无形资产评估报告如何披露也提出了要求。

（十四）《数据资产评估指导意见》

《数据资产评估指导意见》由中评协于2023年9月8日制定并发布，共7章28条，并附